Lehrerprofessionalität und Schulqualität

W0329937

Beiträge zur Schulentwicklung

herausgegeben von
der Qualitäts- und UnterstützungsAgentur –
Landesinstitut für Schule des
Landes Nordrhein-Westfalen

(QUA-LiS NRW)

Ulrich Steffens, Peter Posch (Hrsg.)

Lehrerprofessionalität und Schulqualität

Grundlagen der Qualität von Schule 4

Waxmann 2019
Münster • New York

Bibliografische Informationen der Deutschen Nationalbibliothek
Die Deutsche Nationalbibliothek verzeichnet diese Publikation in der Deutschen Nationalbibliografie; detaillierte bibliografische Daten sind im Internet über http://dnb.dnb.de abrufbar.

Beiträge zur Schulentwicklung

herausgegeben von der Qualitäts- und UnterstützungsAgentur – Landesinstitut für Schule des Landes Nordrhein-Westfalen (QUA-LiS NRW)

ISSN 2509-3460
Print-ISBN 978-3-8309-4115-6
E-Book-ISBN 978-3-8309-9115-1

© Waxmann Verlag GmbH, 2019
www.waxmann.com
info@waxmann.com

Redaktion der Publikationsreihe: Hermann Meuser, Peter Dobbelstein, Ulrich Janzen, Dr. Veronika Manitius und Tanja Webs
Redaktion: Sabine Schindler (Frankfurt/M.)

Umschlaggestaltung: Pleßmann Design, Ascheberg
Satz: Stoddart Satz- und Layoutservice, Münster
Druck: CPI Books GmbH, Leck

Gedruckt auf alterungsbeständigem Papier, säurefrei gemäß ISO 9706

MIX
Papier aus verantwortungsvollen Quellen
FSC www.fsc.org
FSC® C083411

Printed in Germany
Alle Rechte vorbehalten. Nachdruck, auch auszugsweise, verboten. Kein Teil dieses Werkes darf ohne schriftliche Genehmigung des Verlages in irgendeiner Form reproduziert oder unter Verwendung elektronischer Systeme verarbeitet, vervielfältigt oder verbreitet werden.

Inhalt

Kompetenzentwicklung im Beruf

Teil 2: Schulische Qualitätsentwicklung

Teil 3: Pädagogische Führung und Management

Vorwort

Die Qualitäts- und UnterstützungsAgentur – Landesinstitut für Schule (QUA-LiS NRW) ist die zentrale Einrichtung für pädagogische Dienstleistungen im Geschäftsbereich des Ministeriums für Schule und Bildung in Nordrhein-Westfalen. Kern der Arbeit ist es, die Schulen und Einrichtungen der gemeinwohlorientierten Weiterbildung des Landes bei der Qualitätssicherung und Qualitätsentwicklung systematisch zu unterstützen. Dies geschieht für die Schulen des Landes u a. durch die Entwicklung von Kernlehr- und Bildungsplänen, die Bereitstellung von Aufgaben für die zentralen Prüfungen, durch die Qualifizierung und Professionalisierung der Lehrerfortbildung und des Leitungspersonals, aber auch durch die Unterstützung in bildungspolitisch aktuellen Handlungsfeldern, wie z. B. der inklusiven Bildung in der Schule, das gemeinsame längere Lernen im Ganztag oder der interkulturellen Schulentwicklung. Bei allen Angeboten ist es der QUA-LiS NRW ein wichtiges Anliegen, den Schulen für die herausfordernden Prozesse der Schul- und Unterrichtsentwicklung die entsprechenden Unterstützungsangebote bereitzustellen.

Einen Beitrag dazu stellt die Publikationsreihe „Beiträge zur Schulentwicklung“ dar. Dieses Publikationsformat greift zum einen aktuelle fachliche, unterrichtsfachliche und fachdidaktische Diskurse auf und stellt diese interessierten Leserinnen und Lesern für die Diskussion zur Verfügung. Zum anderen richtet sich das Publikationsformat unter dem Label „Praxis“ gezielt an die schulischen Akteure vor Ort und bietet Schülerinnen und Schülern, Lehrerinnen und Lehrern, Eltern und Erziehungsberechtigten konkrete Unterstützungsmaterialien für die Anwendung in Schule und Unterricht an.

Der vorliegende Band versteht sich als eine wissenschaftsnahe Publikation, die ein informatives Angebot für die Diskussionen der Akteurinnen und Akteure aus Schule, Bildungsadministration, Bildungsforschung und für andere interessierte Leserinnen und Leser zu Fragen der Lehrerprofessionalität und Schulqualität bereithält. Schwerpunktmäßig werden Bedingungen für die professionelle Entwicklung von Lehrkräften in allen drei Phasen der Lehrerbildung sowie für das professionelle Handeln von Lehrkräften im Schulkontext behandelt. Dabei werden ebenso Zusammenhänge zum Schulleitungshandeln und zur schulischen Qualitätsentwicklung näher beleuchtet.

Mit den wissenschaftsnahen Bänden der Reihe „Beiträge zur Schulentwicklung“ möchte die QUA-LiS NRW die fachlichen Debatten um aktuelle, wichtige und andauernde Themen wie die Frage nach gelingender Qualitätssicherung und Qualitätsentwicklung in Schule und Unterricht bereichern. Mein Dank gilt dabei allen Autorinnen und Autoren für ihre Beiträge, die uns mit ihrer Mitwirkung am vorliegenden Band in diesem Vorhaben unterstützt haben.

Eugen L. Egyptien
Direktor der Qualitäts- und UnterstützungsAgentur –
Landesinstitut für Schule (QUA-LiS NRW)

Ulrich Steffens & Peter Posch

Lehrerprofessionalität und Schulqualität

1. Das Anliegen der vorliegenden Buchreihe „Grundlagen der Qualität von Schule"

In den letzten Jahren erfahren Referenzsysteme für Schulqualität (z.B. „Orientierungsrahmen zur Schulqualität", „Referenzrahmen Schulqualität NRW", in Österreich „Schulqualität Allgemeinbildung – SQA") eine immer größere Bedeutung für die Qualitätsentwicklung und Qualitätssicherung von Schule. Auch wenn erste Ansätze bereits seit Anfang der 1990er Jahre vorliegen (vgl. Steffens & Bargel, 1993), kam es im deutschsprachigen Raum erst mit dem Aufkommen der Schulinspektion (von schulexternen Qualitätsanalysen bzw. Evaluationen) zu ihrer größeren Verbreitung – beginnend mit dem „Kernaufgabenmodell" der Niedersächsischen Schulinspektion von 2005. Diese Referenzsysteme kamen zunächst zwar ausschließlich im Zusammenhang externer Evaluationen von Schulen zur Anwendung, haben in der Zwischenzeit jedoch einen konstitutiven Stellenwert in der Schulentwicklung erlangt und werden als Bezugsmaßstäbe bzw. Referenzsysteme für die Schulprogrammarbeit bzw. für die Entwicklungsarbeit an Schulen herangezogen. Auch in der Schulberatung und Lehrerfortbildung spielen solche Gütemaßstäbe für die Unterrichtsentwicklung und Gestaltung von Schule sowie für Professionalisierungsmaßnahmen des pädagogischen Personals eine immer größere Rolle (vgl. z.B. Deutscher Verein zur Förderung der Lehrerinnen- und Lehrerfortbildung e.V., 2019).

Vor diesem Hintergrund ist es ein Anliegen der Reihe „Grundlagen der Qualität von Schule", zum besseren Verständnis von Referenzsystemen beizutragen, indem ihr Entstehungskontext skizziert, ihr theoretischer Ansatz erläutert, die empirischen Grundlagen dargestellt und ihre praktischen Handlungsperspektiven aufgezeigt werden. Wesentliches dazu ist bereits in den ersten beiden Bänden der vorliegenden Reihe behandelt worden (vgl. dazu ausführlich Steffens & Bargel, 2016b sowie Steffens, Maag Merki & Fend, 2017). An dieser Stelle kann nur kurz auf Referenzsysteme zur Schulqualität eingegangen werden, indem der Grundgedanke und der konzeptionelle Rahmen skizziert werden.

Die konzeptionelle Grundlage von Referenzsystemen für Schulqualität ist der sogenannte *Schulqualitätsansatz*, der ein spezifisches Erkenntnisinteresse im Rahmen der Schulforschung verfolgt. Es handelt sich dabei um das ganz praktische Interesse, jene einflussreichen Konstellationen, die die Gestaltung von Schule ausmachen, zu identifizieren.

Ausgangspunkt dieses Ansatzes war die Entdeckung der Unterschiedlichkeit von Schulen (vgl. dazu Fend, Dreher & Haenisch, 1980; Haenisch & Lukesch, 1980; Fend, 1982) und eine daraufhin einsetzende Suche nach den *Gelingensbedingungen* der Schul- und Unterrichtsgestaltung (vgl. dazu Fend, 1987; Steffens & Bargel, 1987a), wie sie mit dem 1985 gegründeten *„Arbeitskreis Qualität von Schule"* initiiert wurde (vgl. Steffens & Bargel, 2016a). In dieser Perspektive wird der Ausgestaltungsspielraum in den Blick genommen, der jeder Schule zu eigen ist. So erfährt die schulaufsichtliche Steuerung von Schule ihre Eingrenzung bzw. Konkretisierung durch die pädagogischen Einstellungen im Kollegium, durch die Art und Weise, wie eine Schule den Schulbetrieb und den Unterricht organisiert, sowie durch die in einer Schule gewachsene Kultur.

Schulen können demnach als *„Individualitäten* mit eigenem Profil und unterschiedlicher Qualität" begriffen werden (vgl. Steffens & Bargel, 1987b). Mit dieser Sichtweise ist die „Wiederentdeckung der einzelnen *Schule als pädagogische Handlungseinheit*" verbunden (Fend, 1987). Die spezifische Qualität einer Schule ist dabei vorrangig in Abhängigkeit zu sehen von der Zusammensetzung der Schülerschaft einer Schule (v.a. kognitive Grundfähigkeiten und elterlicher Anregungsgehalt), von weiteren außerschulischen Rahmenbedingungen (u.a. das schulische Umfeld) sowie den schulrechtlichen Vorstrukturierungen (durch Gesetze, Rechtsverordnungen und Erlasse). Darüber hinaus ist Schul- und Unterrichtsqualität aber auch das Resultat kollegialer Problemlösungen (Fend & Schröer, 1987): Die Art und Weise der gewählten Lösungen wird dabei beeinflusst von den schulischen Problemkonstellationen, von den pädagogischen Ansprüchen, den Bereitschaften und Fähigkeiten der Lehrpersonen einer Schule sowie von den Aushandlungsprozessen im Kollegium und der Verbindlichkeit ihrer Einhaltung. Helmut Fend spricht in diesem Zusammenhang von „Rekontextualisierungen" als „Übersetzungsleistung von Bildungsaufträgen" (Fend, 2006; vgl. dazu auch seinen Beitrag im vorliegenden Band). Diese Sichtweise hat die weitere Schulforschung beeinflusst. Sie hat zu entsprechenden *Koordinatensystemen* (vgl. Steffens & Bargel, 1993) und zu *Modellen von Schul- und Unterrichtsqualität* geführt (vgl. z.B. Fend, 1998; Ditton, 2000a und 2000b). Eine weitere Ausdifferenzierung des Ansatzes war die Folge (vgl. z.B. Fend, 2008; Buer & Wagner, 2007; Gröhlich, 2012).

Hintergrund dieses praxisorientierten Schulqualitätsansatzes ist eine strukturfunktionalistisch orientierte und sozialisationstheoretisch ausgerichtete *„Theorie der Schule"*, wie sie Helmut Fend erstmals 1980 in systematischer und umfassender Weise dargelegt hat (Fend, 1980). Allen nachfolgenden Konzeptualisierungen von „Schule als gesellschaftliche Veranstaltung" orientieren sich an dem Fend'schen Ansatz und an seiner Denk- bzw. Erklärungsweise: Der „gesellschaftliche Kontext" liefert sozusagen den Handlungs- bzw. Ereignisrahmen für den auszugestaltenden „Erfahrungsraum Schule". Die Schule ermöglicht kulturell, sozial und strukturell geprägte Erfahrungsfelder, in der Absicht einer „Humanentwicklung", die auf Qualifikation, Sozialisation und Allokation abzielen. (vgl. Fend 2006, S. 116)

Der besondere Vorzug dieses Ansatzes besteht darin, dass er nicht auf verschiedene, gegebenenfalls sogar gegenläufige, einzelne Theorien rekurrieren muss und dass er durch seinen breiten theoretischen Bezugsrahmen die vielfältigen inhaltlichen, sozialen und strukturellen Erfahrungsfelder von Schulen zu verorten vermag. Der Schulqualitätsansatz liefert somit eine „Topographie des Bildungswesens und seiner Funktionsweise in einem umfassenden gesellschaftlichen Zusammenhang" (Fend, 2008, S. 17). Durch die sozialisationstheoretische Perspektive wird es möglich, Schule als eine zentrale Institution von Vergesellschaftungsprozessen durch Bildung und Erziehung zu begreifen. „Die sozialisationstheoretische Konzeption [...] schulte die Aufmerksamkeit dafür, welche Erfahrungsräume die Schule für Schüler bereithält, die ihre Persönlichkeit gestalten." (Fend, 2006, S. 14) In dieser Perspektive geht es also um die Frage nach den Auswirkungen von Bildungs- und Erziehungsprozessen in der Schule und um die Identifizierung entsprechender gestaltungsrelevanter Einflussgrößen von Schule und Unterricht.

In einer ganz praktischen Ausrichtung hat der Schulqualitätsansatz in den letzten Jahren eine weitere Konkretisierung in Form von Bereichen, Dimensionen und Kriterien erfahren, mit deren Hilfe die Qualität von Schule und Unterricht näher bestimmt und die Gestaltungsmöglichkeiten der Schule differenzierter beschrieben werden können. Anliegen ist es dabei, diese Bedingungen in einem Gesamtzusammenhang darzustellen, um auf dieser Basis über einen *Orientierungsrahmen* für die Schulgestaltung verfügen zu können. Als praktischen Ertrag dieses Ansatzes sind – neben der Erforschung zentraler Gelingensbedingungen von Schule und Unterricht sowie Empfehlungen für die Schulentwicklung (z. B. für die Schulprogrammarbeit) – Referenzsysteme für Schulqualität anzusehen, beispielsweise der „Hessische Referenzrahmen Schulqualität (HRS)" (Institut für Qualitätsentwicklung, 2011) oder der „Referenzrahmen Schulqualität NRW" (Ministerium für Schule und Weiterbildung, 2015).

Eine ‚klassische' *Ordnungsstruktur* von Referenzsystemen stellt die Einteilung in die *Handlungsfelder „Input", „Prozess" und „Output"* dar, wobei – je nach Modell – nochmals eine Differenzierung von Kontext (gesellschaftliches Umfeld von Schule, v. a. die erzieherischen Vorstellungen und Wirkungen des Elternhauses) und Input (Maßnahmen des Staates als Gesamtverantwortlicher des Schulsystems) vorgenommen wird (s. dazu v. a. das grundlegende Modell von Stufflebeam, 1972). In einer bildungsplanerischen Perspektive von Schule kann dabei zwischen „intendierten" (Input), „implementierten" (Prozess) und „realisierten" (Output) Maßnahmen unterschieden werden (vgl. Ditton, 2000a, 2000b). Diese Ordnungsstruktur ist für den Schulqualitätsansatz – und damit auch für Referenzsysteme für Schulqualität in ihrem Grundschema – leitend.

In der weiteren Ausdifferenzierung unterscheiden sich jedoch die Referenzsysteme der Länder. Im Feld der „Prozesse" werden zwar alle relevanten Qualitätsbereiche der Schul- und Unterrichtsgestaltung berücksichtigt, allerdings in unterschiedlicher Anordnung und Terminologie. In Österreich wird im Konzept „Schulqualität Allgemeinbildung (SQA)" unterschieden zwischen „Lernen und Lehren", „Lebensraum Klasse und Schule", „Führung und Schulmanagement", „Professionalität und Personalentwicklung", „Schulpartnerschaft und Außenbeziehungen" (vgl. Bundesministerium für Bildung, Wissenschaft und Forschung). Auch dem „Hessischen Referenzrahmen Schulqualität (HRS)" liegt eine ähnliche Inhaltsstrukturierung zugrunde: „Lehren und Lernen", „Schulkultur", „Führung und Management", „Professionalität" und „Ziele und Strategien der Qualitätsentwicklung" (Institut für Qualitätsentwicklung, 2011). Demgegenüber sind in Nordrhein-Westfalen die Prozessgrößen zu drei „Inhaltsbereichen" verdichtet worden: „Lehren und Lernen", „Schulkultur" und „Führung und Management" (Ministerium für Schule und Weiterbildung, 2015).

Die Qualitätskriterien und Qualitätsdimensionen von Referenzsystemen beschreiben die pädagogischen Zielperspektiven in den zentralen schulischen Handlungszusammenhängen, wie sie der Schulqualitätsansatz mit seinen zentralen Komponenten der Schulgestaltung ausweist. Auf der Grundlage entsprechender Untersuchungen war es möglich, zentrale Aspekte der Schul- und Unterrichtsqualität zu erfassen. Referenzsysteme sind das Ergebnis einer systematischen Sammlung empirisch ermittelter *Gelingensbedingungen* für guten Unterricht und für eine gute Schule. Sie berücksichtigen die zentralen Komponenten der Schulgestaltung, wie sie auf der Grundlage empirischer Untersuchungen ermittelt wurden. Die Qualitätskriterien und ihre Anhaltspunkte zeigen, wie Schulen sein können. Die in Referenzsystemen zum Ausdruck kommenden Ansprüche haben einen perspektivischen Charakter insofern, als sie anzeigen, was unter optimalen Bedingungen anhand einschlägiger Befunde aus der Schulforschung möglich erscheint. Der Schulqualitätsansatz geht also von erwünschten erzieherischen Verhältnissen und Erträgen aus. Schulen sind im Regelfall von diesem *Zielhorizont* aufgrund der Realisierungsbedingungen bzw. der gegebenen Voraussetzungen mehr oder weniger weit entfernt. Der jeweilige ‚Standort' einer Schule lässt sich dabei auf einer Qualitätsskala – sozusagen einem Kontinuum unterschiedlicher Qualitätsstufen – verorten, wobei Referenzsysteme die pädagogischen Zieldimensionen beschreiben.

2. Das Anliegen des vorliegenden Bandes

Dieser Band soll einen Beitrag zur theoretisch-empirischen Fundierung von Referenzsystemen und zu einem tieferen Verständnis der Qualitätsbereiche leisten. Dazu werden die aktuellen Erkenntnisstände hinsichtlich theoretischer Ansätze und empirischer Befunde dargelegt und die aus den Forschungsständen ableitbaren jeweiligen praktischen Konsequenzen herausgearbeitet. Ziel ist eine Art „Handlungswissen" für die Schulgestaltung und ihre Qualitätsentwicklung. Es geht dabei um das skizzierte Handlungsfeld (bzw. den Faktor) „Prozesse" und die darin zum Tragen kommenden Qualitätsbereiche. Unbeschadet ihrer je unterschiedlichen Begrifflichkeiten stehen unseres Erachtens zwei zentrale richtungsgebende Perspektiven im Zentrum der *Prozess*-Betrachtungen: das qualitätsvolle unterrichtliche Handeln und die Güte schulischer Gestaltung in kollegial-demokratischer sowie pädagogisch-professioneller Weise; etwas allgemeiner formuliert geht es um die *pädagogische Professionalität des schulischen Personals.*

Lehrerinnen und Lehrer spielen für das Lernen von Schülerinnen und Schülern eine zentrale Rolle und haben einen nachhaltigen Einfluss auf ihre Lernentwicklung. Insofern gilt es, den „Faktor Lehrer" für qualitätsvolles Unterrichten in das Zentrum der Betrachtungen zu rücken. In der vorliegenden Reihe wurde dem unterrichtlichen Handeln bereits in Band 3 große Aufmerksamkeit gewidmet und der Frage nachgegangen, wie Lehrpersonen guten Unterricht gestalten können. Dabei ging es unter der Leitkategorie *„Unterrichtsqualität“* um Konzepte und Bilanzen gelingenden Lehrens und Lernens (vgl. Steffens & Messner, 2019). Die Ausrichtung in Band 3 bezieht sich folglich auf die Art und Weise des Lehrens.

Mit gleich großer Wichtigkeit ist jedoch auch danach zu fragen, wie Lehrerinnen und Lehrer lernen und wie sie über die Zeit *Professionalität* erlangen können, welche strukturellen Rahmenbedingungen und sozialen Kontexte für eine professionelle Berufsausübung erforderlich sind, aber auch danach, welche (schulexterne und schulinterne) Unterstützung sie bei der Ausübung ihres Berufes benötigen und erhalten. Die Fragestellung richtet sich – ganz allgemein formuliert – darauf, *wie die Qualität des Lehrens entwickelt, gesichert und gepflegt werden kann.* Kurzum geht es um Schulqualität durch Lehrerprofessionalität. Das ist das erkenntnisleitende Interesse des vorliegenden vierten Bandes zu den „Grundlagen der Qualität von Schule“. Im Kern geht es dabei um zwei grundlegende Herangehensweisen.

Professionalität im Spannungsfeld von strukturellen und individuellen Voraussetzungen

Zum einen kommt es auf den *Arbeitskontext* an, in dem Lehrpersonen sozialisiert werden und an Schulen tätig sind. Von entscheidender Bedeutung dürfte dabei sein, wie ein Kollegium seine Schule als „pädagogische Handlungseinheit“ professionell ausgestaltet bzw. die Rahmenbedingungen „rekontextualisiert“ (Fend, 2006), was sich in einer spezifischen Schulkultur niederschlägt – abzulesen an einem Spektrum an Gestaltungsmöglichkeiten, das von einem zerrütteten Schulklima bis hin zu einem anregungsreichen Schulleben reicht. Die gelebte Praxis prägt dabei die täglichen Erfahrungen der Lehrerinnen und Lehrer und beeinflusst ihre Überzeugungen, wie auch umgekehrt diese Überzeugungen unterschiedliche Zugänge zu den Erfahrungsmöglichkeiten eröffnen (vgl. Timperley, 2012, S. 8).

Professionalität entwickelt sich in einem Spannungsfeld von strukturellen und individuellen Voraussetzungen. Nach Giddens (1992; vgl. auch die Ausdifferenzierung im Rahmen der Governance-Theorie bei Altrichter & Heinrich, 2007) sind Strukturen (Regeln und Ressourcen) und Handlungen von Personen aufeinander bezogen und komplementär. Handeln erfolgt in einem strukturellen Rahmen und nimmt zugleich Einfluss auf diesen. Strukturen wiederum werden durch das Handeln (re)produziert und bieten ihrerseits Optionen für das Handeln.

Im Schulbereich ergibt sich zum Beispiel folgender konkreter Zusammenhang: Das Handeln als Lehrerin oder Lehrer wird von einer Vielzahl an strukturellen Rahmenbedingungen, etwa der Existenz bestimmter Schulfächer, beeinflusst. Das Handeln einer Vielzahl von Akteurinnen und Akteuren beeinflusst aber auch diese Rahmenbedingungen: Es stabilisiert sie (z.B. durch die Bildung von Fachgruppen), schwächt sie und kann sie auch verändern (z.B. durch interdisziplinäre Projekte oder neue Gegenstände). Diese Vorstellung wendet sich damit gegen einseitig objektivistische (Struktur „entscheidet") und gegen einseitig subjektivistische (Individuum „entscheidet") Konzeptionen des Handelns und setzt beide in Beziehung zueinander.

Man kann den Gedankengang weiterführen: Es gibt strukturelle Voraussetzungen, die eine in der Praxis stehende Person zu etwas veranlassen oder gar verpflichten (Regeln), und es gibt strukturelle Voraussetzungen, die ihr etwas erleichtern oder überhaupt erst ermöglichen (Ressourcen). Analoges kann auch für das Handeln angenommen werden: Es gibt individuelle Voraussetzungen, die eine Person zu bestimmten Handlungen veranlassen oder anregen (den Regeln entsprechen hier u. a. ihre Wertvorstellungen), und es gibt individuelle Voraussetzungen, die das Handeln erleichtern oder erst ermöglichen (den Ressourcen entsprechen hier u. a. ihre Kompetenzen). Alltagsentscheidungen, zum Beispiel für berufliche Fortbildung, können als Ergebnisse des Zusammenspiels dieser vier Voraussetzungen angesehen werden. In diesem Sinn stehen auch Bemühungen um die Erweiterung beruflicher Professionalität und um Schulentwicklung im Spannungsfeld struktureller und individueller Bedingungen:

A) Strukturelle Verpflichtungen sind in diesem Zusammenhang u. a. die rechtliche Verpflichtung zu Entwicklung und Evaluation, schulinterne Vereinbarungen (z. B. eine „Fortbildungspolitik"), ungeschriebene Gesetze, starke Erwartungshaltungen relevanter Bezugspersonen.
B) Strukturelle Bedingungen, die die Bemühungen um Professionalität erleichtern, sind u. a. professionelle Gemeinschaften, immaterielle Ressourcen (wie relevante Informationen, Beratung, räumliche und zeitliche Ressourcen), materielle Ressourcen (z. B. zur Nutzung von Fortbildungsangeboten).
C) Individuelle Voraussetzungen, die zu Initiativen beruflicher Qualifizierung und Schulentwicklung veranlassen, sind u. a. intrinsische Werthaltungen und Motive (berufliches Verantwortungsbewusstsein, Gestaltungsinteressen), aber auch die Erwartung von Vorteilen durch berufliches Engagement (z. B. die Erwartung von Ansehen und Status).
D) Individuelle Voraussetzungen, die Bemühungen um die professionelle Weiterentwicklung erleichtern, sind z. B. bereits verfügbare fachliche, fachdidaktische und pädagogische Kompetenzen, aber auch Erfahrungen, dass berufliche Souveränität gewonnen und Herausforderungen besser gemeistert werden können.

Die Modellvorstellung legt nahe, dass Einzelmaßnahmen (meist struktureller Natur) nur wenig versprechen, wenn nicht auch den erforderlichen individuellen Voraussetzungen Beachtung geschenkt wird. Bereits Hutmacher (1998) hat darauf hingewiesen, dass Verwaltungen dazu tendieren, sich nach politischen Entscheidungen um die Implementierung dieser Regelungen nicht mehr weiter zu kümmern. Dabei wird übersehen, wie unterschiedlich strukturelle Vorgaben interpretiert werden und wie wichtig die Investition in Kommunikation über die Intentionen von Regelungen und in die erforderlichen Rahmenbedingungen ist (vgl. auch Kussau & Brüsemeister, 2007, S. 21).

Die stark gewachsene Komplexität und Unterschiedlichkeit praktischer Handlungserfordernisse auf Schulebene hat die Problemlösekapazität zentraler struktureller Regelungen verringert und in den letzten Jahrzehnten eine Erweiterung lokaler Handlungsspielräume erzwungen (Posch & Altrichter et al., 1993). Die professionellen Werthaltungen und Kompetenzen der Lehrkräfte (wie auch der Schulleitungen) haben einen wesentlichen Einfluss auf die Qualität ihrer Arbeit. Die individuellen Voraussetzungen (Kategorien C und D) haben daher nicht geringere Bedeutung als die üblicherweise als dominant angesehenen strukturellen Voraussetzungen (Kategorien A und B). Es ist wichtig, die Lehrkräfte für Qualitätsinitiativen zu gewinnen und ihnen Gelegenheit zu geben, aktiv ihre eigene professionelle Entwicklung zu gestalten. So bedeutsam die individuellen Voraussetzungen für die Nachfrage nach Fortbildung (C und D) sind, die Versuche, auf sie Einfluss zu nehmen, erfordern zumeist wiederum strukturelle Maßnahmen.

Lernen und professionelle Entwicklung von Lehrpersonen

Zum anderen gilt es, die *Bedingungen herauszuarbeiten, unter denen Lehrpersonen erfolgreich lernen* können. In einer internationalen Forschungsbilanz von Helen Timperley über 97 Studien zur Fort- und Weiterbildung, die zu verbesserten Leistungen von Schülerinnen und Schülern der beteiligten Lehrpersonen geführt hatten, werden dabei folgende Gesichtspunkte als entscheidend herausgestellt: „Die Anknüpfung an vorhandene Vorstellungen der Lernenden, wie die Welt funktioniert; die Entwicklung eines tiefen fachlichen und begrifflichen Wissens und Verständnisses, organisiert in einem Bezugssystem, das anschlussfähig ist und die Anwendung unterstützt; die Förderung metakognitiver und selbstregulatorischer Prozesse, die Lernenden helfen, Ziele zu definieren und dann ihren Fortschritt auf dem Weg dorthin zu überprüfen." (Timperley, 2012, S. 7) Besonders bemerkenswert dabei ist, dass ihre Zusammenfassung „Teacher Professional Learning and Development Best Evidence Synthesis (BES)" für das neuseeländische Erziehungsministerium in Kooperation mit Lehrergewerkschaften, Organisationen von Schulleitungen, Mitarbeiterinnen und Mitarbeitern in der Lehrerbildung, Wissenschaftlerinnen und Wissenschaftlern, Politikberaterinnen und -beratern und weiteren interessierten Gruppen erstellt wurde – und zwar in einer gemeinsam getragenen Position. Helen Timperley hat auf der Grundlage ihrer Forschungsbilanz zehn „Schlüsselprinzipien" für Lehrerlernprozesse konzipiert (ebd.):

1) Auf erstrebenswerte Lernergebnisse von Schülerinnen und Schülern konzentrieren
2) Wissen über erfolgreiches Lernen
3) Integration von Wissen und Können
4) Beurteilung zur Unterstützung des Lernprozesses
5) Vielfältige Lerngelegenheiten und Anwendungsmöglichkeiten
6) Adressaten- und bedarfsbezogene Handlungsansätze
7) Neu Erlerntes gemeinsam mit anderen verarbeiten
8) Gut fundierte Expertise
9) Unterstützung durch Führungskräfte
10) Den Veränderungsprozess in Gang halten

Diese Prinzipien begreifen wir als Leitkategorien für eine Professionalisierung des pädagogischen Personals. Sie bieten zugleich eine Orientierung bei der Konzeptualisierung des vorliegenden Bandes. Unter Bezugnahme auf die oben skizzierten Referenzsysteme für Schulqualität setzen wir dabei die Schwerpunkte auf die Qualitätsbereiche „Professionalität", „Qualitätsentwicklung" sowie „Führung und Management".

3. Die Beiträge in diesem Band

Teil 1: Lehrerprofessionalität

Wir beginnen unseren Sammelband mit einem grundlegenden Beitrag zu den theoretischen Konzepten und empirischen Befunden der Professionalisierungsforschung (Beitrag 1). Da dem „Faktor Lehrer" immer wieder eine zentrale Bedeutung zugesprochen wird, gerade auch im Zusammenhang mit der Hattie-Studie („Auf den Lehrer kommt es an!"), widmen sich zwei weitere Beiträge diesem Thema – zum einen den Perspektiven des „guten Lehrers" bzw. der „guten Lehrerin" (Beitrag 2) und zum anderen der Lehrerpersönlichkeit (Beitrag 3). Einen eigenen abgrenzbaren Themenkomplex stellen institutionalisierte Maßnahmen der Lehrerbildung dar. Dabei reicht das Spektrum über die drei Phasen der Lehrerbildung (Beiträge 4 bis 6) bis hin zur professionellen Unterstützung von Lehrpersonen (Beitrag 7). Weitere Beiträge in Teil A schließlich widmen sich unterschiedlichen Vorgehensweisen der Kompetenzentwicklung und -sicherung am Arbeitsplatz Schule, seien es verschiedene Formen professioneller Lerngemeinschaften (Beiträge 8 und 9) oder Unterrichtshospitationen (Beitrag 10) oder die Pflege von Lehrerkooperation im Hinblick auf Schulentwicklung (Beitrag 11).

(1) Kira Elena Weber, Kurt Czerwenka & Marc Kleinknecht: Professionalität von Lehrkräften – Theoretische Konzepte und aktuelle empirische Befunde der Professionalisierungsforschung

Der grundlegende Beitrag zum vorstehenden Themenzusammenhang beginnt – nach einer kurzen Einleitung – mit einem historischen Abriss zur Entwicklung der Professionalisierungsforschung (Kapitel 2). Kapitel 3 konzentriert sich auf zentrale professionstheoretische Ansätze, bevor relevante Konzepte der Kompetenzförderung von Lehrpersonen ins Zentrum der Betrachtungen gerückt werden (Kapitel 4). In Kapitel 5 werden aktuelle Trends der Professionalisierungsforschung dargestellt, dem Kapitel 6 mit einer Zusammenfassung und einem Ausblick folgt. Das Anliegen im Beitrag von Kira Elena Weber, Kurt Czerwenka und Marc Kleinknecht verbindet sich nicht nur mit der Frage, „Wie ein ‚*Schulmann seyn*' sollte", sondern auch mit der Frage, „wie man eine ‚gute Lehrkraft' wird". Insofern geht es neben einer theoretischen Ausrichtung des Beitrags immer auch um eine praktische Perspektive.

Im Zentrum des Beitrags stehen zunächst die aktuellen professionstheoretischen Ansätze. Dabei werden der berufsbiographische, der strukturtheoretische und der kompetenzorientierte Ansatz jeweils vorgestellt und kritisch erläutert. Besondere Aufmerksamkeit widmet das Autorenteam dem kompetenzorientierten Ansatz, der in starker Affinität zum berufsbiographischen Ansatz, aber auch zum „Expertenparadigma" gesehen wird. Als Kernbereiche der professionellen Kompetenz gelten dabei fachliches, fachdidaktisches sowie fachübergreifendes pädagogisches Wissen, wobei in manchen Fällen eine klare Abgrenzung nicht möglich ist. Einen weiteren Schwerpunkt des Beitrags nehmen Konzepte der Kompetenzförderung ein, wobei drei Ansätze vorgestellt und diskutiert werden: (1) Den „Reflective Teaching"-Ansatz zeichnet kontinuierliche Reflexion und Evaluation des eigenen Handelns aus. (2) Beim „Cognitive Apprenticeship"-Ansatz sollen durch authentische Aktivitäten und zunehmend komplexer gestaltete Lernumgebungen Studierende in eine Expertenkultur eingeführt werden und die Fähigkeit erwerben, das erlernte Wissen flexibel anzuwenden. (3) „Deliberate Practice" gilt als motivierendes und optimistisches Konzept, da es impliziert, dass motivierte Novizenlehrkräfte grundsätzlich zu Expertenlehrkräften werden können. Bei den „aktuellen Trends" wird die große Bedeutung von Videos in der Lehrerfortbildung anhand empirischer Evidenzen betont. Im abschließenden Kapitel kommen Perspektiven, auch hinsichtlich des Forschungsbedarfs, zur Sprache. Dabei hebt das Autorenteam hervor, dass das Erreichen von Expertise im Lehrerhandeln einen lebenslangen Prozess darstellt.

(2) Helmut Fend: Der „gute Lehrer", die „gute Lehrerin" im Spiegel der Rekontextualisierungstheorie

Helmut Fend beginnt seinen Beitrag mit einer kurzen Abhandlung der Sozialgeschichte des Lehrerberufs und zeigt dabei nicht nur den Statuswandel, sondern auch die Kompetenzentwicklung im Beruf auf. Dabei wird u.a. die zunehmende Aufmerksamkeit für die Lernenden, also für die „Nutzerseite des Bildungswesens", deutlich. Vor diesem sozialhistorischen Hintergrund entwirft Fend eine theoretische Systematik des Lehrens. Dabei begreift er die „Erarbeitung von Übersetzungsstrategien zwischen Kultur und Kind" in einem institutionellen Rahmen (nämlich dem der Schule) als „Rekontextualisierung" der kulturellen Gehalte an kindliche Lernmöglichkeiten. Im Mittelpunkt seines Beitrages stehen dabei zwei grundlegende pädagogische Positionen, die er zwischen den Polen *„Institution"* und *„Lehrstoff"* einerseits sowie *„Kind"* und *„eigenständiges Lernen"* andererseits angesiedelt sieht. Zur Erfassung dieser beiden Modalitäten des Lehrerhandelns stellt Fend ein Erhebungsinstrumentarium vor („Lehrerverhaltensinventar"), das die Bereitschaft von Lehrpersonen erfasst, auf die Besonderheiten von Lernenden unter den Gesichtspunkten von kognitiv und emotional orientierten gelungenen Rekontextualisierungen einzugehen („Adaptivität").

Mit Hilfe des genannten Instrumentariums geht Fend in einem weiteren Kapitel sodann der Frage nach, wie Schülerinnen und Schüler den Unterricht von Lehrpersonen wahrnehmen, die sich im Hinblick auf die beiden zur Diskussion stehenden Positionen – nämlich *stofforientierte* versus *subjektorientierte* pädagogische Haltungen – unterscheiden. Die Ergebnisse dazu sind eindeutig: Je nach den pädagogischen Haltungen der Lehrpersonen beschreiben die Schülerinnen und Schüler ganz unterschiedliche Lehrerverhaltensweisen.

In weiteren Analysen kann Fend zeigen, dass bei diesem Ergebnismuster Merkmale der Klassenzusammensetzung (u.a. Intelligenz, Geschlecht, Sozialschicht) kaum eine Rolle spielen. Insofern stellt er fest: „Sowohl die Qualitäten der kognitiven als auch die der motivationalen Rekontextualisierung im Sinne hoher Adaptivität hängen *nur* von den pädagogischen Konzepten der jeweils unterrichtenden Mathematik- bzw. Englischlehrpersonen ab." Er konnte auch feststellen, dass keine Zusammenhänge zwischen den Deutungsmustern und den getesteten Leistungen bestehen. Konkrete fachliche Leistungen scheinen somit durch andere Faktoren bestimmt zu sein. Die Darstellung und Diskussion der entsprechenden aufschlussreichen Ergebnisse sowie eine Auseinandersetzung mit den methodischen Implikationen bilden den Abschluss seiner empirischen Fundierung der „Rekontextualisierungsmodalitäten".

(3) Barbara Hanfstingl: Lehrerpersönlichkeit: kritische Würdigung und Ausblick

Barbara Hanfstingl beschäftigt sich in ihrem Beitrag mit der empirischen Erforschung der Lehrerpersönlichkeit und bietet eine Übersicht über einige wichtige Studien, die einen Entwicklungsprozess im Verständnis von Persönlichkeit im Allgemeinen und der Lehrerpersönlichkeit im Speziellen sichtbar machen, der vermutlich noch lange nicht abgeschlossen ist. Lange Zeit war die Diskussion hauptsächlich durch eigenschaftstheoretische Annahmen bestimmt, die die Persönlichkeit als etwas (relativ) Stabiles über die Lebenszeit eines Menschen angenommen haben. Das eigenschaftstheoretische Persönlichkeitsparadigma basiert hauptsächlich auf der Sammlung und faktorenanalytischen Zusammenfassung von Eigenschaftswörtern aus Webster's Dictionary. Zahlreiche (Faktoren-)Analysen ergaben immer wieder fünf Persönlichkeitsfaktoren, die sogenannten Big Five: Neurotizismus, Extraversion, Offenheit für Neues, Gewissenhaftigkeit und soziale Verträglichkeit, die sich über die individuelle Lebensspanne wenig verändern sollen.

Der Lehrerpersönlichkeitsansatz, der auf den Big Five basiert, wurde von Wilhelm Urban erstmals postuliert, von Johannes Mayr und anderen weiterentwickelt und auf aktuelle empirische Befunde gestützt. Der Ansatz war so erfolgreich, dass er auch in Aufnahmeverfahren für die Lehramtsausbildung aufgenommen wurde – auch wenn der wissenschaftlich-theoretische Untergrund von vielen Persönlichkeitspsychologen, die dem Big-Five-Modell höchstens deskriptive Aussagekraft zusprechen, höchst kritisch gesehen wird.

Im abschließenden Teil geht Hanfstingl noch kurz auf neuere Entwicklungen ein, die physiologische, kognitive oder psychodynamische Zugänge der Persönlichkeitspsychologie als verschiedene Funktionsebenen der „Persönlichkeit" erklären und auf einer theoretischen Ebene integrieren, wie dies zum Beispiel mit der Persönlichkeits-Systeme-Interaktionen (PSI)-Theorie geschieht. Insgesamt sieht die Autorin die Zulassung zum Studium auf Basis von Persönlichkeitsmerkmalen wie den Big Five kritisch, da diese mit berufsrelevanten Kriterien wie der Unterrichtsqualität nur gering korrelieren und eher nicht ausreichen, um berufsrelevante Kriterien zu prüfen oder vorherzusagen. Besser geeignet sind Fachwissen, pädagogisch-psychologisches und fachdidaktisches Wissen, soziale Kompetenz, das Regenerationsverhalten, epistemische Überzeugungen oder Selbstregulationsfähigkeiten, die empirisch gut abgesichert sind. Diese Faktoren können bis zu einem gewissen Grad erlernt und trainiert werden, weswegen sie als Entwicklungskriterien für eine erfolgreiche Ausbildung und Berufsausübung eine bedeutsamere Rolle in der Lehramtsausbildung spielen sollten als bisher.

(4) Helen Timperley & Fiona Ell: Unterrichten lernen in der Lehrerausbildung

Der Zentralbegriff dieses Beitrags ist die Vorstellung der Lehrkraft als „adaptive“ Expertin bzw. „adaptiver“ Experte. Diese fühlen sich dem moralischen Imperativ verpflichtet, die Motivation, das Lernen und das Wohlbefinden jedes einzelnen Schülers bzw. jeder einzelnen Schülerin zu fördern. Sie wissen, dass sie diese Ziele nur dann erreichen können, wenn sie die Bedeutung und kulturelle Prägung der Annahmen, die ihrer Unterrichtspraxis zugrunde liegen, genau kennen. Sie müssen zudem wissen, wann ihre Annahmen sich als hinderlich oder überholt erweisen.

Die beiden Autorinnen erläutern fünf grundlegende Prinzipien für eine Lehrerausbildung, die der Herausbildung adaptiver Expertise dient:

- Professionelles Wissen und Können muss aktiv aufgebaut werden, und zwar im Rahmen einer Theorie von Professionalität, bei der die Wirksamkeit des Lehrerhandelns am Grad der Motivation und des Lernerfolgs jedes einzelnen Schülers und jeder einzelnen Schülerin gemessen wird.
- Individuelle Kenntnisse und Vorgehensweisen im Unterricht sind stets theoriebasiert, unabhängig davon, ob sie wissenschaftlich begründet sind oder auf Alltagserfahrungen beruhen. Die Herausforderung besteht darin, formelle Theorien von Praxis aufzubauen und dabei die bereits vorhandenen Alltagstheorien der Lehramtskandidaten einzubeziehen und zugleich kritisch zu hinterfragen.
- Metakognition und Selbststeuerung fördern lebenslanges Lernen, indem sie das eigene Lernen bewusstmachen und dazu befähigen, selbst die Wirksamkeit unterrichtlicher Praxis für unterschiedliche Lernende kontinuierlich zu überprüfen und erforderliche Veränderungen durchzuführen.
- Unterrichten lernen ist eine emotionale Erfahrung. Unterstützung bei der Bewältigung der damit verbundenen Herausforderungen muss als Herausbildung professionellen Bewusstseins (adaptiver Expertise) gesehen werden, in dessen Mittelpunkt die Schülerschaft und nicht die auszubildenden Lehrkräfte stehen.

- Lernen vollzieht sich im Wesentlichen in sozialen Bezügen. Es wird gefördert durch die Beteiligung an Gemeinschaften, im Beruf genauso wie in weiteren gesellschaftlichen Gruppen. Im Mittelpunkt steht dabei jeweils das Ziel, Wissen und berufliche Praxis aktiv zu gestalten und diese kritisch zu untersuchen.

Die Vorstellung einer Lehrkraft als adaptive Expertin und die fünf Prinzipien der Lehrerbildung eröffnen eine alternative Perspektive auf Prioritäten und die Organisation von Lehrerbildungsprogrammen. Erfolgreiche Lehrerbildung erfordert eine Neukonzeption der Beziehungen, Rollen und Verantwortung und Expertise all jener, die sich an der Lehrerbildung beteiligen.

(5) Rudolf Messner: Ein Plädoyer zur Neugestaltung professionsfördernder Szenarien zur Integration von Praxis- und Wissenschaftsorientierung in der zweiten Phase der Lehrerbildung

Vor dem Hintergrund bedeutsamer Wandlungsprozesse und der damit verbundenen Herausforderungen für den Lehrerberuf entwirft Rudolf Messner in seinem Beitrag Elemente eines neuen Ausbildungskonzepts für die 2. Phase der Lehrerbildung. Ausgangspunkt für sein „Plädoyer zur Neugestaltung“ sind Defizite der Ausbildung, die er v.a. in der Methodik und in der „inhaltlichen Stimmigkeit“ der Ausbildungssituationen sieht. Davon ausgehend entwirft er in Form von vier Szenarien eine wissenschaftlich fundierte schulpraktische Ausbildung: (1) Herausforderung und individuelle Betreuung eigenverantwortlichen Unterrichts, (2) Unterrichtsentwicklung im Team als Aktionsforschung, (3) Lernpartnerschaften – diagnostische Begleitung und Förderung von fachlichen Lernprozessen einzelner Schülerinnen und Schüler durch Referendarinnen und Referendare, (4) aktive Teilnahme an aktuellen Projekten der Schulentwicklung.

Im ersten Szenario stehen die „Eigenentwicklung“ der Auszubildenden und die Betreuung durch die Ausbildenden im Zentrum der Betrachtungen: „Können kann nicht durch Belehrung, sondern nur aufgrund von einübendem Handeln in Selbstlernprozessen kreiert werden.“ Dabei nimmt Messner Bezug auf das Empowerment-Konzept zur Aktivierung individueller Potenziale, dem durch das breite Spektrum an unterschiedlichen Realisierungen gelingenden Unterrichts, so Messner, vielfältige Ausgestaltungsmöglichkeiten zur Verfügung stehen. Im zweiten Szenario skizziert er die erfolgreichen Fortbildungs- und Entwicklungsansätze „Lesson Studies“ und „Learning Studies“ und zeigt an drei Beispielen Möglichkeiten einer Übertragung auf die Lehrerbildung im Referendariat. Im dritten Szenario geht es um eine diagnostische Begleitung und Förderung einzelner Kinder und Jugendlicher durch Auszubildende in Form von Lernpartnerschaften. Dieser weitreichende Ansatz ist für Messner zunächst noch ein „Wunschgedanke“, der erst auf seine Realisierungsmöglichkeiten geprüft werden müsste. Das vierte Szenario sieht eine aktive Beteiligung der Auszubildenden an aktuellen schulischen Entwicklungsprojekten vor. Eine entsprechende Realisierung skizziert Messner am Beispiel der Entwicklungsaufgabe „Neugestaltung der digitalen Bildung".

Abschließend wird vom Autor nicht verschwiegen, dass eine Verwirklichung der vorgeschlagenen innovativen Maßnahmen grundlegende Verbesserungen der Arbeitssituation und der Fortbildungsmöglichkeiten der Ausbilderinnen und Ausbilder erfordern würde und auch die spezifischen Bedingungen in den jeweiligen Studienseminaren berücksichtigen müsste. Unstrittig ist für Messner dabei, dass eine Neugestaltung der 2. Phase „der intensiven Kooperation mit der universitären Erstphase der Lehrerbildung bedarf".

(6) Stefan Zehetmeier: Forschung zur Wirksamkeit von Lehrerfortbildung

Lehrerfortbildung hat in den letzten Jahrzehnten zunehmend an Bedeutung gewonnen. Während noch in den 1950er Jahren eine abgeschlossene Ausbildung als ausreichend für die Erfüllung der beruflichen Ansprüche angesehen wurde, wird heute die Weiterentwicklung der pädagogischen, fachdidaktischen und pädagogischen Kompetenzen der Lehrenden als lebenslange Aufgabe angesehen. Stefan Zehetmeier setzt sich in seinem Beitrag mit dem Thema Wirksamkeit von Lehrerfortbildung auseinander. Im ersten Teil (Erwartete Wirkungen) zeigt er auf, dass im Fokus der Fortbildung nicht nur die Einzelperson steht, sondern auch Gruppen und ganze Schulen stehen können. Kritisch wird allerdings angemerkt, dass nachhaltige Wirkungen, die über ein abgeschlossenes Fortbildungsprogramm hinausreichen, nur selten untersucht werden, obwohl gerade aus finanzieller Perspektive die Untersuchung langfristiger und nachhaltiger Wirkungen wichtig wäre. Eine zentrale Frage der Wirkungsforschung betrifft die unterschiedlichen Ebenen, auf denen Wirkungen erwartet werden können.

Im zweiten und umfangreichsten Teil (Wirkungsebenen) geht Zehetmeier zunächst kurz auf Lipowskys vier Wirkungsebenen (Einstellungen, Wissen, unterrichtliche Praxis und Leistungen der Schülerinnen und Schüler) ein und beschreibt dann ausführlich sein eigenes differenziertes IPD-Modell („impact of professional development model"). Er entwickelt ein komplexes Raster, bei dem innerschulische Faktoren (Lehrkräfte, Schülerschaft, Kollegium, Direktion und Eltern) sowie außerschulische Faktoren (Schulen, Medien, Politik und Wissenschaft) zu den drei Ebenen Einstellungen, Wissen und Praxis in Beziehung gesetzt werden.

Im dritten Teil (Wirkungsannahme) zeigt Zehetmeier bezugnehmend auf die „Wirkungskette" von Cramer, dass der Nachweis der Wirksamkeit von Lehrerfortbildung auf Schülerleistungen wegen der zahlreichen Faktoren, die dabei eine z.T. nur schwer erfassbare Rolle spielen, sowohl methodisch schwierig als auch empirisch wenig abgesichert ist. Im kurzen Kapitel über „Aktionsforschung als Basis wirksamer Fortbildung" zeigt er, dass die systematische Reflexion der eigenen Berufspraxis, die von Lehrpersonen selbst durchgeführt wird, die Wirksamkeit von Lehrerfortbildungsmaßnahmen nachhaltig unterstützen kann.

(7) Konrad Krainer: Qualitätsentwicklung als gemeinsame Aufgabe von Bildungspraxis, Bildungswissenschaft und Bildungspolitik. Zur Konzeption und Umsetzung der österreichweiten Initiative IMST

Die schlechten Testleistungen bei TIMSS 1995 (Sekundarstufe II) haben in Österreich einen Nachdenkprozess über die Qualität und die Rahmenbedingungen des Mathematik- und Naturwissenschaftsunterrichts ausgelöst. Beim Vergleich mit erfolgreicheren Ländern zeigte sich unter anderem, dass die österreichischen Schülerinnen und Schüler deutlich zurückfielen, wenn es um anspruchsvolle und Argumentieren erfordernde Aufgaben ging. Das zuständige Ministerium hat mit dem Projekt IMST ab 1998 eine erste Analyse in Auftrag gegeben und damit Schritte zur Verbesserung der Situation ergriffen, die schließlich im Jahre 2004 in die Konzeption und Umsetzung eines Unterstützungssystems IMST mündeten.

Konrad Krainer, der dieses Projekt initiiert und geleitet hat, beschreibt in seinem Beitrag die Entwicklung dieses Langzeitprojekts, das mit unterschiedlichen Schwerpunkten drei Phasen durchlaufen hat und noch weitergeführt wird. Ergebnis theoretischer Vorüberlegungen war etwa die Erkenntnis, dass eine Verbesserung der Innovationskultur an den Schulen nur erreichbar ist, wenn das ganze System (Praxis, Wissenschaft, Behörde und Politik) in einen gemeinsamen Lernprozess gebracht wird.

In der ersten Phase (Analysephase 1998-1999) konzentrierten sich die Arbeiten auf die möglichen Ursachen des schlechten Abschneidens der österreichischen Schüler und Schülerinnen. Die mangelhafte Orientierung des Unterrichts am Lernprozess und der geringe Stellenwert der fachdidaktischen Ausbildung der Lehrkräfte wurden als wichtige Ursachen identifiziert. In den weiteren Phasen des Projekts wurde der Fokus daher auf den Aufbau eines Unterstützungssystems auf der lokalen Ebene (durch direkte Unterstützung innovativer Schulprojekte), auf der regionalen Ebene (durch Einrichtung regionaler Netzwerke und fachdidaktischer Zentren in jedem Bundesland) und auf der nationalen Ebene (u. a. durch Einrichtung von Kompetenzzentren an zwei österreichischen Universitäten) gelegt.

Insgesamt werden im Beitrag sieben strategischen Maßnahmen beschrieben, von denen inzwischen die meisten – zumindest teilweise – umgesetzt worden sind. Der letzte Abschnitt ist den Wirkungen von IMST auf verschiedenen Ebenen gewidmet: in der internationalen Scientific Community, auf der nationalen Ebene und jener der Bundesländer (vor allem durch Stärkung der Fachdidaktik und Einrichtung regionaler Netzwerke) und auf der Ebene der Lehrkräfte, Schulen und Hochschulen.

(8) Peter Posch: Lesson Studies und Learning Studies

Der Beitrag von Peter Posch befasst sich mit im deutschsprachigen Raum noch weitgehend unbekannten pädagogischen Konzepten. Bei „Lesson Studies“ und „Learning Studies“ handelt sich um „Varianten der Aktionsforschung“, die sich insbesondere für die Lehrerfortbildung und (fach-)didaktische Forschung anbieten und aufgrund ihrer Wirksamkeit u. a. für die weitere Unterrichtsentwicklung von großer Bedeutung sind. Sie bieten v. a. für professionelle Lerngemeinschaften die Gewähr, die oftmals vernachlässigten Primärprozesse – den Unterricht – zu fokussieren. Es geht dabei um kooperative Planung, Durchführung und Auswertung von Unterrichtseinheiten – mit dem Ziel, Lehren und Lernen wirksamer zu gestalten. Posch stellt die beiden Konzepte in jeweils eigenen Kapiteln ausführlich vor. Dabei zeigt er ihre Entstehungszusammenhänge auf und beschreibt, wie sie bislang vorrangig in Schulsystemen des asiatischen Raums zur Anwendung kommen.

Das Kapitel zu Lesson Studies beginnt mit einer Konzeptbeschreibung, gefolgt von einer Darstellung der infrastrukturellen Rahmenbedingungen für den Einsatz des Konzepts in der Praxis. Das Kapitel schließt mit Evaluationsergebnissen zum Konzept, die zum Ausdruck bringen, dass mit seiner Anwendung durchwegs bessere Lernleistungen bei den Schülerinnen und Schülern einhergehen. Dabei werden Lesson Studies „als wirksamer eingeschätzt als Monitoring-Systeme und Systeme der Selbstevaluation".

Im Kapitel zu Learning Studies werden zuerst die Unterschiede zu Lesson Studies aufgezeigt. Diese werden u. a. darin gesehen, dass Lesson Studies vorrangig von den praktischen Erfahrungen der beteiligten Lehrpersonen getragen werden und dass demgegenüber das Vorgehen bei Learning Studies theoriegeleitet erfolgt. Dabei handelt es sich um eine spezifische Lerntheorie, und zwar um die auf phänomenographischen Grundlagen entwickelte „Variationstheorie". Zu ihrem Verständnis führt Posch u. a. aus: „Wir können uns eines einzelnen Merkmals eines Phänomens nur bewusst sein, wenn wir uns der Unterschiede (Variation) zwischen einzelnen Merkmalen bewusst sind: Ohne wahrgenommenen Unterschied kann es keine Erkenntnis geben (…)." In seinen weiteren Ausführungen beschreibt Posch ausführlich die „Elemente einer Learning Study", u. a. Wahl des Lerngegenstandes, Identifikation kritischer Merkmale, Erhebung der Lernvoraussetzungen, Aufbau von Relevanzstrukturen, methodische Einbettung der Variationsmuster. Er schließt seinen Beitrag mit Befunden zur Wirksamkeit von Learning Studies, die erkennen lassen, dass sich die Lernleistungen der Schülerinnen und Schüler in fast allen Untersuchungen verbessert haben. Darüber hinaus legen die Befunde laut Posch nahe, „(…) dass das Lesson-Study-Konzept an Wirksamkeit gewinnt, wenn eine Lerntheorie, in unserem Fall die Variationstheorie, eine theoretische Orientierung bietet, die zugleich an der Praxis überprüft werden kann".

(9) Wolfgang Beywl & Miranda Odermatt: Luuise – ein Verfahren zur Qualitätsentwicklung in Schule und Unterricht

„Luuise" (*Lehrpersonen unterrichten und untersuchen integriert, sichtbar und effektiv*) ist ein mit der Schulentwicklung verbundenes Selbstevaluationsverfahren. Seit 2013 setzen über 800 Lehrkräfte in der Schweiz und Deutschland dieses Verfahren zur formativen Evaluation des Unterrichts um – vom Kindergarten bis in die Hochschule. Im

Beitrag werden die fünf Schritte des Verfahrens kurz erläutert, ein konkretes Beispiel vorgestellt und anschließend beschrieben, wie das Verfahren an den Schulen eingeführt wird. Schließlich werden Gestaltung und Ergebnisse der Begleitforschung vorgestellt und einige Bedingungen für den erfolgreichen Einsatz skizziert.

Eine Lehrkraft, die ein Luuise-Projekt durchführt, wählt im ersten der fünf Schritte ein pädagogisches oder didaktisches Problem, das sie belastet und auf das sie immer wieder stößt. In kollegialer Beratung werden Annahmen formuliert, die als Erklärung für das Problem dienen können. Im zweiten Schritt wird ein Ziel formuliert, das spezifisch, messbar, attraktiv, realistisch und zeitlich terminiert sein soll. Im dritten Schritt wird festgelegt, mit welchen Interventionen die gesetzten Ziele erreicht werden sollen. Im vierten Schritt wird konkretisiert, wie die Daten über die Resultate der Interventionen innerhalb des Unterrichts erhoben und z. B. den Lernenden sichtbar gemacht werden sollen. Im fünften Schritt erfolgt mit den Lernenden eine vertiefte Analyse und Interpretation der Ergebnisse mit dem Zweck, den Unterricht weiter zu entwickeln.

Die organisatorische Einführung von Luuise erfolgt in einem mehrteiligen Zyklus: Er wird von der jeweiligen Schulleitung und einem Coach geplant und dem Lehrkörper vorgestellt. Die Teilnahme daran ist freiwillig. An einem Fortbildungstag planen die beteiligten Lehrkräfte ihr Projekt nach dem 5-Schritte-Verfahren und werden dabei beraten. Anschließend führt die Lehrkraft ihr jeweiliges Projekt selbständig durch und hat die Möglichkeit, sich bei einem kurzen extern begleiteten Zwischenstopp und in Lerngemeinschaften auszutauschen. Den Abschluss bildet eine Präsentation an der Schule.

Der letzte Abschnitt des Beitrags widmet sich sehr ausführlich auch möglichen Fallen und der großen Bedeutung, die ausgebildete Coachs bei der Einführung des Projekts an Schulen haben. Es gibt erste Hinweise aus nachhaltig umsetzenden Schulen, dass die mit Luuise verbundene evidenzgestützte Denk- und Handlungsweise sich auf den „normalen Unterricht" der teilnehmenden Lehrkräfte ausweitet und zu einem Bestandteil habitualisierten professionellen Lehrerhandelns wird.

(10) Isabella Richter, Karolin Nix & Wilfried Bos: Unterrichtshospitation als Schulentwicklungsstrategie im Übergangsmanagement

Unterrichtshospitationen gelten als ein Instrument der Schulentwicklung. Insbesondere im Zusammenhang der Professionalisierung von Lehrpersonen werden von ihnen Verbesserungen in der Unterrichtspraxis erwartet. Mit Blick auf die unzureichende Forschungslage widmen sich Isabella Richter, Karolin Nix und Wilfried Bos in der vorliegenden Arbeit einer theoretisch-konzeptionellen Ausschärfung und empirischen Exploration des Forschungsfeldes – und zwar im Zusammenhang schulischer Kooperationen am Übergang von der Grundschule zu weiterführenden Schulen.

Im theoretisch-konzeptionellen Teil der Arbeit werden zunächst die drei vorherrschenden Arten von Unterrichtshospitationen beschrieben und dabei ihre Gemeinsamkeiten und Unterschiede herausgearbeitet, dem sich eine kurze begriffliche Erörterung des „Übergangsmanagements" anschließt. Für ihre Untersuchung konnte das Forschungsteam auf drei Netzwerke von acht Grundschulen mit drei Gymnasien zurückgreifen, die Konzepte zu wechselseitigen Hospitationen entwickelt und erprobt hatten. In der explorativen Studie geht es Richter, Nix und Bos maßgeblich um vier Forschungsfragen zur Praxis und zum Nutzen von Unterrichtshospitationen, die in einer Kombination aus qualitativen und quantitativen Herangehensweisen (Interview- und Fragebogenerhebungen) näher untersucht werden. Dabei konzentriert sich die Ergebnisdarstellung auf Unterrichtshospitationen als „Strategie des schulischen Übergangsmanagements", auf Ziele und Aktivitäten im Rahmen wechselseitiger Unterrichtshospitationen sowie auf eine Bewertung der Hospitationen hinsichtlich inhaltlicher Relevanz, inhaltlichem Nutzen und des Gewinns für die Zusammenarbeit zwischen den Schulen.

Die Ergebnisse verweisen auf das „Potenzial von Unterrichtshospitationen" und zeigen, dass „mithilfe der Unterrichtshospitationen Professionalisierung stattfindet", insbesondere im Hinblick auf Unterrichtsentwicklung, wobei die Lehrpersonen hinsichtlich des Ertrags u.a. von einer Anpassung der Unterrichtsgewohnheiten sprechen. Das Forschungsteam hält es aufgrund seiner Ergebnisse für sinnvoll, Schulen vermehrt Unterstützung beim Aufbau von Netzwerken zu gewähren und Unterrichtshospitationen als festen Bestandteil der Lehreraus- und -fortbildung einzuführen.

(11) Andrea Wullschleger, Katharina Maag Merki, Beat Rechsteiner & Ariane Rickenbacher: Kooperation von Lehrpersonen im Hinblick auf Schulentwicklung – Forschungsstand und Forschungsperspektiven am Beispiel von sozialen Netzwerkanalysen

Der Kooperation von Lehrerinnen und Lehrern wird in Empfehlungen für die Schul- und Unterrichtsentwicklung (z.B. in Praxisleitfäden oder in Referenzsystemen zur Schulqualität) immer wieder ein hoher Stellenwert zugesprochen. Allerdings liefern Forschungsbefunde kein konsistentes Bild darüber, wie und warum in Kollegien (nicht) kooperiert wird, welche Faktoren Kooperation begünstigen und welche Wirkungen mit ihr einhergehen. Vor diesem Hintergrund gehen Andrea Wullschleger, Katharina Maag Merki, Beat Rechsteiner und Ariane Rickenbacher in ihrem Beitrag den möglichen Gründen für diese „komplexe Forschungslage" nach. Dazu beschreibt das Autorenteam das relevante Spektrum an Problemen bei der theoretischen Konzipierung und der empirischen Erfassung. Eine „wegweisende" Perspektive, um ein noch tieferes Verständnis von Lehrerkooperation zu erhalten, sehen sie in „sozialen Netzwerkanalysen", zu denen sie im vorliegenden Beitrag ihre Forschungsergebnisse zur Diskussion stellen.

Nach einer Auseinandersetzung mit den verschiedenen Konzepten bzw. Ansätzen von Lehrerkooperation (Kapitel 2) referieren Wullschleger et al. den aktuellen Forschungsstand zur Kooperation von Lehrpersonen (Kapitel 3), den sie in Kapitel 4 um

Erkenntnisse über soziale Netzwerkanalysen erweitern. In Kapitel 5 skizzieren sie Vorgehen, Auswertung und Ergebnisse ihrer eigenen Untersuchungen über soziale Netzwerke an vier Sekundarschulen, wobei sie zum besseren Verständnis die Ergebnismuster anschaulich fallanalytisch darstellen. Mit den differenzierten und aufwändigen Netzwerkanalysen beschreitet das Forschungsteam methodisch Neuland bei der Analyse von Kollegiumskooperationen. Dabei lassen sich unterschiedliche Intensitäten und Schwachstellen der Kooperation innerhalb eines Kollegiums nachzeichnen, verschiedene Kooperationsqualitäten aufzeigen (z. B. „Dichte“, „Reziprozität“ oder „Zentralität“ der Zusammenarbeit), relevante Vorgehensweisen in zentralen Kooperationsfeldern (Unterrichtstätigkeit, Teamarbeit, Schulgestaltung) darstellen und Einblicke in Innovationspraktiken von Schulen gewinnen, wie sie mit den bisherigen traditionellen Erfassungsmethoden so nicht möglich waren. Die mit sozialen Netzwerkanalysen gewonnenen Ergebnisse liefern folglich aufschlussreiche Einblicke in die Kooperationsverhältnisse in den untersuchten Kollegien, die das Forschungsteam abschließend diskutiert.

Teil 2: Schulische Qualitätsentwicklung

In diesem Teil steht die Entwicklung und Sicherung von Schulqualität im Mittelpunkt, neuerdings oftmals auch als „schulisches Qualitätsmanagement“ bezeichnet. Dabei geht es um die inzwischen weitgehend obligatorisch eingeführten, aber dennoch erst wenig etablierten Ansätze der Schulprogrammarbeit (Beiträge 12 und 13) und der Schulinternen Evaluation (Beitrag 14) sowie um Referenzsysteme für Schulqualität hinsichtlich ihrer Funktionen und Nutzung, über die es bislang keinerlei empirische Erkenntnisse gab (Beitrag 15).

(12) Herbert Altrichter: Transformationen der Steuerungspolitik und das Schulprogramm als Koordinierungsinstrument

Herbert Altrichter gibt in diesem Beitrag zunächst eine kurze Einführung in das Governance-Konzept der Systemsteuerung. Bildungsreformen sind in dieser Perspektive „Versuche, die Regelung oder Koordination zwischen den Akteuren und Akteurinnen eines Systems und damit deren Arbeitspraxis zu verändern“. Die Leitfrage lautet: Wie kommt es dazu, dass die Handlungen sozialer Akteure mit jenen anderer einigermaßen ‚zusammenpassen‘ und welche Prinzipien liegen dieser Passung zugrunde? Die Konstellation solcher Prinzipien der Handlungskoordination in einem bestimmten Bereich bezeichnet man als Governance-Regime. Er illustriert im Anschluss an Schimank fünf Dimensionen der Handlungskoordination, die für die Analyse aktueller Reformen bedeutsam erscheinen: staatliche Input-Regulierung, Selbststeuerung der Lehrerprofession, Außensteuerung substanzieller Ziele, hierarchische Selbststeuerung (innerschulisches Management/Führung durch Schulleitung) sowie Konkurrenzdruck und Quasi-Märkte.

Anhand dieser Dimensionen beschreibt Altrichter im zweiten Teil (Phasen der Governance-Veränderungen) unter Bezugnahme auf die Reformen in Österreich fünf Entwicklungsperioden und zeigt sehr anschaulich, wie sich in diesen Zeitabschnitten die Koordinationsverhältnisse verändern:

- Die Vorgeschichte (1970er und 1980er Jahre): Stagnation und Grauzonenautonomie
- Phase 1: Schulautonomie und Erhöhung einzelschulischer Handlungsspielräume
- Phase 2: Schulmanagement und der Beginn der Suche nach neuen Instrumenten der Systemsteuerung
- Phase 3: PISA-Schock und schulübergreifende Steuerungselemente
- Eine mögliche Phase 4, bei der aber noch unsicher ist, ob es sich bloß um Schulmodernisierung (3. Phase) handelt oder ob bereits eine neue steuerungspolitische Konstellation mit veränderter Schwerpunktsetzung zu erkennen ist

Im dritten Teil (Schulprogramme und Transformation der Steuerung) geht Altrichter genauer auf die Frage ein, welcher Beitrag von Schulprogrammen zu einer Verbesserung der Systemsteuerung im Schulwesen und in den Einzelschulen erwartet werden kann. Er beschreibt u.a. Elemente des Wirkungsmodells, das hinter Schulprogrammen als Instrumenten neuer Systemsteuerung zu stehen scheint, wenn diese sowohl als organisationsinternes Entwicklungsinstrument (Selbstorganisationsprozesse) als auch als externes Steuerungsinstrument zur Einflussnahme auf innerschulische Zielsetzungen genutzt werden. Er schließt mit der Feststellung, dass Funktionalität und Wirkungen der Schulprogrammarbeit in den letzten Jahren kaum Gegenstand der Forschung waren, obwohl sie wichtiges Element staatlicher Qualitätsstrategien sind.

(13) Ulrich Steffens & Hans Haenisch: Das Schulprogramm als Instrument der Schulentwicklung – Konzeptionelle Grundlagen und praktische Umsetzung in der Schule

Das Schulprogramm scheint ein vielversprechendes Instrument der Schulentwicklung zu sein, denn es vereinigt eine Reihe von Elementen, die in der Diskussion um die Verbesserung der Schulqualität eine wichtige Rolle spielen: Fokus auf die Einzelschule, Partizipation der Beteiligten, schulinterne Kooperation, strukturierte Vorgangsweise und unterschiedliche Formen von Evaluation. Ulrich Steffens und Hans Haenisch versuchen in diesem Beitrag die strategische Bedeutung des Schulprogramms für das schulische Qualitätsmanagement aufzuzeigen. Im Vordergrund stehen theoretisch-konzeptionelle Grundlagen und die konkrete praktische Arbeit am Schulprogramm, wobei sie auf Erfahrungen von Schulen zurückgreifen, die bereits erfolgreich damit gearbeitet haben.

Der erste Teil des Beitrags widmet sich den theoretisch-konzeptionellen Grundlagen. In einem langsamen Prozess wurde der klassische Steuerungsmodus (Detailsteuerung „von oben“) durch ein neues Steuerungsverständnis abgelöst, bei dem die einzelne Schule als pädagogische Handlungseinheit begriffen wurde, die zentrale Bedeutung professionell handelnder Lehrer und Lehrerinnen für die Qualität einer Schule erkannt wurde und die dazu erforderlichen Handlungsspielräume sukzessive auch gewährt wurden. Schulen wurden mehr und mehr als „lernende Institutionen" gesehen, die zur Selbstorganisation und Selbstentwicklung fähig sind. Frühe Bemühungen z.B. um angemessenere und schülerorientierte Inhalte waren jedoch noch weitgehend dem Engagement Einzelner überlassen und auch den Schulleitungen fehlte das Bewusstsein von der Notwendigkeit einer kontinuierlichen Qualitätsverbesserung. Die ersten systematischen Bemühungen konzentrierten sich als „Organisationsentwicklung" auf Verfahren von Schulentwicklungsprozessen, auf Arbeiten am „Schulkonzept" und auf pädagogische Maßnahmen der Schulgestaltung. Sie führten über Zwischenschritte schließlich zum Schulprogrammansatz, in dessen Rahmen Schulen Entwicklungsziele formulieren und überprüfen, d.h. Daten erheben, interpretieren, auf dieser Grundlage Maßnahmen planen und umsetzen und deren Wirkungen wieder überprüfen. Für die breite Durchsetzung in den Bundesländern fehlte jedoch lange Zeit die strukturelle Verankerung und eine wirksame Implementationsstrategie.

Im zweiten Teil des Beitrags bieten die Autoren eine Fülle von konkreten Empfehlungen zur Schulprogrammarbeit. Es sind Erfahrungen mit schulischen Entwicklungsprozessen, die im Rahmen der wissenschaftlichen Begleitung von Schulen gesammelt worden sind: wie an konkreten Bedürfnissen angesetzt werden kann und Lehrkräfte aktiv beteiligt werden können, wie Abläufe koordiniert, kooperative Strukturen aufgebaut und Verbindlichkeiten geschaffen werden können und wie ein Schulprogramm im Alltag der Schule verankert werden kann.

(14) Christoph Burkard & Sabine Müller: Schulinterne Evaluation

Zur schulinternen Evaluation liegen inzwischen zahlreiche Publikationen und Handreichungen vor. Dennoch sind Definitionen, Vorgehensweisen und Anwendungszusammenhänge nach wie vor sehr unterschiedlich geartet. Vor diesem Hintergrund liefert der Beitrag von Christoph Burkard und Sabine Müller eine Art Zwischenbilanz zur schulinternen Evaluation. Dabei werden aktuelle Entwicklungen dargestellt und Perspektiven für die Praxis und Forschung aufgezeigt.

Burkard und Müller sehen den Ausgangspunkt schulinterner Evaluation in den ersten institutionalisierten Schulentwicklungsprozessen Anfang der 1990er Jahre. Im Laufe der Zeit erfuhr der Ansatz eine immer weitere Ausschärfung – bis hin zu ausgereiften Instrumenten zur Diagnose schulischer Zustände und Prozesse. Einen konstitutiven Stellenwert erlangte schulinterne Evaluation in vielen Bundesländern zunächst im Zusammenhang mit Schulprogrammarbeit und später in Verbindung mit externer Evaluation von Schulen (im Sinne von „Schulinspektionen" respektive „Qualitätsanalysen"). Trotz rechtlicher Bestimmungen in fast allen deutschen Ländern – so zeigen Burkard und Müller mit Verweisen auf die entsprechenden Studien auf – fällt die bisherige Nutzung von Maßnahmen schulinterner Evaluation in Kollegien relativ bescheiden aus. Dementsprechend verweisen sie auch darauf, dass bei Schulinspektionen immer wieder ein Entwicklungsbedarf von interner Evaluation an Schulen festgestellt wird. Sofern aber Evaluationsmaßnahmen gängige Praxis sind, finden sie eine gute Resonanz und werden als sinnvoll betrachtet (z. B. „Ich halte Schülerfeedback grundsätzlich für bedeutend.“).

Durch einen Rückbau bzw. ein Aussetzen von Maßnahmen der externen Evaluation in verschiedenen Bundesländern erfährt die schulinterne Evaluation – so Burkard und Müller – ganz aktuell eine „Renaissance“. Dabei kann das Autorenteam erste vorliegende Forschungsbefunde dahingehend deuten, „dass interne Evaluationen in Schulen nachhaltigere Effekte zeitigen als externe Evaluationen“. Insofern ist es konsequent, wenn Burkard und Müller in ihrem letzten Kapitel erforderliche Maßnahmen im Zusammenhang mit schulinterner Evaluation ansprechen: den erheblichen Qualifizierungsbedarf und eine notwendige praktische Unterstützung, des Weiteren Referenz- und Normwerte zu den Instrumenten sowie länderübergreifende Definitionen, Standards und Gütekriterien. Weitere Erkenntnisse zur Konsolidierung des Forschungsstandes und „insbesondere qualitative Studien zu Gelingensbedingungen schulinterner Evaluation bleiben ebenfalls Desiderate“.

(15) Beate Kasper, Martin Heinrich, Saskia Bender, Fabian Dietrich, Uwe Fricke, Lena Heidemann & Arnd Kirchhoff: Ein Orientierungsrahmen gibt Orientierung – Funktion und Nutzung von Referenzrahmen zur Schulqualität am Beispiel Niedersachsen

Referenzsysteme für Schulqualität, wie der Orientierungsrahmen in Niedersachsen, liegen inzwischen in allen deutschen Ländern vor. Im Regelfall wurden sie im Zuge von Schulinspektionen (schulexternen Qualitätsanalysen) eingeführt. Allerdings haben sie mittlerweile auch unabhängig davon einen Stellenwert erlangt, und zwar als ein ‚Instrument‘ der Schulentwicklung. Trotz der inzwischen erlangten besonderen Bedeutung von Referenzsystemen für Schulqualität fehlt es an Erkenntnissen über die Anwendung und Nutzung solcher Systeme in den Schulen. Insofern ist der Untersuchung von Beate Kasper, Martin Heinrich, Saskia Bender, Fabian Dietrich, Uwe Fricke, Lena Heidemann und Arnd Kirchhoff eine besondere Bedeutung zuzusprechen. Sie wurde vom Kultusministerium in Niedersachsen im Interesse einer Weiterentwicklung des niedersächsischen Orientierungsrahmens in Auftrag gegeben. Für einen landesweiten Überblick wurde eine Online-Schulleitungsbefragung durchgeführt, die durch Interviews ergänzt wurde, um vertiefende Informationen über relevante Praktiken der Nutzung des Orientierungsrahmens zu gewinnen.

Im vorliegenden Beitrag werden zuerst die zentralen Ergebnisse der Studie vorgestellt. Dabei wird deutlich, dass der Orientierungsrahmen „eine hohe Zustimmung“ bei dem befragten Schulleitungspersonal erfährt. Er kommt insbesondere bei der Vorbereitung auf die Schulinspektion und im Rahmen der Schulprogrammarbeit zur Anwendung und wird dabei vor allem von den Schulleitungen und weniger von den Kollegien als hilfreich erlebt. Das Forschungsteam macht dabei darauf aufmerksam, dass diese überaus positive Resonanz aufgrund der geringen Beteiligungsquote (26 %) zu relativieren ist und dass möglicherweise vorrangig entwicklungsaktive Schulleitungen an den Befragungen teilgenommen haben. Insofern ist es konsequent, dass das Forschungsteam die „Nutzerpraktiken" differenzierter analysiert. Auf der Grundlage der vertiefenden Interviews entwickeln sie eine Nutzertypologie und unterscheiden dabei (1) eine „intern induzierte umfassende souveräne Nutzung", (2) eine „extern induzierte selektive souveräne Nutzung" und (3) eine „interdependent induzierte imaginäre nicht souveräne Nutzung". Vor diesem Hintergrund sprechen Beate Kasper et al. in ihrem abschließenden Kapitel Empfehlungen zur Weiterentwicklung des niedersächsischen Orientierungsrahmens aus.

Teil 3: Pädagogische Führung und Schulmanagement

Bei der Herausarbeitung innerschulischer Bedingungen, die „gute" und „schlechte" Schulen voneinander unterscheiden, hat sich die Rolle des Schulleiters bzw. der Schulleiterin als eine zentrale Größe herauskristallisiert. Dabei geht es nicht nur um das arbeitsorganisatorische Funktionieren einer Schule, sondern darüber hinaus auch um die Förderung der Unterrichtsqualität und um „pädagogische Führung" sowie um eine zielorientierte Entwicklung der Schule und um die Sicherung und Pflege der Lehrerprofessionalität. Deshalb wird der Schulleitung auch eine „Schlüsselstellung" für die Schulgestaltung zugesprochen. Insofern ist es konsequent, wenn sich der vorliegende Band mit drei Beiträgen auch der Rolle und Funktion von Schulleitungen widmet (Beiträge 16 bis 18). Darüber hinaus wird aufgrund der strategischen Bedeutung in einem weiteren Beitrag auf schulische Steuergruppen, ihre Handlungsimplikationen und Wirkungen eingegangen (Beitrag 19).

(16) Stephan Gerhard Huber: Führung und Management von Schulen: Anforderungen, Aufgaben und Kompetenzen von Schulleitung

Stephan Gerhard Huber stellt in seinem Beitrag die grundlegenden Anforderungen, Aufgaben und Kompetenzen von Schulleitungen dar und deutet auf die Wichtigkeit von funktionaler Passung im Schulleitungshandeln. Darauf aufbauend skizziert er „Kooperative Führung" und „System Leadership" als Modelle für zeitgemäße Schulleitung.

Ausgehend von seinem theoretischen Modell beschreibt er in Kapitel 1 fünf Handlungsfelder pädagogischer Führung: (1) Unterrichtsentwicklung initiieren und unterstützen, (2) kontinuierliche Personalentwicklung sichern, (3) die Wirksamkeit pädagogischen Handelns unterstützen, (4) Qualitätssicherung und -entwicklung gestalten sowie (5) System Leadership betreiben. Für Huber ist dabei das Ziel aller Maßnahmen immer, „die Lernenden bei der Entwicklung ihrer Kompetenzen zu fördern und zu unterstützen". Darauf aufbauend widmet sich das Kapitel 2 den erforderlichen Kompetenzen (im Zusammenspiel des ‚Wissens, Könnens und Wollens') zur Bewältigung der Anforderungen und Aufgaben in den fünf Handlungsfeldern. Dabei unterscheidet er allgemeine und tätigkeitsbezogene Kompetenzen sowie Führungskonzepte und arbeitet heraus, „dass verschiedene Führungskonzepte unterschiedlich zum Erfolg der Organisation bzw. der Schule beitragen". Demzufolge geht er der Frage „One size fits all?" nach und skizziert einen Reflexionsrahmen für „passgenaues schulisches Führungshandeln" (Kapitel 3).

Vor dem Hintergrund der skizzierten Anforderungen und Aufgaben einerseits und den hierfür erforderlichen Kompetenzen andererseits – auch jene „passgenauen Führungshandelns" – beschreibt Huber in seinem abschließenden Kapitel 4 „Kooperative Führung" und „System Leadership" als „Modelle der Wahl für zeitgemäße Schulleitung". Für ihn ist dabei Kooperative Führung mehr als ein bloßer Führungsstil, vielmehr eine Handlungsmaxime für schulische Partizipation. Diese Ausrichtung sieht er zugleich als Modell, wozu die Schule beitragen will: „zur Gestaltung eines anschaulichen und modellhaften sozialen Erfahrungsraums für alle Beteiligten". Das Modell Kooperativer Führung konsequent weiterdenkend wird Kooperation für Huber in einer „System Leadership" auch über die Schulgrenze hinaus praktiziert, um die im schulischen Umfeld vorhandenen Ressourcen für den Erfolg der Schule zu nutzen. In seinem Fazit plädiert Huber u. a. für eine Professionalisierung nicht nur der Schulleitung, sondern aller Berufsrollen in der Schule.

(17) Stefan Brauckmann, Susanne Böse, Cornelia Wagner-Herrbach & Julia Warwas: Schulleitungshandeln und Schulentwicklung im Kontext Neuer Steuerungskonzepte

Gesellschaftlicher und technologischer Wandel verlangen von den Schulen zunehmend ein professionelles Entwicklungsmanagement. Der Schulleitung wird in diesem Rahmen eine zentrale Rolle zugewiesen. Es wird erwartet, dass sie die Gesamtverantwortung für die Qualität der von ihr geleiteten Schule nicht nur annimmt, sondern auch aktiv gestaltet. Im ersten Teil des Beitrags wird die Schnittstellenposition der Schulleitung zwischen staatlichen Reformvorhaben und ihren eigenen Entwicklungsschwerpunkten näher beleuchtet und dabei werden unterschiedliche Interpretationen des Leitungsamtes skizziert: Lehrkraft mit Verwaltungsaufgaben, pädagogische Führungskraft, Teamleiter, Vorgesetzter sowie Generalist.

Im zweiten Teil werden Anforderungen an das Handeln der Schulleitungen im Sinne neuer Steuerungskonzepte vorgestellt, die in folgenden Ansprüchen zusammengefasst werden:

- klares Bekenntnis zum Qualitätsmanagement
- schulöffentliche Darstellung von Nutzenerwartungen
- Festlegen von Verantwortlichkeiten und Aufgaben
- Zuteilung von Ressourcen (u. a. Zeit, Personal, Verantwortung)
- Anstoßen von diskursiven Prozessen zur Mitgestaltung und Mitwirkung

- Aufmerksamkeit, Interesse und Wertschätzung für Qualitätsmanagement-Aktivitäten sowie
- Kommunikation von Ergebnissen und Aufzeigen von Konsequenzen

Im dritten Teil werden einige Desiderate diskutiert, die sich aus den veränderten Aufgaben der Schulleitung und Ansprüchen an die Qualitätsentwicklung ergeben. Von der Bildungspolitik wird erwartet, dass sie u. a. die stärkere Vernetzung von Schulen unterstützt, weil diese als starke Triebfeder für die Verbesserung der Schul- und Unterrichtsqualität angesehen wird. Von der Schulverwaltung werden u. a. eine Abkehr von einfachen Weisungs- und Exekutionsfunktionen und insgesamt ein neues Verhältnis zur Schulleitung erwartet, das der gestiegenen Eigenverantwortung der Schulleitungen entspricht. Auf der Ebene der Schulleitung wird u. a. die Pflege einer „Kultur der Unterschiedlichkeit" erwartet, um die soziale und personale Vielfalt im Kollegium konstruktiv nutzen zu können. Der abschließende Teil widmet sich einigen bildungswissenschaftlichen Implikationen. So wird hier unter anderem darauf hingewiesen, dass Forschungsbefunde zu sehr auf Selbsteinschätzungen von Schulleitungen beruhen würden. Schulleitungshandeln sollte daher stärker multiperspektivisch erfolgen, „um strategische bzw. gruppen- und interessengeleitete Wahrnehmungsverzerrungen zu mindern".

(18) Michael Schratz & Christian Wiesner: Pädagogische Führung – Kompetenzprofil und Kompetenzentwicklung von Schulleiterinnen und Schulleitern

Der Beitrag beschreibt den Entwicklungsprozess der letzten vierzig Jahre, der zu einer markanten Veränderung der Rolle der Schulleitung geführt hat. Angetrieben wurde dieser Prozess vor allem durch die Veränderungen im schulischen Umfeld, durch die wachsende Komplexität der Arbeitsbedingungen an den Schulen und durch neue gesellschaftliche Herausforderungen, die es immer schwieriger gemacht haben, das Schulsystem mittels detaillierter genereller Regelungen zu steuern. Neben ihrer traditionellen Aufgabe, Schule zu verwalten, wurden der Schulleitung mehr und mehr Gestaltungsaufgaben zugewiesen; neben der Managementfunktion wurden die Führungsfunktion immer bedeutsamer und die Ansprüche an die Leitungskompetenzen höher.

Die Autoren gliedern diesen Entwicklungsprozess schematisch in vier Phasen, die den Anstieg der Ansprüche widerspiegeln. In der ersten Phase wurden Führungsstile (Primus inter Pares, transaktionale Führung etc.) als wichtige Voraussetzungen für die Verknüpfung von Leitungs-, Organisations- und Verwaltungsaufgaben angesehen. Auch Gestaltungsmöglichkeiten über die Personalentwicklung galten als wichtige Führungsaufgabe. Der Fokus lag auf der einzelnen Schule. In der zweiten Phase lag der Fokus auf der Steuerung durch Ergebnisorientierung. Nicht bloße Annahmen über vermeintliche Wirkungen, sondern empirische Befunde sollten als Grundlage strategischer und bildungspolitischer Entscheidungen dienen. Pädagogische Führung wurde im Zusammenhang mit der Herstellung von Effektivität und Wirksamkeit gesehen.

Mit der zunehmenden Bedeutung des Outputs verschob sich der Fokus von der Einzelschule auf das ganze Schulsystem. In der dritten Phase galt die Aufmerksamkeit u.a. den Einflussmöglichkeiten der Schulleitung auf die Qualität von Schule und Unterricht und welche Führungskompetenzen dazu erforderlich sind. Eine Schulleitung gilt als wirkungsvoll, wenn sie Lernentwicklung und -erfolg im Blick hat, Verantwortung übernimmt, die professionelle Zusammenarbeit mit und im Kollegium (Kooperation) stärkt und die hierfür notwendigen Strukturen schafft. Sie soll dialogisch und verbindlich sein, Perspektiven öffnen und eine evaluative Grundhaltung haben. In der vierten Phase schließlich wird die Ethik für Führungskräfte (Gerechtigkeit, Wahrhaftigkeit, Respekt und Fürsorge etc.) in den Vordergrund gerückt. Auch Mitarbeiter- und Gemeinschaftsorientierung gewinnen an Bedeutung. Es wird erwartet, dass das Zusammenspiel verschiedener professionell Handelnder in Verbindung mit Werteorientierung die Führungskapazität erhöht.

Im Ausblick betonen die Autoren die Notwendigkeit einer „Vertrauenskultur“ an den Schulen. Vertrauen sei Grundlage jeder wirksamen Führungsarbeit. Verbunden mit Glaubwürdigkeit und Empathie sowie einem geringen Grad an Selbstbezogenheit, schaffe sie atmosphärische Voraussetzungen für erfolgreiche und belastbare Beziehungen.

(19) Tobias Feldhoff: Handlungsfelder von Steuergruppen und ihre Wirkungen

Tobias Feldhoff befasst sich in seinem Beitrag mit einem Strukturelement, das für die Schule als Organisation und ihre Entwicklung von zentraler Bedeutung ist. Es handelt sich dabei um schulische Steuergruppen als ein Gremium des Kollegiums. Erste Vorschläge dazu stammen aus den Anfängen der 1990er Jahre, als die bewusste Gestaltung von Schule erste konkrete Ausformungen erfuhr. Feldhoff beschreibt einleitend diese Entwicklung, ausgehend von ihren Ursprüngen Mitte der 1980er Jahre, und zeigt dabei die eingetretenen Wandlungsprozesse in der Systemsteuerung und ihre Rezeption in Kollegien auf. In der Zwischenzeit haben – so Feldhoff – schulische Steuergruppen einen konstitutiven Platz in den schulischen Handlungszusammenhängen eingenommen.

In Kapitel 2 beschreibt Feldhoff die grundlegende Konstruktion von Steuergruppen und ihre primären Aufgaben der Steuerung schulischer Entwicklungsprozesse. In den folgenden Kapiteln befasst er sich mit spezifischen Belangen von Steuergruppen. In Kapitel 3 wird eine wichtige Aufgabe von Steuergruppen aufgezeigt, die notwendige vermittelnde Funktion zwischen Schulleitung und Kollegium. In Kapitel 4 werden auf der Grundlage entsprechender Forschungsergebnisse verschiedene Handlungsmodi von Steuergruppen beschrieben. Dabei wird auch deutlich, dass einige Steuergruppen ihre Rolle als „Change Agent“ noch nicht wahrnehmen, während andere dies erfolgreich tun. Kapitel 5 widmet sich Konfliktfeldern der Steuergruppenarbeit, etwa möglichen Doppelrollen und Rollenkonflikten zwischen Schulleitung und Steuergruppe oder der erforderlichen Balance zwischen Kollegium und Schulleitung. In Kapitel 6 werden die zentralen Ergebnisse erster vorliegender empirischer Studien über die Arbeit und Wirksamkeit von Steuergruppen vorgestellt und erläutert. Im abschließenden Kapitel 7 werden einerseits die Notwendigkeit von Steuergruppen zusammenfassend gewürdigt und andererseits die bisher vorliegenden Forschungsergebnisse kritisch diskutiert, etwa die Frage, ob Schulen und ihr Unterricht eine hohe Qualität aufgrund gut funktionierender Steuergruppen haben oder ob die Wirkungsrichtung möglicherweise umgekehrt verläuft. Mit dieser Frage wird auch weiterer Forschungsbedarf ersichtlich, dem sich die letzten Ausführungen des Beitrags widmen.

Ausblick

Mit den Beiträgen in diesem Band wird versucht, zu einer theoretisch-empirischen Fundierung von Referenzsystemen für Schulqualität und zu einem tieferen Verständnis einzelner Qualitätsbereiche beizutragen. Im Mittelpunkt steht die Frage, wie Lehrerinnen und Lehrer lernen, wie sie an Professionalität gewinnen können und welche Rahmenbedingungen für eine professionelle Berufsausübung erforderlich sind, kurz: wie die Qualität des Lehrens entwickelt, gesichert und gepflegt werden kann. Damit werden auch Voraussetzungen und Bedingungen der Schulgestaltung auf der systemsteuernden Handlungsebene tangiert, die in diesem Band nicht im Mittelpunkt der Betrachtungen stehen. Diese sogenannten „makroorganisatorischen" Einflussfaktoren für Schulgüte und Unterrichtsqualität bleiben einem weiteren, fünften Band in dieser Reihe zur vertiefenden Behandlung vorbehalten.

Literatur

Altrichter, H. & Heinrich, M. (2007). Kategorien der Governance-Analyse und Transformationen der Systemsteuerung in Österreich. In H. Altrichter, T. Brüsemeister & J. Wissinger (Hrsg.), *Educational Governance – Handlungskoordination und Steuerung im Bildungssystem* (S. 55–103). Wiesbaden: VS Verlag für Sozialwissenschaften.

Buer, J. v. & Wagner, C. (Hrsg.). (2007). *Qualität von Schule. Ein kritisches Handbuch.* Frankfurt a. M.: Peter Lang.

Bundesministerium für Bildung, Wissenschaft und Forschung (Hrsg.). SQA – Schulqualität Allgemeinbildung. Verfügbar unter: http://www.sqa.at/course/view.php?id=182 [24. Juni 2019].

Deutscher Verein zur Förderung der Lehrerinnen- und Lehrerfortbildung e.V. – DVLfB (2019). Musterorientierungsrahmen für die Lehrkräftefortbildung. In P. Daschner & R. Hanisch (Hrsg.), *Lehrkräftefortbildung in Deutschland – Bestandsaufnahme und Orientierung. Ein Projekt des Deutschen Vereins zur Förderung der Lehrerinnen- und Lehrerfortbildung e.V. (DVLfB)* (S. 167–231). Weinheim: Beltz Juventa.

Ditton, H. (2000a). Elemente eines Systems der Qualitätssicherung im schulischen Bereich. In H. Weishaupt (Hrsg.), *Qualitätssicherung im Bildungswesen. Problemlage und aktuelle Forschungsbefunde. Dokumentation einer Tagung der Kommission Bildungsorganisation, Bildungsplanung, Bildungsrecht der Deutschen Gesellschaft für Erziehungswissenschaft am 10.–11. März 1999 in Erfurt* (Erfurter Studien zur Entwicklung des Bildungswesens, Bd. 13, S. 13–35). Erfurt: Pädagogische Hochschule.

Ditton, H. (2000b). Qualitätskontrolle und -sicherung in Schule und Unterricht. Ein Überblick über den Stand der empirischen Forschung. In A. Helmke, W. Hornstein & E. Terhart (Hrsg.), *Qualität und Qualitätssicherung im Bildungsbereich: Schule, Sozialpolitik, Hochschule* (41. Beiheft der Zeitschrift für Pädagogik, S. 73–92). Weinheim: Beltz.

Fend, H. (1980). *Theorie der Schule.* München: Urban & Schwarzenberg.

Fend, H. (1982). *Gesamtschule im Vergleich. Bilanz der Ergebnisse des Gesamtschulversuchs.* Weinheim: Beltz.

Fend, H. (1987). „Gute Schulen – schlechte Schulen". Die einzelne Schule als pädagogische Handlungseinheit. In U. Steffens & T. Bargel (Hrsg.). In U. Steffens & T. Bargel (Hrsg.), *Erkundungen zur Wirksamkeit und Qualität von Schule* (Beiträge aus dem Arbeitskreis Qualität von Schule, Heft 1, S. 55–79). Wiesbaden: Hessisches Institut für Bildungsplanung und Schulentwicklung.

Fend, H. (1998). *Qualität im Bildungswesen. Schulforschung zu Systembedingungen, Schulprofilen und Lehrerleistungen.* Weinheim: Juventa.

Fend, H. (2006). *Neue Theorie der Schule. Einführung in das Verstehen von Bildungssystemen.* Wiesbaden: VS Verlag für Sozialwissenschaften.

Fend, H. (2008). *Schule gestalten. Systemsteuerung, Schulentwicklung und Unterrichtsqualität.* Wiesbaden: VS Verlag für Sozialwissenschaften.

Fend, H. (2019). Der „gute Lehrer", die „gute Lehrerin" im Spiegel der Rekontextualisierungstheorie. In U. Steffens und P. Posch (Hrsg.), *Lehrerprofessionalität und Schulqualität. Grundlagen der Qualität von Schule 4* (Beiträge zur Schulentwicklung, S. 69–95). Münster: Waxmann.

Fend, H., Dreher, E. & Haenisch, H. (1980). Auswirkungen des Schulsystems auf Schulleistungen und soziales Lernen – Ein Vergleich zwischen Gesamtschule und dreigliedrigem Schulsystem. *Zeitschrift für Pädagogik, 26*, 673–698.

Fend, H. & Schröer, S. (1987). Das individuelle Profil guter Schulen – Fallstudien Wolfsburg und Hannover-Linden. In U. Steffens & T. Bargel (Hrsg.), *Fallstudien zur Qualität von Schule* (Beiträge aus dem Arbeitskreis Qualität von Schule, Heft 2, S. 49–85). Wiesbaden: Hessisches Institut für Bildungsplanung und Schulentwicklung (HIBS).

Giddens, A. (1992). *Die Konstitution der Gesellschaft.* Frankfurt/M.: Campus.

Gröhlich, C. (2012). *Bildungsqualität. Strukturen und Prozesse in Schule und Unterricht und ihre Bedeutung für den Kompetenzerwerb.* Münster: Waxmann.

Haenisch, H. & Lukesch, H. (1980). *Ist die Gesamtschule besser? Gesamtschulen und Schulen des gegliederten Schulsystems im Leistungsvergleich.* München: Urban & Schwarzenberg.

Hutmacher, W. (1998). Strategien der Systemsteuerung. Von der Systemexpansion zum Systemumbau. In Bundesministerium für Unterricht und Kunst (Hrsg.), *Schulleitung und Schulaufsicht. Neue Rollen und Aufgaben im Schulwesen einer dynamischen und offenen Gesellschaft* (S. 49–92). Innsbruck: StudienVerlag.

Institut für Qualitätsentwicklung – IQ (Hrsg.). (2011). *Hessischer Referenzrahmen Schulqualität. Qualitätsbereiche, Qualitätsdimensionen und Qualitätskriterien.* Wiesbaden: Institut für Qualitätsentwicklung.

Kussau, J. & Brüsemeister, T. (2007). Educational Governance: Zur Analyse der Handlungskoordination im Mehrebenensystem der Schule. In H. Altrichter, T. Brüsemeister & J. Wissinger (Hrsg.), *Educational Governance – Handlungskoordination und Steuerung im Bildungssystem* (S. 15–54). Wiesbaden: VS Verlag für Sozialwissenschaften.

Ministerium für Schule und Weiterbildung des Landes Nordrhein-Westfalen (Hrsg.). (2015). *Referenzrahmen Schulqualität NRW.* Soest: Qualitäts- und Unterstützungsagentur – Landesinstitut für Schule.

Posch, P. & Altrichter, H., unter Mitarbeit von M. Sertl, M. Ekholm, J. Elliot & A. Lechinsky et al. (1993). *Schulautonomie in Österreich* (2. erw. Aufl.). Wien: Bundesministerium für Unterricht und Kunst.

Steffens, U. & Bargel, T. (Hrsg.). (1987a). *Erkundungen zur Wirksamkeit und Qualität von Schule* (Beiträge aus dem Arbeitskreis Qualität von Schule, Heft 1). Wiesbaden: Hessisches Institut für Bildungsplanung und Schulentwicklung.

Steffens, U. & Bargel, T. (1987b). „Qualität von Schule" – Ein neuer Ansatz der Schulentwicklung. In U. Steffens & T. Bargel (Hrsg.), *Erkundungen zur Wirksamkeit und Qualität von Schule* (Beiträge aus dem Arbeitskreis Qualität von Schule, Heft 1, S. 1–20). Wiesbaden: Hessisches Institut für Bildungsplanung und Schulentwicklung.

Steffens, U. & Bargel, T. (1993). *Erkundungen zur Qualität von Schule.* Neuwied: Luchterhand.

Steffens, U. & Bargel, T. (2016a). Die Diskussion um Schulqualität – Anfänge, Wege und Erträge des „Arbeitskreises Qualität von Schule". In U. Steffens & T. Bargel (Hrsg.), *Schulqualität – Bilanz und Perspektiven. Grundlagen der Qualität von Schule 1* (S. 309–347). Münster: Waxmann.

Steffens, U. & Bargel, T. (Hrsg.). (2016b). *Schulqualität – Bilanz und Perspektiven. Grundlagen der Qualität von Schule 1.* Münster: Waxmann.

Steffens, U., Maag Merki, K. & Fend, H. (Hrsg.). (2017). *Schulgestaltung – Aktuelle Befunde und Perspektiven der Schulqualitäts- und Schulentwicklungsforschung. Grundlagen der Qualität von Schule 2.* Münster: Waxmann.

Steffens, U. & Messner, R. (Hrsg.). (2019). *Unterrichtsqualität – Konzepte und Bilanzen gelingenden Lehrens und Lernens. Grundlagen der Qualität von Schule 3.* Münster: Waxmann.

Stufflebeam, D. (1972). Evaluation als Entscheidungshilfe. In C. Wulf (Hrsg.), *Evaluation. Beschreibung und Bewertung von Unterricht, Curricula und Schulversuchen* (S. 113–145). München: Pieper.

Timperley, H. (2012). *Lernen und professionelle Entwicklung von Lehrkräften* (Reihe zur Schulpraxis, Heft 18). Genf: International Academy of Education.

Kira Elena Weber, Kurt Czerwenka & Marc Kleinknecht

Professionalität von Lehrkräften

Theoretische Konzepte und aktuelle empirische Befunde der Professionalisierungsforschung

1. Einleitung

Bereits im Jahr 1833 heißt es in einem Gedicht des Schulrats Natorp *„Wie soll ein Schulmann seyn?“*[1]. Diese Frage ist auch knapp 200 Jahre später immer noch von Bedeutung und hat aktuell Hochkonjunktur. Die Professionalität von Lehrpersonen und die damit einhergehende Professionalisierungsforschung bestimmen die aktuelle bildungspolitische Debatte und gelten als wichtige Elemente für die Qualität von Bildungsprozessen (Kunter, 2017). Dies zeigt sich auch an den vielfältigen Projekten, die im Rahmen der gemeinsamen „Qualitätsoffensive Lehrerbildung“ von Bund und Ländern gefördert werden. Themen, die die Lehrerbildung bewegen, sind u. a. der Einsatz neuer Medien, ein verbesserter Praxisbezug in der Ausbildung, eine engere Verzahnung der drei Phasen der Lehrerbildung (Studium, Referendariat und Weiterbildung) sowie die Ausweitung professioneller Beratungsangebote für Lehrpersonen (BMBF, 2016).

Verschiedenste wissenschaftliche Disziplinen wie etwa die Erziehungswissenschaften, die Psychologie und die Soziologie sowie unterschiedliche Forschungsansätze beteiligen sich an der Erforschung von Professionalisierungsprozessen im Lehrerberuf. In Deutschland wird vornehmlich versucht, über eine Verbesserung der Lehrerbildung die Lehrerprofessionalität zu steigern. Empirische Forschung beschreibt zum einen die Ausbildungs- und Fortbildungsstrukturen und untersucht zum anderen die Wirkungen von Ausbildungs- und Fortbildungsangeboten auf das Wissen und Handeln von Lehrkräften und letztlich auch von Schülerleistungen und -motivationen (für einen Überblick: Terhart, Bennewitz & Rothland, 2014). Nachdem lange Zeit empirische Daten zur Struktur und Wirksamkeit von Lehrerbildung fehlten (Blömeke, 2004), liegen heute einige Befunde aus empirischen Studien vor. In Folge des schlechten Abschneidens deutscher Schülerinnen und Schüler (PISA, 2000; Baumert et al., 2001) sorgten unterschiedliche Forschungsprojekte, auch für die Professionalisierungsforschung, für eine Stärkung der Forschung. So fokussierte etwa das DFG-Schwerpunktprogramm „Bildungsqualität von Schule (BIQUA)“ bezogen auf den mathematischen und naturwissenschaftlichen Unterricht die Förderung von Kompetenzen von Lehr-

---

1 Preußische Volks-Schul-Zeitung 1833, S. 176.

kräften in den MINT-Fächern (Doll & Prenzel, 2004). Als weitere größere Projekte zur Professionalisierungs- und Unterrichtsforschung sind die Projekte COACTIV (Kunter, Kleickmann, Klusmann & Richter, 2011) und Pythagoras (Klieme, Pauli & Reusser, 2009) zu nennen.

Aber was genau zeichnet eine professionelle Lehrkraft aus und vor allem, wie wird man eine? Wir wollen uns in unserem Beitrag nicht nur mit der eingangs skizzierten Frage beschäftigen, wie ein „*Schulmann seyn*" sollte, sondern auch damit, wie man eine „gute Lehrkraft" wird und welche Paradigmen, Ansätze und Konzepte die Lehrerbildung und die damit einhergehende Professionalisierungsforschung beschäftigen. Dazu werden wir im nächsten Abschnitt zunächst einen Rückblick vornehmen und die geschichtliche Entwicklung der Lehrkräfteprofessionalisierung skizzieren. Darauf aufbauend gehen wir vertiefend auf aktuelle professionstheoretische Ansätze ein und unterscheiden hierbei zwischen dem berufsbiographischen, dem strukturtheoretischen sowie dem kompetenzorientierten Ansatz. Nachstehend richten wir unseren Fokus auf Reflective Teaching, Cognitive Apprenticeship und Deliberate Practice als konkrete Konzepte der Kompetenzförderung von Lehrkräften. Bei der anschließenden Darstellung aktueller Trends und empirischer Befunde zur Lehrkräfteprofessionalität beziehen wir uns auf Studien, die die Entwicklung beruflicher (Handlungs-)Kompetenz in den Blick nehmen und thematisieren exemplarisch Befunde der videobasierten Unterrichtsforschung.

2. Die historische Entwicklung der Professionalisierungsforschung von Lehrkräften

Der Weg zur Professionalität im Lehrerberuf war ein langer und durchaus mühevoller (Gehrmann, 2003). Auch heute noch wird der Lehrerberuf als semi-professionell beschrieben, da einige gängige Merkmale von Professionen weiterhin als nicht vollständig erreicht angesehen werden, etwa die Unabhängigkeit in der Berufsausübung (Oevermann, 1996) oder die primäre Konzentration auf kollektive Problemlagen (Bauer, 2000). Auch die Eingebundenheit der Berufsangehörigen in einen Berufsverband mit weitgehender Selbstverwaltung und Disziplinargewalt ist noch nicht voll erfüllt. Auf der anderen Seite sind wesentliche soziologische Merkmale einer Profession (Hesse, 1972) zunehmend gegeben, etwa die Verwissenschaftlichung und Spezialisierung der Ausbildung für den Beruf, Fachprüfungen und Spezifikation der Zugangskriterien, ein relativ hoher gesellschaftlicher Status und eine Erprobungszeit zwischen Ausbildung und Zulassung zum Beruf (ebd., S. 80ff.). Der Lehrerberuf in seiner heutigen Form entspricht somit größtenteils dem einer Profession (Kunter, 2017).

Einhergehend mit der Frage, ob pädagogische Berufe überhaupt als Professionen gelten, ist der Professionalitätsbegriff im Kontext des Lehrerberufs geschichtlich relativ jung. Die wissenschaftliche Suche nach dem „guten Lehrer" bzw. der „guten Lehrerin" zeichnet sich historisch gesehen durch verschiedene aufeinanderfolgende Forschungs-Paradigmen aus. Die prominentesten hiervon sind das „Persönlichkeitsparadigma", das „Prozess-Produkt-Paradigma“ und das „Experten-Paradigma“ (Krauss & Bruckmaier, 2014).

Im Rahmen des Persönlichkeitsparadigmas richtete sich die Aufmerksamkeit in den 1950er und 1960er Jahren auf bestimmte stabile Persönlichkeitsmerkmale, durch die sich eine „gute Lehrkraft“ auszeichnete (vgl. hierzu z.B. die Eigenschaftsliste von Keilhacker 1932, Aibauer 1954). Dieses Persönlichkeitsparadigma zeigt sich unter anderem an dem Zitat von Kerschensteiner, nach dem eine Lehrperson jemand ist, „[...] *der eine volle Persönlichkeit geworden ist,* [...] *das wertvollste Bildungsgut, das* [...] *die größte Wirkung auf die Schüler auszuüben vermag*“ (Kerschensteiner, 1949, S. 110). Spranger (1966) unterschied Menschen nach ihrer Wertgerichtetheit. Dabei grenzte er den theoretischen, ökonomischen, ästhetischen, politischen, religiösen und sozialen Menschen voneinander ab. Lehrkräfte gehören demnach dem sozialen Typus an. Auch für Kerschensteiner zeichneten sich Lehrkräfte eher durch emotional-soziale oder künstlerische als durch wissenschaftliche Fähigkeiten aus (siehe Kerschensteiner, 1949). Obgleich diese Annahmen älteren Datums sind, ist anzunehmen, dass die „Lehrerpersönlichkeit“ weiterhin für viele Pädagogen in ihrer Bedeutung ungeschmälert erscheint. So berichten Herrmann und Hertramph, „[...] *dass – unabhängig von Alter, Schultyp, Dauer der Berufserfahrung usw. – fast alle Befragten als denjenigen Faktor, der letztlich darüber entscheidet, ob man seinen Beruf ‚gut‘ ausübt, die Persönlichkeit des Lehrers benennen, also etwas, was gerade nicht Gegenstand ihrer Ausbildung (und auch nicht ihrer Fortbildung!) gewesen ist*“ (Herrmann & Hertramph, 1997, S. 154). In einer deutschlandweiten Studie von Neugebauer (2013) zeigte sich, dass ausgeprägte soziale und familiäre Interessen sowie geringe Karriere- oder Statusmotive charakteristisch für Studienwahlmotive und Berufs- und Lebensziele von Lehramtsstudierenden sind. Die Annahmen von Spranger und Kerschensteiner, dass Lehrpersonen eher dem sozialen Typus angehören, lassen sich entsprechend empirisch untermauern.

Die Persönlichkeitsforschung zeichnet sich heutzutage durch einen stärker evidenzbasierten und pragmatischen Zugang aus (Mayr, 2014); die Persönlichkeit wird nicht mehr nur als „black box“ gesehen, sondern man versucht, den Begriff in Merkmalen und Einstellungen (beliefs) zu beschreiben und teilweise auch zu messen. Terhart hat sich in der Zusammenarbeit mit Czerwenka u.a. (Terhart, Czerwenka, Ehrich, Jordan & Schmidt, 1994) bereits Anfang der 90er Jahre des letzten Jahrhunderts intensiv mit Lehrerprofessionalität, v.a. auf der Handlungsebene, empirisch auseinandergesetzt. Bezeichnenderweise haben sich die Fragestellungen wenig verändert. Auch damals schon spielte das „belief“-System, noch in der sprachlichen Version der subjektiven Theorie und der „Einstellungs“forschungen, eine sehr bedeutsame Rolle (Hofer, 1986; Groeben, Wahl, Schlee & Scheele, 1988). Man versuchte, auch damals schon, über Selbstauskünfte genauere Aspekte des Denkens und Handelns von Lehrerinnen und Lehrern zu erlangen. Als subjektive Annahmen, Einstellungen, Entscheidungen, kognitive Schemata oder Wissensformen beeinflussen sie – nach diesem Paradigma – von Innen das professionelle Handeln von Lehrpersonen. Die entscheidende Unklarheit ist geblieben, ob durch Selbstauskünfte tatsächlich empirische Realitäten beschrieben werden und nicht Rechtfertigungen, Selbstattributionen oder selbstwertstabilisierende Kognitionen.

Während sich beim Persönlichkeitsparadigma der Forschungsfokus auf die Person der Lehrkraft richtete, stand beim Prozess-Produkt-Paradigma das Verhalten der Lehrkraft im Fokus. Im Rahmen dieses Paradigmas wurden erstmals auch videobasierte Unterrichtsbeobachtungen zur Erforschung bestimmter Aspekte des Unterrichts eingesetzt (Riegel, 2013) und es konnten *„zahlreiche Aspekte lern- und leistungsrelevanten Unterrichtshandelns von Lehrkräften identifiziert werden“* (Krauss & Bruckmaier, 2014, S. 241). In den 1980er Jahren rückte dann wieder die Person der Lehrkraft in den Fokus. Wie beim Persönlichkeitsparadigma wurde auch im Expertenparadigma nach einer „guten Lehrperson“ gesucht. Eine „gute Lehrperson“ zeichnet sich jedoch im Expertenparadigma weniger durch bestimmte stabile Charaktereigenschaften aus, sondern durch ihre Kompetenzen in Form eines berufsspezifischen Wissens und Könnens, also dem Grad ihrer Expertise (Blömeke, 2009). Professionelle Kompetenz wird dabei als prinzipiell erlern- und veränderbar verstanden (Kunter et al., 2011). Durch diese Sichtweise auf die Professionalität von Lehrpersonen wurde das Lernen der (zukünftigen) Lehrkräfte verstärkt in den Fokus empirischer Forschungen gerückt (Retelsdorf & Südkamp, 2012). Zusammenfassend kann festgehalten werden, dass sich die Sichtweise auf eine Professionalisierung von Lehrkräften gewandelt hat (Kunter et al., 2011; Kunter & Pohlmann, 2009). So fokussiert sich die empirische Forschung zur Lehrkräfteprofessionalisierung inzwischen deutlich seltener auf die Persönlichkeit, sondern richtet sich zunehmend stärker am Expertenparadigma aus (Gruber, 2004; Tillmann, 2014). Aktuelle Professionalisierungsmaßnahmen, wie beispielsweise die von der Kultusministerkonferenz verabschiedeten Standards für die Lehrerbildung (KMK, 2004), legen ihr Augenmerk stärker auf klarere Aufgabenbeschreibungen und die Festlegung von Ausbildungszielen, mit dem Ziel, den Lehrerberuf als Profession *„noch stärker von Beliebigkeiten zu befreien“* (Kunter, 2017, S. 415).

3. Professionstheoretische Ansätze zur Lehrkräfteprofessionalität

Einhergehend mit den eben skizzierten Paradigmen lassen sich aktuell drei professionstheoretische Ansätze unterscheiden, die jeweils einen unterschiedlichen Fokus auf die Bestimmung und Entwicklung von Professionalität im Lehrerberuf haben. Ein Ansatz, der seinen Ursprung im Persönlichkeitsparadigma hat, ist der berufsbiographische Ansatz (siehe 3.1). Hier liegt der Forschungsfokus vor allem auf individuellen Lebens-, Bildungs- und Lernprozessen. Einen vorrangig soziologischen Zugang bietet der strukturtheoretische Ansatz (siehe 3.2), der das professionelle Handeln von Lehrpersonen in den Vordergrund rückt. Einen engen Bezug zum Expertenparadigma weist der kompetenzorientierte Ansatz (siehe 3.3) auf. Dieser fokussiert wieder auf die Lehrperson und fragt danach, über welche Kompetenz- und Wissensbereiche Lehrkräfte verfügen müssen, um den Lehrerberuf qualitätsvoll ausüben zu können.

3.1 Der berufsbiographische Ansatz

Eine „gute Lehrperson" wird im berufsbiographischen Ansatz als eine Person verstanden, die in ihrem beruflichen Kontext sozialisiert ist und die berufliche Realität konstruktiv verarbeiten kann (Mulder & Gruber, 2011). Berufsbezogene Kompetenz definiert sich in diesem Ansatz also über einen konstruktiven beruflichen Anpassungsprozess. Insbesondere die erfolgreiche *„Bearbeitung von Krisen induzierenden Situationen"* (Keller-Schneider, 2016, S. 284), trägt durch ihren Erkenntnisgewinn zu einer weiteren Professionalisierung bei. Terhart et al. (1994) konnten zeigen, dass sich Lehrkräfte bei reflektierten pädagogischen Entscheidungen vor allem an den eigenen beruflichen sowie privaten Erfahrungen orientieren und deutlich weniger an Fortbildungsveranstaltungen oder der Phase der Ausbildung. Diese Ergebnisse deuten auf eine berufsbiographisch bedingte Professionalisierung, wie sie im berufsbiographischen Ansatz vertreten wird, hin. Professionalität wird hier als berufsbiographisches Entwicklungsproblem bezeichnet (Terhart, 2011). Im Mittelpunkt dieses Ansatzes steht eine stärker individualisierte Sichtweise auf die Entwicklung von Professionalität. Die Übernahme eines beruflichen Habitus, die Verknüpfung von privatem und beruflichem Lebenslauf, kritische Lebensereignisse, Belastungserfahrung und -bewältigung sowie die gesamte Entwicklungsspanne der beruflichen Lebenszeit spielen eine zentrale Rolle (ebd.). Mit dem berufsbiographischen Ansatz wird also die Frage nach Genese und Veränderung von Professionalität im Lehrerberuf in den Fokus gerückt.

Neben dieser dynamischen Komponente rückt auch die Persönlichkeit der Lehrkraft in den Vordergrund. Helsper konstatiert, dass es nicht möglich ist *„unabhängig von der konkreten Person, dem jeweiligen Selbst, der jeweiligen Berufsbiographie und dem professionellen Habitus einen Idealentwurf oder ein ‚Leitbild' des professionellen Lehrers zu formulieren"* (Helsper, 2002, S. 95). Berufs- und Privatleben sind im berufsbiographischen Ansatz miteinander verschränkt, was als Alleinstellungsmerkmal dieses Ansatzes gesehen werden kann. Forschungsmethodische Zugänge können quantitativer („Lebenslaufforschung") oder auch qualitativer Art („Biographieforschung") sein (Terhart, 2011). Dabei versteht sich die erziehungswissenschaftliche Biographieforschung durch die Fokussierung auf individuelle Lebens- und Bildungsverläufe eher als qualitative Bildungsforschung (Mulder & Gruber, 2011). Durch Lebensgeschichten („oral history") oder individuelle Biographien soll etwas über die Historie des Lehrerberufs erfahren werden oder diese werden zum Ausgangspunkt genommen, um z.B. berufliches Selbstverständnis oder subjektive Theorien über Unterricht zu analysieren und zu reflektieren (ebd.).

Terhart (2001) formuliert das spezifische Problem dieses Ansatzes folgendermaßen: *„Professionalität [...] entwickelt sich im Prozess des Lehrerwerdens, wobei für die professionsbezogene Lehrerforschung das zentrale Problem darin liegt, die empirische Analyse je individueller und/oder gruppen- bzw. kohortenspezifischer Entwicklungsverläufe mit einem Modell der Logik des Aufbaus von beruflicher Kompetenz in Verbindung zu bringen [...]"* (ebd., S. 56). Kritisch zu sehen ist also eine Verknüpfung der Forschungsergebnisse mit normativen Vorstellungen über eine erfolgreiche Berufsbiographie. Oftmals fehlen konkrete Operationalisierungen oder Definitionen (Mulder &

Gruber, 2011). Trotz dieser forschungsspezifischen Schwierigkeiten erscheint die Einbeziehung einer (berufs-)biographischen und dynamischen Entwicklungsperspektive in die professionstheoretische Debatte sinnvoll. Insbesondere, da sie durch die ihr eigenen Perspektiven *„bis zu einem gewissen Grad eine verbindende Klammer zwischen struktur- und kompetenztheoretischem Ansatz sein kann"* (Terhart, 2011, S. 209).

3.2 Der strukturtheoretische Ansatz

Im Gegensatz zum berufsbiographischen Ansatz hat der strukturtheoretische Ansatz eine eher statische Perspektive, da er nicht nach Entwicklungsprozessen fragt, sondern das Handeln der Lehrkraft in den Fokus stellt. Er kann nach Terhart als *„Ansatz zur genauen Beschreibung und rekonstruktiven Durchdringung tiefliegender Strukturprobleme und Antinomien des Lehrerberufs"* beschrieben werden (ebd., 2011, S. 206), wobei er durch seine reflektierende und selbstkritische Rückwendung durchaus ein *„reflexives Steigerungsmoment"* (ebd.) beinhaltet. Der strukturtheoretische Ansatz bezieht sich auf Oevermanns Theorie des professionellen Handelns (Oevermann, 1996) und rückt damit in die Nähe therapeutischer Tätigkeiten (Mulder & Gruber, 2011; Baumert & Kunter, 2013). Professionalität lebt weniger von der Unabhängigkeit der Berufsgruppen (Oevermann, 1996) – im Gegenteil sind die Rollen von akademischen Berufen meist genau definiert (Medizin: Hippokrates; Jurist: Wahrheit; Theologie: Bibel; Kaufmann: Erfolg) –, sondern vom Wissensbezug. Das Handeln muss einen berufswissenschaftlichen Anschluss haben, der argumentierbar ist und über das Alltagshandeln hinausgeht. Durch Intersubjektivität und universelle Argumentation soll erreicht werden, dass das Handeln nicht beliebig und willkürlich erfolgt. Nur wenn pädagogisches Handeln anschlussfähig bleibt an den Erkenntnisfortschritten der Wissenschaft (lebenslanges Lernen), kann der Status des Handwerks (Erfahrungsbezogenheit) und der Situationsabhängigkeit (Intuition) überwunden werden. Basierend auf der Oevermannschen Professionstheorie gehen strukturtheoretische Ansätze davon aus, dass die Lehrtätigkeit zu den professionalisierungsbedürftigen Berufen zählt (Helsper, 2014) und sich durch Unsicherheiten und Ungewissheiten auszeichnet (Mulder & Gruber, 2011). Damit einhergehend ist sie gekennzeichnet durch eine strukturelle Ambivalenz; Lehrkräfte stehen somit vor grundlegenden beruflichen Aufgaben, die jeweils eine in sich widersprüchliche Struktur aufweisen (Terhart, 2011). Terhart (2011) nennt hier als Beispiele für diese antinomische Struktur Nähe versus Distanz zu den Schülerinnen und Schülern, Subsumption versus Rekonstruktion, Person des Schülers bzw. der Schülerin versus Anspruch der Lern-Sachen, Einheitlichkeit versus Differenz, Organisation versus Interaktion und Autonomie versus Heteronomie.

Insbesondere vor dem Hintergrund der aktuellen bildungspolitischen Diskussion zur schulischen Inklusion und dem damit einhergehenden Thema Umgang mit Heterogenität kommt diesem *„komplexen Bündel von Aufgaben"* (Terhart, 2011, S. 206) ein neuer Stellenwert zu. So sollen Lehrkräfte verstärkt individuelle Bedürfnisse und Besonderheiten berücksichtigen, sich jedoch gleichzeitig an curriculare Vorgaben und Standards halten und formale Gleichbehandlung aller Schülerinnen und Schüler gewährleisten. Professionell handelt eine Lehrkraft dann, wenn sie diese vielfachen Spannungen und Widersprüchlichkeiten sachgerecht handhaben kann. Pädagogische Professionalität bedeutet im Kontext des strukturtheoretischen Ansatzes also, dass die Lehrkraft mit täglich zu bewältigenden und unauflösbaren Unsicherheiten, im Kontext schulisch-pädagogischer Interaktionen, kompetent und reflektierend umgehen kann (Helsper, 2014; 2016).

Dies bedeutet auch, dass professionelles Lehrerhandeln nicht während der universitären Ausbildung erworben werden kann, sondern der beruflichen Praxis bedarf (Helsper, 2016). Erst durch die kritisch-reflexive Auseinandersetzung mit der Praxis und bestimmter Handlungsroutinen kann professionelles Handeln erreicht werden. Hier zeigt sich eine gewisse Nähe zum berufsbiographischen Ansatz, bei dem die berufliche Praxis ebenfalls die entscheidende Komponente für Professionalisierungsprozesse darstellt. Die Universität kann nur durch die *„Herausbildung eines (selbst-)reflexiven, wissenschaftsbasierten Habitus"* (Helsper, 2016, S. 104) die Voraussetzungen für eine reflexive Auseinandersetzung mit der beruflichen Praxis schaffen. Für eine angemessenere Vorbereitung auf die Unterrichtsrealität wird für die Phase der Lehrerausbildung eine Orientierung an der Fallarbeit vorgeschlagen und die Relevanz fallrekonstruktiver Kompetenzen betont, die bereits im Studium erworben werden sollten (Helsper, 2014). Fallbasiertes Lernen in der Phase der Lehrerausbildung soll neben der Förderung kritischen Denkens auch die Entwicklung professionellen Wissens und die Entwicklung von Entscheidungsfähigkeiten fördern (für einen Überblick siehe z. B. Altmann, 2016) und somit angehende Lehrkräfte besser auf die Unterrichtsrealität und die damit einhergehenden Widersprüchlichkeiten und Unsicherheiten vorbereiten.

3.3 Der kompetenzorientierte Ansatz

Der kompetenzorientierte Ansatz weist eine starke Affinität sowohl zum berufsbiographischen Ansatz (Terhart, 2011) als auch zum Expertenparadigma (Mulder & Gruber, 2011) auf. Die Gemeinsamkeit mit dem berufsbiographischen Ansatz besteht dabei darin, dass es auch beim kompetenzorientierten Ansatz um die Lehrperson und die Entwicklung von Expertise geht. Dieser Ansatz beinhaltet entsprechend ebenfalls eine dynamische Entwicklungsperspektive. Während sich die Expertiseforschung auf Voraussetzungen besonders erfolgreichen Handelns bezieht, also auf die Frage: „Wie wird man zum Experten bzw. zur Expertin?", wird beim kompetenzorientierten Ansatz danach gefragt, welche Wissens- und Kompetenzbereiche Lehrkräfte benötigen. Ausgangspunkt des kompetenzorientierten Ansatzes ist also die Analyse und Definition von Wissens- und Kompetenzbereichen, die für die Bewältigung beruflicher Aufgaben notwendig sind (Terhart, 2011). Die Festlegung dieser Bereiche erfolgt dabei auf Basis empirischer Erkenntnisse. Entsprechend vielfältig sind die Definitionen und Modelle, die in den kompetenzorientierten Ansatz einfließen.

In Bezug auf die Wissensforschung wird üblicherweise eine Unterscheidung von Wissensformen vorgenommen, wobei zwischen deklarativem, prozeduralem und metakognitivem Wissen unterschieden wird (z. B. Anderson & Krathwohl, 2001). Prozedurales Wissen stellt dabei die Wissensform dar, die besonders handlungsrelevant ist, während rein deklaratives Wissen Anwendungsprobleme in der Praxis mit sich bringen kann (Ausubel, 1968; Krapp & Heiland, 1986; Stark & Mandl, 2000). Prozedurales Wissen ist dadurch gekennzeichnet, dass es situations- und ablauforientiert organisiert ist (Blömeke, Kaiser & Lehmann, 2006). Das heißt z. B. in Bezug auf Mathematiklehrpersonen, dass sie Unterricht schrittweise anhand typischer Abfolgen wahrnehmen, planen und durchführen (Aebli, 1983; Putnam & Borko, 2000). Deklaratives Wissen der Dimensionen Mathematik, Mathematikdidaktik und Pädagogik/Psychologie (Shulman, 1985) muss dafür miteinander vernetzt und situationsspezifisch umstrukturiert werden.

Auch der Kompetenzbegriff orientiert sich an Vorstellungen des situierten, problemorientierten Lernens. Die Situation definiert, wie die Kompetenz oder die Kompetenzen auszusehen haben, die zur Bewältigung beitragen. Kompetenz bedeutet nach Faulstich (1998) die Fähigkeit, Wissen und Handlungen zur Erreichung vorgegebener Handlungszwecke anzuwenden. Die Kompetenz wird also in der Performanz deutlich. Dabei reicht aber nicht ein prozedurales Wissen bzw. eine Handlungsroutine, sondern neben der Ausführbarkeit müssen auch die einschlägigen Theorien und empirischen Erkenntnisse zur professionellen Lösung herangezogen werden. Weinert definiert Kompetenz als „*a learned, cognitive, demand-specific disposition and corresponding metacompetencies and motivational attributions be included in analyses of this construct*“ (1999, S. 19). Im Anschluss an diese Definition hat sich in den letzten Jahren im deutschsprachigen Raum das theoretische Modell von Baumert und Kunter (2006) etabliert. Dieses Modell bezieht sich auf die Professionalität von Lehrkräften und systematisiert, unter dem Oberbegriff der professionellen Kompetenz, die verschiedenen Voraussetzungen, die zu einer erfolgreichen Ausübung des Lehrerberufs benötigt werden (Kunter, 2017). Zur professionellen Kompetenz gehören demnach neben verschiedenen Wissensfacetten und Wissensbereichen auch Persönlichkeitsmerkmale bzw. Beliefs wie motivationale Orientierungen, selbstregulative Fähigkeiten, Überzeugungen und Werthaltungen (Baumert & Kunter, 2006), wodurch sich in dem Modell auch Merkmale des Persönlichkeitsparadigmas wiederfinden lassen. Allerdings haben vor allem Ergebnisse aus der Expertiseforschung (vgl. als Überblick Ropo, 2004) einen deutlichen Einfluss auf den kompetenzorientierten Ansatz (König, 2016b).

Professionelle Handlungskompetenz im Sinne von Expertise zeichnet sich demnach durch einen hohen Vernetzungsgrad des Wissens mit vielfachen relationalen Verknüpfungen aus (Berliner, 1994; 2001). Charakteristisch ist vor allem eine veränderte kategoriale Wahrnehmung von Unterrichtssituationen und eine zunehmende Interpretation dieser Situationen im Hinblick auf mögliche Handlungen, die Ausdruck einer zunehmend kognitiven Integration der einzelnen Dimensionen professionellen Wissens sind (Calderhead, 1984). In Anlehnung an Shulman (1987) umfasst professionelle Kompetenz fachliches Wissen (content knowledge), fachdidaktisches Wissen (pedagogical content knowledge) und fachübergreifendes, pädagogisches Wissen (general pedagogical knowledge). Diese Wissensbereiche gelten als Kernbereiche des Professionswissens (z. B. König, 2016a) und konnten in empirischen Studien als bedeutsam für erfolgreiches Unterrichten und die Lernerfolge von Schülerinnen und Schülern identifiziert werden (Kunter et al., 2013; Hertel, 2014).

Die erste Form des wissenschaftlichen Wissens (content knowledge) bezieht sich auf die Fachwissenschaft. Verschiedene Studien haben im Blick auf Mathematik und Naturwissenschaften gezeigt, dass ein enger Zusammenhang zwischen der Ausbildung in den Fachdisziplinen und dem Lernzuwachs der Schülerinnen und Schüler besteht (Monk 1994; Goldhaber & Brewer, 2000; Kunter, Klusmann, Baumert, Richter, Voss & Hachfeld, 2013). Nur wer die wissenschaftlichen Grundlagen seines Fachgebietes genau kennt und durchschaut, wird genaue Differenzierungen, Anknüpfungspunkte, Kontexte und Transfermöglichkeiten bieten können. Vor dem Hintergrund einer zunehmend heterogenen Schülerschaft und der damit einhergehenden Forderung nach einem differenzierten und adaptiven Unterricht kommt dem fachlichen Wissen somit eine besondere Rolle zu. Beck et al. (2008) konnten etwa herausarbeiten, dass Sachkompetenz neben didaktischer und diagnostischer Kompetenz sowie einer guten Klassenführungskompetenz eine wichtige Facette adaptiver Lehrkompetenz darstellt.

Zum fachdidaktischen Wissen (pedagogical content knowledge) zählen beispielsweise Wissen über den Zusammenhang der Fachdisziplin zum Unterrichtsfach, Wissen über fachspezifische Lernzugangswege, Unterschiede zwischen Lernern und deren Berücksichtigung durch Differenzierung, die Bedeutung des Vorwissens und seine Einschätzung, Verständnis über Motivation und Interessenstiftung, fachspezifische Diagnosefähigkeit und Kompetenzeinschätzung u.a.m. (in Anlehnung an Darling-Hammond, 1999). Empirische Belege liegen hierfür vor allem in Bezug auf das multidimensionale Konstrukt der Diagnosefähigkeit vor – definiert als die Fähigkeit einer Lehrperson, die Rangfolge von Schülermerkmalen und Aufgabenschwierigkeiten zutreffend einzuschätzen (Schrader, 2001) –, dem für professionelle Handlungskompetenz nach Weinert, Schrader und Helmke (1990) eine Schlüsselrolle zukommt (siehe auch Schrader, 2014). Das Zusammenspiel von pädagogisch-psychologischem Diagnosewissen, Wissen über die fachlichen Anforderungen in einem Lerngebiet sowie fachdidaktisches Wissen über typische Vorgehensweisen und Fehler von Schülerinnen und Schülern unterschiedlichen Entwicklungsstandes und unterschiedlicher Leistungsfähigkeit sowie instruktionsbezogenes Wissen über Handlungsmöglichkeiten führt entsprechend zu höheren Schülerleistungen (Helmke, Hosenfeld & Schrader, 2004). In einer Studie von Baumert et al. (2010) zeigte sich, dass insbesondere bei leistungsschwächeren Klassen das fachdidaktische Wissen der Lehrkraft einen großen Einfluss auf die Unterrichtsqualität hat (vgl. auch Hertel, 2014).

Auch wenn für die fachdidaktischen Kompetenzen fachspezifische Kompetenzbereiche anvisiert wurden, kann manchmal eine klare Abgrenzung zu den schulpädagogischen, bildungswissenschaftlichen oder allgemein-didaktischen Kompetenzmerkmalen nur schwer hergestellt werden. Was prinzipiell für ein Fach gilt, kann in vielen Fällen auf andere Fächer übertragen werden. Auch beim pädagogischen Wissen von Lehrkräften gibt es Wirkungserwartungen auf Schülerleistungen. So zeigen Lehrkräfte mit einem höheren fachübergreifenden pädagogischen Wissen (general pedagogical knowledge) eine effektivere Klassenführung, können „*Schülerleistungen zutreffender einschätzen, Schülern ein angemessenes Feedback geben sowie flexibler, adaptiver und auf einem anspruchsvolleren Niveau unterrichten*" (Lipowsky, 2006, S. 53).

Im Kontext des kompetenzorientierten Ansatzes sollte das Konzept der Standards im Bildungswesen zumindest kurz erwähnt werden. „*Standards in der Lehrerbildung beschreiben Anforderungen an das Handeln von Lehrkräften. Sie beziehen sich auf Kompetenzen und somit auf Fähigkeiten, Fertigkeiten und Einstellungen, über die eine Lehrkraft zur Bewältigung der beruflichen Anforderungen verfügt. Aus den angestrebten Kompetenzen ergeben sich Anforderungen für die gesamte Ausbildung und die Berufspraxis.*" (KMK, 2004, S. 4) Unter Standards versteht Oser (2005) Handlungskompetenzen und -bereitschaften, formuliert als „*Kompetenzcluster*", die „*nicht von Theorien abgeleitet, sondern von unterrichtlichen Situationen her bestimmt werden*" (Oser, 2005, S. 266). Die optimale Ausführung eines „Handlungsbündels" definiert danach einen professionellen Standard. Gleichzeitig wird unter Standard auch einfach ein Handeln in einer Situation verstanden. Insofern dient das Standardmodell der Beschreibung wie auch der Messung eines Handlungsbündels. Handlungen können nicht vom Wissen abgeleitet werden, sondern müssen situiert entwickelt werden. Theoretisches Wissen kann nicht in die Praxis umgesetzt werden, sondern die Szenarien der Praxis stellen die Frage nach der Theorie. Damit ist das Konstrukt der Standards vorerst keine Theorie, aber ein theorieanschlussfähiges Konzept, das als konstitutives Element den Rekurs auf theoretisches und empirisches Wissen fordert.

4. Konzepte der Kompetenzförderung von Lehrkräften

Wie wir im vorherigen Abschnitt herausgestellt haben, stützt sich der kompetenzorientierte Ansatz vor allem auf die Expertise-Forschung (Terhart, 2011) und konnte Hinweise darauf geben, dass sich berufsspezifisches Wissen und Können von Lehrkräften mit Expertise oftmals erst in „*Handlungsvollzügen manifestiert*" (König, 2016b, S. 217). Damit eine schrittweise Prozeduralisierung des vorliegenden deklarativen Wissens gelingt, halten sowohl die Expertiseforschung als auch die Kognitionspsychologie umfangreiche Praxiserfahrungen für notwendig. Auch der berufsbiographische und der strukturtheoretische Ansatz betonen die Relevanz von Praxiserfahrungen. Beim berufsbiographischen Ansatz bedingen berufliche Erfahrungen die Entwicklung von Expertise, während im strukturtheoretischen Ansatz nach konkreten beruflichen Aufgaben und Anforderungen an Lehrkräfte gefragt und davon ausgegangen wird, dass sich professionelles Lehrerhandeln erst in der kritisch-reflexiven Auseinandersetzung mit der Praxis entwickeln kann. Wenn Theoriewissen zur Beurteilung von Unterrichtssituationen von den Absolventen herangezogen werden soll, sollte die Ausbildung Theorie und Praxis systematisch miteinander verknüpfen; d.h., dass Studierende sich Theoriewissen praxisbezogen aneignen müssen (siehe hierzu z.B. die Studie von Czerwenka & Nölle, 2003). Es stellt sich also nicht nur die Frage, „*how practice can become better linked to theory*" (Korthagen, 2016, S. 1), sondern auch „*how to connect practical experiences to theory*" (ebd., S. 2). Im Folgenden skizzieren wir drei Konzepte, die unseres Erachtens Potential für eine sowohl praxis- als auch theoriebezogene Förderung der Kompetenzen von Lehrkräften aufweisen und damit die weitere Professionalisierung von Lehrkräften forcieren.

4.1 Reflective Teaching

Als einer der wichtigsten Diskussionsbeiträge im Diskurs der Lehrerprofessionalität ist der des *„reflective teaching"*, der vor allem mit dem Namen D. A. Schön verbunden ist (Schön, 1983; 1987; 1991). Er hat auch und gerade für die Praxis der Lehrerausbildung bis heute eine enorme Bedeutung. Kennzeichnend für die Lehrkraft als *„Reflective Practitioner"* ist eine Sichtweise auf die Tätigkeit und Professionalisierung der Lehrperson, die die Praxis als wissensgesättigt betrachtet, bei Schön als *„knowing-in-action"* (ebd., 1987, S. 30). Dieses der Praxis implizite Wissen kann durch die getrennt zu betrachtenden Vorgänge von *„reflection-in-action"* und *„reflection-on-action"* sozusagen gehoben werden. Erziehen und Unterrichten sind hier als Kunst aufgefasst und die Lehrperson gleichsam als Kunsthandwerker, der die Lehr-Lern-Situation zu gestalten versteht. Diese Vorstellung hebt das Moment der Unverfügbarkeit von sozialen Situationen hervor, die Notwendigkeit, irritierende und überraschende Momente der Situation ernst zu nehmen und sozusagen mit der Situation selbst in einen Dialog zu treten. Der reflektierende Praktiker hört auf „Antworten" der Situation oder ihre Signale (*„back talk"*) und kommt danach möglicherweise zu einer anderen Rahmung des situativen Kontextes (Schön, 1987, S. 31). Auch in Forschungssituationen zu diesem Ansatz tritt die Forschung nicht an, theoretisch gewonnene Hypothesen zu testen, vielmehr wird die Theorie den Erfahrungen in der Praxis unterlegt und versucht, daraus *„lokale Hypothesen"* zu bilden (Schön, 1991, S. 4).

In Abgrenzung von technischer Rationalität wird nicht versucht, Praxis als ein Anwendungsfeld zu betrachten, sondern vielmehr, *„to give practitioners reason"*, also der Praxis Sinn zu verleihen, den Lehrenden zu einem tieferen Verständnis dessen zu verhelfen, was sie in der Praxis tun. Damit wird, so Schön, eine Epistemologie der Praxis entworfen (ebd., S. 5). Was dabei *„reflective teaching"* heißt, wird u. a. in einem Beitrag von Erickson und MacKinnon (1991) dargestellt. Hier wird in einem reflektierenden Dialog zwischen einer erfahrenen Lehrkraft und einer Berufsanfängerin für diese herausgearbeitet, was den Unterschied zwischen dem Unterricht der erfahrenen Lehrperson und ihrem eigenen ausmacht. Auch Forschung versteht sich in diesem Sinne, im Anschluss an Lewin, als reflektierend und lehrhaft (ebd., S. 9). Dieser Ansatz wird möglicherweise deshalb auch international so erfolgreich vertreten, weil er das Grundmuster der gängigen beruflichen Sozialisation von Lehrpersonen repräsentiert (Terhart et al., 1994) und dieses theoretisch unterfüttert. In der Ausführung bietet er damit ein Modell der Professionalisierung an, das den Bedürfnissen der Praktiker und Praktikerinnen Rechnung trägt, für Praxisprobleme Lösungen aus der Praxis selbst zu entwickeln, und das anschlussfähig ist an den Pragmatismus Deweys wie an die Tradition der hermeneutisch orientierten Pädagogik etwa geisteswissenschaftlicher Prägung.

Kontinuierliche Reflexion und Evaluation des eigenen Handelns kennzeichnen den Reflective Practitioner (Lohmann, 2011). Nach Terhart ist *„insbesondere die selbstkritische, reflektierende Rückwendung auf das eigene Handeln, auf die eigene berufliche Entwicklung"* ein wichtiger Faktor, um im Rahmen des strukturtheoretischen Ansatzes berufliche Unsicherheiten bewältigen zu können und professionelle Fähigkeiten weiterzuentwickeln (Terhart, 2011, S. 207). Auch im Kontext des berufsbiographischen Ansatzes kann das Konzept des Reflective Teaching eine Möglichkeit darstellen, eine gelungene und erfolgreiche Berufsbiographie zu erreichen, wenn intuitive und routinierte biographisch entwickelte Verhaltensmuster (z.B. familiäre Erziehungspraktiken oder eigene schulische Sozialisationserfahrungen) kritisch reflektiert und optimiert werden (Lohmann, 2011). Allerdings auch nur dann, wenn der *„Reflective Practitioner"* seine Handlungen in der Praxis theorie- und wissensbasiert reflektiert. Genau hier setzt die Kritik am Ansatz des Reflective Practitioner an, die vor allem um das Thema der mangelnden Berücksichtigung wissenschaftlich gewonnenen und bewährten Wissens kreist (Shulman, 1987; Oser, 1997), das sich aus der Dichotomisierung von technischer Rationalität und reflexiver Praxis im Konstrukt Schöns ergibt. Auch wenn die Praxis kontinuierlich und systematisch weiterentwickelt werden soll, so kann sie doch als selbstgenügsam betrachtet werden, wenn Lösungsansätze für praktische Probleme rein aus der individuellen, ganzheitlichen Praxis entwickelt werden. Einem heute vielfach geforderten evidenzbasierten Handeln (Prenzel, Bauer, Heininger & Wenglein, 2015) würde dieser Ansatz damit nicht genügen. Es fragt sich, welches Kriterium für Erfolg oder Misserfolg von Praxis gelten soll, wenn es wesentlich auf subjektiver oder intersubjektiver Einschätzung beruht.

4.2 Cognitive Apprenticeship

Einer der bekanntesten Ansätze konstruktivistisch-orientierter Instruktionsmodelle ist der Cognitive-Apprenticeship-Ansatz (Lipowsky, 2015). Dieser orientiert sich an Merkmalen situierter Lernumgebungen und geht auf Collins, Brown und Newman (1989) zurück. Durch authentische Aktivitäten und zunehmend komplexer gestaltete Lernumgebungen sollen Studierende in eine Expertenkultur eingeführt werden und die Fähigkeit erwerben, das erlernte Wissen flexibel anzuwenden (Reinmann & Mandl, 2006). Der Lehrperson kommt dabei eine adaptiv-unterstützende und sozialinteraktive Rolle zu (Reusser, 2005). Cognitive Apprenticeship bezeichnet also einen Prozess, bei dem *„a more experienced person assists a less experienced one, providing support and examples, so the less experienced person gains new knowledge and skills"* (Dennen & Burner, 2007, S. 426). Verschiedene Phasen kennzeichnen den Cognitive-Apprenticeship-Ansatz (Lipowsky, 2015). In der Phase des Modeling führt der/die Lehrende das jeweilige Vorgehen vor und artikuliert dieses. Die Lernenden agieren in dieser Phase passiv, beobachtend und sind nach Dennen und Burner *„a legitimate peripheral participant"* (2007, S. 428). In der darauf folgenden Phase der *„Guided participation"* (ebd.) agieren die Lernenden zunehmend eigenständiger und werden dabei durch Coaching und Scaffolding von erfahreneren Personen unterstützt. Nimmt die

Kompetenz der Lernenden zu, so folgt die Phase des Fadings, in der die Unterstützung durch die erfahreneren Personen weiter abnimmt (Lipowsky, 2015).

Die von Tenorth (1990) oder Dewe und Rathke (1991) formulierte Differenzhypothese, dass wissenschaftliches Wissen und praktisches Handlungswissen unterschiedlichen Wissenssystemen angehören, verweist auf die auch heute noch zu beobachtende Kluft zwischen Wissen und Handeln (Korthagen, 2016). Studierende erleben nach wie vor eine unzureichende Verknüpfung zwischen den Theorie- und Praxisphasen im Rahmen des Lehramtsstudiums und können ihr universitär erworbenes Wissen nur schwer auf berufliche Situationen und Problemstellungen anwenden. In diesem Kontext spielen die eben skizzierten Phasen des Cognitive-Apprenticeship-Ansatzes eine zentrale Rolle und haben vielerorts Eingang in die universitäre Lehrerbildung gefunden (BMBF, 2016). Die Studierenden beobachten und analysieren bei ihren ersten Praxiserfahrungen aus einer wissenschaftlich-theoretischen Perspektive zunächst nur den Unterricht (*Legitimate Peripheral Participation*) und das Handeln berufserfahrener Lehrkräfte (*Modeling*). Nach dieser reinen Hospitationsphase übernehmen die Studierenden einzelne Unterrichtsteile oder unterrichten gemeinsam mit den erfahrenen Lehrkräften (Guided participation). Darauf aufbauend unterrichten die Studierenden im Praktikum zunehmend selbstständiger, wobei sie weiterhin von ihren schulischen Mentorinnen oder Mentoren begleitet und zudem durch die Hochschulen im Rahmen von universitären Begleitseminaren betreut werden (Coaching und Scaffolding). Im Praxissemester gegen Ende des Studiums unterrichten die Studierenden dann zunehmend eigenständiger (Fading).

Insbesondere die Phase des Coachings spielt auch eine zentrale Rolle in der Lehrerfort- und -weiterbildung und kommt aus dem Bereich der Personalentwicklung (Leonhard & Schallies, 2006). *„Coaching zielt vor allem auf die Entwicklung von allgemeindidaktischen Reflexionsstrategien und fachspezifisch-pädagogischem Wissen."* (Staub, 2001, S. 175) Es setzt unmittelbar am Kenntnis- und Handlungsstand der gecoachten Person an und begleitet diese über einen längeren Veränderungsprozess. Ein wesentliches Kriterium der Qualität des Coachings liegt in der Person des Coachs. Er sollte ein sachkompetenter Experte sein, auch als Modell dienen können, in der Beratung und Unterstützung (Scaffolding) ausgewiesen sein und bei standardorientiertem Anspruch die wissenschaftlichen Theorien und einschlägigen empirischen Ergebnisse kennen. Sicher sind auch Formen des „peer-coaching studyteam" (Joyce & Showers, 1995) möglich, allerdings bewegen wir uns dann im Modell des „Reflective Practitioner". Der Coach sollte also eine eigens geschulte Person sein, die extern die Schule bzw. die Lehrkräfte begleitet. Damit erhält das Coaching im Bereich der gesamten Lehrerfortbildung einen Ausnahmestatus. Eine gewisse Reduzierung des Aufwands lässt sich beim Coaching durch Einsatz von Unterrichtsvideos in Lehrergruppen, aber auch durch E-Learning beim angestrebten individuellen Veränderungsprozess erreichen. Allerdings müssen dazu die medialen Vorlagen sehr spezifisch sein und den gerade fokussierten Problembereich betreffen. Auch beim Coaching lassen sich selbst- oder fremderstellte Videos sehr gut verwenden. In diesem Prozess ist es auch möglich, das jeweilige Belief-System zu analysieren und ein conceptual change zu erreichen (Stark, 2003). Im Modell des Conceptual Change wird versucht, Alltagskonzepte, die in der Praxis existieren und eine Aufgabe mit Commonsense-Annahmen und Handlungsnormen erklären, letztlich also in Ideologien oder eingeschränkten Weltanschauungen gebunden sind, in wissenschaftliche Konzepte, die empirisch abgesichert sind und eine Aufgabe mit Hilfe theoretischer Konzepte interpretieren, zu überführen (Stark, 2003). Dabei spielen emotionale, motivationale Bedingungsfaktoren und Einstellungen eine Rolle. Möller, Hardy, Jonen und Kleickmann (2006) konnten nachweisen, dass ein conceptual change von Lehrkräften im Bereich naturwissenschaftlicher Vorstellungen bzw. des Lernens von Naturwissenschaften bei Kindern möglich ist. Allerdings benötigen Lehrkräfte dazu eine tutorielle, adaptive Unterstützung im Sinne des Cognitive-Apprenticeship-Ansatzes. Ein weitgehend selbstgesteuerter Lernprozess der Lehrkräfte mit schriftlichen Materialien über fachliches und fachdidaktisches Wissen allein genügt dafür nicht (Möller et al., 2006, S. 180).

Beim Coaching ist Lernen ein kollaborativer und dialogischer Prozess (Staub, 2001, S. 194). Bei den Zielen für die Veränderung geht es nicht um kurzfristige Effekte, die häufig bei erfahrungsbezogenen „Rezepten" angestrebt werden, sondern um langfristige und nachhaltige Lösungen, die nicht aus einem unmittelbaren Feedback gespeist werden, sondern aus empirisch abgesicherten Erkenntnissen (z. B. Unterrichtseffekte in Bezug auf Unterrichtsmethoden). Allerdings könnte es sein, dass die Ansprüche an den Theoriehintergrund des Coachs oft aus Gründen der personellen Ressourcen nicht eingehalten werden können. Erfahrene ältere Lehrkräfte, wie sie etwa bei Staub (2005) eingesetzt werden, können zwar vorher oder begleitend fortgebildet werden, trotzdem wird dies nur sporadisch möglich sein. Orientiert am Expertisestatus der Teilnehmenden wäre es zudem sinnvoll, zunächst mit der Planung und Analyse von einfachen Kernpraktiken auf Basis handlungsnaher Konzepte und Theorien zu beginnen (z. B. Classroom-Management) und sich dann komplexeren Situationen mit unterschiedlichen theoretischen Ansätzen zu widmen (Czerwenka & Nölle, 2011; Grossman et al., 2009; Oser, Heinzer & Salzmann, 2010).

Das Konzept des Cognitive Apprenticeship lässt sich sowohl im kompetenzorientierten als auch im strukturtheoretischen Ansatz verorten. Im Sinne des kompetenzorientierten Ansatzes stellt Cognitive Apprenticeship eine Möglichkeit dar, Lehramtsstudierende oder auch Berufsanfänger/innen – durch die Phasen des Modeling, Coaching, Scaffolding und Fading – zu „Experten" und „Expertinnen" zu machen. Beim strukturtheoretischen Ansatz kann Cognitive Apprenticeship genutzt werden, um sowohl Lehramtsstudierenden als auch erfahreneren Lehrkräften dabei zu helfen, die antinomische Struktur des Lehrerberufs kompetent und sachgerecht handhaben zu können. Insbesondere die Phase des Coachings kann Lehrkräften dabei helfen, die täglich zu bewältigende Unsicherheit und die *„vielfachen Spannungen"* (Terhart, 2011, S. 206) professionell zu bewältigen.

4.3 Deliberate Practice

Die Idee von Deliberate Practice stammt aus der Expertiseforschung und wurde vor allem durch die Arbeitsgruppe um Ericsson geprägt, der sich u. a. mit Praktiken von

Spitzensportlerinnen und -sportlern sowie Spitzenmusikerinnen und -musikern beschäftigt hat (u.a. Ericsson, 2004, 2006). Die Ergebnisse der Forschungen von Ericsson zeigen, dass ein wesentlicher Faktor zur Erlangung von Expertise nicht nur durch alleiniges Üben oder Praktizieren erreicht werden kann. Vielmehr bedarf es eines zielorientierten Übens, mit direkt darauffolgendem Feedback und der Möglichkeit, daraufhin erneut üben zu können, um das Feedback miteinzubeziehen (Ericsson, 2004).

Verschiedene Modelle aus der Expertiseforschung implizieren eine Zunahme von Expertise durch zunehmende berufliche Erfahrungen (Krauss & Bruckmaier, 2014). Aber: *„Expertise does not happen by chance. It requieres deliberate practice."* (Marzano, 2011, S. 82) Im Hinblick auf die Lehrerprofession hatte schon Herbart in seinen Vorlesungen von 1802 sowie 1806 darauf aufmerksam gemacht, dass die naive Erfahrung der Praxis nicht ausreiche. Es muss unterschieden werden zwischen „naiven" und aktiven, bewussten und reflektierten Praxiserfahrungen, so wie sie im Konzept des Deliberate Practice verstanden werden. *„Therefore, it is not the amount of practice but the type of deliberate practice that leads to level of attainment."* (Ellison & Woods, 2016, S. 17) Nicht nur praktische Erfahrungen, sondern *„focused, concentrated, well-structured, programmatic, and goal-oriented practice"* führen zu Expertise (Chi, 2011, S. 28). Damit „Üben" in der Lehrerbildung zielführend ist, sollten berufsspezifische und alltagsnahe Situationen trainiert werden und durch informatives Feedback von anderen unterstützt werden. Hilfreich ist es zudem, wenn die Lehrperson bewusst Schwächen entdecken, reflektieren und verbessern will. Eine bestimmte Situation sollte zudem nicht nur routiniert oder traditionell gemeistert werden, sondern der Akteur bzw. die Akteurin sollte in der Lage sein, im Nachhinein zu erklären, warum er oder sie auf eine bestimmte Anforderung so und nicht anders reagierte und dafür theoretische und empirische Gründe benennen können. Sowohl die Handlung selbst, als auch die Beurteilung, Reflexion und Erklärung können auf unterschiedlichen Niveaus liegen. Darin unterscheiden sich Novizen von Experten.

Um Routinen kritisch zu reflektieren und neue Denkweisen zu entwickeln, sollte neben einer reflexiven Praxis (Reflective Teaching) auch (peer) coaching eine Rolle spielen. *„Dialogic peer coaching relationships can support teachers' reflective dialogue where they co-construct new ideas, ways of thinking and new learning."* (Charteris & Smardon, 2013, S. 170) Deliberate Practice vereint also sowohl Ideen des Reflective Teaching als auch des Cognitive-Apprenticeship-Ansatzes. Wie beim Reflective Teaching geht es bei Deliberate Practice ebenfalls um eine bewusste, reflektierte Auseinandersetzung mit der Praxis. Deliberate Practice geht jedoch darüber hinaus und betont neben einer stärkeren Zielorientierung die Notwendigkeit eines professionellen, kontinuierlichen Feedbacks (Ericsson, 2004; Chi, 2011; Hänsel, 2012). Feedback kann dabei, wie beim Cognitive Apprenticeship, im Rahmen eines Coachings erfolgen. *„Teachers should reflect on their practice to determine areas of proficiency and areas in need of improvement. Just as elite athletes and musicians use coaches to improve their skills, school districts can provide instructional coaches to teachers as part of the district professional development system, offering professional development credit to teachers who use coaches to guide their development and expertise in their content area. In education this practice is referred to as peer coaching."* (Ellison & Woods, 2016, S. 17) Das

Feedback kann sich dabei sowohl auf direkte (face to face) als auch indirekte (über Videos) Beobachtungen beziehen.

Expertise lässt sich nicht von heute auf morgen entwickeln, sondern stellt einen langen Prozess dar. *„Choosing deliberate practice as an approach to one's professional development is not a short-term commitment. Progressing toward expertise is a lifelong process, and the deliberate practice approach should be implemented across teachers' entire career cycles as a means to gain expertise.“* (Ellison & Woods, 2016, S. 19) Dies erklärt eventuell auch die zögerliche Verwendung des Expertenbegriffs im Kontext der Professionalisierung von Lehrkräften. Mulder und Gruber (2011) konstatieren, dass sich hinter dem Expertenbegriff die Annahme verbirgt, dass es permanenter gezielter Übungen und kritischer Reflexionen bedarf, um die berufliche Leistungsfähigkeit aufrechtzuerhalten. Dies sei *„in der Bildungspraxis alles andere als populär“* (ebd., S. 434). Eine weitere Schwierigkeit sehen Mulder und Gruber in dem „Autonomie-Paritäts-Muster“, welches das Berufsfeld der Lehrkraft prägt. Die Autonomie des Unterrichts besagt, dass der Unterricht nur aus Lehrer-Schüler-Interaktionen besteht und Evaluationen der Lehrkräfte nicht vorgesehen sind. Parität wird verstanden als Gleichberechtigung zwischen allen Lehrkräften und beinhaltet in diesem Sinne keine Einmischung von Peers in die eigene professionelle Tätigkeit. Solange solche „Autonomie-Paritäts-Muster“ existieren, werden Möglichkeiten zu professionellem, kontinuierlichem Feedback im Sinne von Deliberate Practice verpasst.

Obwohl Deliberate Practice im Sinne von Training, Weiterbildung und Peer-to-Peer-Feedback sinnhaft scheint und *„Effektivität und Notwendigkeit gezielter, angeleiteter Übung [‚deliberate practice', Ericsson, Krampe & Tesch-Römer, 1993]“* (Mulder & Gruber, 2011, S. 435) gut belegt sind, scheint sich Deliberate Practice sowohl in der Forschung als auch in der Berufspraxis nur langsam durchzusetzen. Dennoch kann Deliberate Practice als motivierendes und optimistisches Konzept verstanden werden, da es impliziert, dass motivierte Novizenlehrkräfte grundsätzlich zu Expertenlehrkräften werden können. Im Hinblick auf die historische Entwicklung der Professionalisierungsforschung stellt Deliberate Practice sozusagen den Gegenentwurf zur „Lehrerpersönlichkeit“ dar. Nach Ericsson kann jeder Mensch in einem beliebigen Leistungsbereich Experte werden, auch ohne genetisch angeborene Merkmale oder Eigenschaften. Auch wenn es sich dabei um einen motivierenden Gedanken handelt, zeigen aktuelle Studien, dass bestimmte Beliefs wie Motivation, Selbstwirksamkeitsüberzeugungen oder auch andere individuelle Unterschiede, einen Einfluss darauf haben, ob Deliberate Practice zu mehr Expertise führt (Chi, 2011). Eine Professionalisierungsforschung, die den Lehrberuf als eine Deliberate Practice relevante Domäne versteht, strahlt nichtsdestotrotz einen *„pädagogischen Optimismus“* aus (Gruber, 2004, S. 4). Kritisch wäre noch anzumerken, dass dieser Ansatz Affinitäten zu einem Zeitgeist des „Höher, Schneller, Besser“ aufweist, der dem Gegenstandsbereich der Pädagogik nur teilweise angemessen erscheint.

5. Aktuelle Trends und empirische Befunde der Professionalisierungsforschung

Bei allen Ansätzen, die wissenschaftliches Wissen für die berufliche Praxis nutzbar machen wollen, stellt sich weiterhin die Frage, wie es in Handlungsmuster transformiert werden kann, wenn doch die bisherige Erfahrung mit der beruflichen Sozialisation von Lehrpersonen zeigt, dass theoretisches Wissen kaum Eingang in ihre berufliche Praxis oder ihre Praxisreflexion findet. Systematische Wissensaneignung und situiert gestaltetes, auf die Analyse von realen Handlungsproblemen fokussierendes Lernen ist also entscheidend dafür, dass eine flexible Handlungskompetenz aufgebaut wird (Reusser, 2005). Aktuelle Forschungsansätze beziehen dieses Problem der Transformation von Kompetenz in Performanz mit ein und gehen entsprechend von einem komplexeren Kompetenzbegriff aus, bei dem die Wahrnehmungs- und Analysekompetenz von Unterricht als weitere Facette der Professionalität von Lehrkräften herausgestellt wird (u.a. Seidel & Stürmer, 2014; Lazarevic, 2015). Ein aktuelles Kompetenzmodell in diesem Zusammenhang ist das P-I-D-Modell von Blömeke, Gustafsson und Shavelson (2015). Hierbei wird Kompetenz zum einen als professionelles unterrichtliches Handeln im Sinne von Performanz verstanden und zum anderen als situative kognitive Fähigkeiten der präzisen Wahrnehmung (perception), der angemessenen Interpretation (interpretation) und der flexiblen und adaptiven Rückmeldung und Entscheidung über Handlungsoptionen (decision-making). Aber auch andere Dispositionen wie kognitive und affektiv-motivationale Voraussetzungen fließen, ebenso wie beim Modell von Baumert und Kunter (2006), hier mit ein. Kompetenz wird im P-I-D-Modell nicht nur einseitig als Wissen oder Performanz beschrieben, sondern als Kontinuum verstanden. Erkennen und Interpretieren werden dabei häufig unter dem Begriff der professionellen Wahrnehmung bzw. *„professional Vision"* (Seidel & Stürmer, 2014; Gold & Holodynski, 2017) oder *„noticing"* (van Es & Sherin, 2002) konzeptualisiert und stellen relevante Facetten von Lehrerexpertise dar. Ob die Transformation von Kompetenz in Performanz gelingt, wird wesentlich durch das Vorhandensein dieser situationsspezifischen Fähigkeiten bestimmt.

Durch videobasierte Trainings im Kontext der Lehrerbildung soll das Erkennen und Interpretieren relevanter Unterrichtssituationen geschult werden und damit die Kompetenz, situationsspezifisch adäquat handeln zu können (Steffensky & Kleinknecht, 2016). Obwohl die Videographie im Kontext des Prozess-Produkt-Paradigmas in der empirischen Bildungsforschung bereits in den 1970er Jahren zum Einsatz kam, erlebt sie neuerdings einen Aufschwung. Dies ist zum einen technischen Erneuerungen – und sich dadurch erweiternder Erhebungs- und Auswertungsmöglichkeiten – geschuldet und zum anderen den diversen Vorteilen, die mit dem Einsatz von Unterrichtsvideos einhergehen. So bieten Videostudien unter anderem eine hohe Anschaulichkeit, Realitätsnähe und damit eine *„authentische Auseinandersetzung mit realen Unterrichtssituationen und -prozessen"* (Krammer & Reusser, 2005, S. 36). Es wird davon ausgegangen, dass durch diese authentische Auseinandersetzung mit Unterricht der Transfer professionellen Wissens auf neue Situationen unterstützt wird und dadurch träges Wissen vermieden werden kann (Möller & Steffensky, 2016). Der Einsatz von Videos in der Lehrerbildung kann somit als aktueller Trend der empirischen Professionalisierungsforschung deklariert werden. Einige empirische Untersuchungen belegen die positive Wirkung des Einsatzes von Unterrichtsvideos auf die Fähigkeiten der Wahrnehmung, der Interpretation und der Handlungsentscheidungen angehender Lehrkräfte (u.a. Gold, Förster & Holodynski, 2013; Seidel, Stürmer, Blomberg, Kobarg & Schwindt, 2011; Weber, Gold, Prilop & Kleinknecht, 2018). In anderen Studien ließen sich hingegen keine Unterschiede zwischen video- oder transkriptgestützten Gruppen feststellen (z.B. Gold, Hellermann, Burgula & Holodynski, 2016; Kramer, König, Kaiser, Ligtvoet & Blömeke, 2017). Weiterführende Forschungen in diesem Bereich erscheinen daher sinnvoll, insbesondere im Hinblick auf die Gestaltungsbedingungen videobasierter Lernumgebungen und deren Wirkung, um das Potenzial des Einsatzes von Unterrichtsvideos optimal ausschöpfen zu können (Möller & Steffensky, 2016; Steffensky & Kleinknecht, 2016).

Videobasierte Interventionen, die eine Verbesserung der Lehrerbildung anstreben, stellen nach Seidel und Thiel (2017) nur einen aktuellen Trend in der videobasierten Lehr-Lernforschung dar. Die prozessbezogene Erfassung des Lehr-Lerngeschehens mittels Videographie stellt einen zweiten Trend dar und erinnert an das Prozess-Produkt-Paradigma. Die aktuellen Videostudien sind häufig in Längsschnittstudien eingebettet, international vergleichend angelegt und weisen damit einen hohen Mehrwert für die empirische Untersuchung komplexer Lehr-Lernprozesse auf. Ein dritter Trend bezieht sich auf den Einsatz von Videos bei der Testung professioneller Kompetenzen (ebd.; Altmann, 2016). Neben den klassischen Paper-Pencil-Verfahren und Wissenstests werden zunehmend videobasierte Erhebungsverfahren eingesetzt (König, 2016, 2016a). Testinhalte können hierdurch in einen situativen Unterrichtszusammenhang gesetzt werden und zielen somit darauf ab, handlungsnahes Wissen zu erfassen (ebd.). Vor allem im Hinblick auf die Erfassung der beschriebenen Facetten des P-I-D-Modells bieten sich videobasierte Erhebungsverfahren an. Insbesondere der im Kontext der IPN-Videostudie (Seidel, Prenzel & Kobarg, 2005) entwickelte „Observer" (Seidel, Blomberg & Stürmer, 2010), der die Analysekompetenz von Lehrkräften videobasiert misst, hat in den letzten Jahren Prominenz erlangt und zur Entwicklung weiterer videobasierter Messinstrumente geführt. Neben der videobasierten Erfassung von Wahrnehmungs- und Analysekompetenz (angehender) Lehrkräfte (u.a. Gold & Holodynski, 2017) existieren weitere videobasierte Verfahren zur Messung von Klassenführungsexpertise (u.a. Casale, Strauß, Hennemann & König, 2016a) oder auch zur Messung adaptiver Handlungskompetenzen (Franz, Wacker & Heyl, 2018). Die Weiterentwicklung der *„Effizienz und Standardisierung von videobasierten Testinstrumenten"* (Altmann, 2016, S. 59,) stellt somit einen zukünftigen Forschungsbereich der Professionalisierungsforschung dar.

Im Hinblick auf die Persönlichkeitsforschung zeigen aktuelle Studien, dass die Wahrnehmung und Einschätzung des eigenen Lehrerverhaltens, aber auch geplanter Reformanforderungen durch höchst resistente Faktoren wie die persönlichen Überzeugungen, die Einstellungen und Haltungen und die professionelle und persönliche Identität beeinflusst werden (Blömeke, et al., 2006, S. 101). Als Persönlichkeitsmerkmale, die im Lehrerhandeln wirksam werden sollen, werden meist die *Big Five* (Extraversion, Neurotizismus, Offenheit für Erfahrungen, Verträglichkeit, Gewissenhaftigkeit) als vergleichsweise stabile Persönlichkeitsmerkmale genannt (Bartussek, 1996; Mayr, 2014). Zahlreiche Studien belegen den Wert dieser Merkmale für das Leistungsverhalten, die Zufriedenheit und Belastung im Studium und im Beruf und weitere Prädiktoren (für einen Überblick siehe Mayr, 2014).

Neben diesen allgemeinen Persönlichkeitsmerkmalen spielen in der Forschung zum Lehrerberuf auch Konstrukte wie Selbstwirksamkeitserwartungen, Enthusiasmus und berufsspezifisches Interesse eine zunehmende Rolle (Mayr, 2014). Bei den selbstbezogenen Einstellungen bzw. Überzeugungen scheint sich v.a. die Überzeugung von Selbstwirksamkeit positiv auf Schülerleistungen auszuwirken. Lehrpersonen einer hohen Wirksamkeitsüberzeugung setzen sich höhere Ziele, verwenden mehr Zeit auf die Planung von Unterricht, sind offener für neue Ideen, probieren öfter etwas Neues aus, arbeiten länger und ausdauernder mit schwächeren Schülerinnen und Schülern, nutzen Rückmeldungen eher für eine Weiterentwicklung ihres Unterrichts, sind enthusiastischer und haben eine höhere Bindung an den Lehrerberuf (Lipowsky, 2006, S. 55). Auch die Toleranz gegenüber negativen Gefühlen und Stress wird von Lehrkräften mit „efficacy" als höher erlebt (Goddard, Hoy & Woolfolk Hoy, 2004). Deshalb wird die Optimierung der Selbstwirksamkeitsüberzeugungen als ein wichtiger Faktor für die Verbesserung von Schulen und auch Leistungen der Lernenden und Lehrkräfte angesehen. Dies kann durch die Einräumung von Mitbestimmungsmöglichkeiten, ein unterstützendes Verhalten der Schulleitung sowie konstruktive Rückmeldungen erreicht werden (Blömeke et al., 2006, S. 102). Auch für Lehr-Lern-Überzeugungen von Lehrkräften, bei denen zwischen konstruktivistischen und transmissiven bzw. rezeptiven Überzeugungen unterschieden wird, lassen sich Zusammenhänge zur Unterrichtsgestaltung und zum Schülerlernen aufzeigen (Staub & Stern, 2002; Voss, Kleickmann, Kunter & Hachfeldet, 2011). So setzen etwa konstruktivistisch orientierte Lehrkräfte eher kognitiv-aktivierende Aufgaben ein (Voss et al., 2011).

Im Hinblick auf die von uns skizzierten Konzepte zur Kompetenzentwicklung bedarf es ebenfalls bestimmter Persönlichkeitsmerkmale. Damit Konzepte wie Reflective Teaching, Cognitive Apprenticeship oder Deliberate Practice wirksam werden können, sollten Lehrkräfte intrinsisch motiviert sein, sich gegenüber anderen öffnen können und berufsspezifisches Interesse mitbringen. Individuelle Persönlichkeitsmerkmale können somit darüber bestimmen, inwieweit sich Lehrkräfte auf neue Konzepte zur Kompetenzentwicklung einlassen und welches Level an Expertise erreicht werden kann.

6. Zusammenfassung und Ausblick

Zusammenfassend kann festgehalten werden, dass seit der Jahrtausendwende die empirische Forschung im Bereich der Professionalität und der Professionalisierung von Lehrkräften deutlich zugenommen hat. Entsprechend sind immer mehr Zentren für Empirische Bildungsforschung entstanden (Göttingen, Bamberg, Paderborn, Humboldt-Universität Berlin, IPN in Kiel, Max-Planck-Institut Berlin oder das DIPF in

Frankfurt), die sich der Durchführung, aber auch der Sammlung empirischer Untersuchungen verschrieben haben. Auch länderübergreifende und ländervergleichende Projekte zwischen verschiedenen Standorten haben sich etabliert (Zürich, St. Gallen, Rorschach, Weingarten, Zürich, IPN, DIPF, Max-Planck u.a.). Zum Erhalt der erreichten Qualifikationen dienen kontinuierliche Evaluationen der Lehreinrichtungen (Inspektionen, Rechenschaftslegung) sowie der Schülerschaft (Bildungsstandards). Daneben machen die Standardisierung des Lehrerhandelns und dessen Messarbeit auch einen Vergleich der Lehrerkompetenzen zwischen den OECD-Ländern möglich (Blömeke et al., 2006). Neue Lernformen mit Veranschaulichungsmitteln (Videosequenzen, Internetforen, Neue Medien), aber auch selbstbestimmte Portfolioarbeit (E-Portfolios) und Weiterbildungsformen mit Hilfe von Videoanalysen, -beispielen oder auch gezieltes Coaching der Lehrkräfte (West & Staub, 2003; Reusser 2005) bestimmen den Aufbau, aber auch den Erhalt von Lehrkräfteprofessionalität. Ein wichtiges Ergebnis ist hierbei, dass neben dem Erwerb von explizitem Theoriewissen v.a. eine gezielte Unterstützung bei konkreten Handlungsproblemen von Lehrkräften notwendig ist, um Professionalität zu erweitern. Hier setzen Konzepte wie Cognitive Apprenticeship oder Deliberate Practice an und verweisen auf Möglichkeiten eines individuellen, adaptiven Coachings und die Notwendigkeit des bewussten Reflektierens der Praxis sowie das Einholen von Experten- oder Peerfeedback zum eigenen beruflichen Handeln.

Beispielhaft kann hier auf ein internet- und videobasiertes Coaching-Programm aus den USA verwiesen werden. My Teaching Partner – Secondary (MTP-S) fokussiert darauf, Interaktionen zwischen Lehrkräften und Schülerinnen und Schülern im Klassenzimmer zu verbessern. Das Programm beinhaltet ein Workshop Training, eine kommentierte Videoplattform zur Veranschaulichung gelungener Interaktionen im Klassenraum sowie ein Jahr personalisiertes Coaching. Lehrkräfte senden während des Schuljahres zweimal im Monat Videoaufnahmen ihres Unterrichts ein. Ausgebildete Beratende schauen sich die Aufnahmen an, wählen Sequenzen aus und laden diese auf einer passwortgeschützten Website hoch. Die teilnehmenden Lehrkräfte schauen sich ihr Verhalten und die Reaktionen der Schülerinnen und Schüler an und erhalten in einer anschließenden Telefonkonferenz mit den Beratenden individuelles Feedback, alternative Handlungsmöglichkeiten und mögliche Verbesserungsideen für die Interaktionen (für weitere Informationen siehe Gregory et al., 2017). Erste Ergebnisse zeigen, dass MTP-S das Verhalten der Lehrkräfte verändert und zur Verbesserung der Schulleistungen von Jugendlichen beiträgt (Allen, Pianta, Gregory, Mikami & Lun, 2011).

Als besonders bedeutsam und vergleichsweise noch zu wenig empirisch untersucht werden die Problemfelder des Umgangs mit Heterogenität und der Migration ausgemacht. Der Umgang mit geflüchteten Schülerinnen und Schülern – und damit einhergehend weitere Kompetenzfelder – implizieren neue Herausforderungen für die Lehrerbildung und die Professionalisierungsforschung. Hier werden mehr Bemühungen für die Zukunft notwendig werden, um diese Probleme zu lösen. Auch die Fragen der Lerndefizite, insbesondere unter sozialem Aspekt, deren Diagnose, die Frage der Hochbegabung und die Implementation der Bildungsstandards in den Schulen wird die erziehungswissenschaftliche Zunft weiter beschäftigen. Die Entwicklung einer adaptiven Expertise (Chi, 2011) von Lehrkräften rückt damit in den Fokus der Professionalisierungsforschung. Andererseits erscheint es kaum erwartbar, dass alle Kompetenzen von allen Lehrkräften gleichermaßen erfüllt werden. Zum einen geht man davon aus, dass die Erreichung einer Expertise im Lehrerhandeln einen lebenslangen Prozess darstellt (Ellison & Woods, 2016), zum anderen müssen auch nicht alle Lehrerinnen und Lehrer in allen Bereichen (wie LRS, ADHS, Dyskalkulie, Migration, DaZ u.a.) kompetent sein. Wichtig scheint, dass die Schule auf alles reagieren kann und genügend Lehrkräfte auf je einzelne Bedarfe spezialisiert. Die interprofessionelle Zusammenarbeit zwischen Lehrkräften wird dabei ein zunehmender Schwerpunkt werden. Dies gilt auch für die verschiedenen Phasen der Lehrerbildung.

Die Entwicklung professioneller Handlungskompetenz wird vermutlich negativ beeinflusst, wenn die Ausbildenden in den verschiedenen Abschnitten und Teilen unterschiedliche Zielvorstellungen haben. Ein Ansatzpunkt wäre deshalb, Fakultäten oder Zentren für Lehrerbildung so auszugestalten, dass sie auch die zweite Phase (Referendariat) und die dritte Phase (Fort- und Weiterbildung) mit aktuellen forschungsbasierten und gleichsam praxisorientierten Konzepten erreichen kann. Auch müssten Zusammenhänge zwischen Lehrerbildungsstandards und den Bildungsstandards in den Schulen hergestellt werden. Bislang gibt es an den lehrerausbildenden Einrichtungen in Deutschland keine echte Zielsteuerung und Qualitätssicherung. Dazu wären etwa gemeinsame Zielsetzungen zwischen den Phasen und externe Evaluationen notwendig, die sich an fachlichen und überfachlichen Standards orientieren. Neben der individuellen Professionalität von Lehrkräften wird somit zukünftig auch die *„group expertise"* (Chi, 2011, S. 32) aller beteiligten Akteure verstärkt Eingang in die Professionalisierungsforschung finden.

Im Hinblick auf das Thema Heterogenität ist zudem nicht nur der Umgang mit heterogenen Voraussetzungen der Schülerinnen und Schüler gefragt, sondern auch die Heterogenität der Lehrkräfte. Damit einhergehend müssen die individuellen Voraussetzungen, Stärken, Beliefs u.a.m. berücksichtigt werden. Korthagen bezeichnet dies als *„professional development 3.0"* (2016, S. 13) und betont, *„that the outcomes of learning processes in teachers cannot always be predicted, as each individual teacher should be taken seriously and the process should build upon his or her concerns, gestalts, personal strengths and mission […]. For some teachers, approach x will work well, for another strategy y is needed. The building of communities of practice and the organising of individual or group coaching, including peer coaching, seem pivotal to success […]"* (2016, S. 14). Die von uns skizzierten Konzepte zur Kompetenzentwicklung von Lehrkräften sollten somit immer auch die Person der Lehrkraft und das berufliche Umfeld berücksichtigen. Eine Professionalisierung der Lehrkräfte wird also nur erreicht werden, wenn nicht nur die individuellen Bedürfnisse der Schülerinnen und Schüler berücksichtigt werden, sondern wenn auch alle Lehrerinnen und Lehrer dort abgeholt werden, wo sie stehen, und von da zu optimalen Leistungen geführt werden.

Literatur

Aebli, H. (1983). *Zwölf Grundformen des Lehrens. Eine Allgemeine Didaktik auf psychologischer Grundlage.* Stuttgart: Klett.

Aibauer, R. B. (1954). *Die Lehrerpersönlichkeit in der Vorstellung der Schüler.* Regensburg: Habbel.

Allen, J. P., Pianta, R. C., Gregory, A., Mikami, A. Y. & Lun, J. (2011). An interaction-based approach to enhancing secondary school instruction and student achievement. *Science, 333*, 1034–1037.

Altmann, A. F. (2016). *Interactive instructional dialogue. Investigating how instructors interpret tutorial dialogues and how interactivity can be fostered* (Dissertation, Universität Freiburg).

Anderson, L. W. & Krathwohl, D. R. (Hrsg.). (2001). *A taxonomy for learning, teaching, and assessing: A revision of Bloom's taxonomy of educational objectives.* New York: Longman.

Ausubel, D. P. (1968). *Educational psychology. A cognitive view.* New York: Holt, Rinehardt & Winston.

Bartussek, D. (1996). Faktorenanalytische Gesamtsysteme der Persönlichkeit. In M. Amelang (Hrsg.), *Temperaments- und Persönlichkeitsunterschiede. Enzyklopädie der Psychologie* (S. 51–105). Göttingen: Hogrefe.

Bauer, K. O. (2000). Pädagoge – Profession oder Nebenbeschäftigung?. In O. Jaumann-Graumann & W. Köhnlein. (Hrsg.), *Lehrerprofessionalität – Lehrerprofessionalisierung. Jahrbuch Grundschulforschung* (Bd. 3, S. 25–44). Bad Heilbrunn: Klinkhardt.

Baumert, J., Klieme, E., Neubrand, M., Prenzel, M., Schiefele, U., Schneider, W. & Weiß, M. (Hrsg.) (2001). *PISA 2000: Basiskompetenzen von Schülerinnen und Schülern im internationalen Vergleich.* Opladen: Leske und Budrich.

Baumert, J. & Kunter, M. (2006). Stichwort: Professionelle Kompetenz von Lehrkräften. *Zeitschrift für Erziehungswissenschaften, 9*, 469–520.

Baumert, J. & Kunter, M. (2013). Professionelle Kompetenz von Lehrkräften. In I. Gogolin, H. Kuper, H.-H. Krüger, & J. Baumert (Hrsg.), Stichwort: Zeitschrift für Erziehungswissenschaft (S. 277–337). Wiesbaden: Springer VS.

Baumert, J., Kunter, M., Blum, W., Brunner, M., Voss, T., Jordan, A. & Tsai, Y. (2010). Teachers' mathematical knowledge, cognitive activation in the classroom, and student progress. *American Educational Research Journal, 47* (1), 133–180.

Beck, E., Baer, M., Guldimann, T., Bischoff, S., Brühwiler, C., Müller, P. & Vogt, F. (2008). *Adaptive Lehrkompetenz: Analyse und Struktur, Veränderbarkeit und Wirkung handlungssteuernden Lehrerwissens.* Münster: Waxmann.

Berliner, D. C. (1994). Teacher Expertise. In T. Husen & T. N. Postlethwait (Hrsg.), *The International Encyclopedia of education* (Bd. 10, S. 6020- 6026). London: Pergamon.

Berliner, D. C. (2001). Learning about and learning from expert teachers. *International Journal of Educational Research, 35*, 463–482.

Blömeke, S. (2004). Empirische Befunde zur Wirksamkeit der Lehrerbildung. In S. Blömeke, P. Reinhold, G. Tulodziecki & J. Wildt (Hrsg.), *Handbuch Lehrerbildung* (S. 59–92). Bad Heilbrunn: Klinkhardt.

Blömeke, S., Kaiser, G. & Lehmann, R. (2006). *Teacher Education and Development Study: Learning to Teach Mathematics (TEDS – M).* Berlin.

Blömeke, S. (2009). Lehrerausbildung. In S. Blömeke, Th. Bohl, L. Haag, G. Lang-Wojtasik. & W. Sacher (Hrsg.), *Handbuch Schule. Theorie – Organisation – Entwicklung* (S. 483–490). Stuttgart: Klinkhardt UTB.

Blömeke, S., Gustafsson, J.-E. & Shavelson, R. J. (2015). Approaches to competence measurement in higher education. *Zeitschrift für Psychologie, 233* (1), 1–2.

Bundesministerium für Bildung und Forschung (BMBF) (2016). *Neue Wege in der Lehrerbildung. Die Qualitätsoffensive Lehrerbildung.* Berlin. Verfügbar unter: https://www.bmbf.de/pub/Neue_Wege_in_der_Lehrerbildung.pdf

Calderhead, J. (1984). *Teachers' classroom decision making.* London: Holt, Rhinehart & Winston.

Casale, G., Strauß, S., Hennemann, T. & König, J. (2016). Wie lässt sich Klassenführungsexpertise messen? Überprüfung eines videobasierten Erhebungsinstruments für Lehrkräfte unter Anwendung der Generalisierbarkeitstheorie. *Empirische Sonderpädagogik, 2*, 119–139.

Charteris, J. & Smardon, D. (2013). Second look – second think: a fresh look at video to support dialogic feedback in peer coaching. *Professional Development in Education, 39* (2), 168–185.

Chi, M. T. H. (2011). Theoretical Perspectives, Methodological Approaches, and Trends in the Study of Expertise. In Y. Li & G. Kaiser (Hrsg.), *Expertise in Mathematics Instruction* (S. 17–39). New York: Springer.

Collins, A., Brown, J. S. & Newman, S. E. (1989). Cognitive apprenticeship: Teaching the crafts of reading, writing, and mathematics. In L. B. Resnick (Hrsg.), *Knowing, learning, and instruction: Essays in honor of Robert Glaser* (S. 453–494). Hillsdale: Erlbaum.

Czerwenka, K. & Nölle, K. (2003). *DFG – Forschungsbericht: Probleme des Erwerbs professioneller Kompetenz im Kontext universitärer Lehrerausbildung.* Lüneburg: Leuphana Universität Lüneburg.

Czerwenka, K. & Nölle, K. (2011). Forschung zur ersten Phase der Lehrerbildung. In E. Terhart, H. Bennewitz & M. Rothland (Hrsg.), *Handbuch der Forschung zum Lehrerberuf* (S. 362–380). Münster: Waxmann.

Darling-Hammond, L. (1998). Teachers and Teaching: Testing Policy Hypotheses from a National Commission Report. *Educational Researcher, 27*, 1, 5–15.

Dennen, V. P. & Burner, K. J. (2007). The Cognitive Apprenticeship Model in Educational Practice. *Handbook of research on educational communications and technology*, 425–439.

Dewe, B. & Rathke, F. O. (1991). Was wissen Pädagogen über ihr Können? Professionstheoretische Überlegungen zum Theorie-Praxis-Problem in der Pädagogik. In J. Oelkers & H.-E. Tenorth (Hrsg.), *Pädagogisches Wissen. Zeitschrift für Pädagogik, 27*, 143–162.

Doll, J. & Prenzel, M. (Hrsg.) (2004). *Bildungsqualität von Schule. Lehrerprofessionalisierung, Unterrichtsentwicklung und Schülerförderung als Strategien der Qualitätsverbesserung.* Münster: Waxmann.

Ellison, D. W. & Woods, A. M. (2016). Deliberate Practice as a Tool for Effective Teaching in Physical Education. *Journal of Physical Education, Recreation & Dance, 87* (2), 15–19.

Erickson, G. L. & MacKinnon, A. M. (1991). Seeing classrooms in new ways: On becoming a science teacher. In D. Schön (Hrsg.), *The reflective turn: Case studies in professional practice* (S. 15–36). New York: Teachers College Press.

Ericsson, K. A. (2004). Deliberate Practice and the Acquisition and Maintenance of Expert Performance in Medicine and Related Domains. *Academic Medicine, 79* (10), 70–81.

Ericsson, K. A. (2006). The influence of experience and deliberate practice on the development of superior expert performance. In K. A. Ericsson, N. Charness, P. Feltovich

& R. R. Hoffman (Hrsg.), *Cambridge handbook of expertise and expert performance* (S. 685- 706). Cambridge: Cambridge University Press.

Es, E. van & Sherin, M. G. (2002). Learning to notice: Scaffolding new teachers' interpretations of classroom interactions. *Journal of Technology and Teacher Education, 10* (4), 571–596.

Faulstich, P. (1998). *Strategien der betrieblichen Weiterbildung – Kompetenz und Organisation*. München: Vahlen.

Franz, E.-K., Wacker, A. & Heyl, V. (2018). Entwicklung von Testitems zur Erfassung Pädagogisch-Psychologischer Handlungskompetenz. In J. Rutsch, M. Rehm, M. Vogel, M. Seidenfuß & T. Dörfler (Hrsg.), *Effektive Kompetenzdiagnose in der Lehrerbildung – Professionalisierungsprozesse angehender Lehrkräfte untersuchen* (S. 47–73. Wiesbaden: Springer.

Gehrmann, A. (2003). *Der professionelle Lehrer. Muster der Begründung – Empirische Rekonstruktion*. Opladen: Leske + Budrich.

Goddard, R., Hoy, W. K. & Woolfolk Hoy, A. (2004). Collective Efficacy Beliefs: Theoretical Developments, Empirical Evidence and Future Directions. *Educational Researcher, 33* (3), 3–13.

Gold, B., Förster, S. & Holodynski, M. (2013). Evaluation eines videobasierten Trainingsseminars zur Förderung der professionellen Wahrnehmung von Klassenführung im Grundschulunterricht. *Zeitschrift für Pädagogische Psychologie, 27* (3), 141–155.

Gold, B., Hellermann, C., Burgula, K. & Holodynski, M. (2016). Fallbasierte Unterrichtsanalyse. Effekte von video- und textbasierter Fallanalyse auf kognitive Belastung, aufgabenspezifisches Interesse und die professionelle Unterrichtswahrnehmung von Grundschullehramtsstudierenden. *Unterrichtswissenschaft, 44* (4), 322–338.

Gold, B. & Holodynski, M. (2017). Using digital video to measure the professional vision of elementary classroom management: Test validation and methodological challenges. *Computers & Education, 107*, 13–30.

Goldhaber, D. D. & Brewer, D. J. (2000). Does Teacher Certification Matter? High School Teacher Certification Status and Student Achievement. *Educational Evaluation and Policy Analysis, 22*, 129–146.

Gregory, A., Ruzek, E., Hafen, C. A., Mikami, A. Y., Allen, J. P. & Pianta, R. C. (2017). My Teaching Partner-Secondary: A Video-Based Coaching Model. *Theory in Practice, 56* (1), 38–45. doi: 10.1080/00405841.2016.1260402

Groeben, N., Wahl, D., Schlee, J. & Scheele, B. (1988). *Das Forschungsprogramm Subjektive Theorien. Einführung in die Psychologie des reflexiven Subjekts*. Tübingen: Francke.

Gruber, H. (2004). *Kompetenzen von Lehrerinnen und Lehrern – Ein Blick aus der Expertiseforschung* (Forschungsbericht Nr. 13). Regensburg: Universität Regensburg, Lehrstuhl für Lehr-Lern-Forschung.

Grossman, P., Compton, C., Igra, D., Ronfeldt, M., Shahan, E. & Williamson, P. (2009). Teaching practice; A cross-professional perspective. *Teachers College Record, 111* (9), 2055–2100.

Hänsel F. (2012). Deliberate Practice: Ansatzpunkte für ein selbstbestimmtes Training. In P. Wollsching-Strobel & B. Prinz (Hrsg.), *Talentmanagement mit System* (S. 211–220). Wiesbaden: Springer.

Helmke, A., Hosenfeld, I. & Schrader, F.-W. (2004). Vergleichsarbeiten als Instrument zur Verbesserung der Diagnosekompetenz von Lehrkräften. In R. Arnold & C. Griese (Hrsg.), *Schulleitung und Schulentwicklung. Voraussetzungen, Bedingungen, Erfahrungen* (S. 119–143). Baltmannsweiler: Schneider Verlag Hohengehren.

Helsper, W. (2002). Lehrerprofessionalität als antinomische Handlungsstruktur. In M. Kraul, W. Marotzki, & C. Schweppe (Hrsg.), *Biographie und Profession* (S. 64–102). Bad Heilbrunn: Klinkhardt.

Helsper, W. (2014). Lehrerprofessionalität – der strukturtheoretische Professionsansatz zum Lehrerberuf. In E. Terhart, H. Bennewitz, M. Rothland (Hrsg.), *Handbuch der Forschung zum Lehrerberuf* (S. 219–240). Münster: Waxmann.

Helsper, W. (2016). Lehrerprofessionalität – der strukturtheoretische Ansatz. In M. Rothland (Hrsg.), *Beruf Lehrer/Lehrerin. Ein Studienbuch* (S. 103–125). Münster: Waxmann.

Herrmann, U. & Hertramph, H. (1997). Reflektierte Berufserfahrung und subjektiver Qualifikationsbedarf. In S. Buchen, U. Carle & P. Döbrich (Hrsg.), *Jahrbuch für Lehrerforschung. Band 1* (S. 139–163). Weinheim: Juventa.

Hertel, S. (2014). Adaptive Lerngelegenheiten in der Grundschule: Merkmale, methodisch-didaktische Schwerpunktsetzungen und erforderliche Lehrerkompetenzen. In B. Kopp, S. Martschinke, M. Munser-Kiefer, M. Haider & E.-M. Kirschhock, G. Ranger & G. Renner (Hrsg.), *Individuelle Förderung und Lernen in der Gemeinschaft* (S. 19–34). Wiesbaden: Springer.

Hesse, H. A. (1972). *Berufe im Wandel. Ein Beitrag zur Soziologie des Berufes, der Berufspolitik und des Berufsrechts.* Stuttgart: Enke.

Hofer, M. (1986). *Sozialpsychologie erzieherischen Handelns: Wie das Denken und Verhalten von Lehrern organisiert ist.* Bern: Hogrefe.

Joyce, B. & Showers, B. (1995). *Student achievement through self-development. Fundamentals of school renewal* (2. Aufl.). White Plains, NY: Longman Publishers.

Keilhacker, M. (1932). *Der ideale Lehrer nach der Auffassung der Schüler: Eine experimentelle Untersuchung.* Freiburg: Herder.

Keller-Schneider, M. (2016). Berufseinstieg, Berufsbiographien und Berufskarriere von Lehrerinnen und Lehrern. In M. Rothland (Hrsg.), *Beruf Lehrer/Lehrerin: Ein Studienbuch* (S. 277–298). Münster: Waxmann (UTB).

Kerschensteiner, G. (1949). *Die Seele des Erziehers und das Problem der Lehrerbildung* (4. Aufl.). München.

Klieme, E., Pauli, C. & Reusser, K. (2009). The Pythagoras Study. In T. Janík & T. Seidel (Hrsg.), *The Power of Video Studies in Investigating Teaching and Learning in the Classroom* (S. 137–160). Münster: Waxmann.

KMK (2004). *Standards für die Lehrerbildung: Bildungswissenschaften.* (Beschluss der Kultusministerkonferenz vom 16.12.2004). Verfügbar unter: http://www.kmk.org/fileadmin/Dateien/veroeffentlichungen_beschluesse/2004/2004_12_16-Standards-Lehrerbildung.pdf

König, J. (2016a). Lehrerexpertise und Lehrerkompetenz. In M. Rothland (Hrsg.), *Beruf Lehrer/Lehrerin. Ein Studienbuch.* Münster: Waxmann (UTB).

König, J. (2016b). Professionelle Kompetenz von Lehrkräften: Videobasierte Messung situationsspezifischer Fähigkeiten. In S. Blömeke, M. Caruso, S. Reh, U. Salaschek & J. Stiller (Hrsg.), *Traditionen und Zukünfte. Beiträge zum 24. Kongress der DGfE.* (Schriftenreihe der Deutschen Gesellschaft für Erziehungswissenschaft (DGfE), S. 215–228). Leverkusen-Opladen: Verlag Barbara Budrich.

Korthagen, F. (2016). Inconvenient truths about teacher learning: Towards professional development 3.0, *Teachers and Teaching, 23* (4), 387–405.

Kramer, C., König, J., Kaiser, G., Ligtvoet, R. & Blömeke, S. (2017). Der Einsatz von Unterrichtsvideos in der universitären Ausbildung: Zur Wirksamkeit video- und transkriptgestützter Seminare zur Klassenführung auf pädagogisches Wissen und situationsspezifische Fähigkeiten angehender Lehrkräfte. *Zeitschrift für Erziehungswissenschaft, 20* (1), 137–164.

Krammer, K., & Reusser, K. (2005). Unterrichtsvideos als Medium der Aus- und Weiterbildung von Lehrpersonen. *Beiträge zur Lehrerbildung, 23* (1), 35–50.

Krapp, A. & Heiland, A. (1986). Wissenschaftstheoretische Grundfragen der Pädagogischen Psychologie. In B. Weidenmann & A. Krapp (Hrsg.), *Pädagogische Psychologie* (S. 43–72). München: Urban & Schwarzenberg.

Krauss, S. & Bruckmaier, G. (2014). Das ExpertenParadigma in der Forschung zum Lehrerberuf. In E. Terhart, H. Bennewitz & M. Rothland (Hrsg.), *Handbuch der Forschung zum Lehrerberuf* (2. überarbeitete Aufl., S. 241–261). Münster: Waxmann.

Kunter, M. (2017). Professionalisierung von pädagogischen Fachkräften: Einführung. In U. Hartmann, M. Hasselhorn & A. Gold (Hrsg.), *Entwicklungsläufe verstehen – Kinder mit Bildungsrisiken wirksam fördern. Forschungsergebnisse des Frankfurter IDeAZentrums* (S. 413–424). Stuttgart: Kohlhammer.

Kunter, M., Kleickmann, T., Klusmann, U. & Richter, D. (2011). Die Entwicklung professioneller Kompetenz von Lehrkräften. In M. Kunter, J. Baumert, W. Blum, U. Klusmann, S. Krauss & M. Neubrand (Hrsg.), *Professionelle Kompetenz von Lehrkräften – Ergebnisse des Forschungsprogramms COACTIV* (S. 55–68). Münster: Waxmann.

Kunter, M., Klusmann, U., Baumert, J., Richter, D., Voss, T. & Hachfeld, A. (2013). Professional competence of teachers: Effects on instructional quality and student development. *Journal of Educational Psychology, 105* (3), 805–820.

Kunter M. & Pohlmann, B. (2009). Lehrer. In E. Wild & J. Möller (Hrsg.), *Pädagogische Psychologie* (S. 261–280). Heidelberg: Springer.

Lazarevic, C. (2015). *Professionelle Wahrnehmung und Analyse von Unterricht durch Mathematiklehrkräfte. Eine fallrekonstruktive Studie*. Wiesbaden: Springer.

Leonhard, T. & Schallies, M. (2006). Coaching als Ansatz für die Wissenschaftliche Lehrerbildung? Grundfragen, Forschungsvorhaben und Zwischenergebnisse. In A. Pitton (Hrsg.), *Lehren und Lernen mit Neuen Medien* (S. 192–194). Berlin: LIT.

Lipowsky, F. (2006). Auf den Lehrer kommt es an. Empirische Evidenzen für Zusammenhänge zwischen Lehrerkompetenzen, Lehrerhandeln und dem Lernen der Schüler. *Zeitschrift für Pädagogik, 51*, 47–70.

Lipowsky, F. (2015). Unterricht. In E. Wild & J. Möller (Hrsg.), *Pädagogische Psychologie* (2., überarbeitete Aufl., S. 69–105). Heidelberg: Springer.

Lohmann, G. (2011). *Mit Schülern klarkommen. Professioneller Umgang mit Unterrichtsstörungen und Disziplinkonflikten* (8., überarbeitete Aufl.) Berlin: Cornelsen.

Marzano, R. J. (2011). Art & Science of Teaching/What Teachers Gain from Deliberate Practice. Educational Leadership. *The Effective Educator, 68* (4), 82–85.

Mayr, J. (2014). Der Persönlichkeitsansatz in der Forschung zum Lehrerberuf. In E. Terhart, H. Bennewitz & M. Rothland (Hrsg.). *Handbuch der Forschung zum Lehrerberuf* (2., überarbeitete Aufl.) (S. 189–215). Münster: Waxmann.

Möller, K., Hardy, I., Jonen, A. & Kleickmann, T. (2006). Naturwissenschaften in der Primarstufe – Zur Förderung konzeptuellen Verständnisses durch Unterricht und zur Wirksamkeit von Lehrerfortbildungen. In M. Prenzel & L. Allolio-Näcke (Hrsg.*), Untersuchungen zur Bildungsqualität von Schule. Abschlussbericht des DFG-Schwerpunktprogramms BiQua* (S. 161–193). Münster: Waxmann.

Möller, K. & Steffensky, M. (2016). Förderung der professionellen Kompetenz von (angehenden) Lehrpersonen durch videobasierte Lerngelegenheiten. Einführung in den Thementeil. *Unterrichtswissenschaft, 4*, 301–304.

Monk, D. H. (1994). Subject Area Preparation of Secondary Mathematics and Science Teachers and Student Achievement. *Economics of Education Review 13* (2), 1–21.

Mulder, R. H. & Gruber, H. (2011). Die Lehrperson im Lichte von Professions-, Kompetenz- und Expertiseforschung – die drei Seiten einer Medaille. In O. Zlatkin-Troitschanskaia (Hrsg.), *Stationen Empirischer Bildungsforschung*. Wiesbaden: VS Verlag für Sozialwissenschaften.

Neugebauer, M. (2013). Wer entscheidet sich für ein Lehramtsstudium – und warum? Eine empirische Überprüfung der These von der Negativselektion in den Lehrerberuf. *Zeitschrift für Erziehungswissenschaft, 16* (1), 157–184.

Oevermann, U. (1996). Theoretische Skizze einer revidierten Theorie professionalisierten Handelns. In A. Combe & W. Helsper (Hrsg.), *Pädagogische Professionalität. Untersuchungen zum Typus pädagogischen Handelns* (S. 70–182). Frankfurt a.M.: Suhrkamp.

Oser, F. (1997). Standards in der Lehrerbildung. *Beiträge zur Lehrerbildung, 15* (1), 26–37.

Oser, F. (2005). Schrilles Theoriegezerre, oder warum Standards gewollt sein sollen. Eine Replik auf Walter Herzog. *Zeitschrift für Pädagogik, 51* (2), 266–274.

Oser, F., Heinzer, S. & Salzmann, P. (2010). Die Messung der Qualität von professionellen Kompetenzprofilen von Lehrpersonen mit der Hilfe der Einschätzung von Filmvignetten. Chancen und Grenzen des advokatorischen Ansatzes. *Unterrichtswissenschaft, 38*, S. 5–28.

Putnam, R. T. & Borko, H. (2000). What do new views of knowledge and thinking have to say about research on teacher learning. *Educational Researcher, 29*, 4–15.

Prenzel, M., Bauer, J., Heininger, S. & Wenglein, S. (2015). Evidence for teachers (E4teach): Modellierung und Training der Kompetenz angehender und aktiver Lehrkräfte zum Umgang mit Evidenz. In D. Kienhues & R. Bromme (Hrsg.), *Science and the Public: Das Verständnis fragiler und konfligierender Evidenz* (S. 34–35). Münster: Westfälische Wilhelms-Universität Münster.

Reinmann, G. & Mandl, H. (2006). Unterrichten und Lernumgebungen gestalten. In A. Krapp, M. Prenzel & B. Weidenmann (Hrsg.), *Pädagogische Psychologie: Ein Lehrbuch* (5. Aufl., S. 613–658). Weinheim: Beltz.

Retelsdorf, J. & Südkamp, A. (2012). Professionalisierung von Lehrerinnen und Lehrern: Editorial zum Themenschwerpunkt. *Zeitschrift für Pädagogische Psychologie, 26*, 227–231.

Reusser, K. (2005). Situiertes Lernen mit Unterrichtsvideos in der Lehrerinnen- und Lehrerbildung. *Journal für Lehrerinnen- und Lehrerbildung, 5* (2), 8–18.

Riegel, U. (2013). Videobasierte Kompetenzforschung in den Fachdidaktiken. Einleitung. In U. Riegel & K. Macha (Hrsg.), *Videobasierte Kompetenzforschung in den Fachdidaktiken*. Münster: Waxmann.

Ropo, E. (2004). Teaching Expertise. In H. Boshuizen, R. Bromme & H. Gruber (Hrsg.), *Professional Learning: Gaps and Transitions on the Way from Novice to Expert* (S. 159–179). London: Kluwer Academic Publisher.

Schön, D. A. (1983*). The Reflective Practitioner. How Professionals Think in Action*. New York: Basic Books.

Schön, D. A. (1987). *Educating the Reflective Practitioner. Toward a New Design for Teaching and Learning in the Professions*. San Francisco, London: Jossey-Bass Publishers.

Schön, D. A. (Hrsg.) (1991). *The reflective turn: Case studies in and on educational practice*. New York: Teachers College Press.

Schrader, F.-W. (2001). Diagnostische Kompetenz von Eltern und Lehrern. In D. H. Rost (Hrsg.), *Handwörterbuch Pädagogische Psychologie* (S. 91–96). Weinheim: Beltz.

Schrader, F.-W. (2014). Lehrer als Diagnostiker. In E. Terhart., H. Bennewitz & M. Rothland (Hrsg.), *Handbuch der Forschung zum Lehrerberuf* (2., überarbeitete Aufl., S. 865–882) Münster: Waxmann.

Seidel, T., Blomberg, G. & Stürmer, K. (2010). "Observer"—Validation of a videobased instrument for measuring the perception of professional education. *Zeitschrift für Pädagogik, 56*, 296–306.

Seidel, T., Prenzel, M., & Kobarg, M. (Hrsg.). (2005). *How to run a video study: Technical report of the IPN Video Study*. Münster: Waxmann.

Seidel, T., & Stürmer, K. (2014). Modeling and measuring the structure of professional vision in preservice teachers. *American Educational Research Journal, 51*, 739–771.

Seidel, T., Stürmer, K., Blomberg, G., Kobarg, M. & Schwindt, K. (2011). Teacher learning from analysis of videotaped classroom situations: does it make a difference whether teachers observe their own teaching or that of others? *Teaching and Teacher Education, 27*, 259–267.

Seidel, T. & Thiel, F. (2017). Standards und Trends der videobasierten Lehr-Lernforschung. *Zeitschrift für Erziehungswissenschaft, 20* (1), 1–21.

Shulman, L. S. (1985). Paradigms and research programs in the study of teaching: A contemporary perspective. In M. C. Wittrock (Hrsg.). *Handbook of Research on Teaching* (3rd Edition) (S. 3–36). New York: Macmillan.

Shulman, L. S. (1987). Knowledge and teaching: Foundations of the new reform. *Harvard Educational Review, 57* (1), 1–21.

Spranger, E. (1966). *Lebensformen. Geisteswissenschaftliche Psychologie und Ethik der Persönlichkeit* (9. Aufl.). Tübingen: Max Niemeyer.

Stark, R. (2003). Conceptual Change: kognitiv oder situiert? *Zeitschrift für pädagogische Psychologie, 17* (2), 133–144.

Stark, R. & Mandl, H. (2000). *Das Theorie-Praxis-Problem in der pädagogisch-psychologischen Forschung – ein unüberwindbares Transferproblem? (Forschungsbericht Nr. 118).* München: LMU, Lehrstuhl für Empirische Pädagogik und Pädagogische Psychologie.

Staub, F. C. (2001). Fachspezifisch-pädagogisches Coaching: Förderung von Unterrichtsexpertise durch Unterrichtsentwicklung. *Beiträge zur Lehrerbildung, 19* (2), 175–198.

Staub, F. C. (2005). Videos im Fachspezifisch-pädagogischen Coaching. *Journal für Lehrerinnen- und Lehrerbildung, 2*, 26–30.

Staub, F. & Stern, E. (2002). The nature of teachers' pedagogical content beliefs matters for students' achievement gains: quasi-experimental evidence from elementary mathematics. *Journal of Educational Psychology, 94* (2), 344–355.

Steffensky, M. & Kleinknecht, M. (2016). Wirkungen videobasierter Lernumgebungen auf die professionelle Kompetenz und das Handeln (angehender) Lehrpersonen. Ein Überblick zu Ergebnissen aus aktuellen (quasi-)experimentellen Studien. *Unterrichtswissenschaft,* 44 (4), 305–321.

Tenorth, H.-E. (1990). Profession und Disziplin. Bemerkungen über die krisenhafte Beziehung zwischen pädagogischer Arbeit und Erziehungswissenschaft. In H. Drerup & E. Terhart (Hrsg.), *Erkenntnis und Gestaltung. Vom Nutzen erziehungswissenschaftlicher Forschung in praktischen Verwendungskontexten* (S. 81–97). Weinheim: Beltz.

Terhart, E. (2001). *Lehrerberuf und Lehrerbildung*. Weinheim: Beltz.

Terhart, E. (2011). Lehrerberuf und Professionalität. Gewandeltes Begriffsverständnis – neue Herausforderungen. *Zeitschrift für Pädagogik, 57*, 202–224.

Terhart, E., Czerwenka, K., Ehrich, K., Jordan, F. & Schmidt, H. J. (1994). *Berufsbiographien von Lehrern und Lehrerinnen*. Frankfurt: Lang.

Tillmann, K. J. (2014). Konzepte der Forschung zum Lehrerberuf. In E. Terhart., H. Bennewitz & M. Rothland (Hrsg.), *Handbuch der Forschung zum Lehrerberuf* (2., überarbeitete Aufl., S. 308–316). Münster: Waxmann.

Voss, T., Kleickmann, T., Kunter, M. & Hachfeld, A. (2011). Überzeugungen von Mathematiklehrkräften. In M. Kunter, J. Baumert, W. Blum, U. Klusmann, S. Krauss &

M. Neubrand (Hrsg.), *Professionelle Kompetenz von Lehrkräften: Ergebnisse des Forschungsprogramms COACTIV* (S. 235–257). Münster: Waxmann.

Weber, K. E., Gold, B., Prilop, C. N. & Kleinknecht, M. (2018). Promoting preservice teachers' professional vision of classroom management during practical school training: Effects of a structured online and video-based selfreflection and feedback intervention. *Teaching and Teacher Education, 76*, 39–49.

Weinert, F. E. (1999). *Konzepte der Kompetenz. Gutachten zum OECD-Projekt „Definition and Selection of Competencies: Theoretical and Conceptual Foundations (DeSeCo)"*. Neuchatel, Schweiz: Bundesamt für Statistik.

Weinert, F. E., Schrader, F. W. & Helmke, A. (1990). Educational Expertise. Closing the Gap between Educational Research and Classroom Practice. *School Psychology International, 11*, 163–180.

West, L. & Staub, F. C. (2003). *Content-Focused Coaching: Transforming Mathematics Lessons*. Portsmouth, NH: Heinemann und Pittsburgh, PA: University of Pittsburgh.

Helmut Fend

Der „gute Lehrer", die „gute Lehrerin" im Spiegel der Rekontextualisierungstheorie

Was sind gute und kompetente Lehrpersonen? In einer ersten Annäherung zur Beantwortung dieser Schlüsselfrage guter Schulen sei ein Blick in das 18. Jahrhundert und dort in eine Schulbehörde geworfen, die eine freie, eine „erledigte" Schulmeisterstelle zu besetzen hat. Folgende Kandidaten stellen sich u.a. vor (Bölling, 1983, S. 53):

> „2. Jakob Maehl, Weber, hat die 50 hinter sich, hat gesungen a) Zeuch ein zu deinen Toren, b) Wer den lieben Gott läßt walten. Melodie ging in viele andere Lieder, Stimme sollte stärker sein, quiekte mehrmalen, so nicht sein muss. Gelesen Josua 19, mit 10 Lesefehlern, buchstabiren Josua 10, ohne Fehler. Dreierlei Handschriften gelesen, schwach und mit Stocken, drei Fragen aus dem Verstant, hierin hat er Satisfaktion. Dictando drei Zeilen geschrieben, fünf Fehler. Des Rechnens nicht kundig.
>
> 4. Johann Schutt, Kesselflicker, hat 50 Jahre des Lebens auf Erden gewandelt und hat gesungen: a) 0 Ewigkeit, du Donnerwort, b) Liebster Jesu wir sind hier, mit ziemlichem Applaus. Buchstabirt Genesis 10, auch nicht uneben. Dictando 3 Reihen geschrieben, 10 Fehler. Des Rechnens nur im Addiren erfahren.
>
> 5. Friedrich Loth, Unteroffizier, den Feldzug gegen die Schweden mitgemacht und alldort ein Bein verloren. 34 Jahre seines Lebens alt, hat gesungen a) Allein Gott in der Höh', b) Christ lag in Todesbanden. Starke Stimme, aber ohne Melodie. Dreierlei Handschriften langsam gelesen. Dictando drei Zeilen, 8 Fehler. Rechnen: Addiren und ein bisken Subtrahiren inne."

Es kommt zur Wahl.

> „Es wurde einmütig davon gehalten, daß Jakob Maehl der capabelste, wogegen die anderen, namentlich dem Kesselflicker, nicht zu trauen, sintemalen er viel durch die Lande streiche, dagegen der einbeinige Kriegsknecht die Fuchtel gegen die armen Kindlein zu stark gebrauchen in Verdacht zu nehmen sei, was den mitleidigen Müttern derselben doch sehr ins Herz stechen und wehtun könnte, auch sei zwischen rohen Soldaten und solchen Würmlein ein Unterschied zu setzen. Der Pastor ließ nun votieren und wurde Maehl einstimmig gewählet."

1. Sozialgeschichte des Lehrberufs und des Lehrerseins

Diese Lehrer wussten und konnten nach heutigen Maßstäben unvorstellbar wenig. Die Sozialgeschichte des Lehrers dokumentiert noch für das 18. Jahrhundert aber nicht nur ein unvorstellbar niedriges Niveau der Professionalität, sondern auch eine sehr niedrige soziale Stellung des Lehrers, eine Stellung am unteren Ende der sozialen Hierarchie des Dorfes, wo er bei den niedersten Gemeindediensten geführt wird, *„neben dem ‚Bittel, dem Nachtwächter, dem Hornabsäger und dem Mausfanger‘“* (Schiffler & Winkeler, 1991, S. 124).

1.1 Die Entstehung des Lehrens als eigenständiger Beruf

Die Sozialgeschichte des Lehrberufs zeigt, dass sich dieser Berufsstand erst langsam verselbständigt und professionalisiert hat. Parallel zur Führung der Schule in *kirchlicher Verantwortung und Aufsicht* war der Beruf des Volksschullehrers zu Beginn des 19. Jahrhunderts vor allem eine *Hilfsfunktion von Geistlichen* und Pastoren. Die Rolle des Lehrers hat sich dann in den letzten zweihundert Jahren vor allem durch die *Emanzipation von der geistlichen Schulaufsicht* gewandelt. Diese Emanzipationsbewegung verlief in verschiedenen deutschsprachigen Ländern unterschiedlich rasch. Im Kanton Zürich setzte sie bereits ab 1830 ein. In deutschen Ländern überwand die Lehrerschaft ihren Status als „Mesner-Lehrer“ erst mit Beginn des 20. Jahrhunderts. Im Gefolge dieser Emanzipation entstand die Gestalt des *säkularisierten Lehrers als Autorität des Staates*. Um sich aus der starken Bindung an die Kirche zu lösen, brauchte die Lehrerschaft einen starken Partner und dies wurde der aufkommende Nationalstaat.

Der „neue“ Lehrer sollte im öffentlichen Auftrag, im Interesse des Gemeinwohls zur Volksbildung beitragen. Der Lehrer war damit erstmals ein *von der Öffentlichkeit beauftragter Kulturvermittler*, der auf dem Lande gleichzeitig auch für die entsprechende geistige und wirtschaftliche Entwicklung des Volkes zu sorgen hatte. Der Lehrer tritt hier als Vertreter der staatlichen Autorität auf, ein Lehrer, der gleichzeitig moralische Instanz, Kulturvermittler im Gemeindeleben und landwirtschaftliche Fortbildungsinstanz ist. Seine Vorbildwirkung als sittliche Instanz und sein erzieherischer Auftrag stehen hier früh im Mittelpunkt.

Ab der Mitte des 19. Jahrhunderts kommt auch die Frage auf, ob *Frauen* Lehrer (Lehrerinnen) werden sollen, ob sie dies können und dürfen. Dieses Thema wurde mit großer Leidenschaft und oft auch mit großem Ressentiment diskutiert. Insbesondere die Lehrerverbände kämpften gegen die als Konkurrenz empfundenen Lehrerinnen. Ballauff schildert dies durch den Rückgriff auf Quellen anschaulich:

> „Der Königliche Kreisschulinspektor Wilhelm Cremer aus Moers kommt in seiner Schrift ‚Frauenarbeit in der Schule‘ (1884) zu dem Ergebnis, daß Frauen allgemein lehrunfahig sind und Lehrerinnen ernsthafte Berufsabsichten abgesprochen werden müssen. Um Irrtum und Vorurteil zu vermeiden, läßt er ‚Thatsachen‘ sprechen [...] Danach leisten 18 % der Lehrerinnen in

> Unterricht und Erziehung nur Befriedigendes (höchstens 10% kommen einem tüchtigen Lehrer ‚in etwa' gleich), 22% genügen mäßigen Anforderungen, 60% bleiben hinter dem Minimum zurück. Große Mängel findet er in Lehrgeschick und methodischer Auffassung vor. Er vermißt vor allem strenge geistige Zucht, die sich über Ziele und Wege des Unterrichts im klaren ist. In der älteren Lehrerin sieht er die Enttäuschte, die mit ‚kalter Rücksichtslosigkeit' natürliche Schwächen der Kinder straft, ‚maßlose Anforderungen an den häuslichen Fleiß' stellt, mangelnden sozialen Sinn, ‚weibliches Keifen, [...] schulmeisterliche Herrschsucht und Pedanterie' an den Tag legt. Cremer zieht den Schluß: ‚Bei allen Lehrerinnen ist das Bewußtsein vorherrschend – sie mögen es sich eingestehen oder nicht, die Thatsachen beweisen es – daß sie ihren Beruf verfehlt haben.'" (Ballauff, 1985)

Schließlich gelang es doch, Fraulichkeit und Mütterlichkeit mit der Lehraufgabe zu versöhnen, wenn auch nur über die Formel der *„geistigen Mutterschaft"*. Sie kann dann eine gute Lehrerin sein, wenn sie an die Stelle der Mutterrolle die mütterliche Sorge für ihre Schüler lebt. Von Frauen wurde amtlich oder halbamtlich, in manchen Ländern von der Mitte des 19. Jahrhunderts bis in die 50er Jahre des 20. Jahrhunderts das Zölibat erwartet. Von Leitungsaufgaben im Bildungswesen waren sie ausgeschlossen und sie wurden geringer bezahlt als ihre männlichen Kollegen. Diese wiederum hatten oft das Los zu tragen, die Witwe eines verstorbenen Lehrers heiraten zu müssen, um dessen Stelle übernehmen zu können und so der Gemeinde Versorgungsleistungen für die Witwe zu ersparen.

Heute sind Frauen die wichtigsten Trägerinnen des Bildungswesens. In der Volksschule decken sie zu 90% den Unterricht ab. Der „gute Lehrer" ist heute also vor allem eine gute Lehrerin.

1.2 Fortschritte im professionellen Können

Die Sozialgeschichte des Lehrerberufs beschränkt sich nicht auf die Geschichte der sozialen Stellung des Lehrers. Sie ist auch eine Sozialgeschichte der professionellen Kompetenz. Eine große Studie zu 200 Jahren Alphabetisierung (Messerli, 1999) bietet uns faszinierende historische Einblicke, wie ein methodisch sinnvolles Vorgehen im Unterricht erst allmählich entwickelt wurde. Lesen lernen dauerte etwa vier Jahre und die Hälfte der Unterrichtszeit wurde darauf verwendet. Die Praxis des Lesens bestand vor allem im Auswendiglernen von religiösen Texten.

Kinder wurden oft sehr früh „eingeschult", allerdings auch in sehr unterschiedlichem Alter. Vierjährige saßen mit des Lesens unkundigen Sechzehnjährigen beisammen. Wer etwas gut konnte, wurde dafür auch wieder früher ausgeschult. Die Schulstuben waren in der Regel vollgepfercht, stickig und dunkel, da die Beleuchtung mit Kienspan und später mit Petroleum sehr teuer war. Die Kinder kamen der Reihe nach dran, zeigten ihr „Lesematerial", einen Teil aus einem Kalenderblatt, ein politisches Flugblatt, meist aber Teile aus dem Katechismus, aus dem sie vorlesen sollten. Die Regel war nun der *Individualunterricht* bzw. der *serielle Unterricht*. Wenn es geordnet zuging, bekamen die Schüler jeweils der Reihe nach eine Aufgabe, nahmen diese in die Bank mit und mussten versuchen, sie auswendig zu lernen. Am Mittwoch und Samstag wurden sie dann abgehört und gehörig mit Schlägen durchgebleut, wenn sie etwas nicht konnten.

Diese Methodik des Lesenlernens ist sehr ineffizient. Kinder brauchen viel zu lange, Leerlauf ist die Regel. Zudem liegen dem Lesenlernen falsche Annahmen zugrunde: Man glaubt, durch Zusammenfügen von Buchstaben, dann von Silben und später von Wörtern zum Lesen zu kommen. *Sinnvolles Lesen* ist zu Beginn des 19. Jahrhunderts sogar noch bei Lehrpersonen ein Problem, wie folgender Bericht zeigt:

> „Nach einem Schulmeisterkurs (1806/07) auf dem Rietli bei Zürich habe er, so berichtet August Zeller (1774–1846) 13 Schulmeistern ein Lesebuch ausgehändigt und sie aufgefordert, darin ein bestimmtes Lesestück zu lesen: Nachher ließ der die Bücher zumachen und sagte: ‚Schulmeister von Wiedikon, können Sie mir jetzt kurz den Inhalt des Lesestückes angeben?' Dieser weinte die hellen Tränen und bekannte: Daran habe er in seinem Leben noch nie gedacht, dass man wissen müsse, was man lese." (Messerli, 1999)

Ein weiterer Fortschritt bestand im Übergang vom seriellen Unterrichten zum *Zusammenlernen.* Serieller Unterricht bestand darin, dass Schülern individuelle Aufgaben zum Auswendiglernen aufgegeben und dann abgehört wurden. Mit dem „Zusammenlernen" war der systematische Klassenunterricht, der uns bis heute selbstverständlich erscheint, geboren. Das Zusammenlernen hatte weitreichende Folgen. Es erforderte *gemeinsame Lehrmittel und Schuleinrichtungen.* Alle Schülerinnen und Schüler sollten jetzt den *Blick nach vorne* richten, was *normierte Möbel, Tafeln und Lehrmittel* erforderte. Der Lehrer musste um *Aufmerksamkeit* besorgt sein, den *Stoff gliedern* und den gemeinsamen *Lernfortschritt* beachten, der auf dem *überprüften Verständnis* des jeweils Vorangehenden aufbaut. So konnten alle permanent lernen – und sei es nur durch die Beobachtung der Lernbemühungen von Mitschülerinnen und Mitschülern. Da die Aufgaben nicht jedem Lernenden separat erklärt werden mussten, wurde viel Zeit eingespart. Die Lehrperson musste mit dieser Methode jedoch eine *neue Didaktik* entwickeln, die in einem *geleiteten Gespräch mit der Klasse* ihren Höhepunkt finden sollte.

Ein organisatorischer, didaktisch aber sehr folgenreicher Fortschritt bestand schließlich in der Bildung von *Jahrgangsklassen.* Dadurch wurden die Schülerinnen und Schüler nach altersbezogenen Lernmöglichkeiten homogenisiert. Klassenunterricht konnte dadurch ungleich wirksamer gestaltet werden als dies im alten seriellen Individualunterricht der Fall war.

Das 20. Jahrhundert kann dann tatsächlich das Jahrhundert des Kindes genannt werden. In diese historische Phase fällt die immer differenziertere Aufmerksamkeit für die „Nutzerseite" des Bildungswesens. Was im Kinde vor sich geht, erscheint jetzt wichtig, um zu wissen, wie man ihm und seinen Lernmöglichkeiten gerecht werden könne. Das *19. Jahrhundert hatte primär die Systematisierung der Inhalte und ihre Aufbereitung unter sachlichen Gesichtspunkten im Auge.* Im 20. Jahrhundert kam systematisch die *Seite der lernenden Kinder und Jugendlichen* zur Sprache. Die Entwicklungspsychologie nahm jetzt ebenso einen großen Aufschwung wie die Pädagogische Psychologie. Die Reformpädagogik hat dies mit der Parole der *Erziehung vom Kinde aus* produktiv aufgenommen und zu einem unverzichtbaren Teil der Professionsausbildung gemacht (Fend, 2006).

2. Die theoretische Systematik des Lehrens: Rekontextualisierung als Kern schulischer Aufgabenbewältigung

Vierzig Jahre Lehrersein bedeutet heute, bei einer Pflichtwochenstundenzahl von *25* Stunden, insgesamt etwa *40.000 Unterrichtsstunden* vorzubereiten, durchzuführen und nachzuarbeiten. Ein Kollegium von 50 hauptamtlichen Lehrpersonen, das Kinder acht Jahre lang unterrichtet, gestaltet dabei ca. *32.000 Unterrichtsstunden* zu einem in sich sinnvoll zusammenhängenden Programm der Humangestaltung und der Bildung. Schülerinnen und Schüler erleben dazu bis zur Matura zwischen zwölf- und vierzehntausend Stunden Unterricht.

Aber nicht nur die *Quantitäten* des Bildungswesens sind heute eindrucksvoll, auch die Komplexität dieser riesigen Organisation ist enorm. Ich habe sie in mehreren Arbeiten aufzuschlüsseln versucht, um den Kern dessen herauszuschälen, was in Schulklassen Tag für Tag geschieht (Fend, 1980, 2006, 2008). Dessen Struktur zu erfassen ist die Voraussetzung dafür, die Aufgaben des Lehrerseins zu beschreiben. Erst im Umfeld einer systematischen „task analysis", die professionsvergleichend fundiert ist (z. B. im Vergleich zu technischen Berufen, Arztberufen, juristischen Berufen usw.), kann es gelingen, zu entdecken, was die Besonderheiten der „Lehrarbeit" sind und wann diese Arbeit kompetent gemacht wird. Schließlich kann eine solche Analyse eine Grundlage für Konzeptionen sein, wie für diese Arbeit ausgebildet werden soll.

Es erscheint plausibel, bei dieser Aufgabenanalyse des Lehrens davon auszugehen, was dort geschieht, wo sie am klarsten institutionalisiert ist: von dem, was im Bildungswesen geschieht. An der Oberfläche ist dies unschwer zu formulieren. Ein Gemeinwesen ist um seiner Kontinuität und Funktionsfähigkeit willen darauf angewiesen, die heranwachsende Generation, die völlig hilflos und unwissend geboren wird, in den Stand der *kulturell-gesellschaftlichen Handlungsfähigkeit* zu versetzen. Um dies in hoch entwickelten Gesellschaften zu leisten, kondensiert es die *eigenen kulturellen Traditionen* und die darin eingebundenen *Fähigkeiten* zu einem Bildungsplan und Lernangebot, damit diese in der heranwachsenden Generation wieder „auferstehen". Die „kulturellen Objektivationen" in symbolischen Systemen, Wissenschaft und Kunst gilt es zu ihrer generationsübergreifenden Erhaltung zu „resubjektivieren". Das Gemeinwesen unternimmt es dabei, diese beiden Wirklichkeiten miteinander in Beziehung zu setzen, miteinander zu versöhnen: den *kulturellen Masterplan* und die „Gehirnstrukturen" bzw. *psychischen Strukturen* lernender Subjekte. Um diese einander zugänglich zu machen, entwickelt es eine *komplexe Methodologie* und *bildet Akteure aus*, dies zu bewältigen. Die Professionsgeschichte ist ein eindrucksvoller Beleg für die zunehmende Rationalisierung und Methodisierung dieses Unternehmens.

In der Schule begegnen sich „Kultur" und „Kind", symbolische Strukturen und neuronale Netzwerke. Das entscheidende *operative* Geschehen des Lehrens und Lernens spielt sich in den vielen Begegnungen zwischen Lehrpersonen und Schülerinnen und Schülern in der Schulklasse und im Unterricht ab. Sie sind der „Ernstfall", bei dem die Begegnung der Kultur mit lernenden und sich entwickelnden Subjekten gelingen muss. Hier treffen beide „Welten" zusammen: die Kultur in der Gestalt von schulischen Bildungsplänen und Lernchancen und die sich entfaltende Welt des lernenden Menschen (Fend, 2008). Doch was heißt es, im Schnittfeld dieser „Welten" tätig zu sein? Es heißt, „Übersetzungsarbeit", „Synchronisierungsarbeit" in einem institutionellen Rahmen zu leisten. Wenn der kulturelle Masterplan den Ausgangspunkt bildet, dann bedeutet die Adaption dieses Masterplanes an die Kinder, eine Rekontextualisierung des Masterplanes an Aufnahmevoraussetzungen der lernenden Subjekte zu leisten (s. Abb. 1).

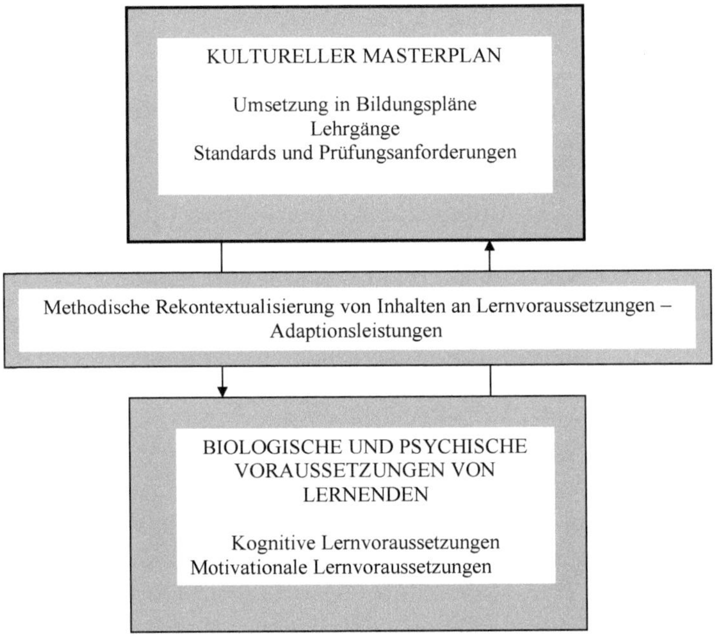

Abbildung 1: Lehrhandeln als methodische Rekontextualisierung von kulturellen Inhalten an Lernvoraussetzungen

Wie weit dabei die Kultur und die psychischen Strukturen heranwachsender Kinder auseinanderklaffen, wird uns vielleicht noch ahnbar, wenn wir uns in eine Bibliothek mit arabischen Handschriften versetzen. Die symbolischen Formen erscheinen uns hier noch in der „Fremdheit", als der unsere Schrift Kindern unseres Kulturkreises anfangs erscheinen muss.

Abbildung 2: Eine Seite aus dem Koran (© Mohamad Trilaksono, pixabay.com)

Anspruchsvoll ist die Alphabetisierung somit auch in unserem Raum gewesen. Lediglich die Gewöhnung an diesen Vorgang lässt ihn uns heute als selbstverständlich erscheinen. In der erfolgreichen Adaption der symbolischen Schriftformen an kindliches „Fassungsvermögen" steht aber ein langer Suchprozess, der zur Erfindung von Methoden geführt hat, die das heutige Professionswissen ausmachen, welches nicht zuletzt in der Ausbildung erworben wird.

Die Verbindung von kulturellen Symbolsystemen und Fertigkeiten mit psychischen Strukturen charakterisiert heute die gesamte Professionalisierung in der Lehrtätigkeit aller Fächer. Der historische Rückblick zeigt dabei, dass die Erarbeitung von Übersetzungsstrategien zwischen „Kultur und Kind" eine formidable Entdeckungs- und Erfindungsgeschichte ist, in deren Verlauf viele Irrtümer und Fehlannahmen überwunden werden mussten. So sehen wir in den letzten 200 Jahren eine hochgradige Methodisierung in der Vermittlung von kulturellen Inhalten an die Lernmöglichkeiten und Lernwege von Schülerinnen und Schülern. Die Geschichte der Lehrerprofessionalität zeigt eine klare Linie zunehmender Rationalisierung und Methodisierung der Synchronisierungs- und Adaptionsleistungen von Lehrpersonen zwischen symbolischen kulturellen Strukturen und kindlichen Lernmöglichkeiten. Die Quellen für diese Rationalisierung bestehen vor allem a*us im Vollzug der Lehrtätigkeit erworbenen internen Wissen*, also im praktischen Erfahrungswissen, das in der Lehrerschaft zunehmend organisiert tradiert und Teil der Ausbildung wurde. Bis heute ist dieses Erfahrungswissen ein bedeutsamer Teil der Lehrerausbildung. Erst seit Beginn des 20. Jahrhunderts finden wir Versuche, das Erfahrungswissen durch systematisch gewonnenes wissenschaftliches Wissen zu ergänzen – ohne es bis heute völlig ersetzt zu haben oder ersetzen zu können.

Die systematische Darstellung der Kernelemente der Adaptionsleistungen, also der Rekontextualisierung der kulturellen Gehalte an kindliche Lernmöglichkeiten, ermöglicht es heute, die Wissens- und Kompetenzbereiche zu spezifizieren und die Hintergründe sichtbar zu machen, aus denen sie stammen. Hinter den fachlichen Inhalten, z.B. der Mathematik, stehen die Fachwissenschaften. Die methodische Umsetzung wird gespeist von fachdidaktischer Forschung. Hinter den Zielformulierungen stehen philosophische und historische Diskurse. Das Wissen von Lehrenden über die Lernenden entfaltet sich auf dem Hintergrund pädagogisch-psychologischer Forschung zu Lernprozessen, Entwicklungsprozessen, zu interindividuellen Unterschieden, zu Messmöglichkeiten von Kompetenzen. Zudem gehören zu den Lehrerkompetenzen Wissensformen, die den Kontext des Lernens in Schulklassen (s. die Sozialpsychologie der Schulklasse), in Bildungsinstitutionen (s. die schultheoretischen Forschungen) betreffen. Schließlich ist pädagogisches Handeln in Schulklassen gespeist von Wissensformen zu Konzepten des Lehrens und der Klassenführung insgesamt, die in der allgemeinen Didaktik ihren wissenschaftlichen Mutterboden haben.

3. Die Empirie der Rekontextualisierungsformen von Lehrpersonen

Die beschriebenen unterrichtlich relevanten Wissensbereiche stehen im schulischen Alltag nicht unverbunden nebeneinander. Sie haben eine Dienstfunktion bei der Kernaufgabe des Lehrens, bei der Rekontextualisierung von Kultur auf die Lernmöglichkeiten von Kindern. Diese Kernaufgabe hilft auch, die Wissensformen zu verbinden und in pädagogisches Handeln zu transformieren. Auf diese Regulative kommt es im Folgenden an. Wir vermuten, dass in den letzten fünfzig Jahren eine epochale kulturelle Veränderung zu beobachten ist, in deren Verlauf die frühere starke Inhalts- und Stofforientierung transformiert wurde in eine primäre Orientierung an den Lernenden. Diese These zum pädagogischen Kulturwandel soll in Grundzügen beschrieben werden, um auf dieser Folie dann die Varianz in den berufspädagogischen Theorien und Haltungen von Lehrpersonen besser verstehen zu können. Sollte es gelingen, diese Haltungen zu beschreiben und dann valide zu messen, verfolge ich noch anspruchsvollere Ziele. Ich möchte dann untersuchen, ob diese pädagogischen Haltungen zu einer jeweils anderen pädagogischen Realität führen, ob sie sich also auswirken.

3.1 Geistes- und kulturgeschichtliche Entwicklungen im Rekontextualisierungsauftrag

In der Geistesgeschichte zu Theorien, was Kinder und Jugendliche „sind" und wie sie lernen, zeigt sich, dass über Jahrhunderte der zu *unterrichtende Stoff* die zentrale Leitlinie und das Lehrmittel bzw. das Lehrbuch die Quelle für die Lehre war. Eindrucksvoll gilt dies für den Lateinunterricht, der über tausend Jahre nach einem Lehrwerk, dem des Donat, gegeben wurde. Erst in der zweiten Hälfte des 19. und dann verstärkt im 20. Jahrhundert verdichten sich die Vorstellungen dazu, *was bei Kindern und Jugendlichen geschieht*, wenn sie lernen. Als philosophisches und politisches Programm seit der Aufklärung, als pädagogische Reformbewegung von der zweiten Hälfte des

19. Jahrhunderts (Diesterweg, 1990) bis in die 30er Jahre des 20. Jahrhunderts (Nohl, 1963) hinein, kamen pädagogische Konzepte zum Tragen, in denen Kinder und Jugendliche einen neuen Stellenwert bekamen.

Es ging jetzt entscheidend um sie, um deren je eigene Potentiale und deren individuelle Entwicklung. Dem kulturellen Programm wurde eine dienende Rolle für die bestmögliche Entfaltung aller Talente und Kräfte im heranwachsenden Menschen zugewiesen. Nohl hat dies prägnant formuliert:

> „War bis dahin das Kind das willenlose Geschöpf, das sich der älteren Generation und ihren Zwecken anzupassen hatte und dem die objektiven Formen eingeprägt wurden, so wird es jetzt in seinem eigenen spontanen produktiven Leben gesehen, hat seinen Zweck in ihm selber, und der Pädagoge muss seine Aufgabe, ehe er sie im Namen der objektiven Ziele wahrnimmt, im Namen des Kindes verstehen. In dieser eigentümlichen Umdrehung, die man sich in ihrer vollen Bedeutung vor Augen stellen muss, liegt das Geheimnis des pädagogischen Verhaltens und sein eigenstes Ethos.“ (Nohl, 1963, S. 126f.) Der dienende Charakter der fachlichen Inhalte und des pädagogischen Handelns kommen in der berühmten Formulierung des pädagogischen Bezugs zum Tragen: „Die Grundlage der Erziehung ist also das leidenschaftliche Verhältnis eines reifen Menschen zu einem werdenden Menschen, und zwar *um seiner selbst willen*, dass er zu seinem Leben und zu seiner Form komme.“ (Nohl, 1963, S. 134, kursiv H. F.)

Das pädagogische Programm, die Fächermacht, damals „objektive Werte“ genannt, tritt hier in den Hintergrund:

> „Diese Umdrehung hat damals die Welt des Kindes erst entdeckt, und von dieser Grundeinstellung her ergaben sich die wichtigsten pädagogischen Begriffe, wie die Entwicklung der Individualität, Selbsttätigkeit und Selbstverwaltung, der Selbstwert jedes Moments im Zusammenhang des fortschreitenden Lebens, die Ausbildung des ganzen Menschen. In dieser Einstellung auf das subjektive Leben des Zöglings liegt das pädagogische Kriterium: was immer an Ansprüchen aus der objektiven Kultur und den sozialen Bezügen an das Kind herantreten mag, es muss sich eine Umformung gefallen lassen, die aus der Frage hervorgeht: welchen Sinn bekommt diese Forderung im Zusammenhang des Lebens dieses Kindes für seinen Aufbau und die Steigerung seiner Kräfte, und welche Mittel hat dieses Kind, um sie zu bewältigen. Insofern ist also jede Pädagogik Individualpädagogik.“ (Nohl, 1963, S. 127)

Das Spannungsverhältnis von „Kultur“ und „Kind“ im Prozess der Rekontextualisierung und seine Balance formuliert Nohl in den 1930er Jahren:

> „Das Verhältnis des Erziehers zum Kind ist immer doppelt bestimmt: von der Liebe zu ihm in seiner Wirklichkeit und von der Liebe zu seinem Ziel, dem Ideal des Kindes, beides aber nun nicht als Getrenntes, sondern als ein Einheitliches: aus diesem Kinde machen, was aus ihm zu machen ist, das höhere Leben in ihm entfachen und zu zusammenhängender Leistung führen,

> nicht um der Leistung willen, sondern weil in ihr sich das Leben des Menschen vollendet [...] Es soll ihm nichts Fremdes eingebildet werden, sondern die Lebensform, zu der sie führen will, muss die Lösung seines Lebens sein. So fordert die pädagogische Liebe Einfühlung in das Kind und seine Anlagen, in die Möglichkeiten seiner Bildsamkeit, immer im Hinblick auf sein vollendetes Leben.“ (Nohl, 1963, S. 135 f.)

Noch in der zweiten Hälfte des 20. Jahrhundert beobachten wir in pädagogischen Diskursen und in den pädagogischen Konzepten der Lehrpersonen eine Fortsetzung dieser Diskussion und einen wechselnden Kampf um die „richtigen“ Konzepte, die zwischen den Polen „Institution“ und „Lehrstoff“ bzw. „Kind“ und „eigenständiges Lernen“ schwanken. Sie haben jetzt die Gestalt von zwei pädagogischen Positionen (s. für eine Strukturanalyse Fend, 1984, S. 80 ff.), die in folgenden Diskursen sichtbar werden:

- Es gibt jetzt Diskurse, die die Seite der Kultur und Gesellschaft als stützende Ordnungsmächte und als primäre Bezugspunkte der „Menschwerdung“ „stark machen“. Dabei gibt es viele Varianten. Die einen betonen die Institutionen als Ordnungsmacht gegen die anthropologisch begründeten Gefahren und Unzulänglichkeiten des Menschen (Gehlen, 1959), eine Einschätzung, die angesichts der Katastrophen des 20. Jahrhunderts Argumente für sich hat. Andere wiederum betonen die formende Kraft sachlich-kultureller Strukturen, an die sie Schüler heranführen möchten (Wilhelm, 1968).
- Daneben beobachten wir verschiedene Diskurse, die das heranwachsende Menschenkind „stark machen“ wollen. In der Tradition der Aufklärung und der pädagogischen Reformbewegung wird es zum eigentlichen Ort des „pädagogischen Geschehens“, das Erwachsene nur bestmöglich begleiten können.

Diese Diskurse haben die pädagogische Ideengeschichte der letzten 50 Jahre wesentlich bestimmt. Mit Beginn der Bildungsexpansion und der sich allmählich wandelnden Erziehungskultur der Nachkriegszeit sind Ideen einer stärkeren Hinwendung zu den lernenden Schülerinnen und Schülern immer bedeutsamer geworden. Autoritäre Erziehungshaltungen waren auf dem Rückzug. Die Wahrnehmung der Lernenden wurde immer präziser, ihre Bedürfnisse, Ängste, Motivationen, Lernpotentiale, Entwicklungschancen wurden stärker in den Blick genommen. Dieser Kulturwandel wurde durch die 1968er-Bewegung beschleunigt. Auf erziehungsphilosophischer Ebene fanden sich auch Gegenbewegungen; die zeitweise Prominenz des Neokonservatismus in der politischen Philosophie und der Erziehungsphilosophie legt dafür Zeugnis ab. Es wurde auf klare Vorgaben in der Erziehung, auf Stärke des Erziehungshandelns, auf entschlossene Durchsetzung von Erziehungszielen, auf klare Leistungsvorgaben, also auf eine Stärkung der Kultur und der sozialen Regelungen gesetzt. Dies war jedoch (möglicherweise) nicht mehr der Mainstream des pädagogischen Denkens von Lehrpersonen in der Schulpraxis. Mit Risiken beider Positionen, der starken Vorgabenorientierung bzw. der ausschließlichen Schülerorientierung, habe ich mich intensiv in meiner Arbeit „Die Pädagogik des Neokonservatismus“ auseinandergesetzt (Fend, 1984).

3.2 Die Vermessung pädagogischer Orientierungen von Lehrpersonen im theoretischen Rahmen der Rekontextualisierung

Auf dem Höhepunkt der Umbruchszeit, in den 70er Jahren des letzten Jahrhunderts, haben wir versucht, die Erziehungsideen, die „Erziehungsphilosophien" gewissermaßen, systematisch zu erfassen. Sie sollten die Orientierung in diesem Spektrum von Stoff und Autorität der Schule bzw. von Schülerkompetenzen und partnerschaftlichem Respekt sondieren und deren Folgen eruieren. Die einen wollen sich fast „ohne Ansehen des Schülers" mit dem „Stoff" beschäftigten, andere wiederum wollen nur mehr den lernenden Schüler im Auge haben, seine konkreten Nöte mit dem Stoff und seine Unfähigkeiten oder Fähigkeiten, mit dem Stoff fertig zu werden. Finden wir solche Schwerpunktsetzungen in der schulischen Praxis? Unterscheiden sich darin jeweils Lehrerinnen und Lehrer? Diesen Fragen wollten wir empirisch nachgehen. Wie sollte dies aber möglich sein? Wir konnten den obigen Fragen nur nachgehen, wenn es gelingen sollte, die pädagogischen Kernhaltungen im Spannungsfeld von Kultur- vs. Kindorientierung zu messen. Wie ist dies aber möglich?

Mehrere historische Glücksfälle haben geholfen, dies zu realisieren. Der erste bestand darin, dass wir auf Messungen einer benachbarten Forschungsgruppe zurückgreifen konnten. Der zweite Glücksfall ergab sich, weil wir diese Messungen bei einer großen Zahl von Lehrpersonen durchführen konnten, die die damals größtmögliche Varianz an Traditionsorientierung und pädagogischer Avantgarde repräsentierte.

Zum ersten Glücksfall: Im Umkreis der Konstanzer Bildungsforschung wurde versucht, die pädagogischen Diskurse der 60er und 70er Jahre des 20. Jahrhunderts zu systematisieren und mit Hilfe der Einstellungsforschung zu messen (Dann, Cloetta, Müller-Fohrbrodt & Helmreich, 1978; Müller-Fohrbrodt, Cloetta & Dann, 1978). Der Fokus lag auf der Einbettung in allgemeine Menschenbilder. Betonte das eine Menschenbild Autorität, Disziplin, soziale Einordnung, Orientierung am Bestehenden, so war das andere auf Verständnis, Beziehungsfähigkeit, Selbständigkeit und Selbstdenken ausgerichtet (s. kurz in Fend, 1984, S. 120 f.). In den Kern der pädagogischen Konzepte führten Kindkonzepte, die das Eigenpotential jedes Menschen für eine produktive Entwicklung betonten oder im Gegensatz dazu im Rahmen eines ordnungszentrierten Menschenbildes auf Kontrolle, Führung, Disziplin, Festigkeit und Strafe setzten. Die Bedeutung der Strafe und die Notwendigkeit von physischem Zwang (Druckorientierung) bildeten so eine Kerndimension, die die beiden pädagogischen Lager trennten. Das sind genau die pädagogischen Konzepte, die die beiden Pole der schulischen Bildung und Erziehung abbilden. In den in Abbildung 3 festgehaltenen Aussagen kommen diese unterschiedlichen Positionen zum Ausdruck. Es ist dabei unschwer zu erkennen, dass sie jeweils die beiden Pole der Rekontextualisierung akzentuieren: einmal den Stoff und die institutionelle Ordnung und zum andern die Subjektseite der potentiell mündigen und selbstverantwortlichen Kinder und Jugendlichen, die als „Ort des Geschehens", an dem sich das abspielen muss, was Unterricht intendiert, gesehen werden.

Neben der Bedeutung von externem Druck bzw. von innerem Antrieb und Interesse als Regulative für Lernen spezifizieren sich diese Positionen in der Vorstellung, wie gestaltbar die Begabung von jungen Menschen ist, wie „hinderlich" das Eingehen auf schwache Schüler für den Lernfortschritt einer Klasse sein kann und wie wichtig es wäre, auch die Institution „Schule" auf ihre Verbesserungsbedürftigkeit hin zu reflektieren. Wer eine starke Schule möchte, der stellt diese nicht gerne infrage.

So klären sich die Pole: Die einen richten den „Scheinwerfer der pädagogischen Aufmerksamkeit" auf die Institutionsseite, auf die hier lokalisierte pädagogische „Macht", auf die Unwandelbarkeit von Institutionen, auf die Naturgegebenheit von Begabung. Die anderen richten den „pädagogischen Scheinwerfer" auf die Schülerseite. Die Eigenantriebe zum Lernen, die Lerninteressen werden ins Zentrum gestellt, die Eigenverantwortung für das Lernen kommt ins Blickfeld und auch die schwächeren Schüler werden in ihren Lernpotentialen geachtet. Institutionen sind nicht mehr sakrosankt, auch sie haben sich zu entwickeln und zu verbessern.

Stoff- und ordnungsorientierte Konzepte	**Subjektorientierte Konzepte**
– Man dürfte wohl nicht sehr weit kommen, wenn man die Arbeit in der Schule allein auf den individuellen Interessen der Schüler aufbauen wollte. – Wenn man dem Lehrer die Zensur als Kontrollmittel nimmt, werden die meisten Schüler bald nichts mehr tun. – Bei den meisten Kindern muss man von Zeit zu Zeit einmal hart durchgreifen. – Ganz ohne Zwang wird auch der beste Lehrer nichts erreichen. – Ohne strikte Disziplin ist eine erfolgreiche Arbeit in den meisten Klassen nicht möglich. (Druck- und Ordnungsorientierung)	– Wer Schüler straft, zeigt damit im Grunde nur, dass er nicht in der Lage ist, den Unterricht interessant und fesselnd zu gestalten. – Jede Form körperlicher Strafe ist sinnlos. – Schüler finden die Ordnung ihres Arbeitens und Zusammenlebens bei rechter Anleitung selbst und benötigen daher keine äußerliche Disziplin. (Zug-Orientierung, Selbständigkeit)
– Es ist wichtiger, den vorgeschriebenen Stoff durchzunehmen, als zu warten, bis jeder Schüler alles verstanden hat. – Die ständige Rücksichtnahme auf die schwachen Schüler beeinträchtigt erheblich meinen Unterricht. – Eigentliche Befriedigung kann ein Lehrer nur empfinden, wenn er auch Schüler mit hervorragenden Leistungen unterrichten kann. (Stoff- und Eliteorientierungen)	– Da die guten Schüler eh von selbst lernen, sollte sich der Lehrer mehr um die Schwachen kümmern.
– An den Intelligenzleistungen seiner Schüler kann der Lehrer im Grunde wenig ändern. (Vererbungsdenken)	– Vererbung spielt bei Intelligenz und Begabung nur eine geringe Rolle. (geringes Vererbungsdenken)
– Für die Schule ist es immer noch besser, nicht ganz vollkommene Einrichtungen beizubehalten, als sich den Ungewissheiten nicht erprobter Neuerungen auszusetzen. (Reformskepsis)	– Wenn eine Institution oder Methode als „bewährt" bezeichnet wird, ist sie meistens schon überholt. (Reformoffenheit)

Erläuterung: Antwortalternativen: sechsstufige Zustimmungs- bzw. Ablehnungsmöglichkeiten

Abbildung 3: Orientierungen von Lehrpersonen im Kontext der Rekontextualisierung

Eine weitere Studie aus dem Jahre 1979 (Kischkel, 1979, 1989) hilft, diese stoff- vs. schülerorientierten Wahrnehmungssets noch eine Stufe genauer zu beschreiben. Hier sind nochmals zwei Aussagenmuster eingeführt worden, die die Sensibilität für die Vorgänge bei Schülern und Schülerinnen angesprochen haben. Beim einen ging es um das Verhältnis von Stoff und Subjektseite, beim anderen um die differenzierte Wahrnehmung der möglichen Leiden bei Schülerinnen und Schülern.[1]

Stofforientierte Konzepte	**Subjektorientierte Konzepte**
– Der Lehrer sollte sich in seiner freien Zeit mehr mit fachwissenschaftlicher als mit pädagogischer Literatur beschäftigen. – Die Schule sollte sich wieder mehr auf die Vermittlung des Lehrstoffes konzentrieren und sich weniger mit allgemeinen Erziehungsproblemen beschäftigen. – Im Zweifelsfall muss die Vermittlung fundierten Sachwissens Vorrang vor allgemeinen pädagogischen Bemühungen haben. – Die Schule hat heutzutage ein so umfangreiches Wissen zu vermitteln, dass die erzieherischen Bemühungen dagegen etwas zurücktreten müssen. (Stoff- vs. Subjektorientierung)	– Ein Fachlehrer, der in erster Linie Wissen beibringen und nicht erziehen will, ist für den Lehrerberuf nicht geeignet. – Lehrer sollten vor allem Pädagogen und weniger Fachwissenschaftler sein. – Die Schule sollte nicht in erster Linie Wissen vermitteln, sondern vor allem charakterlich gefestigte und autonome Menschen heranbilden. – Für einen guten Lehrer ist pädagogisches Geschick wichtiger als fundiertes Fachwissen. – Der Lehrer muss vor allem danach trachten, die Vorzüge jedes einzelnen Schülers zu erkennen und zu fördern. – Es kann oft sinnvoll sein, für eine Schulstunde den „Stoff" liegenzulassen und mit den Schülern über ihre Probleme zu reden. – Das Wichtigste an einem Lehrer ist, dass er verstehen kann, was seine Schüler wirklich bewegt. – Als Lehrer läuft man ständig mit schlechtem Gewissen herum, wie wenig Zeit man doch für die eigentlichen Probleme der Schüler hat. (Stoff- vs. Subjektorientierung)
	– Mich bedrückt oft, wie sich einzelne Schüler bemühen und doch nicht vorankommen. – Ich habe manchmal ein schlechtes Gewissen, wenn ich sehe, wie ängstlich viele Schüler auf meine Anforderungen reagieren. – Wenn ein Schüler sich bemüht hat, sollte der Lehrer bei der Note ruhig ein Auge zudrücken. – Mir fällt es oft schwer, dem Schüler die Note zu geben, die er eigentlich verdient, wenn ich daran denke, wie schwer er es zu Hause hat. (Pädagogisches Engagement)

Abbildung 4: Stofforientierte- und subjektorientierte pädagogische Konzepte

1 Die im Folgenden berichteten Messungen beruhen in der Regel auf der Konstruktion von Skalen, d.h. auch wenn nur eines oder wenige Items angeführt werden, stehen im Hintergrund testtheoretisch geprüfte und bewährte Dimensionen (für Orginalunterlagen siehe Cloetta, 1975; Dann, Cloetta, Müller-Fohrbrodt & Helmreich, 1978; Fend, 1984; Müller-Fohrbrodt, Cloetta & Dann, 1978). Die Antwortskalen waren in der Regel sechsstufig, von mäßiger bis starker Zustimmung bzw. Ablehnung einer Aussage.

Abbildung 4 enthält nur die markantesten Aussagen. In ihnen wird sichtbar, was hinter dieser Typologie von pädagogischen Konzepten steht, nämlich unterschiedliche Überzeugungen bei der Rekontextualisierungsaufgabe: Stofforientierte Konzepte richten den Blick vor allem auf das „kulturelle Programm", subjektorientierte haben die Reaktionen des „lernenden Subjekts" stärker im Auge.

3.3 Die Folgen unterschiedlicher Überzeugungen im Rahmen des Rekontextualisierungsauftrages

Mit der aus der Kernstruktur ihrer Tätigkeit hergeleiteten Mentalitäten der Lehrerschaft und ihrer Messung ist ein erster wichtiger Schritt getan, um ihrer Bedeutung für die Praxis des Lehrerseins nachgehen zu können. Das haben wir getan und erstmals untersucht, ob mit den Präferenzen für die Stoff- vs. Schülerorientierung insgesamt die Problemlage in der Schule unterschiedlich wahrgenommen wird. So haben wir bei einer Stichprobe von 1100 Lehrpersonen (Erhebung 1977) Wahrnehmungen von *akuten Problemen in der Schule* umfassend erhoben. Das Ergebnis war eindeutig. Lehrpersonen mit ordnungsorientierten und stofforientierten pädagogischen Konzepten haben ganz andere Probleme gesehen als subjektorientierte. Erstere sahen vor allem Probleme bei der Vernachlässigung von Grundlagenwissen, dass zu wenig wiederholt und der Stoff zu wenig gefestigt wird. Eher subjektorientierte Lehrpersonen sahen dagegen die Schwerpunkte heutiger Probleme in den geringen Möglichkeiten, auf schwierige Kinder einzugehen, Schwache zu fördern und Schülerinteressen zu berücksichtigen (Fend, 1984, S. 154). Das bestätigte in einem ersten Schritt, dass wir mit den unterschiedlichen Überzeugungen bei der Aufgabe des Lehrens als Rekontextualisierung einen Kern der modernen pädagogischen Probleme getroffen haben.

Ihre *Veränderungen während der Ausbildung und Berufsausübung* ist glücklicherweise ebenfalls untersucht worden. So hatte die Konstanzer Forschungsgruppe den „Praxisschock" beschrieben. Er bestand in einer Veränderung sehr optimistischer und schülerorientierter Haltungen hin zu stärker druckorientierten erzieherischen Einstellungen auf dem Weg in die Praxis (Dann, Müller-Fohrbrodt & Cloetta, 1981; Dann et al., 1978). Eine umfassende Studie zum *epochalen Wandel* in den letzten fünfzig Jahren steht trotz vereinzelter Ansätze noch aus, wenngleich es vereinzelte Studien gibt (Fend, 1987, 1994, 1996).

Die bloße Vermessung pädagogischer Haltungen und die Untersuchung ihrer Verbreitung sagt noch wenig über ihre praktische Relevanz aus. Es könnte sich um meist unausgesprochene Gedanken von Lehrpersonen handeln, die nur gelegentlich als Meinungsäußerungen nach außen dringen. Ich möchte hier weitergehen und der Hypothese von der Praxiswirksamkeit der mentalen beruflichen Grundausstattung von Lehrpersonen nachgehen. Zwei Erwartungen leiten diesen Versuch (s. Abb. 5):

1. Die Überzeugungen bei der Rekontextualisierung von Kultur an Kinder regulieren das berufliche Alltagshandeln und führen zu einer jeweils unterschiedlichen unterrichtlichen Arbeitsorganisation. Ist dies der Fall, dann müsste diese unterschied-

liche Unterrichtsgestaltung von Schülerinnen und Schülern in einer Klasse (bzw. Lerngruppe) auch wahrgenommen werden.

2. Eine unterschiedliche Regulierung der alltäglichen Unterrichtsgestaltung müsste sich dann auch auf das Erleben von Unterricht und in letzter Konsequenz auf Lernengagement sowie auf Lernerfolge auswirken.

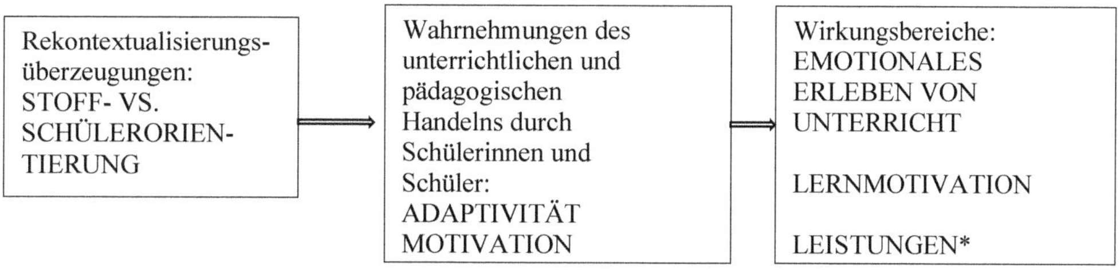

* In den Fächern Deutsch, Englisch, Mathematik.

Abbildung 5: Hypothesen zum Zusammenhang von Rekontextualisierungsüberzeugungen von Lehrpersonen, der Wahrnehmung von Unterricht durch Schulklassen und Auswirkungen auf Schülerinnen und Schüler

Die Überprüfung dieser Fragen verlangt eine außergewöhnliche Datengrundlage. Nach der *Vermessung dieser Überzeugungen* (siehe oben) sind Instrumentarien erforderlich, diese potentiellen Auswirkungen zu messen. Dazu zählen

- ein Instrumentarium zur Messung der *Wahrnehmungen der Lehrpersonen und ihres unterrichtlichen Handelns* von Schülerseite,
- ein Instrumentarium zur Messung des *emotionalen Erlebens* von Unterricht, von *Lernmotivationen* und von *fachlichen Kompetenzen*, z. B. in Deutsch, Englisch und Mathematik.

Die schwierigste Anforderung an die Datenkonstellation besteht darin, dass die Überprüfung der Wirkungsfragen erfordert, jeweils Informationen von Lehrpersonen mit Informationen von Schülerseite zu verbinden. Die Schülerwahrnehmungen in Klassen müssen mit den Daten der Lehrpersonen zusammengeführt werden. Dies gilt sowohl für Wahrnehmungen der Lernenden, was die jeweilige Lehrperson alltäglich tut und wie sie ihren Unterricht gestaltet, als auch was die jeweiligen emotionalen und fachlichen Folgen betrifft. In Abbildung 5 ist der angenommene Zusammenhang zwischen pädagogischen Überzeugungen von Lehrpersonen, ihrem Unterrichtsverhalten (wahrgenommen durch Schülerinnen und Schüler) und den pädagogischen bzw. fachlichen Wirkungen schematisch festgehalten.

3.4 Die Messung der von Schülerinnen und Schülern wahrgenommenen Rekontextualisierungen (Stoff- vs. Schülerorientierung)

Wir haben ein Instrumentarium entworfen, mit dem wir die Lehrerwahrnehmungen von Lernenden erfassen wollten (Lukesch, Haenisch & Fend, 1982). Das dementsprechend entwickelte „Lehrerverhaltensinventar“ kann unschwer in der Perspektive reininterpretiert werden, in welcher Form und in welchem Ausmaß Lehrpersonen bestrebt sind, auf die individuellen Besonderheiten von Schülerinnen und Schülern einzugehen. Dies könnte ein Grundzug ihrer gesamten didaktischen Organisation des Unterrichts sein. Lehrpersonen können dabei differenziert auf die Lernschwierigkeiten und Lernpotentiale eingehen, aber auch sensibel die emotionalen Voraussetzungen und Begleiterscheinungen schulischen Lernens beachten. Die neuere Forschungsliteratur nennt dies *Adaptivität* und meint damit die kognitiv orientierte (s. Abbildung 6a) und emotional (s. Abbildung 6b) gelungene Rekontextualisierung. Adaptivität ist damit das Pendant zu den Rekontextualisierungsüberzeugungen auf der unterrichtlichen Ebene. Die Items in Abbildung 6a machen dies deutlich. Dort sind die Wahrnehmungen der Lehrpersonen jeweils in gegensätzlichen Formulierungen festgehalten. Welche Formulierung eher stimmt, konnte abgestuft (2-1-0-1-2) angekreuzt werden (siehe dazu die Erläuterung in Abb. 6a).

1. Abstimmung auf die individuellen Leistungsfähigkeiten
Voraussetzungsbezogene Anforderungen (Nicht überfordern)[2]

Unser Lehrer ...

weiß genau, was jeder von uns leisten kann		schätzt viele Schüler in ihrer Leistung falsch ein
merkt sofort, wenn ein Schüler im Unterricht nicht mitkommt		merkt selten, wenn ein Schüler im Unterricht Schwierigkeiten hat
2. Klare Erwartungen und Zielvorgaben Strukturiertheit der Präsentation (Erklärungsbereitschaft)		
geht im Stoff immer genau Schritt für Schritt vor		erklärt häufig alles auf einmal und erwartet, daß wir alles sofort können
sagt immer, was in der nächsten Zeit im Unterricht gelernt wird		sagt nie, was als nächstes im Unterricht gelernt wird
faßt häufig noch einmal den Stoff zusammen, damit wir ihn uns gut merken können		faßt nur sehr selten den Stoff zusammen
wiederholt am Anfang der Stunde häufig noch einmal, was wir in der letzten Stunde durchgenommen haben		wiederholt selten den Stoff der letzten Stunde

2 Zur Bezeichnung der Dimensionen werden drei Überschriften eingeführt: Fett gedruckt: Neuinterpretation im Rahmen der Rekontextualisierungstheorie; Normalschrift: Bezeichnungen in den Publikationen (Fend, 2001, S. 297 ff.); in Klammern: Originalbezeichnung in der Instrumentendokumentation.

3. Erklärungsqualität und remediale Reaktionen bei Lernproblemen Gezielte Lernhilfen (Hilfen bereitstellen)		
erklärt uns das, was wir nicht verstanden haben, auf andere Art und Weise noch einmal		geht einfach im Stoff weiter, auch wenn wir etwas nicht verstanden haben
sagt uns häufig, warum wir bei einer Prüfungsarbeit einige Aufgaben falsch beantwortet haben		sagt uns selten, warum wir bei einer Prüfungsarbeit eine Aufgabe falsch beantwortet haben
4. Einbezug aller Schüler einer Klasse Beschäftigungsradius (Wegtauchen verhindern)		
nimmt häufig Schüler dran, die sich bisher nicht gemeldet haben um zu prüfen, ob sie alles behalten haben		fragt nur die Schüler, die aufzeigen
nimmt immer dieselben Schüler dran		nimmt abwechselnd immer verschiedene Schüler dran
5. Umgang mit Heterogenität: Individualisierungs- und Förderungsbemühungen Förderungsorientierung (An Erfolgen und nicht an Misserfolgen orientiert)		
kümmert sich um uns, wenn wir etwas nicht wissen		kümmert sich selten um uns, wenn wir etwas nicht wissen
bemüht sich auch um die schwächeren Schüler, geht auf Schüler ein, wenn diese noch einige Fragen haben		kümmert sich nur um die guten Schüler geht bei zusätzlichen Fragen selten auf Schüler ein
6. Prozessbeobachtung Monitoring (Überblick)		
merkt sofort, wenn ein Schüler im Unterricht nicht aufpaßt		merkt selten, wenn ein Schüler im Unterricht nicht aufpaßt
kontrolliert immer genau unsere Hausaufgaben		kümmert sich meist nicht um unsere Hausaufgaben
7. Überblick über die gesamte Klasse Disziplin und Ordnungssinn		
spricht sofort einen Schüler an, wenn dieser ihn beim Unterricht stört		kümmert sich nicht darum, wenn ihn ein Schüler beim Unterricht zu stören versucht
achtet sehr darauf, daß wir immer aufpassen		achtet kaum darauf, ob wir aufpassen

Erläuterung: Antwortmöglichkeiten jeweils: Richtigkeit des jeweiligen Satzes im Vergleich (2 1 0 1 2): Der linke Satz ist genau richtig = 2; Der linke Satz ist eher richtig als der rechte = 1; Meine Meinung liegt zwischen den beiden Sätzen = 0; Der rechte Satz ist eher richtig als der linke = 1; Der rechte Satz ist genau richtig = 2.

Abbildung 6a: Synchronisierung des Bildungsprogramms mit kognitiven Lernvoraussetzungen aus der Sicht von Schülerinnen und Schülern (zum Instrumentarium vgl. Lukesch et al., 1982)

1. Vermittlung von Kompetenzgefühlen
Vertrauensgrad (Sicherheit schaffen)

Unser Lehrer ...

sagt uns häufig, daß wir es schon schaffen werden		sagt uns häufig, daß wir es nie schaffen werden
sagt uns häufig, daß wir uns verbessert hätten		geht nie darauf ein, wenn wir eine gute Leistung erbracht haben

2. Stütze und Schonung des Selbstwertgefühls
Positive Schülerorientierung (Freundlichkeit, Gerechtigkeit, Geduld)

hat viel Verständnis für unsere Sorgen und		hat kein Verständnis für unsere Sorgen und Probleme
ist stets geduldig		ist immer ungeduldig
schimpft häufig mit uns, wenn wir falsche Antworten geben		schimpft nicht mit uns, wenn wir falsche Antworten geben
ist immer freundlich zu uns		ist ausgesprochen unfreundlich zu uns
entscheidet in allen Situationen gerecht		behandelt uns häufig ungerecht
macht einzelne Schüler vor der Klasse lächerlich		macht nie jemand lächerlich

Erläuterung: Antwortmöglichkeiten jeweils: Richtigkeit des jeweiligen Satzes im Vergleich (2 1 0 1 2)

Abbildung 6b: Motivationsqualität der Rekontextualisierung (zum Instrumentarium vgl. Lukesch et al., 1982)

3.5 Wirkungsanalysen pädagogischer Überzeugungen von Lehrpersonen

Als Voraussetzung für eine Wirkungsanalyse von pädagogischen Überzeugungen gilt es, neben der Erfassung dieser *Überzeugungen* das *Erleben des Unterrichts* durch Schulklassen und die emotionalen, motivationalen und fachlichen *Auswirkungen* zu messen. Auch letzteres haben wir unternommen. Die emotionalen Aspekte von Unterricht haben wir in einer Skala zum *Wohlbefinden* erfasst („Ich fühle mich im Englischunterricht/Mathematikunterricht sehr wohl."). Die Motivation haben wir analog mit einer Skala zur optimalen *Angebotsnutzung* erhoben („Folge dem Englischunterricht/Mathematikunterricht sehr aufmerksam."). Die möglichen fachlichen Auswirkungen wiederum haben wir über aufwendige *Leistungstests* erfasst (s. z.B. Fend, 1982; Haenisch, Lukesch, Klaghofer & Krüger-Haenisch, 1979).

3.5.1 Welche Daten braucht eine Überprüfung der Wirksamkeit pädagogischer Überzeugungen?

Eine Datenlage, die Auswirkungen unterschiedlicher Praktiken der Rekontextualisierung in der Perspektive der Adaptivität zu überprüfen, entstand erstmals im deutschen Sprachraum in den 70er Jahren des letzten Jahrhunderts. Sie war gewissermaßen ein Nebenprodukt unserer Evaluationen von Gesamtschulen. Für die Überprüfung der Wirkungen unterschiedlicher Rekontextualisierungsmodalitäten stehen uns Daten von 252 Klassen in den Fächern Englisch und Mathematik in der 6. und 9. Schulstufe zur Verfügung. Sie stammen aus der „Drei-Länder-Studie" aus den Jahren 1978/79 in den Bundesländern Hessen, Nordrhein-Westfalen und Niedersachsen. Daran haben 6434 Schülerinnen und Schüler der 6. Schulstufe und 9. Schulstufe teilgenommen, ebenso 1091 Lehrpersonen. In insgesamt 61 Schulen wurden jeweils zwei Klassen ausgewählt. Jeweils eine Hälfte einer Klasse hat den Unterricht der Englischlehrperson, die andere den der Mathematiklehrperson beurteilt. Deren Urteile wurden dann jeweils auf die Klassenebene aggregiert.

3.5.2 Der Blick in die Schulklassen: Wie wichtig sind die pädagogischen Orientierungen beim Rekontextualisierungsauftrag wirklich?

Die Datenlage ermöglicht es, den Erwartungen zu Wirkungen von Rekontextualisierungsüberzeugungen nachzugehen und sie bei Englisch- und Mathematiklehrpersonen in der 6. oder der 9. Schulstufe zu überprüfen. Sie könnten auch für verschiedene Dimensionen der Rekontextualisierungsüberzeugungen durchgespielt werden. Von den sehr umfangreichen Befunden soll hier exemplarisch über die Mathematiklehrer der 9. Schulstufe berichtet werden.[3] Von den verschiedenen Aspekten der Rekontextualisierungsüberzeugungen dieser Lehrpersonen wird jener berücksichtigt,[4] der die Unausweichlichkeit der Ausübung von Zwang und Druck beim Erziehen und Unterrichten betont bzw. der die Eigenverantwortung und die Lerninteressen der Schülerinnen und Schüler in den Mittelpunkt stellt.

Wird nun die Unterrichtsgestaltung in Mathematik von einer Schulklasse unterschiedlich wahrgenommen, wenn diese von unterschiedlichen pädagogischen Überzeugungen der sie unterrichtenden Lehrperson geleitet sind? Abbildung 7 gibt darauf die Antwort. Um die Ergebnisse anschaulich zu machen, habe ich die Mathematiklehrpersonen je nach der Befürwortung oder Ablehnung von Druck in vier gleich große Gruppen (Quartile) eingeteilt. Wie nehmen nun Schülerinnen und Schüler den Unterricht bei Lehrpersonen wahr, die sich in diesen Überzeugungen deutlich unterscheiden? In Abbildung 7 ist zu beachten, dass die Skalen zu „positiven Verstärkungsmustern und Zuwendung" die motivationale Adaptivität repräsentieren, jene zur

---

3 Bei den Englischlehrerinnen und -lehrern haben sich völlig analoge Ergebnisse gezeigt.

4 Die im Hintergrund stehenden pädagogische Konzepte haben sich in den großen Längsschnittstudien der Konstanzer Schulforschung als die bedeutsamsten herausgestellt, so dass wir uns hier mit gutem Grund auf sie konzentrieren können (Dann et al., 1981; Dann et al., 1978).

„didaktischen Förderorientierung" die kognitive Adaptivität. Aus Gründen der Anschaulichkeit sind auch die Einzelskalen alltagsnah benannt.

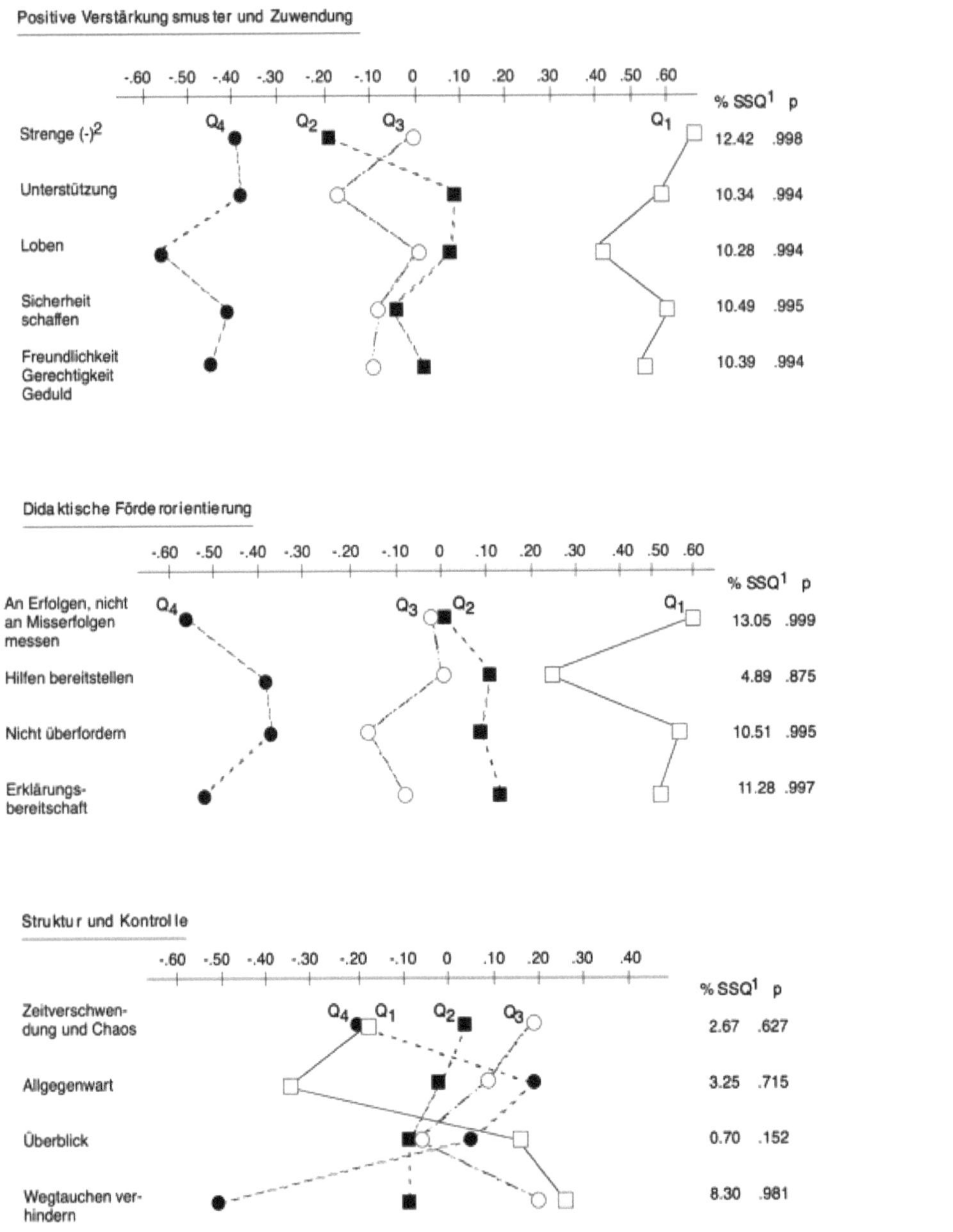

Erläuterungen:

1. Quartil (niedrige Druckorientierung):	N = 33 (Q1)	2. Quartil:	N = 29 (Q2)
3. Quartil:	N = 28 (Q3)	4. Quartil (hohe Druckorientierung):	N = 24 (Q4)
1 % SSQ: Prozent aufgeklärter Quadratsummen.		2 (-): umgekehrt gepolt.	

Abbildung 7: Wahrgenommenes Lehrerverhalten nach vier Gruppen der Druckorientierung (Zwangsnotwendigkeit) als Indikator von Rekontextualisierungsüberzeugungen (z-transformierte Mittelwerte, Quartile der Gesamtverteilung) – Fach: Mathematik, 9. Stufe

Bereits ein flüchtiger Blick macht den Kern sichtbar: Lehrpersonen mit pädagogischen Überzeugungen, dass Zwang und Druck notwendig sind, werden als weniger positiv verstärkend und zuwendungsorientiert wahrgenommen. Sehr deutlich unterscheiden sie sich auch in allen Dimensionen der didaktischen Umsetzung einer positiven Förderungsorientierung, sei dies die Erklärungsbereitschaft, das geduldige Wiederholen des Nichtverstandenen, das spezifische Unterstützen bei konkreten Lernproblemen usw. Besonders ausgeprägt unterscheiden sich dabei immer die Extremgruppen. Die Lehrergruppen im Mittelbereich rufen bei den Schülerinnen und Schülern keine so klaren Unterschiede in der Wahrnehmung ihres Verhaltens hervor.

So regelhaft dieses letzte Ergebnismuster ist, so wenig konstant und einheitlich ist jenes in Bezug auf die Wahrnehmung von *Struktur und Kontrolle* bzw. in Bezug auf Wahrnehmungen, dass kein Chaos besteht, dass der Lehrer „allgegenwärtig" ist, dass er die ganze Klasse im Auge hat und einen reibungslosen Unterrichtsablauf erreicht. Die regulative Aufgabe, Disziplin im Rahmen einer autoritativen Klassenführung aufrechtzuerhalten, ist somit unabhängig von den hier gemessenen pädagogischen Konzepten im Sinne von Rekontextualisierungsüberzeugungen. Eine gute Klassenführung ist allen Lehrpersonen wichtig.

In der Summe – und dies wird verstärkt durch parallele Ergebnisse bei den Englischlehrpersonen – wird unübersehbar, dass die Typologie von pädagogischen Grundhaltungen bei der Rekontextualisierung von Kultur an Kinder eine überraschend genaue Entsprechung in den Wahrnehmungen von Schülerinnen und Schülern findet. Im Kern besteht sie darin, dass diese bei Lehrpersonen mit ausgeprägt normativen und stofforientierten pädagogischen Haltungen das Gefühl haben, bei ihnen als Personen nicht „vorzukommen".[5] Das Gegenteil ist bei subjektorientierten Lehrpersonen der Fall, also bei solchen, die den Scheinwerfer ihrer Aufmerksamkeit nicht nur auf das kulturelle Programm, sondern noch mehr auf die lernenden Subjekte richten.[6]

Die so denkenden Lehrpersonen wurden von ihren Schülerinnen und Schülern wahrgenommen

- als unterstützend,
- als wenig an Negativem und am Strafen orientiert,
- als lobend,
- als Sicherheit schaffend,
- als freundlich und geduldig,
- als an Erfolgen orientiert,
- als Hilfe bereitstellend,
- als achtsam gegenüber dem, was man können kann,
- als erklärungsbereit,
- als didaktisch ordnungsstiftend.

5 An keiner Stelle finden wir etwa Hinweise, dass ein forciertes Betonen von Autorität und Disziplin die Heilung der Erziehungs- und Unterrichtsmisere bedeuten würde (s. dazu z. B. Bueb, 2006). Eine autori*tative* Haltung ist jedoch sicher hilfreich, um die Voraussetzungen für einen guten Unterricht zu schaffen, insbesondere für eine konzentrierte Aufmerksamkeit.

6 Es sei hier ergänzend erwähnt, dass sich solche Zusammenhänge nicht nur zwischen einzelnen Lehrpersonen und den Schülern und Schülerinnen ihrer Klasse ergeben haben, sondern ausgeprägt auch auf der Ebene der einzelnen Schule, also bei den pädagogischen Haltungen eines Kollegiums bzw. der Schülerschaft einer Schule (Fend, 1977; 1984, S. 159 ff.; 2001).

In Begriffen der Rekontextualisierungstheorie heißt dies, dass die kognitiven und die motivationalen Synchronisierungsleistungen von pädagogischen Überzeugungen der Lehrpersonen mitgesteuert sind. Der Unterricht von Lehrpersonen, die glauben, ohne äußeren Druck und eine „starke pädagogische Hand" sei Erziehung und Unterricht nur schwer möglich, wird weniger als auf Erklärung und Ermutigung ausgerichtet wahrgenommen. Die Wahrnehmung von Ordnung und Disziplin ist davon aber eher unabhängig (s. dazu ausführlicher Fend, 1984, 2001).

3.5.3 Ist Lehrerhandeln nur eine Reaktion auf die Besonderheiten einer Schulklasse?

Wenn man Lehrpersonen nach den Ursachen über ihr Verhalten in Schulklassen fragen würde, insbesondere nach der Art und Weise, wie sie Disziplin halten und auf die Lernenden eingehen, dann haben sie möglicherweise eine andere Antwort bereit: Sie könnten sich weniger als *agierende*, sondern als *reagierende* Instanzen verstehen. Sie reagieren in ihrem Bewusstsein möglicherweise vor allem auf die Schulklasse: wie groß sie ist, wie viele problematische Schüler und Schülerinnen in ihr sitzen, die es schwer machen, zu unterrichten. Damit wird die obige These, dass Lehrpersonen vor allem aus ihren pädagogischen Grundhaltungen heraus handeln, herausgefordert. Werfen wir dazu einen Blick in die Daten der „Drei-Länder-Studie". Sie enthält viele Informationen zu Schulklassen. Somit können wir folgende Erwartungen überprüfen:

1. Je höher das intellektuelle Niveau einer Klasse, desto mehr kann man „mit ihr machen", desto leichter dürfte auch Unterricht sein.
2. Je mehr Mädchen in einer Klasse sitzen, um so „führungsleichter" ist eine Klasse, umso weniger restriktiv und „regelhart" müssen Lehrpersonen sein.
3. Die Zusammensetzung der Klasse nach dem sozialen Hintergrund der Eltern könnte mitbestimmen, wie motiviert eine Schülerschaft ist und wie gut sie mitmacht.
4. Die Größe einer Schulklasse gilt insbesondere bei Lehrpersonen als entscheidender Faktor, wenn man einen didaktisch anspruchsvollen Unterricht machen und über alle Schülerinnen und Schüler möglichst gut informiert sein möchte.

Wenn man faktisches Lehrerhandeln erklären will, dann bietet sich hier die These an: Je günstiger die Lehrbedingungen von der Schülerschaft her sind, umso „besser" ist auch das Lehrerhandeln. Gutes und problematisches Lehrerhandeln haben wir oben über die Schülerwahrnehmungen der Synchronisierungsqualität in kognitiver, motivationaler und regulativer Hinsicht erfasst. Folgende Merkmale der Schulklasse müssten – nach den obigen Thesen – berücksichtigt werden:

- die Zusammensetzung der Schulklasse nach Intelligenz,
- nach Geschlecht,
- nach sozialer Schicht,
- nach Anzahl der Schülerinnen und Schüler.

Diesen Hypothesen sind wir in einem ersten Schritt auf den verschiedenen Ebenen der Analyse, auf der Ebene der einzelnen Schülerinnen und Schüler und auf der Ebene der Klassen *getrennt* nachgegangen. Das Ergebnis ist verblüffend. Sowohl die Qualitäten der kognitiven als auch die der motivationalen Rekontextualisierungen im Sinne hoher Adaptivität hängen *nur* von den pädagogischen Konzepten der jeweils unterrichtenden Mathematik- bzw. Englischlehrpersonen ab. Sie erklären zwischen 7,5% und 11,4% der Varianz. Nur schwach und vereinzelt zeigen sich Merkmale der Klassenzusammensetzung: Bei der strukturierten Präsentation ist jenes der Klassengröße und beim Motivierungsbemühen ist jenes der Geschlechtszusammensetzung entscheidend. Klassen mit mehr Mädchen nehmen eine positivere Motivierung durch die jeweiligen Lehrpersonen wahr.

Anders sehen die Verhältnisse beim Bemühen der Lehrpersonen um Disziplin aus. Sie ist *allen Lehrpersonen wichtig*. Dass die Lehrerinnen und Lehrer darauf achten, wird unabhängig von der Klassenzusammensetzung und den pädagogischen Überzeugungen der Lehrpersonen wahrgenommen (o. Tab.). Bei der Wahrnehmung der *Mittel*, die eingesetzt werden, um Ordnung in der Klasse herzustellen, ist dies nicht der Fall. Wie stark Lehrpersonen durch Strafen, durch Ärgerreaktionen und Schimpfen Ruhe erzwingen wollen, wird in jenen Schulklassen pointiert wahrgenommen, in denen viele Jungen sitzen und die eher leistungsschwach sind. Das negativ sanktionierende Handeln von Lehrpersonen ist somit auch eine Reaktion auf „schwierige" Schulklassen. Die Klassengröße selbst ist für das Ausmaß negativen Sanktionsverhaltens erstaunlicherweise unbedeutend. Wenn diese Merkmale der Schulklassen konstant gehalten werden, dann haben die pädagogischen Konzepte aber immer noch einen signifikanten Einfluss.

3.5.4 Eine klare Botschaft: Pädagogische Überzeugungen sind sehr einflussreich, aber in ihrer Einflussbreite begrenzt

Die „Geschichte", die hier zu Ursachen der faktischen „Rekontextualisierung" erzählt werden kann, ist in der Summe überraschend klar. Die von einer Schulklasse wahrgenommene adaptive Unterrichtsführung und emotionale Zuwendung durch Lehrpersonen hängen weder vom Geschlecht der Lehrpersonen ab noch von deren Alter noch von deren fachdidaktischer Ausrichtung (z.B. kommunikativer Englischunterricht) noch von deren Kompetenz noch von deren Arbeitsaufwand für die Unterrichtsvorbereitung. *Ausschließlich* deren pädagogische Rekontextualisierungsüberzeugungen, also deren primäre Orientierung am Lernenden oder an den institutionellen Vorgaben, erzeugt Unterschiede in der Wahrnehmung dieser Lehrpersonen durch Schülerinnen und Schüler. Sie nehmen eine ausgeprägtere Adaptivität und emotionale Zuwendung durch jene Lehrpersonen wahr, die die „Scheinwerfer der Aufmerksamkeit" nicht nur auf Lerninhalte und Prüfungsvorgaben, sondern vor allem auf die lernenden Kinder und Jugendlichen richten.

An mehreren Stellen zeigt sich die Bedeutung, die die Klassenzusammensetzung dafür hat, wie schwer es ist, in bestimmten Klassen zu unterrichten. Dies ist leichter in Klassen mit hohem als mit niedrigerem Lernniveau. Mädchen sind leichter zu lenken als Jungen. Auch die Klassengröße erschwert oder erleichtert unter bestimmten Bedingungen das pädagogische Eingehen auf alle Schülerinnen und Schüler. Über alle diese Arbeitsvoraussetzungen hinaus sind die pädagogischen Grundüberzeugungen im Sinne einer unterschiedlichen Balance von Stofforientierung und Schülerorientierung bedeutsam. Dies konnte sowohl für Mathematikunterricht als auch für Englischunterricht und für die 6. sowie 9. Schulstufe gezeigt werden.

Bedeutsam ist dabei vor allem die Fähigkeit und Bereitschaft der Lehrpersonen, bei der Rekontextualisierung des Kulturprogramms den Blick auch auf das entscheidende Geschehen, auf die Lern- und Bildungsprozesse bei den Kindern und Jugendlichen zu richten. Dass dies kein leichtes Geschäft ist und nicht allein durch guten Willen gelingt, zeigen viele Erfahrungen von enttäuschten idealistischen Lehrpersonen, aber auch die Ergebnisse zu den Schwierigkeiten, eine lernförderliche Arbeitssituation herzustellen.

Nur von den Lernenden auszugehen ist schließlich kein ausreichendes pädagogisches Programm. Es braucht das antreibende Element der „Kultur", der Anforderungen, also der Ziele, auf die hin unterrichtet werden soll. Eine konvergenztheoretische Position wird auch durch diese Forschungsergebnisse bestätigt.

Es ist schon ein erstaunlicher Sachverhalt für sich, dass Lehrpersonen je nach ihren pädagogischen Konzepten so *unterschiedlich wahrgenommen werden*. Bedeutsamer wäre aber noch, wenn mit dem unterschiedlichen Denken und Handeln dieser Lehrpersonen auch *pädagogische Wirkungen* verbunden wären. Diesen Fragen konnten wir in den genannten Studien auch nachgehen.

Die Ergebnisse, die hier nicht im Detail dokumentiert werden können (Fend, 1984, S. 178 ff.; 2001, S. 310 ff.), sind verblüffend. Einmal findet sich eine deutliche Spiegelung der pädagogischen Deutungsmuster in den emotionalen Aspekten des Unterrichts wie *Wohlbefinden* und *Fachbeliebtheit*. Stark „drucküberzeugte" und stofforientierte Lehrpersonen erzeugen emotionale Distanz. Dieses Muster findet sich in den Fächern Englisch, Mathematik und Deutsch. Die Konsistenz dieses Ergebnisses, über Schulfächer und Schulstufen hinweg ist wieder verblüffend.[7]

Ebenso konsistent über Fächer und Stufen hinweg ist ein weiteres Ergebnis: *Es gibt keine Zusammenhänge zwischen den pädagogischen Konzepten und Haltungen der Lehrpersonen und den getesteten fachlichen Leistungen*. Konkrete fachliche Leistungen sind somit durch andere Faktoren bestimmt als durch pädagogische Konzepte von Lehrpersonen in Bezug auf Unterricht und Erziehung allgemein.[8]

---

7 Mit einer Variation: Im Fach Englisch taucht das Sonderergebnis auf, dass die moderat „druckfreien" Lehrpersonen insgesamt das positivste Ergebnis zeigen: ihr Fach ist beliebt, das Wohlbefinden ihrer Schüler und Schülerinnen am größten, die Mitarbeit am besten und die faktische Anstrengung im mittleren Bereich.

8 Bei diesen Befunden sind methodische Aspekte zu beachten. Wie oben erwähnt, wurden diese Analysen teilweise auf der Ebene der einzelnen Schülerinnen und Schüler und teilweise auf der Ebene der von Schülerangaben ausgehenden aggregierten Klassenwerte durchgeführt. Diese getrennten Analysen bedürfen heute der Verbindung durch Mehrebenen-Regressionsanalysen, in denen Individualdaten und aggregierte Daten simultan analysiert werden. Bei der Analyse auf Klassenebene, die hier besonders interessiert, werden die Zusammenhänge auf Individualebene kontrolliert.

4. Grenzen der Studie

Auch wenn die neuesten Methoden (s. Dohrmann et al., 2019) die früheren Auswertungen bestätigen und die große, aber auch spezifische Bedeutung der Rekontextualisierungsüberzeugungen – eher stoff- oder eher schülerorientierter Art – eindrucksvoll sichtbar machen, so bleibt doch wichtig zu betonen, dass es sich um *historische* Analysen handelt. In gewisser Weise ist jede sozialwissenschaftliche Forschung historisch, da ihre Daten immer Ausschnitte aus einem geschichtlichen Spektrum der menschlichen Existenz sind. Dennoch bleibt der Hinweis wichtig, dass die hier analysierten Daten aus den 1970er Jahren stammen, also vor etwa vierzig Jahren erhoben wurden. Möglicherweise hatten wir das Glück, in eine historische Umbruchzeit geblickt zu haben, in der sich ein Übergang von pädagogischen Positionen vollzog, ein Übergang von herkömmlichen Orientierungen am Stoff und seinen Anforderungen, die im Unterricht kleinschrittig präsentiert wurden, hin zu einer stärkeren Verbreitung reformpädagogischer Positionen, die das Lernen vom Kinde aus auf ihre Fahnen geschrieben hatte. In der Systematik der Konzeption der Lehrarbeit als Rekontextualisierung von institutionellen und inhaltlichen Vorgaben an lernende Subjekte, an Kinder und Jugendliche, verschob sich möglicherweise gerade in der historischen Epoche der 1970er Jahre die Aufmerksamkeit in Richtung der Beachtung kindlicher Lernfähigkeiten und Bedürfnisse. Dass sich hier ein Wandel vollzog, belegen u. a. unsere historischen Analysen der Wahrnehmung von Formen der Zuwendung durch Lehrpersonen, die sich im Abstand von 30 Jahren deutlich in Richtung auf mehr Respekt und weniger Demütigung entwickelt haben (Fend & Berger, 2016). Dennoch bleibt der Sachverhalt des historischen Charakters der obigen Analysen bestehen. Aber in historischen Epochen können sich systematische Zusammenhänge zeigen, in bestimmten Epochen sogar in ausgeprägter Form. Diesen systematischen Zusammenhang sehe ich in der Ba-

---

Der zweite Einwand bezieht sich auf die Messverfahren. Oben dienten noch klassische messtheoretische Verfahren zur Ermittlung von Skalenwerten (z. B. über Cronbachs Alpha). Heute werden sogenannte Item-Response-Verfahren angewendet, um Skalenwerte zu errechnen.

Glücklicherweise sind jüngst Reanalysen der obigen Daten für das Fach Englisch in der 9. Schulstufe durchgeführt, worden, die diese beiden Einwände aufnehmen (Dohrmann, Feldhoff, Steinert & Klieme, 2019). Die Testwerte wurden im Rahmen der Item-Response-Theorie reskaliert und die Individualwerte bei der Berechnung der Zusammenhänge auf Klassenebene konstant gehalten. Das Ergebnis ist eindeutig und schnell erzählt. Sie bestätigen in allen Einzelheiten die oben berichteten Zusammenhänge. Nur die pädagogischen Überzeugungen der Lehrpersonen hängen mit der Wahrnehmung von Adaptivität von Unterricht durch die Schüler und Schülerinnen der jeweiligen Klassen zusammen. Mit zwei Ausnahmen: Mädchen nehmen etwas mehr Adaptivität wahr und in den damaligen Gesamtschulen wird in den Augen der Schülerschaft mehr Adaptivität praktiziert.

Diese pädagogischen Überzeugungen führen – über die Wahrnehmung der Schülerschaft, aber auch unabhängig davon – auch zur besseren emotionalen Grundstimmung in den Schulklassen.

Die Prädiktion der Schulleistungen ist ein komplexeres Unternehmen. Hier erweisen sich auf Individualebene zwei Faktoren als bedeutsam: Mädchen zeigen bessere Englischleistungen und Schüler mit höheren Intelligenzwerten (CFT-Test) ebenso. Auf Klassenebene kommen zwei Merkmale der Klassenzusammensetzung hinzu: die Zusammensetzung nach sozialer Herkunft und – noch einmal verstärkt – die nach den Intelligenzwerten (CFT). Der Einfluss wahrgenommener Adaptivität des Unterrichts auf Leistungsergebnisse ist jedoch auch dann noch auf dem 5 %-Niveau signifikant, wenn alle anderen wirksamen Faktoren kontrolliert werden.

lance, die zwischen einer inhaltlichen Kulturorientierung und kindlichen Lern- und Entwicklungsprozessen bestehen muss. Deren Optimierung gehört zum Kernauftrag von Lehrpersonen.

Dennoch wäre eine Replikation mit gegenwärtigen Daten sehr wünschenswert, um die Diskussion über den gegenwärtigen Stand der Balance von „Kultur und Kind" datengestützt diskutieren zu können. Es könnte ja sein, dass wir heute, im Gegensatz zu früher, die „Kultur" wieder stärker machen müssen.

Literatur

Ballauff, T. (1985). *Lehrersein einst und jetzt.* Essen: Neue Deutsche Schule-Verlagsgesellschaft.

Bölling, R. (1983). *Sozialgeschichte der deutschen Lehrer. Ein Überblick von 1800 bis zur Gegenwart.* Göttingen: Vandenhoeck & Ruprecht.

Bueb, B. (2006). *Lob der Disziplin. Eine Streitschrift.* Berlin: List Verlag.

Cloetta, B. (1975). *Einstellungsänderung durch die Hochschule. Konservatismus – Machiavellismus – Demokratisierung. Eine empirische Untersuchung über angehende Lehrer.* Stuttgart: Klett.

Dann, H. D., Cloetta, B., Müller-Fohrbrodt, G. & Helmreich, R. (1978). *Umweltbedingungen innovativer Kompetenz. Eine Längsschnittuntersuchung zur Sozialisation von Lehrern in Ausbildung und Beruf.* Stuttgart: Klett-Cotta.

Dann, H. D., Müller-Fohrbrodt, G. & Cloetta, B. (1981). Sozialisation junger Lehrer im Beruf: „Praxisschock" drei Jahre später. *Zeitschrift für Entwicklungspsychologie und Pädagogische Psychologie, 13,* 251–262.

Diesterweg, F. A. (1990). *Volksbildung als allgemeine Menschenbildung. Ausgewählte bildungspolitische, sozialpolitische und pädagogische Schriften und Reden in 2 Bänden.* Berlin: Volk und Wissen.

Dohrmann, J., Feldhoff, T., Steinert, B. & Klieme, E. (2019). Überzeugungen von Lehrkräften, Adaptivität des Unterrichts und Lernergebnisse im Fach Englisch. *Zeitschrift für Pädagogik, 65* (1), 56–72.

Fend, H. (1977). *Schulklima: Soziale Einflussprozesse in der Schule (Soziologie der Schule III, 1).* Weinheim: Beltz.

Fend, H. (1980). Theorie der Schule. München et al.: Urban und Schwarzenberg.

Fend, H. (1982). *Gesamtschule im Vergleich.* Weinheim: Beltz.

Fend, H. (1984). *Die Pädagogik des Neokonservatismus.* Frankfurt a.M.: Suhrkamp.

Fend, H. (1987). Sozialer Wandel in Erziehungsbedingungen und Mentalitäten der Lehrerschaft von den 60er zu den 80er Jahren. *Pädagogische Beiträge, 39* (12), 102–118.

Fend, H. (1994). *Sozialer Wandel, Lehrerleitbilder und Lehreraus- und -fortbildung.* Soest: Landesinstitut für Schule und Weiterbildung.

Fend, H. (1996). Sozialer Wandel der Jugend- und Schülergeneration – Rahmenbedingungen für veränderte pädagogische Aufgaben von Bildungssystemen. In Bund-Länder-Kommission für Bildungsverwaltung und Forschungsförderung (Hrsg.), *Lernen in einer dynamischen und offenen Gesellschaft – die Rolle der Schule. OECD/DERI-Seminar 1995 Dresden* (S. 44–80). Bonn: Köllen Verlag.

Fend, H. (2001). *Qualität im Bildungswesen. Schulforschung zu Systembedingungen, Schulprofilen und Lehrerleistung* (2. Aufl.). Weinheim: Juventa.

Fend, H. (2006). *Geschichte des Bildungswesens. Der Sonderweg im europäischen Kulturraum.* Wiesbaden: VS Verlag für Sozialwissenschaften.

Fend, H. (2008). *Schule gestalten. Systemsteuerung, Schulentwicklung und Unterrichtsqualität.* Wiesbaden: Verlag für Sozialwissenschaften.

Fend, H. & Berger, F. (2016). Ist die Schule humaner geworden? *Zeitschrift für Pädagogik, 62* (6), 861–885.

Gehlen, A. (1959). *Der Mensch. Seine Natur und seine Stellung in der Welt.* Bonn: Athenäum.

Haenisch, H., Lukesch, H., Klaghofer, R. & Krüger-Haenisch, E.-M. (1979). *Gesamtschule und dreigliedriges Schulsystem in Nordrhein-Westfalen – Schulleistungsvergleiche in Deutsch, Mathematik, Englisch und Physik.* Paderborn: Schöningh.

Kischkel, K.-H. (1979). *Gesamtschule und dreigliedriges Schulsystem in Nordrhein-Westfalen – Einstellungen, Zufriedenheit und Probleme der Lehrer.* Paderborn: Ferdinand Schöningh.

Kischkel, K. H. (1989). Berufsbezogene Einstellungen von Schulleitern/schulischen Funktionsträgern und Lehrern ohne Leitungs- und Verwaltungsaufgaben. In H. S. Rosenbusch & J. Wissinger (Hrsg.), *Schulleiter zwischen Administration und Innovation* (Schulleiter Handbuch, Bd. 50, S. 63–71). Braunschweig: SL Verlag.

Lukesch, H., Haenisch, H. & Fend, H. (1982). *Lehrerverhaltensinventar (LVI) – Handanweisung.* Braunschweig: Westermann.

Messerli, A. (1999). *Lesen und Schreiben 1700 bis 1900.* Habilitationsschrift, Universität Zürich, Zürich.

Müller-Fohrbrodt, G., Cloetta, B. & Dann, H. D. (1978). *Der Praxisschock bei jungen Lehrern.* Stuttgart: Klett.

Nohl, H. (1963). *Die pädagogische Bewegung in Deutschland und ihre Theorie.* Frankfurt a. M.: Verlag G. Schulte-Bulmke.

Schiffler, H. & Winkeler, R. (1991). *Bilderwelten der Erziehung. Die Schule im Bild des 19. Jahrhunderts.* Weinheim: Juventa.

Wilhelm, T. (1968). *Theorie der Schule. Gymnasium und Hauptschule im Zeitalter der Wissenschaften.* Stuttgart: Metzler.

Barbara Hanfstingl

Lehrerpersönlichkeit: kritische Würdigung und Ausblick

1. Einleitung

Bei der empirischen Erforschung der Lehrerpersönlichkeit dienten von Anfang an hauptsächlich eigenschaftstheoretische Zugänge als wissenschaftliche Grundlage. Die Stabilitätsannahme, die diesen Zugängen zugrunde liegt, wurde oftmals missverstanden und jedenfalls kritisch diskutiert, denn gerade in Bezug auf eine daraus mögliche abzuleitende berufliche Eignung stellt sie letztendlich die Wirkung der gesamten Berufsausbildung in Frage. Wissenschaftstheoretisch betrachtet eignen sich eigenschaftstheoretische Zugänge eher dazu, Persönlichkeit zu beschreiben, nicht aber theoretisch fundierte Erklärungen von „Persönlichkeit" zu liefern. In der psychologischen Persönlichkeitsforschung werden Erklärungen auf bloßer Basis von eigenschaftstheoretischen Zugängen als überholt wahrgenommen. Im Beitrag wird argumentiert, dass bei der Lehreraus- und -fortbildung der Fokus mehr auf Kompetenzen und weniger auf Persönlichkeitseigenschaften gelegt werden soll, wenn es um die Untersuchung interindividueller Unterschiede oder Feststellung der Berufseignung geht.

Der Begriff Lehrerpersönlichkeit ist aufgrund seiner verschiedenen Bedeutungen umstritten und wird kontrovers diskutiert. „Lehrerpersönlichkeit" impliziert, dass man entweder die geborene Lehrperson ist – oder eben nicht, an der dann auch eine Ausbildung nicht viel ändert. Diese Sichtweise wird zusätzlich durch gewisse Modelle der empirischen Persönlichkeitspsychologie gestützt. Zum Beispiel gehen – in der psychologischen Persönlichkeitsforschung vorherrschende – eigenschaftstheoretische Modelle, wie das Big-Five-Modell der Persönlichkeit, aus empirisch gut argumentierten Gründen davon aus, Persönlichkeit sei etwas Stabiles, das sich im Laufe eines Lebens, sicher aber ab dem Erwachsenenalter, nicht mehr allzu sehr verändert (z. B. Caspi, Roberts & Shiner, 2005; Roberts & DelVecchio, 2000). So berichten Caspi et al. eine Stabilität bei positiver Emotionalität (Extraversion), negativer Emotionalität (Neurotizimus), Constraint (Gewissenhaftigkeit) sowie auch für die beiden restlichen Persönlichkeitsfaktoren der Big Five soziale Verträglichkeit und Offenheit für Neues (2005, S. 455).

Wenn diese Stabilitätsannahmen von Persönlichkeit und ihre Bedeutung für die Qualität der Berufsausübung Aus- und Weiterbildungen überflüssig zu machen scheinen, sind kritische Diskussionen eine logische Folge. In anderen Berufsgruppen, wie zum Beispiel bei Medizinern oder Juristen, stand die Frage nach der geeigneten Persönlichkeit in der Forschung weniger im Vordergrund, mit Ausnahme der Burnout-

Neigung; dies wird aus der Anzahl der dazu veröffentlichten Publikationen ersichtlich. In diesen Berufsgruppen scheint es klarer, dass Fachwissen und Kompetenzen eher zu beruflichem Erfolg führen als eine möglicherweise von Geburt an mitgebrachte Persönlichkeit. Und es scheint auch klar, dass Fachwissen und Kompetenzen während der Ausbildung vermittelt werden und es keinen akademischen Beruf gibt, dessen Ausbildung und Ausübung mit geringer ausgeprägter Intelligenz besser zu meistern sei als mit höher ausgeprägter.

Nichtsdestotrotz sind in den letzten Jahrzehnten im deutschsprachigen Raum eine Reihe von Befunden zum Thema Persönlichkeit und Lehrerberuf gesammelt worden. Die Untersuchungen zeigen, dass Persönlichkeit im psychologischen Sinne eine mittlere, statistisch bedeutsame Vorhersagekraft für mögliche positive oder negative Entwicklungen von Berufsbiographien besitzt. Dies ist allerdings nicht nur für den Lehrerberuf dokumentiert (siehe zusammenfassend Cramer & Binder, 2015). Im Fall des Einflusses bestimmter Persönlichkeitscharakteristika auf die Burnout-Neigung sind ähnliche Zusammenhänge auch bei Krankenhausangestellten auf Intensivstationen (Bühler & Land, 2003), bei Ärzten allgemein (McManus, Keeling & Paice, 2004), bei Personen, die in Quick-service-Restaurants arbeiten (Kim, Shin & Swanger, 2009), oder bei Managern (Garden, 1989) beobachtet worden.

Vor diesem Hintergrund lohnt sich ein genauerer Blick darauf, was in der Psychologie derzeit unter „Persönlichkeit" eigentlich verstanden wird. Die psychologische Persönlichkeitsforschung entwickelt sich selbst in großen Schritten weiter, man spricht seltener von „der Persönlichkeit", sondern untersucht häufiger Teilaspekte, die man der Persönlichkeit zuordnen kann, wie etwa die Selbstregulation, Selbstwirksamkeit, soziale und emotionale Kompetenz oder kognitive Stile (z.B. holistische versus analytische oder verbale versus figurale Informationsverarbeitung). Letztere werden häufig im Zusammenhang mit Lernstrategien untersucht (z.B. Riding & Rayner, 2013; Schmeck, 1988). Die „Persönlichkeitsentwicklung", also die Möglichkeit, seine „Persönlichkeit" selbst positiv zu verändern, wird immer häufiger in Curricula der Aus- und Weiterbildungsveranstaltungen für Lehrpersonen explizit thematisiert. Dies ändert allerdings nichts an der Tatsache, dass der Persönlichkeitsbegriff selbst innerhalb der Psychologie verschiedene Bedeutungen hat, die in Debatten über die Lehrerpersönlichkeit weder klar definiert noch ausreichend voneinander abgegrenzt sind. Zu ungenaue oder mehrfach belegte Begriffs- und Konstruktdefinitionen sowie fehlende Validität der Instrumente werden in diesem Beitrag als eine wesentliche Ursache für Ungenauigkeiten in den Befunden und gegenseitige Missverständnisse angenommen (siehe auch Hanfstingl, 2019a).

2. Kurzer Ausflug in die Geschichte der empirischen Psychologie

Die westliche empirische Psychologie wurde durch die Forschungen zur Psychophysik 1860 von Ernst Heinrich Weber und Gustav Theodor Fechner sowie der Installierung des ersten psychologischen Laboratoriums an der Universität Leipzig 1897 durch den Physiologen Wilhelm Wundt begründet (Schönpflug, 2013). Sie ist durch ihre Orientierung an Physik und Medizin von Beginn an naturwissenschaftlich geprägt. Die akademische Psychologie hatte seit ihrer Gründung das Bedürfnis und die Notwendigkeit, sich an naturwissenschaftlichen Methoden und den damit gewonnenen Erkenntnissen zu orientieren, um sich selbst als wissenschaftliche Disziplin zu positionieren und sich erfolgreich von Esoterik und Scharlatanerie abzugrenzen (z. B. Lück, 2011).

Viele Entwicklungen in der psychologischen Forschung sind eng verknüpft mit der Entwicklung neuer statistischer Prozeduren, wie zum Beispiel der Faktorenanalyse, die entwickelt wurde, um eine empirisch gestützte, auf Statistik basierende Vorstellung von der Struktur der Intelligenz als Teil der kognitiven Persönlichkeitsmerkmale zu bekommen (Spearman, 1904). Modelle, die man in der akademischen Psychologie auf Basis von statistischen Prozeduren entwickelte, waren sehr stark von den eingesetzten statistischen Verfahren geprägt. Boring (1923) hat dies mit dem Satz „Intelligenz ist, was der Test misst“ deutlich zum Ausdruck gebracht. Wird allerdings die Methodenabhängigkeit bei der Interpretation empirischer Ergebnisse nicht berücksichtigt, provoziert dies Kritiker zu Recht dazu, die Ansätze als empiristisch, zu methodenabhängig oder neopositivistisch zu bezeichnen. Meehl (1992, 2009), selbst ein Entwickler bedeutsamer statistischer Prozeduren und Algorithmen, warnte eindrücklich davor, Gerechnetes oder Berechenbares für wahr zu nehmen.

Statistische Analysen ersetzen weder epistemologische noch theoretische Vorüberlegungen noch Schlüsse, die aus Daten zu ziehen sind. Gleichzeitig ermöglicht die Weiterentwicklung von statistischen Prozeduren so detailreiche Vorstellungen der menschlichen Psyche wie nie zuvor. Die psychologische Forschung mit Unterstützung statistischer Verfahren zu betreiben, hat viele Vorteile, die sich auch die persönlichkeitspsychologische Forschung zunutze machte. Dennoch hat der intensive alleinige Fokus auf statistische Prozeduren und das Vernachlässigen von anderen validierenden Prozessen (z. B. epistemologische Überlegungen, Validierung anhand von praktischer Einsetzbarkeit von Befunden) zu schweren Krisen der empirischen Psychologie, unter anderem der Replikationskrise geführt (z. B. Pashler & Wagenmakers, 2012; Świątkowski & Dompnier, 2017; Tackett et al., 2017).

3. Persönlichkeitsforschung im Lehrerberuf

3.1 Hintergrund und Status quo im deutschsprachigen Raum

In der Lehrerbildungsforschung war die psychologische Persönlichkeitsforschung immer nur eine Möglichkeit von mehreren, den Begriff Persönlichkeit zu verstehen. Herzog und Makarova (2011) zum Beispiel bezeichnen die Lehrerpersönlichkeit als das Leitbild für die Selbstwahrnehmung von Lehrpersonen. Sie stellen gleich zu Beginn klar, dass der Begriff Persönlichkeit im alltagssprachlichen Sinne „mindestens so vage wie die Metaphern des Gärtners, Regentänzers oder Künstlers“ für Lehrpersonen sei (Herzog & Makarova, 2011, S. 65). Die Autoren unterscheiden zwischen drei Bedeutungen des Begriffs Persönlichkeit: 1) Persönlichkeit im Sinne der Theorien der Persönlichkeitspsychologie, 2) Persönlichkeit als ethische Kategorie und 3) Persönlichkeit als Bezeichnung für die spezifische Eigenart des Individuums. Herzog und Makarova wollen Persönlichkeit am ehesten noch als spezifische Eigenart einer Person verstehen. Sie kritisieren, dass der Begriff eine lebenslange Stabilität der Eignung zum Lehrerberuf impliziert und nehmen hierbei Bezug auf Sprangers „geborenen Erzieher" aus der Mitte des 20. Jahrhunderts (Spranger, 1969), ohne allerdings auf neuere Literatur einzugehen. Für Herzog und Makarova (2011) ist der wissenschaftliche Begriff „Persönlichkeit" im Sinne der Persönlichkeitspsychologie für die Lehrerbildung und Lehrerbildungsforschung nicht relevant. Ähnlich argumentieren Kunter und Pohlmann (2015). Auch wenn sie die Position Herzogs und Makarovas weniger vehement einnehmen, bezeichnen sie die Erforschung der Lehrerpersönlichkeit als etwas, das in die Anfangsjahre der Lehrerforschung einzuordnen sei. Anschließend widmen sich die Autorinnen dem Wissen und den Kompetenzbereichen, die aus ihrer Sicht heute eine höhere Relevanz für den Lehrerberuf haben.

Demgegenüber steht allerdings ein Forschungsstrang, der die Relevanz von Persönlichkeit für den Lehrerberuf nach wie vor auf wissenschaftlicher, der Persönlichkeitspsychologie entlehnten Ebene untersucht und argumentiert. Urban (1984) und später Mayr (z.B. 1994a, 1994b, 2011, 2016) haben mit ihren Studien zum Zusammenhang von Persönlichkeitsstruktur und Unterrichtskompetenz jenen Beitrag geleistet, der dafür verantwortlich war, dass das Thema Lehrerpersönlichkeit im deutschen Sprachraum überhaupt empirisch-wissenschaftlich diskutiert wurde. So hat Urban (1984) eine österreichweite Studie basierend auf Daten von 1652 Pflichtschullehrerauszubildenden aller Pädagogischen Akademien durchgeführt. Untersucht wurden neben Persönlichkeitseigenschaften auch Merkmale wie Maturanoten (Abiturnoten), Intelligenz oder die Leistungsmotivation. Zu den Ergebnissen zählten, dass die Maturanote im jeweiligen Fach Einfluss auf die Wahl der Fächer Deutsch, Mathematik oder Englisch hat; oder dass jene Studierenden, die das Fach Mathematik wählten, eine höhere Intelligenz aufwiesen als jene, die sprachliche Fächer wählten. Urban lieferte damals auch erstmals Befunde zum Zusammenhang zwischen Persönlichkeitsmerkmalen und Unterrichtskompetenz. Er fand unter Heranziehung von damals dem aktuellen Standard entsprechenden statistischen Verfahren, dass bessere Leistungen im Studium, aber auch bei Unterrichtspraktika positiv mit emotionaler Stabilität, sozialer Initiative sowie internaler Kausalattribuierung für Erfolg und Misserfolg kovariieren, und warnte explizit davor, Personen, die höhere Neurotizismuswerte aufwiesen, zum Lehramtsstudium zuzulassen (Urban, 1984, S. 263).

Urban löste damals eine heftige Debatte aus, da die Befunde unter anderem so (miss-)verstanden wurden, dass die richtige Lehrerpersönlichkeit im Grunde ausreiche, um ein guter Lehrer zu werden. Dies traf sich mit einer weiteren Debatte, die zumindest in Österreich ihre Runden unter Lehrerinnen und Lehrern machte: Die wesentlichen Dinge, die man für den Lehrerberuf brauche, lerne man nicht in der Ausbildung, sondern später dann in der Schule von den Kolleginnen und Kollegen. Diese beiden Debatten kritisierten – direkt oder indirekt – die Lehrerausbildung noch vor dem PISA-Schock auf grundsätzlicher Ebene, ohne dass dies so intendiert war.

Obwohl Urban seine Analysen mit größter Vorsicht interpretiert und auf deskriptiver Ebene belassen hat, mehrmals mit dem Hinweis bestückt, dass statistische Analysen keine Wenn-dann-Schlussfolgerungen zulassen, gab es dennoch eine große Abwehr gegen den von ihm unterstützten Persönlichkeitsansatz. Aus testtheoretischer Perspektive könnte man kritisieren, dass es zu dem Zeitpunkt noch schwierig war, valide und gleichzeitig ökonomisch einsetzbare Persönlichkeitsfragebögen in deutscher Sprache aufzutreiben, und dass Urbans Wahl auf einen Fragebogen fiel, der einige „Kinderkrankheiten" hinsichtlich seiner Validierung in sich aufwies. Der *Deutsche High School Personality Questionnaire* (Deutscher HSPQ; Schumacher & Cattell, 1977), der auf Cattells eigenschaftstheoretischem Persönlichkeitsmodell beruhte, war wohl mitverantwortlich dafür, dass der Persönlichkeitsbegriff in der Lehrerbildungsforschung nicht sehr positiv aufgenommen wurde. Der Deutsche HSPQ wurde in anderen und späteren Studien kaum noch verwendet.

Mayr hat Urbans Persönlichkeitsansatz für die eigenen Studien anfangs übernommen und dann weiterentwickelt. In seinen Studien kristallisierte sich heraus, dass vor allem drei Persönlichkeitsfaktoren eine hohe prädiktive Relevanz für Studienleistungen und Praxis- bzw. später Berufserfolg haben: Kontaktbereitschaft (Extraversion), emotionale Stabilität (Neurotizismus umgepolt) und Selbstkontrolle (entspricht in etwa bestimmten Facetten von Gewissenhaftigkeit). Mayr und Mayrhofer (1994) berichteten über den statistisch bedeutsamen Zusammenhang zwischen diesen drei Persönlichkeitsfaktoren und einer Reihe von lehrberufsspezifischen Variablen, wie der Fähigkeit, Seminar- und Praxisanforderungen zu bewältigen oder der Zufriedenheit mit der Berufswahl (S. 124). Brandstätter und Mayr (1994) haben mit den „Lehrerpersönlichkeits-Adjektivskalen" (LPA) sogar ein Instrument zur ökonomischen Erfassung der drei relevanten Persönlichkeitsmerkmale Kontaktbereitschaft, Stabilität und Selbstkontrolle bereitgestellt, das nicht nur in der Forschung, sondern auch in der Beratung Verwendung gefunden hat.

Mayr und Neuweg haben den „Persönlichkeitsansatz in der Lehrer/innenforschung" implementiert und die Lehrerpersönlichkeit als: „Ensemble relativ stabiler Dispositionen, die für das Handeln, den Erfolg und das Befinden im Lehrerberuf bedeutsam sind" (Mayr & Neuweg, 2006, S. 183) definiert. Die Definition impliziert, dass zur Lehrerpersönlichkeit jene stabilen Faktoren der Persönlichkeit zählen, die erwiesenermaßen einen Einfluss auf die Qualität der Berufsausübung haben. Hier sind nicht nur die drei Faktoren Kontaktbereitschaft, Stabilität und Selbstkontrolle gemeint, sondern explizit auch Personenparameter, die in Mayrs und Neuwegs Beitrag ebenfalls eher als stabil dargestellt werden, wie etwa die Intelligenz. Aber auch andere Variablen werden als stabil postuliert, wie die Motivation, Einstellungen, Werthaltungen oder das Berufsinteresse. Hanfstingl und Mayr (2007) stellten schließlich eine Überblickstabelle über Studien zusammen, die den Einfluss stabiler Personmerkmale, wie zum Beispiel die Big Five Persönlichkeitsdimensionen, Interessen, Selbstwirksamkeit, aber auch Humor auf lehrberufsspezifische Leistungen, Belastungen und Zufriedenheit untersuchten. Erst kürzlich hat Mayr (2016) die Ergebnisse seiner Forschungen zusammengefasst. Aktuell werden diese von Mayr, Hanfstingl und Neuweg (in Vorbereitung.) überarbeitet und vor dem Hintergrund aktueller Befunde aus der Persönlichkeitsforschung und -messung neu eingeordnet.

Ausgehend vom Persönlichkeitsansatz stellen Mayr, Müller und Nieskens (2016) eine umfassende Beratungsplattform für Lehrerinnen und Lehrer in Österreich, Deutschland und der Schweiz vor: „CCT – Career Counselling for Teachers". Der Ansatz ist so erfolgreich, dass er auch in Aufnahmeverfahren für die Lehramtsausbildung aufgenommen wurde (z. B. Neubauer et al., 2017). Mayrs Beständigkeit, den Lehrerpersönlichkeitsansatz weiterzuentwickeln, auf aktuelle empirische Befunde zu stützen und sowohl den Studierenden als auch Personen, die in der Lehrerbildung und Lehrerbildungsforschung tätig sind, zur Verfügung zu stellen, ist es zu verdanken, dass der Persönlichkeitsansatz nach wie vor eine Rolle für die Lehrerbildung und Lehrerbildungsforschung im deutschsprachigen Raum spielt.

3.2 Aktuelle Befunde aus der internationalen Lehrerpersönlichkeitsforschung

Auch im internationalen Raum finden sich aktuelle Studien zum Thema Lehrerpersönlichkeitsforschung. So untersuchten Buttner, Pijl, Bijstra und Van den Bosch (2015) den Einfluss der Lehrerpersönlichkeit auf die Unterrichtseffektivität bei Schülerinnen und Schülern mit diagnostizierten emotionalen Schwierigkeiten und/oder Verhaltensauffälligkeiten. Sie zeigten, dass im Besonderen die soziale Verträglichkeit, die Gewissenhaftigkeit und die Offenheit für Erfahrungen die höchsten Zusammenhänge mit der Unterrichtseffektivität aufwiesen. Die Unterrichtseffektivität wurde in dieser Studie definiert als Lehrerselbstwirksamkeit, also die Erwartung von Lehrpersonen aufgrund ihres Wissens und ihrer Kompetenzen, gewünschte Handlungen erfolgreich ausführen zu können.

Kim (2016) untersuchte in ihrer Dissertation den Einfluss der Lehrerpersönlichkeit (Big Five) auf die Lehrereffektivität im sekundären und tertiären Bildungsbereich in Australien. Sie legte dar, dass eine positive Lehrerpersönlichkeit (geringerer Neurotizismus, höhere Extraversion, höhere Offenheit für Neues, höhere soziale Verträglichkeit, höhere Gewissenhaftigkeit) zwar einen positiven Einfluss auf das Befinden und die Selbstwirksamkeitsüberzeugungen der Schülerinnen und Schüler bzw. Studierenden hatte, sich aber nicht signifikant auf die akademische Leistung der Lernenden auswirkte, weder im sekundären noch im tertiären Bildungsbereich. Inwieweit das Befinden und die Selbstwirksamkeitsüberzeugungen der Schülerinnen und Schüler sowie Studierenden den Zusammenhang zwischen der Lehrerpersönlichkeit und den akademischen Leistungen vermitteln, wurde in der Studie nicht untersucht. Kim ließ in ihrer Studie Schülerinnen und Schüler sowie Studierende auch die ideale Lehrerpersönlichkeit beschreiben. Diese war charakterisiert durch hohe emotionale Stabilität, hohe Gewissenhaftigkeit, aber auch durch hohe akademische Leistungen.

LaToya (2017) hatte in seiner Dissertation in den Vereinigten Staaten eine sehr ähnliche Fragestellung, untersuchte die Persönlichkeit allerdings mit dem Myers-Briggs-Type-Indikator (MBTI; Myers, 1962), der auf Jungs Persönlichkeitstypologie zurückgeht. Jungs Persönlichkeitstypologie ist in der amerikanischen Persönlichkeitsforschung bedeutsamer als in der europäischen. Obwohl der MBTI Extraversion und Introversion misst, fand LaToya keine Unterschiede zwischen den Persönlichkeitstypen der Lehrpersonen und deren Fähigkeit, ihre Schülerinnen und Schüler zu motivieren. In Mayrs Analysen war der Faktor Extraversion oder Kontaktbereitschaft immer einer der wichtigsten Prädiktoren für eine positive Berufsausübung. Auch wenn LaToyas Studie mit 334 amerikanischen Lehrpersonen nicht repräsentativ ist, wird hier ein Problem augenscheinlich, das die gesamte Persönlichkeitspsychologie betrifft: die Unterschiede im Verständnis und den Definitionen von einzelnen Persönlichkeitsfaktoren, worauf später noch eingegangen werden wird.

In jüngster Zeit wurde zum Thema Lehrerpersönlichkeit und ihr Einfluss auf Unterrichtsvariablen auch eine internationale Metaanalyse durchgeführt. Klassen und Tze (2014) berücksichtigten hierfür 43 Studien mit 9216 Probanden aus dem englischsprachigen Publikationsraum in der Zeit von 1985 bis 2013, wobei sie Studien in die Analyse aufnahmen, die die Kriterien Selbstwirksamkeit und Persönlichkeit (Big Five) im Zusammenhang mit der Unterrichtseffektivität sowie der Schülerleistungen untersuchten. In 33 der 43 Studien konnten erwartungskonforme Zusammenhänge zwischen nicht näher definierten positiven Persönlichkeitsvariablen der Lehrpersonen und Unterrichtseffektivität (Einschätzung der Unterrichtsqualität durch SchülerInnen, SupervisorInnen und/oder SchulleiterInnen) gefunden werden, wobei die *overall*-Effektstärke nach Cohen (d = .21) schwach ist. Weiter zeigte sich, dass die Lehrerselbstwirksamkeit einen höheren Einfluss auf die Unterrichtseffektivität hatte als die Persönlichkeit; die Lehrerselbstwirksamkeit wurde international auch wesentlich häufiger untersucht. Klassen und Tze (2014) schließen aus ihrer Metastudie, dass die Lehrerselbstwirksamkeit einen höheren Effekt auf die Unterrichtsqualität hat als die Lehrerpersönlichkeit und dass letztere zumindest einen statistisch signifikanten, wenn auch bescheidenen Einfluss auf die Unterrichtseffektivität der Lehrenden hat.

3.3 Persönlichkeit: Alltagsbegriff und gleichzeitig wissenschaftlicher Begriff? Eine kritische Auseinandersetzung mit der Begriffsverwirrung

Innerhalb der psychologischen Forschung ist der Begriff Persönlichkeit vielschichtig und mit unterschiedlichen Bedeutungen besetzt. Die unterschiedlichen Forschungszugänge unterschieden sich ursprünglich vor allem in ihrer methodischen Ausrichtung. So sind einige stark physiologisch und/oder experimentell orientiert, wie etwa jener von Eysenck (1967). Manche betonen kognitive Prozesse als besonders relevant für die Persönlichkeit (z. B. Grigorenko & Sternberg, 2011; Kelly, 1991). Der psychodynamische Zugang zur Persönlichkeit ist durch seinen ersten Vertreter Sigmund Freud mitsamt den Methoden wie zum Beispiel der Traumdeutung längst im Alltagswissen angekommen. Wohl den größten Einfluss hatte die Unterstützung der Statistik auf jene Persönlichkeitsmodelle, die innerhalb des eigenschaftstheoretischen Persönlichkeitsparadigmas entstanden sind.

Das eigenschaftstheoretische Persönlichkeitsparadigma basiert hauptsächlich auf der Sammlung und faktorenanalytischen Zusammenfassung von Eigenschaftswörtern aus Webster's Dictionary (z. B. Norman, 1967). Die späteren Hauptvertreter McCrae und Costa (1985) überarbeiteten den Ansatz hinsichtlich der Zusammensetzung der einzelnen Persönlichkeitsdimensionen. Zahlreiche (Faktoren-)Analysen, die zu Validierungszwecken weltweit durchgeführt wurden, ergaben immer wieder fünf Persönlichkeitsfaktoren, die sogenannten Big Five: Neurotizismus, Extraversion, Offenheit für Neues, Gewissenhaftigkeit und soziale Verträglichkeit, die sich über die individuelle Lebensspanne wenig verändern sollen (Costa & McCrae, 1980; McCrae & Costa, 1987; McCrae et al., 2000). Das Big-Five-Modell wurde allerdings seit seiner Entstehung vielfach kritisiert. Manche nannten es theorielos und willkürlich (z. B. Block, 1995; 2001; 2010), andere waren mit der Anzahl der Faktoren nicht einverstanden (z. B. Becker, 1999; Digman, 1997; Eysenck, 1972, 1994), wieder andere schrieben dem Big-Five-Modell höchstens deskriptive Aussagekraft zu und sprachen daher von Psychographie (Kuhl, 2001). Dennoch hat das Big-Five-Modell in der Persönlichkeitspsychologie einen bedeutsamen Platz und wurde somit auch die Grundlage für die Lehrerpersönlichkeitsforschung, auch wenn es – der Kritik zufolge – die Persönlichkeit bloß und noch dazu sehr grob beschreibt, nicht aber Entwicklungen erklären oder Prädiktorleistungen erbringen kann.

Der eigenschaftstheoretische Ansatz wird zumindest auf zwei Ebenen zu Recht kritisiert. Zum einen auf einer mess- und testtheoretischen Ebene, zum anderen auf einer Ebene, die von jenen kommt, deren Persönlichkeit gemessen wurde. Letztere haben das Problem, dass sie nun wissen, mit einer Persönlichkeit ausgestattet zu sein, die sich vielleicht gar nicht für den Lehrberuf eignet und dazu noch stabil ist, obwohl der Lehrberuf ihr Traumberuf wäre. Schon allein deshalb sollte man nicht von Persönlichkeit, sondern vielleicht eher von Motiven, von Motivation oder von Interessen sprechen, weil diese eher als veränder- oder zumindest kontrollierbar angenommen werden und für deren Stabilität man sich als Person freier entscheiden kann. Was die Fähigkeit zur Berufsausübung betrifft, sollte, wie eingangs angedeutet, der Fokus auf Wissen und Kompetenzen gelegt werden, wie in jedem anderen akademischen Beruf auch (Baumert & Kunter, 2006; Kunter & Pohlmann, 2015).

Das Hauptproblem der eigenschaftstheoretischen Zugänge allerdings kann als Operationalisierungsproblem zusammengefasst werden. Die Big Five etwa als bekanntestes Modell beschreiben sehr breite Persönlichkeitsfaktoren (Primärfaktoren), die in weiterer Folge in sogenannte Facetten (Sekundärfaktoren) aufgeteilt werden. Beispielsweise besteht der Faktor Neurotizismus aus den Facetten Ängstlichkeit, Reizbarkeit, Depression, soziale Befangenheit, Impulsivität, Verletzlichkeit. Der Faktor Gewissenhaftigkeit wird in die Facetten Kompetenz, Ordnungsliebe, Pflichtbewusstsein, Leistungsstreben, Selbstdisziplin und Besonnenheit differenziert (Ostendorf & Angleitner, 2004).

Abgesehen davon, dass es schwierig scheint, Alltagsbegriffe wie Ordnungsliebe oder Besonnenheit wissenschaftlich, objektiv und kulturunabhängig zu definieren, sollte man berücksichtigen, inwieweit (Laien-)Personen überhaupt in der Lage sind, etwa ihre eigene Kompetenz, Depression oder Impulsivität valide berichten zu können. Selbst wenn es jemandem gelingt, sein Verhalten als kompetent, als depressiv oder als impulsiv einzuschätzen, liegt ein großer Unterschied zwischen dem, was die Person über sich denkt, und der Einschätzung von Seiten eines Experten, der diese Selbstbeschreibung begutachtet und daraus seine theoretisch fundierten Schlüsse zieht. Beschreibt die Person ihre objektive Persönlichkeit oder die subjektive Wahrnehmung von sich selbst, also das Selbstkonzept? Die Eigenschaftswörter werden umso unschärfer, je genauer man die Perspektivität (Laie versus Experte, selbst versus fremd) und die subjektive Bedeutung der Eigenschaften berücksichtigt. Eine Person mit einer grandiosen narzisstischen Orientierung wird die Frage „Sind Sie durchsetzungsfähig?" anders und von anderen Gefühlen begleitet verstehen als eine Person, die ihre Interessen nur unter Schwierigkeiten gegen kollegiale Widerstände durchzusetzen vermag, und diese vielleicht auch anders beantworten, mit unterschiedlichen subjektiven Begründungen.

Thomae (1996, S. 5) hat den eigenschaftstheoretischen Persönlichkeitszugang, also die Idee, aus der Alltagssprache wissenschaftliche Persönlichkeitsbegriffe ableiten zu wollen, mit der Idee verglichen, Bauernregeln als Grundlage für meteorologische Modelle heranzuziehen. Sie können bestimmte Wetterverläufe beschreiben, wie zum Beispiel die Eismänner im Mai oder die Schafskälte im Juni, aber sie können sie weder erklären noch können sie sie präzisieren. Diese Analogie aus einer anderen Wissenschaft lässt das Ergebnis der Metastudie von Klassen und Tze (2014), dass die Persönlichkeit nur einen schwachen Effekt auf berufsbezogene Kriterien hat, plausibel erscheinen.

Das Operationalisierungsproblem spitzt sich zu und gibt Thomae Recht, wenn ein Persönlichkeitsfaktor in unterschiedlichen Studien durch unterschiedliche Facetten gemessen wird. So berichten zum Beispiel Roberts, Walton und Viechtbauer (2006), dass in jenen Studien, in denen Extraversion als Dominanz operationalisiert wurde, Extraversion über den Lebenslauf hinweg steigt, während bei jenen Studien, in denen Extraversion als Geselligkeit operationalisiert wurde, Extraversion im Lebenslauf sinkt. Möchte man also von „der Persönlichkeit" sprechen, so empfiehlt sich zu verstehen, dass eigenschaftstheoretische Zugänge nur einen Teil, nämlich den deskriptiven Teil der Persönlichkeit, und den nicht präzise abdecken. Was bei ihnen fehlt, ist ein wissenschaftlich fundierter theoretischer Untergrund, der Persönlichkeitsprozesse auf einer theoretisch fundierten Ebene erklären kann.

4. Conclusio

Auch wenn es auf den ersten Blick so aussieht, als stünden physiologische, kognitive oder psychodynamische Zugänge der Persönlichkeitspsychologie unabhängig nebeneinander, geht man heute davon aus, dass die verschiedenen Forschungszugänge innerhalb der (Persönlichkeits-)Psychologie verschiedene Funktionsebenen der „Persönlichkeit" erklären, die auf einer theoretischen Ebene zu integrieren sind. Kuhl (2001) ist dies mit der Persönlichkeits-Systeme-Interaktionen(PSI)-Theorie bereits in weiten Teilen gelungen. Eine Einführung in die Theorie ist unter Kuhl, Schwer und Solzbacher (2014a), ihre Relevanz für den Lehrberuf unter Kuhl, Schwer und Solzbacher (2014b) sowie unter Hanfstingl (2019b) nachzulesen. Mit der PSI-Theorie ist es in der psychologischen Grundlagenforschung erstmals gelungen, verschiedenste empirische Befunde über Prozesse des menschlichen Erlebens und Verhaltens unter einen theoretischen Hut zu bringen, sei es die Bedeutung der Affektregulation, seien es bewusste oder unbewusste Motive, sei es die Motivation oder die Selbstregulation.

Der Begriff Persönlichkeit ist mittlerweile zu allgemein, als dass man in empirischen Studien von der „Untersuchung der Persönlichkeit“ sprechen sollte. Die Fragestellungen können heute viel genauer und konkreter gestellt werden: Welche Rolle spielen die impliziten oder die expliziten Motive oder vielleicht sogar deren Zusammenspiel bei der Berufszufriedenheit (z. B. Thielgen, Krumm, Rauschenbach & Hertel, 2015)? Welche Rolle spielt das allgemeine pädagogische Wissen für die Selbstwirksamkeitserwartung und Burnout-Neigung bei Lehrpersonen (z. B. Lauermann & König, 2016)? Welchen Einfluss hat die soziale Kompetenz von Lehrpersonen auf die Qualität der Lehrer-Schülerbeziehung (z. B. Garner & Mahatmya, 2015)? Welchen Einfluss haben regelmäßig stattfindende Super- und Intervisionen auf die Zufriedenheit, Leistungsfähigkeit und die Unterrichtskompetenz von Lehrpersonen (z. B. Marshall, 2013)? Wird die selbstbestimmte Motivation bei Lehrpersonen nicht nur durch die Erfüllung psychologischer Grundbedürfnisse, sondern auch durch bestimmte Selbststeuerungskompetenzen mitbedingt (Hanfstingl, Andreitz, Müller & Thomas, 2010)? Welche Rolle spielt die unterschiedliche Ausprägung von Selbststeuerungskompetenzen für die Motivation allgemein (Müller & Hanfstingl, 2018)?

All diese Fragen könnte man unter der Persönlichkeitsforschung subsummieren; empfehlenswert ist es wegen der turbulenten Geschichte des Persönlichkeitsbegriffs allerdings nicht. Insgesamt ist die Auswahl für die Zulassung zum Studium auf Basis von Persönlichkeitsmerkmalen wie den Big Five kritisch zu sehen, da sie mit berufsrelevanten Kriterien wie der Unterrichtsqualität nur gering korrelieren (Klassen & Tze, 2014) und sie offensichtlich nicht ausreichen, um berufsrelevante Kriterien zu prüfen oder vorherzusagen (z. B. Koschmieder, Weissenbacher, Pretsch & Neubauer, 2018). Fachliches, pädagogisches und fachdidaktisches Wissen, soziale Kompetenz, das Regenerationsverhalten, epistemische Überzeugungen oder Selbstregulationsfähigkeiten können nicht nur empirisch gut untersucht, sondern in der Regel auch erlernt und trainiert werden. Sie spielen eine bedeutsame Rolle für eine erfolgreiche Berufsausübung und sollten in der Lehreraus- und -fortbildung intensiv thematisiert werden.

Literatur

Baumert, J. & Kunter, M. (2006). Stichwort: Professionelle Kompetenz von Lehrkräften. *Zeitschrift für Erziehungswissenschaft, 9* (4), 469–520.

Becker, P. (1999). Beyond the Big Five. *Personality and Individual Differences, 26* (3), 511–530.

Block, J. (1995). A contrarian view of the five-factor approach to personality description. *Psychological Bulletin, 117*, 187–215.

Block, J. (2001). Millennial contrarianism: The five-factor approach to personality description 5 years later. *Journal of Research in Personality, 35*, 98–107.

Block, J. (2010). The five-factor framing of personality and beyond: some ruminations. *Psychological Inquiry, 21* (1), 2–25. https://doi.org/10.1080/10478401003596626

Boring, E. G. (1923). Intelligence as the tests test it. *New Republic, 36*, 35–37.

Brandstätter, H. & Mayr, J. (1994). Die „Lehrer-Persönlichkeits-Adjektivskalen" (LPA). Ein Instrument zur Selbsteinschätzung berufsrelevanter Persönlichkeitsmerkmale. In J. Mayr (Hrsg.), *Lehrer/in werden* (S. 231–247). Innsbruck: StudienVerlag.

Bühler, K.-E. & Land, T. (2003). Burnout and Personality in Intensive Care: An Empirical Study. *Hospital Topics, 81* (4), 5–12. https://doi.org/10.1080/00185860309598028

Buttner, S., Pijl, S. J., Bijstra, J. & Van den Bosch, E. (2015). Personality traits of expert teachers of students with EBD: Clarifying a teacher's X-factor. *International Journal of Inclusive Education, 20* (6), 569–587. https://doi.org/10.1080/13603116.2015.1100222

Caspi, A., Roberts, B. W. & Shiner, R. L. (2005). Personality Development: Stability and Change. *Annual Review of Psychology, 56*, 453–484.

Costa, P. T. & McCrae, R. R. (1980). Still stable after all these years: Personality as a key to some issues in adulthood and old age. In P. B. Baltes & O. G. Brim (Hrsg.), *Life span development and behavior* (S. 65–102). New York: Academic Press.

Cramer, C. & Binder, K. (2015). Zusammenhänge von Persönlichkeitsmerkmalen und Beanspruchungserleben im Lehramt. Ein internationales systematisches Review. *Zeitschrift für Erziehungswissenschaft, 18* (1), 101–123. https://doi.org/10.1007/s11618-014-0605-3

Digman, J. M. (1997). Higher-Order Factors of the Big Five. *Journal of Personality and Social Psychology, 73*, 1246–1256.

Eysenck, H. J. (1967). *The biological basis of personality*. Springfield, IL: Thomas.

Eysenck, H. J. (1972). Primaries or second order factors: A critical consideration of Cattell's 16 PF Battery. *British Journal of Social and Clinical Psychology, 11*, 265–269.

Eysenck, H. J. (1994). The Big Five or Giant Three: Criteria for a Paradigm. In C. F. Halverson Jr., G. A. Kohnstamm & R. P. Martin (Hrsg.), *The Developing Structure of Temperament and Personality from Infancy to Adulthood* (S. 37–51). Hillsdale, NJ: Erlbaum.

Garden, A.-M. (1989). Burnout: The effect of psychological type on research findings. *Journal of Occupational Psychology, 62* (3), 223–234. https://doi.org/10.1111/j.2044-8325.1989.tb00494.x

Garner, P. W. & Mahatmya, D. (2015). Affective Social Competence and Teacher-child Relationship Quality: Race/Ethnicity and Family Income Level as Moderators. *Social Development, 24* (3), 678–697. https://doi.org/10.1111/sode.12114

Grigorenko, E. L. & Sternberg, R. J. (2011). Thinking Styles. In D. H. Saklofske & M. Zeidner (Hrsg.), *Perspectives on individual differences. International handbook of personality and intelligence* (S. 205–229). New York: Springer.

Hanfstingl, B. (2019a). Should We Say Goodbye to Latent Constructs to Overcome Replication Crisis or Should We Take Into Account Epistemological Considerations? *Frontiers in Psychology, 10*, 1949. https://doi.org/10.3389/fpsyg.2019.01949

Hanfstingl, B. (2019b). Haltung von Lehrkräften aus persönlichkeitspsychologischer Perspektive. In C. Rotter, C. Schülke & Ch. Bressler (Hrsg.), *Lehrerhandeln – eine Frage der Haltung?* (S. 53–69). Weinheim: Beltz.

Hanfstingl, B., Andreitz, I., Müller, F. H. & Thomas, A. (2010). Are self-regulation and self-control mediators between psychological basic needs and intrinsic teacher motivation? *Journal for Educational Research Online, 2* (2), 55–71.

Hanfstingl, B. & Mayr, J. (2007). Prognose der Bewährung im Lehrerstudium und im Lehrerberuf. *Journal für Lehrerinnen- und Lehrerbildung, 7* (2), 48–56.

Herzog, W. & Makarova, E. (2011). Anforderungen an und Leitbilder für den Lehrerberuf. In E. Terhart, H. Bennewitz & M. Rothland (Hrsg.), *Handbuch der Forschung zum Lehrerberuf* (S. 63–78). Münster: Waxmann.

Kelly, G. A. (1991). *The psychology of personal constructs* (Vol. 1). London: Routledge.

Kim, L. (2016). *Teacher Personality and its Relevance to Students.* Sydney: University of Sydney, Faculty of Science, School of Psychology.

Kim, H. J., Shin, K. H. & Swanger, N. (2009). Burnout and engagement: A comparative analysis using the Big Five personality dimensions. *International Journal of Hospitality Management, 28* (1), 96–104. https://doi.org/10.1016/j.ijhm.2008.06.001

Klassen, R. M. & Tze, V. M. (2014). Teachers' self-efficacy, personality, and teaching effectiveness: A meta-analysis. *Educational Research Review, 12,* 59–76. https://doi.org/10.1016/j.edurev.2014.06.001

Koschmieder, C., Weissenbacher, B., Pretsch, J. & Neubauer, A. C. (2018). The impact of personality in the selection of teacher students: Is there more to it than the big five? *Europe's Journal of Psychology, 14* (3), 680–694. https://doi.org/10.5964/ejop.v14i3.1536

Kuhl, J. (2001). *Motivation und Persönlichkeit.* Göttingen: Hogrefe.

Kuhl, J., Schwer, C. & Solzbacher, C. (2014a). Professionelle pädagogische Haltung: Persönlichkeitspsychologische Grundlagen. In C. Schwer & C. Solzbacher (Hrsg.), *Professionelle pädagogische Haltung: Historische, theoretische und empirische Zugänge zu einem viel strapazierten Begriff* (S. 107–120). Bad Heilbrunn: Julius Klinkhardt.

Kuhl, J., Schwer, C. & Solzbacher, C. (2014b). Professionelle pädagogische Haltung: Versuch einer Definition des Begriffs und ausgewählte Konsequenzen für Haltung. In C. Schwer & C. Solzbacher (Hrsg.), *Professionelle pädagogische Haltung: Historische, theoretische und empirische Zugänge zu einem viel strapazierten Begriff* (S. 79–106). Bad Heilbrunn: Julius Klinkhardt.

Kunter, M. & Pohlmann, B. (2015). Lehrer. In E. Wild & J. Möller (Hrsg.), *Springer-Lehrbuch. Pädagogische Psychologie* (S. 261–281). Berlin: Springer.

LaToya, A. (2017). *The Effect of Secondary Teacher Personality on Educational Empowerment.* Walden: Walden University, Psychology Faculty.

Lauermann, F. & König, J. (2016). Teachers' professional competence and wellbeing: Understanding the links between general pedagogical knowledge, self-efficacy and burnout. *Learning and Instruction, 45,* 9–19. https://doi.org/10.1016/j.learninstruc.2016.06.006

Lück, H. E. (2011). *Geschichte der Psychologie: Strömungen, Schulen, Entwicklungen* (5., überarb. und erw. Aufl., Grundlagen der Psychologie. Bd. 1). Stuttgart: Kohlhammer.

Marshall, K. (2013). *Rethinking teacher supervision and evaluation: How to work smart, build collaboration, and close the achievement gap.* Hoboken, NJ: John Wiley & Sons.

Mayr, J. (1994a). LehrerstudentInnen – gestern, heute, morgen. Persönlichkeitsmerkmale im Institutionen- und Kohortenvergleich. In J. Mayr (Hrsg.), *Lehrer/in werden* (S. 79–97). Innsbruck: StudienVerlag.

Mayr, J. (1994b). Persönlichkeitsmerkmale „erfolgreicher" Lehrer(studenten): Eine empirische Basis für die Studienberatung? In R. Olechowski & B. Rollett (Hrsg.), *Theorie und Praxis. Aspekte empirisch-pädagogischer Forschung* (S. 366–371). Frankfurt: Lang.

Mayr, J. (2011). Der Persönlichkeitsansatz in der Lehrerforschung. Konzepte, Befunde und Folgerungen. In E. Terhart, H. Bennewitz & M. Rothland (Hrsg.), *Handbuch der Forschung zum Lehrerberuf* (S. 125–148). Münster: Waxmann.

Mayr, J. (2016). Lehrerpersönlichkeit. In M. Rothland (Hrsg.), *Beruf Lehrer/Lehrerin. Ein Studienbuch* (S. 87–102). Münster: Waxmann/UTB.

Mayr, J., Hanfstingl, B. & Neuweg, G. (in Vorbereitung). Der Persönlichkeitsansatz in der Lehrerbildung. In C. Cramer, M. Drahmann, J. König, M. Rothland & S. Blömeke (Hrsg.), *Handbuch Lehrerbildung*. Bad Heilbrunn: Klinkhardt/UTB.

Mayr, J. F. & Mayrhofer, E. (1994). Persönlichkeitsmerkmale als Determinanten von Leistung und Zufriedenheit bei LehrerstudentInnen. In J. Mayr (Hrsg.), *Lehrer/in werden* (S. 113–127). Innsbruck: StudienVerlag.

Mayr, J., Müller, F. & Nieskens, B. (2016). CCT – Career Counselling for Teachers: Genese, Grundlagen und Entwicklungsstand eines webbasierten Beratungsangebots. In A. Boeger (Hrsg.), *Eignung für den Lehrberuf* (S. 181–214). Berlin: Springer.

Mayr, J. & Neuweg, G. (2006). Der Persönlichkeitsansatz in der Lehrer/innen/forschung. Grundsätzliche Überlegungen, exemplarische Befunde und Implikationen für die Lehrer/innen/bildung. In M. Heinrich & U. Greiner (Hrsg.), *Schauen, was 'rauskommt. Kompetenzförderung, Evaluation und Systemsteuerung im Bildungswesen* (S. 183–206). Wien: Lit.

McCrae, R. R. & Costa, P. T. (1985). Updating Norman's "adequate taxonomy": Intelligence and personality dimensions in natural language and in questionnaires. *Journal of Personality and Social Psychology, 49* (3), 710–721.

McCrae, R. R. & Costa, P. T. (1987). Validation of the Five-Factor Model of Personality Across Instruments and Observers. *Journal of Personality and Social Psychology, 52* (1), 81–90.

McCrae, R. R., Costa, P. T., Ostendorf, F., Angleitner, A., Hřebíčková, M., Avia, M. D. & Smith, P. B. (2000). Nature over nuture: Temperament, personality, and life span development. *Journal of Personality and Social Psychology, 78* (1), 173–186.

McManus, I. C., Keeling, A. & Paice, E. (2004). Stress, burnout and doctors' attitudes to work are determined by personality and learning style: A twelve year longitudinal study of UK medical graduates. *BMC medicine, 2,* 29. https://doi.org/10.1186/1741-7015-2-29

Meehl, P. E. (1992). Factors and taxa, traits and types, differences of degree and differences in kind. *Journal of Personality, 60,* 117–174.

Meehl, P. E. (2009). The problem is epistemology, not statistics: Replace significance tests by confidence intervals and quantify accuracy of risky numerical predictions. In L. L. Harlow, S. A. Mulaik & J. H. Steiger (Hrsg.), *Multivariate applications book series. What if there were no significance tests?* (S. 393–452). New York: Psychology Press.

Myers, I. B. (1962). *The Myers-Briggs Type Indicator: Manual (1962).* Palo Alto: Consulting Psychologists Press.

Müller, F. H. & Hanfstingl, B. (2018). Lehrertypen: Selbststeuerung, Motivation und Arbeitsbedingungen von Lehrerinnen und Lehrern. In D. Martinek, F. Hofmann & F. H. Müller (Hrsg.), *Motivierte Lehrperson werden und bleiben: Analysen aus der Perspektive der Theorien der Persönlichkeits-System-Interaktionen und der Selbstbestimmung* (Salzburger Beiträge zur Lehrer/innen/bildung, Bd. 3, S. 157–180). Münster: Waxmann.

Neubauer, A., Koschmieder, C., Krammer, G., Mayr, J., Müller, F. H., Pflanzl, B., Pretsch, J. & Schaupp, H. (2017). TESAT – Ein neues Verfahren zur Eignungsfeststellung und Bewerberauswahl für das Lehramtsstudium. Kontext, Konzept und erste Befunde. *Zeitschrift für Bildungsforschung, 7* (1), 5–21.

Norman, W. T. (1967). *2800 personality trait descriptors: Normative operating characteristics for a university population.* Michigan: University of Michigan, Department of Psychology.

Ostendorf, F. & Angleitner, A. (2004). *NEO-PI-R. NEO-Persönlichkeitsinventar nach Costa und McCrae.* Göttingen: Hogrefe.

Pashler, H. & Wagenmakers, E.-J. (2012). Editors' Introduction to the Special Section on Replicability in Psychological Science: A Crisis of Confidence? *Perspectives on Psychological Science: a Journal of the Association for Psychological Science, 7* (6), 528–530. https://doi.org/10.1177/1745691612465253

Riding, R. & Rayner, S. (2013). *Cognitive Styles and Learning Strategies: Understanding Style Differences in Learning and Behavior*. Hoboken: Taylor and Francis. Retrieved from http://gbv.eblib.com/patron/FullRecord.aspx?p=1501456

Roberts, B. W. & DelVecchio, W. F. (2000). The rank-order consistency of personality traits from childhood to old age: A quantitative review of longitudinal studies. *Psychological Bulletin, 126*, 3–25.

Roberts, B. W., Walton, K. E. & Viechtbauer, W. (2006). Patterns of mean-level change in personality traits across the life course: A meta-analysis of longitudinal studies. *Psychological Bulletin, 132* (1), 1–25.

Schmeck, R. R. (1988). *Learning strategies and learning styles. Perspectives on individual differences*. New York: Springer.

Schönpflug, W. (2013). *Geschichte und Systematik der Psychologie* (3., vollst. überarb. Aufl.). Weinheim: Beltz.

Schumacher, G. & Cattell, R. B. (1977). *Deutscher HSPQ (High School Personality Questionnaire). Mehrdimensionaler Test der Persönlichkeitsstruktur und ihrer Störungen für Zwölf- bis Achtzehnjährige*. Bern: Huber.

Spearman, C. (1904). 'General intelligence' objectively determined and measured. *American Journal of Psychology, 15*, 201–293.

Spranger, E. (1969). Der geborene Erzieher. In G. Bräuer & A. Flitner (Hrsg.), *Gesammelte Schriften* (Bd. 1, S. 280–338). Heidelberg: Quelle & Meyer.

Świątkowski, W. & Dompnier, B. (2017). Replicability Crisis in Social Psychology: Looking at the Past to Find New Pathways for the Future. *International Review of Social Psychology, 30* (1), 111. https://doi.org/10.5334/irsp.66

Tackett, J. L., Lilienfeld, S. O., Patrick, C. J., Johnson, S. L., Krueger, R. F., Miller, J. D. & Shrout, P. E. (2017). It's Time to Broaden the Replicability Conversation: Thoughts for and From Clinical Psychological Science. *Perspectives on Psychological Science: a Journal of the Association for Psychological Science, 12* (5), 742–756. https://doi.org/10.1177/1745691617690042

Thielgen, M. M., Krumm, S., Rauschenbach, C. & Hertel, G. (2015). Older but wiser: Age moderates congruency effects between implicit and explicit motives on job satisfaction. *Motivation and Emotion, 39* (2), 182–200. https://doi.org/10.1007/s11031-014-9448-8

Thomae, H. (1996). *Das Individuum und seine Welt: Eine Persönlichkeitstheorie* (3. Aufl.). Göttingen: Hogrefe.

Urban, W. (1984). *Persönlichkeitsstruktur und Unterrichtkompetenz*. Wien: Österreichischer Bundesverlag.

Helen Timperley & Fiona Ell
Übersetzung aus dem Englischen von Dorothee Gaile und Peter Posch

Unterrichten lernen in der Lehrerausbildung

1. Einleitung

Bildungssysteme benötigen überall auf der Welt neue Lehrkräfte. Die Ausbildung der Lehrkräfte wird in vielen pädagogischen Bereichen kontrovers diskutiert, da Entscheidungsträger und Politiker mit wachsender sozialer Ungleichheit, zunehmender sprachlicher und kultureller Heterogenität, raschem technologischem Wandel und globalem Wettbewerb um junge talentierte Menschen ihres eigenen Landes zu kämpfen haben. Es ist Aufgabe der Lehrerinnen und Lehrer, die Lebenschancen aller Kinder ihres Landes zu verbessern – eine Aufgabe, die komplex ist und eine neue Sicht auf die Professionalität von Lehrkräften und auf die eigene Lehrerrolle erfordert (Lampert, 2009). Das Erlernen des Unterrichtens besteht nicht mehr darin, einer Gruppe von Novizen einen Wissensfundus zu vermitteln. Vielmehr geht es darum, die Lebenswelten der Kinder und Jugendlichen so mit bedeutsamen Inhalten zu verknüpfen, dass alle Lernenden einbezogen und in hohem Maße motiviert werden. Heutige Lehrkräfte müssen über „traditionelle“ Attribute – gut ausgeprägte Kommunikationsfähigkeit, strukturierte Klassenführung, Kompetenz zur Beurteilung des Erlernten – verfügen. Zudem gehört es zu ihrem Aufgabenfeld, pädagogische Bezüge bewusst zu gestalten, die Lernenden in den Unterricht einzubeziehen, deren Sprachen sie nicht sprechen, den Gebrauch digitaler Werkzeuge zu vermitteln und den Lernenden formative Rückmeldungen zu geben. Neugierig zu sein gehört zu ihrem Beruf ebenso wie Hartnäckigkeit beim Verfolgen des Ziels, ihren Schülerinnen und Schülern zu bestmöglichen Lernergebnissen zu verhelfen.

Betrachtet man das Erlernen des Unterrichtens als die Entwicklung von adaptiver, d.h. flexibler, adressaten- und bedarfsbezogener Expertise, so verändert sich die Auffassung von dem, was das Lehrer-Werden ausmacht, in sehr hohem Maße. Adaptive Expertise stellt eine Alternative zur herkömmlichen Auffassung von Lehrerprofessionalität dar. Es geht dabei im Kern um die von uns als Lehrkräften getroffenen pädagogischen Entscheidungen und deren Konsequenzen. In diesem Beitrag wird erläutert, was eine solche Qualität von Lehrerhandeln ausmacht und worin ihr Wert besteht. Es folgt eine Erläuterung von fünf grundlegenden Prinzipien für eine Lehrerausbildung, die der Herausbildung adaptiver Expertise dient. Diese fünf Prinzipien werden in ihren Auswirkungen auf die Lehrpläne, die Unterrichtsmethoden und die Beurteilungsverfahren in der Lehrerausbildung dargestellt: Als Beispiel dient eine verbreitete Methode aus dieser Phase: das Beobachten von Lehramtskandidaten im Unterricht und das darauf bezogene Feedback. Am Schluss werden die fünf Prinzipien und ihre Bedeutung für die Lehrerbildung zusammengefasst.

2. Entwicklung eines Konzepts von Professionalität

Das hier vorgestellte Konzept begreift Lehrkräfte als adaptive Expertinnen und Experten[1], die sich an den Bedürfnissen aller Lernenden orientieren. Dieser Begriff des Unterrichtens wurde erstmals von Hatano und Inagaki (1986) vorgestellt und von anderen (z.B. Bransford, Brown & Cocking, 2000; Feiman-Nemser, 2008; Soslau, 2012) weiterentwickelt. Wir differenzieren diesen Begriff weiter und vertreten die Auffassung, dass adaptive Experten sich dem moralischen Imperativ verpflichtet fühlen, die Motivation, das Lernen und das Wohlbefinden jedes einzelnen Schülers bzw. jeder einzelnen Schülerin zu fördern. Adaptive Experten wissen, dass sie diese Ziele nur dann erreichen können, wenn sie die Bedeutung der Annahmen (und deren kulturelle Prägung), die ihrer Unterrichtspraxis zugrunde liegen, genau kennen. Sie müssen zudem wissen, wann ihre Annahmen sich als hinderlich oder überholt erweisen.

Adaptive Experten verfolgen das Ziel, tiefgehende Kenntnisse über den Inhalt des Lernens zu erwerben und im jeweiligen (Arbeits-)Kontext ihre Schülerschaft erfolgreich zu unterrichten. Sie kooperieren mit anderen, auch mit ihren Schülerinnen und Schülern, um:

- ausgehend von Problemen und (Lern-)Bedürfnissen ihrer Schüler und Schülerinnen, vor allem der unmotivierten unter ihnen, professionelles Wissen zu erwerben, zu strukturieren und anzuwenden;
- Belege einzuholen für die Wirkung ihres Unterrichts auf die Motivation, den Lernerfolg und das Wohlbefinden der Lernenden (dazu gehören Fähigkeiten in der kurz- oder langfristigen, an entsprechenden Maßstäben orientierten Beurteilung von Schülerleistungen);
- innovative Methoden zu entwickeln, wenn Alltagsroutinen nicht greifen und zu erkennen, wann sie als Lehrkräfte selbst Unterstützung benötigen;
- den eigenen Unterricht kontinuierlich zu erforschen, um das Wissen zu erwerben, das den Kern von Professionalität ausmacht.

Entwicklung der Expertise von Lehramtskandidaten: Routine und adaptive Expertise

Grundlage der traditionellen Literatur zur Lehrerausbildung[2] waren meist Modelle, die Entwicklung als Weg vom Anfänger (Novizen) zum routinierten Experten be-

1 Im vorliegenden Text wird im Interesse der besseren Lesbarkeit teilweise von einer gendergerechten Schreibweise abgewichen; das trifft weitgehend dann zu, wenn von Expertinnen und Experten die Rede ist.

2 Anm. D. Gaile: Die Ausbildung neuseeländischer Lehrkräfte besteht aus einer ersten, universitären, und einer zweiten, an Schulen angesiedelten Phase. Bereits im Anschluss an die universitäre Ausbildung kann man als „vorläufig zertifizierte" Lehrkraft eine Unterrichtstätigkeit ausüben, die allerdings auf sechs Jahre limitiert ist. Bedingung für eine „vollständige Zertifizierung" als Lehrkraft

schreiben (Dreyfus & Dreyfus, 1986). Adaptive Expertise gerät dabei eher nicht in den Blick. Adaptive Expertise ist kein Repertoire von Fähigkeiten, das sich aus der auf Routine beruhenden Expertise entwickelt. Sie wird vielmehr auf anderem Wege erworben und hat andere Ziele.

Bei der auf Routine beruhenden Expertise geht es darum, ein zentrales Repertoire an Fähigkeiten und Unterrichtsroutinen mit größerer Geläufigkeit und Effizienz einzusetzen. Dieser Perspektive entspricht am ehesten die Redewendung „Übung macht den Meister". Die meisten entwicklungsbezogenen Beschreibungen der durch Routine erworbenen Expertise folgen einem allgemeinen Muster mit drei Phasen: einer anfänglichen Phase des Überlebens und des Befolgens von Regeln, einem oder mehreren Zwischenstadien, in denen die Lehrkräfte größere Flexibilität, Experimentierfreudigkeit und Festigung des bis dahin Erreichten zeigen, und einer Endphase, in der Können und Geläufigkeit in der Bewältigung des Unterrichts bewiesen werden. Die Betonung liegt dabei auf der Wirksamkeit der verwandten Methoden (Hatano & Oura, 2003). Die Vorstellung eines durch Routine erworbenen Expertentums passt zu einem Transmissionsmodell des Lernens, das sich als ungeeignet für die Bedürfnisse von Lernenden erwiesen hat, die derzeit nicht adäquat betreut werden (Darling-Hammond, 2006).

Wenn hingegen Lehrerprofessionalität als adaptive Expertise aufgefasst wird, müssen Lehramtskandidaten lernen, ad hoc kluge und differenzierte Entscheidungen zu treffen. Eine solche adaptive Expertise beweist eine Lehrkraft weniger durch die Perfektionierung einer Handlungsroutine als durch flexible Entscheidungen für eine bestimmte Routine oder ein anderes Vorgehen, das auf die Stärken und Bedürfnisse der Schülerinnen und Schüler abgestimmt ist und auf Rückmeldungen von Seiten der Lernenden reagiert. Die Betonung liegt hier auf der Frage, warum etwas getan wird und wie man erkennt, ob es den Erwartungen und Bedürfnissen entspricht. Einer der entscheidenden Unterschiede zwischen routinebasierter und adaptiver Expertise betrifft Identität und Wirksamkeit. Die Aufgabe des an Routine orientierten Experten besteht darin, wirksame Lernumgebungen zu gestalten und mit dem notwendigen Selbstvertrauen zu unterrichten. Die professionelle Identität des adaptiven Experten hängt davon ab, dass erstrebenswerte Lernergebnisse bei allen Schülern und Schülerinnen erzielt werden und die Wirksamkeit hängt von der Fähigkeit ab, die nötige Beziehung zu den Lernenden mit den entsprechenden Unterrichtsstrategien zu gestalten (Villegas & Lucas, 2002).

---

ist das Absolvieren einer zweijährigen zweiten Ausbildungsphase (*induction and mentoring program),* die von Schule zu Schule variieren kann. In dieser Zeit erteilen die Lehrkräfte eigenen Unterricht; ein bestimmtes Kontingent der Unterrichtszeit ist jedoch für Trainingsmaßnahmen wie mentorenbegleitetes Unterrichten oder Unterrichtsbesuche vorgesehen. Mentoren und Mentorinnen sowie Ausbilder und Ausbilderinnen (*professional leaders)* sind für die Qualifizierung der Lehramtsanwärter verantwortlich. Anders als das deutsche Referendariat endet die zweite Phase nicht mit einem Examen; entscheidend ist vielmehr das Urteil des Ausbilders bzw. der Ausbilderin darüber, ob die Lehrkraft mit Erfolg unterrichtet und ob sie die *Practising Teacher Criteria* des nationalen Bildungsministeriums erfüllt. Beide Nachweise sind für eine Bewerbung um Stellenausschreibungen der Schulen für „voll zertifizierte" Kolleginnen und Kollegen erforderlich. Auch nach Erhalt der vollen Zertifizierung müssen sich neuseeländische Lehrkräfte alle fünf Jahre durch ihre Schulleitung erneut bescheinigen lassen, dass ihre Unterrichtstätigkeit erfolgreich und standardbasiert verläuft.

3. Fünf Prinzipien für Lehrerbildungsprogramme, die der Entwicklung adaptiver Expertise dienen

Die Forschungsliteratur ist reich an Praxisbeispielen und Vorschlägen für Aktivitäten, die mit dem Erlernen des Unterrichtens zusammenhängen. Dazu zählen Besprechungen eigenen oder fremden Unterrichts anhand von Videoaufzeichnungen (Blomberg, Stürmer & Seidel, 2011; Masat & Dooly, 2011; Zhang, Lundeberg, Koehler & Eberhardt, 2011), Coaching durch Lernpartner (Lu, 2010), gemeinsames Planen, Unterrichten und Bewerten mit Kolleginnen und Kollegen (Anthony, Haigh, & Kane, 2011; Nilsson, & Driel, 2010), Arbeitstreffen und mentorenbegleitetes Unterrichten (Anthony et al., 2011), eigene Reflexion oder Gespräche über gemeinsam erlebte authentische Situationen (Lunenberg & Samaras, 2011), Austausch autobiographischer Berichte (Le Fevre, 2011), Analyse von Schülerarbeiten (Darling-Hammond, 2006), Teilnahme an interkulturellen Programmen (Bleicher, 2011), Abgleich des Unterrichts mit wissenschaftlichen Erkenntnissen (Montecinos et al., 2011) sowie Untersuchungen von Fallstudien (Darling-Hammond, 2006; Silverman, Welty & Lyon, 1996).

In dieser Literatur finden sich viele Hinweise zur Wirksamkeit der jeweiligen Herangehensweisen im Hinblick auf Veränderungen des Denkens oder unterrichtlichen Handelns. Diese meist überwältigend positiven Berichte wurden kritisiert, sollten aber nicht überraschen (z. B. Colley, 2002; Ingersoll & Kralik, 2004; Sundli, 2007). In der Forschung wünscht man sich natürlich, dass Studienergebnisse in gutem Licht erscheinen; und „Erfolgsgeschichten" werden eher publiziert als andere. In einer Besprechung aktueller Forschungsliteratur zum mentorenbegleiteten Unterrichten warnen z. B. Hobson, Ashby, Malderez und Tomlinson (2009) davor, positive Wirkungen für jede dieser Methoden anzunehmen, auch wenn sie bei den angehenden Lehrerinnen und Lehrern zu größerem Selbstvertrauen und Selbstwertgefühl, besserer Klassenführung und stärkerer Einbindung ins Kollegium führen. In der Praxis ließen sich diese Effekte häufig nicht nachweisen.

Die lange Liste möglicher Unterrichtspraktiken und die Zweifel an der Wirksamkeit zumindest einiger von ihnen verweist auf zwei Probleme: Alles kann wertvoll sein, aber nur unter bestimmten Umständen, und nicht alles eignet sich als Grundlage eines Programms. Wie kann man also die richtige Vorgehensweise wählen? Um die genannten Fragen zu beantworten, haben wir die Erkenntnisse aus *Teacher Professional Learning and Development: Best Evidence Synthesis* (Timperley, Wilson, Barrar & Fung, 2007) genutzt.[3] Diese Zusammenstellung von Forschungsergebnissen ergab, dass es keinen durchgängigen Zusammenhang zwischen einer spezifischen Erfahrung im Rahmen der professionellen Entwicklung und verbesserten Lernergebnissen der Schüler und Schülerinnen gibt. Für jedes Beispiel einer Aktivität, die zu verbessertem Lernen führte, fanden wir auch entgegengesetzte Beispiele. Der Unterschied ließ sich durch die Art der Gestaltung dieser Aktivitäten erklären. Aktivitäten, die zu tieferem

---

3 Anm. D. Gaile: Der Beitrag ist frei zugänglich unter: http://www.ibe.unesco.org/fileadmin/user_upload/Publications/Educational_Practices/EdPractices_18.pdf; deutsche Übersetzung: Lernen und Professionelle Entwicklung von Lehrkräften (Gaile & Katzenbach) unter: http://www.ibe.unesco.org/fileadmin/user_upload/Publications/Educational_Practices/EdPractices_18ge.pdf).

Verständnis, Veränderungen der Unterrichtspraxis und verbesserten Lernergebnissen für die Schülerschaft führten, stimmten mit bewährten Prinzipien der Lernförderung überein. Aktivitäten, die ohne positive Effekte blieben, entsprachen diesen Prinzipien nicht.

Da keine spezifische Aktivität oder Erfahrung per se wirksam oder unwirksam ist, haben wir uns aktuellen Lerntheorien zugewandt. Diese erlauben es, die Spezifika von Herangehensweisen zu erkennen, die Lehramtskandidaten am ehesten bei der Bewältigung von Herausforderungen helfen und auf deren Grundlage sich adaptive Expertise am ehesten entwickelt. Wir formulieren sie als fünf Lernprinzipien.

Ganze Stapel von Forschungsarbeiten belegen inzwischen, dass sich die Vorstellung des Lehrens als Übertragung von Wissen zumeist nicht als tragfähig erweist. Die Realität wirkungsvollen Unterrichtens sieht völlig anders aus: Erfolgreiche Lehrkräfte verknüpfen Vorwissen und Vorverständnis ihrer Schülerinnen und Schüler mit neuen Informationen, korrigieren dabei fehlerhafte Vorstellungen, begleiten die Verstehensprozesse der Lernenden durch vielfältige Aktivitäten, geben ihnen Gelegenheit zur Anwendung ihres Wissens, erteilen ihnen lernförderliches Feedback und bieten ihnen individualisierte Lernangebote, die auf ihre spezifischen Lernbedürfnisse abgestimmt sind (Darling-Hammond, 2006).

Darling-Hammond bezieht sich auf Schüler und Schülerinnen, doch gilt das, was auf die Schülerschaft zutrifft, gleichermaßen für Lehrerinnen und Lehrer, die das Unterrichten lernen (Bransford et al., 2000). Erwachsene bringen größere Erfahrungen und differenziertere Ideen mit, und sie sind als Zuhörende nicht in gleichem Maße zu fesseln wie junge Lernende. Beide Gruppen reagieren jedoch auf identische, dem Lernen zugrundeliegende Prinzipien, und deshalb haben wir diese und die entsprechende Forschung mit Blick auf beide Gruppen herangezogen. Die von uns gewählte Vorgehensweise besteht darin, Prinzipien zu identifizieren, die von besonderer Bedeutung für die Herausforderungen beim Erlernen des Unterrichtens sind und die zugleich die Grundlagen für die Entwicklung von adaptiver Expertise legen.

Hierbei haben wir uns vor allem auf aktuelle Arbeiten zu folgenden vier Themen gestützt: das Modell des „Conceptual Change“[4] (Vosnaidou, 2007), die Frage, wie Menschen lernen (Bransford et al., 2000; Putman & Borko, 2000), wirksame Lernumgebungen (Dumont, Istance, Benavides, 2010), und was es im 21. Jahrhundert bedeutet, „klug“ (smart) zu sein (Lucas & Claxton, 2010). Jedes Prinzip hat direkte Auswirkungen auf die Beurteilung der Leistungen von Lehramtskandidaten. Sie sind am Ende jedes Abschnitts zusammengefasst.

4 Anm. D. Gaile: Veränderung vorhandener gedanklicher Vorstellungen und Begriffe.

Prinzip 1: Praxiskenntnisse sollten durch den systematischen Aufbau von Rahmenkonzepten entwickelt werden

> Professionelles Wissen und Können muss aktiv aufgebaut werden, und zwar innerhalb eines ganzheitlichen begrifflichen Rahmens, der wichtige Ideen enthält. Als Grundlage des Rahmenkonzepts dient eine Theorie von Professionalität, bei der die Wirksamkeit des Lehrerhandelns am Grad der Motivation und des Lernerfolgs jedes einzelnen Schülers und jeder einzelnen Schülerin gemessen wird.

Jeder Beruf besitzt einen spezifischen Fundus erforderlichen Wissens und Könnens. Da Unterrichten professioneller geworden ist, erwartet man von Lehramtskandidaten, dass sie diesen Wissensfundus und seine Anwendung beherrschen (Timperley & Alton-Lee, 2008). Lehrkräfte können heutzutage Lehrpläne nur dann im Unterricht umsetzen, wenn sie eine vertiefte Kenntnis dieser Pläne besitzen. Und sie können nicht einschätzen, was für ihre Schüler von Bedeutung ist, ohne die gesellschaftlichen Ziele der Bildung zu kennen und ohne sich an den Erwartungen der Lernenden und an den Beziehungen zu ihnen zu orientieren.

Dieselben Themen verbinden sich mit der Frage: „Welche datengestützten Strategien verhelfen mir dazu, jede Schülerin und jeden Schüler in meinem Unterricht zu erreichen und allen dabei zu helfen, das Geforderte zu lernen?“ Um diese Frage zu beantworten, benötigt eine Lehrperson Kenntnisse über ihre Schülerschaft und ihre kulturellen und sprachlichen Ressourcen, und sie muss die Unterrichtsstrategien kennen, die am ehesten positive Wirkung zeigen. Wissen über das Unterrichten kann nicht von seiner Umsetzung getrennt werden: Lehrkräfte eignen sich nicht zunächst neues Wissen an und danach Wege zu seiner praktischen Umsetzung. Vielmehr entwickeln sie ihr professionelles Wissen durch eine Mischung aus Theorie, Praxis und Erfahrungen, wie die Lernenden darauf reagieren. Lehramtskandidaten benötigen langfristig zahlreiche Gelegenheiten, um dieses komplexe Verständnis zu entwickeln.

Es gibt zunehmend Belege dafür, dass ein so geartetes Professionswissen nur dann in der Tiefe verstanden und in der Praxis leicht abgerufen werden kann, wenn es innerhalb eines geeigneten theoretischen Bezugsrahmens organisiert ist (Bransford et al., 2000) – d. h., nur dann, wenn dieses Wissen sich an wichtigen Ideen orientiert, so dass bestimmte Muster und inhaltliche Verbindungen erkennbar werden. Ein solches Rahmenkonzept stellt ein Modell für die ganzheitliche Natur des Unterrichtens dar. Seine Praxis setzt ein vertieftes theoretisches Verständnis voraus und Wissen darüber, wie es in spezifischen Kontexten umgesetzt wird.

Rahmenkonzepte beinhalten eng miteinander verbundene und sich überschneidende Ideen. Dies wird in Abbildung 1 illustriert. Im Zentrum dieses Modells steht eine Unterrichtsmethode von hoher Wirksamkeit. Als Beispiel wird hier kooperatives Lernen gezeigt, aber es könnte ebenso gut formatives Beurteilen[5] (Assessment for lear-

5 Anm. D. Gaile: Assessment for learning, im deutschen als formative Beurteilung bezeichnet, ermöglicht die lernbegleitende Diagnose des Lernstandes, ergründet den Grad der Annäherung an Lernziele und eröffnet Entwicklungsperspektiven für den weiteren Lernprozess. Im

ning), Bereitstellen von Lernhilfen (Scaffolding) oder das Vorführen (Modelling) eines bestimmten Prozesses sein. Diese Praxis wird im Rahmen eines Modells adaptiver Lehrerexpertise dargestellt. Das Rahmenkonzept ist notwendigerweise abstrakt und wird Lehrpersonen daher kein vertieftes Verständnis der im Fokus stehenden Methode oder detaillierte Anleitung zu deren Umsetzung vermitteln. Dazu sind detailliertere datenbasierte Konzepte nötig, die sich mit dem übergreifenden Rahmenkonzept vereinbaren lassen.

Unterschiedliche Rahmenkonzepte eignen sich für unterschiedliche Arten von Praxis. Abbildung 1 beruht auf dem neuseeländischen Forschungs- und Lehrerbildungsprogramm Te Kotahitanga[6] (Bishop, Berryman, Cavanagh & Teddy, 2009). Das Programm betont die diskursive Standortbestimmung und Beziehungen, die die Handlungsfähigkeit der Lernenden stärken.

Es weist die folgenden sechs Elemente eines wirkungsvollen Unterrichtsprofils auf:

- Fürsorge für Schülerinnen und Schüler, vor allem als Menschen mit kultureller Prägung,
- Fürsorge für den Lernerfolg der Schüler und Schülerinnen,
- Gestalten einer gut organisierten Lernumgebung,
- Bemühung um lernwirksame Interaktionen im Unterricht,
- Gebrauch eines Repertoires an Strategien, um lernwirksame Interaktionen im Unterricht und Beziehungen zu den Lernenden zu fördern,
- Förderung, Überwachung und Reflexion der Unterrichtsergebnisse.

Das Verorten des kooperativen Lernens als eine Methode mit hoher Wirksamkeit in einem konzeptionellen Rahmen in Abbildung 1 stellt sicher, dass diese Praxis nicht zu einer Sammlung unzusammenhängender Strategien (z. B. think, pair, share)[7] degeneriert, sondern als ein Set inhaltlich abgestimmter Strategien betrachtet wird, das ein tieferes Verständnis auszeichnet.

Mit Blick auf die Entwicklung der adaptiven Expertise verlangt dieser theoretische Bezugsrahmen von den Lehrkräften, dass sie ihre Aufmerksamkeit auf die Wirksamkeit ihrer Unterrichtspraxis lenken. Die Wirksamkeit lässt sich nur beurteilen, wenn sie die Reaktionsweisen der Lernenden beobachten. Da es kein spezifisches unterrichtliches Vorgehen gibt, das in jedem beliebigen Kontext Wirkung zeigt, verlangt das Rahmenkonzept der adaptiven Expertise von den Unterrichtenden, dass sie datengestützt darüber nachdenken, was für welche ihrer Lernenden gelungen und nicht gelungen ist.

Gegensatz zur summativen Bewertung zum Abschluss eines Lernprozesses bleibt sie unbenotet.

6 Anm. D. Gaile: Dieses von 2001 bis 2008 durchgeführte Programm diente der spezifischen Lernförderung von Maori-Schülerinnen und -Schülern, Jugendlichen der indigenen Bevölkerung Neuseelands.

7 Anm. D. Gaile: Verfahren kooperativen Lernens mit der Abfolge Einzelarbeit, Partnerarbeit, Gruppenarbeit.

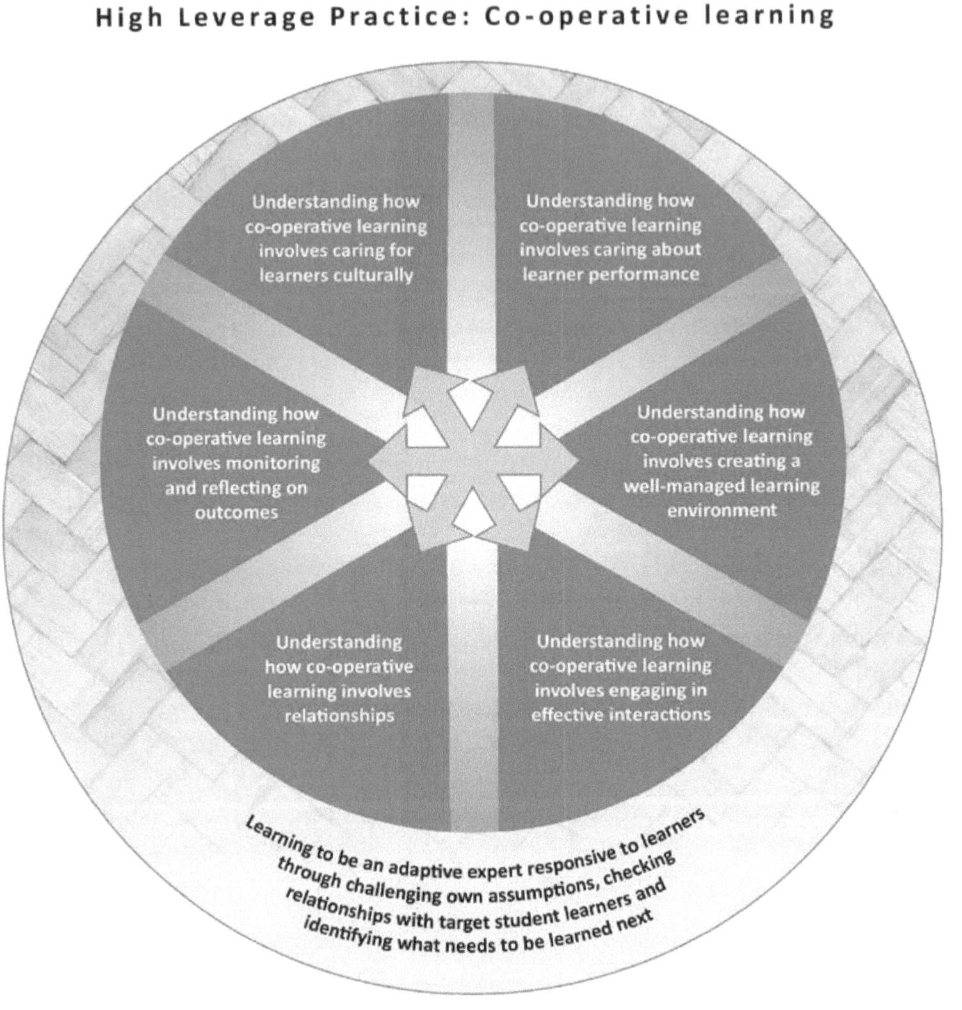

Abbildung 1: Einbettung einer sehr wirksamen Praxis in ein exemplarisches Rahmenkonzept[8] (Bishop, Berryman, Cavanagh & Teddy, 2009)

Rahmenkonzepte entwickeln sich im Laufe der Zeit als Ergebnis neuer Erfahrungen. Schülerinnen und Schüler entwickeln beim Lernen Konzepte, die sich mit ihrem aktuellen Kenntnisstand vereinbaren lassen (Istance & Dumont, 2010), und genauso ge-

8 **Anspruchsvolle Praxis: Kooperatives Lernen:** Verstehen, wie kooperatives Lernen (im Uhrzeigersinn)
- das Bemühen um den Lernerfolg der Schülerinnen und Schüler erfordert
- die Gestaltung einer gut organisierten Lernumgebung erfordert
- ein sich Einlassen auf wirksame Interaktionen erfordert
- das Eingehen von Beziehungen erfordert
- die Überprüfung der Lernergebnisse und die Reflexion darüber erfordert
- die Fürsorge für die Lernenden in kultureller Hinsicht erfordert

Ein adaptiver Experte ist ansprechbar für seine Schüler, hinterfragt seine Annahmen, prüft die Beziehungen zu seinen Schülern und erkennt, was als nächstes zu lernen ist.

hen auch Lehrkräfte und Lehramtsanwärter vor (Bishop, 2007). Die Vorstellung, dass Lehramtskandidaten einfach „dasitzen, etwas aufnehmen (sogar anhand von Beispielen) und dieses dann umsetzen", beruht auf einer Vorstellung von Lehrerprofessionalität, bei der die Rolle des Lehrerbildners in der Hilfe zur „richtigen Ausführung" besteht. Lehrerbildner dürften kaum in der Lage sein, Lehramtskandidaten bei der Entwicklung belastbarer Rahmenkonzepte zu unterstützen, die einer kontinuierlichen Wirksamkeitsprüfung (anhand der Reaktionen der Lernenden) standhalten. Dies ist jedoch wesentliche Voraussetzung für adaptive Expertise.

Implikationen für das Erlernen des Unterrichtens

- Wählen Sie geeignete Rahmenkonzepte für das Erlernen des Unterrichtens und eine fundierte Theorie von Lehrerprofessionalität (wie etwa die adaptive Expertise) und stellen Sie die gleichen fächer- und kontextübergreifenden Fragen.
- Vermitteln Sie im Rahmen des Basiswissens auch, wie sich in jeder Situation die Wirksamkeit der Praxis für die gesamte heterogene Lerngruppe untersuchen lässt.
- Motivieren Sie die Lehramtskandidaten gezielt dazu, selbst Rahmenkonzepte zur Einordnung ihrer Unterrichtspraxis zu entwickeln, um dadurch ihr Verständnis von Unterricht zu vertiefen und sich selbst als aktiv Handelnde wahrzunehmen.

Implikationen für die Leistungsbeurteilung

Beurteilungen erfordern Belege dafür, dass

- die (zukünftige wie aktuelle) Unterrichtspraxis der Lehramtskandidaten auf geeigneten Rahmenkonzepten basiert.
- die Lehramtskandidaten ihre eigene Unterrichtspraxis daran beurteilen, wie gut Motivation, Lernen und Wohlbefinden unterschiedlicher Lernender im jeweiligen Kontext gefördert werden.

Prinzip 2: Formale Theorien von Unterrichtspraxis sollen unter Beteiligung von Alltagstheorien entwickelt werden

> Individuelle Kenntnisse und Vorgehensweisen im Unterricht sind stets theoriebasiert, unabhängig davon, ob sie wissenschaftlich begründet sind oder auf Alltagserfahrungen beruhen. Die Herausforderung besteht darin, formale Theorien von Praxis aufzubauen und dabei die bereits vorhandenen Alltagstheorien der Lehramtskandidaten einzubeziehen und zugleich kritisch zu hinterfragen. Geschieht dies nicht, werden die Alltagstheorien stets stärker sein als die formalen Theorien. Ziel ist dabei nicht, Theorie und Praxis zu integrieren, sondern unterschiedliche Theorien von Praxis einzubeziehen und zu integrieren.

Als frustrierend in Programmen der Lehrerausbildung erweist sich immer wieder der begrenzte Transfer von gelernten Theorien auf das alltägliche Lehren und Lernen (z. B. Korthagen & Wubbels, 2001; Wideen, Mayer-Smith & Moon, 1998). Selbst dann, wenn der Transfer den Kandidaten und Kandidatinnen während eines Praktikums tatsächlich gelingt, tendiert er zu „verwässern", sobald die Lehrkräfte eine Stelle in einer Schule angetreten haben (Cole & Knowles, 1993). Dann zeigt sich, dass Theorien, die Lehrkräfte während ihrer langen „Lehre im Beobachten" im Verlauf ihrer eigenen Schulzeit entwickelt haben (Lortie, 1975), stärker sind als alle Theorien, die sie in der Lehrerausbildung kennengelernt haben.

Die Herausforderung für Lehramtskandidaten besteht darin, dass sie erkennen, dass ihre eigenen Erfahrungen in der Rolle eines Schülers oder einer Schülerin nicht universell gültig sind und dass sie in der Lage sind, wissenschaftlich basierte Kenntnisse oder Vorgehensweisen in ihre eigenen Unterrichtsaktivitäten einzubeziehen und ein differenzierteres Verständnis von Diversität zu entwickeln.

Dieses Problem des begrenzten Transfers findet sich in allen formalen Lernsituationen und ist Gegenstand umfangreicher Forschungen gewesen (z. B. Hatano & Inagaki, 1986). Zur Behandlung dieses Problems stützen wir uns in erster Linie auf die Forschung über „conceptual change" (Vosnaidou, 2007). Formales Wissen und Alltagswissen beruhen ebenso wie die jeweils daraus abgeleiteten Handlungen auf einer Theorie. Formales Wissen basiert auf öffentlich überprüften Rahmenkonzepten, die in einer Theorie zusammengefasst werden. Alltagswissen fußt auf kognitiven Konzepten, die aus persönlichen Erfahrungen entstanden sind, häufig ohne dass sie bewusst sind. Im Laufe der Zeit verfestigen sich diese Erfahrungen zu subjektiven Theorien, die manchmal als Praxistheorien oder mentale Modelle bezeichnet werden.

Wenn es um „conceptual change", also um die Veränderung vorhandener gedanklicher Vorstellungen geht, lassen sich formale Theorien möglicherweise nur schwer in Situationen alltäglicher Unterrichtspraxis übertragen. Der Grund liegt darin, dass jede Situation unterschiedliche Rahmenkonzepte und Theorien (vgl. Prinzip 1) wachruft. Sie unterscheiden sich von formalen Theorien sowohl begrifflich als auch strukturell und in Bezug auf die von ihnen erklärten Phänomene. Ein Lehramtskandidat kann durchaus eine flüssig formulierte Seminararbeit über eine offiziell vermittelte Theorie schreiben, ohne dass diese seine bereits vorhandenen subjektiven Theorien beeinflusst. Beide Modelle können einander sogar widersprechen, ohne dass der Kandidat es bemerkt. Ein Beispiel soll dies illustrieren: Die Lehramtsanwärter erstellen einen gut begründeten Text über lernerzentriertes Feedback, in dem sie erläutern, wie kontraproduktiv undifferenziertes persönliches Lob auf den Lernprozess wirken kann (Hattie & Timperley, 2007).[9] In ihrer Rolle als Lehrperson aber verwenden sie als Feedback ausschließlich diese Art persönlichen Lobs, weil sie dieses in ihrer eigenen Schulzeit erfahren haben und weil sie die Lehrpersonen mochten, die das Lob aussprachen. Daher vergessen sie ganz einfach die Argumente, die sie in ihrer schriftlichen Arbeit benutzt haben.

---

9 Anm. D. Gaile: Als Beispiele für ein solches eher kontraproduktives Lob ohne differenzierte Rückmeldung zum Lernprozess nennen die Autorinnen die folgenden Beurteilungen: „Das hast du gut gemacht" oder „Du hast dich sehr angestrengt".

Wird dieser Widerspruch zwischen formalen und Alltagstheorien nicht systematisch bearbeitet, setzen sich in der eigenen Praxis Alltagstheorien auf Grund ihres Ursprungs in vertrauten Erfahrungen stets gegenüber formalen Theorien durch (Vosnaidou, 2007). Im obigen Beispiel löst die in der Vergangenheit liegende persönliche Erfahrung des Lehramtskandidaten mit Feedback in Form persönlichen Lobs eine Alltagstheorie statt der wissenschaftlichen Theorie aus, die er in der schriftlichen Arbeit vertreten hat.

Wenn unterschiedliche Theorien miteinander integriert werden sollen, kommt es nachweislich oft zu Überanpassung (Hammerness et al., 2005). Überanpassung geschieht dann, wenn Kandidaten glauben, dass ihre aktuelle (auf Alltagstheorien basierende) Unterrichtspraxis mehr oder weniger dem entspricht, was (auf formalen Theorien basierend) offiziell vertreten wird, obwohl beide völlig verschieden sind. Die Lehramtsanwärter meinen dann „Ich mache das doch schon so".

Eine weitere große Herausforderung besteht in kultureller Vielfalt. Wenn Lehramtskandidaten glauben, ihre kulturellen Erfahrungen stellten die Normalität dar, wird es ihnen schwerfallen, zu verstehen, dass die von ihnen angeführte „Normalität" auf starken kulturbedingten Annahmen beruht. Sie werden sich auch schwertun, mit Menschen, die anders geprägt sind als sie selbst, in Kontakt zu treten und sie zu unterrichten. Wie Sleeter (2008, S. 561) ausführt: „Solange Lehramtskandidaten sich selbst als ‚normal' aber nicht kulturell geprägt ansehen, werden sie die Schüler, deren Familien und Gemeinschaften anhand ihrer eigenen nicht in Frage gestellten Maßstäbe beurteilen." Eine klassische Herangehensweise an Fragen der Heterogenität, Ungerechtigkeit in der Bildung und Chancenungleichheit in der Lehrerausbildung besteht darin, formal „in der Hoffnung zu unterrichten, dass ‚Wissen über' auf magische Weise zu einem ‚Wissen wie' wird und dramatische Veränderungen in der Einstellung, im Engagement und in den professionellen Überzeugungen auslöst" (Sykes, Bird, & Kennedy, 2010, S. 468). Allerdings entfalten formelle Kurse auf diesem Gebiet selten Wirkung, da sie Alltagstheorien vom Unterrichten weder einbeziehen noch diese in Frage stellen.

Bei der Gestaltung von Lernerfahrungen für Lehramtskandidaten müssen die Verantwortlichen deshalb Spannungen zwischen Theorien betonen, in Frage stellen und schließlich auflösen und dies in einer Weise, dass Alltagstheorien durch formale Theorien ersetzt oder in diese integriert werden. Wenn Lehramtskandidaten diesen Prozess durchlaufen, lernen sie, die Annahmen, die ihrer Praxis zugrunde liegen, zu erkennen und zu entscheiden, wann diese Annahmen hilfreich sind und wann man sich von ihnen verabschieden muss – wichtige Attribute eines adaptiven Experten. Die eigenen Überzeugungen zu hinterfragen, ist für Lehrpersonen besonders wichtig, wenn sie feststellen, dass ihre Art des Unterrichtens nur geringe Verbesserungen für die Motivation, den Lernerfolg und das Wohlbefinden ihrer Schüler und Schülerinnen bewirkt hat.

Die Vorstellung, dass Unterrichtspraxis stets theoriegestützt ist, weicht stark von einer Auffassung ab, die Lampert (2009) als weit verbreitet, aber wenig hilfreich beschreibt. Demnach sind Theorie und Praxis vollständig voneinander getrennt, wobei den Universitäten die Verantwortung für die Theoriebildung zukommt, während

Schulen für die Praxis zuständig sind. Starke Abweichungen ergeben sich jedoch nicht zwischen Theorie und Praxis, sondern zwischen formalen und subjektiven Theorien von Unterrichtspraxis. Nur dann, wenn beide Theorien offengelegt und zueinander in Bezug gesetzt werden, entsteht Raum für neue Denk- und Handlungsmuster. Diese können unterschiedliche Perspektiven und Sichtweisen widerspiegeln und ihre Integration fördern (Wideen et al., 1998).

Implikationen für das Erlernen des Unterrichtens

- Überprüfen Sie, inwiefern subjektive Theorien sich von formalen Theorien des Lehrens und Lernens unterscheiden bzw. mit ihnen übereinstimmen (besonders bedeutsam für die Erkenntnis, dass Alltagsvorstellungen von sogenannter „Normalität" stets stark kulturell geprägt sind).
- Lösen Sie bewusst die Spannung zwischen Alltagstheorien und formalen Theorien, denen die angehenden Lehrkräfte ausgesetzt sind.

Implikationen für die Leistungsbeurteilung

Bewertungen müssen Belege liefern, dass

- die Kandidaten und Kandidatinnen in ihre Analyse von Unterrichtssituationen alternative Analysen einbeziehen, die subjektive wie formale Theorien von Unterricht (einschließlich der Annahmen zum Thema Heterogenität) vereinen und beide miteinander vergleichen.

Prinzip 3: Die Förderung von Metakognition und selbstgesteuertem Lernen

Metakognition und Selbststeuerung fördern lebenslanges Lernen, indem sie das eigene Lernen bewusstmachen und dazu befähigen, selbst die Wirksamkeit unterrichtlicher Praxis für unterschiedliche Lernende kontinuierlich zu überprüfen und erforderliche Veränderungen durchzuführen.

An keiner Stelle werden die Veränderungen, die das Lernen im 21. Jahrhundert erfordert und die Notwendigkeit adaptiver Expertise offenkundiger als hier (De Corte, 2010).

Metakognition und selbstreguliertes Lernen bilden die Grundlage adaptiver Lehrerexpertise, die für professionelles Lernen unverzichtbar ist und dem Zweck dient, den Lernerfolg der Schülerschaft zu verbessern. Die bewusste Überprüfung von Annahmen und das Auflösen der Widersprüche zwischen subjektiven und formalen Theorien, wie diese unter Prinzip 2 ausgeführt wurden, sind Bestandteil von Metakognition.

Es gibt zahlreiche Definitionen von Metakognition und Selbstregulierung. Für den Begriff Metakognition beziehen wir uns auf die von Lucas und Claxton (2010, S. 138) angebotene Definition:

> „Metakognition [...] besteht im Wesentlichen darin, über das Denken nachzudenken [...]. Metakognitive Fähigkeiten sind Fähigkeiten höherer Ordnung, die sicherstellen, dass Lernende in der Lage sind, ihr Lernen mit einer gewissen Distanz zu betrachten und die Kontrolle über ihr eigenes Lernen zu übernehmen."

Während Metakognition sich auf Bewusstheit bezieht, bezeichnet Selbstregulierung den Umfang, in dem Lernende diese Bewusstheit aktiv nutzen, um ihre eigenen Bemühungen um den Erwerb von Wissen und Fähigkeiten in Gang zu setzen, aufrechtzuerhalten und zu steuern, anstatt sich auf andere als Wissensvermittler zu verlassen (Schunk & Zimmerman, 1994). Selbstregulierte Lehrerinnen und Lehrer nehmen eine aktive Rolle in der Verbesserung ihrer unterrichtlichen Praxis ein (Bishop et al., 2009) und werden zunehmend zu ihren eigenen Lehrpersonen.

Verschiedene Untersuchungen zum Lernen junger Menschen haben ergeben, dass Metakognition und Selbstregulierung einen wichtigen Einfluss auf akademische Leistungen unabhängig von Fähigkeiten und/oder vorausgehenden Leistungen ausüben (Aamodt & Wong, 2011; Hacker, Dunlosky, & Graesser, 2009; Ponitz et al., 2008; Pressley & Harris, 2006). Wenn beide aber eine derartige Bedeutung für das Lernen von Kindern und Jugendlichen haben, dann sollten sie für angehende Lehrkräfte ebenso wichtig sein.

Alle Lehrerbildungsprogramme fördern die Idee des lebenslangen Lernens, aber ihre Methoden zum Erlernen des Unterrichtens führen nicht notwendigerweise zur systematischen Entwicklung metakognitiven Bewusstseins und zu wichtigen, in der sozialen Interaktion erworbenen Lernfähigkeiten. Lehrpersonen in der Ausbildung müssen Strategien entwickeln, die sie in die Lage versetzen, Verantwortung für ihr eigenes Lernen mit besseren Lernergebnissen für die ganze Vielfalt ihrer Schülerschaft zu verknüpfen. Für Lehrkräfte beginnt lebenslanges Lernen nicht zum Zeitpunkt ihrer Einstellung in den Schuldienst; vielmehr müssen sie während ihres Lehramtsstudiums Fähigkeiten und Einstellungen entwickeln, mit denen sie die Wirksamkeit ihres Unterrichts für heterogene Lernende überprüfen. Dies bedeutet, dass sie Fähigkeiten zum Lernen aus der Praxis und für die Praxis erwerben müssen. Den Unterricht als Gegenstand von Forschung zu betrachten kann hier hilfreich sein (Aitken, Sinnema & Meyer, 2013), falls die Lehramtsanwärter dies wirklich zu ihrem Anliegen machen.

Die Integration von formalen und subjektiven Theorien, wie unter Prinzip 2 dargestellt, verlangt ebenfalls Metakognition, beinhaltet diese doch, dass man sich Dinge, die man in einem Kontext (z. B. der Universität) erlernt hat, in einem anderen Kontext (z. B. im Unterricht) bewusstmacht und sie anwendet. Erfolgreicher Einbezug unterschiedlicher Theorien schließt das Aktivieren von gedanklichen Routinen, das Befolgen von (inneren) Handlungsanleitungen für das eigene Vorgehen und bewusste Planungsprozesse ein. In anderen Situationen könnte es bedeuten, dass Auffassungen von der Unterrichtspraxis von einem Bereich des Curriculums auf einen anderen übertragen werden. Die meisten Lernenden müssen die Fähigkeit, unterschiedliche Ansätze miteinander zu verbinden und sie in einen anderen Kontext zu übertragen, erst vermittelt bekommen; sie entwickeln diese nicht automatisch (Lucas & Claxton, 2010).

Um selbstregulierte Lerner zu werden, benötigen die Lehramtsanwärter (wie die Schüler und Schülerinnen) klar formulierte Leistungserwartungen (Dumont et al., 2010). In vielen pädagogischen Bereichen werden diese als Standards für das Absolvieren eines Lehramtsstudiums oder als Prüfungsanforderungen formuliert. Ausgehend von den Standards legen die angehenden Lehrkräfte persönliche Lernziele fest, suchen und erhalten datengestütztes Feedback zu ihren Lernfortschritten und finden mit Hilfe anderer heraus, woran sie als nächstes arbeiten werden. Die formale Leistungsbewertung von Lehramtskandidaten sollte diese Bereiche betonen.

Implikationen für das Erlernen des Unterrichtens

- Bieten Sie als Lehrerbildner Lernerfahrungen, die metakognitives und selbstreguliertes Lernen fördern. Ermutigen Sie die angehenden Lehrer und Lehrerinnen dazu, ihren eigenen Lernfortschritt zu beurteilen, und benutzen Sie ein Modell oder einen Referenzrahmen, um sie anzuleiten.
- Entwickeln Sie systematisch die Integration und den Transfer wichtiger Ideen über Kontexte und Fächer hinweg, und von Lerner zu Lerner als bewussten, metakognitiven und zielstrebig verfolgten Prozess.

Implikationen für die Leistungsbeurteilung

Bewertungen erfordern Belege, dass die Kandidaten

- sich ganz bewusst und systematisch auf einen Prozess systematischer Untersuchung eingelassen haben: auf die Identifikation von Zielen, auf das nötige Feedback und auf die nächsten Lernerfordernisse;
- das Erlernte nachweislich in andere Kontexte integriert und übertragen haben.

Prinzip 4: Integration von Kognition, Emotion und Motivation

> Unterrichten lernen ist eine emotionale Erfahrung. Unterstützung bei der Bewältigung der damit verbundenen Herausforderungen muss als Herausbildung professionellen Bewusstseins (adaptiver Expertise) gesehen werden, in dessen Mittelpunkt die Schülerschaft und nicht die auszubildenden Lehrkräfte stehen.

„Das Lernen erwächst aus einem dynamischen Zusammenspiel von Emotion, Motivation und Kognition […]. Daher ist es wichtig, nicht nur die kognitive Entwicklung von Lernenden zu verstehen, sondern auch ihre Motivation und ihre emotionalen Merkmale.“ (Istance & Dumont, S. 321)

Um die unter Prinzip 3 vorgestellten Kompetenzen zu entwickeln, benötigen die Lehramtskandidaten ein positives Bild von sich selbst als Lernende und die Motivation, sich auf metakognitive und selbstregulierte Lernprozesse einzulassen. Gefühle der Überforderung oder Hilflosigkeit werden dabei hinderlich sein.

Jüngste Forschungen über das menschliche Gehirn haben ergeben, dass Emotionen und Kognition eng zusammenhängen (Lucas & Claxton, 2010). Während manche Emotionen rasch vorbeigehen, haben die dauerhaften (so wie Scham und Hilflosigkeit) beständig Einfluss auf Motivation und Lernen angesichts ähnlicher Herausforderungen. Überforderung kann auch zur Vermeidung von Anforderungen führen (Dumont et al., 2010). Wenn Lernaktivitäten hingegen positive Emotionen auslösen, wächst die Motivation der Lernenden und kognitive Ressourcen werden freigesetzt (Boekaerts, 2010). Wir haben auf dieses Prinzip hingewiesen, weil das Erlernen des Unterrichtens eine intensive emotionale Erfahrung sein kann. Beim Überleben des „Praxisschocks" geht es vor allem um Emotionen. Die Verlagerung des Fokus vom eigenen Ich zum Fokus auf die Schülerschaft erfordert die Freisetzung kognitiver und emotionaler Ressourcen.

Orientiert am Modell eines routinierten Experten bestand das übliche Vorgehen darin, den Lehrpersonen während der ersten Monate (manchmal Jahre) persönliche Unterstützung und praktische Ratschläge zu bieten, bis sie sich jenseits des Überlebens und des Befolgens von Regeln bewegen und Meisterschaft und Geläufigkeit beim Unterrichten entwickeln (Dreyfus & Dreyfus, 1986). Dieser Prozess betont vor allem die Entwicklung von Selbstvertrauen und Selbstwirksamkeit. Damit verbundene Praktiken verfestigen sich hierbei ebenso wie persönliche Theorien zum Erzielen von Wirksamkeit unterrichtlichen Handelns (Dall'alba & Sandberg, 2006).

Problematisch ist dieses Vorgehen deshalb, weil persönliche Theorien nicht notwendigerweise in einer fundierten Theorie von Unterrichtswirksamkeit verankert sind und weil die bereits tief verwurzelten professionellen Überzeugungen (beliefs) und Aktivitäten tatsächlich mehr der Lehrkraft als ihren Schülern und Schülerinnen nutzen. Ziel muss es daher sein, angehende Lehrkräfte dabei zu unterstützen, die emotionale Achterbahnfahrt zu überleben, indem ihr Verständnis von Professionalität durch eine fundierte Theorie von Lehrerwirksamkeit abgesichert wird. Der Umgang mit Belastungssituationen wird einfacher, wenn Lehrkräfte Strategien entwickeln, mit denen sie ihren eigenen Erfolg und den ihrer Schülerschaft bewusst miteinander verknüpfen. Aber diese Strategien müssen auf mehr basieren als auf einer starken subjektiven Theorie.

Implikation für das Erlernen des Unterrichtens

- Unterstützen Sie die Lehramtskandidaten während des „Praxisschocks", indem Sie ihre Erfahrungen in ein Rahmenkonzept einordnen, das die allmähliche Entwicklung von Wissen und Fähigkeiten eines adaptiven Experten deutlich macht.
- Unterstützen Sie die Schwerpunktverlagerung von der eigenen Person auf die Schülerschaft und verwenden Sie dabei ein gut fundiertes Rahmenkonzept, von dem Lernende wie Lehrende profitieren.

Prinzip 5: Lassen Sie Lernen in sorgfältig organisierten Lerngemeinschaften stattfinden

> Lernen vollzieht sich im Wesentlichen in sozialen Bezügen. Es wird gefördert durch die Beteiligung an Gemeinschaften, im Beruf genauso wie in weiteren gesellschaftlichen Gruppen. Im Mittelpunkt steht dabei jeweils das Ziel, Wissen und berufliche Praxis aktiv zu gestalten und diese kritisch zu untersuchen.

Lernen vollzieht sich im Wesentlichen in sozialen Bezügen (Dumont et al., 2010; Lucas & Claxton, 2010). Unsere Gehirne sind auf soziale Interaktion ausgelegt und die Herausbildung individuellen Wissens geschieht durch Aushandlung und Kooperation mit anderen. In der Studie *Teacher Professional Learning and Development: Best Evidence Synthesis* (Timperley et al., 2007) stellten wir fest, dass Gelegenheiten für Lehrkräfte, gemeinsam mit Kolleginnen und Kollegen neue Ansätze zu erlernen und anzuwenden, eine notwendige, aber nicht hinreichende Bedingung für die Verbesserung von Schülerleistungen darstellt. Um diese zu gewährleisten, müssten die Lerngemeinschaften entweder Kollegen und Kolleginnen mit entsprechender Expertise als Teilnehmende einbeziehen oder mit ihnen in Verbindung stehen.

Mitunter werden Gruppennormen durch diese Expertise in Frage gestellt. Unter Prinzip 3 haben wir hervorgehoben, wie wichtig für angehende Lehrende soziale Interaktionen sind, die ihr Lernen und ihre (persönliche) Entwicklung fördern, etwa indem sie einen Kollegen oder eine Kollegin darum bitten, ein anspruchsvolles Verfahren vorzuführen, ihnen Feedback zu ihren Unterrichtsversuchen zu geben oder ihnen ein Konzept zu erläutern. Sich ausschließlich auf das eigene Verständnis der Dinge zu verlassen, führt zumeist zu eigenwilligen Konstrukten, die sich nicht auf eine breitere Wissensbasis stützen.

Lernen wird auch durch den sozialen Kontext, in dem etwas gelernt wird, geprägt. Lave und Wenger (1991), deren Aktivitätstheorie viel zitiert wird, um die Erfahrungen von Lehramtskandidaten zu beschreiben, legen dar, dass man Lernen am Arbeitsplatz als Prozess sozialer Teilhabe an Praxisgemeinschaften betrachten sollte. Ferner vertreten sie die Auffassung, dass das, was wir als Kognition bezeichnen, in Wahrheit ein komplexes soziales Phänomen ist, bei dem jegliche Veränderung des Kontextes sich auf das Was und Wie des Lernens auswirkt.

Wie auch immer die akademischen Argumente lauten, so besteht doch wenig Zweifel daran, dass Lerngemeinschaften, die sich gezielt mit dem Wissen über Unterrichtspraxis auseinandersetzen, das Lernen fördern. Natürlich hängt das von der Art von Wissen ab, über das die Gruppe verfügt. Jede Gemeinschaft besitzt das Potenzial, bestehende Überzeugungen und unwirksame unterrichtliche Praktiken zu verstärken (Coburn, 2001; Timperley & Robinson, 1998). Angesichts der Bedeutung des sozialen Kontextes für das Lernen müssen Lehramtskandidaten ein Verständnis von „Gemeinschaft" entwickeln, das weit über die Schule hinausgeht. Nicht alles Lernen spielt sich in Schule oder Universität ab; in der Tat kann man argumentieren, dass das meiste

Lernen außerhalb formaler Institutionen stattfindet und auch digitale Lernumgebungen einschließt.

Es gibt zwei Begründungen für die Notwendigkeit einer Erweiterung der Perspektive. Die erste bezieht sich auf das Verständnis für die Heterogenität der Lerngruppen. Es herrscht zunehmend Einigkeit darüber, dass die sozialen, kulturellen und sprachlichen Ressourcen der unterschiedlichen gesellschaftlichen Gruppen als Ressourcen für Lernen und Unterrichten aktiviert werden müssen (Moll, 2010). Wir sind der Meinung, dass es für Lehramtskandidaten und -kandidatinnen extrem schwierig ist, kulturell und sprachlich auf junge Menschen aus gesellschaftlichen Gruppen einzugehen, die von ihrer eigenen verschieden sind, wenn sie nicht mit mindestens einigen dieser Gruppen ein wenig vertraut sind und ein gewisses Verständnis für den dort vorhandenen Wissensfundus haben. Angehende Lehrpersonen müssen sich mit unterschiedlichen gesellschaftlichen Gruppen eingehend beschäftigen. Nur so kann ihnen der Übergang vom Ich als „normal“ zu Ich als „kulturell geprägt“ gelingen. Und nur so können sie die kulturelle Vielfalt jener Menschen kennenlernen, mit denen sie im Austausch stehen und die sie unterrichten. Es muss darauf geachtet werden, dass unproduktive Theorien, die sich bei der intensiven Beschäftigung mit einer anderen gesellschaftlichen Gruppe ergeben, gleich in Frage gestellt werden, damit sie sich nicht verfestigen. Ohne externe Unterstützung kann es kontraproduktiv sein, sich solchen Erfahrungen auszusetzen.

Die zweite Begründung der Notwendigkeit einer Erweiterung der Perspektive hängt mit dem Auftauchen neuer Arten von Gemeinschaften zusammen. Dumont et al. (2010) betonen, dass es wichtig sei, die „horizontale Vernetzung“ (von Lernenden) – über Wissensgebiete und Fächer hinweg und ebenso auf nationaler wie internationaler Ebene – zu fördern. Diese Vernetzung kann sich auf außerschulische Bildungseinrichtungen wie Museen, Bibliotheken, Sportvereine und Kirchen beziehen. Sie geschieht zunehmend digital und überschreitet traditionelle Auffassungen von Gemeinschaften. Gut organisierte soziale Vernetzung kann wirkungsvolle Lerngelegenheiten für Lehramtskandidaten bieten, um ihr Verständnis von wirkungsvollem Unterricht zu überprüfen und weiterzuentwickeln. Die Herausforderung besteht darin, digitale Gemeinschaften so zu nutzen, dass sie das Lernen fördern.

Implikationen für das Erlernen des Unterrichtens

- Nutzen Sie als Lehrerbildner die Expertise einer Vielzahl von Menschen – Peers, Mentoren und Coaches, Dozenten –, um Lernen innerhalb von Gemeinschaften zu organisieren.
- Unterstützen Sie Lehramtskandidaten, sich mit gesellschaftlichen Gruppen zu beschäftigen, die ihnen nicht vertraut sind. Dies ermöglicht ihnen ein tieferes Verständnis von Diversität.
- Schaffen Sie Lerngelegenheiten durch eine Vielzahl von Medien.

Implikationen für die Leistungsbeurteilung

Bewertungen erfordern Belege, dass die Lehramtsanwärter und -anwärterinnen

- an sozialen Interaktionen teilhaben, die ihnen eine Vielfalt unterschiedlicher Sichtweisen eröffnen und sie erkennen lassen, welchen Beitrag sie zu diesen Interaktionen geleistet haben und wie sie selbst dadurch verändert worden sind.

4. Nutzung der Lernprinzipien für das Erlernen des Unterrichtens

Wie zeigen sich diese Lernprinzipien beim Erlernen des Unterrichtens? Der folgende Abschnitt enthält ein Beispiel gängiger Praxis der Lehrerausbildung: das Beobachten von Lehramtskandidaten und das an sie gerichtete Feedback. Tabelle 1 zeigt den Unterschied zwischen Beobachtungs- und Feedback-Aktivitäten, die den fünf Lernprinzipien entsprechen und solchen, die dies nicht tun. Sie soll erläutern, wie sich diese Lernprinzipien auf das Erlernen des Unterrichtens beziehen.

Beobachtung und Besprechung eines von Lehramtskandidaten gehaltenen Unterrichts

Unterrichtsbeobachtung und Feedback sind in der Regel Bestandteile der universitären Ausbildung von Lehrkräften und von Programmen für vorläufig zugelassene Lehrkräfte. Dieses Verfahren erfüllt typischerweise zwei Funktionen. Erstens bietet es den Lehramtsanwärtern Feedback, das ihnen bei der Verbesserung ihrer Unterrichtspraxis helfen kann. Zweitens bietet es Belege dafür, ob der Anwärter bereits über genügend Unterrichtserfahrung verfügt, um die Ausbildung erfolgreich abzuschließen. Die Analyse in Tabelle 1 hat vor allem die erstgenannte, auf das Lernen ausgerichtete Funktion im Blick.

Tabelle 1: Beobachtung und Besprechung eines von Lehramtskandidaten gehaltenen Unterrichts

Lernprinzipien	Aktivitäten, die **nicht in Einklang** mit den Lernprinzipien und der Entwicklung von adaptiver Expertise stehen	Aktivitäten, die **in Einklang** stehen mit den Lernprinzipien und der Entwicklung von adaptiver Expertise
Fördern Sie Wissen durch gezielten Aufbau von umfassenden Theoriemodellen	– Setzen Sie Wirksamkeitskriterien unausgesprochen voraus. – Analysieren Sie die Aufzeichnungen der Unterrichtsbeobachtung, indem Sie die Meinung des Lehramtsanwärters erfragen oder indem Sie Ihre eigenen Eindrücke äußern, ohne diese explizit durch Bezug auf ein theoretisches Konzept zu begründen. – Richten Sie Ihr Augenmerk auf Unterrichtsstile und praktische Lehrmethoden unter Bezug auf ein nicht theoriegestütztes „was funktioniert".	– Legen Sie vor der Beobachtung des Unterrichts gemeinsam mit dem Kandidaten Wirksamkeitskriterien fest und beziehen Sie sich dabei auf theoretische Rahmenkonzepte. – Analysieren Sie die Aufzeichnungen zur Unterrichtsbeobachtung, indem Sie die vereinbarten Kriterien und die Reaktionen des Lehramtsanwärters nutzen, um die Wirksamkeit des Unterrichts zu beurteilen. – Entwerfen Sie gemeinsam neue Ideen für die Unterrichtspraxis und setzen Sie theoretisch begründete Prioritäten.

Formulieren Sie fundierte Theoriemodelle zum Unterrichten unter Einbezug subjektiver Theorien	- Fällen Sie persönliche Urteile über die Theorien des Kandidaten zur Unterrichtspraxis und fragen Sie nicht explizit nach. - Machen Sie informelle Notizen zu Unterrichtsbeobachtungen. - Gehen Sie beim Gespräch auf die Themenwünsche des Kandidaten ein.	- Analysieren Sie, inwiefern die von Ihnen beobachtete Unterrichtspraxis in Einklang / nicht in Einklang mit Wirksamkeitskriterien steht. - Fragen Sie nach subjektiven Theorien zur Unterrichtspraxis, um Ähnlichkeiten und Unterschiede zwischen persönlichen und formalen Theorien festzustellen und um herauszufinden, welche Theorien den beobachteten unterrichtlichen Vorgehensweisen zugrunde lagen. - Bemühen Sie sich darum. unterschiedliche Theorien miteinander zu verbinden.
Fördern Sie Metakognition und selbstreguliertes Lernen	- Konzentrieren Sie sich bei Ihren Beobachtungen auf herkömmliches unterrichtliches Vorgehen. - Konzentrieren Sie sich bei Änderungsvorschlägen eher auf das, was der Kandidat als nächstes ausprobieren kann als auf die Frage, woher er weiß, dass es für die Lernenden wirksamer ist.	- Identifizieren Sie Schwerpunkte des Unterrichts aufgrund persönlicher Lernziele und neue Lernziele auf Grundlage der Analyse. - Wenn Sie notwendige Veränderungen in der Unterrichtspraxis feststellen, dann achten Sie auch darauf, wie der Lernende überprüfen kann, ob die neue Praxis für die Schülerinnen wirksamer ist.
Ordnen Sie Kognition, Emotion und Motivation in ein Gesamtkonzept ein	- Geben Sie der Lehrkraft im Falle eines Praxisschocks persönliche Unterstützung und betonen Sie dabei die Wichtigkeit des „Überlebens", ohne dass Sie sich auf Theorien für die Entwicklung von Lehrerprofessionalität beziehen. - Stützen Sie die Beurteilung von Wirksamkeit darauf, wie der Kandidat seine sich herausbildende Unterrichtspraxis wahrnimmt.	- Wenn Sie eine Lehrkraft im Falle eines Praxisschocks unterstützen, tun Sie dies mit Blick auf die Entwicklung von Lehrerprofessionalität als adaptiver Expertise. - Unterstützen Sie Ihre Kandidaten dabei, die Wirksamkeit von Unterricht an den Reaktionen ihrer Schülerinnen und Schüler zu messen.
Organisieren Sie das Lernen in sorgfältig organisierten Lerngruppen	- Behandeln Sie Beobachtungen und Feedback als private Angelegenheit zwischen Beobachter und Lehramtsanwärter.	- Entwickeln Sie die Beurteilungskriterien in der Gruppe. - Setzen Sie sich mit den komplexen Anforderungen der Leistungskriterien in einer Gruppe auseinander, in der ein Klima gegenseitiger Unterstützung herrscht.

Prinzipien der adaptiven Expertise und die Praxis von Lehrerbildnern

Lehrerbildner benötigen ein komplexes Repertoire an Fähigkeiten, um ein Curriculum praktischer Kernkompetenzen umzusetzen sowie Kandidaten und Kandidatinnen dabei zu unterstützen, sich in Richtung dieser Standards zu entwickeln (Aitken et al., 2013). Diese Fähigkeiten sind sowohl an der Universität als auch im Schulkontext von Bedeutung. Prinzip 1 verlangt z. B. von den Ausbildern und Ausbilderinnen, dass sie ihre eigene Unterrichtspraxis soweit offenlegen, dass ihre theoretischen Grundlagen für die Lernenden nachvollziehbar werden. „Warum habe ich als Lehrerbildner diese

Vorgangsweise in dieser Situation für den Unterricht ausgewählt?“ Ausbildende müssen auch in der Lage sein, die Besprechung des von ihren Lehramtsanwärtern durchgeführten Unterrichts in ein Theoriemodell einzuordnen. „Warum lernen wir etwas über dieses Unterrichtsverfahren und nicht über ein anderes? Warum ist es so wichtig, ein Phänomen in seinen kulturellen Bezügen zu sehen?“

Prinzip 2 bedeutet, dass es Ausbildenden gelingen sollte, den Lehramtskandidaten zu zeigen, wie sie selbst die Spannung zwischen einer bereits zur Routine gewordenen und einer stärker auf Wirksamkeit ausgerichteten Unterrichtspraxis gelöst haben.

Die Umsetzung dieses Prinzips stellt Lehrerbildner vor eine anspruchsvolle Aufgabe: Sie müssen den Lehramtskandidaten verdeutlichen, wann sie subjektive statt formelle Handlungstheorien verwenden und welche Folgen sich daraus ergeben. Während solche (Besprechungs-)Situationen geplant werden können, ergeben sich die meisten spontan, sodass die Reaktionen ebenso spontan sein müssen. In einer Studie von Timperley, Parr und Hulsbosch (2008) zum Feedback, das Mentoren und Mentorinnen den Lehrenden geben, bezeichneten die Mentoren es als eines der größten Probleme, die Alltagstheorien der Lehrer und Lehrerinnen so zu prüfen und in Frage zu stellen, damit sie in formale Theorien integriert werden konnten. Diese prüfende Grundhaltung ist eine wesentliche Voraussetzung für den Wissensaufbau und für die Zusammenführung subjektiver und formaler Theorien. Lehrerausbilder müssen echtes Interesse an Unterrichtsforschung besitzen, um herauszufinden, was Lehramtsanwärter zu einem bestimmten unterrichtlichen Vorgehen veranlasst hat. Hilfreich sind Fragen wie: „Aus welchem Grund haben Sie das getan?“ und „Was hinderte Sie daran [...]?“ Genauso hilfreich kann es sein, den Unterschied zwischen subjektiven und formalen Theorien klar zu machen. Etwa so: „Mir scheint, dass wir unterschiedliche Auffassungen davon haben, was das bedeutet; deshalb müssen wir die beobachteten Unterschiede und ihre Auswirkungen auf die Unterrichtspraxis genauer untersuchen.“

Prinzip 3, die Förderung von Metakognition und selbstgesteuertem Lernen verlangt das explizite Modellieren des gewünschten Lernverhaltens in der jeweiligen Situation. Man kann beispielsweise die Kandidaten um ihr Feedback zur Praxis der Lehrerausbildung bitten und anschließend dieses Feedback gemeinsam mit ihnen bearbeiten. Korthagen, Loughran und Russell (2006) schlagen vor, die Lernerfahrungen angehender Lehrer und Lehrerinnen als Texte für das Studium zu verwenden.

Die Praxis der Lehrerbildner und diejenige der Lehramtsanwärter sollten den gleichen Prinzipien folgen. Eine Reihe von Studien ergibt jedoch, dass Feedback zu Unterrichtsbeobachtungen oft nicht mit der Förderung von Metakognition oder selbstreguliertem Lernen verbunden ist. So etwa wird die angehende Lehrkraft nicht gefragt, wie sie herausfinden will, ob ihr veränderter Praxisansatz wirkungsvoller ist als der zuvor praktizierte (Timperley et al., 2007). Stattdessen bestehen Feedback-Sitzungen häufig lediglich aus Vorschlägen zur Veränderung oberflächlicher Aspekte des Unterrichts.

Prinzip 4, die Integration von Emotionen, Wissen und Motivation, verweist darauf, dass Lehrerbildner offen über ihre eigenen Befindlichkeiten sprechen sollten, wenn sie etwas Neues ausprobieren. Auf diese Weise helfen sie den Lehramtskandidaten zu akzeptieren, dass Unterrichten für jeden eine emotionale Erfahrung darstellt, und zwar nicht nur am Beginn der beruflichen Karriere.

Typisch für die Literatur zur Mentorentätigkeit ist die Betonung persönlicher Unterstützung für Lehramtsanwärter, die sich verunsichert fühlen. Wang und Odell (2002) beobachten jedoch, dass Mentorinnen und Mentoren diese Unterstützung selten in den Kontext einer fundierten Theorie professionellen Lehrerhandelns oder wirksamer Unterrichtspraxis einordnen. Dies zu leisten setzt eine hohe Kompetenz voraus, da Lehramtskandidaten Unterstützung benötigen, zugleich aber ihre Schwierigkeiten bewältigen müssen. Es reicht nicht aus, wenn sie nur stärkeres Vertrauen in die eigenen Fähigkeiten zur Bewältigung der Praxis entwickeln; sie müssen auch lernen, ihren Unterricht so zu gestalten, dass sie damit ihre Schülerinnen und Schüler beim Lernen unterstützen.

Prinzip 5 unterstreicht die sozialisierenden Einflüsse von Lerngemeinschaften. Universitäten und Schulen haben die Aufgabe, angehende Lehrerinnen und Lehrer in den Beruf einzuführen. Jede Studie zum Thema Lehrerbildung ruft nach stärkerer Vernetzung und Zusammenarbeit zwischen diesen beiden Organisationen, einschließlich gemeinsamer Planungen (z.B. Darling-Hammond, 2006; Grossman, Hammerness & McDonald, 2009; Korthagen et al., 2006). Universitäten verfügen nicht exklusiv über Theorie; Universitäten und Schulen sind beide theoriebasiert (Darling-Hammond, 2006). Genauso wenig gehört die Praxis nur den Schulen. Alle Lehrerbildner, ganz gleich, ob sie an Schulen oder an Universitäten tätig sind, benötigen ein Verständnis dafür, was zum Erlernen des Unterrichtens alles dazugehört. Korthagen et al. (2006) legen nahe, dass das in der Lehrerausbildung gemeinsam mit Peers praktizierte Gestalten und Analysieren von Praxiserfahrungen nachhaltig wirkt: Es legt die Grundlage für kooperatives Lernen, das die gesamte professionelle Entwicklung und Karriere begleitet. Lehrerausbildner sollten den jungen Lehrkräften strukturierte Erfahrungen ermöglichen und ihnen Anregungen bieten, so dass sie sich nicht auf den Austausch zur Unterrichtspraxis beschränken, sondern Analyse und Kritik als Kernelemente robusten selbst-regulierten Lernens betrachten.

Literatur

Aamodt, S. & Wong, S. (2011). *Welcome to your child's brain: From utero to uni.* Oxford: One World.

Aitken, G., Sinnema, C. & Meyer, F. (2013). *Initial teacher education outcomes: Graduate teacher standards.* Auckland: The University of Auckland.

Anthony, G., Haigh, M. & Kane, R. (2011). The power of the „object" to influence teacher induction outcomes. *Teaching and Teacher Education, 27* (5), 861–840.

Bleicher, E. (2011). Parsing the language of racism and relief: Effects of a short-term urban field placement on teacher candidates' perceptions of culturally diverse classrooms. *Teaching and Teacher Education, 27* (8), 1170–1178.

Bishop, R. (2007). Lessons from Te Kōtahitanga for teacher education. In L. Deretchin & C. Craig (Hrsg.), *Teacher education yearbook XV: International perspectives on accountability systems and their impact on students, society and teacher preparation.* Lanham, MD: Rowman & Littlefield Education.

Bishop, R., Berryman, M., Cavanagh T. & Teddy, L. (2009). Te Kōtahitanga: Addressing educational disparities facing Māori students in New Zealand. *Teaching and Teacher Education, 25* (5), 1–9.

Blomberg, G., Stürmer, K. & Seidel, T. (2011). How pre-service teachers observe teaching on video: Effects of viewers' teaching subjects and the subject of the video. *Teaching and Teacher Education, 27* (7), 1131–1140.

Boekaerts, M. (2010). The crucial role of motivation and emotion in classroom learning. In H. Dumont, D. Istance & F. Benavides (Hrsg.), *The nature of learning* (S. 91–112). Paris: OECD.

Bransford, J., Brown, A. & Cocking, R. (Hrsg.) and Committee on Learning Research and Educational Practice: Donovan, S., Bransford, J., Pellegrino, J. (Hrsg.). (2000). *How people learn: Brain, mind, experience and school.* Washington, DC: National Academy Press.

Coburn, C. (2001). Collective sensemaking about reading: How teachers mediate reading policy in their professional communities. *Educational Evaluation and Policy Analysis, 23* (2), 145–170.

Cole, A. & Knowles, J. (1993). Teacher development partnership research: A focus on methods and issues. *American Education Research Journal, 30* (3), 473–495.

Colley, H. (2002). A „rough guide" to the history of mentoring from a Marxist feminist perspective. *Journal of Education for Teaching, 28* (3), 257–273.

Dall'Alba, G. & Sandberg, J. (2006). Unveiling professional development: A critical review of stage models. *Review of Educational Research, 76* (3), 383–403.

Darling-Hammond, L. (2006). *Powerful teacher education: Lessons from exemplary programs.* San Francisco: Jossey Bass.

De Corte, E. (2010). Historical developments in the understanding of learning. In H. Dumont, D. Istance & F. Benavides (Hrsg.), *The nature of learning* (S. 35–68). Paris: OECD.

Dreyfus, H. & Dreyfus, S. (1986). *Mind over machine: The power of human intuition and expertise in the era of the computer.* New York: Free Press.

Dumont, H., Istance, D. & Benavides, F. (2010). *The nature of learning.* Paris: OECD.

Feiman-Nemser, S. (2008). Teacher learning: How do teachers learn to teach? In M. Cochran-Smith, S. Feiman-Nemser, D. McIntyre & K. Demers (Hrsg.), *Handbook of Research on Teacher Education* (3. Aufl., S. 697–705). New York: Routledge.

Grossman, P., Hammerness, K. & McDonald, M. (2009). Redefining teaching, re-imagining teacher education. *Teachers and Teaching: Theory and practice, 15* (2), 273–289.

Hacker, E., Dunlosky, J. & Graesser, A. (2009). *Metacognition in educational theory and practice.* Hillsdale, NJ: Erlbaum.

Hammerness, K., Darling-Hammond, L., Bransford, J., Berliner, D., Cochran-Smith, M., McDonald, M. & Zeichner, K. (2005). How teachers learn and develop. In L. Darling-Hammond (Hrsg.), *Preparing teachers for a changing world: What teachers should learn and be able to do* (S. 358–389). San Francisco: John Wiley & Sons.

Hatano, G. & Inagaki, K. (1986). Two courses of expertise. In H. Stevenson, H. Azama & K. Hakuta (Hrsg.), *Child Development and Education in Japan* (S. 262–272). New York: Freeman.

Hatano, G. & Oura, Y. (2003). Commentary: Reconceptualizing school learning using insight from expertise research. *Educational Researcher, 32* (8), 26–29.

Hattie, J. & Timperley, H. (2007). The power of feedback. *Review of Educational Research, 77*(1), 81–112.

Hobson, A., Ashby, P., Malderez, A. & Tomlinson, P. (2009). Mentoring beginning teachers: What we know and what we don't. *Teaching and Teacher Education, 25* (1), 207–216.

Ingersoll, R. & Kralik, J. (2004). *The impact of mentoring on teacher retention: What the research says*. Denver, CO: Education Commission of the States.

Istance, D. & Dumont, H. (2010). Future directions for learning environments in the 21st century. In H. Dumont, D. Istance & F. Benavides (Hrsg.), *The nature of learning* (S. 317–338). Paris: OECD.

Korthagen, F., Loughran, J. & Russell, T. (2006). Developing fundamental principles for teacher education programs and practices. *Teaching and Teacher Education, 22*(8), 1020–1041.

Korthagen, F. A. J. & Wubbels, T. (2001). Learning from practice. In F.A.J. Korthagen (Hrsg.), *Linking practice and theory: The pedagogy of realistic teacher education* (S. 32–50). Mahwah, NJ: Lawrence Erlbaum.

Lampert, M. (2009). Learning teaching in, from, and for practice: What do we mean? *Journal of Teacher Education, 61* (1–2), 21–34.

Lave, J. & Wenger, E. (1991). *Situated learning: Legitimate peripheral participation*. Cambridge, UK: Cambridge University Press.

Le Fevre, D. (2011). Creating and facilitating a teacher education curriculum using preservice teachers' autobiographical stories. *Teaching and Teacher Education, 27* (4), 779–787.

Lortie, D. (1975). *Schoolteacher*. Chicago: University of Chicago Press.

Lu, H. (2010). Research on peer coaching in preservice teacher education – A review of literature. *Teaching and Teacher Education, 26* (4), 748–753.

Lucas, B. & Claxton, G. (2010). New kinds of smart: How the science of learnable intelligence is changing education. Berkshire, England: Open University Press.

Lunenberg, M. & Samaras, A. (2011). Developing a pedagogy for teaching self-study research: Lessons learned across the Atlantic. *Teaching and Teacher Education, 27* (5), 841–850.

Masat, D. & Dooly, D. (2011). Rethinking the use of video in teacher education: A holistic approach. *Teaching and Teacher Education, 27* (7), 1151–1162.

Moll, L. (2010). Mobilizing culture, language, and educational practices: Fulfilling the promises of „Mendez" and „Brown". *Educational Researcher, 39* (6), 451–460.

Montecinos, C., Walker, H., Rittershaussen, S., Nuñez, C., Contreras, I. & Solís, M. (2011). Defining content for field-based coursework: Contrasting the perspectives of secondary preservice teachers and their teacher preparation curricula. *Teaching and Teacher Education, 27* (2), 278–288.

Nilsson, P. & Van Driel, J. (2010). Teaching together and learning together – Primary school science student teachers' and their mentors' joint learning in the primary classroom. *Teaching and Teacher Education, 26*, 1309–1318.

Ponitz, C.E.C., McClelland, M.M., Jewkes, A.M., Connor, C.M., Farris, C.L. & Morrison, F.J. (2008). Touch your toes! Developing a direct measure of behavioral regulation in early childhood. *Early Childhood Research Quarterly, 23* (2), 141–158.

Pressley, M. & Harris, K. R. (2006). Cognitive strategy instruction: From basic research to classroom instruction. In P. A. Alexander & P. Winne (Hrsg.), *Handbook of Educational Psychology* (2. Aufl., S. 265–286). Mahwah, NJ: Erlbaum.

Putnam, R. T. & Borko, H. (2000). What do new views of knowledge and thinking have to say about research on teacher learning? *Educational Researcher, 29* (1), 4–15.

Schunk, D. & Zimmerman, B. (1994). *Self-regulation of learning and performance*. New Jersey: L. Erlbaum Associates.

Silverman, R., Welty, W. & Lyon, S. (1996). *Case studies for teacher problem solving.* New York: McGraw-Hill.

Sleeter, C. (2008). Preparing white teachers for diverse students. In M. Cochran-Smith, S. Feiman-Nemser, D. McIntyre & K. Demers (Hrsg.), *Handbook of research on teacher education* (3. Aufl., S. 559–582). New York: Routledge.

Soslau, E. (2012). Opportunities to develop adaptive teaching expertise during supervisory conferences. *Teaching and Teacher Education, 28* (5), 768–779.

Sundli, L. (2007). Mentoring – a new mantra for education? *Teaching and Teacher Education, 23* (2), 201–214.

Sykes, G., Bird, T. & Kennedy, M. (2010). Teacher education: Its problems and some prospects. *Teaching and Teacher Education, 61* (5), 464–476.

Timperley, H.S. & Alton-Lee, A. (2008). Reframing teacher professional learning: An alternative policy approach to strengthening valued outcomes for diverse learners. In G. Kelly, A. Luke & J. Green (Hrsg.), *Disciplines, Knowledge and Pedagogy. Review of Research in Education* (Bd. 32, S. 328–369). Washington, DC: Sage Publications.

Timperley, H., Parr, J. & Hulsbosch, N. (2008, April). *Coaching through feedback: A close and critical analysis.* Paper presented at the American Educational Research Association Annual Meeting, Chicago, USA.

Timperley, H. S. & Robinson, V. (1998). Collegiality in schools: Its nature and implications for problem solving. *Educational Administration Quarterly, 34,* 608–629.

Timperley, H., Wilson, A., Barrar, H. & Fung, I. (2007). *Teacher professional learning and development: Best evidence synthesis.* Wellington, New Zealand: Ministry of Education.

Villegas, A. & Lucas, T. (2002). *Educating culturally responsive teachers.* New York: State University of New York Press.

Vosnaidou, S. (2007). The cognitive-situative divide and the problem of conceptual change. *Educational Psychologist, 42* (1), 55–66.

Wang, J. & Odell, S. (2002). Mentored learning to teach according to standards-based reform: A critical review. *Review of Educational Research, 72* (3), 481–546.

Wideen, M., Mayer-Smith, J. & Moon, B. (1998). A critical analysis of the research on learning to teach: Making the case for an ecological perspective on inquiry. *Review of Educational Research, 68* (2), 130–178.

Zhang, M., Lundeberg, M., Koehler, M. & Eberhardt, J. (2011). Understanding affordances and challenges of three types of video for teacher professional development. *Teaching and Teacher Education, 27* (2), 454–462.

Rudolf Messner

Ein Plädoyer zur Neugestaltung professionsfördernder Szenarien zur Integration von Praxis- und Wissenschaftsorientierung in der zweiten Phase der Lehrerbildung

1. Im Fokus angesichts epochaler Veränderungen im Tätigkeitsbereich von Lehrpersonen: eine berufsnahe Professionalisierung werdender Lehrerinnen und Lehrer im Studienseminar

Das Berufsfeld von Lehrerinnen und Lehrern ist gegenwärtig von bedeutsamen Wandlungen der gesellschaftlichen und kulturellen Bedingungen betroffen, unter denen Unterricht erfolgt. Einige Veränderungen haben sich bereits vollzogen, andere stehen für die Zukunft an. Nur im Eingehen auf sie können Lehrpersonen erfolgreich arbeiten. Zu nennen sind eine weltweit Kindern und Jugendlichen zugesprochene und von ihnen beanspruchte Verstärkung ihrer Eigenrechte und Autonomie. Sie kommt nicht nur in deren selbständigerer Verfügung über moderne Kommunikationsmedien zum Ausdruck, sondern auch in ihrer nun entschiedener eingeforderten Rolle als Mitproduzenten des schulischen Lernerfolgs. Sie in ihrer aktiven Rolle als Nutzer schulischer Lernangebote zu berücksichtigen, ist in der Unterrichtstheorie Standard geworden (vgl. zum aktuellen Diskussionsstand Fend, 2019). Noch vor einer Generation war es lediglich üblich, die Notwendigkeit eines an den Schülerinnen und Schülern orientierten Unterrichts zu betonen, kaum jemand hat sie in ihrer Rolle als Mitbewirkende von dessen Erfolg beschrieben. Zu dieser Entwicklung verläuft parallel und in erheblicher Spannung zu ihr – Stichwort Digitalisierung – eine sich ankündigende mediale Revolutionierung von schulischer Bildung. Sie beruht auf einer weitgehenden Veränderung des gesellschaftlichen Mediengebrauchs und betrifft Ausstattung, Tools und Arbeitsformen von Schule. Jede Person kann nun aktiv schriftlich mit unbegrenzter Reichweite kommunizieren. Der Wandel steht in seinem Charakter den Auswirkungen der Erfindung des Buchdrucks zu Beginn der Neuzeit keineswegs nach. Folge ist eine weitgehende Veränderung der gesellschaftlichen und schulischen Kommunikationsformen, mit denen es Lehrpersonen künftig im Umgang mit ihren Lernenden zu tun haben.

Eine weitere Einflussgröße von erheblicher Bedeutung ist die international erhobene Forderung, in einem differenzierenden Unterricht *alle* Kinder und Jugendlichen, einschließlich der behinderten, gleichermaßen individuell zu fördern. Inklusion ist zu einem zentralen Ziel für künftigen Schulunterricht geworden. Hochaktuell, aber bisher von der Bildungswissenschaft wenig beachtet, ist schließlich die Problematik, wie sie sich symbolisch im Schulstreik der jugendlichen schwedischen Umweltaktivistin Greta Thunberg und ihren Anhängern und Anhängerinnen offenbart. Sie kulminiert in der Forderung an Erwachsene, endlich ihrer Verantwortung zur Bewahrung unserer Erde durch konkretes Tun gerecht zu werden. Dahinter steht das sehr ernste Bildungsproblem, dass für Jugendliche, die ihr Lernen für die Zukunft selbst in die Hand nehmen, die Inhalte des Schulunterrichts zu wenig erkennbare Bezüge zu ihren gegenwärtigen und künftigen Lebensproblemen haben. Es kündigt sich die Notwendigkeit an, die Überlebensthemen der Gesellschaft, die erfreulicherweise zu Lebensthemen einer Vielzahl von Schülerinnen und Schülern geworden sind, ins Zentrum des schulischen Lernens zu rücken. Dies erscheint unerlässlich, sofern Schule nicht ihren Bildungsanspruch einbüßen will.

Alle diese Veränderungen im Berufsfeld von Lehrerinnen und Lehrern erfordern die Prüfung der Frage, ob die gegenwärtige Lehrerausbildung den sich bereits vollziehenden oder sich ankündigenden Veränderungen gerecht werden kann. Dieser Frage soll im Folgenden mit der Schwerpunktsetzung auf die Professionalisierung von Lehrkräften im Rahmen ihres Referendariats nachgegangen werden. Der wesentliche Grund für diese Fokussierung ist, dass in der zweiten Phase eine *besondere Nähe zu den beruflichen Aufgaben und Anforderungen* besteht, wie sie in der gegenwärtigen Realität von Schule für Lehrkräfte akut sind oder noch werden. Bezugspunkt ist dabei der Stand der Lehrerbildung, wie er sich gegenwärtig in den Ländern der Bundesrepublik Deutschland vorfindet: eine zweiphasige Lehrerbildung mit einem sechs- bis zehnsemestrigen Studium an der Universität und einem anschließenden eineinhalbjährigen Referendariat am Studienseminar. Die folgenden Ausführungen konzentrieren sich auf die Abschlussphase der schulpraktischen Ausbildung der Lehrerinnen und Lehrer im Referendariat. Dies im Bewusstsein, dass das berufsbegleitende Lernen lebenslang weitergehen wird, weil keine Ausbildung ihre Absolventinnen und Absolventen für alle künftigen Anforderungen der sich dynamisch entwickelnden gesellschaftlichen Praxis antizipierend ausrüsten kann. Die methodischen Prinzipien einer wissenschafts- und praxisorientierten Ausbildung unterscheiden sich zwischen erster und zweiter Phase nicht wesentlich. Wohl aber ist die folgende Schwerpunktsetzung auf die zweite Phase erforderlich, weil eine Erweiterung und Neugestaltung der Ausbildungsszenarien am Studienseminar über das derzeit dominierende Muster eigenverantwortlichen Unterrichts hinaus notwendig erscheint.

2. Defizite der Ausbildung künftiger Lehrerinnen und Lehrer in der Verbindung von Praxis- und Wissenschaftsorientierung in der zweiten Phase

Die erste Phase der Schulpraktischen Studien an der Universität, in welcher Organisationsform sie auch durchgeführt wird, gelangt zu ihrem Ziel, wenn es gelingt, den Lehramtsstudierenden eine berufswissenschaftlich fundierte Grundorientierung zu vermitteln und Praxiskompetenz in unterrichtlichen Handlungssituationen in den von den Studierenden gewählten Schulfächern und Schulformen anzubahnen. Sie werden dabei durch ihre schulischen und universitären Mentoren unterstützt. Die erreichbare Praxiskompetenz kann aber nur exemplarischen und einführend-erprobenden Charakter haben. Die einzelnen Unterrichtsstunden können jedoch mit einem hohen zeitlichen Aufwand geplant und reflektiert werden. Im Referendariat muss demgegenüber, begleitet von erfahrenen Lehrpersonen, gelernt werden, was bisher nur beispielhaft erprobt worden ist, zu einer erfolgreichen Tätigkeit auszubauen, die sich über den gesamten Alltag des Unterrichtens erstreckt. Und dies unter den besonderen Bedingungen des für die Praxis des Lehrberufs typischen Ziel- und Problemdrucks, die einem nicht Zeit lassen, jede Handlung theoretisch zu reflektieren. Es gilt, erfolgreiche Routinen auszubilden und im eigenverantwortlichen Unterricht zu erproben.

Auf zwei mögliche Defizite bei einer noch so kompetent durchgeführten Ausbildungspraxis am Studienseminar, wie sie gegenwärtig vom eigenverantwortlichen Unterricht dominiert wird, ist in diesem Zusammenhang hinzuweisen.

Was die Methodik der Ausbildungssituationen betrifft, so hat die zweite Phase mit der Realisierung des Prinzips des forschungsbasierten Lernens, das auch für sie gilt, vielfach erhebliche Schwierigkeiten. Das Ziel besteht darin, dass die Referendarinnen und Referendare dazu ausgebildet werden, ihr zu Routinen weiter entwickeltes Handeln mit gesicherten Erkenntnissen aus der Lehr-Lern-Forschung in Beziehung zu setzen und danach situativ wirksam auszurichten. Grundlegend dafür ist die Einsicht, dass eine wissenschaftlich fundierte praktische Lehrerkompetenz nicht durch die Anwendung lehrhaft vermittelten wissenschaftlichen Wissens erworben werden kann. Können kann nicht durch Belehrung, sondern nur aufgrund von einübendem Handeln in Selbstlernprozessen kreiert werden. Dies muss in der Auseinandersetzung mit herausfordernden Praxissituationen geschehen. Von den Referendarinnen und Referendaren soll mit Unterstützung ihrer Ausbildenden relevantes wissenschaftliches Wissen reflektierend eingearbeitet werden (vgl. dazu Messner, 2012, und Messner & Reusser, 2000a und b).

Was die Validität, d.h. die inhaltliche Stimmigkeit der Ausbildungssituationen betrifft, kann zurecht gefragt werden, ob eine allein auf den Typ des eigenverantwortlichen Fachunterrichts beschränkte Ausbildungspraxis am Studienseminar wirklich eine optimale Vorbereitung auf die aktuelle Schul- und Unterrichtspraxis sein kann. Diese vollzieht sich im Zeichen veränderter, von den Lernenden genutzter medialer Kommunikationsformen sowie der Verpflichtung zur zunehmenden Differenzierung und Individualisierung des Unterrichts. Mit ihr soll Schule nicht nur hochbefähigten und lernschwierigen Kindern und Jugendlichen gerecht werden, sondern auch verstärkt Lernende mit Behinderungen in die schulische Normalpraxis aller Stufen integrieren. Dazu zeichnet sich als jüngste Entwicklung eine partielle Neuorientierung im Handlungsprimat von Bildung ab. Nun sind es vielfach unter Nutzung aller neuen Möglichkeiten von Internet und Facebook-Kommunikation agierende Jugendliche, welche eine Handlungs- und Lernoffensive einzuleiten versuchen. Sie fordern von den Erwachsenen, endlich mit wirksamen Maßnahmen ernstzumachen, welche Mensch und Tier sowie Luft, Wasser und Erde vor den durch Klimaveränderungen, durch die Vergiftung der Böden, durch Vermüllung und den ausufernden Verkehr drohenden Gefahren bewahren können.

Wie sehen Ausbildungssituationen aus, mit deren Hilfe künftige Lehrerinnen und Lehrer für die Aufgabe der Entwicklung wirksamer schulischer und unterrichtlicher Maßnahmen zur Bewältigung der sich verändernden Berufsaufgaben instandgesetzt werden können? Wesentlich ist, dass diese Aufgaben, so wichtig persönliche Haltung und subjektive Präsenz zu ihrer Lösung auch sind, nicht in einsamer, isolierter Einzelarbeit gelöst werden können, sondern intensive Formen der Kooperation zwischen Lehrpersonen sowie diesen mit ihren Schülerinnen und Schülern erfordern. Dazu gehört die Bereitschaft, die Arbeitsergebnisse gemeinsam zu evaluieren und dabei das eigene Tun in Frage stellen zu lassen. Was die Inhaltlichkeit der Lehr-Lernsituationen für werdende Lehrerinnen und Lehrer betrifft, lassen sich für das Referendariat hier nur erste Vorschläge zu möglichen Schwerpunkten formulieren; sie bedürfen – wie künftiger Unterricht – weiterer kreativer Entwicklung und exemplarischer Erprobung.

3. Konzeptuelle Vorschläge zur Innovation der zweiten Phase als Ort einer berufsnahen „klinischen" Ausbildung[1]

Die zentralen Berufsaufgaben von Lehrerinnen und Lehrern sind Lehren und Lernen (Unterrichten, Bilden), Erziehen, Beraten, Beurteilen und Schule entwickeln (vgl. Standards für die Lehrerbildung: Bildungswissenschaften. Beschluss der KMK vom 16.12.2004; letzte Aktualisierung 28.11.2017). Sie bleiben in ihrer Intention gültig, müssen aber mit neuem thematischen Profil verwirklicht werden. Inhalt der Arbeit am Studienseminar sollte eine von den Ausbildenden angeregte und unterstützte, individuell auf die Auszubildenden abgestimmte Fall- und Übungsarbeit im Modus des forschenden Lernens sein.

In einer so verstandenen klinischen Arbeit in einer berufsnahen zweiten Phase sollen von den angehenden Lehrpersonen in den im Folgenden genannten Szenarien eine auf Praxiskompetenz zielende Wissenstransformation geleistet werden (vgl. Busse & Bosse, 2018, „Reflexive Kompetenzentwicklung", S. 138 ff.). Es geht dabei um fachlich-fachdidaktisches Wissen, um bildungswissenschaftlich-didaktische und psychosoziale Kenntnisse und Fähigkeiten. Die zweite Phase muss bestrebt sein, in Kooperation mit der universitären Startphase der Lehrerbildung an einem solchen verbindlichen *Kern e*ines praktischen „Bildungswissens" mit Respekt für die bereits erworbene Kompetenz der Auszubildenden weiterzuarbeiten. Auch wenn Lehrkräfte theoriebezogen und wissensgestützt handeln sollen, ist ihr Tun aber nie vollständig wissenschaftlich

1 „Klinisch" ist unter Anführungszeichen gesetzt, weil in der zweiten Phase der Lehrerbildung nicht die aus der medizinischen Ausbildung durch den Ort Klinik und die Teilhabe der Praktikantinnen und Praktikanten an den dort anstehenden medizinischen Aufgaben gegebene Konzentration und Nähe zur wissenschaftlichen Ausübung des Berufs auf hohem Niveau erreicht werden kann. Insofern jedoch auch in der zweiten Phase der Lehrerbildung in allen Szenarien die ernsthafte Beteiligung der Referendarinnen und Referendare an einer evidenzbasierten Berufsausübung angestrebt wird, kann von einer der klinischen Ausbildung ähnlichen Praxis gesprochen werden.

begründbar. Es enthält spontane, biographische und nichtplanbare Anteile, die ihm einen unverwechselbaren Zug persönlich geprägter Kunstfertigkeit verleihen.

Mit allem Vorbehalt werden im Folgenden im Sinne eines ersten, diskussions- und ergänzungsbedürftigen Entwurfs vier näher ausgeführte Szenarien einer wissenschaftlich fundierten schulpraktischen Ausbildung im Referendariat vorgeschlagen:

1. Herausforderung und individuelle Betreuung eigenverantwortlichen Unterrichts
2. Unterrichtsentwicklung im Team als Aktionsforschung
3. Lernpartnerschaften – diagnostische Begleitung und Förderung von fachlichen Lernprozessen einzelner Schülerinnen und Schüler durch Referendarinnen und Referendare
4. Aktive Teilnahme an aktuellen Projekten der Schulentwicklung

Sie sollen sich zu etwa gleichen Teilen auf die Ausbildungszeit einer vollen Lehrerstelle, die gegenwärtig ausschließlich dem eigenverantwortlichen Unterricht und seiner Reflexion gewidmet ist, erstrecken. Am Inhalt konkreter Unterrichts- und Schulpraxis sollen künftige Lehrerinnen und Lehrer in den vier Szenarien, die jeweils wesentliche Dimensionen der Lehrertätigkeit betreffen, auf der Basis ihrer aus der universitären Startphase vorhandenen Kompetenzen an der Weiterentwicklung ihres Könnens arbeiten. Sie werden dabei von ihren Ausbilderinnen und Ausbildern beraten.

Ein solcher Ansatz steht im Gegensatz zum Professionalisierungskonzept der derzeitigen Ausbildungspraxis in der zweiten Phase der Lehrerbildung. Die Logik der gegenwärtig an den Studienseminaren dominierenden Ausbildung lautet, dass das Kerngeschäft der Lehrerprofession im Unterrichten besteht. Künftige Lehrpersonen, so die weitere Annahme, können die für ihren Beruf zentrale professionelle Kompetenz daher am besten erwerben, wenn sie ein möglichst hohes Maß ernsthafter eigener Erfahrungen im unterrichtlichen Handeln und dessen Reflexion in den beiden von ihnen gewählten Fächern erwerben. Unterrichtskompetenz, so der Gedanke, eignet man sich am besten durch möglichst viel Unterrichten unter variierenden Bedingungen an.

Ein Blick auf das Training sportlicher Fähigkeiten lässt an der Stimmigkeit dieses Konzepts zweifeln. Wer z.B. Weitspringen trainiert, wird keinesfalls die gesamte Übungszeit lediglich Weitsprünge absolvieren. Sprungkraft, Absprung und Landung, Trittgeschwindigkeit beim Anlauf und Anlaufstrategie werden vielmehr, unterstützt durch ein Krafttraining der Beinmuskulatur, in getrennten Einheiten trainiert, ehe sie in eigenen Übungsphasen zur Gesamtroutine eines persönlichen Weitsprungablaufs zusammengefügt werden.

Unterrichten und Schulehalten erfordern, wie ein Blick auf die o.g. Berufsaufgaben zeigt, im Vergleich dazu noch wesentlich komplexere Prozesse des Kompetenz- und reflexiven Wissenserwerbs. Es gilt, Lernumgebungen für unterschiedlich befähigte einzelne Kinder und Jugendliche und für Gruppen von Schülerinnen und Schülern mit verschiedener Zielrichtung und Größe zu organisieren. Die Lernenden sollen jeweils beratend unterstützt sowie erziehlich auf sie eingewirkt werden. Dabei sind immer die Gestaltung von Unterricht selbst und die Sicherung der zu seiner Durchführung notwendigen schulischen Bedingungen zu leisten. Unterrichten bedeutet stets auch Schule gestalten. Zudem geht es nicht nur im Umgang mit Lernenden, sondern auch mit den schulischen Kolleginnen und Kollegen sowie Partnern um komplexe sozial-kommunikative Fähigkeiten und psychosoziales Verstehen. Ohne die Förderung in allen diesen Aspekten erreichen Lehrpersonen keine adäquate berufliche Professionalität, sondern bleiben unterrichtliche Einzelkämpfer.

Die vier Szenarien berücksichtigen in einem erprobungs- und verbesserungsbedürftigen Erstansatz die tatsächliche Mehrdimensionalität der Tätigkeit von Lehrpersonen; des Weiteren bedarf es zu ihrer Anbahnung eines komplexen Sets von Ausbildungsmöglichkeiten. Dadurch können künftige Lehrerinnen und Lehrer instandgesetzt werden, die einzelnen Dimensionen ihrer Professionalität zu entwickeln (vgl. dazu u. a. die Prinzipien einer metareflexiven Lehrerausbildung bei Cramer, Harant, Merk, Drahmann & Emmerich, 2019, bes. S. 415 ff.).

Eine solche Ausbildungsarbeit ist, was zum Beispiel den notwendigen Einbezug psychosozialer Kompetenzen und die lehr-lern-theoretische Absicherung betrifft, in der Regel nicht ohne personelle Unterstützung durch die erste Phase zu leisten. An diese anschließend benötigt die „klinische" Ausbildung am Studienseminar aber nicht nur eine handlungsbezogene und intellektuelle, sondern auch eine *ethische Dimension*. Mit ihrem professionellen Handeln übernehmen die Auszubildenden auch Verantwortung für die Entwicklung von Kindern und Jugendlichen. Durch das eigene Handeln werden jeder Schülerin und jedem Schüler Lebensmöglichkeiten eröffnet oder verschlossen.

Als Beispiel seien drei zentrale Prinzipien des Leitbildes der Lehrerausbildung an der Universität Kassel genannt:

- Die Kinder und Jugendlichen im Bildungsprozess als entwicklungsfähige Individuen ansehen, denen aktivierende Impulse gegeben sowie Zeit und Geduld zur Entwicklung ihrer Begabungen und ihrer Mündigkeit gelassen werden.
- Maßstab der Förderung soll sein, die Lernenden zu ermutigen und herauszufordern, das ihnen mögliche Leistungspotential im fachlichen und sozialen Lernen zu entfalten.
- Die Beteiligten erfahren lassen, dass alle Schülerinnen und Schüler gleiche Chancen haben sollen und dass sich Lehrpersonen im Bildungsgang bemühen, sie nicht vorschnell auf den durch die Gunst oder Ungunst ihrer Herkunft geprägten Stand ihrer Individualität festzulegen.

Solche Prinzipien können nicht verbal vermittelt werden. Sie müssen den Auszubildenden durch das Vorbild ihrer Dozenten und Dozentinnen und Mentorinnen und Mentoren in einer zur Nachahmung einladenden Weise in Schule und Unterricht vorgelebt und reflektiert werden.

4. Szenarien zur Ausgestaltung einer tätigkeitsnahen wissenschaftlich fundierten schulpraktischen Ausbildung im Referendariat

4.1 Szenario 1: Herausforderung und individuelle Betreuung eigenverantwortlichen Unterrichts

Eigenverantwortlicher Unterricht spielt dabei nach wie vor eine zentrale Rolle. Im Sinne forschenden Lernens soll seine Begleitung in der zweiten Phase als gemeinsames Bewusstmachen des Lehrerwerdens jeder Referendarin und jedes Referendars bei der Planung, Durchführung und Reflexion des selbständig erteilten Fachunterrichts erfolgen. Ausbildende haben dabei eine bedeutsame Betreuungsfunktion zur „Spiegelung“ des Verhaltens der künftigen Lehrpersonen sowie als Beobachter und kollegial-kritische Begleiter von deren Unterricht. Zudem sind sie Repräsentanten des praxisnahen wissenschaftlichen Anspruchs der Ausbildung.

Im Mittelpunkt der Ausbildung – das ist der wirklich entscheidende Punkt – muss immer die Eigenentwicklung der Auszubildenden als Subjekte ihrer eigenen Rollenfindung als Lehrpersonen stehen. Ihnen muss überlassen bleiben, wie sehr sie sich dabei im Rahmen von Hospitationen bei anderen Lehrpersonen und Mit-Auszubildenden, die einen Teil ihres Zeitbudgets ausfüllen, von Rollenvorbildern anregen lassen. Es handelt sich um gemeinsam reflektierte Selbstlernprozesse unter Einbezug von Arbeitsformen, wie das Studium didaktischer Konzepte und Theorien, die Überprüfung des eigenen Verhaltens an selbst mitentworfenen Portfolios, gelegentlich auch um die Erprobung von Praktiken in gemeinsam ausgedachten Übungssettings.

„Empowerment“ in Studienseminar und Unterricht

Bei der Gestaltung von Lehr-Lern-Situationen gelten für die Ausbildung der Referendarinnen und Referendare durch ihre Fachleiterinnern und Fachleiter am Studienseminar sowie für deren eigenverantwortlichen Unterricht mit ihren Schülerinnen und Schülern dieselben Prinzipien. Sie lassen sich in dem für beide Lehr-Lern-Situationen relevanten Bildungskonzept des „Empowerment“ zum Ausdruck bringen (vgl. Arnold et al., 2011, S. 138 ff.). Der Empowerment-Ansatz berührt das Terrain, das traditionell den Bildungstheorien vorbehalten ist. Die Verwendung des Bildungsbegriffs ist allerdings auf den deutschen Sprachraum beschränkt. Mit Empowerment wird bewusst ein international ausgewiesener und kommunizierbarer Ansatz gewählt. Die Grundidee von Empowerment im Sinne von dessen konsequenter Interpretation des Bildungskonzepts lautet: Individuen müssen durch Aktivierung ihrer persönlichen Potentiale und die Mobilisierung ihrer natürlichen und sozialen Ressourcen gestärkt werden (vgl. zum Konzept: Perkins & Zimmerman, 1995; Rappaport, 1995).

Bildung im Verständnis von Empowerment muss bei den Ausbildenden/Coaches/Lehrpersonen beginnen: Nur wer seine Eigenpotentiale entwickelt hat („being empowered“), z. B. selbst einen Inhalt als faszinierend erlebt, kann bei dessen Vermittlung die Lernenden durch die Aktivierung von deren Fähigkeiten, Ressourcen und Potentialen stärken und zielbezogen aktivieren. Dies gilt gleichermaßen für die Ausbildung im Praktikum und das Unterrichten in der Schule.

Zur didaktischen Gestaltung von Unterricht

In der neueren bildungswissenschaftlichen Literatur wird *„guter Unterricht"* von Steffens und Haenisch in einer Forschungsbilanz durch folgende Leitprinzipien charakterisiert (vgl. Steffens & Haenisch, 2019, S. 279 f.):

1. Unterricht mit den Vorerfahrungen und der Lebenswelt der Schülerinnen und Schüler verbinden
2. Unterricht inhaltlich strukturieren sowie für Transparenz und Erklärungen sorgen
3. Gelerntes anwenden und um die aktive Auseinandersetzung mit den Lerngegenständen bemüht sein
4. Lerndiagnosen durchführen, Feedback geben und Gelerntes regelmäßig bilanzieren
5. Differenzierte Zugänge zum Lernen ermöglichen
6. Vertrauen in die Fähigkeiten der Schülerinnen und Schüler haben und für ein
7. positives Lernklima in der Klasse sorgen
8. Ordnungsstrukturen für den Unterricht aufbauen

Innerhalb dieses empiriegesicherten Rahmens ist je nach der Berücksichtigung spezifischer fachdidaktisch-pädagogischer Perspektiven Raum für die Betonung verschiedener Verständnisse eines didaktisch gelingenden Unterrichts (vgl. jeweils Steffens & Messner, 2019):

- Aus kognitionstheoretischer Sicht des Lehrens: „Lehrpersonen behalten auch in Zukunft ihre Funktion, Zugänge zu Wissen und Können zu ermöglichen, Inhalte und Denkweisen zu modellieren, bei den Lernenden gedankliche Konstruktionsprozesse anzuregen und deren Bildung in ‚Zonen der nächsten Entwicklung' adaptiv zu unterstützen" (Reusser, 2019, S. 160).
- Aus dem Blick der Mathematik-Didaktik: „(Unterrichten) bedeutet ein permanentes Herausfordern der geistigen Eigentätigkeit der Lernenden, eine adaptive, auf selbständiges Arbeiten der Lernenden abzielende Lernunterstützung und ein Ermutigen individueller Bearbeitungen von Aufgaben" (Blum, 2019, S. 191).
- Aus der Position „Lernseits von Unterricht": „Als pädagogisch Verantwortliche müssen Lehrpersonen Anteilnahme für ihr Gegenüber und für die ‚Jenseitigkeit' der gemachten Erfahrungen zeigen, indem sie ihre Aufmerksamkeit bewusst darauf lenken und versuchen hinzuspüren, was im Entstehen begriffen ist" (Michael Schratz, 2019, S. 323).
- Aus dem Bemühen um eine recht verstandene Offenheit des Unterrichts: „Für die Entwicklung eines die Lernenden inspirierenden erfolgreichen Fachunterrichts gilt, dass Offenheit erst durch instruktive Impulse für das selbständige Lernen der Schü-

lerinnen und Schüler nach dem Prinzip ‚Hilf mir, es selbst zu tun', ermöglicht wird" (Rudolf Messner, S. 85).

Die Idee eines Unterrichts mit hoher Praxisqualität lässt sich wie folgt formulieren: Zielsetzungen wie Bildungsstandards besitzen eine wichtige orientierende Funktion für die Entwicklung von Unterricht. Es ist jedoch unangemessen, solche Ziele auch als zentrales Steuerungsinstrument für Unterricht anzusehen (vgl. Messner, 2016, S. 30 ff.). Unterricht muss aus Inhalten bzw. Situationen und methodischen Formen entwickelt werden, die Lehrerinnen und Lehrer für sich selbst als bedeutsam erfahren haben und als motivierend, handlungsanregend und lernwirksam für Schülerinnen und Schüler empfinden. Solche potentiell bildenden Inhalte gilt es im Hinblick auf die Kompetenzen der Lernenden und mögliche Zielrichtungen zu interpretieren und „auszuschöpfen". Kinder und Jugendliche gehen nicht zur Schule, um Lernziele zu erreichen, sondern um etwas Sinnvolles und für sie Interessantes für den Erwerb der angestrebten Berechtigungen zu tun. Und dadurch ihr Können und Wissen zu erweitern.

4.2 Szenario 2: Unterrichtsentwicklung im Team als Aktionsforschung

Wer viel mit Schulen und Lehrpersonen zu tun hat, dem ist die Erfahrung nicht fremd, dass die Bereitschaft zur Kooperation mit anderen Lehrpersonen meist dann eine deutliche Grenze findet, wenn Kolleginnen und Kollegen sowie Besucherinnen und Besucher der eigene Unterricht für eine kritische Beobachtung und Bewertung zugänglich gemacht werden soll. Für viele Lehrpersonen stellt traditionellerweise die Alleinverantwortung für den lehrenden und erzieherischen Umgang mit ihrer Schulklasse die sorgsam vor jeder Fremdbeobachtung behütete Tabuzone ihres Berufes dar. Eine Ursache für dieses Verhalten dürfte darin liegen, dass eine kooperative, bis in die eigene Praxis der Beteiligten vordringende kritische Entwicklungsarbeit an Unterrichtseinheiten in der Lehrerausbildung gegenwärtig nicht geübt wird. Diesem Defizit soll in der Lehrerausbildung der zweiten Phase abgeholfen werden. Die international erfolgreiche Fortbildungs- und Entwicklungsmethodik der *Lesson und Learning Studies* soll in einer situationsgerechten Adaptation als eigenes Szenarium in die zweite Phase integriert werden.

Die Lesson und Learning Studies weisen eine interessante „Globalisierungsgeschichte" auf (vgl. den detailreichen Beitrag „Lesson Studies und Learning Studies" von Peter Posch in diesem Band). Entstanden in Japan und dort vor allem an den dort sechsjährigen Grundschulen praktiziert, haben sich Lesson Studies im Sekundarbereich in den USA, in Australien und in England ausgebreitet und jüngst in Form „professioneller Lerngemeinschaften" auch in die Lehrerbildung in Deutschland und Österreich Einzug gehalten. Im Westen sind sie erst 1999 durch ein Buch von Stigler und Hiebert (1999) bekannt geworden. Zu ihrer Verbreitung beigetragen haben die hohen Leistungen japanischer Jugendlicher im ersten PISA-Test. Die Learning Studies unterscheiden sich von den Lesson Studies nicht durch ihren Ablauf, sondern durch die stärkere Betonung theoretischer Aspekte. Damit nähert sich ihre Methodik der empirischen Unterrichtsforschung an. Für Ausbildungszwecke orientiert sich das Folgende daher an den praxisnäheren Lesson Studies.

Deren Grundkonzept besteht darin, Entwürfe von Unterrichtsstunden(-einheiten) als Forschungshypothesen in gemeinsamer Aktionsforschung[2] durch Lehrergruppen experimentell im Unterricht umzusetzen sowie durch die Beobachtung und Auswertung der Ergebnisse ein verbessertes Unterrichtskonzept zum gewählten Thema zu entwickeln. Die von einer Ausbilderin bzw. einem Ausbilder moderierte gemeinsame Forschungs- und Entwicklungsarbeit wird in der Regel von drei bis sechs Praktikantinnen und Praktikanten durchgeführt. Sie lässt sich in sechs Stufen beschreiben (zu den Arbeitsschritten siehe Fernandez, Yoshida, Chokshi & Cannon, 2001 und Posch in diesem Band):

1) Gemeinsame Planung einer Unterrichtseinheit zu einem Thema
2) Durchführung der Unterrichtseinheit, Beobachtung zu spezifischen Fragen, Sammeln von Daten
3) Gemeinsame Analyse der Daten, Kartenabfrage zu Schülerleistungen und Sichtweisen der Schülerinnen und Schüler
4) Erneute Bearbeitung der Unterrichtseinheit
5) Durchführung und Beobachtung der bearbeiteten Unterrichtseinheit in einer anderen Klasse
6) Bilanzierender Austausch, Dokumentation

Die Daten werden von den beteiligten Lehrpersonen aufgrund der notierten Beobachtungen, u.a. in Kartenabfragen, sowie der Interviews von Schülerinnen und Schülern (oft drei sog. „Fallschüler“) ermittelt und analysiert. Eine der Stärken der Lesson Study ist es, dass sie, wie Hattie gefordert hat, „Lernen aus den Augen der Lernenden“ zu sehen erlaubt. Besondere Aufmerksamkeit gilt dem Hauptziel der jeweiligen Unterrichtsstunde („the lesson's key point“) sowie dem absehbar schwierigsten Punkt („the lesson's difficult point“) und dem Lerneffekt („the learning effect“). Ein besonderer Vorteil der Kooperation einer Gruppe bei der Planung, Durchführung, Beobachtung und Auswertung von Ausbildungsszenarien in der Art der Lesson Study besteht darin, dass der erforschte Unterricht dem gesamten Team „gehört“ und dadurch berechtigte Kritik und mögliches Versagen nicht einzelnen Lehrpersonen zugeschrieben werden kann. Für den Erfolg sind die Intensität und Kontinuität der kooperativen Erforschung von Unterricht von besonderer Bedeutung. Damit sind auch mögliche Gefahren verbunden, sofern die gemeinsame Entwicklungsarbeit allzu sehr nach einem sich ständig wiederholenden Schema verläuft. Demotivation kann die Folge sein. Als Gegenmittel empfiehlt sich ein attraktiver Wechsel der Themen und untersuchten Aspekte des Unterrichts. Die Forschergruppe kann auch selbst in die Rolle von Schüle-

2 Aktionsforschung meint – im Gefolge von Ideen Lewins –, dass die Beteiligten, im vorliegenden Fall Teams von Lehrkräften, die Erforschung ihrer Unterrichtspraxis zu ihrer eigenen Sache machen und dadurch zu Co-Forschern werden. In einem von Forschungskundigen begleiteten zyklischen Projektverlauf wird konkretes Unterrichtshandeln gemeinsam mithilfe gezielter Kriterien beobachtet, ausgewertet, ggf. neu geplant und abermals erprobt. Ziel des praxisnahen Verfahrens ist die Verbesserung des Unterrichts.

rinnen und Schülern schlüpfen und ihren Unterricht durch diese beurteilen lassen. Jede bürokratische Monotonie soll vermieden, selbstentwickelte Formate und Beobachtungskriterien sollen eingesetzt werden. Dadurch kann an jedem Ausbildungsort eine eigene Kultur der Unterrichtserforschung in Lerngemeinschaften entstehen.

Formate zur kooperativen Unterrichtsentwicklung[3]

Beispiel 1: Kreisumfang (Jahrgang 8)

Im Sinne einer Lesson Study wird für den Mathematikunterricht in Jahrgang 8 zum Thema Kreisumfang eine Unterrichtsstunde in Form eines Verlaufsplans mit einer Folge von vier Unterrichtssituationen geplant (Dauer 45 Minuten).[4] Jede Unterrichtssituation soll charakterisiert werden nach Zeit (in Min.), Unterrichtsintention und Inhalt, Lehreraktivitäten (einzelne Impulse wörtlich), Schüleraktivitäten und didaktisch-methodischem Kommentar.

Unterrichtssituation 1 (5–10 Min.):
Einführung des Problems: Erweiterung des Kreisumfangs verstehen

- Lehrperson zeichnet ohne Vorrede mit Kreide einen großen Kreis an die Tafel
- Lehrperson bittet Schülerinnen und Schüler, dies als Schnitt durch den Erdball zu verstehen (oben Nord-, unter Südpol)
- Frage: „Wie lange wäre ein Seil, das ganz straff um den gewaltigen Umfang der Erde gespannt würde, sodass kein Blatt dazwischen passt?“
- Lernende antworten: 40.000 Kilometer (Lehrperson ergänzt: 1 Kilometer hat 1.000 Meter, zu 40.000 noch drei Nullen dazu: 40.000.000 = 40 Millionen Meter; evtl. von Lernenden erklären lassen)
- Lehrperson: „Stellt Euch vor, das straff um die Erde gespannte Seil wird um einen einzigen Meter verlängert. Zu den 40 Millionen Metern kommt ein Meter dazu.“
- Klar ist, dass dadurch das Seil rund um die Erde ein wenig lockerer werden muss.
- Frage: „Um wieviel lockerer?“. „Wenn der Abstand rund um die Erde gleich verteilt wird, was geht dann zwischen Seil und Erde durch, ein Papierblatt, eine Ameise, eine Maus, oder?“

Unterrichtssituation 2 (5–10 Min.):
Lösen durch Schätzen der Schülerinnen und Schüler

- Lernende diskutieren, dann Probeabstimmung (Wofür ist die Mehrheit?)

Unterrichtssituation 3 (15 Min.):
Berechnen der Zunahme des Radius‘

- Mit den Lernenden wird Kreis-Umfangs-Formel ($U=2r.\pi$) wiederholt

---

3 Die folgenden Beispiele beruhen auf Erfahrungen des Autors in universitären Schulpraktika.

4 Für die Idee zu dieser Unterrichtseinheit und dem Zugang zu seinem Unterricht sei Dieter Grobe (Offene Schule Kassel-Waldau) gedankt.

- Umfang wird um 1Meter länger
- Neuer Radius daher: + 1M=100cm durch 2x3.14=15,92= gerundet 16cm
- Sogar eine Katze kann durchschlüpfen!

Unterrichtsituation 4 (15 Min.):
Schülerinnen und Schüler dokumentieren schriftlich die Lösung; ggf. Partnerhilfe

- Eine Lehrperson führt die Unterrichtseinheit durch
- zwei Lehrpersonen beobachten und notieren die Zielerreichung in den einzelnen Unterrichtssituationen
- drei Lehrpersonen interviewen die Lernenden zur Wahrnehmung der einzelnen Situationen aus Schülersicht
- die Dokumentationen der Schülerinnen und Schüler werden eingesammelt und ausgewertet
- Überarbeitung der Unterrichtseinheit und Durchführung in einer anderen 8. Klasse

Beispiel 2: Goethes Gedicht „Gefunden“: Natur- oder Liebesgedicht?

Zu Goethes fünfstrophigem Gedicht „Gefunden“ wird eine Unterrichtseinheit entworfen. Das Gedicht wird zunächst als Naturgedicht vorgestellt. Dann wird berichtet, dass die Verse von Goethe am 26. August 1813 auf dem Weg nach Ilmenau geschrieben und seiner Frau Christiane Vulpius zum 25. Jahrestag ihres Kennenlernens geschenkt wurden. Die Lernenden sollen auf diese Weise – und aufgrund einiger ergänzender Informationen zu Goethes Verhältnis zu Christiane – den doppelten Sinn des Textes entdecken. Geht es um eine Blume oder um eine Frau, die vom Dichter behutsam nach Hause gebracht wird, um dort zu erblühen und nicht nach einer einmaligen Eroberung zu welken? Die Beobachtungen sollen sich darauf konzentrieren, wie in einzelnen Bildern Natur-und Liebesbedeutung zugleich aufleuchten. Der besondere Reiz der erhalten bleibenden Doppeldeutigkeit soll den Lernenden bewusst werden – und dass Worte durch ihre symbolische Verwendung eine neue Bedeutung erlangen können. Die Frage ist auch, wo die besonderen Schwierigkeiten des Verständnisses für die Schülerinnen und Schüler liegen.

Beispiel 3: Die gesamte Seminargruppe untersucht eine Unterrichtseinheit im Lesson-Study-Verfahren nach den fachübergreifenden Merkmalen erfolgreichen Unterrichts von A. Helmke (2007)

Benötigt werden mindestens zehn Beobachterinnen und Beobachter, die sich auf die Kriterien von Helmke konzentrieren und je eines auf die gesamte Situationenfolge der Unterrichtseinheit anwenden (und sich zugleich in kritisch-reflektierender Weise Berufswissen über relevante Dimensionen von Unterrichtsqualität aneignen):

1) Strukturiertheit, Klarheit, Verständlichkeit
2) Effiziente Klassenführung und Zeitnutzung

3) Lernförderliches Unterrichtsklima
4) Ziel-, Wirkungs- und Kompetenzorientierung
5) Schülerorientierung, Unterstützung
6) Angemessene Variation von Methoden und Sozialformen
7) Aktivierung: Förderung aktiven, selbständigen Lernens
8) Konsolidierung, Sicherung, Intelligentes Üben
9) Vielfältige Motivierung
10) Passung: Umgang mit heterogenen Lernvoraussetzungen

Sollte die Seminargruppe größer sein, könnte die Einschätzung der Referendarinnen und Referendare mit denen der Lernenden (vereinfachte Kriterienkarte) verglichen werden. Die Ergebnisse der Analyse münden auch hier in Verbesserungsvorschlägen für den beobachteten Unterricht – und in eine kritische Diskussion der Gruppe über Wert und Grenzen der einzelnen Kriterien.

Resümierend lässt sich sagen, dass künftige Lehrerinnen und Lehrer durch Unterrichtsentwicklung im Team nicht nur einen Vorrat von erprobten Unterrichtseinheiten für ihre spätere Praxis erwerben können, sondern auch in ihrer Aufmerksamkeit für die Qualität von Unterricht geschärft werden. Zudem lernen sie den „Leistungsvorteil der Gruppe" aufgrund der Kreativität der Teilnehmenden und ihrer unterschiedlichen Sichtweisen sowie die Praxis „wohlwollenden Feedbacks" kennen. Es ist zu hoffen, dass dadurch die Arbeit in Lerngemeinschaften zu einem Identitätsmerkmal der Berufsausübung wird, das sich bei den Beteiligten auf die künftige Praxis überträgt. Die deutschsprachige Lehrerausbildung soll damit eine in anderen Staaten (z.B. Japan) längst erreichte professionelle Berufsaneignung nachvollziehen.

4.3 Szenario 3: Lernpartnerschaften – diagnostische Begleitung und Förderung von fachlichen Lernprozessen einzelner Schülerinnen und Schüler durch Praktikantinnen und Praktikanten

Bei der Beschreibung dieses Szenarios kann es sich nur um erste tastende Konkretisierungsversuche handeln, die weiterer Ergänzung, Erprobung und Diskussion bedürfen. Bisher gibt es zur Thematik der Lernpartnerschaften in der Lehrerausbildung nur wenige praktische Beispiele. Zu nennen ist in diesem Zusammenhang das von Ariane Garlichs mit Herbert Hagstedt, Maili Hochhuth, Hildegard Lahme-Gronostaj, Marianne Leuzinger-Bohleber, Karola Ring, Charlotte Röhner u.a. von 1993–2000 an der Universität Kassel im Rahmen der ersten Phase der Ausbildung von Grundschullehrkräften durchgeführte „Schülerhilfeprojekt". Es ist im Band „Schüler verstehen lernen" dokumentiert (Garlichs, 2000). In ihm erhielten Lehramtsstudierende die Aufgabe, ein schwieriges oder sonst bedürftiges Kind durch die Begleitung in seinem Alltag und in schulbezogenen Situationen in seiner Entwicklung zu fördern. Obwohl das Kasseler Schülerhilfeprojekt im Unterschied zu den Vorschlägen in Szenario 3 explizit sozialpädagogische, auf die Grundschule beschränkte Ziele verfolgt, ist es beispielhaft für die Vermittlung von Erfahrungen an künftige Lehrpersonen durch deren nachhaltigen, sorgsam reflektierten Langzeitkontakt mit einzelnen Kindern sowie für das Netz von vertiefenden Begleitaktivitäten und psychosozialen Reflexionen, durch die ein solches Vorhaben begleitet werden muss (vgl. zu den Problemen der im Band dokumentierten Fallarbeit Leuzinger-Bohleber, 2000).[5]

Angesichts der komplexen Ansprüche, welche die Übertragung des Konzepts der Lernpartnerschaften auf die Ausbildung von Referendarinnen und Referendare aller Lehrämter in der zweiten Phase mit sich bringen dürfte, sei nicht verschwiegen, dass bei der folgenden Darstellung der Wunschcharakter dominiert – allerdings auch die Hoffnung, dass es sich um attraktive Vorschläge handelt, die in den Lern- und Beziehungserfolgen im hundertfach erteilten Nachhilfeunterricht für Schülerinnen und Schüler auch der Sekundarstufen eine solide Erfahrungsbasis haben.

Die Idee

Im Anteil der Berufsausbildung im Referendariat, der dem Szenario 3 zugehören soll, hat jede künftige Lehrerin und jeder künftige Lehrer die Aufgabe, zu *einem Kind oder Jugendlichen nach eigener Wahl* – selbstverständlich mit deren Einverständnis – einen partnerschaftlichen Kontakt herzustellen. Die angehenden Lehrpersonen sollen versuchen, die Lebens- und Lernprobleme der ausgewählten Person zu verstehen und dieser auch bei ihrem Lernen zu helfen. Das Bemühen um eine erfolgreiche Nachhilfe soll aber nicht dominant werden. Im Mittelpunkt steht das Kennenlernen und Verstehen der Biographie, der sozialen Situation und Individualität des einzelnen Kindes oder Jugendlichen unter weitgehender Zurückstellung schulischen Leistungsdrucks. Damit soll die Einschränkung der Erfahrung überwunden werden, die darin besteht, dass der unterrichtliche Kontakt in der Lehrerausbildung vorwiegend in der Kollektivsituation von Schulkassen erfolgt. Künftige Lehrerinnen und Lehrer sollen wenigstens ansatzweise mit der subjektiven Welt eines einzelnen Individuums vertraut werden. Jede solche Beziehung wird ihre eigene Geschichte, ihre Hochs und Tiefs, ihre Wohlfühlphasen und Konflikte haben – und kann auch scheitern (und muss dann ggf. beendet werden).

Die Lernpartnerschaften der künftigen Lehrkräfte sollten sensibel begleitet werden. Die Kontakte der Auszubildenden dringen damit mit Einverständnis der betroffenen Schülerinnen und Schüler und ihrer Erziehungsberechtigten in das Terrain der sonst nur der Familie vorbehaltenen Beziehungen vor. Die möglichen „Lernpartnerschaften" dürfen aber in ihrer Problematik auch nicht mystifiziert werden. Wie schon ihr Name sagt, sind sie für die Lernenden und ihre Eltern ein Angebot, ihnen durch kontinuierliche Begleitung beim Lernen zu helfen. Für Kinder und Jugendliche sind sie zudem eine in der Regel als positiv empfundene Möglichkeit, ihre sozialen Kontakte zu erweitern. Für die Studienseminare stellen sie eine erhebliche Stärkung ihres Kompetenzanspruchs dar. In der Bewältigung komplexer psychosozialer Beratungssituationen

5 Das Schülerhilfeprojekt hat die hier vorgetragenen Überlegungen zu Lernpartnerschaften in der zweiten Phase der Lehrerausbildung inspiriert. Für den Grundschulbereich ist seine Praxis im Hinblick auf besonders förderungsbedürftige Kinder nach wie vor aktuell. An der Universität Kassel wird das Schülerhilfeprojekt bis heute als „Projekt K" weitergeführt.

bedeuten sie eine Ausweitung ihrer Ausbildung in den Beziehungs- und Sozialbereich, der sie auf Augenhöhe mit der universitären Erstausbildung bringt. Es muss sich erst herausstellen, ob Studienseminare bereit und personell in der Lage sind, sich solchen zusätzlichen Ausbildungsaufgaben zu widmen.

Das mögliche Angebot

Die Studienseminare bieten ihren Auszubildenden im Rahmen ihrer Ausbildungsaufgaben neben dem eigenverantwortlichen Unterricht und der Teilnahme an der Unterrichtsentwicklung im Team *verbindlich* an, für ein halbes Jahr (verlängerbar auf max. ein Jahr) sich wöchentlich für ca. zwei Stunden mit einer Schülerin oder einem Schüler zu treffen. *Die Auswahl der Lernenden* (Teilnahme freiwillig, Einverständnis der Eltern oder Erziehungsberechtigten) erfolgt über die Angebote der Klassenlehrerinnen und Klassenlehrer der Praktikumsschulen. Die Lernpartnerschaft schließt *Nachhilfe und Lernförderung* ein (bei sehr guten Schülerinnen und Schülern: Entwicklung von herausfordernden Zusatzaufgaben). Thema sind aber auch *gemeinsame Freizeitaktivitäten* (z. B. Wanderungen, Besichtigungen, Theaterbesuche, Spielen, Lesen und Musikhören, Sport; Umgang mit Handy (iPhone) und Computer). Der Ablauf der Lernpartnerschaften soll von den Auszubildenden in knapper Form tagebuchartig dokumentiert werden. *Zielsetzungen der Lernpartnerschaft:* die Fähigkeiten, Interessen und Lernprobleme der Schülerin oder des Schülers verstehen lernen und sie oder ihn dabei nicht nur in der Schülerrolle, sondern als Person im Lebenskontext wahrzunehmen und eine vertrauensvolle Beziehung aufzubauen.

Dazu Garlichs im Projekt Schülerhilfe mit Blick auf beide Seiten der Partnerschaft (Garlichs, 2000, S. 9): „Es ist etwas anderes, ob ich eine Unterrichtsstunde halte und dann nach Hause gehe, oder ob ich für ein Jahr ein Kind begleite. Ich kann mich nicht einfach vertreten lassen, weil ich eine Beziehung eingegangen bin, in der beide Partner ein unverwechselbares Verhältnis zueinander aufbauen. An der Verlässlichkeit und Glaubwürdigkeit der Beziehung finden gerade diejenigen Halt, die diese Erfahrung in ihrem Leben zu wenig gemacht haben." Die Ernsthaftigkeit der Beziehung soll durch einen „Lernvertrag" mit wechselseitiger Unterschrift bestätigt werden.

Im Schülerhilfeprojekt hat vierzehntägig eine mindestens zweistündige Erörterung der aufgetretenen praktischen Probleme in Kleingruppen unter Leitung einer Ausbilderin oder eines Ausbilders stattgefunden (vgl. Garlichs, 2000, S. 11). Ähnliches wird auch für den Austausch über die hier vorgeschlagenen Lernpartnerschaften einzurichten sein. Möglich wäre auch ein monatliches Coaching-Angebot, um sich in Gruppen unter professioneller Leitung über die jeweiligen Erfahrungen (Erfolge, Probleme, Konflikte ...) der Auszubildenden auszutauschen. Den Abschluss der Lernpartnerschaft-Aktivitäten kann ein gemeinsames Projektforum bilden.

Übrigens: Zur Finanzierung wird pro Lernpartnerschaft und Projekthalbjahr eine bestimmte Summe aufzuwenden sein.

Wegen der erheblichen strukturellen Konsequenzen dieses Szenarios müssen einige Fragen noch sorgfältig geprüft werden, zum Beispiel:

- Sind die vorgeschlagenen Lernpartnerschaften in ihrem fachdidaktisch-lernbezogenen Anspruch und ihrer Beziehungsintensität im Referendariat überhaupt realistisch durchführbar?
- Ist der Stufen- und Schulbezug schon genügend bedacht? Müssten nicht, z.B. für künftige Grund-, Haupt- und Realschul- oder Gymnasiallehrkräfte, völlig unterschiedliche Varianten entwickelt werden? Kann dies in der gegenwärtigen Praxis der Studienseminare gelingen?
- Sollte die Sache nicht viel bescheidener angegangen werden, z.B. indem von jeder Referendarin und jedem Referendar als Szenario 3 die Erteilung von obligatorischem Nachhilfeunterricht und der kompetente Austausch der dabei gemachten Erfahrungen verlangt wird?

4.4 Szenario 4: Teilnahme an aktuellen Projekten der Schulentwicklung

Da Unterrichten immer zugleich Schulehalten bedeutet, dürfte unstrittig sein, dass eine wesentliche Dimension der Professionalität von Lehrkräften darin besteht, sich an der Sicherung und Weiterentwicklung der schulischen Bedingungen zu beteiligen, welche einen qualitätsvollen Unterricht erst ermöglichen. Andererseits wird kaum zu bestreiten sein, dass dieser Aspekt in der gegenwärtigen Lehrerbildung vernachlässigt wird. Um dem abzuhelfen, wird daher als viertes Szenario vorgeschlagen, dass Referendarinnen und Referendare im Rahmen ihrer Ausbildung am Studienseminar Gelegenheit erhalten, sich aktiv an aktuellen Projekten der Schulentwicklung zu beteiligen. Dies könnte an Schulen geschehen, die sich der Aufgabe der Weiterentwicklung ihrer Praxis unter derzeit dringlichen Bildungsaufgaben stellen, z.B. in ihrer inklusiven Praxis um die Förderung behinderter Schülerinnen und Schüler bemüht sind (vgl. Siedenbiedel, 2019) oder die Berufsvorbereitung ihrer Schülerschaft zu einer schulischen Reformaufgabe gemacht haben (vgl. Otto, 2013, S 47ff.).

Im Folgenden sollen einige Aspekte der schulischen Entwicklungsaufgabe „Neugestaltung der digitalen Bildung“ skizziert werden, weil diese gegenwärtig an zahlreichen Schulen zum Thema geworden ist. Dabei geht es nicht nur um Fragen der technischen Erneuerung einer über viele Jahre zur gewohnten Praxis gewordenen medialen Ausstattung der Schulen, sondern um eine revolutionäre Veränderung der seit Generationen vertrauten Kommunikationsformen zwischen Lehrenden und Lernenden, ausgelöst durch den Sachverhalt, dass heute Jugendliche und schon Kinder unabhängig von der Schule über das Internet zu einem weltweiten Netz von Inhalten Zugang haben. Schule hat also ihr bisheriges Privileg der Information und Welterklärung scheinbar eingebüßt bzw. muss es in Auseinandersetzung mit konkurrierenden medialen Dienstleistern zurückzugewinnen versuchen.

Worin besteht die mediale Revolution? Der entscheidende Punkt dürfte sein, dass nach der Erfindung des Handys, das allen Menschen prinzipiell eine weltweite mündliche Kommunikation ermöglicht, nun durch Internet und Kommunikationsdienste und -praktiken wie Youtube, Facebook und Twitter u.a. nicht nur der Präsident der Vereinigten Staaten, sondern alle Kinder und Jugendlichen sich selbständig beliebige

Informationen verschaffen und schriftlich in öffentlicher Form mit aller Welt über sie kommunizieren können. Wenn Schule in dieser neuen Medienwelt ihren Bildungsanspruch behaupten will, muss sie sich in die von ihren Schülerinnen und Schülern oft schon in Besitz genommene neue Medienpraxis durch Mitkommunizieren aktiv in einer Weise einschalten, die ihrer Klientel den Vorzug einer durch Lehrpersonen und die Beziehung zu ihnen vermittelten Bildungshilfe erlebbar macht.

Freilich wird das Augenmerk unter dem Druck der Medienindustrie zunächst wohl der technischen Modernisierung der Schulen gelten. Die Ausstattung der Klassenräume mit Beamern, interaktiven elektronischen Tafeln und dem schnurlosen lokalen Netzwerk (WLAN) sowie der Schülerinnen und Schüler mit Notebooks zum Mitschreiben und Kommentieren der ihnen übermittelten Texte, Bilder und Videos, auch das selbstverständliche Verfügen jedes Lernenden über das Internet werden Thema sein. Der Grundsatz dabei muss lauten, dass Lehrende und Lernende die Vorteile der neuen medialen Möglichkeiten zu nutzen lernen, dass aber andererseits noch lange nicht ausdiskutiert ist, was überhaupt und in welchem Alter benötigt und sinnvoll eingesetzt werden kann. Die persönliche Beziehung und Kommunikation zwischen Lehrenden und Lernenden muss auch in der Schule der Zukunft im Mittelpunkt der gemeinsamen schulischen Bildungsarbeit stehen. Schule hat nach wie vor die Hauptaufgabe, ihren Schülerinnen und Schülern die Attraktivität von Kultur in traditionellen Medien, vor allem durch handschriftliches Schreiben sowie Lesen, Vortragen und Aufführen eigener und literarischer Texte erlebbar zu machen.

Zugleich muss sie glaubwürdige Arbeitsformen finden, um die Lernenden zu befähigen, mit den Gefahren und Problemen der neuen medialen Welt und ihren oft verführerischen Möglichkeiten umzugehen. Wie kann z. B. aus der überwältigenden Informationsflut des Internet solides Wissen erarbeitet werden? Wie können Kinder und Jugendliche vor der Faszination geschützt werden, die der direkte Zugang zu Sex, Gewalt und radikalen Ideologien vor allem für Jugendliche im Pubertätsalter bedeuten kann? Wie kann dem oft kommerziell bestimmten Zauber der You-tube-Botschaften begegnet werden? Wie kann mit der verbreiteten Destruktivität und dem Aggressionspotential zahlreicher Medienangebote vernünftig umgegangen werden? Die Nutzer finden dieses in zahllosen Kommentaren vor – oder geraten gar selbst in Versuchung, ihren Mediengebrauch gegen unliebsame Personen, Meinungen und Institutionen als Waffe einzusetzen.

Die neue Medienkultur wirft viele Fragen auf, mit denen Lehrpersonen und Schule umzugehen lernen müssen, wenn sie in der radikal veränderten neuen Kommunikationswelt ihrem Auftrag der Wertevermittlung gerecht werden wollen. In ihr müssen menschliche Würde, soziale Toleranz und Rücksichtnahme als Leitideen erfahrbar bleiben. Es dürfte einsichtig sein, dass die Schule, deren Lehrkräfte auf diese Veränderungen oft noch wenig vorbereitet sind, zur Entwicklung einer entsprechenden humanen Schulkultur dringender Innovationen bedarf. Künftige Lehrerinnen und Lehrer sollen im Rahmen der Ausbildung am Studienseminar in Szenario 4 durch die projektartige Beteiligung an der Reformarbeit einzelner Schulen auf ihre eigene mediale Praxis als Lehrpersonen vorbereitet werden.

5. Schlussbemerkung

Die hier vorgeschlagene Reform dürfte im Hinblick auf die gegenwärtige Praxis der Zweiten Phase erheblich gesteigerte Ansprüche an Forschungsbezug und wissenschaftlicher Fundierung der Arbeit der Ausbildenden bedeuten. Die Auszubildenden haben schon ein Uni-Studium erfolgreich absolviert. Es ist zu vermuten, dass es daher auch um die verstärkte Verwirklichung einer erwachsenengerechten Ausbildungspraxis geht. Sie soll den Auszubildenden ermöglichen, trotz des bestehenden Normierungsdrucks aufgrund der Anforderungen von Schule und Lehrerberuf ihren eigenen, unverfügbaren Weg zum Lehrerberuf zu gehen. Die erhöhten Anforderungen, die aus dem Gesagten folgen, erfordern grundlegende Verbesserungen in der Arbeitssituation und den Fortbildungsmöglichkeiten von Ausbilderinnen und Ausbildern der zweiten Phase.

Beim hier vorgetragenen Plädoyer für eine Neugestaltung der Ausbildung in Phase 2 handelt es sich um eine zwar weitreichende, in ihrer Begründung für die Verbesserung der inhaltlichen Stimmigkeit aber wohlbegründete Konzeption. Gute Argumente sprechen für ihre Umsetzung. Diese kann allerdings nur unter Berücksichtigung der in jedem Studienseminar gegebenen spezifischen Bedingungen geschehen. Je nach den örtlichen Umständen – und den Ambitionen der Beteiligten – müssen die hier entworfenen Ansätze, was die Zielsetzungen und Inhalte, deren zeitliche Anteile sowie die Formen der Organisation und Durchführung betrifft, bei ihrer praktischen Umsetzung durch den je eigenständigen „Zusammenbau" der einzelnen Elemente zu einem stimmigen, erprobungsfähigen Gesamtkonzept integriert werden. Es erscheint unstrittig, dass eine so erneuerte zweite Phase für die Verwirklichung ihrer Ziele, besonders auch zu ihrer Evaluation, der intensiven Kooperation mit der universitären Erstphase der Lehrerbildung bedarf.

Literatur

Arnold, K.-H., Hascher, T., Messner R., Niggli, A., Patry J.-L. & Rahm, S. (2011). *Empowerment durch Schulpraktika Perspektiven wechseln in der Lehrerbildung.* Bad Heilbrunn: Klinkhardt.

Blum, W. (2019). Unterrichtsqualität aus fachdidaktischer Perspektive – Beispiele aus der Mathematik. In U. Steffens & R. Messner (Hrsg.), *Unterrichtsqualität. Konzepte und Bilanzen gelingenden Lehrens und Lernens. Grundlagen der Qualität von Schule, Band 3* (S. 183–200). Münster: Waxmann.

Busse, A. & Bosse, D. (2018). Phasenübergreifende Lehrerbildung – wie sie gelingen kann. *Seminar, Heft 2, 132–142.*

Cramer, C., Harant, M., Merk, S., Drahmann, S. & Emmerich, M. (2019). Meta-Reflexivität und Professionalität im Lehrerinnen- und Lehrerberuf. *Zeitschrift für Pädagogik, 65* (3), 401–423.

Fend, H. (2019). Erklärungen von Unterrichtserträgen im Rahmen des Angebot-Nutzungs-Modells. In U. Steffens & R. Messner (Hrsg.), *Unterrichtsqualität. Konzepte und Bilanzen gelingenden Lehrens und Lernens. Grundlagen der Qualität von Schule 3* (S. 91–103). Münster: Waxmann.

Fernandez, C., Yoshida, M., Chokshi, S. & Cannon, J. (2001). *An overview of Lesson Study.* New York: Lesson Study research Group (LSRG), Teachers College, Columbia University. Verfügbar unter: www.tc.edu/lessonstudy [10.06.2019].

Garlichs, A. (Hrsg.). (2000). *Schüler verstehen lernen. Das Kasseler Schülerhilfeprojekt im Rahmen einer reformorientierten Lehrerausbildung.* Donauwörth: Auer.

Helmke, A (2007). Merkmale der Unterrichtsqualität. In G. Becker, A. Feindt, H. Meyer, M. Rothland, L. Stäudel & E. Terhart (Hrsg.), *Guter Unterricht. Maßstäbe & Merkmale – Wege und Werkzeuge* (S. 62–64). Friedrich Jahresheft XXV. Seelze: Friedrich-Verlag.

Leuzinger-Bohleber, M. (2000). Lernen am Einzelfall. Eine Chance zur Professionalisierung und Identitätsentwicklung. In A. Garlichs (Hrsg.), *Schüler verstehen lernen. Das Kasseler Schülerhilfeprojekt im Rahmen einer reformorientierten Lehrerausbildung* (S. 159–181). Donauwörth: Auer.

Messner, H. & Reusser, K. (2000a): Die berufliche Entwicklung von Lehrpersonen als lebenslanger Prozess. *Beiträge zur Lehrerbildung, 18* (2), 157–171.

Messner, H. & Reusser, K. (2000b). Berufliches Lernen als lebenslanger Prozess. *Beiträge zur Lehrerbildung 18* (3), 277–294.

Messner, R. (2012). Leitlinien einer phasenübergreifenden Professionalisierung der Lehrerbildung. In D. Bosse, L. Criblez & T. Hascher (Hrsg.), *Reform der Lehrerbildung in Deutschland, Österreich und der Schweiz. Teil 1: Analyse, Perspektiven und Forschung* (S. 63–92). Immenhausen bei Kassel: Prolog-Verlag.

Messner, R. (2016). Bildungsforschung und Bildungstheorie nach PISA – ein schwieriges Verhältnis. In J. Baumert & K.-J. Tillmann (Hrsg.), *Empirische Bildungsforschung. Der kritische Blick und die Antwort der Kritiker* (S. 23–44). Zeitschrift für Erziehungswissenschaft, Sonderheft 31. Wiesbaden: Springer VS.

Messner, R. (2019). Bausteine eines kognitiv aktivierenden Fachunterrichts. In U. Steffens & R. Messner (Hrsg.), *Unterrichtsqualität. Konzepte und Bilanzen gelingenden Lehrens und Lernens. Grundlagen der Qualität von Schule, Band 3* (S. 201–217). Münster: Waxmann.

Otto, R.-R. (2013). Berufsorientierung und Praxisvielfalt an der Offenen Schule Kassel-Waldau (OSW) In R. Messner & R.-R. Otto, *Innovative Modelle schulischer Berufsorientierung* (S. 47–91). Kassel: kassel university press.

Perkins, D. D. & Zimmerman, M. A. (1995). Empowerment theory, research, and application. *American Journal of Community Psychology, 23*, 569–579.

Rappaport, J. (1995). Ein Plädoyer für die Widersprüchlichkeit. Ein sozialpolitisches Konzept des „empowerment“ anstelle präventiver Ansätze. *Verhaltenstherapie und Psychosoziale Praxis, 17*, 257–278.

Reusser, K. (2019). Unterricht als Kulturwerkstatt in bildungswissenschaftlich-psychologischer Sicht. In U. Steffens & R. Messner (Hrsg.), *Unterrichtsqualität. Konzepte und Bilanzen gelingenden Lehrens und Lernens. Grundlagen der Qualität von Schule, Band 3* (S. 129–160). Münster: Waxmann.

Schratz, M. (2019). Erkundung von Qualität lernseits von Unterricht. In U. Steffens & R. Messner (Hrsg.), *Unterrichtsqualität. Konzepte und Bilanzen gelingenden Lehrens und Lernens. Grundlagen der Qualität von Schule, Band 3* (S. 313–328). Münster: Waxmann.

Siedenbiedel, C. (2019). Inklusive Bildung in der Sekundarstufe. In U. Steffens & R. Messner (Hrsg.), *Unterrichtsqualität. Konzepte und Bilanzen gelingenden Lehrens und Lernens. Grundlagen der Qualität von Schule 3* (S. 343–371). Münster: Waxmann.

Steffens, U. & Haenisch, H. (2019). Gut unterrichten – erfolgreich lernen. Versuch einer Forschungsbilanz unter unterrichtspraktischer Perspektive. In U. Steffens & R. Messner (Hrsg.), *Unterrichtsqualität. Konzepte und Bilanzen gelingenden Lehrens und Lernens. Grundlagen der Qualität von Schule, Band 3* (S. 279–311). Münster: Waxmann.

Steffens, U. & Messner, R. (Hrsg.) (2019). *Unterrichtsqualität. Konzepte und Bilanzen gelingenden Lehrens und Lernens. Grundlagen der Qualität von Schule, Band 3*. Münster: Waxmann.

Stigler J. W. & Hiebert, J. (1999). *The teaching Gap. Bests Ideas from the World's Teachers for Improving Education in the Classroom*. New York: The free Press.

Stefan Zehetmeier

Forschung zur Wirksamkeit von Lehrerfortbildung

Einführung

Im Mittelpunkt der Aufmerksamkeit von Öffentlichkeit, Wissenschaft und Schulpraxis steht vermehrt die Frage der Qualität von Unterricht und Schule. Qualität wird dabei mit der Kompetenz von Lehrerinnen und Lehrern verbunden, denn Lehrkräfte spielen eine Schlüsselrolle im Schulsystem. Sie agieren an zentraler Position zwischen unterschiedlichen Ebenen: zwischen Unterricht und Schule; zwischen Schülerinnen, Schülern und Eltern; zwischen Einzelschule und Bildungssystem. Bei der Beschreibung und Diskussion dieser Kompetenz kommen verschiedene Aspekte wie Einstellungen, Wissen, Praxis, Professionalisierung, Coaching, Standards, Evaluation und Forschung ins Spiel. Dabei werden hohe Erwartungen an Qualifikation und Kompetenzprofil der Lehrkräfte gestellt (Altrichter, 1996; Altrichter & Krainer, 1996; Blömeke, 2004; Terhart, 2000). Zu den Aufgaben und Erwartungen, welche an die Lehrkräfte herangetragen werden und welche im Rahmen der Lehrerbildung zu berücksichtigen sind, zählen etwa: unterrichten, diagnostizieren und beurteilen, beraten, erziehen, kooperieren, Unterricht und Schule sowie Selbstkompetenz entwickeln (Bohl, 2003, S. 24). Zudem agieren Schulen, ähnlich wie andere Organisationen, in einem sich verändernden Umfeld, welches durch zunehmende Komplexität, größere Unsicherheit, neue Herausforderungen und den Ruf nach Innovation, Verantwortlichkeit und Veränderung gekennzeichnet ist (siehe etwa Stefl-Mabry, Doane, Radlick & Theroux, 2007; Voulalas & Sharpe, 2005). Bei der Sicherung und Entwicklung der Qualität von Schule und Unterricht stehen nun die Lehrkräfte im Mittelpunkt. Garet, Porter, Desimone, Birman und Yoon (2001) halten dazu fest: „Teachers are necessarily at the center of reform, for they must carry out the demands of high standards in the classroom." (S. 916)

Lehrerfortbildung im Fokus

Während vor einigen Jahrzehnten der Fokus der Lehrerbildung noch auf der Ausbildung der Lehrkräfte lag, gewinnt in jüngerer Zeit die Lehrerfortbildung immer mehr an Bedeutung (Davies & Preston, 2002): Zur Unterstützung und Qualifizierung der Lehrkräfte werden Initiativen zur Lehrerfortbildung sowie Unterstützungssysteme für Unterrichtsinnovationen angeboten, welche das im- oder explizite Ziel verfolgen, die Qualität von Schule und Unterricht zu entwickeln und zu sichern: „Teachers, and the professional development they receive, are some of the focal points of interest in the educational arena." (Maldonado, 2002, S. 1) Frühere Fortbildungskonzepte fokussierten dabei insbesondere auf die Vermittlung von Inhalten sowie auf behavioristische Ansätze und sahen/behandelten teilnehmende Lehrkräfte primär als Rezipientinnen und Rezipienten von Informationen (McDonald, 2012). Vor den 1950er Jahren gab es nur sporadische Fortbildungsangebote. Wenngleich einige Lehrkräfte vereinzelt und individuell zusätzliche Qualifikationen erwarben, ging man im Allgemeinen davon aus, dass nach der abgeschlossenen Lehrerausbildung keine weiteren Entwicklungen notwendig seien (Donnelly, Dove & Tiffany-Morales, 2002). Diese Perspektive wird heute durchaus kritisch gesehen: „Wissenschaftliche und alltagspraktische Wissensbestände [sind] nur situations- und fallbezogen zu stimulieren und zu überdenken [...]. Der eigentliche Professionalisierungsprozess kann erst in der beruflichen Praxis gelingen." (Thole, 2005, S. 210)

In den 1950er und 1960er Jahren bestanden Fortbildungsangebote meist aus Expertenvorträgen, welche von Lehrkräften aus verschiedenen Schulen besucht wurden. Man ging dabei davon aus, dass die teilnehmenden Lehrkräfte neue Ideen rezipieren und in der eigenen Unterrichtspraxis umsetzen würden (Killion, 2010). Das „transmission model" geht davon aus, dass neue Ideen vom Expertenvortrag in die Klassenzimmer übertragen werden können.

Seit der Jahrtausendwende wird im angloamerikanischen Raum der Begriff „professional development" zunehmend häufiger verwendet; damit werden insbesondere zentrale Aspekte wie „teacher and student learning, teacher practices, and technology-based learning" (McDonald, 2012, S. 272) verbunden. So stellen etwa Ingvarson, Meiers und Beavis (2005) fest: „Professional development for teachers is now recognised as a vital component of policies to enhance the quality of teaching and learning in our schools." (S. 2) Insbesondere verfolgt Lehrerfortbildung das Ziel, erreichte Qualifikationen kumulativ weiterzuführen, Versäumtes nachzuholen sowie Überholtes zu ersetzen (Heid, 2000; in Hippel, 2011).

Dazu ein Beispiel: Im Rahmen des Erasmus+-Projektes „European Network of STEM Professional Development Centres" wurde ein Leitfaden für qualitativ hochwertige STEM-Fortbildung formuliert (Zehetmeier, 2019). Dieser Leitfaden zielt darauf ab, Anbieter und Anbieterinnen von STEM-Fortbildung bei der Reflexion und Weiterentwicklung ihrer Arbeit zu unterstützen. Dieser Leitfaden bietet explizit nicht den einzigen und wahren Weg zu erfolgreicher STEM-Fortbildung. Vielmehr bietet er Möglichkeiten und Ansatzpunkte für Reflexionen. Ziel ist es insbesondere, einen Anstoß zu geben, relevante Kriterien in Bezug auf qualitativ hochwertige STEM-Fortbildung zu reflektieren.

Erwartete Wirkungen

Die von den teilnehmenden Lehrkräften wie auch von den Veranstaltenden (und mittelbar von weiteren relevanten Umwelten wie etwa Schülerinnen und Schülern) erwarteten Wirkungen von Fortbildungen beziehen sich sowohl auf die professionelle Weiterentwicklung der Lehrkräfte (individuelle Ebene) als auch auf die Entwicklung von Fachgruppe und/oder Schule (organisationale Ebene). Insbesondere werden neben unmittelbaren Wirkungen, welche während der Fortbildung auftreten, auch nachhaltige Wirkungen erwartet, welche noch nach Ende der Fortbildung Effekte zeigen: „Explizites oder implizites Ziel der meisten Fortbildungsprogramme ist es, langfristiges professionelles Wachstum und eine Veränderung der Unterrichtspraxis von Lehrern zu fördern." (Peter, 1996, S. 74) Während frühere Studien eher geringe Wirkungen von Fortbildungsprogrammen feststellen konnten (etwa Hanushek, 1986; Scheerens & Bosker, 1997), zeigen neuere Studien, dass Lehrerfortbildung positiven Einfluss auf Lehrerwissen, auf Lehrerhandeln und auch auf die Entwicklung von Schülerinnen und Schülern haben kann (siehe etwa Darling-Hammond, Chung Wei, Andree, Richardson & Orphanos, 2009; Lipowsky, 2009, 2010; Reusser & Tremp, 2008; Timperley, Wilson, Barrar & Fung, 2007; Yoon, Duncan, Lee, Scarloss & Shapley, 2007).

Evaluationsmaßnahmen und Wirkungsanalysen von Lehrerfortbildung werden meist projektbegleitend oder am Ende der Initiative durchgeführt und liefern dabei Informationen über unmittelbare Wirkungen, welche während oder am Ende des Projektes auftreten. Neben den – für die kritische Reflexion einer abgeschlossenen Fortbildung und für die Konzeption weiterer ähnlicher Fortbildungen wichtigen und notwendigen – Informationen, welche sich auf unmittelbare Wirkungen beziehen, sollte insbesondere auch der Untersuchung nachhaltiger Wirkungen, welche über das Ende der Fortbildung hinausreichen, „in der Planung und Gestaltung von Lehrerfortbildung erhöhte Aufmerksamkeit zukommen" (Altrichter, 2003, S. 11). Eine Untersuchung solcher langfristiger und nachhaltiger Wirkungen bleibt aber meist aus, da sich der Fokus auf neue Projekte verlagert und so die dafür notwendigen finanziellen und organisatorischen Möglichkeiten nach Ende des Projektes oftmals nicht mehr gegeben sind: „Reformers and reform advocates, policymakers and funders often pay little attention to the problem and requirements of sustaining a reform, when they move their attention to new implementation sites or end active involvement with the project." (McLaughlin & Mitra, 2001, S. 303) Dabei wäre gerade aus finanzieller Perspektive eine Untersuchung langfristiger und nachhaltiger Wirkungen sinnvoll: „Too many resources are invested in professional development to ignore its impact over time." (Loucks-Horsley, Stiles & Hewson, 1996, S. 5) Ähnlich hält Lipowsky (2004) fest, dass „Qualität und Wirksamkeit von Lehrerfortbildungen […] noch als weitgehend weißer Fleck auf der Forschungslandkarte" (S. 462) gelten. Und Hargreaves (2002) resümiert: „As a result, many writers and reformers have begun to worry and write about not just how to effect snapshots of change at any particular point, but how to sustain them, keep them going, make them last. The sustainability of educational change has, in this sense, become one of the key priorities in the field." (S. 190)

Ein Beispiel dazu: Die von der Universität Klagenfurt veranstalteten Lehrgänge „Pädagogik und Fachdidaktik für Lehrer/innen" (PFL) zielen darauf ab, Reflexion und Austausch zwischen Lehrkräften zu fördern und Zusammenarbeit über einen längeren Zeitraum zu ermöglichen (siehe Rauch, Zehetmeier & Erlacher, 2014 sowie Zehetmeier, Andreitz, Erlacher & Rauch, 2015). Die teilnehmenden Lehrerinnen und Lehrer haben die Möglichkeit, ihre persönlichen Stärken weiterzuentwickeln, fachliche und methodische Impulse zu bekommen und neue fachdidaktische Erkenntnisse zu diskutieren und zu erproben. Vorrangige Ziele von PFL sind vor allem die Weiterentwicklung der Unterrichtsqualität und eine Erweiterung der Kompetenzen der Lehrerinnen und Lehrer als Beiträge zum Aufbau professionellen Wissens. Sehr oft entstehen dadurch auch Impulse für die Schulentwicklung. Ein zentrales Thema während des Lehrganges ist Aktionsforschung, die den Lehrpersonen als Werkzeug zur Weiterentwicklung ihres Unterrichtes dienen soll. Um die Qualität und Passung des Angebotes regelmäßig zu überprüfen, gibt es Begleitforschung durch Wissenschaftlerinnen und Wissenschaftler des Institutes für Unterrichts- und Schulentwicklung (IUS) der Universität Klagenfurt (siehe etwa Müller, Andreitz & Mayr, 2010). Dabei werden insbesondere auch die nachhaltigen Wirkungen von PFL untersucht (Zehetmeier, 2015; Zehetmeier, Erlacher, Andreitz & Rauch, 2015).

Wirkungsforschung

Jedwede Form von Intervention (pädagogisch, medizinisch, militärisch etc.) beinhaltet stets auch eine Zieldimension: Mehr oder weniger explizit werden mit der Intervention verschiedene Erwartungen, Ziele oder Konsequenzen verbunden. So steht bei der Konzeption von Coachings, Therapien oder Fortbildungen nicht nur deren Implementierung, sondern insbesondere die Frage nach möglichen Wirkungen auf Individuen, Gruppen oder Institutionen im Mittelpunkt: „Interventionen sind möglich, aber ihre Erfolge sind ungewiss." (Willke, 1999, S. 5) Da dieser Frage zunehmend größere Bedeutung beigemessen wird, sind Evaluationsmaßnahmen ein fixer Bestandteil bei der Planung und Durchführung von Interventionen geworden. Die zunehmende Fokussierung auf Evaluation basiert auf der Notwendigkeit, Rückmeldung und Information über das (Nicht-)Eintreten von Wirkungen zu erhalten: „Since impact is seen as the litmus test of the success or failure of a programme, impact evaluation has become a central concern of theorists and practitioners of evaluation." (Bhola, 2000, S. 162)

Maßnahmen zur Lehrerfortbildung können sich je nach Ziel, Umfang, Zielgruppe, Inhalt, Dauer und Organisationsstruktur unterscheiden. Dabei ist die Frage nach der jeweiligen Effektivität und Wirkungsweise nicht immer leicht zu beantworten. So untersuchen Farmer, Gerretson, und Lassak (2003) die Frage: „What do teachers actually take from [professional development]?" (S. 331) und analysieren, wie und unter welchen Voraussetzungen Lehrkräfte die Inhalte von Fortbildungsmaßnahmen für ihre Weiterentwicklung nutzen. Farmer et al. (2003) gehen dabei von zwei Grundannahmen aus: (a) Die Fortbildungsmaßnahmen selbst stellen stets nur die Rahmenbedingungen für mögliche Entwicklungen und Veränderungen dar. (b) Das Lernen der Lehrkräfte steht als Ziel immer im Mittelpunkt; daran anknüpfend können weitere Ziele verfolgt werden. Letztendlich hängt es also von den Lehrkräften und deren Voraussetzungen, Erfahrungen und Wünschen ab, welche Wirkungen die Fortbildungsmaßnahme zeitigt. So werden auch die erhofften nachhaltigen Wirkungen auf diese Basis zurückgeführt: „The only way to have sustained impact would be to address explicitly teachers' fundamental dispositions and beliefs about the teaching and learning." (Farmer et al., 2003, S. 334) Shifter und Simon (1992) weisen dabei auf die Tatsache hin, dass Veränderungen in den Haltungen und „beliefs" der Lehrkräfte zwar von den Anbietenden von Fortbildungsmaßnahmen als Wirkung gewünscht werden, diese Effekte aber nicht zwingend eintreten müssen. Ball (1995) schlägt deshalb vor, dass Lehrerfortbildner und Lehrerfortbildnerinnen eine forschende Haltung („stance of inquiry and experimentation", S. 29) gegenüber dieser Frage der Wirksamkeit einnehmen sollten.

Wirkungsebenen

Bei der Analyse möglicher Wirkungen von Fortbildungsmaßnahmen stellt sich die zentrale Frage, auf welchen Ebenen diese Wirkungen überhaupt erwartet werden können. Lipowsky (2004, 2010) stellt ein System von vier Ebenen vor, welches Evaluationen von Fort- und Weiterbildungsinitiativen zu Grunde gelegt werden kann:

- Ebene 1: Meinungen und Einschätzungen der teilnehmenden Lehrkräfte. Diese Ebene umfasst etwa die Zufriedenheit mit der angebotenen Fortbildungsmaßnahme oder den wahrgenommenen Kompetenzzuwachs der Lehrkräfte sowie „beliefs", also Einstellungen, Werte und Überzeugungen (Bromme, 1997).
- Ebene 2: Wissen der teilnehmenden Lehrkräfte. Das Lehrerwissen gilt als eine der einflussreichsten Determinanten für unterrichtliches Handeln. Dabei umfasst dieser Begriff meist nicht nur fachliches, pädagogisches und didaktisches Wissen (Shulman, 1987), sondern auch Handlungsroutinen, analytische Fähigkeiten und Reflexion.
- Ebene 3: Unterrichtliches Handeln der teilnehmenden Lehrkräfte. Hier stehen vor allem beobachtbare Veränderungen des Lehrerhandelns im Mittelpunkt.
- Ebene 4: Leistungen der Schüler und Schülerinnen der teilnehmenden Lehrkräfte. Diese Ebene trägt dem zentralen Desiderat jeder Fortbildungsinitiative, dem Lernen der Schülerinnen und Schüler, Rechnung (Kerka, 2003; Mundry, 2005; Peter, 1996; Weiss & Klein, 2006).

Zehetmeier (2008) erweitert dieses Modell und unterscheidet weitere Wirkungsebenen von Lehrerfortbildung: Im IPD model („impact of professional development model") werden die Kategorien Wissen, Einstellungen und Praxis unterschieden, um die Wirkungen auf der Ebene der an der Fortbildung teilnehmenden Lehrkräfte zu erfassen. Das IPD model beinhaltet neben diesen Wirkungsebenen auch eine Kategorisierung der charakteristischen Elemente von Fortbildungsmaßnahmen (Lehrkräfte, FortbildnerInnen, Programm und Kontext) sowie jener Faktoren, welche das Auftreten von Wirkungen fördern (siehe Abb. 1).

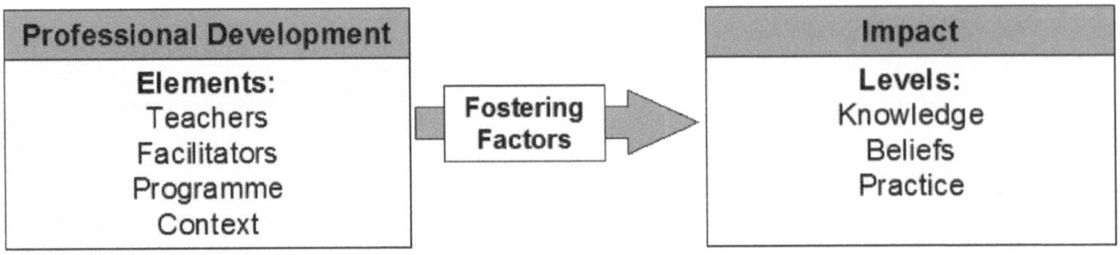

Abbildung 1: Impact of professional development model nach Zehetmeier (2008)

Im Folgenden wird eine Auswahl jener förderlichen Faktoren, welche dieses Modell beinhaltet, vorgestellt: „Passung" bedeutet, dass die Fortbildungsmaßnahme die Bedürfnisse der Lehrkräfte trifft und diesbezüglich Auswahlmöglichkeiten bereitstellt, die lokalen Rahmenbedingungen berücksichtigt sowie mit anderen Lerngelegenheiten der Lehrkräfte abgestimmt ist. „Ownership" weist darauf hin, die Lehrkräfte bei Planung und Durchführung der Fortbildungsmaßnahme einzubeziehen und sie in ihrer Rolle als potenzielle MultiplikatorInnen zu unterstützen. „Vernetzung" bedeutet, dass die Fortbildungsmaßnahme sowohl die Kooperation der beteiligten Lehrkräfte einer Schule unterstützt als auch den Austausch und die Zusammenarbeit mit Lehrkräften anderer Schulen fördert; darüber hinaus ist die Beteiligung von Fachgruppen statt Einzelpersonen einer Schule besonders förderlich. „Reflexion" umfasst Austausch und Diskussionen unter den teilnehmenden Lehrkräften sowie die Auswertung von Artefakten wie etwa Unterrichtsvideos oder Arbeiten der Schülerschaft. „Praxisbezug" bedeutet, dass das Fortbildungsprogramm praktische Erprobungsphasen enthält und Gelegenheiten für aktives sowie modellhaftes Lernen ermöglicht. „Evaluation" umfasst kontinuierliche Evaluations- und Feedbackmaßnahmen des Fortbildungsprogrammes. „Interne Unterstützung" beinhaltet, dass die teilnehmenden Lehrkräfte von ihren jeweiligen Schulleitungen Unterstützung erhalten und förderliche Rahmenbedingungen vorfinden. „Zeitliche Ressourcen" unterstreicht, dass Zeit für Reflexion, Feedback und Austausch mit Kolleginnen und Kollegen wichtig für die Wirksamkeit von Fortbildungsmaßnahmen ist. Weitere förderliche und hemmende Faktoren sowie eine detaillierte Beschreibung des IPD models finden sich in Zehetmeier (2008, 2010).

Die oben genannten Kategorien (Knowledge, Beliefs und Practice) sind nicht nur geeignet, um Wirkungen auf der Ebene der teilnehmenden Lehrkräfte zu erfassen; auch auf weiteren Ebenen der Schule (etwa Schülerinnen und Schüler, Kollegium oder Direktion der Schule) können damit Wirkungen beschrieben und untersucht werden. Neben diesen innerschulischen Ebenen können ebenso außerschulische Ebenen unterschieden werden (etwa andere Schulen, Medien, Politik oder Wissenschaft). So ergibt sich ein allgemeines Raster möglicher Wirkungsebenen (siehe Abb. 2). Alle Felder dieses Rasters beschreiben dabei unterschiedliche Wirkungsebenen, auf welchen Wirkungen von Fortbildungsmaßnahmen auftreten können. Die Felder des Rasters in Abbildung 2 sind exemplarisch mit Schlagworten möglicher Wirkungen gefüllt, etwa Hospitation (auf der Ebene „Praxis des Kollegiums"), evidence-based policy (auf der Ebene „Wissen der Politik") oder Vertrauen (auf der Ebene „Einstellungen der Eltern"). Eine Wirkung auf diesen Ebenen bedeutet, dass die Fortbildung einen Unterschied im Bereich dieser Schlagworte bewirkt (etwa vermehrte Hospitation, verstärkte evidence-based policy oder gesteigertes Vertrauen).

	Innerschulische Ebenen					Außerschulische Ebenen			
	Lehrkräfte	Schülerinnen und Schüler	Kollegium	Direktion	Eltern	Schulen	Medien	Politik	Wissen-schaft
Wissen	Kompetenz	Leistung	Learning Community	Führungs-kompetenz	Erziehungs-kompetenz	Lernen am Modell	Öffentlich-keitsarbeit	Evidence-based policy	Grundlagen-wissen
Einstellungen	Beliefs	Eigenver-antwortung	Wert-schätzung	Rollen-definition	Vertrauen	Bereitschaft zur Schul-partnerschaft	Image der Lehrkräfte	Bewusstsein für Bildungs-themen	Paradigmen-wechsel
Praxis	Berufspraxis	Selbst-ständigkeit	Hospitation	Gewährung von Autonomie	Engagement	Schul-kooperation	Bericht-erstattung	Struktur-maßnahmen	Forschungs-Bildungs-Kooperation

Abbildung 2: Raster möglicher Wirkungsebenen nach Zehetmeier (2008)

Wirkungsannahme

Die Unterscheidung dieser Ebenen begründet sich durch eine dahinterliegende Wirkungsannahme, nämlich dass sich Lehrerfortbildung letztendlich in Form verbesserter Schülerleistungen niederschlägt: „High quality professional development will produce superior teaching in classrooms, which will, in turn, translate into higher levels of student achievement.“ (Supovits, 2001, S. 81) Als Desiderat vieler Initiativen zur Unterstützung und Qualifizierung von Lehrkräften steht dabei also stets das Lernen der Schülerinnen und Schüler im Mittelpunkt.

Diese Strategie, Veränderungen (Verbesserungen der Leistungen) bei Schülerinnen und Schülern über den „Umweg“ von Veränderungen (Professionalitätsentwicklung) bei Lehrkräften zu erreichen, basiert auf der Hypothese einer kausalen Relation zwischen den Leistungen der Schülerinnen und Schüler sowie der Unterrichtspraxis der Lehrkräfte. So zeigen etwa die Ergebnisse von PISA-I-Plus in Deutschland, dass für die Kompetenzentwicklung der Schülerinnen und Schüler die Zusammensetzung des Kollegiums an einer Schule eine wichtige Rolle spielt: Die Schülerinnen und Schüler „aktiver Lehrkräfte“ (welche sich durch eine intensive Kooperations- und Evaluationspraxis auszeichnen) verzeichnen größere Kompetenzzuwächse während eines Schuljahres als diejenigen „passiver Lehrkräfte“ (welche ihre Aktivitäten weitgehend autonom durchführen und auf eine effektive Zeitnutzung sowie die Sicherung eines leistungsbetonten Lernklimas beschränken) (Prenzel et al., 2006). Eine ähnliche Typisierung von Lehrkräften geht auf Hoyle (1980) zurück: Er unterscheidet zwischen „restricted professionals“ (welche großen Wert auf Autonomie legen und ihre Arbeit nicht gerne einer Öffentlichkeit zugänglich machen oder in einem erweiterten Kontext sehen) und „extended professionals“ (welche Interesse und Offenheit für neue – auch theoretische – Entwicklungen zeigen und sich um ihre eigene professionelle Entwicklung kümmern).

Andererseits wird argumentiert, dass der Nachweis der Wirksamkeit von Lehrerfortbildung auf Schülerleistungen sowohl methodisch schwierig als auch empirisch wenig abgesichert ist. Garet et al. (2001) stellen dazu fest: „There is a large literature describing ‚best practices' in professional development, drawing on expert experiences. Despite the size of the body of literature, however, relatively little systematic research has been conducted on the effects of professional development on improvements in teaching or on student outcomes." (S. 917) Auch ist das Verhalten der Lehrkraft nur eine von mehreren Variablen, welche das Lernen und die Leistungsergebnisse der Schülerinnen und Schüler beeinflusst; daneben spielen auch Faktoren auf Ebene der Schülerschaft (etwa Interesse, Motivation oder auch unterschiedliche Lernstile; Kerka, 2003; Cramer, 2012) oder Kontextfaktoren (etwa das Umfeld der Schule oder das zur Verfügung stehende Unterrichtsmaterial; Cramer, 2012) eine zentrale Rolle. Cramer (2012) modelliert diese Aspekte in Form einer Wirkungskette (siehe Abb. 3).

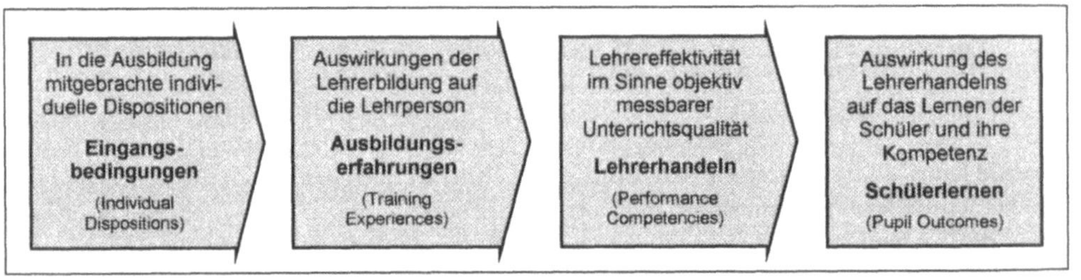

Abbildung 3: Wirkungskette nach Cramer (2012)

Er führt weiter aus, dass dieser linear anmutende Zusammenhang zwischen Eingangsbedingungen, Ausbildungserfahrungen, Lehrerhandeln und Schülerlernen durchaus komplexer Natur ist und ergänzt darum das Modell um weitere Faktoren, die in diesem System wirksam werden (siehe Abb. 4).

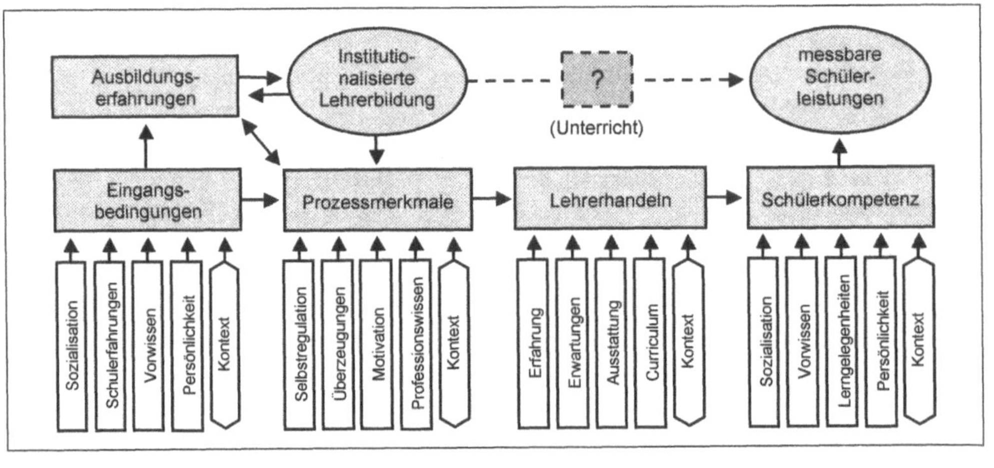

Abbildung 4: Komplexes System nach Cramer (2012)

Aktionsforschung als Basis wirksamer Fortbildung

Aktionsforschung bezieht sich auf die systematische Reflexion der eigenen Berufspraxis, die von den Praktikern und Praktikerinnen vor dem Hintergrund ihrer beruflichen Wertvorstellungen selbst durchgeführt wird. Damit bietet Aktionsforschung eine Möglichkeit, Lehrkräfte zu animieren und dabei zu unterstützen, ihre Praxis zu erforschen und weiterzuentwickeln (Elliott, 1991; Altrichter & Posch, 2007). Diese forschende Tätigkeit soll zur Entwicklung der Qualität von Schule und Unterricht beitragen, die Professionalisierung der Lehrkräfte befördern und wissenschaftliches Wissen über diese Praxis generieren (Altrichter, Feindt & Zehetmeier, 2014; Rauch, Zehetmeier & Posch, 2019).

Im Rahmen einer Fallstudie beschreibt Zehetmeier (2010), welche nachhaltigen Wirkungen drei Jahre nach dem Ende einer aktionsforschungsbasierten Fortbildungsmaßnahme festgestellt werden können und welche Faktoren deren Auftreten fördern oder hemmen. Die Ergebnisse zeigen, welche Wirkungen aus welchen Gründen zu welchem Zeitpunkt aufgetreten sind. Insbesondere werden die Wirkungen des Einsatzes von Methoden der Aktionsforschung im Rahmen von Lehrerfortbildung deutlich: Zehetmeier (2010) belegt dabei verschiedene Wirkungen, welche während und nach der Teilnahme der Lehrkräfte an der Fortbildungsmaßnahme aufgetreten waren. Darunter waren etwa: der Erwerb von neuem Praxiswissen, der Einsatz situationsspezifischer Reflexionsvarianten, gesteigertes Selbstbewusstsein und die Etablierung von gegenseitigem Feedback.

Resümee und Ausblick

Der Fokus von Forschung zur Lehrerbildung entwickelte sich im Verlauf der vergangenen Jahrzehnte von der Ausbildung von Lehrkräften (als Rezipierende) in Richtung Fortbildung von Lehrenden (als aktiv Lernende). In jüngerer Vergangenheit zeigt die internationale Forschung zur Lehrerbildung eine Verstärkung der Aufmerksamkeit

- auf Fortbildende (insbesondere etwa deren Qualifizierung),
- auf Fortbildung anbietende Institutionen (insbesondere etwa deren Qualitätsstandards) oder
- auf konkrete Angebote der Lehrerbildung (insbesondere etwa „scaling-up“ und Breitenwirkung von Fortbildungen).

Hierzu sei aktuell verwiesen auf

- Konferenzen, wie etwa:
  - die Tagungsreihe „Educate the Educators“: http://educating-the-educators.ph-freiburg.de;
  - die Tagung „Bringing Teacher Education Forward“: http://tinyurl.com/teacher-ed-forward;

- das Symposium „Preparing lead-teachers to become facilitators of peers in professional development scenarios“: http://www.weizmann.ac.il/conferences/videolm2016.
- Projekte, wie etwa:
  - „STEM PD Net“: http://stem-pd-net.eu/en;
  - „LINKS“: https://www.fondation-lamap.org/en/links-project;
  - „ARTIST“: http://www.erasmus-artist.eu/index.html.
- Publikationen, wie etwa:
  - das Special Issue zum Thema „Interactive practices in promoting professional development of didacticians and teachers of mathematics“ des ZDM;
  - das bald erscheinende Buch „The Learning and Development of Mathematics Teacher Educators: International Perspectives and Challenges“, herausgegeben von Goos und Beswick;
  - die jüngste Ausgabe „call for papers“ für ein Special Issue zum Thema „Science and Mathematics Teacher Educators and their Professional Growth“ des International Journal of Science and Mathematics Education.

Letztlich bedarf es in der Lehreraus- und -weiterbildung geeigneter Lern- und Reflexionsräume, in denen relevante Personen (etwa Lehrkräfte, WissenschaftlerInnen, FortbilderInnen, PolitikerInnen etc.) und Institutionen (etwa Schulen, Hochschulen, Ministerien etc.) als Forschende ihr eigenes Denken und Handeln weiterentwickeln lernen, um so zu einer gelingenden Lernkultur beitragen zu können. Die weitere Entwicklung und Erforschung dieser Lern- und Reflexionsräume erscheint sowohl aus Sicht der Forschung als auch aus Sicht der Praxis als vielversprechendes und lohnenswertes Ziel.

Literatur

Altrichter, H. (1996). Der Lehrberuf: Qualifikationen, strukturelle Bedingungen und Professionalität. In W. Specht & J. Thonhauser (Hrsg.), *Schulqualität. Entwicklungen – Befunde – Perspektiven* (S. 96–172). Innsbruck: Studienverlag.

Altrichter, H. (2003). *Der Wandel der Lehrerrolle und die damit verbundenen Anforderungen an die Lehrer/innenfortbildung.* Vortrag im Rahmen der Sommerakademie des Pädagogischen Institutes Burgenland, am 30. Juni 2003, in Eisenstadt.

Altrichter, H., Feindt, A. & Zehetmeier, S. (2014). Lehrerinnen und Lehrer erforschen ihren Unterricht: Aktionsforschung. In E. Terhart, H. Bennewitz & M. Rothland (Hrsg.), *Handbuch der Forschung zum Lehrerberuf* (2., vollständig überarbeitete und erweiterte Aufl.). Münster: Waxmann.

Altrichter, H. & Krainer, K. (1996). Wandel von Lehrerarbeit und Lehrer/innenfortbildung. In K. Krainer & P. Posch (Hrsg.), *Lehrer/innenfortbildung zwischen Prozessen und Produkten* (S. 33–52). Bad Heilbrunn: Klinkhardt.

Altrichter, H. & Posch, P. (2007). *Lehrerinnen und Lehrer erforschen ihren Unterricht.* Bad Heilbrunn: Klinkhardt.

Ball, D. (1995). Developing mathematics reform: What don't we know about teacher learning – but would make good working hypotheses? *NCRTL Craft Paper, 95* (4). ERIC Document Reproduction Service No. ED399262.
Bhola, H. S. (2000). A discourse on impact evaluation. *Evaluation, 6* (2), 161–178.
Blömeke, S. (2004). Empirische Befunde zur Wirksamkeit der Lehrer/innenbildung. In S. Blömeke, P. Reinhold, G. Tulodziecki & J. Wildt (Hrsg.), *Handbuch Lehrerbildung* (S. 59–91). Bad Heilbrunn, Braunschweig: Klinkhardt, Westermann.
Bohl, T. (2003). *Prüfen und Bewerten im Offenen Unterricht.* Weinheim, Basel: Beltz.
Bromme, R. (1997). Kompetenzen, Funktionen und unterrichtliches Handeln des Lehrers. In F. Weinert (Hrsg.), *Psychologie des Unterrichts und der Schule* (Enzyklopädie der Psychologie, Bd. 3, S. 177–212). Göttingen: Hogrefe.
Cramer, C. (2012). *Entwicklung von Professionalität in der Lehrerbildung. Empirische Befunde zu Eingangsbedingungen, Prozessmerkmalen und Ausbildungserfahrungen Lehramtsstudierender.* Bad Heilbrunn: Klinkhardt.
Darling-Hammond, L., Chung Wei, R., Andree, A., Richardson, N. & Orphanos, S. (2009). *Professional learning in the learning profession: A status report on teacher development in the United States and abroad.* Stanford: National Staff Development Council.
Davies, R. & Preston, M. (2002). An evaluation of the impact of continuing professional development on personal and professional lives. *Journal of In-Service Education, 28* (2), 231–254.
Donnelly, M. B., Dove, T. & Tiffany-Morales, J. (2002). *Technology-Related Professional Development in the Context of Educational Reform: A Literature Review*: SRI International.
Elliott, J. (1991). *Action research for educational change.* Buckingham: Open University Press.
Farmer, J., Gerretson, H. & Lassak, M. (2003). What teachers take from professional development: Cases and implications. *Journal of Mathematics Teacher Education, 6,* 331–360.
Garet, M., Porter, A., Desimone, L., Birman, B. & Yoon, K. (2001). What makes professional development effective? Results from a national sample of teachers. *American Educational Research Journal, 38* (4), 915–945.
Hanushek, E. A. (1986). The economics of schooling: Production and efficiency in public schools. *Journal of Economic Literature, 24* (3), 1141–1177.
Hargreaves, A. (2002). Sustainability of educational change: The role of social geographies. *Journal of Educational Change, 3,* 189–214.
Heid, H. (2000). Über die Qualität der Argumente, mit denen das Erfordernis lebenslangen Lernens begründet wird. In F. Achtenhagen & W. Lempert (Hrsg.), *Lebenslanges Lernen im Beruf. Seine Grundlegung im Kindes- und Jugendalter* (Bd. 5, S. 22–29). Opladen: Leske & Budrich.
Hippel, A. von (2011). Fortbildung in pädagogischen Berufen – zentrale Themen, Gemeinsamkeiten und Unterschiede der Fortbildung in Elementarbereich, Schule und Weiterbildung. In W. Helsper & R. Tippelt (Hrsg.), *Pädagogische Professionalität.* (57. Beiheft der Zeitschrift für Pädagogik, S. 248–267). Weinheim: Beltz.
Hoyle, E. (1980). Professionalization and deprofessionalization in education. In E. Hoyle & J. Megarry (Hrsg.), *World yearbook of education 1980: Professional development of teachers* (S. 42–57). London: Kogan Page.
Ingvarson, L., Meiers, M. & Beavis, A. (2005). Factors affecting the impact of professional development programs on teachers' knowledge, practice, student outcomes & efficacy. *Education Policy Analysis Archives, 13* (10), 1–28.

Kerka, S. (2003). Does adult educator professional development make a difference? *ERIC Myths and Realities, 28,* 1–2.
Killion, J. (2010). Educator learning keeps evolving. *Teachers Teaching Teachers, 5* (5), 6–8.
Lipowsky, F. (2004). Was macht Fortbildungen für Lehrkräfte erfolgreich? *Die deutsche Schule, 96,* 462–479.
Lipowsky, F. (2009). Unterrichtsentwicklung durch Fort- und Weiterbildungsmaßnahmen für Lehrpersonen. *Beiträge zur Lehrerbildung, 3,* 346–360.
Lipowsky, F. (2010). Lernen im Beruf – Empirische Befunde zur Wirksamkeit von Lehrerfortbildung. In F. Müller, A. Eichenberger, M. Lüders & J. Mayr (Hrsg.), *Lehrerinnen und Lehrer lernen – Konzepte und Befunde zur Lehrerfortbildung* (S. 51–72). Münster: Waxmann.
Loucks-Horsley, S., Stiles, K. & Hewson, P. (1996). Principles of effective professional development for mathematics and science education: A synthesis of standards. *NISE Brief, 1* (1), 1–6.
Maldonado, L. (2002). *Effective professional development. Findings from research.* Abgerufen von http://www.collegeboard.com [18.03.2017].
McDonald, L. (2012). Learning, motivation, and transfer: Successful teacher professional development. *Teacher Education and Practice, 25* (2), 271.
McLaughlin, M. & Mitra, D. (2001). Theory-based change and change-based theory: Going deeper, going broader. *Journal of Educational Change, 2,* 301–323.
Müller, F. H., Andreitz, I. & Mayr, J. (2010). PFL – Pädagogik und Fachdidaktik für Lehrerinnen und Lehrer: Eine Studie zu Wirkungen forschenden Lernens. In F. H. Müller, A. Eichenberger, M. Lüders & J. Mayr (Hrsg.), *Lehrerinnen und Lehrer lernen – Konzepte und Befunde zur Lehrerfortbildung* (S. 177–196). Münster: Waxmann.
Mundry, S. (2005). *What experience has taught us about professional development.* National Network of Eisenhower Regional Consortia and Clearinghouse.
Peter, A. (1996). *Aktion und Reflexion – Lehrer/innenfortbildung aus international vergleichender Perspektive.* Weinheim: Deutscher Studienverlag.
Prenzel, M., Baumert, J., Blum, W., Lehmann, R., Leutner, D., Neubrand, M. et al. (2006). PISA 2003. *Untersuchungen zur Kompetenzentwicklung im Verlauf eines Schuljahres.* Münster: Waxmann.
Rauch, F., Zehetmeier, S. & Erlacher, W. (2014). 30 Years of Educational Reform Through Action Research: Traces in the Austrian School System. In T. Stern, A. Townsend, F. Rauch & A. Schuster (Hrsg.), *Action Research, Innovation and Change. International perspectives across disciplines* (S. 27–42). London, UK: Routledge.
Rauch, F., Zehetmeier, S. & Posch, P. (2019). Educational Action Research. In O. Zuber-Skerritt & L. Wood (Hrsg.), *Action Learning and Action Research* (S. 111–126). Bingley: Emerald Group Publishing Limited.
Reusser, K. & Tremp, P. (2008). Diskussionsfeld „Berufliche Weiterbildung von Lehrpersonen". *Beiträge zur Lehrerbildung, 26* (1), 5–10.
Scheerens, J. & Bosker, R. (1997). *The foundations of educational effectiveness.* Oxford: Elsevier.
Shifter, D. & Simon, M. (1992). Assessing teachers' development of a constructivist view of mathematics learning. *Teaching and Teacher Education, 8* (2), 187–197.
Shulman, L. (1987). Knowledge and teaching: Foundations of the new reform. *Harvard Educational Review, 57* (1), 1–22.
Stefl-Mabry, J., Theroux, P., Radlick, M. & Doane, W. (2007). Redefining schools as learning organizations: A model for trans-generational teaching and learning. *International Journal of Teaching and Learning in Higher Education, 19* (3), 297–304.

Supovitz, J. (2001). Translating teaching practice into improved student achievement. In S. Fuhrman (Hrsg.), *From the capitol to the classroom. Standards-based reforms in the states* (S. 81–98). Chicago: University of Chicago Press.

Terhart, E. (2000). *Perspektiven der Lehrer/innenbildung in Deutschland. Abschlussbericht der von der Kultusministerkonferenz eingesetzten Kommission*. Weinheim, Basel: Beltz.

Thole, W. (2005). Professionalisierung und Studium. In W. Thole, C. Wegener & E.-U. Küster (Hrsg.), *Professionalisierung und Studium. Die hochschulische Qualifikation für die Kinder- und Jugendarbeit. Befunde und Reflexionen* (S. 195–214). Wiesbaden: VS Verlag für Sozialwissenschaften.

Timperley, H., Wilson, A., Barrar, H. & Fung, I. (2007). *Teacher professional learning and development: Best evidence synthesis iteration (BES)*. Wellington: Ministry of Education.

Voulalas, Z. D. & Sharpe, F. G. (2005). Creating schools as learning communities: Obstacles and processes. *Journal of Educational Administration, 43* (2), 187–208.

Weiss, H. & Klein, L. (2006). Pathways from workforce development to child outcomes. *The Evaluation Exchange, 11* (4), 2–4.

Willke, H. (1999). *Systemtheorie II: Interventionstheorie*. Stuttgart: Lucius & Lucius.

Yoon, K. S., Duncan, T., Lee, S. W.-Y., Scarloss, B. & Shapley, K. (2007). Reviewing the evidence on how teacher professional development affects student achievement. *Issues & Answers Report, 33,* 1–62.

Zehetmeier, S. (2008). *Zur Nachhaltigkeit von Lehrerfortbildung* (Dissertation). Klagenfurt: Alpen-Adria-Universität.

Zehetmeier, S. (2010). Aktionsforschung in der Lehrerfortbildung: Was bleibt? In F. H. Müller, A. Eichenberger, M. Lüders & J. Mayr (Hrsg.), *Lehrerinnen und Lehrer lernen – Konzepte und Befunde zur Lehrerfortbildung* (S. 197–211). Münster: Waxmann.

Zehetmeier, S. (2015). Sustaining and scaling up the impact of professional development programmes. *ZDM – The International Journal on Mathematics Education, 47* (1), 117–128.

Zehetmeier, S. (2019). *Leitfaden für qualitativ hochwertige STEM-Fortbildung.* Freiburg: European Network of STEM Professional Development Centres.

Zehetmeier, S., Andreitz, I., Erlacher, W. & Rauch, F. (2015). Researching the impact of teacher professional development programmes based on action research, constructivism, and systems theory. *EAR – Educational Action Research Journal.* https://doi.org/10.1080/09650792.2014.997261

Zehetmeier, S., Erlacher, W., Andreitz, I. & Rauch, F. (2015). Researching the impact of teacher professional development programmes based on action research, constructivism, and systems theory. *Educational Action Research, 23* (1), 1–16.

Konrad Krainer

Qualitätsentwicklung als gemeinsame Aufgabe von Bildungspraxis, Bildungswissenschaft und Bildungspolitik

Zur Konzeption und Umsetzung der österreichweiten Initiative IMST

1. Einleitung

Bis zum Jahr 1995 hatte Österreich an keiner international vergleichenden Studie zu Schülerleistungen teilgenommen. Zwar war in der didaktischen Forschung bekannt, dass der Unterschied zwischen Wunsch-Unterricht (hoher Anteil an selbstständigem Lernen) und Unterrichts-Wirklichkeit (vorwiegend gelenktes Lernen) groß ist, aber wie Österreich bezüglich der Prozesse und Wirkungen von Unterricht international liegt, war nicht bekannt. Insofern markierte die Teilnahme Österreichs bei TIMSS 1995[1] einen echten Meilenstein. Die Veröffentlichung der Ergebnisse erfolgte 1997 (Primar- und Sekundarstufe I) bzw. 1998 (Sekundarstufe II). Während die Ergebnisse in der Primar- und Sekundarstufe I relativ gut ausfielen, gab das schlechte Abschneiden der österreichischen Schülerschaft der Sekundarstufe II (Schulstufen 9 bis 12/13), insbesondere beim Fachwissen Mathematik und Physik, Anlass zur Sorge und legte eine Reaktion der Bildungspolitik nahe. Es wurde ein Nachdenkprozess über die Qualität und die Rahmenbedingungen des Mathematik- und Naturwissenschaftsunterrichts in Österreich ausgelöst. Das für Bildung zuständige Ministerium hat daher 1998 an eine universitäre Institution[2] eine Studie in Auftrag gegeben, um das schlechte Abschneiden zu analysieren und Maßnahmen zur Verbesserung der Situation vorzuschlagen. Das Projekt wurde „Innovations in Mathematics and Science Teaching" (1998–1999), abgekürzt IMST, genannt. Dieses hat die Ursachen untersucht und ein Entwicklungsprojekt IMST² (2000–2004)[3] vorgeschlagen. Das Ministerium ist

1 TIMSS war ursprünglich die Abkürzung für Third International Mathematics and Science Study (1995, 1999); später wurde die Studie in Trends in International Mathematics and Science Study umbenannt (2003, 2007, 2011, 2015, 2019 als TIMSS und eTIMSS). Österreich nahm 1995, 2007, 2011 und 2019 bei eTIMSS teil.

2 Abteilung „Schule und gesellschaftliches Lernen" am Interuniversitären Institut für Interdisziplinäre Forschung und Fortbildung, später Institut für Unterrichts- und Schulentwicklung (IUS) an der Alpen-Adria-Universität Klagenfurt.

3 Ab 2000 wurde die Initiative in Innovations in Mathematics, Science and Technology Teaching umbenannt, um die Bedeutung von (Informations-)Technologie hervorzuheben; 2010 – aufgrund der Ausweitung auf das Fach Deutsch – wurde der Name auf IMST Innovationen Machen Schulen Top (Innovations Make Schools Top) geändert.

der Empfehlung weitgehend gefolgt und hat dieselbe Institution damit beauftragt, mit der Förderung von Innovationen im Mathematik- und Naturwissenschaftsunterricht zu starten und ein Konzept für ein nachhaltiges Unterstützungssystem zu entwerfen.

Ab dem Jahr 2004 wurde im Rahmen des Unterstützungssystems IMST mit der Umsetzung des Konzepts begonnen. Im Zeitraum 2000 bis 2004 beschränkten sich die Maßnahmen auf die Sekundarstufe II, danach wurde IMST sukzessive auf alle Schulstufen und den vorschulischen Bereich (Kindergarten) ausgedehnt; gleichzeitig erfolgte auch eine inhaltliche Erweiterung – von Mathematik und Naturwissenschaften auf zusätzlich verwandte Fächer (z.B. Ernährung, Geographie, Informatik und Technik) sowie Deutsch. Trotz zunehmender Budgetkürzungen in den letzten Jahren läuft die Initiative noch immer.[4]

Die Initiative IMST kann man also grob in *vier Phasen* unterteilen, wobei die Entwicklung keineswegs linear war. IMST wurde mehrfach modifiziert und auf neue Herausforderungen hin adaptiert. Alle bisherigen IMST-Verträge waren auf ein bis drei Jahre limitiert, wobei es bei allen potenziellen Verlängerungen unsicher war, ob und in welcher Größe und in welchem Umfang eine solche finanziert wird. Dies machte eine langfristige Planung – insbesondere hinsichtlich adäquater Evaluation und Forschung – zu einer beträchtlichen Herausforderung. Wenn jedoch eine kontinuierliche Kommunikation zwischen Praxis, Wissenschaft und Politik (inklusive Verwaltung) ohnehin als wesentlich erachtet wird, sind laufende Änderungen natürlicher Bestandteil einer flexiblen Projektkultur.

Bevor auf die vier Phasen von IMST genauer eingegangen wird, erfolgt im nächsten Kapitel eine knappe Darstellung der theoretischen Verortung und des Interventionsansatzes von IMST.

2. Theoretische Verortung und Interventionsansatz von IMST

Aus theoretischer Sicht ist IMST von konstruktivistischen und systemtheoretischen Ansätzen beeinflusst. Zentral war und ist der Begriff der Innovation, der in Anlehnung an Altrichter und Posch (1996) dynamisch angelegt wurde (vgl. u.a. Krainer, 2002, S. 47): Innovationen werden als kontinuierliche Prozesse betrachtet, die zu einer natürlichen Weiterentwicklung von Praxis führen, im Gegensatz zu einem Verständnis von Innovationen als einmalige Ereignisse, die eine ineffektive Praxis ersetzen sollen. Dabei wird als generelles Ziel von IMST das Etablieren einer *Innovationskultur* angepeilt. Das heißt, man baut auf den Stärken von Lehrkräften auf, betrachtet diese und deren Schulen als Verantwortliche ihrer Innovationen und ihrer Weiterentwicklung (ownership). In diesem Sinne wird Intervention als Unterstützung verstanden, sei es durch Anleitung zu (datengestützter) Selbstreflexion (Aktionsforschung, Produktion von lokalem Wissen) oder durch inhaltliche Inputs (Angebote zur Nutzung von Wissen aus der Scientific community).

---

4 Während sich also IMST ursprünglich auf den MINT-Bereich (Mathematik, Informatik, Naturwissenschaften, Technik) beschränkte, erfolgte ab 2010 eine teilweise Erweiterung auf den Deutschunterricht, weshalb im Folgenden häufig vom MINDT-Bereich gesprochen wird.

IMST steht insofern in der Tradition reflektiver Rationalität (vgl. Posch, 1990, S. 398 f., im Anschluss an Schön, 1983), als die Erhebung und Interpretation von Daten sowie die daran anschließenden Entwicklungsprozesse im Dialog zwischen Bildungspraxis, Bildungswissenschaft und Bildungspolitik (und Bildungsadministration) realisiert werden. Unter anderem auch auf Ideen von Fullan (1993) aufbauend, entwickelt IMST dessen acht Grundlektionen für ein neues Verständnis von Änderungsprozessen im Bildungsbereich zu zehn zentralen Interventionsannahmen weiter (vgl. ausführlicher in Krainer, 2002, S. 51–54).

Beim Interventionsbegriff greift IMST auf den Systemtheoretiker Willke (1999) zurück. Das „Problem der Intervention" wird bei Willke (1999) als ein „Grundproblem des praktischen Umgangs mit komplexen, sozialen Systemen" gesehen. Wichtig für die Definition von „Intervention" in der Systemtheorie ist der Begriff der *Beobachtung*. In Anlehnung an Gregory Bateson und Heinz von Förster ist für Willke Beobachtung die „Feststellung eines bedeutsamen Unterschiedes" und – darauf aufbauend – *Intervention* das „Bewirken eines bedeutsamen Unterschiedes" (Willke, 1999, S. 12).

Entscheidend für eine Intervention wie IMST ist, a) wie (und von wem) die *bedeutsamen Unterschiede* festgestellt werden, b) was (im Sinne des Bewirkens) als bedeutsamer Unterschied festgestellt und angepeilt wird und c) wer jeweils die Veränderungen beauftragt, durchführt und evaluiert.

a) Die bedeutsamen Unterschiede sollten zum Beispiel im Analyseprojekt IMST im Auftrag des Ministeriums durch die Wissenschaft und unter aktiver Einbeziehung von Praktikern und Praktikerinnen erarbeitet und die Ergebnisse und Unterlagen transparent zur Verfügung gestellt werden. Als prozessuale Hauptintervention sollte auf die Verstärkung von Reflexion und Vernetzung als Gegengewicht zum (ebenfalls wichtigen) autonomen Agieren Einzelner (das sich im Extremfall in einen einzelkämpferischen Aktionismus wandeln kann) gesetzt werden, also auf kollektives Reflektieren und Verantwortungsübernahme durch die Betroffenen. Weil das ganze System (Praxis, Wissenschaft, Politik und Behörde) betroffen ist, wurde das Lernen des gesamten Systems angestrebt.

b) Anzupeilende Änderungen sollten nicht nur für den Unterricht festgestellt (und damit Veränderungsbedarf nicht allein bei den Lehrkräften gesucht) werden. Konsequenterweise sollten auch die Maßnahmen (inhaltliche wie strukturelle) auf allen Ebenen des Bildungssystems geplant und entwickelt werden. Den Lehrer/innen und Schulen sollen bei der Verbesserung des Unterrichts – auf der Basis adäquater Begründungen und Unterstützungswünsche – große Spielräume gewährt werden. Denn wenn die Innovation in Richtung von mehr Selbstständigkeit von Lernenden geht, dann sollten dies auch die Lehrenden erfahren, um analoge Lernprozesse im Unterricht fördern zu können.

c) Als „Motor" von IMST wurde vom Ministerium das im Rahmen der Autonomie der Universitäten agierende Institut für Unterrichts- und Schulentwicklung (IUS der Alpen-Adria-Universität Klagenfurt) beauftragt. Um diesen Vorteil einer nicht „von oben" agierenden Institution zu nutzen, sollte IMST von Anfang an als breites Netzwerk von Institutionen und Personen konzipiert werden. IMST sollte – trotz verständlicher Eigeninteressen aller Beteiligten – möglichst als eine gemeinsam getragene

Idee, als Innovationsnetz aller Stakeholder verstanden werden. Dies gilt insbesondere für die Lehrkräfte, weil ohne das ernsthafte Engagement der Praxis das Projekt keine Chance auf Erfolg hätte. Der Vorteil der Involvierung einer Forschungsinstitution sollte unter anderem darin liegen, dass Entwicklungsinteresse (Erfüllen von Wirkungserwartungen an ein Projekt) und Erkenntnisinteresse (Generieren wissenschaftlicher Erkenntnisse) miteinander verknüpft werden können.

Zentral war auch die Frage, wie das Verhältnis zwischen Fachdidaktik und Schulentwicklung zu gestalten ist. Im klassischen Sinne interessiert sich die Fachdidaktik primär für das fachliche Lernen der Schülerinnen und Schüler (und neuerdings verstärkt für die fachdidaktische Kompetenz der Lehrkräfte), aber wenig für die Frage, wie ganze Fachgruppen lernen können und wie dies durch Schulentwicklungsprozesse unterstützt werden kann. Die klassische Schulentwicklung ist oftmals blind für Fragen der einzelnen Fächer und fokussiert häufig allein auf allgemeine schulorganisatorische und pädagogische Fragestellungen. In IMST wird (im Sinne einer Innovation) der Versuch unternommen, die klassischen Grenzen von Fachdidaktik und Schulentwicklung zu überwinden und inhaltliche, personelle und strukturelle Brücken zu bauen. Es geht also um eine „fachbezogene Schulentwicklung", welche die Qualität von Fachunterricht und Schule gleichermaßen im Blickfeld hat und die als wesentliche Bausteine fächerübergreifenden Unterricht und Zusammenarbeit von Lehrkräften und Schulen enthält (vgl. Krainer & Rauch, 2007).

Durch das Ansetzen an der selbstständigen Weiterentwicklung von Lehrkräften und bei gleichzeitigem Einbringen von wohl dosiertem wissenschaftlichem Know-how soll damit insgesamt zur Weiterentwicklung der Lehrerprofession beigetragen werden. Die Teammitglieder von IMST sollen theoretische und praktische Inputs in das Programm einbringen und ihre Positionen und Sichtweisen weiterentwickeln. Wissenschaftler/innen und Lehrkräfte wird gleichermaßen der Status von Expertinnen und Experten sowie Lernenden zugeschrieben; sie begegnen einander auf gleicher Augenhöhe, wenngleich mit unterschiedlichen Expertisen und Rollen.

3. Die vier Phasen von IMST

In den folgenden Abschnitten wird auf die vier erwähnten Phasen näher eingegangen.

3.1 Das Analyseprojekt IMST (1998 bis 1999)

Die TIMSS-Ergebnisse zur Primarstufe und zur Sekundarstufe I wurden 1997 freigegeben. In Österreich führten die international relativ guten Ergebnisse zu (verfrühtem) Jubel. Als jedoch ein Jahr später die Ergebnisse der Sekundarstufe II veröffentlicht wurden, führte dies auch in Österreich zu einer großen Ernüchterung. Die Situation sah – mit Österreich beim Fachwissen Mathematik und Physik als letzte bzw. vorletzte von 16 Nationen in der internationalen Rangliste (vgl. Mullis et al., 1998, S. 129 bzw. 189) – besorgniserregend aus und wurde in den Medien intensiv kommentiert. In Reaktion auf TIMSS und die anschließenden Diskussionen entstand das *Analyseprojekt IMST*.

Im Analyseprojekt (vgl. Krainer, 2002) wurde nachgewiesen, dass die oben angeführten Platzierungen beim Fachwissen Mathematik und Physik ein verzerrtes Bild zeigten, weil unter anderem österreichische Schülerinnen und Schüler eingerechnet worden waren, die im letzten Schuljahr keinen Fachunterricht hatten (bzgl. Mathematik waren das in Österreich 21 %, in Kanada 19 %, in den USA 8 %, in allen anderen Ländern unter 2 %; vgl. Mullis et al., 1998, S. 162). Zwar ergaben andere Vergleiche (z. B. nur die Schüler/innen mit drei bis vier Unterrichtsstunden Mathematik im letzten Jahr oder nur die 5 % bzw. 10 % Leistungsbesten betrachtend) ein etwas besseres Bild, dennoch lag Österreich beim Fachwissen deutlich unter dem internationalen Durchschnitt.

Zentral für das Projekt war zum Beispiel die Erkenntnis, dass beim Allgemeinwissen Mathematik (vgl. Baumert, Klieme & Watermann, 1998) die österreichischen (und deutschen) Schülerinnen und Schüler zwar bei wenig komplexen und eher Routine erfordernden Aufgaben mit den Alterskolleg/innen erfolgreicher Länder (wie z. B. Niederlande und Schweiz) mithalten konnten, aber deutlich zurückfielen, wenn es um anspruchsvolle und Argumentieren erfordernde Aufgaben ging. Ähnliches zeigten die Ergebnisse zu einem Item im TIMSS-Schülerfragebogen, in welchem nach der Häufigkeit kreativer und aktiver Denkleistungen im Mathematik- oder Physikunterricht gefragt wurde. Österreich belegte hier den vorletzten (Mathematik) bzw. gar den letzten Platz (Physik). Aus diesen und weiteren Ergebnissen (vgl. ausführlich in Krainer, 2002) wurde gefolgert, dass im Unterricht vermehrt bei anspruchsvolleren Fähigkeiten anzusetzen und die in Österreich weit verbreitete Form des fragend-entwickelnden Unterrichts durch selbstständigere Unterrichtsformen zu erweitern ist.

Des Weiteren erfolgte in IMST eine Analyse von Reformansätzen zur Weiterentwicklung des mathematisch-naturwissenschaftlichen Unterrichts in ausgewählten Ländern (u. a. den Niederlanden und der Schweiz), eine Analyse von Schul-Websites (hinsichtlich ihrer Darstellung von Initiativen im Bereich der Mathematik und Naturwissenschaften) sowie eine Analyse der Gesamtsituation des Mathematik- und Naturwissenschaftsunterrichts in Österreich, unter anderem durch eine Befragung von Lehrkräften, Fachdidaktiker/innen und Personen der Schulaufsicht. So zeigte Letztere, dass die Schülerorientierung von den Expertinnen und Experten als gravierende Schwäche im österreichischen Unterricht gesehen wird (sie wurde zehnmal öfter als Schwäche denn als Stärke genannt). Ein Blick auf erfolgreiche Länder wie die Niederlande bzw. die Schweiz hat gezeigt, dass in diesen in den vorangehenden Jahrzehnten tiefgreifende Veränderungen in der Unterrichtskultur stattgefunden haben. Es wurde in die fachdidaktische Forschung und in Initiativen der Lehreraus- und Weiterbildung investiert. Dem gegenüber war die universitäre Lehrerausbildung in Österreich durch einen geringen Status und eine unbefriedigende Stellenausstattung der Fachdidaktik gekennzeichnet, die Vernetzung mit den damaligen (weitgehend ohne Forschungstradition arbeitenden) Pädagogischen Akademien war gering. Die einzelnen Fachdidaktiken waren voneinander isoliert und spielten an den Fachinstituten meist eine untergeordnete Rolle. Das hoch differenzierte Schulsystem und dessen Widerspiegelung in der Organisationsstruktur der Ministerien und Lehrerbildungsinstitutionen verhinderte sinnvolle Synergien.

IMST suchte also die Ursachen für das schlechte Abschneiden nicht allein auf der Ebene von *Unterricht und Schule* (insbesondere bezogen auf die Schülerleistungen), sondern blickte auf das *gesamte Bildungssystem*, insbesondere im Hinblick auf eine adäquate Unterstützung für die Lehrerschaft und Schulen. Insgesamt wurden Schritte von einem (in der Expertise konstatierten) *„fragmentierten Bildungssystem"* in Richtung eines *„lernenden Systems"* empfohlen (vgl. u. a. Krainer, 2007, S. 26 f.). In gewisser Hinsicht wird damit für alle Bildungsbeteiligten – Schülerinnen und Schüler, Lehrkräfte, Lehrerbildner/innen, Personen aus der Bildungsforschung, -verwaltung und -politik – ein „forschendes Lernen" bzw. „inquiry-based learning" (vgl. u. a. Krainer & Zehetmeier, 2013) gefordert: Damit ist eine Innovationskultur gefragt, in deren Mittelpunkt experimentierfreudig-aktives, selbstständiges und Daten einbeziehendes sowie kritisch-reflektierendes Herangehen stehen.

Als Ansatzpunkte für Verbesserungen wurden – wie im deutschen Partnerprojekt SINUS (vgl. den Vergleich zwischen IMST und SINUS in Krainer, 2007) – die Förderung anspruchsvollerer Fähigkeiten und mehr Selbstständigkeit bei den Lernenden sowie die professionelle Weiterentwicklung der Lehrenden, vor allem durch fachbezogenen Erfahrungsaustausch und Kooperation, gesehen. In Österreich setzte man insbesondere auf eine Stärkung mathematisch-naturwissenschaftlicher Innovationen (teilweise Schwerpunktbildungen) an Schulen und auf eine Stärkung der – in Österreich im internationalen Vergleich wenig etablierten – Fachdidaktik (bei enger Kooperation zwischen Lehrkräften und Wissenschaftler/innen).

3.2 Das Entwicklungsprojekt IMST (2000 bis 2004)

Aufbauend auf den Vorschlägen aus IMST finanzierte das Ministerium zunächst ein einjähriges *Pilotprojekt* (Innovations in Mathematics, Science and Technology Teaching), das schließlich auf weitere drei Jahre verlängert wurde. Das *Entwicklungsprojekt* hatte primär *zwei Ziele* (vgl. Krainer, 2002): erstens das Initiieren, Fördern und Sichtbarmachen von Innovationen sowie deren wissenschaftsgeleitete Analyse und Verbreitung; zweitens die Mitwirkung beim Aufbau eines nachhaltigen Unterstützungssystems ab dem Schuljahr 2004/05, das auf IMST (2000–2004) folgen und die eingeleitete Entwicklung strukturell absichern sollte.

Initiieren, Fördern und Sichtbarmachen von Innovationen sowie deren wissenschaftsgeleitete Analyse und Verbreitung

Im Rahmen von IMST führten Lehrpersonen an Allgemein- und Berufsbildenden Höheren Schulen (AHS-Oberstufe und BHS) sowie teilweise auch an weiteren Institutionen (wie z. B. Universitätsinstituten) Projekte durch. Im Schuljahr 2000/01 wurden 34 Schulen/Institutionen mit jeweils weitgehend selbst definierten Projekten (freiwillige Teilnahme) unterstützt. Zunächst war die Förderung auf die Fächer Biologie, Chemie, Mathematik und Physik beschränkt, später kamen Darstellende Geometrie, Geographie und Informatik bzw. Informationstechnologie dazu.

Nach der Entscheidung des Ministeriums, das Pilotprojekt fortzuführen und auszuweiten, wurden im Zeitraum 2001 bis 2004 – auf den Erkenntnissen des Analyseprojekts aufbauend – vier Schwerpunktprogramme umgesetzt, nämlich „Grundbildung", „Schulentwicklung", „Lehr- und Lernprozesse" und „Praxisforschung" (Schwerpunkt „Selbstständiges Lernen").[5] Ab Herbst 2002 wurde das Projekt „Gender Sensitivity und Gender Mainstreaming" in das Gesamtprogramm integriert, um die Idee eines geschlechtssensiblen Unterrichts zu stärken. Die Anzahl der von IMST unterstützten Schulen konnte auf 62 erhöht werden.

Mitwirkung beim Aufbau eines nachhaltigen Unterstützungssystems

In den Jahren 2002 und 2003 erfolgte die Erstellung des Konzepts *„Qualitätsentwicklung im Mathematik-, Naturwissenschafts- und Informationstechnologieunterricht in Österreich. Entwurf eines Unterstützungssystems IMST3 (2004–2020)"* (vgl. Projekt IMST², 2003). Das Konzept sah unter anderem eine enge Verzahnung der drei wichtigen Systemebenen – *lokale Ebene* (Schulen), *regionale Ebene* (Bildungseinrichtungen der Bundesländer) und *nationale Ebene* (zentrale Bildungseinrichtungen) – vor und versucht fachbezogene, fachübergreifende Aufgaben und Steuerungsaufgaben aufeinander zu beziehen. Als die *sieben zentralen Maßnahmen* (M1–M7) von IMST (siehe ausführlicher u. a. in Projekt IMST², 2003) wurden festgelegt:

M1: *Aufwertung der Fachkoordinator/innen* an den Schulen im Rahmen der Institutionalisierung von Fachteams (u. a. gegenseitige Abstimmung der fachlichen Anforderungen, Organisation interner Qualitätssicherung und Koordination des professionellen Erfahrungsaustauschs in der Fachgruppe)

M2: *Aufwertung der Arbeitsgemeinschaftsleiter/innen bzw. weiterer Multiplikator/innen* in den Bundesländern zu „fachbezogenen Bildungsmanager/innen" (u. a. Gestaltung entsprechender Diskussions- und Kommunikationsprozesse zu Fragen des Unterrichts und der Bildung in Bezug auf aktuelle und zukünftige gesellschaftliche Anforderungen, regionale Koordination des professionellen Erfahrungsaustauschs und Schnittstellenmanagement)

M3: *Einrichtung Regionaler Zentren für Fachdidaktik und Schulentwicklung* in den Bundesländern (u. a. fachdidaktische Forschung und Entwicklung mit Bezug zu Professionalisierung und Schulentwicklung, enge Kooperation mit den Lehrerbildungseinrichtungen sowie M2 und M4)

5 Seitens IMST wurden sechs Schwerpunktprogramme vorgeschlagen, zwei konnten jedoch mangels Finanzierung nicht realisiert werden.

M4: *Einrichtung neuer bzw. Aufwertung bestehender Regionaler Netzwerke* in den Bundesländern (u.a. Förderung von fachbezogenem und fächerübergreifendem Erfahrungsaustausch sowie von pädagogischer und fachdidaktischer Fortbildung, Unterstützung von Schwerpunktbildungen an Schulen)

M5: *Einrichtung von Österreichischen Kompetenzzentren für Fachdidaktik* (u.a. Durchführung von Forschungs- und Entwicklungsprojekten, Beratung und Begleitung nationaler Entwicklungen und internationaler Programme, Förderung des wissenschaftlichen Nachwuchses, Kooperation mit den 2007 neu eingerichteten Pädagogischen Hochschulen)

M6: *Einrichtung eines Fonds für Unterrichts- und Schulentwicklung* (Fortsetzung der Innovationsförderung von IMST^2; u.a. inhaltliche, finanzielle und organisatorische Unterstützung von jährlich zirka 150 Innovationsprojekten im Unterricht und in der Lehrerausbildung, Förderung schulbezogener fachdidaktischer Forschung, insbesondere von Nachwuchswissenschaftler/innen)

M7: *Einrichtung eines Instituts für Unterrichts- und Schulentwicklung* (IUS) als österreichweites Kompetenzzentrum (Forschung, Entwicklung, Beratung, Lehre und Weiterbildung im Bereich der Unterrichts-, Schul- und Bildungssystementwicklung; unter anderem operative Steuerung des Unterstützungssystems IMST inklusive Evaluation und Gender Netzwerk, operative Umsetzung von M2, M4 und M6, Beratung des Ministeriums bei der Umsetzung von M1, M3 und M5).

3.3 Das Unterstützungssystem IMST (2004–2018)

Auf der Basis des oben beschriebenen Konzepts begann ab 2004 die schrittweise Umsetzung der Maßnahmen. Ziel von IMST ab dieser Phase war die Verbreitung der IMST-Initiativen und eine kontinuierliche Überführung in das Regelsystem. In einer ersten Teilphase (2004–2007) erfolgte eine Ausweitung auf die gesamte Sekundarstufe, in der zweiten Phase (ab 2007) auch auf die Primarstufe. Die strategische Steuerung erfolgte seitens des zuständigen Ministeriums, die operative Umsetzung durch das Institut für Unterrichts- und Schulentwicklung in Kooperation mit einer Vielzahl an Bildungsinstitutionen und Personen. IMST wurde – wie auch IMST^2 zuvor – systematisch evaluiert (vgl. die Beschreibung des Evaluationskonzepts in Benke & Krainz-Dürr, 2006), teilweise auch extern (u.a. Prenzel, Schratz & Messner, 2007). Eine ausführlichere Darstellung eines Zwischenresümees mit Stand Ende 2007 findet man in Krainer (2008). Der Status der *sieben zentralen Maßnahmen* (M1–M7) von IMST kann per Stand 1. Jänner 2019 wie folgt beschrieben werden:

M1: Aufwertung der Fachkoordinator/innen
Diese Maßnahme war zwar mehrfach in Regierungsplänen verankert, wurde aber (vor allem aus Budgetgründen) noch nicht systematisch umgesetzt.

M2: Aufwertung der Arbeitsgemeinschaftsleiter/innen bzw. weiterer Multiplikator/innen in den Bundesländern

In den Jahren 2006 bis 2008 wurde als Pilotversuch ein viersemestriger Universitätslehrgang „Fachbezogenes Bildungsmanagement" (mit 40 European Credits, EC) durchgeführt (vgl. Krainer & Müller, 2007), den zirka 90 Teilnehmende absolviert haben. Eine Ausweitung des Lehrgangs scheiterte an der Finanzierung. Die ursprünglich vom Ministerium angedachte Schaffung von Funktionen parallel zur Ausbildung für das fachbezogene Bildungsmanagement wurde ebenso nicht umgesetzt. In gewisser Weise wird jedoch durch eine Adaption der Zielgruppe der (seit 1982 laufenden) viersemestrigen Universitätslehrgänge „Pädagogik und Fachdidaktik für LehrerInnen" (PFL, 40 EC) in Richtung Lehrende an Pädagogischen Hochschulen ein Beitrag in diese Richtung geleistet (vgl. Rauch & Wallner, 2017).

M3: Einrichtung Regionaler Zentren für Fachdidaktik und Schulentwicklung

Nach der Einrichtung von Austrian Educational Competence Centres (AECC) ab 2004 – siehe M5 – kam es ab 2006 auch zur Etablierung von Regionalen Fachdidaktikzentren. Diese wurden häufig in Kooperation zwischen Universitäten und den ab Oktober 2007 neu etablierten Pädagogischen Hochschulen gegründet. Ab dem Jahr 2013 liefen Vorbereitungen zur Ausschreibung des für das Bildungsministerium entwickelten Gütesiegels Regional Educational Competence Centre (RECC), das an Fachdidaktikzentren vergeben werden soll, die spezifische Qualitätskriterien erfüllen. Ab 2014 wurden vom Bildungsministerium die ersten 13 RECCs verliehen, im Jahre 2015 folgten weitere sieben RECCs. 2017 wurde von IMST eine neue Ausschreibung für RECCs organisiert, bei welcher die bisherigen RECCs (zur Fortschreibung ihres Labels) sowie weitere Fachdidaktikzentren (zur erstmaligen Zuerkennung des Labels) Anträge einreichen können; mit Stand 1. Jänner 2019 gab es 14 RECCs. Ein Bericht zum Stand der Fachdidaktik in Österreich (Krainer et al., 2012) zeigte, dass (regionale und nationale) Fachdidaktikzentren bedeutsam zur Weiterentwicklung von Fachdidaktik und Unterricht in den jeweiligen Fächern beigetragen haben (obgleich noch immer Herausforderungen in der Forschung konstatiert wurden, die auf historische und strukturelle Gründe zurückgehen).

M4: Einrichtung neuer bzw. Aufwertung bestehender Regionaler Netzwerke

Das erste Regionale Netzwerk wurde 2003 in der Steiermark gegründet, Vereinbarungen mit den restlichen acht Bundesländern (zwischen IMST und dem jeweiligen Landes- bzw. Stadtschulrat) folgten in den Jahren 2004 bis 2008. Die Vereinbarungen (die u. a. die Richtlinie enthalten, dass mindestens 50 % der Mittel aus dem jeweiligen Bundesland kommen sollen) wurden durchgängig verlängert. Jedes Netzwerk hat eine Steuergruppe mit Repräsentantinnen und Repräsentanten aus dem Landesschulrat (bzw. Stadtschulrat für Wien), aus Lehrerbildungsinstitutionen (insb. Pädagogische Hochschule und Universität) und aus der Praxis. Als eine Weiterentwicklung dieser Netzwerkstruktur haben sich in einigen Regionen – auf Initiative von Inspektor/innen – Bezirksnetzwerke gebildet. Einige Bundesländer führten eigene Netzwerktage oder größere Veranstaltungen durch.[6] An Veranstaltungen der Regionalen Netzwerke nehmen pro Jahr durchschnittlich 7000 Lehrkräfte teil. Zu den Netzwerktätigkeiten sind viele Publikationen entstanden (u. a. Kreis & Rauch, 2007; Rauch, 2013; Rauch & Korenjak, 2018). 2015 veranstaltete das Regionale Netzwerk für Naturwissenschaften und Mathematik Kärnten erstmals die EUSO (European Union Science Olympiad) in Österreich, wobei erstmals ein österreichisches Team eine Goldmedaille gewann.

M5: Einrichtung von österreichischen Kompetenzzentren für Fachdidaktik
Zunächst bestand der Plan, neben der Einrichtung eines österreichweiten Kompetenzzentrums für Unterrichts- und Schulentwicklung (AECC IUS, 2004, siehe M7) auch AECCs in den Fächern Biologie, Chemie, Geographie, Informatik, Mathematik und Physik einzurichten. Das zuständige Ministerium entschied sich – aufgrund des schlechten Abschneidens beim Lesen in PISA – anstelle von Zentren in Geographie und Informatik eines für Deutsch zu etablieren. Auf der Basis von Selbstbeschreibungen seitens der vom Ministerium eingeladenen Universitäten zu ausgewählten Kriterien wurden zwei Universitäten Trägerinnen der weiteren fünf österreichweiten Kompetenzzentren: Klagenfurt (neben dem IUS) mit den AECCs für Deutsch- und Mathematikdidaktik sowie Wien mit den AECCs für Biologie-, Chemie- und Physikdidaktik. Es gab etliche Kooperationen zwischen den AECCs, etwa im Bereich von Universitätslehrgängen (z. B. PFL) oder bei Publikationen. Ein Beispiel ist ein Buch, das sich mit Lesen und Schreiben im Deutsch-, aber auch Mathematik- und Naturwissenschaftsunterricht beschäftigt (Fenkart, Lembens & Zeitlinger, 2010). Die AECCs trugen unter anderem wesentlich zur Etablierung von Fachdidaktik-Professuren und weiteren Mitarbeiterinnen und Mitarbeitern, Forschungsprojekten und Qualifikationsprogrammen sowie zur Gründung der Österreichischen Gesellschaft für Fachdidaktik (ÖGFD) im Jahre 2012 bei, die als Dachverband der Fachdidaktiken in Österreich fungiert.

M6: Einrichtung eines Fonds für Unterrichts- und Schulentwicklung
Diese Maßnahme erfuhr in den Jahren 2004 bis 2006 die höchste Finanzierung, sodass circa 200 schulbezogene Innovationen gefördert werden konnten. Danach hat sich das zur Verfügung gestellte Budget seitens des Ministeriums kontinuierlich derart verringert, sodass im Schuljahr 2017/18 nur mehr 60 Innovationen gefördert werden konnten. Durch Kooperationen mit Partnerinnen und Partnern wie LEGO konnte das Programm um etwa 20 Projekte erweitert werden. Die Unterstützung der Projekte erfolgt in Themenprogrammen (als Weiterentwicklung der weiter oben beschriebenen Schwerpunktprogramme), die jeweils von einem Team von Expertinnen und Experten aus Hochschulen, Universitäten und Praxis geleitet werden. Die Auswahl der Projekte erfolgt über Ausschreibung, Einreichung, Begutachtung und Auswahl durch eine Expertenjury (in gewisser Analogie zu Forschungsförderung, jedoch adaptiert auf die

6 Ein Beispiel ist die alle zwei Jahre durchgeführte Experimentale, bei welcher Schülerinnen und Schüler an unterschiedlichen Experimentierstationen an verschiedenen Standorten in Oberösterreich naturwissenschaftliche Phänomene kennenlernen können. So kamen am 8. März 2017 rund 1500 Besucher/innen in die Sporthalle Andorf (siehe https://www.meinbezirk.at/schaerding/c-wirtschaft/exe-2017-junge-naturwissenschaftler-in-ihrem-element_a2052639).

Bedürfnisse von Schulen). Jedes finanzierte Projekt muss einen Innovationsbericht schreiben, der nach Erfüllen gewisser Gütekriterien auf der Website des IMST-Wiki (http://www.imst.ac.at/wiki) veröffentlich wird. Datenstruktur und Volltextsuche unterstützen das Auffinden von über 1000 Berichten. Hervorragende Innovationen werden im Rahmen der jährlichen IMST-Tagung (organisiert von wechselnden Gastgeberinstitutionen) mit dem IMST-Award ausgezeichnet; eine gezielte Sichtbarmachung und Verbreitung von Innovationen findet am jährlich stattfindenden Innovationstag in Wien statt.

M7: Einrichtung eines Instituts für Unterrichts- und Schulentwicklung (IUS)
Das IUS wurde 2004 als erstes AECC eingerichtet und bildet neben anderen Aufgaben das koordinative Zentrum von IMST. Darüber hinaus hat sich das IUS insbesondere an mehreren EU-Projekten (z.B. ARTIST, Fibonacci, KeyCoMath, LINKS, PROFILES und PARRISE) beteiligt und andere Partnerinstitutionen aus Österreich eingebunden. Dies hat auch zu IMST-Publikationen in EU-Medien (z.B. EURYDICE, 2011a und b; Knippels, van Dam & van Harskamp, 2017) geführt.

Zahlreiche Qualifikationsarbeiten (insbesondere auch Dissertationen und Habilitationen) am IUS, aber auch an vielen weiteren Universitäten wurden im Kontext von IMST verfasst. Zum Teil wird im Kontext von IMST auch Grundlagenforschung betrieben. So zeigen zum Beispiel Befragungen der beteiligten Lehrkräfte, dass jene, die Unterstützungsmaßnahmen durch die Direktion und das Kollegium erfahren, ihre eigenen Schülerinnen und Schüler als motivierter einschätzen. Auch die Schülerschaft dieser Lehrkräfte – so die Ergebnisse der Schülerbefragung – fühlten sich stärker intrinsisch motiviert als Schülerinnen und Schüler von wenig oder nicht unterstützten Lehrkräften. Wird jedoch Druck erlebt, bewirkt dies auf Lehrer- und Schülerseite ein Sinken der intrinsischen Motivation. Innovative Lehrpersonen dürfen sich also nicht „alleingelassen" fühlen, wenn sie ihren Unterricht verbessern wollen, weil dies Einfluss auf die Lehrer- und Schülermotivation hat (vgl. Müller, Hanfstingl & Andreitz, 2009; Hanfstingl, Andreitz, Müller & Thomas, 2010). Insgesamt kam es in dieser IMST-Phase trotz kontinuierlich verminderter Mittel seitens des Bildungsministeriums zu wissenschaftlichen Kooperationen im Kontext der Initiative. Neben den oben erwähnten Beteiligungen an EU-Programmen gab es auch kontinentübergreifende Kooperationen, etwa ein Buchprojekt mit Kolleginnen und Kollegen aus Indien, in welchem IMST eine wichtige Rolle spielte (vgl. Krainer, Rauch & Senger, 2017).

Hinsichtlich des Wissenstransfers in die Bildungspraxis ist der online verfügbare IMST-Newsletter, der aktuelle Themen praxisrelevant und wissenschaftsbasiert aufarbeitet, hervorzuheben Bis Ende 2018 sind 47 Ausgaben erschienen, zuletzt zum Thema „Berufsbildung: Vielfältig – Innovativ" (vgl. https://www.imst.ac.at/eintraege/newsletterarchiv/). Neben etlichen beispielhaften an die Gesellschaft adressierten Medienberichten gab es auch Kooperationen mit der Wirtschaft, so zum Beispiel ein wissenschaftliches Positionspapier zum MINT-Unterricht (Müller, Krainer & Haidinger, 2013).

3.4 Übergangsperiode IMST (2019–2020)

Im Dezember 2017 erhielt Österreich eine neue Bundesregierung. Die davor stattfindenden Perioden des Wahlkampfs aufgrund der Beendigung einer Koalition und einer Regierungsbildung führten ebenso wie der Umbau von Sektionen im neu etablierten Bundesministerium für Bildung, Wissenschaft und Forschung zu Verzögerungen bei der Verlängerung von IMST über das Jahr 2018 hinaus. Zudem zeichnete sich eine drastische Kürzung der Projektmittel ab. Die seit 2017 erfolgten Schritte einer Neukonzeptionierung von IMST ab 2019 sahen eine stärkere Involvierung und Mitsteuerung der Initiative durch Pädagogische Hochschulen, Universitäten und andere Partnerschaften (z.B. Wirtschaft) vor. Dies geschah insbesondere auch mit der Perspektive, IMST nachhaltig als Netzwerk zu stabilisieren. Die Steuerung einer solchen Netzwerkinitiative ist sicherlich herausfordernd, allerdings könnten so auch Synergien genutzt und Budgeteinschränkungen leichter aufgefangen werden.

Das neue Konzept von IMST (ab 2019) setzt inhaltlich weiter auf unterrichtliche Innovationen, die auf das selbstständige Lernen von Schüler/innen und Lehrer/innen setzen. Im Fokus steht auch weiterhin das primäre Ansetzen an der Weiterentwicklung der fachdidaktischen Kompetenzen der Lehrkräfte, allerdings noch akzentuierter auf der Ebene von (Fach-)Teams und der Schule als Organisation, mit der Schulleitung als wichtige Schlüsselfigur. Durchgängige Themen sollen Digitale Bildung sowie Gender und Diversity bilden. Es wird ein flexibles Modulsystem angedacht, das von einem Konsortium von Partnerinstitutionen unter der Koordination des IUS angeboten wird. An den Pflicht- und Wahlpflichtmodulen auf Team- und Organisationsebene nehmen von den Schulen oder Schulclustern entsandte Lehrkräfte bzw. Vertretungen der Schulleitungen (Zweier- bis Dreierteams) teil. Diese bilden eine zentrale Verbindungsstelle zwischen dem Lernen im jeweiligen Modul und den Entwicklungsperspektiven der jeweiligen Schule bzw. deren Fachgruppe. Für die Module erhalten die Teilnehmenden nach dem European Credit Transfer System (ETCS) Credits, die für die Schule gesammelt werden. Ab einer bestimmten Anzahl an ECs (abhängig von der Größe der Institution) können die Schulen (teilweise auch Kindergärten) vom zuständigen Ministerium als Local Educational Competence Centre (LECC) zertifiziert werden. Der Nutzen der Schulen liegt insbesondere darin, zur ohnehin notwendigen Arbeit an ihren Entwicklungsplänen, kompetente Außenunterstützung zu erhalten, unter Einbindung neuester wissenschaftlicher Erkenntnisse. Durch die Zertifizierung besteht die Möglichkeit einer Profilierung der Schule, gekoppelt mit Situationsanalysen auf der Basis von Monitoringdaten (z.B. Bildungsstandards) und deren (fachdidaktisch) adäquater Interpretation. Insofern würde IMST die Möglichkeiten verbessern, die mit dem Rückmeldesystem zu den Monitoringdaten angedacht, aber für die Schulen bisher nur in Ausnahmefällen befriedigend realisiert wurden.

Damit könnte IMST zu einigen wichtigen bildungspolitischen Schwerpunkten beitragen, etwa zur Stärkung von Schulautonomie inklusive Schwerpunktbildungen an Schulen, dem Ausbau von Schnittstellen zwischen den Schultypen bzw. dem vorschulischen Bereich, einer akzentuierteren Fokussierung auf Fort- und Weiterbildung und der Stärkung der Kenntnisse in den MINT-Bereichen, unter besonderer Berücksichtigung von Digitalisierung. Weiterhin konstant bei IMST soll bleiben, dass Qualitätsentwicklung als gemeinsame Aufgabe von Bildungspraxis, Bildungswissenschaft und Bildungspolitik verstanden wird, in welcher der Bildungspraxis – weil sie am nächsten am Lernen der Schülerinnen und Schüler agiert – eine Schlüsselrolle beizumessen ist.

Erst im Juli 2019 konnte eine Vereinbarung zur IMST-Phase 2019–2020 erzielt werden. Das neuerliche Scheitern einer Bundesregierung und anstehende Wahlen lassen keine klaren Prognosen über die Zukunft von IMST zu.

4. IMST und der veränderte Kontext im österreichischen Bildungswesen

Insgesamt kann man feststellen, dass die meisten der sieben zentralen Maßnahmen (zumindest teilweise) umgesetzt wurden bzw. noch im Laufen sind. Parallel zu IMST wurden im österreichischen Bildungswesen maßgebliche Veränderungen eingeleitet. Die für diesen Beitrag relevantesten Meilensteine (vgl. ausführlicher in Krainer & Benke, 2018; Nekula, Bruneforth & Sobanski, 2018) waren:

- 2000: Teilnahme an PISA (2000, alle drei Jahre wiederkehrend) und an weiteren internationalen Studien wie PIRLS (2006 und 2011) und TIMSS (2007, 2011 und 2019).
- 2003: „Schülerentlastungsverordnung“, im Rahmen derer das Stundenausmaß in allen Schultypen und in fast allen Unterrichtsfächern reduziert wurde.
- 2005: Hochschulgesetz zur Einrichtung von Pädagogischen Hochschulen (2006 Einsetzung von Gründungsrektor/innen, Einrichtung der Hochschulen per 1. Oktober 2007).
- 2008: Einrichtung des Bundesinstituts für Bildungsforschung, Innovation und Entwicklung des österreichischen Schulwesens (BIFIE).
- 2008: Einführung der Neuen Mittelstufe.
- 2009: Gesetzliche Verankerung von Bildungsstandards (BIST) für die Fächer Mathematik, Deutsch und Englisch (flächendeckend).
- 2011: Änderung des Bundes-Schulaufsichtsgesetzes, Aufbau eines alle Ebenen des Bildungssystems umfassenden Qualitätsmanagementsystems (unterstützt durch Maßnahmen wie QIBB und SQA[7]).
- 2013: Bundesrahmengesetz zur Einführung einer neuen Ausbildung für Pädagoginnen und Pädagogen („PädagogInnenbildung Neu“), Einführung jeweils eines Bachelor- und Masterstudiums im Primar- und im Sekundarstufenbereich ab dem Studienjahr 2015/16 in vier regionalen Entwicklungsverbünden (vgl. https://bildung.bmbwf.gv.at/schulen/pbneu/ev/verbuende.html).
- 2015: Erstmalige Durchführung der (teil-)standardisierten neuen Reifeprüfung bzw. Reife- und Diplomprüfung (im Schuljahr 2014/15 Start an AHS, ab 2015/16 inklusive BHS).

---

7 Siehe https://www.qibb.at (QIBB, seit 2004) und http://www.sqa.at (SQA, seit 2011).

- 2017: Start des österreichweiten Projekts „Grundkompetenzen absichern" des Bildungsministeriums (vgl. http://www.sqa.at/course/view.php?id=177); Beschluss des Bildungsreformgesetzes (Schulautonomie, Schulcluster, Bildungsdirektionen u.a.).
- 2018: Start der Umsetzung des Bildungsreformgesetzes (seit Dezember 2017 neue Bundesregierung mit einem neu etablierten Bundesministerium für Bildung, Wissenschaft und Forschung), teilweise Änderung von geplanten Maßnahmen.[8]
- 2019: Start der Bildungsdirektionen und Besetzung der Schulaufsicht (neue Struktur der Schulaufsicht für September 2020 geplant); Scheitern einer Regierung im Mai, Etablierung einer Übergangsregierung im Juni, voraussichtlich Neuwahlen im September, bis dahin sind wenig bildungspolitische Entscheidungen und Reformschritte zu erwarten.

Viele der bildungspolitischen Entscheidungen und Reformschritte in den letzten 20 Jahren waren förderlich für die Ziele von IMST, umgekehrt hat IMST zu einigen von ihnen aktiv beigetragen. So etwa hat IMST durch die Förderung von Netzwerken und Zentren in den Bundesländern und der Förderung von Kooperationen zwischen Pädagogischen Hochschulen und Universitäten (etwa durch gemeinsame Leitung von IMST-Themenprogrammen oder gemeinsamen Beantragungen von RECCs) Vorarbeiten dazu geleistet, dass sich die Zusammenarbeit in den vier Entwicklungsverbünden insbesondere in den MINDT-Fachdidaktiken oftmals einfacher gestaltete. Hemmend für die Entwicklung von IMST waren im Wesentlichen drei Elemente: erstens die 2003 eingeführte „Schülerentlastungsverordnung", die eine gerade aufkommende Aufbruchsstimmung für Innovationen im Mathematik- und Naturwissenschaftsunterricht bremste; so führte zum Beispiel die Verringerung des Stundenausmaßes im Physikunterricht der 6. Schulstufe AHS zur Reduktion von zwei Physikstunden auf eine, was die Rahmenbedingungen für experimentelles und selbstständiges Arbeiten einschränkte; zweitens die kontinuierliche Verringerung der Budgetmittel von IMST; drittens die seit Ende 2017 zunehmende Unsicherheit der Zukunft von IMST durch wechselnde Verantwortungsgefüge im zuständigen Ministerium und die virulenter werdende Frage, inwieweit es Universitäten gestattet sein solle, Fort- und Weiterbildungen – eine zentrale Aufgabe von Pädagogischen Hochschulen – durchzuführen.

Die relativ hohe Anzahl allein der oben angeführten Reformschritte (hinzu kämen z.B. noch etliche curriculare Reformen wie die Neue Oberstufe) zeigt, dass sich in den letzten 15 Jahren – nach vielen Jahren eines Reformstaus – eher ein Überlagern von Reformbemühungen eingesetzt hat. Während zu Beginn von IMST Innovationen im Bildungssystem eher dünn gesät waren, sind diese in den letzten Jahren so dicht geworden, dass sich die Frage einer Neuausrichtung von IMST gestellt hat. Nun ist die Zukunft von IMST unklar, obgleich starke Impulse im MINDT-Bereich weiter sinnvoll wären. Dies zeigen unter anderem die Ergebnisse von PISA (Vergleich 2003–2012[9]), PIRLS und TIMSS (Vergleich 2006 bzw. 2007–2011). So zeigt ein Vergleich Öster-

8 So wurde z.B. die durchgängig verpflichtende Notenbeurteilung in der Volksschule wieder zur Norm, trotz deutlicher Kritik seitens der Bildungsforschung.

9 Eine Vergleich mit PISA 2015 wird hier unter anderem deshalb nicht angestellt, weil ein Wechsel der Messmethode (von paper-based zu computer-based) die Vergleichbarkeit im Längsschnitt fraglich macht (vgl. z.B. Köller, 2015).

reichs mit seinen Nachbarländern Deutschland, Italien, Slowakei, Tschechien und Ungarn (Krainer & Benke, 2018), dass sich Österreich beim Lesen verschlechterte, aber man in Mathematik trotz der geringen Stundenzahlen in der Volksschule die Plätze hielt und sich bei den Naturwissenschaften deutlich verbesserte. Diese relative Stabilität bei Mathematik bzw. sogar Verbesserung bei den Naturwissenschaften ist aus zweierlei Hinsicht bemerkenswert: a) die seit 2003 in Kraft getretene Stundenkürzung, die eher ein Absinken im internationalen Vergleich erwarten ließ; b) die Schwäche im Lesen, die – aufgrund des relativ hohen Leseanteils bei den Mathematik- und Naturwissenschaftsaufgaben (die drei Leistungen korrelieren deutlich) – ebenso eher ein Absinken im internationalen Vergleich (insbesondere bei PISA) erwarten ließ. PIRLS 2016[10] (an TIMSS 2015 nahm Österreich nicht teil) brachte nach einem schlechteren Abschneiden 2011 wieder ein ähnlich durchschnittliches Ergebnis wie PIRLS 2007.

5. Zur Wirkung von IMST auf verschiedenen Ebenen

Abschließend soll exemplarisch und in knapper Form auf die Wirkungen von IMST auf folgenden Ebenen eingegangen werden:

5.1 International

IMST-Erkenntnisse und Erfahrungen wurden in verschiedenen Arbeits- und Themenbereichen in die Scientific community eingebracht, insbesondere zur Wirkung von Lehrerfortbildung (z. B. Zehetmeier, 2015; Krainer, 2018), zur Motivation von Schüler/innen und Lehrkräften (z. B. Hanfstingl et al., 2010), zu regionalen Netzwerken (z. B. Rauch, 2013), zur Verbreitung von Innovationen (z. B. Krainer, Zehetmeier, Hanfstingl, Rauch & Tscheinig, 2018) und zu Überlegungen zu Wissenstransfer und Implementation (vgl. Krainer, eingereicht). Die Partizipation in mehreren EU-Projekten und in Publikationen in EU-Medien wurde bereits erwähnt (vgl. 3.3). Neben zahlreichen Vorträgen gab es auch spezifische Beiträge zur Förderung des wissenschaftlichen Nachwuchses (z. B. den Workshop „Teachers‘ use of scientific evidence based on a nation-wide project“ in München[11]). In Zusammenhang mit spezifischen Erfahrungen in IMST entstand auch die Mitherausgeberschaft bei den Special issues „Scaling up in-

---

10 Weiterhin liegen Italien und Ungarn signifikant vor Österreich, das nun keine signifikanten Unterschiede mehr mit Deutschland (2007 und 2011 signifikant vor Österreich) und der Slowakei (2006 signifikant hinter Österreich) aufweist (Tschechien nahm 2007 noch nicht teil). Österreich liegt beim Lesen ziemlich genau im EU-Durchschnitt, was für ein wohlhabendes Land einen Entwicklungsbedarf nach oben impliziert.

11 REASON Winter school, siehe http://www.en.mcls.uni-muenchen.de/study_programs/reason/events/winterschool2019/index.html.

novative approaches to teaching mathematics"[12] (2019 erschienen) und „Science and Mathematics Teacher Educators and their Professional Growth"[13] (geplant für 2021).

5.2 Österreich und Bundesländer

Die vermutlich wichtigsten Wirkungen von IMST in Österreich sind:

a) Eine systematische Analyse der wenig erfreulichen Ergebnisse bei TIMSS und PISA und ein aktiver Beitrag, um Bewusstsein in der Praxis, in der Bildungspolitik und in der Wissenschaft zu wecken, dass Impulse zur Weiterentwicklung nötig sind.
b) Das Herausarbeiten eines nachhaltigen Unterstützungskonzepts zur Qualitätsentwicklung im Mathematik-, Naturwissenschafts- und Informationstechnologieunterricht in Österreich, auch wenn bei weitem nicht alle vorgeschlagenen Maßnahmen realisiert wurden. Dies ist unter anderem belegt durch das Zuerkennen eines Sustainability Award[14] 2012 an IMST im Handlungsfeld „Regionale Kooperation" sowie etliche Bezugnahmen im Nationalen Bildungsbericht Österreich 2018.
c) Ein Beitrag zur Stärkung der Fachdidaktik in Österreich durch Etablierung und Vernetzung von österreichweiten und regionalen Kompetenzzentren (AECC und RECC) und von Regionalen Netzwerken in allen Bundesländern sowie durch die Kooperation von Expertinnen und Experten aus Universitäten, Hochschulen und der Schulpraxis in IMST-Teams über einen längeren Zeitraum. Die Stärkung der Fachdidaktik lässt wiederum eine qualitativ und quantitativ verbesserte Aus- und Fortbildung von Lehrkräften erwarten.
d) Ein Beitrag zur Stabilisierung (Mathematik) bzw. zur Steigerung (Naturwissenschaften) von Schülerleistungen bei internationalen Vergleichsstudien trotz Stundenreduktion bzw. geringen Stundenanzahlen und schwächeren Leseleistungen (die insbesondere bei PISA einen wesentlichen Einfluss auf das Verstehen und Lösen von mathematisch-naturwissenschaftlichen Aufgaben haben).

5.3 Lehrkräfte, Schulen und Hochschulen

Dass Pädagogische Hochschulen und Universitäten durch die Bildung von Zentren, Personalzugewinn, Kooperation in IMST und in damit verbundenen EU-Projekten und durch Qualifikationsarbeiten im Kontext von IMST profitiert haben, wurde schon dargestellt. Der zentrale Fokus liegt jedoch auf der Weiterentwicklung von

---

12 Educational Studies in Mathematics, siehe https://link.springer.com/journal/volumesAndIssues/10649.

13 International Journal of Science and Mathematics Education, siehe https://www.springer.com/education+%26+language/mathematics+education/journal/10763.

14 Der Award wird jährlich von den Bundesministerien für Wissenschaft und Forschung & Land- und Forstwirtschaft, Umwelt- und Wasserwirtschaft verliehen. Formal wurde der Preis an die Alpen-Adria-Universität Klagenfurt vergeben; die Auszeichnung baut jedoch vielmehr auf einem österreichweiten Zusammenspiel vieler Personen und Institutionen auf.

Schulen und Lehrkräften. Interne und externe Evaluationen sowie die Tatsache, dass stets mehr Lehrkräfte bei IMST mitwirken wollten, als Unterstützung angeboten werden konnte, zeigen die Akzeptanz durch die Praxis. Die seit 2000 angebotene Unterstützung von Innovationen an Schulen findet zum Beispiel ihren Ausdruck in über 1000 Berichten von Lehrkräften für Lehrkräfte (siehe http://www.imst.ac.at/wiki). Zu nennen sind auch der rege Besuch der jährlichen IMST-Tagung, die gut angenommene Erweiterung um einen Innovationstag in Wien, die Nutzung der IMST-Website und das kontinuierliche Zustandekommen von inzwischen 47 Themenheften des IMST-Newsletters mit Beiträgen aus der Wissenschaft, Schulpraxis und Schulbehörde.

Abschließend soll anhand einer Teilstudie in einem internationalen Journal (Krainer et al., 2018) skizziert werden, in welcher der Zusammenhang zwischen diesen Ebenen sichtbar wird. Eine Analyse aller im IMST-Wiki verfügbaren Berichte von Lehrkräften mit deutlichem Fokus auf Mathematikunterricht im Zeitraum 2004/05 bis 2014/15 ging folgender Frage nach: Verbreiten sich schulische Innovationen häufiger über den eigenen Unterricht der Lehrkräfte oder deren eigene Schule hinaus, wenn das Projekt bereits ein Folgeprojekt ist (im Gegensatz zu einer Erstdurchführung einer Innovation)? Von den 124 betrachteten Berichten bezogen sich 52 auf Follow-up-Projekte und 72 auf neue Projekte. Die Analyse unterschied drei Disseminationsebenen: Ebene 1 – keine Verbreitung über das eigene Klassenzimmer hinaus; Ebene 2 – Verbreitung über das eigene Klassenzimmer, aber nicht über die eigene Schule hinaus; Ebene 3 – Verbreitung über die eigene Schule hinaus (es wurde die jeweils höchste Disseminationsebene gezählt).

Tabelle 1: Verbreitung von Innovationen (IMST-Projekte, 2004/05–2014/15, Mathematik)

Projektstatus	Projekte	Ebene 1	Ebene 2	Ebene 3	Lehrkräfte
Follow-up	52	12	23	17	21
Neu	72	38	26	8	72
Total	124	50	49	25	93

Tabelle 1 zeigt, dass Follow-up-Projekte (die Ebenen 2 und 3 machen zusammen 77 % aus) deutlich höhere Disseminationsebenen erreichen als neue Projekte (47 %), also eine längerfristige Unterstützung durch Teams die Verbreitung von Innovationen deutlich fördert. Gepaart mit der Erkenntnis aus anderen Teilstudien der Publikation, dass eine enge Verknüpfung zwischen dem individuellen Lernen von Lehrkräften und fachbezogener Schulentwicklung von Bedeutung ist, stärkt die Neukonzeption von IMST, die eine stärkere Integration von fachdidaktischem und schulentwicklungsbezogenem Lernen von Teams und der gesamten Organisation vorsieht.

Literatur

Altrichter, H. & Posch, P. (1996). *Mikropolitik der Schulentwicklung*. Innsbruck: StudienVerlag.

Baumert, J., Klieme, E. & Watermann, R. (1998). Jenseits von Gesamttest- und Untertestwerten: Analyse differentieller Itemfunktionen am Beispiel des mathematischen Grundbildungstests der Dritten Internationalen Mathematik- und Naturwissenschaftsstudie der IEA (TIMSS). In H.-J. Herber & F. Hoffmann (Hrsg.), *Schulpädagogik und Lehrerbildung* (S. 301–324). Innsbruck: StudienVerlag.

Benke, G. & Krainz-Dürr, M. (2006). Evaluation IMST3: Konzept und Spannungsfelder. In M. Heinrich & U. Greiner (Hrsg.), *Schauen, was 'rauskommt. Kompetenzförderung, Evaluation und Systemsteuerung im Bildungswesen* (S. 125–136). Wien: LIT.

EURYDICE (2011a). *Mathematics Education in Europe: Common Challenges and National Policies*. Brussels, Belgium: EURYDICE. Abgerufen von http://eacea.ec.europa.eu/education/eurydice

EURYDICE (2011b). *Science Education in Europe: National Policies, Practices and Research*. Brussels, Belgium: EURYDICE. Abgerufen von http://eacea.ec.europa.eu/edu cation/eurydice

Fenkart, G., Lembens, A. & Zeitlinger, E. (Hrsg.). (2010). Sprache, Mathematik und Naturwissenschaften. Entwicklung von Sprachkompetenzen – nicht nur im Deutschunterricht. *informationen zur deutschdidaktik (ide extra)*. Innsbruck: StudienVerlag.

Fullan, M. (1993). *Change forces. Probing the depths of educational reform*. London: Falmer Press.

Hanfstingl, B., Andreitz, I., Müller, F. H. & Thomas, A. (2010). Are self-regulation and self-control mediators between psychological basic needs and intrinsic teacher motivation? *Journal for Educational Research Online, 2* (2), 55–71.

Knippels, M.-C., van Dam, F. & van Harskamp, M. (Hrsg.). (2017). *Science and society in education*. Abgerufen von https://www.parrise.eu/wp-content/uploads/2018/04/parrise-en-rgb.pdf

Köller, O. (2015). Large-scale Assessment in einer digitalisierten Welt. *Schulmanagement* 1/2017, 22–26.

Krainer, K. (2002). Ausgangspunkt und Grundidee von IMST^2. Reflexion und Vernetzung als Impulse zur Förderung von Innovationen. In K. Krainer, W. Dörfler, H. Jungwirth, H. Kühnelt, F. Rauch & T. Stern (Hrsg.), *Lernen im Aufbruch: Mathematik und Naturwissenschaften. Pilotprojekt IMST^2* (S. 21–57). Innsbruck: StudienVerlag.

Krainer, K. (2007). Die Programme IMST und SINUS: Reflexionen über Ansatz, Wirkungen und Weiterentwicklungen. In D. Höttecke (Hrsg.), *Naturwissenschaftliche Bildung im internationalen Vergleich. Gesellschaft für Didaktik der Chemie und Physik. Tagungsband der Jahrestagung 2006 in Bern* (S. 20–48). Münster: LIT.

Krainer, K. (2008). Genese, Ansatz und Wirkungen des Projekts IMST. In F. Hofmann, C. Schreiner & J. Thonhauser (Hrsg.), *Qualitative und quantitative Aspekte. Zu ihrer Komplementarität in der erziehungswissenschaftlichen Forschung* (S. 343–358). Münster: Waxmann.

Krainer, K. (2018). 20 Jahre IMST – ausgewählte Erkenntnisse zu Lernprozessen von Lehrkräften. In Fachgruppe Didaktik der Mathematik der Universität Paderborn (Hrsg.), *Beiträge zum Mathematikunterricht 2018* (S. 1063–1066). Münster: WTM-Verlag.

Krainer, K. (2019). Wissenstransfer, Implementation und Verbreitung von Innovationen. Erfahrungen aus IMST. *Die Deutsche Schule 111* (3), 326–330.

Krainer, K. & Benke, G. (2018). Wie haben sich Fachdidaktik und Unterricht in Mathematik und in den Naturwissenschaften in Österreich in den letzten 35 Jahren weiterentwickelt? In H. Altrichter, B. Hanfstingl, K. Krainer, M. Krainz-Dürr, E. Messner & J. Thonhauser (Hrsg.), *Baustellen in der österreichischen Bildungslandschaft* (S. 76–90). Münster: Waxmann.

Krainer, K., Hanfstingl, B., Hellmuth, T., Hopf, M., Lembens, A., Neuweg, G. H., Peschek, W., Radits, F., Wintersteiner, W., Teschner, V. & Tscheinig, T. (2012). Die Fachdidaktiken und ihr Beitrag zur Qualitätsentwicklung des Unterrichts. In A. Herzog-Punzenberger (Hrsg.), *Nationaler Bildungsbericht Österreich 2012* (Bd. 2, S. 143–187). Graz: Leykam.

Krainer, K. &. Müller, F. H. (2007). Fachbezogenes Bildungsmanagement – Konzeption eines Lehrgangs und erste Befunde der Begleitforschung. In A. Peter-Koop & A. Bikner-Ahsbahs (Hrsg.), *Mathematische Bildung – Mathematische Leistung. Festschrift für Michael Neubrand* (S. 79–95). Bad Salzdetfurth: Franzbecker.

Krainer, K. & Rauch, F. (2007). Fachbezogene Schulentwicklung. Erfahrungen aus dem österreichischen Projekt IMST. *Journal für Schulentwicklung*, 15–22.

Krainer, K., Rauch, F. & Senger, H. (2017). The IMST Project: Reflections on a Nation-Wide Initiative Fostering Educational Innovations. In P. Ramalingam & B. Hanfstingl (Hrsg.), *Educational Action Research. Austrian Model to India* (S. 16–34). New Delhi: International Publishing House.

Krainer, K. & Zehetmeier, S. (2013). Inquiry-based learning for students, teachers, researchers, and representatives of educational administration and policy: Reflections on a nation-wide initiative fostering educational innovations. *ZDM – The International Journal on Mathematics Education, 45* (6), 875–886.

Krainer, K., Zehetmeier, S., Hanfstingl, B., Rauch, F. & Tscheinig, T. (2018). Insights into scaling up a nation-wide learning and teaching initiative on various levels. *Educational Studies in Mathematics.* Abgerufen von https://link.springer.com/article/10.1007%2Fs10649-018-9826-3

Kreis, I., & Rauch, F. (Hrsg.). (2007). *Lernen durch fachbezogene Schulentwicklung. Schulen gestalten Schwerpunkte in den Naturwissenschaften, Mathematik und Informatik.* Innsbruck: StudienVerlag.

Mullis, I., Martin, M., Beaton, A., Gonzalez, E., Kelly, D. & Smith, D. (Hrsg.). (1998). *Mathematics and Science Achievement in the Final Year of Secondary School: IEA's Third International Mathematics and Science Study (TIMSS).* Chestnut Hill: Boston College.

Müller, F. H., Hanfstingl, B. & Andreitz, I. (2009). Bedingungen und Auswirkungen selbstbestimmter Lehrermotivation. *Erziehung & Unterricht, 159* (1/2), 142–152.

Müller, F. H., Krainer, K. & Haidinger, W. (2013). *MINT 2020 – Der Unterricht von morgen. Wissenschaftliches Positionspapier.* Wien: Industriellenvereinigung. Abgerufen von http://www.industriellenvereinigung.at/iv-all/publikationen/file_609.pdf

Nekula, K., Bruneforth, M. & Sobanski, F. (2018). Entfaltung versus Reformstau: Die Entwicklung des Schulsystems in der ministeriellen Wahrnehmung. In P. Posch, F. Rauch & S. Zehetmeier (Hrsg.), *Das Lernen von Lehrerinnen und Lehrern, Organisationen und Systemen. Festschrift zum 60. Geburtstag von Konrad Krainer* (S. 215–230). *Münster: Waxmann.*

Posch, P. (1990). Am Weg zu einer neuen Kultur des Lernens an der Schule. In W. Lenz & C. Brünner (Hrsg.), *Universitäre Lernkultur* (S. 16–25). Wien: Böhlau.

Prenzel, M., Schratz, M. & Messner, R. (2007). *Externe Evaluation von IMST3. Bericht an das Bundesministerium für Unterricht, Kunst und Kultur.* Wien: BMUKK.

Projekt IMST[2] (2003). *Qualitätsentwicklung im Mathematik-, Naturwissenschafts- und Informationstechnologieunterricht in Österreich. Entwurf eines Unterstützungssystems IMST3 (2004–2020)*. Klagenfurt: IFF.

Rauch, F. (2013). Regional networks in education: A case study of an Austrian project. *Cambridge Journal of Education, 43* (3), 313–324.

Rauch, F. & Korenjak, P. (2018). Regionale Bildungsnetzwerke als intermediäre Organisationsstrukturen: Konzepte und Befunde am Beispiel des Projektes IMST in Österreich. In S. Weber (Hrsg.), *Organisation und Netzwerke* (S. 251–260). Berlin: Springer.

Rauch, F. & Wallner, W. (2017). Professionalisierung durch Aktionsforschung in Universitätslehrgängen: Konzepte und Evaluationsergebnisse der Lehrgänge PFL, ProFiL und BINE. In I. Kreis & D. Unterköfler-Klatzer (Hrsg.), *Fortbildung Kompakt* (S. 132–149). Innsbruck: StudienVerlag.

Schön, D. A. (1983). *The reflective practitioner. How professionals think in action*. New York: Basic Books.

Willke, H. (1999). *Systemtheorie II: Interventionstheorie*. Stuttgart: Lucius & Lucius UTB.

Zehetmeier, S. (2015). Sustaining and Scaling up the impact of professional development programmes. *ZDM – The International Journal on Mathematics Education, 47* (1), 117–128.

Anmerkung: Ich danke Peter Posch als aktiven Wegbegleiter und kritischen Freund von IMST von Anfang an sowie Heimo Senger als langjährigen Co-Leiter von IMST für wertvolle Anregungen zu diesem Artikel.

Peter Posch

Lesson Studies und Learning Studies

Lesson und Learning Studies kann man als Varianten von Aktionsforschung ansehen. Lesson Studies sind eine über hundert Jahre alte japanische Tradition der Entwicklung und Analyse von Unterricht. Sie ist erst vor 20 Jahren durch ein Buch von Stigler und Hiebert (1999) und indirekt wohl auch durch die Leistungen der japanischen Schüler und Schülerinnen beim ersten PISA-Test im Westen bekannt geworden und erst vor wenigen Jahren im deutschen Sprachraum rezipiert worden. Das Konzept der Learning Studies wurde überhaupt erst seit dem Ende der Neunziger Jahre des vorigen Jahrhunderts entwickelt[1] und die zugrunde liegende Theorie, die Variationstheorie, ist nur wenig älter. Im deutschen Sprachraum sind die Learning Studies noch nicht wirklich angekommen. Beide Entwicklungen verdienen es aber, auch hier Beachtung zu finden, und zwar nicht nur in der Lehrer(fort)bildung, sondern auch in der fachdidaktischen Forschung.

1. Lesson Studies

Lesson Studies sind in Japan und China die am weitesten verbreitete Form von Professionalitätsentwicklung im Lehrberuf (Fernandez & Yoshida, 2009). In den Grundschulen, die in Japan sechs Jahre dauern, sind Lesson Studies fast flächendeckend verbreitet. In den höheren Schulen sind formelle Lesson Studies selten. Die „Lesson-Study-Mentalität" ist aber auch hier weit verbreitet und führt zu informellen Lesson Studies, indem immer wieder gemeinsam geplant, beobachtet, unterrichtet, reflektiert wird (Fernandez, Yoshida, Chokshi & Cannon, 2001).

1.1 Was sind Lesson Studies?

Unter Lesson Studies versteht man – etwas vereinfacht – einen Prozess professioneller Entwicklung, bei dem Lehrer und Lehrerinnen ihre Praxis systematisch überprüfen und weiterentwickeln. Teams von drei bis sechs Lehrkräften planen gemeinsam eine Unterrichtseinheit, setzen sie experimentell um, beobachten und analysieren den Lernprozess und die Ergebnisse und nutzen die Erkenntnisse, um ein verbessertes Un-

1 Die erste Learning Study wurde in Hong Kong im Jahre 1999 durchgeführt (Lo & Marton, 2012, S. 8).

terrichtsdesign auszuarbeiten, das von einem anderen Mitglied des Teams in einer anderen Klasse umgesetzt und wieder überprüft wird. Es geht also um kooperative Planung, Durchführung, Beobachtung und Auswertung von Unterrichtseinheiten. Das praktische Ziel von Lesson Studies besteht darin, Lehren und Lernen wirksamer zu gestalten.

Tabelle 1: Idealtypisches Design einer Lesson Study nach Stigler & Hiebert (1999)

Bildung einer Lesson-Study-Gruppe und Wahl eines Themas

Erster Lesson-Study-Zyklus

Gemeinsame Planung der ersten Forschungsstunde (FS1)	Die erste Forschungsstunde wird gehalten	Beobachtung und Sammlung von Daten	Analyse und Diskussion der Daten (Lernaktivitäten, Schülerleistungen und Sichtweisen von Lernenden)

Zweiter Lesson-Study-Zyklus

Gemeinsame Planung der FS 2	Durchführung in einer anderen Klasse	Beobachtung und Sammlung von Daten	Analyse und Diskussion der FS 2

Dritter Lesson-Study-Zyklus

Gemeinsame Planung der FS 3	Durchführung und Beobachtung	Schülerinterviews	Diskussion und Zusammenfassung gemeinsamer Erkenntnisse

Schriftliche Fassung der Erkenntnisse und Planung einer öffentlichen Forschungsstunde

Nach Stigler und Hiebert (1999) und Fernandez et al. (2001) bestehen Lesson Studies zumeist aus folgenden Schritten:

1. Bestimmung des Ziels der Lesson Study
   - Orientierung an einem übergeordneten Ziel (das sich oft die ganze Schule für jeweils drei bis vier Jahre setzt), z. B. Förderung der Fähigkeit zum selbstständigen Denken.
   - Bestimmung eines fachlichen, inhaltsbezogenen Ziels, z. B. „die Formel zur Berechnung der Fläche eines Dreiecks verstehen".
   - Studium des Zusammenhangs zwischen allgemeinem und fachspezifischem Ziel, z. B. die Formel zur Flächenberechnung des Dreiecks selbst herausfinden lassen.

- Schwerpunktbereich, z. B. Entwicklung von Materialien, die den Lernenden helfen sollen, die Formel selbst herauszufinden.

Dem Zusammenhang zwischen den konkreten fachlichen Unterrichtszielen und der übergeordneten Zielsetzung wird bei der japanischen Konzeption der Lesson Study große Beachtung geschenkt.

2. Die Planung der Forschungsstunde erfolgt in eigener Verantwortung der beteiligten Lehrkräfte, oft auch mit externer Unterstützung. Sie beginnt meist bei der Überlegung, wie andere Lehrpersonen dasselbe oder ähnliche Probleme bearbeiten und wie der Unterricht das Lernen fördern könnte (Lewis, Perry & Hurd, 2009). Das Unterrichtskonzept wird schriftlich ausgearbeitet und umfasst die Lernziele, deren Zusammenhang mit übergeordneten Zielen, das Design der Stunde, erwartete Reaktionen der Lernenden und die Hauptpunkte der Datensammlung. Dieses Dokument spielt eine wichtige Rolle und soll drei Funktionen erfüllen:
   - Unterlage für den Unterricht sein,
   - die Kommunikation innerhalb des Teams erleichtern und
   - Orientierung für die Sammlung und Analyse von Daten bieten.

   Manchmal werden Unterrichtssequenzen in der Lehrergruppe auch durchgespielt, so als ob sie in der Klasse unterrichtet würden (Dudley, 2015, S. 17).
3. Eine Lehrperson der Gruppe führt den Unterricht durch und die anderen beobachten den Unterricht bzw. die Lernaktivitäten weniger ausgewählter Schüler und Schülerinnen (z. B. drei sogenannter „Fallschüler“). In manchen Fällen wird der Unterricht für die spätere Analyse und Diskussion auch aufgezeichnet.
4. Beobachtungen und Ergebnisse werden analysiert und innerhalb der Gruppe, oft auch mit anderen Lehrkräften ausgetauscht, wobei der Fokus auf Verständnisprobleme gelegt wird. Auf der Grundlage dieser Diskussion wird das Unterrichtskonzept revidiert.
5. Dieselbe oder (meist) eine andere Lehrperson unterrichtet den revidierten Unterrichtsplan in einer anderen Klasse, wobei ausgewählte Schüler und Schülerinnen wieder von den beteiligten Lehrkräften beobachtet werden bzw. auch nach dem Unterricht interviewt werden. Oft wird bereits beim zweiten Durchgang eine „Open Lesson“ durchgeführt, zu der auch andere Lehrpersonen zur Beobachtung eingeladen werden (Ermeling & Graff-Ermeling, 2014). Open Lessons werden meist moderiert (z. B. durch ein Mitglied des mittleren Managements der Schule).
6. Es erfolgt erneut eine Analyse und Diskussion der Beobachtungen und Ergebnisse und Entwicklung von weiteren Verbesserungen. Es werden bis zu drei Zyklen durchgeführt.
7. Ein wesentlicher Teil einer Lesson Study besteht in der Weitergabe der Erfahrungen. Dies erfolgt einerseits durch strukturierte Diskussionen, durch Präsentationen (z. B. im Kollegium) und durch Veröffentlichung einer Fallstudie (z. B. im Intranet), in der neben den Unterrichtsplänen und Materialien auch Ziele, Motive, Schülerleistungen und Herausforderungen zugänglich gemacht werden (Fernandez et al. 2001). Manche japanischen Schulen bringen in jedem Jahr kleine Broschüren heraus, in denen sie Forschungsstunden und deren Ergebnisse für die

Eltern zugänglich machen. In anderen Schulen werden die Ergebnisse in Form von Displays auf den Gängen ausgestellt (O'Shea, Teague, Jordan, Lang & Dudley, 2015, S. 62).

Die Planung des Unterrichts geht von mehr oder weniger standardisierten Fragen aus (Lewis, 2002; Ermeling & Graff-Ermeling, 2014, S. 183), z. B.:

- Was sollen die Lernenden am Ende der Stunde können und welche Belege werden während und nach der Stunde helfen, ihren Fortschritt und den Zusammenhang zwischen Unterricht und Lernen zu überprüfen? Wie können sie gewonnen werden?
- Welche Voraussetzungen und Erfahrungen können wir bei den Lernenden als gegeben annehmen? Was werden die meisten Schüler und Schülerinnen schon wissen und von welchen Annahmen werden sie ausgehen? Welche Fehlvorstellungen erwarten wir?
- Welche Kombination und Anordnung von Lernaktivitäten werden ihnen helfen, dem Ziel näher zu kommen (Hypothesenbildung)? Wie wird jede einzelne Aktivität auf der vorhergehenden aufbauen und wie wird sie die künftigen vorbereiten (Kontinuität)? Worin bestehen die speziellen Aufgaben der Lehrkraft und der Lernenden, damit jede Aktivität zum gewünschten Ergebnis beiträgt?

Neben Japan, wo das Lesson Study Konzept seit langer Zeit in der Schulkultur tief verankert ist, gibt es auch in China bereits eine Lesson Study Tradition. Im Jahre 1952 wurde verfügt, an Sekundarschulen in allen Fächern sogenannte Lehrerforschungsgruppen „Teaching Research Groups“ (TRGs) einzurichten (Yang & Ricks, 2012, S. 42 f.). Eine TRG ist eine Organisationsform zum Studium von Unterricht an der Schule, um die Qualität des Unterrichts zu verbessern.

Im Laufe der Jahre wurden in China detaillierte Voraussetzungen für die Vorbereitung, Beobachtung und Reflexion von Unterricht geschaffen. Bei der Vorbereitung einer Lesson Study müssen z. B. folgende Dinge überlegt werden:

1) Der zentrale Punkt der Stunde (the lesson's key point); gemeint ist damit das zentrale Ziel der Stunde; was der Lernende verstehen soll. Dazu gehört auch eine fachliche Auseinandersetzung mit dem Inhalt.
2) Der schwierige Punkt der Stunde (the lesson's difficult point); damit sind mögliche Schwierigkeiten gemeint, die bei den Lernenden auftreten könnten. Die Lehrkräfte sollen dadurch darauf aufmerksam gemacht werden, dass der Fokus auf Verständnis gelegt werden soll.
3) Der kritische Punkt der Stunde (the lesson's critical point); Hier geht es darum, wie mögliche Probleme vermieden bzw. in Angriff genommen werden können.
4) Der Lerneffekt (the learning effect). Damit ist die Überprüfung der Wirkungen der drei Punkte gemeint, womit eine Feedbackschleife eingeführt wird.

Lewis (2002) fasst die zentralen Komponenten von Lesson Studies zusammen (vgl. auch Takahashi & Yoshida, 2004, S. 437 f.):

- Formulierung langfristiger Ziele für das Lernen und die Entwicklung der Schüler und Schülerinnen;
- Planung, Durchführung und Beobachtung einer „Forschungsstunde“, in der die langfristigen Ziele und der spezielle Wissensinhalt umgesetzt werden;
- sorgfältige Beobachtung des Lernens, der Beteiligung und des Verhaltens der Lernenden während des Unterrichts;
- Diskussion und Revision der Unterrichtsstunde auf Grundlage der Beobachtungen.

Den Lesson Studies liegt eine Konzeption professioneller Entwicklung zugrunde, die sich von „traditionellen“ Formen der Professionalisierung unterscheidet (nach Lessonresearch.net):

Traditionelle Konzeption von Professionalisierung	*Forschungsstunde*
Beginnt mit einer Antwort	Beginnt mit einer Frage
Wird von Experten gesteuert	Wird von Praktikern gesteuert
Kommunikation zwischen Lehrerbildnern und Lehrkräften	Kommunikation zwischen Lehrpersonen
Hierarchische Beziehungen	Beziehungen auf Gegenseitigkeit
Forschung informiert die Praxis	Die Praxis ist Forschung

1.2 Infrastrukturelle Rahmenbedingungen von Lesson Studies

Lehrpersonen sind in Japan nicht verpflichtet, Lesson Studies durchzuführen. Es besteht aber offenbar ein gewisser sozialer Druck. Ein Schulleiter meint z.B. (zit. nach Fernandez & Yoshida, 2009, S. 16): „Aus welchem Grund immer: hier machen fast alle Schulen Lesson Studies. Kein Gesetz zwingt uns, Lesson Studies durchzuführen, aber es wird sehr empfohlen und da es fast alle Schulen tun, haben wir das Gefühl, dass wir das auch machen müssen.“

Die Lesson Studies werden in Japan stark unterstützt, von der Schulleitung (durch Vergabe von Vertretungsstunden), von der zentralen Schulverwaltung und in vielen Fällen auch von den Kommunen, was ein Hinweis auf die große Wertschätzung ist, die ihnen entgegengebracht wird. Die finanziellen Spielräume ermöglichen den Lehrkräften, auch externe Expertise zur Unterstützung ihrer Arbeit heranzuziehen (z.B. Mitarbeiter von Universitäten oder karenzierte Lehrkräfte). Die Aufgaben dieser „kritischen Freunde“ sind sehr unterschiedlich und können von der Hilfe bei der Sammlung und Analyse von Beobachtungen bis zu theoretischen pädagogischen, fachlichen oder fachdidaktischen Inputs reichen. Es ist auch nicht ungewöhnlich, dass eine Lehrperson mehr als einer Lesson-Study-Gruppe angehört, z.B. auch einer regionalen Study Group. Diese werden von den Lehrkräften oder der Gewerkschaft organisiert und durch Mitgliedsbeiträge und z.T. durch öffentliche Mittel finanziert.

Die Intensität, in der Lesson Studies durchgeführt werden, ist unterschiedlich und dürfte bei zwei bis drei Lesson Studies pro Jahr liegen, die bereits zu Beginn des Jahres fixiert werden (Fernandez et al., 2001); sie kann aber auch wesentlich höher sein und bis zu zwei Forschungsstunden pro Monat und Gruppe reichen (Saito, 2012, zit. in Kim-Eng Lee & Lim-Ratnam, 2015, S. 44). Gruppen, die an einer Lesson Study arbeiten, treffen sich meist einmal pro Woche nach Ende der Unterrichtszeit und oft erst am späten Nachmittag und Abend. Der Unterricht für die Schüler und Schülerinnen endet um 15 Uhr, die (formelle) Arbeitszeit der Lehrpersonen um 17 Uhr. Für den Austausch der Erfahrungen zwischen Gruppen wird zusätzliche Zeit zur Verfügung gestellt. Der durchschnittliche Zeitaufwand für eine Lesson Study ist unterschiedlich und beträgt (bei zwei Zyklen) zehn bis 15 Stunden, verteilt auf drei bis vier Wochen (Fernandez, 2002, S. 394). In dieser Zeit erfolgen gemeinsame Unterrichtsplanung, Unterrichtsdurchführung, Evaluation, Reflexion und Dokumentation in bis zu drei Zyklen (Ermeling & Graff-Ermeling, 2014, S. 174).

In Japan werden bereits Junglehrer in die Schulpraxis durch die Mitarbeit in einer Lesson Study Gruppe eingeführt. Dabei bildet sich offenbar eine Identität, die Lesson Studies als selbstverständliches Merkmal des Berufs erscheinen lässt.

Neben Japan, wo das Lesson-Study-Konzept in der Schulkultur tief verankert ist, gibt es auch in China bereits eine lange Lesson-Study-Tradition (Huang, Fang & Chen, 2017). In den letzten Jahren haben unterschiedliche Varianten von Lesson Studies in zahlreichen weiteren Ländern eine gewisse Verbreitung gefunden, so vor allem in den USA (Lewis, Perry, Hurd & O'Connell, 2006). Florida hat z.B. Lesson Studies im ganzen Staat eingeführt (Akiba, 2016, zit. nach Seleznyov, 2018). Manche Länder sind dabei, großflächig ihr Professionalisierungssystem auf Lesson Studies umzustellen, so z.B. Indonesien (Hendayana, 2015) und Singapur (Kim-Eng Lee & Lim-Ratnam, 2015). Auch im Vereinigten Königreich haben sich Lesson Studies schon früh als außerordentlich erfolgreiches Modell der professionellen Entwicklung von Lehrkräften herausgestellt (Seleznyov, 2018). Robinson, Hohenpa & Lloyd (zit. in Dudley 2013, S. 120) fanden in ihrer Metaanalyse (2009), dass „the single most effective intervention that a school leader can make to improve standards of attainment is to become directly involved in school-based, improvement-focused and enquiry-led professional learning". In anderen europäischen Ländern werden ebenfalls Lesson Studies durchgeführt – fast durchwegs auf Initiative von Lehrerbildungseinrichtungen. Dabei handelt es sich jedoch zumeist um erste Erprobungen: in Deutschland (Gruschka, 2018), in Frankreich (Clivaz, 2015), in Norwegen (Munthe, Bjuland & Helgevold, 2016), in Österreich (Gierlinger, Spann & Wagner, 2016), in Schweden (Martensson & Hansson, 2018), in der Schweiz (Martin & Clerc-Georgy, 2015), in Spanien (Pena Trapero, 2013).

In mehreren Ländern gelten der mit Lesson Studies verbundene Zeitaufwand und die erforderlichen Vertretungsstunden als Problem. Es gibt Beispiele systematischer zeitlicher Planung, um Lesson Studies durchführen zu können. Wenn z.B. eine Lesson-Study-Gruppe aus drei Lehrpersonen besteht, verbringen sie bei drei Zyklen dreimal eine Stunde im Unterricht. Eine Vertretung ist in diesem Fall für zwei Lehrerstunden erforderlich (O'Shea et al., 2015, S. 62). An einer englischen Schule wurden z.B. folgende Maßnahmen getroffen (ebd., S. 66ff.):

- Zunächst wurde die gesamte neben der Unterrichtszeit verfügbare Zeit der Lehrkräfte auf ihre Bedeutung überprüft (auch externe Angebote).
- Dann wurde geprüft, wer im Lehrkörper zeitlich flexibel ist (zum Beispiel leitendes Personal).
- Anschließend erfolgte die Planung für das Semester, wobei Zeit für die Lesson Studies oberste Priorität erhielt.
- Schließlich wurde das Budget für Vertretungsstunden überprüft und auf die neuen Erfordernisse abgestimmt.
- Alle Forschungsstunden wurden auf drei aufeinanderfolgende Montage konzentriert. Für die Planungs- und Analysestunden wurde z.T. zusätzliche Zeit zur Verfügung gestellt und in diesem Fall extra bezahlt (ebd., S. 74).

1.3 Zur Wirksamkeit von Lesson Studies

Nach Fernandez und Yoshida (2009, S. 17) werden Lesson Studies von vielen Lehrpersonen als außerordentlich hilfreich für die professionelle Entwicklung angesehen. Sie illustrieren dies mit der Einschätzung von drei Mathematik-Lehrerinnen:

> „Die Entwicklung einer guten Unterrichtseinheit ist eine ideale Sache. Das Beste daran ist jedoch die Gelegenheit, über Unterricht zu reflektieren und den eigenen Unterricht zu überdenken. Einen Ort zu haben, an dem alle zusammenkommen und über Unterricht ernsthaft diskutieren ist eine außerordentlich wichtige Erfahrung."

Es gibt bereits zahlreiche systematische Evaluationen der Lesson Studies außerhalb Japans, die ein fast durchwegs positives Bild zeichnen, vor allem was die Leistungen der Lernenden anlangt (z.B. Cheung & Wong, 2014; Waterman, 2011). Lesson Studies werden als wirksamer eingeschätzt als Monitoring-Systeme und Systeme der Selbstevaluation, weil diese zur Erstarrung tendieren (O'Shea et al., 2015, S. 65).

Als bedeutsame Effekte von Lesson Studies für die Lehrenden werden u.a. die Vermittlung eines tieferen Verständnisses der Lernprozesse und Lernvoraussetzungen der Schüler und Schülerinnen, eine realistischere Einschätzung der eigenen Kompetenzen und in der Folge ein starkes Interesse an professioneller Weiterentwicklung genannt. Recherche und gemeinsame Reflexion ermöglichen Lehrenden offenbar, das Lernen „aus den Augen der Lernenden" (John Hattie) zu sehen.

Als wichtige Hemmnisse werden u.a. fehlende Zusammenarbeit, ungenügende Flexibilität in der Struktur des Arbeitstages, ungenügender Raum im Lehrplan für tiefergehendes Lernen, Vertretungsprobleme und mangelnde fachdidaktische Expertise genannt (in den USA z.B. Lewis et al., 2009; Wood, 2015; in Australien White & Southwell, 2003). Allerdings hat sich inzwischen eine Vielzahl von Varianten von Lesson Studies entwickelt, sodass Evaluationsergebnisse nur bedingt generalisierbar sind. Z.B. wurden deutliche Unterschiede zwischen dem japanischen Lesson-Study-

Konzept und einer verbreiteten Praxis in den USA festgestellt: Während beim japanischen Konzept besonderer Wert auf die Reflexion der Praxis und auf die Analyse von Diskrepanzen zwischen Lernergebnissen und fachlichen sowie allgemeinen Zielen gelegt wird, wird in den USA die meiste Zeit und Energie auf die Zusammenstellung des Curriculums (d. h. des Lehrstoffs und der Lehr-Lernmaterialien für den Unterricht) gelegt, das zu unterrichten ist (vgl. Lessonresearch.net). Dies wird als Problem angesehen, weil der meiste Gewinn aus der gemeinsamen Beobachtung und Reflexion von Unterricht entsteht (Wood 2015, S. 1).

Lesson Studies entsprechen in hohem Maße den bereits gut abgesicherten Ansprüchen an eine erfolgreiche professionelle Entwicklung von Lehrkräften (Wood, 2015, S. 2; Darling-Hammond, Andree, Richardson & Orphanos, 2009; Lipowsky, 2004; Müller, Andreitz & Mayr, 2009):

- Sie muss kontinuierlich, intensiv und verbunden mit der Praxis erfolgen.
- Sie muss sich auf das Lernen der Schüler und Schülerinnen konzentrieren.
- Sie muss sich an den Prioritäten der Schulentwicklung orientieren.
- Sie muss auf starken Arbeitsbeziehungen unter den Lehrkräften aufbauen.

Lerngemeinschaften gelten als Voraussetzung für Lesson Studies und in gleicher Weise für Learning Studies. In Japan, Hong Kong, im übrigen China und in anderen ostasiatischen Ländern sind Lehrergruppen, die sich gemeinsam um die Qualität von Unterricht kümmern, so selbstverständlich, dass sie gar nicht weiter thematisiert werden.

Nach Wiliam (2008) hat eine Zusammenarbeit innerhalb professioneller Gemeinschaften erhebliche Stärken:

- Sie verringert die berufliche Isolation der Lehrenden.
- Sie reprofessionalisiert Lehrpersonen durch Wertschätzung der Lehrerexpertise.
- Sie deprivatisiert den Unterricht, indem Stärken und Herausforderungen bekannt werden.
- Sie ermöglicht eine kontinuierliche Unterstützung der Lehrer und Lehrerinnen.
- Sie bietet professionelles Wachstum, indem regelmäßig Raum, Zeit und Struktur für systematische Reflexion von Praxis geboten wird.
- Sie schafft eine kollektive Wissensbasis an der Schule.

Studien (vgl. Gräsel, Fußangel & Pröbstel, 2006) bestätigen zudem, dass ein hohes Ausmaß an Kooperation unter den Lehrenden eine positive Auswirkung auf die Leistung der Schülerinnen und Schüler hat. Im deutschen Sprachraum (wie auch in anderen europäischen Ländern) ist die enge Zusammenarbeit bei der Gestaltung und Analyse von Unterricht allerdings (noch) kein Merkmal der beruflichen Kultur im Lehrberuf. Nach einer österreichischen Studie (Schmich & Burchert, 2010) erfolgt Zusammenarbeit unter Lehrpersonen nur auf niedrigem Niveau und vorrangig auf formal-inhaltlicher Ebene (z. B. Austausch von Materialien).

Es können hier mehrere Faktoren eine gewisse Rolle spielen, etwa

- wenn Lehrende vom Autonomie-Paritätsmuster geprägt sind: Nach Lortie (1975) haben sich im Verlaufe der historischen Entwicklung des Lehrerberufs zwei Verhaltensregeln im Umgang der Lehrkräfte miteinander herauskristallisiert, die er als das sog. Autonomie-Paritäts-Muster bezeichnet hat: 1. Kein Erwachsener darf einem Lehrer in seine Arbeit hineinreden (Autonomie). 2. Alle Lehrpersonen sind gleich zu behandeln, auch wenn sie unterschiedliche Kompetenzen, Interessen, Engagement etc. zeigen (Parität). Einer Studie von Eder und Altrichter (2003) zufolge trifft dieses Muster auf etwa ein Drittel der Lehrpersonen zu (vgl. auch die Studie von Soltau, Berthe & Miener, 2012);
- wenn Lernende nicht als aktive Konstrukteure von Wissen, sondern eher als passive Empfänger von Wissen (transmission view of learning) angesehen werden. In diesem Fall ist die Sensibilität für den Lernprozess und der Respekt für die kognitive Aktivität der Lernenden nur gering ausgeprägt (Richardson, 2003). Im Mittelpunkt des Lehrerinteresses steht die Präsentation des Wissens und die Art und Gestaltung der Wiederholungen (vgl. z.B. die Ergebnisse der COACTIV-Studie: Hense, 2008; Kunter et al., 2011). Kooperation ist in diesem Fall nur begrenzt funktional und u.U. sogar bedrohlich, weil die fachliche Kompetenz der Lehrperson auf dem Prüfstand gestellt werden könnte;
- wenn der Lerngegenstand (in Lehrplan, Lehrbuch, Standards) als „vorgegeben“ und nicht auch als Gegenstand der Reflexion erachtet wird und wenn die Voraussetzungen der Lernenden nicht in die Konzeption des Lerngegenstands einbezogen werden (vgl. dazu Marton & Runesson, 2015, S. 105), fällt ein Motiv für Zusammenarbeit weg.

Bei der experimentellen Übernahme der Lesson Studies im Westen (vor allem in England) haben sich bestimmte Regeln herausgebildet, um dem Fehlen einer Kultur der Zusammenarbeit konstruktiv zu begegnen und ein möglichst angstfreies Klima zu schaffen (Dudley, 2015, 6ff.; Kim-Eng-Lee & Lim-Ratnam, 2015):

- Der Unterricht wird gemeinsam geplant und „gehört“, damit nicht der unterrichtenden Lehrkraft, sondern dem Lesson-Study-Team. Auftretende Schwierigkeiten sind daher kein individuelles, sondern ein gemeinsames Problem.
- Beobachtung und Datensammlung gehen von gemeinsam entwickelten Hypothesen aus, mit denen Beobachtungen und Testergebnisse verglichen werden.
- Die Beobachtungen und die Sammlung von Daten konzentrieren sich in erster Linie auf das Lernen und erst in zweiter Linie auf den Unterricht als gemeinsames Unternehmen von Lehrenden und Lernenden.
- Es werden sehr detailreiche Informationen über das Lernen erhoben, was eine differenzierte Analyse ermöglicht. Konkret wird das Lernen ausgewählter Schüler und Schülerinnen (oft nur von drei „Fall-Schülern“) beobachtet, um die Datensammlung zu erleichtern.
- Es gilt das Prinzip, dass *jeder* Unterricht verbessert werden kann.

- Als wichtigstes Kriterium für die Qualität einer Lesson Study gilt der Reichtum an Lernerfahrungen, die sie vermittelt. Eine Lesson Study wird als Labor für gemeinsame Forschung und als Beitrag zum Berufswissen der Lehrerschaft angesehen.

Diese Regeln sollen die Bedenken von Lehrkräften gegen eine „Öffnung" und Diskussion von Unterricht im Kollegenkreis etwas entkräften. Dies wird für eine größere Verbreitung von Lesson Studies allerdings nicht ausreichen, wenn nicht auch die infrastrukturellen Bedingungen an den Schulen auf die Erfordernisse einer kontinuierlichen Zusammenarbeit der Lehrer und Lehrerinnen abgestimmt werden.

Während es sich bei den Lesson Studies um eine genuine Entwicklung des ostasiatischen Raums handelt, sind „Learning Studies" eine von vielen Innovationen, die ursprünglich in Europa konzipiert, dann im Fernen Osten implementiert und weiterentwickelt worden sind und langsam zurück nach Europa zu kommen scheinen. Der folgende Abschnitt bietet eine Einführung in das Konzept der Learning Studies.

2. Learning Studies

Der theoretische Kern (die Variationstheorie) wurde in den achtziger und neunziger Jahren des vorigen Jahrhunderts von Ference Marton u. a. entwickelt, damals Professor an der Göteborg Universität in Schweden (Marton & Booth, 1997). Die pädagogische Umsetzung seines Ansatzes wurde von Marton, Mun Ling Lo und anderen an der University of Hong Kong ausgearbeitet und evaluiert. Sie verwendeten das japanische Lesson-Study-Konzept als organisatorischen Rahmen und nannten das Ganze „Learning Study".

2.1 Unterschiede zwischen Lesson und Learning Studies

Der Aufbau von Learning Studies ist weitgehend derselbe wie bei den Lesson Studies. Learning Studies unterscheiden sich von Lesson Studies jedoch in einem wesentlichen Punkt: Die Reflexion der an einer Lesson Study beteiligten Lehrkräfte ist von deren jeweiligem pädagogischen, fachdidaktischen und fachlichen Wissen abhängig (auch wenn sie durch externe Berater unterstützt werden). Lesson Studies gehen also nicht von einer bestimmten vorgegebenen Theorie des Lehrens und Lernens, sondern zumeist von den subjektiven Theorien und praktischen Erfahrungen der Mitglieder des Lesson-Study-Teams aus. Im Unterschied dazu liegt den Learning Studies eine bestimmte Theorie zugrunde. Nach Cochran und Lytle (2001, zit. in Lo 2015, 2011) besteht dadurch die Möglichkeit, Theorie durch die Praxis zu überprüfen und zugleich zur Evaluierung von Praxis anzuwenden. Dieser duale Prozess hilft dabei, den Abstand zwischen Theorie und Praxis zu verringern. Die verwendete Theorie muss nicht die Variationstheorie sein. Diese Theorie stand jedoch am Ursprung der Learning Studies und bietet theoretische Grundlagen zum Verständnis einiger notwendiger Bedingungen für das Lernen (Lo & Marton, 2012).

2.2 Phänomenographische Grundlagen der Variationstheorie

Die Phänomenographie ist ein empirischer Forschungsansatz, um herauszufinden, wie Phänomene erlebt werden. Er wurde in den 1970er Jahren in Schweden von einer Forschergruppe um Roger Saljö und Ference Marton entwickelt. Etwas erleben, heißt sich einer Sache bewusstwerden, wobei die wahrnehmende Person eine Beziehung zu einem Objekt bzw. Gegenstand aufnimmt und eine Subjekt-Objekt-Beziehung hergestellt wird (Marton, 1994, S. 4426). Durch phänomenographische Forschung soll herausgefunden werden, auf welch unterschiedliche Weisen Personen ein Phänomen wahrnehmen, erleben, begrifflich fassen und verstehen (Marton, 1986, S. 31). Dies geschieht mit empirischen Methoden, hauptsächlich durch Interviews. Das unterscheidet die Phänomenographie von der philosophischen Methode der interpretativen Phänomenologie, bei der es zwar auch um die Erforschung menschlicher Erfahrung geht, bei der der Philosoph aber in erster Linie die eigenen Erfahrungen untersucht (Marton & Booth, 1997).

Eine zentrale Fragestellung der frühen phänomenographischen Forschungsarbeiten lautet, warum einige Studierende sowohl beim Prozess als auch beim Ergebnis des Lernens besser sind als andere (Köller 2011, S. 55). Um diese Frage zu beantworten, wurde versucht, die Sichtweisen und Erfahrungen der Lernenden möglichst genau zu ermitteln.

Marton, Beaty und Dall'Alba (1993, zit. nach Lo, 2015, S. 26 f.) führten eine Längsschnittstudie über fünf Jahre mit 27 Studierenden an der Universität durch, um deren Meinungen über Lernen und ihre Lernfortschritte herauszufinden. Sie identifizierten sechs unterschiedliche Auffassungen über Lernen und teilten diese in zwei Gruppen ein: die erste Gruppe betrachtete Lernen als zu erledigende Aufgabe und die zweite Gruppe konzentrierte sich auf die Bedeutung des Lerninhalts. Auch die Art und Weise, an die Lernaufgaben heranzugehen, war unterschiedlich. Die erste Gruppe sah Lernen einfach als Aufgabe an: sobald die Aufgabe erledigt war, konnte sie (z. B. nach einer Prüfung) wieder vergessen werden. Hier herrschte die Vorstellung vor, dass Wissen bereits vorhanden ist und nur möglichst genau im Kopf gespeichert werden müsse (Köller, 2011, S. 62). Sie machten sich keine Gedanken über ihr eigenes Lernen. Die Folge war oberflächliches Lernen.

Im Unterschied dazu wurde Lernen in der zweiten Gruppe als Prozess angesehen, bei dem Wissen erst in aktiver Auseinandersetzung mit dem Lernmaterial entsteht und das eigene Lernen zum Gegenstand der Reflexion wird. Das Lernen dieser Gruppe war viel tiefergehend. Das Beispiel illustriert, dass die Art und Weise, wie Personen reagieren und handeln, davon abhängt, wie sie den Lerngegenstand in Bezug auf sich selbst sehen.

Dahlgren und Olsson (1985, zit. nach Lo, 2015, S. 30) haben eine Gruppe von schwedischen Vorschulkindern (6 Jahre alt) befragt, warum sie lesen und schreiben lernen. Sie entdeckten, dass einige nicht verstanden, warum sie das lernen. Zwei Jahre später, nachdem die Kinder schon ein Jahr in der Schule verbracht hatten, wurde ein weiteres Interview durchgeführt. Dabei zeigte sich deutlich, dass jene Kinder, die zwei Jahre zuvor gesagt hatten, dass sie nicht verstünden, warum sie Lesen und Schreiben lernen sollten, im Lernfortschritt zurück waren. Wenn Kinder das Lernen von Lesen und Schreiben nicht mit ihrer Welt in Verbindung bringen, wird das Lernen bedeutungslos und weniger wirksam.

Aus Studien dieser Art ergaben sich Erkenntnisse, die der Variationstheorie zugrunde liegen:

- Jedes Phänomen hat verschiedene Aspekte (Größe, Form, Funktionen). Wie eine Person ein Phänomen erlebt, wird von den Aspekten und Merkmalen des Phänomens bestimmt, auf die sich ihre Aufmerksamkeit richtet. Wenn zwei Personen ihre Aufmerksamkeit auf verschiedene Aspekte richten, werden sie das Phänomen unterschiedlich erleben. Die Hand bietet als Fingerabdruck wichtige Informationen für die Verbrechensbekämpfung, kann aber auch als vielseitige „Maschine“ angesehen werden, wenn das Zusammenspiel der Gelenke und Muskeln beachtet wird (Pang & Lo, 2012, S. 591).
  Lernen wird demnach als Veränderung (Variation) der Art und Weise betrachtet, wie ein Phänomen oder Gegenstand des Lernens gesehen, erlebt oder verstanden wird. „Lehrer müssen Lernenden dabei helfen, leistungsstarke Wege des Sehens zu entwickeln, wenn sie die Fähigkeit der Lernenden verbessern wollen, Probleme zu lösen oder Neues zu verarbeiten […].“ (Marton, Runesson & Tsui, 2004)
- Wenn Lehrende wollen, dass Lernende einen Lerngegenstand so sehen, wie sie ihn sehen, müssen sie versuchen, die Präkonzepte und „subjektiven Theorien“ der Lernenden herauszufinden. Den Lernenden muss verständlich gemacht werden, dass derselbe Gegenstand auch anders gesehen werden kann und dass ihre Sichtweisen dadurch erweitert und vertieft werden (Lo, 2015, S. 197).
- Entwicklung vollzieht sich von einem undifferenzierten „Ganzen“ zu einer immer größer werdenden Differenzierung und Integration der Teile. Diese Konzeption steht im Widerspruch zu kumulativen, mechanistischen Sichtweisen der Entwicklung (Orthogenetisches Entwicklungsgesetz von Heinz Werner, nach Bowden & Marton, 1998, S. 42).

Wir können uns eines einzelnen Merkmals eines Phänomens nur bewusst sein, wenn wir uns der Unterschiede (Variation) zwischen einzelnen Merkmalen bewusst sind: Ohne wahrgenommenen Unterschied kann es keine Erkenntnis geben, und: Es müssen mindestens zwei voneinander verschiedene Dinge gleichzeitig wahrgenommen werden, damit ein Unterschied wahrgenommen werden kann. Kurz: Wir schenken jenen Gegenständen Aufmerksamkeit, die variieren, d.h. sich voneinander unterscheiden. Zuerst muss durch Nicht-Beispiele Kontrast erlebt werden, bevor durch Beispiele Verallgemeinerung erfolgen kann. Wenn ein Kind drei gleiche, aber farblich unterschiedliche Bälle sieht, wird es auf die Farbe aufmerksam, weil nur sie variiert. Lernen ist demnach eine Funktion von Variation. Wenn z.B. eine Lehrkraft den Lernenden beibringen will, was ein Dreieck ist, hilft es nicht, ihnen verschiedene Arten von Dreiecken zu zeigen, sondern man muss ihnen auch zeigen, was nicht ein Dreieck ist, indem er/sie es mit einer anderen geometrischen Figur (z.B. mit einem Rechteck) vergleicht. So werden die Schüler und Schülerinnen die kritischen Merkmale von Dreiecken (Seitenzahl und Winkelsumme) beim Vergleich mit Nicht-Beispielen erkennen.

Erst anschließend ergibt es Sinn, den Lernenden Beispiele, d.h. unterschiedliche Arten von Dreiecken zu zeigen. Dieser Zusammenhang wird im Abschnitt über Variationsmuster noch genauer erklärt (Lo, 2015).

2.3 Elemente einer Learning Study: Lerngegenstand, kritische Merkmale, Relevanzstruktur und Variationsmuster

„Learning Studies verbessern das Lernen spezifischer Lerngegenstände auf Seiten der Schülerinnen und Schüler. Zudem fördern sie die professionelle Weiterentwicklung der Lehrkräfte, verbessern die Zusammenarbeit zwischen ihnen und helfen, eine Lernkultur zu fördern, die eine Entwicklung der Schule als Learning Community unterstützt." (Lo 2015, S. 194) Das ist ein starker Anspruch, der eng mit der Variationstheorie verbunden ist. Was ist die Grundidee der Learning Studies?

Es sind im Wesentlichen drei Thesen, die im Folgenden etwas näher ausgeführt werden:

- Der Lerngegenstand ist Ausgangspunkt des Lernens.
- Der Lerngegenstand besteht aus kritischen Aspekten bzw. Merkmalen, die nach erfolgreichem Lernen gleichzeitig erkannt werden müssen.
- Kritische Merkmale des Lerngegenstands werden durch kontrastierende und nicht durch gleichartige Beispiele erkannt.

Lernen ist immer auf etwas (ein Phänomen, einen Gegenstand, eine Fertigkeit, bestimmte Aspekte der Wirklichkeit) gerichtet (nach Lo & Marton, 2012, S. 8). Lernen soll die Art, wie dieses „Etwas" gesehen wird, so verändern, sodass ein besseres Verständnis oder bessere Handlungsmöglichkeiten entstehen. Dieses „Etwas" wird als Lerngegenstand bezeichnet. Um einen Lerngegenstand auf bestimmte Weise zu sehen, muss sich der Lernende bestimmter „kritischer" Aspekte bzw. Merkmale des Lerngegenstands gleichzeitig bewusst sein.

Kritisch ist ein Merkmal eines Lerngegenstands, das für das Verständnis des Lerngegenstands eine notwendige Voraussetzung darstellt (Wood, 2015, S. 8). Ausgangspunkt für den Unterricht muss also der Lerngegenstand sein. Wenn Lernende nicht in der Lage sind, das zu lernen, was sie laut Lehrplan lernen sollten, muss die Ursache nicht ein Mangel an Fähigkeit sein (Lo, 2015, S. 70). Sie könnten einige kritische Merkmale des Lerngegenstands nicht wahrgenommen haben,

- weil ein Widerspruch zwischen ihrem intuitiven Vorverständnis und dem neuen Verständnis besteht,
- weil sie sich nicht gleichzeitig auf alle kritischen Aspekte und ihre Beziehung zueinander konzentriert haben,
- weil sie keinen geeigneten Lernerfahrungen ausgesetzt waren, die ihnen das Lernen ermöglicht hätten.

Marton illustriert zentrale Begriffe der Variationstheorie (kritische Merkmale und die Konfrontation mit Unterschieden) an einem elementaren Beispiel (zit. nach Lo, 2015,

S. 35): Um Kindern zu helfen, die Farbe rot zu erkennen, müssen wir ihnen auch Farben zeigen, die nicht rot sind. Angenommen in unserer Welt gäbe es nur eine Farbe – nämlich Rot –, dann würde der Begriff „Farbe" nicht existieren und „Rot" könnte nicht erkannt werden. Glücklicherweise haben wir in unserer Welt auch andere Farben als Rot. Wir können also Kindern den Begriff Farbe beibringen, indem wir auf einen roten Ball zeigen und „rot" sagen und entsprechend „grün" sagen, wenn wir auf einen grünen Ball zeigen. Indem wir beide Farben nebeneinanderstellen, wird eine Variationsdimension (Farbe) geöffnet, in der Rot und Grün zwei Ausprägungen sind.

Auf diese Weise wird ein sogenanntes Variationsmuster geschaffen: Wir lassen den Ball unverändert, während wir die Farbe variieren. Wir können den Kindern dann auch Bälle in blauer oder gelber Farbe zeigen.

Dieses Vorgehen allein wäre allerdings noch nicht ausreichend, da die Kinder die Bezeichnung „Rot" (oder andere Farben) noch nicht vom Gegenstand „Ball" getrennt hätten. Als nächsten Schritt müssten wir ihnen andere rote Gegenstände zeigen, wie zum Bespiel einen roten Stuhl, einen roten Tisch oder ein rotes Stück Stoff. So würden die Gegenstände Ball, Stuhl, Tisch und Stoff von der Farbe rot losgelöst und „Röte" könnte verallgemeinert werden.

Würden wir nur auf einen Apfel zeigen und „rot" sagen, auf ein Blatt zeigen und „grün" sagen oder auf eine Mango zeigen und „gelb" sagen, wäre es mangels angemessener Variationsmuster für die Kinder schwierig, erfolgreich zu lernen. Wir würden nämlich nicht darauf achten, was variiert und was konstant gehalten werden muss, damit Kinder das Konzept „Farbe" verstehen und von anderen Begriffen unterscheiden können.

Kinder lernen bereits sehr früh die Farben kennen – und zwar ohne jeden systematischen Unterricht. Nach Marton geschieht das deshalb, weil das Kind im alltäglichen Leben verschiedenen Variationsmustern begegnet und die Erwachsenen ihm zudem zum richtigen Zeitpunkt Feedback geben. Das ändert sich aber, wenn das Kind in die Schule kommt: Was in der Schule gelernt wird, ist oft fern von den alltäglichen Erfahrungen des Kindes, und meist verfügt nur die Lehrperson über Wissen zu einem Lerngegenstand. In dieser Umgebung müssen Lehrkräfte den Kindern Lerngegenstände zugänglich machen, indem sie bewusst Variationsmuster schaffen, die es den Kindern ermöglichen, die kritischen Merkmale des Lerngegenstands zu erkennen. Andernfalls kann Lernen aus der Sicht dieser Theorie nicht stattfinden. Man kann allerdings davon ausgehen, dass Variation im Unterricht nicht etwas grundsätzlich Neues ist. Eine Lehrperson, die Schülerfehler sichtbar macht und thematisiert, arbeitet mit Kontrast, indem sie Merkmale hervorhebt, die richtige und fehlerhafte Ergebnisse unterscheidbar machen. Darüber hinaus bietet die Variationstheorie jedoch Möglichkeiten, das Arbeiten mit Kontrast systematisch zu gestalten.

Wie läuft eine Learning Study ab? Im Wesentlichen sind es folgende Phasen:

- Wahl eines vorläufigen Lerngegenstands
- Identifikation der kritischen Aspekte/Merkmale, Erhebung der Lernvoraussetzungen und Präzisierung des Lerngegenstands
- Überlegungen zur Motivation: „Aufbau einer Relevanzstruktur"

- Gestaltung und methodische Einbettung der Variationsmuster
- Durchführung des Unterrichts und begleitende Datensammlung (Beobachtung der Lernprozesse, Schülerinterviews, Leistungsüberprüfung)
- Analyse der Daten und Revision der Stunde
- Unterricht der revidierten Stunde in einer anderen Klasse mit Beobachtung und Analyse (meist zwei bis drei Zyklen)
- Dokumentation und Austausch, oft auch Publikation der Ergebnisse

Die zentralen Merkmale werden im Folgenden etwas genauer erläutert.

Die Wahl des Lerngegenstands

Der erste wichtige Schritt bei der Gestaltung einer Learning Study ist die Wahl eines vorläufigen Lerngegenstands. Vorläufig deshalb, weil der endgültige Lerngegenstand erst nach Kenntnis der Voraussetzungen der Lernenden festgelegt werden kann (manchmal können kritische Merkmale sogar erst im Verlauf des Unterrichts anhand der Äußerungen der Lernenden entdeckt werden). Was ist ein Lerngegenstand? In einer ersten Annäherung ist damit der Inhalt, die Fähigkeit oder eine Werthaltung gemeint, die die Lernenden erwerben sollen, z.B. Kompetenz beim Aufsatzschreiben, Verständnis für den Zusammenhang von Angebot und Nachfrage bei der Preisbildung, Entwicklung von Empathie für Personen anderer Kulturen usw. (Runesson, 2005). In diesem Zusammenhang werden zwei Unterscheidungen getroffen:

1. Die Unterscheidung zwischen dem direkten und dem indirekten Lerngegenstand (Lo, 2015, S. 29, 52):
   - Der *direkte Lerngegenstand* bezieht sich auf den Inhalt, die Thematik, den Sachbereich, der im Unterricht vermittelt werden soll.
   - Der *indirekte Lerngegenstand* bezieht sich auf die Fähigkeit (Kompetenz, Fertigkeit, Werthaltung), die durch das Lernen des direkten Lerngegenstands entwickelt werden soll.

Der indirekte Lerngegenstand soll die Aufmerksamkeit auf die langfristigen Ziele des Unterrichts richten. Die Qualität der Lernergebnisse hängt in hohem Maße von der Wahl des indirekten Lerngegenstands ab. Dies dürfte stark von der japanischen Tradition der Lesson Studies beeinflusst sein, in der die langfristigen Ziele und ihre Beziehung zu den kurzfristigen Zielen einen hohen Stellenwert haben.

2. Die Unterscheidung zwischen intendiertem, realisiertem und erlebtem Lerngegenstand (Marton et al., 2004).
   - Der *intendierte Lerngegenstand* ist das Ergebnis der Unterrichtsplanung, also die konkreten (schriftlich fixierten) Intentionen der Lehrkraft, genauer: des Teams, das den Unterricht vorbereitet.
   - Der *realisierte Lerngegenstand* ist das Ergebnis der Umsetzung des Plans, also die konkrete Unterrichtspraxis. Es bietet den Lernenden den Raum, etwas zu lernen, es macht das Erlernen einer Sache „möglich“.

- Was die Schüler und Schülerinnen jedoch tatsächlich gelernt haben, hängt davon ab, was sie während der Unterrichtsstunde erlebt haben, d.h. vom *erlebten Lerngegenstand*. Was gelernt werden kann, muss nicht identisch mit dem sein, was tatsächlich gelernt wird (Pang & Marton, 2003). Schüler und Schülerinnen können dieselbe Situation qualitativ unterschiedlich erleben, wodurch für jeden Lernenden unterschiedliche Erfahrungen mit demselben Lerngegenstand generiert werden und Unterschiedliches gelernt wird.

Identifikation kritischer Merkmale und Erhebung der Lernvoraussetzungen

Die Identifikation der kritischen Aspekte bzw. Merkmale eines Lerngegenstands gehört zu den wichtigsten Aufgaben der Lehrkräfte. Marton unterscheidet potentielle und aktuelle kritische Aspekte bzw. Merkmale[2] (Marton & Runesson, 2015, S. 107f.):

- Kritische Aspekte eines Lerngegenstands, die aus fachlicher Sicht „Schlüssel" zu seinem Verständnis darstellen, werden als *potentielle* kritische Aspekte bezeichnet. Tiefgehende Fachkenntnis, Erfahrungsaustausch unter den Lehrenden, fachliche und fachdidaktische Analyse bieten Zugang zu potentiellen kritischen Merkmalen eines Lerngegenstands. Der Begriff potentiell soll darauf hinweisen, dass diese Merkmale mit hoher Wahrscheinlichkeit auch aktuelle kritische Merkmale sind, d.h. für die Gestaltung des Unterrichts besondere Beachtung verdienen.
- *Aktuelle* kritische Aspekte (bzw. Merkmale) sind jene, die konkrete Lernende noch nicht erkannt und daher zu lernen haben. Da sie jeweils bestimmte Schüler und Schülerinnen betreffen, können sie erst in der konkreten Unterrichtssituation herausgefunden werden, z.B. durch Prä- und Posttests, Interviews mit Lernenden oder durch Beobachtung des Lernprozesses.

Erst eine gute Kenntnis der Voraussetzungen der Lernenden ermöglicht es, die aktuellen kritischen Merkmale und damit den „endgültigen" Lerngegenstand festzulegen, wobei es auch im Verlauf des Unterrichts noch zu Änderungen kommen kann. Da die Voraussetzungen der Lernenden sehr verschieden sein können, ist dies keine einfache Aufgabe. Die Bemühungen um die Identifikation kritischer Merkmale verweisen auf die zentrale Bedeutung des Feedbacks vom Lernenden zum Lehrenden (formatives Feedback), das bereits John Hattie (2009) in seiner Metaanalyse als wichtigste Einzelmaßnahme zur Verbesserung des Lernens hervorgehoben hat.

---

2 Kritische Aspekte und kritische Merkmale werden hier als austauschbar behandelt. Streng genommen ist dies allerdings nicht richtig (Lo, 2015, 67f.). Kritische Aspekte sind Dimensionen von Variation, während kritische Merkmale die Ausprägungen der jeweiligen Dimension sind. Kritischer Aspekt ist z.B. der Begriff „Farbe", während kritische Merkmale ihre Ausprägungen „rot", „grün", „gelb" usw. sind. Jede Ausprägung kann aber selbst zu einem kritischen Aspekt (einer Dimension von Variation) werden. Z.B. wird die Farbe „rot" zu einem kritischen Aspekt, wenn die kritischen Merkmale die unterschiedlichen Arten von „rot" sind, wie „zinnoberrot", „purpurrot", „karminrot" usw. Kritische Aspekte und kritische Merkmale hängen eng zusammen. Für die Gestaltung von Variationsmustern ist diese Unterscheidung allerdings nicht von großer Bedeutung, sodass sie hier vernachlässigt wird.

Überlegungen zur Motivation: Aufbau einer „Relevanzstruktur"

Zu den zentralen Aufgaben bei der Planung des Unterrichts gehören Überlegungen zur Motivation und die Gestaltung der Variationsmuster und der methodischen Vorgangsweise. Motivation im Sinne der Learning Studies entsteht, wenn eine „Relevanzstruktur", d.h. eine Beziehung zum Gegenstand des Lernens aufgebaut wird: Der Lerngegenstand muss den Lernenden relevant erscheinen, d.h. er muss für sie Sinn ergeben und Bedeutung haben. Dazu soll in erster Linie die Herausarbeitung der kritischen Merkmale des Lerngegenstands beitragen, damit die Lernenden einen Zusammenhang zu ihren eigenen Vorkenntnissen herstellen können. Die bisherigen Arbeiten über Learning Studies bieten nur wenig Information darüber, wie eine solche Relevanzstruktur aufgebaut werden kann. Es gibt jedoch einige indirekte Hinweise (Lo, 2015, S. 210; vgl. dazu kritisch auch Posch, 2015): So sollen die intuitiven Zugänge der Lernenden ernst genommen werden – und zwar nicht nur deshalb, weil sie helfen, kritische Merkmale des Lerngegenstands zu finden, sondern auch um Wertschätzung und Respekt für die Lernenden zum Ausdruck zu bringen. Auch die Forderung, Lernenden die Möglichkeit zu geben, selbst ihr Verständnis des jeweiligen Lerngegenstands zu beschreiben – obwohl die Intention primär kognitiver Art ist – beeinflussen die Motivation, weil Lernende dadurch Einfluss auf den Lernprozess nehmen können.

Gestaltung und methodische Einbettung der Variationsmuster

Wenn Lerngegenstand, kritische Merkmale und Möglichkeiten für den Aufbau einer Relevanzstruktur geklärt sind, besteht die Planung des Unterrichts im engeren Sinn in der Gestaltung und methodischen Einbettung sogenannter Variationsmuster, die den Lernenden erlauben, kritische Merkmale eines Lerngegenstands wahrzunehmen.

Was sind Variationsmuster? – Zunächst: Was sind sie nicht? Es handelt sich nicht um Unterrichtsmethoden, denn Variationsmuster können mit den meisten üblichen Unterrichtsmethoden (Frontalunterricht, Gruppenarbeit, handlungsorientierter Unterricht u.v.a.) umgesetzt werden. Variationsmuster beschreiben die Art und Weise, wie den Lernenden kritische Merkmale eines Lerngegenstands nahegebracht werden. Ein Variationsmuster zeigt an, was in Bezug auf die kritischen Aspekte oder Merkmale eines Lerngegenstands unverändert bleibt und was verändert wird. Dazu ist es hilfreich, einige zentrale Begriffe und Thesen der Variationstheorie weiter zu verdeutlichen:

1) Jeder Lerngegenstand hat eine begrenzte Zahl qualitativ unterscheidbarer kritischer Aspekte, die in einer bestimmten Beziehung zueinanderstehen. Sie zu erkennen, bedeutet den Lerngegenstand erkennen (Marton & Pang, 2008, S. 535 ff.). Unterschiede (Variationen) in der Wahrnehmung oder im Verständnis hängen davon ab, auf welche Aspekte eines Lerngegenstands die Aufmerksamkeit gleichzeitig gerichtet wird.
2) Lernen bedeutet eine Veränderung der Aspekte, die dem Lernendem bewusst werden, wodurch sich die Art und Weise verändert, wie der Lerngegenstand wahrgenommen wird.
3) Wenn bestimmte Aspekte eines Lerngegenstands variieren, während andere invariant (unverändert, konstant) gehalten werden, werden die variierenden Aspekte erkannt (ebd., S. 538).

4) Ein einzelnes Merkmal kann nur dann erkannt werden, wenn es zwischen Merkmalen Unterschiede gibt (Lo & Marton, 2012, S. 10). Es ist zweckmäßig, zunächst jeweils nur ein kritisches Merkmal zu variieren. Erst wenn alle kritischen Merkmale erkannt worden sind, sind Aufgaben sinnvoll, in denen alle kritischen Merkmale gleichzeitig erkannt werden müssen.
5) Jeder Aspekt eines Lerngegenstands kann eine Dimension von Variation sein. Bestimmte Muster von Variation und Invarianz sind notwendige Bedingungen für bestimmte Formen des Lernens (ebd., S. 539).
6) Die zentrale Aufgabe des Lehrenden besteht also darin, Lernsituationen zu gestalten, die den Lernenden helfen, mithilfe von Variationsmustern die kritischen Aspekte eines Lerngegenstands zu erkennen. (ebd., S. 541). Unterricht ist in diesem Sinne die Schaffung von Variationsmustern, die den Lernenden erlauben, kritische Aspekte eines Lerngegenstands wahrzunehmen.

Das klingt ziemlich abstrakt, sollte aber durch das folgende Beispiel klarer werden (nach Lo & Marton, 2012): Nehmen wir an, der Lerngegenstand besteht darin, ein Dreieck als solches zu erkennen (d.h. es von anderen geometrischen Figuren zu unterscheiden). Die Lehrperson könnte den Schülerinnen und Schülern viele Dreiecke auf Papier oder an der Tafel vorgeben, auf jedes einzelne zeigen und als „Dreieck" benennen und dabei hoffen, dass die Lernenden die charakteristischen Merkmale eines Dreiecks erkennen. Die Lehrperson lässt dabei das fokussierte *Merkmal* „Dreieck" unverändert und variiert andere nicht fokussierte Aspekte (z.B. Größe, Art des Dreiecks, Farbe). Der Variationstheorie zufolge ist dies jedoch nicht der beste Ansatz. Vielmehr muss die Lehrkraft den Lernenden zeigen, was *nicht* ein Dreieck ist, indem sie ein Dreieck zum Beispiel mit einem Rechteck, einem Fünfeck, anderen Vielecken, zwei parallelen Geraden, zwei sich schneidenden Geraden oder einer Pyramide vergleicht. Dabei wird eine „Variationsdimension" eröffnet, d.h. ein Begriff (in diesem Fall „geometrische Figuren"), der mehrere Ausprägungen hat, von denen eine das Dreieck ist. Die Ausprägung Dreieck (ein Unterbegriff zu geometrische Figuren) kann dadurch zu anderen Ausprägungen in Kontrast gesetzt werden, wodurch die unterscheidenden Merkmale des Dreiecks (Seitenzahl und Winkelsumme) wahrnehmbar werden.

In der Terminologie der Variationstheorie bedeutet dies, dass der fokussierte *Aspekt* (die geometrische Form) variiert wird, wohingegen die nicht fokussierten Aspekte (also z.B. die Arten von Dreiecken) unverändert bleiben. Es ist zumindest eine andere Ausprägung der Variationsdimension (geometrische Form) erforderlich, damit die Schülerinnen und Schüler einen Unterschied wahrnehmen können. Bedeutung leitet sich demnach primär von Unterschieden ab. „You cannot arrive at a novel meaning through induction, but you can through contrast." (Marton & Pang, 2013, S. 25)

Erst im Anschluss daran macht es Sinn, Beispiele unterschiedlicher Arten von Dreiecken zu zeigen, um den Dreiecksbegriff zu verallgemeinern. Nehmen wir an, dass das zu Beginn gezeigte Dreieck zufällig ein rechtwinkliges Dreieck ist. Erst wenn die Art des Dreiecks variiert wird, wird der Begriff „rechtwinkliges Dreieck" vom Begriff „Dreieck" getrennt. Zeigt man den Lernenden also zwei Dreiecke, von denen eines ein rechtwinkliges Dreieck und das andere ein gleichseitiges Dreieck ist, dann wird eine neue Variationsdimension (Formen von Dreiecken) eröffnet. „Rechtwinkliges Dreieck" wird dabei von „Dreieck" abgegrenzt und erhält durch Kontrastierung z. B. mit „gleichseitiges Dreieck" eine eigene Identität.

Zusammenfassend kann festgehalten werden, dass Kontrastierungen den Lernenden helfen, ein bestimmtes Phänomen, einen Begriff oder einen Aspekt zu erkennen und ihn von seinem Kontext und anderen Phänomenen, Begriffen oder Aspekten zu trennen. Wenn der/dem Lernenden also ein Dreieck einem Quadrat gegenübergestellt wird, wird die Variationsdimension „geometrische Figuren" (welche dem Begriff „Dreieck" übergeordnet ist) eröffnet, wobei „Dreieck" eine Ausprägung dieser Variationsdimension ist. Dreiecke mit dem zu kontrastieren, was Dreiecke nicht sind (z. B. Quadrate, Fünfecke, Sechsecke), ermöglicht es, die kritischen Aspekte von Dreiecken, wie zum Beispiel die Anzahl ihrer Seiten, hervorzuheben. Im Anschluss daran können die Schüler und Schülerinnen durch Gleichheit lernen, indem sie verschiedene Arten von Dreiecken (z. B. rechtwinklige Dreiecke, gleichschenklige Dreiecke, gleichseitige Dreiecke) betrachten und Aspekte erkennen, die innerhalb des Begriffs „Dreiecke" variieren. Dies wird ihnen helfen, ihr Wissen über Dreiecke zu verallgemeinern, da sie Aspekte wie die Größe der Winkel oder die Seitenlänge nicht als definierende Merkmale, sondern als Variationsdimensionen von Dreiecken erkennen können.

2.4 Zur Wirksamkeit von Learning Studies

Die Variationstheorie ist der zentrale theoretische Hintergrund der Learning Studies. Welche Erfahrungen mit Learning Studies wurden bisher gemacht? Bis 2013 wurden etwa 1000 Learning Studies durchgeführt; in fast allen Fächern und Altersstufen, wobei allerdings Mathematik und die naturwissenschaftlichen Fächer leicht dominieren.

Die wichtigsten quantitativen Ergebnisse der Studien, die bis 2013 durchgeführt wurden, haben Marton und Pang (2013, S. 26) zusammengefasst (vgl. auch Cheung & Wong, 2014):

- In fast allen Studien waren die Leistungen der Lernenden nachher besser als vorher. Das mag als selbstverständlich erscheinen, ist es aber nicht. In vielen Schulstunden lernen die Schüler und Schülerinnen gar nichts, jedenfalls nicht das, was die Lehrpersonen erwarten.
- Lernende mit schlechteren Voraussetzungen lernen gewöhnlich am meisten. Es erhöht sich also nicht nur der Durchschnitt, es verringert sich auch die Differenz. Dies ist nach Lo (2015, S. 39) nicht überraschend, weil ein wesentliches Merkmal einer Learning Study darin besteht, die Ursache von Lernschwierigkeiten zu identifizieren, sodass gezielt Wege gefunden werden können, den Lernenden zu helfen, diese Schwierigkeiten zu überwinden.
- Der Lernfortschritt wurde auch nach einem längeren Zeitraum noch festgestellt und ist in vielen Fällen größer geworden. Offenbar lernen die Schüler und Schülerinnen auch selbst, kritische Merkmale von Lerngegenständen zu identifizieren (Holmqvist, Gustavsson & Wernberg, 2008).

- Die Ergebnisse nationaler Tests haben sich bei Lehrkräften, die an Learning Studies teilgenommen haben, verbessert. Das heißt, dass auch der normale Unterricht dieser Lehrpersonen positiv beeinflusst worden ist. (Diese Schlussfolgerung wird von den Autoren allerdings relativiert, weil dazu auch andere Faktoren beigetragen haben können.)
- Bei systematischen Vergleichen zwischen Lesson und Learning Studies haben Learning Studies besser abgeschnitten als Lesson Studies (vgl. Marton & Pang, 2006, 2008; Pang, 2010; Pang & Marton, 2003, 2005, 2007).
- Beim Vergleich der drei Zyklen von Learning Studies wurde festgestellt, dass der dritte meist besser als der zweite und der zweite Zyklus bessere Ergebnisse als der erste erzielt. Das ist zwar zu erwarten. Überraschend ist aber, dass die stärkste Verbesserung beim Übergang von zweiten zum dritten Zyklus erfolgt ist. Einen ähnlichen Befund gibt es auch über Lesson Studies (O'Shea et al., 2015, S. 62).

Es lässt sich nicht genau sagen, welche dieser Effekte auf die Variationstheorie zurückgehen und welche ihrer Einbettung in das Lesson-Study-Konzept geschuldet sind, da auch die Wirksamkeit der (zumeist) den Alltagstheorien der Lehrkräfte verpflichteten Lesson Studies vielfach belegt ist. Die Befunde legen jedoch nahe, dass das Lesson Study Konzept an Wirksamkeit gewinnt, wenn eine Lerntheorie, in unserem Fall die Variationstheorie, eine theoretische Orientierung bietet, die zugleich an der Praxis überprüft werden kann.

Ein wichtiges, möglicherweise sogar das wichtigste Qualitätsmerkmal von Learning wie auch Lesson Studies hat John Elliott, der Doyen der Aktionsforschung formuliert: „Die Vermittlung des kulturellen Erbes ist kein einseitiger Prozess. Er verlangt von den Lehrkräften, sich auch selbst als Lernende zu verstehen, wenn sie sich auf den kreativen Prozess einlassen, kulturelle Inhalte als Lerngegenstände den Lernenden nahezubringen." (Elliott & Tsai, 2008) Bodenständiger hat es Hattie formuliert: „Die stärksten Wirkungen auf das Lernen treten dann auf, wenn Lehrende ihren eigenen Unterricht zum Gegenstand des Lernens machen." (Hattie 2009, S. 22)

Literatur

Bowden, J. & Marton, F. (1998). *The University of Learning: Beyond Quality and Competence.* London: Routledge.

Cheung, W. M. & Wong W. Y (2014). Does Lesson Study work? A systematic review on the effects of Lesson Study and Learning Study on teachers and students. *International Journal of Lesson and Learning Studies, 3* (2), 137–149.

Clivaz, S. (2015). French Didactique des Mathématiques and Lesson Study: A profitable dialogue? *International Journal for Lesson and Learning Studies, 4* (3), 245–260.

Darling-Hammond, L., Andree, A., Richardson, N. & Orphanos, S. (2009). *Professional Learning in the Learning Profession. A status report on professional development in the U.S. and abroad.* Washington, D.C.: National Staff Development Council.

Dudley, P. (2013). Teacher learning in Lesson Study: What interaction-level discourse analysis revealed about how teachers utilised imagination, tacit knowledge of teaching and fresh evidence of pupils learning, to develop practice knowledge and so enhance their pupils' learning. *Teaching and Teacher Education*, *34*, 107–121.

Dudley, P. (2015). How Lesson Study works and how it creates excellent learning and teaching. In P. Dudley (Hrsg.), *Lesson Studies. Professional learning for our time.* (S. 1–28). London: Routledge.

Eder, F. & Altrichter, H. (2004). Das „Autonomie-Paritäts-Muster" als Innovationsbarriere? In H. G. Holtappels (Hrsg.), *Schulprogramme – Instrumente der Schulentwicklung* (S. 195–221). Weinheim: Juventa.

Elliott, J. & Tsai, C. T. (2008). What might Confucius have to say about action research? *Educational Action Research, 16* (4), 569–578.

Ermeling, B. A. & Graff-Ermeling, G. (2014). Learning to learn from teaching: A first-hand account of lesson study in Japan. *International Journal for Lesson and Learning Studies, 3* (2), 170–191.

Fernandez, C. (2002). Learning from Japanese Approaches to Professional Development: The Case of Lesson Study. *Journal of Teacher Education, 53*, 393–405.

Fernandez, C., Yoshida, M., Chokshi, S. & Cannon, J. (2001*). An Overview of Lesson Study*. New York: Columbia University, Teachers College, Lesson Study Research Group (LSRG).

Fernandez, C. & Yoshida, M. (2009). *Lesson Study: A Japanese Approach to improving Mathematics teaching and learning.* New York: Routledge.

Gierlinger, E. M., Spann, H. & Wagner, W. (2016). Variation theory in Austrian initial EFL teacher education: Potentials and challenges. *International Journal for Lesson and Learning Studies, 5* (2), 130–141.

Gräsel, C., Fußangel, K. & Pröbstel, C. (2006). Lehrkräfte zur Kooperation anregen – eine Aufgabe für Sisyphos? *Zeitschrift für Pädagogik, 52* (2), 205–219.

Gruschka, A. (2018). How we can and why we have to reconstruct teaching. *International Journal for Lesson and Learning Studies, 7* (2), 85–97.

Hattie, J. (2009). *Visible Learning. A synthesis of over 800 meta-analyses relating to achievement.* London: Routledge.

Hendayana, S. (2015). Teacher learning through lesson study in Indonesia. In K. Wood & S. Sithamparam (Hrsg.), *Realising Learning. Teachers' professional development through lesson and learning study* (S. 62–77). London: Routledge.

Hense, S. (2008). Regeln für die Rechenlehre. *Max Planck Forschung, 2,* 2008. Abgerufen von http://www.mpg.de/906802/F004_Fokus_040_045.pdf [20.9.18].

Holmqvist, M., Gustavsson, L. & Wernberg, A. (2008). Variation theory: An organizing principle to guide design research in education. In A. E. Kelly, R. A. Lesh & J. Y. Baek (Hrsg.), *Handbook of design research methods in education: Innovations in science, technology, engineering, and mathematics learning and teaching* (S. 111–130). New York: Routledge.

Huang, R., Fang, Y. & Chen, X. (2017). Chinese lesson study: A deliberate practice, a research methodology, and an improvement science. *International Journal for Lesson and Learning Studies, 6* (4), S. 270–282.

Kim-Eng-Lee, Chr. & Lim-Ratnam, Chr. (2015). Exploring the variety and quality in the practice of lesson study in Singapore schools. In K. Wood & S. Sithamparam (Hrsg.), *Realising Learning. Teachers' professional development through lesson and learning study* (S. 41–61). London: Routledge.

Köller, Ch. (2011). *Wie regulieren Berufsschüler ihren Lernprozess?* Kassel: kassel university press. Abgerufen von http://www.uni-kassel.de/upress/online/frei/978-3-86219-216-8.volltext.frei.pdf [19.2.2015].

Kunter, M., Baumert, J., Blum, W., Klusmann, U., Krauss, S. & Neubrand, M. (Hrsg.). (2011). *Professionelle Kompetenz von Lehrkräften – Ergebnisse des Forschungsprogramms COACTIV*. Münster: Waxmann.

Lewis, C. C. (2002). *Brief Guide to Lesson Study*. Oakland, CA: Education Department, Mills College.

Lewis, C. C., Perry, R. & Hurd, J. (2009). Improving Mathematics Instruction through Lesson Study: A theoretical model and North American case. *Journal of Mathematics Teacher Education, 12* (4), 285–304.

Lewis, C. C., Perry, R., Hurd, J. & O'Connell, M. P. (2006). Lesson study comes of age in North America, *Phi Delta Kappan*, December, 273–281.

Lipowsky, F. (2004). Was macht Fortbildungen für Lehrkräfte erfolgreich? Befunde der Forschung und mögliche Konsequenzen für die Praxis. *Die Deutsche Schule, 96* (4), 462–479.

Lo, M. L. (2015). *Lernen durch Variation. Implementierung der Variationstheorie in Schule und Bildungsforschung*. Münster: Waxmann.

Lo, M. L. & Marton, F. (2012). Towards a science of the art of teaching: Using variation theory as a guiding principle of pedagogical design. *International Journal for Lesson and Learning Studies, 1* (1), 7–22.

Lortie, D. C. (1975). *Schoolteacher. A Sociological Study*. Chicago: University of Chicago Press.

Martensson, P. & Hansson, H. (2018). Challenging teachers' ideas about what students need to learn: Teachers' collaborative work in subject didactic groups. *International Journal for Lesson and Learning Studies, 7* (2), 98–110.

Martin, D. & Clerc-Georgy, A. (2015). Use of theoretical concepts in lesson study: An example from teacher training. *International Journal for Lesson and Learning Studies, 4* (3), 261–273.

Marton, F. (1986). Phenomenography – a research approach to investigating different understandings of reality. *Journal of Thought, 21* (3), 28–49.

Marton, F. (1994). Phenomenography. In T. Husen & N. Postlethwaite (Hrsg.), *The International Encyclopedia of Education* (S. 4424–4429). Oxford: Pergamon.

Marton, F. & Booth, S. (1997). *Learning and awareness*. Mahwah, NJ: L. Erlbaum Associates.

Marton, F., & Pang, M. F. (2006). On some necessary conditions of learning. *Journal of the Learning Sciences, 15* (2), 193–220.

Marton, F. & Pang, M. F. (2008). The idea of phenomenography and the pedagogy for conceptual change. In S. Vosniadou (Hrsg.), *International handbook of research on conceptual change* (S. 533–559). London: Routledge.

Marton, F. & Pang, M. F. (2013). Meanings are acquired from experiencing differences against a background of sameness, rather than from experiencing sameness against a background of difference: Putting a conjecture to the test by embedding it in a pedagogical tool. *Frontline Learning Research, 1*, 24–41.

Marton, F. & Runesson, U. (2015). The idea and practice of learning study. In K. Wood & S. Sithamparam (Hrsg.), *Realising Learning. Teachers' professional development through lesson and learning study* (S. 103–121). London: Routledge.

Marton, F., Runesson, U. & Tsui, A. B. M. (2004). The space of learning. In F. Marton and A. B. M. Tsui (Hrsg.), *Classroom discourse and the space of learning* (S. 3–42). Mahwah, NJ: Lawrence Erlbaum Associates.

Müller, F. H., Andreitz, I. & Mayr, J. (2009). PFL – Pädagogik und Fachdidaktik für Lehrerinnen und Lehrer – Eine Studie zu Wirkungen forschenden Lernens. In F. H. Müller, A. Eichenberger, M. Lüders & J. Mayr (Hrsg.), *Lehrerinnen und Lehrer lernen – Konzepte und Befunde zur Lehrerfortbildung* (S. 177–195). Münster: Waxmann.

Munthe, E., Bjuland, R. & Helgevold, N. (2016). Lesson study in field practice: A timelagged experiment in initial teacher education in Norway. *International Journal for Lesson and Learning Studies, 5* (2), 142–154.

O'Shea, J., Teague, S., Jordan, G., Lang, J. & Dudley, P. (2015). Leading Lesson Studies in schools and across school systems. In P. Dudley (Hrsg.), *Lesson Studies. Professional learning for our time* (S. 59–85). London: Routledge.

Pang, M. F. (2010). Boosting financial literacy: Benefits from learning study. *Instructional Science, 38* (6), 659–677.

Pang, M. F. & Lo, M. L. (2012). Learning Study: Helping teachers to use theory, develop professionally, and produce new knowledge to be shared. *Instructional Science, 40*, 589–606.

Pang, M. F. & Marton, F. (2003). Beyond "lesson study": Comparing two ways of facilitating the grasp of some economic concepts. *Instructional Science, 31* (3), 175–194.

Pang, M. F. & Marton, F. (2005). Learning Theory as Teaching Resource: Enhancing Students' Understanding of Economic Concepts. *Instructional Science, 33*, 159–191.

Pang, M. F. & Marton, F. (2007). The Paradox of Pedagogy. The relative contribution of teachers and learners to learning. *Iskolakultura, 1* (1), 1–29.

Peña Trapero, N. (2013). Lesson study and practical thinking: A case study in Spain, *International Journal for Lesson and Learning Studies, 2* (2), 115–136.

Posch, P. (2015). Lesson Studies and the motivation to learn: A response to Padraig Hogan's review 'Lesson Study East and West: Identifying Some Key Issues. *International Journal for Lesson and Learning Studies, 4* (2), 178–181.

Richardson, V. (2003). Constructive Pedagogy. *Teachers College Record, 105* (9), 1623–1640.

Runesson, U. (2005). Beyond discourse and interaction. Variation: A critical aspect for teaching and learning mathematics. *Cambridge Journal of Education, 35* (1), 69–87.

Schmich, J. & Burchert, A. (2010). Kooperation von Lehrerinnen und Lehrern: Nur im Ausnahmefall? In J. Schmich & C. Schreiner (Hrsg.), *Talis 2008. Schule als Lernumfeld und Arbeitsplatz. Vertiefende Analysen aus österreichischer Perspektive* (BIFIE-Report 4/2010, S. 63–78). Salzburg: Zentrum für Bildungsmonitoring & Bildungsstandards.

Seleznyov, S. (2018). Lesson study: An exploration of its translation beyond Japan. *International Journal for Lesson and Learning Studies, 7* (3), 217–229.

Soltau, A., Berthe, S. & Miener, M. (2012). Das Autonomie-Paritätsmuster – Der Lehrer im Spannungsfeld von kollegialer Norm und Entwicklungsanspruch. In S. G. Huber & F. Ahlgrimm, (Hrsg.), *Kooperation – Aktuelle Forschung zur Kooperation in und zwischen Schulen sowie mit anderen Partnern* (S. 89–102). Münster: Waxmann.

Stigler, J. W. & Hiebert, J. (1999). *The Teaching Gap: Best Ideas from the World's Teachers for Improving Education in the Classroom*. New York: The Free Press.

Takahashi, A. & Yoshida, M. (2004). Ideas for Establishing Lesson-Study Communities. *Teaching Children Mathematics*, May issue, 436–443 (National Council of Teachers of Mathematics).

Waterman, S. (2011). *A Study of Lesson Study's Impact on Student Achievement. Data Analysis, Evaluation of the 2009–2010 Lesson Study Project*. Silicon Valley Mathematics Initiative. Abgerufen von http://www.ets.org/flicc/rsc/pdfs/A_study_lesson_studys_impact_student_achievement.pdf [10.6.2015].

White, A. & Southwell, B. (2003). *Lesson study project: Evaluation report*. Ryde, NSW: State of NSW Department of Education and Training (Professional Support and Curriculum Directorate).

Wiliam, D. (2008). *Taking Assessment for Learning to scale.* Presentation at the OECD/CERI International Conference, Learning in the 21st Century: Research, Innovation and Policy, 15–16 May.

Wood, K. (2015). Deepening learning through lesson and learning study. In K. Wood & S. Sithamparam (Hrsg.), *Realising Learning. Teachers' professional development through lesson and learning study* (S. 1–24). London: Routledge.

Yang, Y. & Ricks, Th. E. (2012). How crucial incidents analysis support Chinese lesson study. *International Journal for Lesson and Learning Studies, 1* (1), 41–48.

Wolfgang Beywl & Miranda Odermatt

Luuise – ein Verfahren zur Qualitätsentwicklung in Schule und Unterricht

Lehrpersonen unterrichten und untersuchen integriert, sichtbar und effektiv

1. Einführung

Der vorliegende Beitrag stellt „Luuise“ als ein mit der Schulentwicklung verbundenes Verfahren der datenbasierten Unterrichtsentwicklung vor. Das Akronym Luuise steht für „*Lehrpersonen unterrichten und untersuchen integriert, sichtbar und effektiv*“. Unterricht mit Luuise führt ‚automatisch‘ zu Daten. Deren Auswertung und Interpretation sowie Schlussfolgerungen werden möglichst gemeinsam von Lehrkraft und Lernenden erbracht. Seit 2013 setzen über 800 Lehrkräfte in der Schweiz und Deutschland dieses Verfahren zur formativen Evaluation des Unterrichts um – vom Kindergarten bis in die Hochschule. Kapitel 2 stellt eine Verbindung zu den Befunden aus der Meta-Synthese von Hattie (2015) her: Demgemäß können formative Selbstevaluationsverfahren wie Luuise den Unterricht verbessern und auf den Bedarf der Lernenden so anpassen, dass gute Lernfortschritte und -leistungen erreicht werden. Im Kapitel 3 wird das 5-Schritte-Verfahren vorgestellt, nach welchem Luuise-Projekte geplant, umgesetzt und die Ergebnisse mit den Lernenden und im Kollegium reflektiert und diskutiert werden. Ein verdichtetes Fallbeispiel veranschaulicht das Vorgehen. Kapitel 4 schildert, wie Luuise im Rahmen mehrteiliger Fortbildungen in Schulen eingeführt wird, und wie die Präsenz- und internetgestützten Elemente verknüpft sind. Kapitel 5 zur Luuise-Begleitforschung referiert Hinweise darauf, dass Luuise die didaktisch-methodische Professionalisierung der Lehrkräfte fördern und deren Selbstwirksamkeit stärken kann. Kapitel 6 diskutiert unter Rückgriff auf vorliegende Forschungsliteratur Gelingensbedingungen und Fallstricke, die bei der Umsetzung von Luuise zu beachten sind. Im Anhang ist das Planungsraster für das Luuise-Projekt abgedruckt.

2. Die von Hattie angestoßene Fokussierung auf die formative Unterrichtsevaluation

John Hattie – neuseeländischer Bildungsforscher, in den 2010er Jahren Professor an der University of Melbourne (Australien) – hat 2009 „Visible Learning" veröffentlicht. Er ergänzt das Werk im Jahr 2012 um das Buch „Visible Learning for Teachers". Zu diesen beiden Büchern hat Hattie damals über 900 Metaanalysen – überwiegend im englischsprachigen Raum – zu Einflussfaktoren auf schulisches Lernen und Lernresultate ausgewertet. Ende 2018 berichtet Hattie über mehr als 250 Einflussfaktoren, basierend auf 1.500 Metaanalysen, die über 90.000 Studien mit geschätzt rund 300 Millionen Lernenden zusammenfassen (vgl. Beywl & Zierer, 2018). Die Studie beansprucht, eine umfassende Grundlage für die Beantwortung der wichtigsten Frage der Bildungsforschung zu schaffen: Was führt zu hohem Lernerfolg von Schülerinnen und Schülern?

In den Vordergrund stellt Hattie folgenden Befund: Unterrichtsnahe datengestützte Rückmeldeverfahren wie Feedback und formative Evaluation zählen zu den wirksamsten Möglichkeiten, Unterricht zu stabilisieren und zu verbessern, sodass gute Lernfortschritte und -leistungen erreicht werden. Eine versierte Lehrkraft nutzt die verfügbaren Informationen zu Lernvoraussetzungen, Lernstand, Lernprozessen und Lernresultaten der Schülerinnen und Schüler für die datenbasierte Gestaltung von möglichst lernförderlichen Lehr- und Lernarrangements.

2.1 Bedeutung der Lehrkraft und ihrer Selbstevaluation

„Lehrkräfte gehören zu den wirkungsvollsten Einflüssen beim Lernen." (Hattie, 2014, S. 21)

Diese Aussage ist einer von Hatties sechs Wegweisern für Exzellenz im Bildungsbereich. Das Handeln der Lehrkraft ist dafür zentral, besonders dann, wenn sie aus durch Daten basierten Erfolgen und Misserfolgen ihres Unterrichts *lernt*. Lehrkräfte, die sich in die Perspektive der Schülerinnen und Schüler versetzen, haben beachtlichen Einfluss auf deren Lernleistungen (vgl. Hattie, 2015, S. 27, 29 f.). Die Lehrkraft zeigt sich als Vorbild, indem sie offen ist für neue Erfahrungen und nachvollziehbar aus Fehlern lernt. Eine wirkungsorientierte Lehrkraft fordert Rückmeldungen von den Schülerinnen und Schülern ein und zieht daraus Schlüsse für ihr zukünftiges Unterrichten. Dies wirkt sich wie Einsatz, Klarheit und Engagement der Lehrkraft förderlich auf das Lernen der Schülerinnen und Schüler aus (vgl. Hattie, 2015, S. 43).

Als „Evaluatorinnen und Regisseurinnen" (Hattie, 2014, S. 20) wollen Lehrkräfte das Wissen und Verstehen der Schülerinnen und Schüler durch eine große Bandbreite von vermittelten Lernstrategien anreichern und unterstützen. Hierfür sollten sich die Lehrkräfte fortlaufend selbst evaluieren und für den Erfolg ihrer Arbeit einstehen. Dabei tragen sie aus empirisch verlässlichen Quellen Belege zu ihrem Unterricht zusammen, um mit den Schülerinnen und Schülern und im Kollegium tatsachenbasierte Diskussionen über die nächsten Schritte führen zu können (Hattie, 2014, S. 21 f.).

2.2 Formative Evaluation des Unterrichts

Die *formative Evaluation des Unterrichts* bezeichnet ein systematisches Vorgehen, mit dem die Lehrkraft das Erreichen ihrer selbst gesetzten Unterrichtsziele überprüft. Hattie regt an, dass Lehrkräfte ihren Einfluss auf die Schülerinnen und Schüler hinsichtlich der Erreichung von Lernintentionen und der festgelegten Erfolgskriterien empirisch erfassen und die gewonnen Daten interpretieren (vgl. Hattie, 2014, S. 164). Dies kann auf verschiedenen Wegen geschehen, z.B. durch die Nutzung von Aufgabendatenbanken/Vergleichsarbeiten (Koch, 2011; Gross Ophoff, 2013; Beywl & Hattie, 2017), durch Lesson- oder Learning-Studies (Altrichter, Posch & Spann, 2018; Oberthaler & Beywl, 2019; s.a. Posch, 2019, im vorliegenden Band) oder durch kollegiale Hospitationen (Buhren, 2016). Mithilfe von systematisch erhobenen Rückmeldungen zieht die Lehrkraft sowohl Rückschlüsse auf die Lernaktivitäten und den Lernstand der Schülerinnen und Schüler als auch auf ihr eigenes Unterrichten. Die erhobenen Daten verbessern die Informationsbasis bezüglich Lernausgangslage, Lernhandeln und Lernresultaten der Schülerinnen und Schüler. Dies ermöglicht eine evidenzbasierte Weiterentwicklung des Unterrichts (vgl. Hattie, 2015, S. 215; Fuchs & Fuchs, 1986, S. 200).

3. Was ist Luuise?

Luuise ist eine Spielart formativer Unterrichtsevaluation, die eine besonders enge Verbindung zum Unterrichtshandeln eingeht. Das Luuise-Verfahren hat seine Wurzeln in den 1990er Jahren. Ein erster Prototyp wurde als „Selbstevaluation in der Sozialen Arbeit" entwickelt. Bereits zu Beginn war die Verbindung von Praxis- und Untersuchungshandeln charakteristisch (Heiner, 1988). Das Verfahren konnte sich in der Sozialen Arbeit – zumindest in der von Heiner entwickelten „Reinform" – nicht etablieren (Sturzenhecker & Von Spiegel, 2009). Hingegen gelang es mit einer ersten Vereinfachung (Reduktion auf acht Planungsschritte) und der Festlegung des „Regel-Startpunkts" eines Selbstevaluationsprojekts bei der „Knacknuss" (siehe Kap. 2.1), ein für hochschuldidaktische Fortbildungen tragfähiges Verfahren zu entwickeln (Beywl, Bestvater & Friedrich, 2011). Ab ca. 2013 begann die Übertragung in den Schulbereich (Härri, 2015) mit derzeit über 800 umgesetzten Projekten (Stand Mai 2019).[1]

Lehrende bearbeiten bei Luuise eine eigene didaktisch-pädagogische „Knacknuss", eine wiederkehrende Herausforderung, aus ihrem Unterricht. Während drei aufeinanderfolgenden Präsenz-Workshops und per E-Mail werden die Lehrkräfte von erfahrenen Luuise-Coachs kollegial beraten und begleitet (vgl. detailliert Kap. 5). Die Lehrkräfte zielen mit ihrem Luuise-Projekt in aller Regel auf eine Mehrzahl von Lernenden, z.B. eine Schulklasse oder kleinere, nach bestimmten Kriterien zusammengesetzte Gruppen von Schülerinnen und Schülern (Faustregel: fünf oder mehr). Es kommt auch vor, dass z.B. schulische Förderlehrkräfte die Luuise-Systematik auf ein-

1 Annahmen, weshalb die Ausbreitung im Schulbereich gelungen ist, formulieren Bestvater und Beywl (2015) in ihrem Artikel „Gelingensbedingungen der Selbstevaluation".

zelne oder sehr wenige Lernende anwenden. Die Dauer der (schriftlich) *geplanten* Projekte liegt oft zwischen vier und acht Wochen. Luuise-Selbstevaluation ist nicht als ein durchlaufend dominantes Unterrichtsmuster gedacht, sondern für einen kleinen Teil der jährlichen Unterrichtsstunden, z. B. 2 % bis 3 %. Bei fortschreitender Vertrautheit mit dem Ansatz können es auch mehr und kürzere luuise-artige Interventions-Untersuchungsbündel sein, die beiläufig, spontan und ohne vorgängige schriftliche Planung umgesetzt werden.

3.1 Das 5-Schritte-Verfahren

Das Unterrichtsentwicklungs-Verfahren Luuise wird über fünf Schritte geplant, durchgeführt und ausgewertet. Die Abbildung 1 veranschaulicht die Schrittfolge.

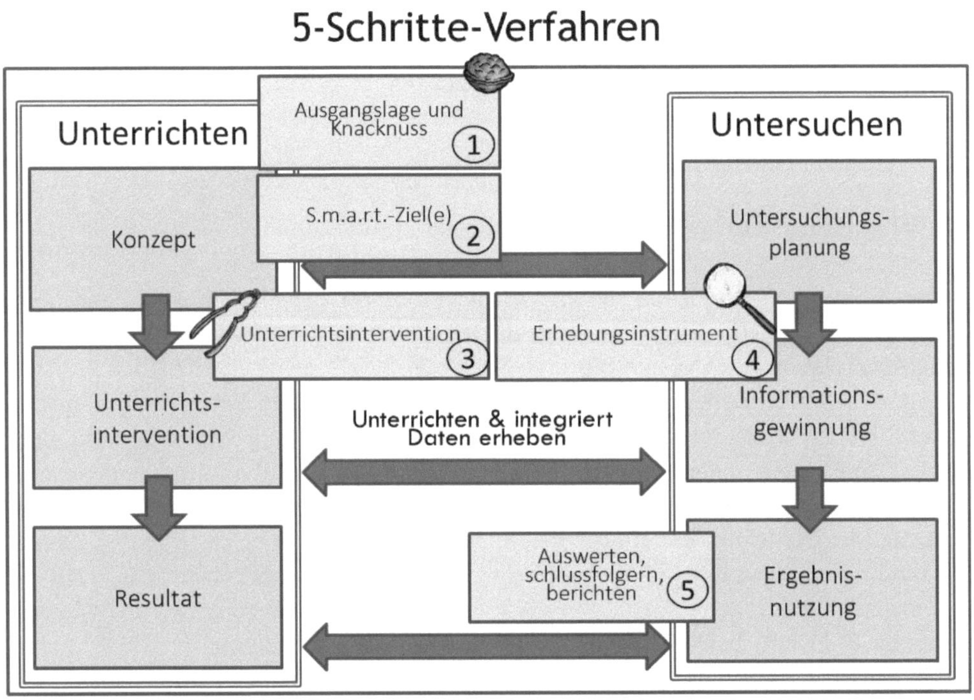

Abbildung 1: Das 5-Schritte-Verfahren von Luuise

1. Startpunkt sind pädagogische oder didaktische Knacknüsse, auf die die jeweilige Lehrkraft in ihrem alltäglichen Unterricht immer wieder stößt. Diese Situationen belasten die Lehrkraft, da sie unter anderem den Lehr- und Lernerfolg schmälern. Knacknüsse blockieren den Unterricht, verzögern oder erschweren das Lernen. Durch Coachs und kollegial begleitet wird eine fokussierte Knacknuss für die Weiterverfolgung ausgewählt. Außerdem werden Annahmen formuliert, die Erklärungen für das Entstehen der harten Nüsse liefern. Diese Annahmen können auch helfen, im Schritt 3 geeignete Unterrichtsinterventionen zu finden und wer-

den im Rahmen der Interpretationen der Untersuchungsergebnisse (Schritt 5) bestätigt, verworfen, erweitert oder ergänzt. Die pädagogisch-didaktischen Knacknüsse fallen auf verschiedenen Bildungsstufen ähnlich aus. Häufige Beispiele sind fehlende Beteiligung am mündlichen Unterricht, zu wenig aktiv genutzte Lernzeit, unvollständige Bearbeitung der (Haus-)Aufgaben, geringe Selbstständigkeit.

2. Im zweiten Schritt nimmt die Lehrkraft gedanklich vorweg, wie der von ihr gewünschte künftige Zustand im Unterricht oder bei den Schülerinnen und Schülern genau aussehen soll. Das Ergebnis dieser Antizipation ist ein s.m.a.r.t.-formuliertes Ziel (spezifisch, messbar, attraktiv und akzeptabel, realistisch, terminiert). Die Zielformulierung lässt erkennen, auf welchen *spezifischen* Aspekt des Unterrichts das Vorhaben abzielt. Die angestrebten Zustände sind so beschrieben, dass auch für Außenstehende, z. B. die Coachs, nachvollziehbar ist, was genau ausgelöst werden soll. Mit der operationalen, in der Regel quantifizierenden Beschreibung des Ziels (oft mit Schwellenwerten/Kriterienpunkten verbunden) wird die „*Messbarkeit*" des Zielzustandes angebahnt. D. h., es wird ein Brückenkopf zu den noch zu entwickelnden Erhebungsinstrumenten (Schritt 4) gebaut. *Attraktivität* und *Akzeptabilität* des Zieles bezeichnen einen weiteren Checkpunkt. Er fordert, eine Verbindung zu übergeordneten Prinzipien oder Richtzielen, z. B. solchen aus Lehrplänen oder Leitbildern von Schulen (die Verbindung zwischen Unterrichtsentwicklung und Schulentwicklung wird hier thematisiert). *Realistisch* meint, dass das Ziel unter gegebenen Ausgangs- und Rahmenbedingungen sowie mit verfügbaren Ressourcen und Methoden prinzipiell erreichbar ist. *Terminiert* schließlich meint, dass der Zeitpunkt angegeben ist, zu dem das Ziel erreicht sein, und zu dem seine Erreichung empirisch überprüft werden soll.
   Die mit der Selbstevaluation verfolgten s.m.a.r.t.-Detailziele befinden sich vor allem auf den nachfolgenden drei Ebenen:
   a) Startbedingungen der Schülerinnen und Schüler (z. B. Vorbereitetsein auf den Unterricht)
   b) Lernhandeln der Schülerinnen und Schüler (z. B. Beteiligung im Unterricht; s. dazu Kap. 3.2)
   c) Lernresultate der Schülerinnen und Schüler (z. B. (über-) fachliche Kompetenzen)
3. Im dritten Schritt wird festgelegt, welche Interventionen eingesetzt werden sollen, um die gesetzten Ziele zu erreichen. Die Interventionen sind so zu konzipieren, dass die präzise formulierten Ziele mit hoher Wahrscheinlichkeit erreicht werden. Dabei handelt es sich um zusätzlich oder verändert/verstärkt einzusetzende Unterrichtsmethoden, Sozial- und Lernformen, Medien und Materialien oder andere Elemente von Lernarrangements. Diese Interventionen werden oft über einen Zeitraum von vier bis acht Wochen mehrfach umgesetzt, teilweise über eine ganze Unterrichtsstunde oder eine Doppelstunde hinweg, oder auch für deutlich kürzere Zeitabschnitte (z. B. 10 Minuten pro Unterrichtsstunde). In aller Regel beginnt die Umsetzung mit einem informierenden Unterrichtseinstieg. Hier erläutert die Lehrkraft ihre Intentionen (deutlich allgemeiner formuliert als ein s.m.a.r.t.-Ziel), begründet diese (eine schülergerechte Formulierung der Knacknuss) und gibt ei-

nen groben Ausblick auf das geplante Vorgehen. Meist spielen dabei Visualisierungselemente eine wichtige Rolle, die mit den ebenfalls vorgestellten Datenerhebungsinstrumenten eingeführt werden.

4. Im vierten Schritt geht es um die Konzeption des Datenerhebungsinstruments. Dieses soll erfassen, welche Zielzustände, -arten oder -niveaus, ausgelöst durch die Interventionen, tatsächlich auftreten. Optimalerweise sind die Erhebungen so angelegt, dass Daten im Unterrichtsverlauf („integriert") mit entstehen. Wenn immer möglich sollen die Lernenden selbst die Daten erzeugen oder erheben.
   Je nach Bildungsstufe, Klassengröße, Fach, s.m.a.r.t-Ziel oder Art der Intervention kommen Dutzende verschiedener Erhebungsinstrumente bzw. Datenarten in Frage, z.B.: Duplo-Türme; auf Schnüren aufgereihte Kastanien; Standzylinder zum Füllen mit verschiedenfarbigen Holzkugeln; transparente Kärtchendisplays; Zeitangaben auf Stopp- oder Schachuhr-Apps; Dezibel-Werte von Schallpegelmessern; Haftzettel oder Mini-Whiteboards mit Fragen an die Lehrkraft oder Begründungen; Aufgabenstrahl zum Stand der Aufgabenbearbeitung usw. In der neueren Literatur zum formativen Assessment finden sich viele Anregungen hierfür (Wiliam, 2011). Im Optimalfall zeigen die Instrumente direkt Zusammenfassungen (Aggregationen) von Einzeldaten. Wenn jede einzelne Schülerin und jeder einzelne Schüler zunächst in Einzelarbeit Daten festhält (z.B. eine Selbsteinschätzung mit Smileys und Kurzkommentar vornimmt), ist zu überlegen, wie diese Daten noch während des Unterrichts aggregiert werden können. Dies kann für quantitative Daten durch die Übertragung auf ein Plakat (oder auch die Nutzung einer digitalen Umfragesoftware) mit Sofortvisualisierung erfolgen. Für qualitative Textdaten kann dies analog durch gemeinsames/arbeitsteiliges Sortieren geschehen, z.B. von Kärtchen nach Kategorien oder digital in Form einer Schlagwortwolke (mit der freien Internet-Anwendung *Wordle)*. Wenn angemessen und möglich, erfolgt das Datensammeln anonym. Wenn das Klassenklima sehr fehlerfreundlich ist, kann dies auch mit Namensangabe erfolgen. Dies vereinfacht es, differenzierende und individualisierende Lernmöglichkeiten anzuschließen.
   Zu bevorzugen sind Methoden, die *integriert*, also zeitgleich mit dem Unterrichten eingesetzt werden. Hingegen sollten *additive* Erhebungsinstrumente, wie z.B. extern erstellte Fragebögen, nur dann eingesetzt werden, wenn keine integrierten zu (er-)finden sind. Additive Instrumente erfordern viel zusätzliche Ressourcen wie Zeit und eventuell weitere Personen für das Erheben bzw. Auswerten und Interpretieren. Standardisierte fixfertige Instrumente kommen selten in Frage, nämlich dann, wenn sie exakt zum jeweiligen Luuise-Projekt passen. Ergebnisse können oft mittels Digitalfotos festgehalten werden, die auch für den abschließenden fünften Schritt verwendbar sind.
5. Der fünfte Schritt umfasst die vertiefte Auswertung der Daten, z.B. Beschreibung und Bewertung ihres Verlaufs über mehrere Unterrichtsstunden. Datenverteilungen werden zuerst *beschrieben* (Verteilungen, Häufungen, Ausreißer usw.) und nachfolgend *bewertet*, bestenfalls gemeinsam durch Lehrkraft und Klasse. Beantwortet wird dabei vor allem, in welchem Ausmaß die gesetzten Ziele (Schritt 2) erreicht wurden. Unter Bezug auf die Annahmen (Schritt 1) kann sodann erörtert werden, inwiefern die (tatsächlich wie geplant?) umgesetzten Interventionen zur

Zielerreichung beigetragen haben, ob sie bei erneutem Auftauchen der Knacknuss beibehalten oder verändert werden sollen. Die Lernenden steuern in dieser Ergebnis-Diskussion wenn möglich eigene Erklärungen bei bzw. machen Vorschläge für neue bzw. weitere Interventionen/Maßnahmen. Während die Beteiligung der Lernenden bei der Datenerhebung (Schritt 4) die Lehrkraft bei der Untersuchungsarbeit entlastet, kann das gemeinsame Interpretieren und Schlussfolgern eine höhere Selbstverpflichtung auslösen, sich aktiv am Unterricht zu beteiligen, und auch selbstständigeres Lernen fördern.

3.2 Das Besondere des Luuise-Verfahrens

Luuise ist gegenüber anderen unterrichtsbezogenen Settings wie Intervision, Supervision und kollegialer Hospitation zum einen stärker vorwärtsgewandt, zum anderen wird Reflexion für die Beteiligten durch die Bezugnahme auf eine gemeinsam mit Schülerinnen und Schülern erstellte Datengrundlage verbindlicher (Beywl & Odermatt, 2016).

Die Abbildung des 5-Schritte-Verfahrens verdeutlicht den Anspruch, die beiden Stränge Unterrichten und Untersuchen logisch und zeitlich weitgehend zu parallelisieren. Gegenüber Aktionsforschung, Lesson Study oder kollegialer Hospitation erfolgen bei Luuise Unterrichtsintervention (Schritt 3) und Informationsgewinnung (Schritt 4) möglichst *integriert.* Entscheidend dafür ist das Datenerhebungsinstrument. Es ist wenn möglich so zu konzipieren, dass es …

- während der Unterrichtzeit eingesetzt werden kann;
- für die Schülerinnen und Schüler leicht verständlich und augenscheinlich relevant ist;
- Lernen in Bezug auf fachliche bzw. überfachliche Kompetenzen ermöglicht;
- mit Werten und Ethik des Unterrichts übereinstimmt (z.B.: nicht stigmatisierend/angstauslösend);
- deutlich mit formativer Absicht verbunden erkennbar ist, also keinen Bezug zum Notengeben hat;
- von der Lehrkraft (gemeinsam mit Lernenden) in der Unterrichtszeit ausgewertet werden kann.

Idealerweise lässt sich jede dieser Anforderungen realisieren, in jedem Fall sind sie steter Orientierungspunkt für die Konzeption eines Erhebungsinstruments. Dann geht durch das Untersuchen keine Unterrichts- und Lernzeit verloren. Bis auf die Planung finden alle Luuise-Aktivitäten während des Unterrichts statt. Die zusätzliche zeitliche Belastung der Lehrkraft soll minimiert werden.

Wie Luuise in der Praxis umgesetzt wird, veranschaulicht das folgende Beispiel. Wichtig ist zu beachten, dass dieses nicht „repräsentativ“ für alle oder die Mehrzahl der Luuise-Projekte ist. Im Prinzip ist jedes davon ein Unikat, denn es wird von einer einmaligen Lehrkraft für eine einmalige Klasse in einer einzigartigen sozialen und zeitlichen Situation initiiert.

3.3 Luuise konkret: Wie schaffe ich es, dass sich die Lernenden im Englischunterricht häufiger melden?

Azar Attar Palestrina, Englischlehrerin an der Berufsfachschule Basel, hat dieses Luuise-Projekt durchgeführt. Es zeigt die individuelle Lösung der Lehrkraft für ihre besondere Unterrichtsknacknuss, die sie mit ihrer fachdidaktischen Expertise und basierend auf ihren pädagogischen Grundüberzeugungen entwickelt hat.

Mehr Wortmeldungen im Englischunterricht

Die Knacknuss ist wie folgt formuliert: Die angehenden Detailhandelsfachleute sprechen im Unterricht viel zu selten Englisch. Sie wenden die erworbenen Sprachstrukturen kaum an, obwohl sie häufige Sprechgelegenheiten erhalten und von der Lehrkraft dazu ermutigt werden. Als Ziel mit Kriterienpunkt für ein erfolgreiches Luuise-Projekt formuliert die Lehrerin, dass sich jeweils bis zum Ende einer Doppelstunde mindestens 80 % der Anwesenden mit mindestens einem Beitrag in der Zielsprache im Plenum oder in Gruppenarbeiten beteiligen.

Eine Intervention, die zugleich Erhebungsinstrument ist, soll die Lernenden motivieren, sich im Unterricht öfter mit gehaltvollen Beiträgen in englischer Sprache zu beteiligen. Diese Intervention entwickelt die Lehrerin im Tandem mit einem Kollegen, der das gleiche Projekt in seiner Klasse durchführt. Die Lehrerin informiert die Lerngruppe, dass sie sich in den folgenden vier Doppellektionen (Phase 1) vergewissern will, wie gut es möglichst vielen von ihnen gelingt, Englisch zu sprechen. Auf einem Plakat wird fortlaufend notiert, wie oft, von wem und wie qualifiziert Wortmeldungen geäußert werden. Die Wortmeldungen werden über die gesamte Erhebungsphase fortlaufend darauf abgebildet (Abb. 2).

Abbildung 2: Erfassung der Englisch-Wortmeldungen mit Haftzetteln

Bei ihrer Einführung in das Projekt erinnert die Lehrerin daran, dass das aktive Sprechen in der Zielsprache für einen erfolgreichen Bildungsabschluss und darüber hinaus für die spätere Berufslaufbahn relevant sei. In den vergangenen Wochen habe sie festgestellt, dass die Mehrheit der Lernenden an Klassendiskussionen in Englisch nicht aktiv, durch Wortbeiträge, teilnimmt. Das auf das Ziel breiter Beteiligung ausgerichtete Vorgehen, das sie kurz schildert, will sie in den kommenden vier Doppellektionen mit der Klasse ausprobieren. Dazu würden Ergebnisse je Doppellektion auf Plakaten visualisiert. Die Beiträge der Lernenden in dieser Zeit flössen nicht in die Benotung ein.

Die Lehrkraft zieht fünf unterschiedliche Varianten zur Datenerhebung in Betracht: (1) im Plenum durch die Lehrkraft, (2) durch die einzelnen Lernenden selbst, (3) in Gruppenarbeiten durch einen Peer, (4) selbstverantwortet oder (5) von einem Peer für die gesamte Klasse. Sie entscheidet sich für die Varianten 3 und 5. Die Plakate werden fotografiert. Die entstandenen Daten werden abschließend durch zwei Lernende in Prozente umgerechnet, in eine Tabelle übertragen und für alle visualisiert.

In der ersten Projektphase wird das anspruchsvolle Ziel, dass sich mindestens 80 % der Klasse in der Zielsprache beteiligen, nur einmal während vier Doppellektionen erreicht. Erst im Verlauf der zweiten Phase kann das hoch gesteckte Ziel von 80 % erreicht werden (in der dritten Doppellektion nur annähernd mit 72 % und in der vierten wird das Ziel mit 87 % übertroffen). Vor allem die Erhebungen durch Peers in Gruppenarbeiten erleben viele Lernende in diesem Projekt als anregend.

Übers Lernen sprechen

Die Lehrkraft resümiert wie folgt: Der Dialog zwischen der Klasse und der Lehrkraft über mögliche Lösungen, Unterstützungen und die eigenen Sprechbeiträge werde intensiviert. Lernende fühlten sich durch die erhöhte Aufmerksamkeit der Lehrkraft, die sich ihrem Lernzuwachs in einem notenfreien Rahmen widmet, bestärkt, wie sie in der Schlussdiskussion mitteilten. Die Kombination von Intervention und Erhebung habe die Beteiligung der Lernenden am Unterricht deutlich erhöht und ihre Qualität gefördert. Sowohl Einzelne als auch die gesamte Klasse hätten eine positive Dynamik entwickelt. Zeitweise sei eine deutlich kompetitive Stimmung spürbar gewesen, die sich positiv auf die Beteiligten übertragen habe. Lernende hielten fest, dass sie sich beim Sprechen motivierter und selbstsicherer fühlten.

4. Luuise, ein vollsituiertes Fortbildungsformat – wirkfähig und praxisnah

Nachfolgend wird das Fortbildungsformat zur Einführung von Luuise erläutert und anschließend geschildert, wie Luuise als schulinternes Fortbildungsangebot die Schul- und Unterrichtsentwicklung unterstützen kann.

Forschungen zeigen, dass Lehrerfortbildungen besonders wirksam sind, wenn sie Input-, Erprobungs-, Reflexions- und Feedbackphasen enthalten (Lipowsky & Rzejak, 2015a). Eine Luuise-Fortbildung enthält alle diese Phasen und verschränkt sie sowohl zeitlich als auch inhaltlich. Dadurch können die teilnehmenden Lehrkräfte ihre Handlungskompetenzen erweitern sowie die Planung und Realisation des laufenden bzw. anstehenden Unterrichts datenbasiert voranbringen. Strukturierte Phasen von Untersuchung – Erprobung – Reflexion – Input, kombiniert mit konkreten Lehrsituationen („volle Situiertheit"), versprechen gesicherte Praxistransfers und verbesserte Lernresultate (Wyss, Beywl, Pirani & Knecht, 2017). Starke Fokussierung und zeitliche Überschaubarkeit eines Luuise-Projekts ermöglichen Lehrkräften exemplarisch, die Wirkfähigkeit des eigenen Unterrichtens empirisch zu überprüfen. Dies ist eine für viele Luuise-Teilnehmende befriedigende und entlastende Erfahrung, welche die eigene Selbstwirksamkeitsüberzeugung stärken kann (Odermatt, 2016). Nachfolgend werden die Phasen eines Luuise-Zyklus dargestellt und erläutert (Abb. 3).

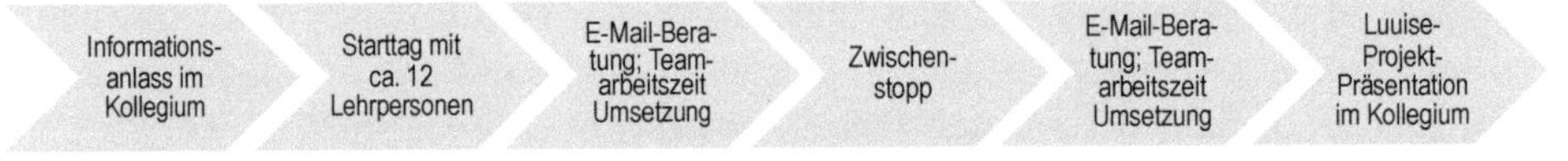

Abbildung 3: Ablauf des modular aufgebauten Luuise-Verfahrens

Im Erstgespräch planen Schulleitung und Luuise-Coach (vgl. Kap. 6) gemeinsam, wie Luuise in die Schul- und Qualitätsentwicklung sowie die Fortbildungstermine in die Jahresplanung eingebettet werden können. Durch die Terminierung von zwei schulinternen Fortbildungsanlässen und eines abschließenden Präsentationsanlasses sichert die Schulleitung die zeitlichen und personellen Ressourcen.

Beim Informationsanlass wird das gesamte Kollegium über das Verfahren und den Ablauf der Fortbildung informiert. Lehrkräfte können sich anschließend für bzw. gegen eine Teilnahme entscheiden. Die freiwillige Teilnahme ist ein erleichternder Gelingensfaktor, wobei bei günstiger Schulkultur, besonders bei kleinen Schulen, auch davon abgewichen werden kann. Pro Luuise-Zyklus können (bei zwei anwesenden Luuise-Coachs) aufgrund des stark individualisierten Charakters optimal zwölf, maximal 16 Lehrkräfte teilnehmen (wobei in letzterem Fall mehrere Tandem-Projekte wie im Fallbeispiel in Kapitel 3.2 erforderlich sind).

Der Luuise-Zyklus startet einige Wochen später mit einem Fortbildungstag, an welchem die Lehrkräfte ihre Luuise-Projekte entlang des 5-Schritte-Verfahrens planen. Die kollegiale Beratung sowie die Unterstützung durch die Luuise-Coachs während dieses Tages ermöglichen ein produktives und effizientes Vorgehen. Das auszufüllende strukturierte Planungsraster (siehe Anhang) führt die Lehrkraft durch die Planungsschritte. Am Ende des Tages verfügt jede Lehrkraft über eine differenzierte schriftliche Unterrichtsplanung. Diese wird wenn erforderlich in einer ca. einstündigen Nacharbeit finalisiert und den Coachs im Nachgang als Datei zugeschickt. Diese kommentieren sie per E-Mail, worauf sie nochmals überarbeitet, meist jedoch nicht erneut eingesandt wird.

Anschließend führt die Lehrkraft ihr Luuise-Projekt mit der Klasse selbstständig durch. Sie tauscht sich wenn möglich in einer Lerngemeinschaft (z. B. während der definierten Teamarbeitszeiten) darüber aus. Beim kürzeren Zwischenstopp – ein bis zwei Monate nach dem Fortbildungstag – präsentieren die einen Lehrkräfte der Fortbildungsgruppe den aktuellen Stand ihres Vorhabens und allenfalls erste Ergebnisse und Erfahrungen. Andere nehmen den letzten Feinschliff an ihrer Planung vor, um anschließend mit ihrer Klasse zu starten.

Der Luuise-Zyklus wird mit einem schulinternen Präsentationsanlass abgeschlossen, an welchem auch die Schulleitung sowie möglichst das Gesamtkollegium und die Luuise-Coachs teilnehmen. Zwei Formate haben sich hierfür bewährt: (1) „Fachtagung" – mit kurzen Plenumsphasen und parallelen Präsentationsgruppen, in denen je zwei bis drei Luuise-Projekte nacheinander vorgestellt und diskutiert werden. (2) „Marktplatz" – alle Projekte werden mit Plakaten und ausgelegten Materialien in einem großen Raum vorgestellt; die Stände können in Art einer Galerie besucht werden und es kann sich in Kleinstgruppen oder bilateral ausgetauscht werden. Da Luuise-Projekte Visualisierungen enthalten, muss hierfür kaum zusätzlich vorbereitet werden. Der Präsentationsanlass kann das organisationale Lernen unterstützen, indem Lehrkräfte von Lehrkräften lernen und vertieft und datenbasiert über Unterricht gesprochen wird.

Die diversen Fortbildungsanlässe und -phasen während eines Luuise-Zyklus ermöglichen es, Luuise als Unterrichtsentwicklungs-Projekt in die Schulentwicklung einzubinden. Dabei werden als Entwicklungsdimensionen berücksichtigt: (1) Personal: Werte, Normen, Wissen und Können bzw. Kompetenzen der/des Einzelnen, (2) Unterricht: Umsetzung dieser Werte usw. in Handlungen und (3) Organisation: Struktur zur Lenkung dieser Handlungen (Härri et al., 2016).

5. Ergebnisse der Begleitforschung zu Luuise

Luuise wird seit der Regeleinführung 2013 wissenschaftlich begleitet. Nachfolgend werden Ergebnisse der Begleitforschung vorgestellt sowie einige Studien zur Lehrerfortbildung angesprochen, die Hinweise auf die Wirkmechanismen von Luuise geben.

In einer 2016 durchgeführten Begleituntersuchung wurde danach gefragt, welchen Beitrag Luuise zur Stärkung der Selbstwirksamkeit teilnehmender Lehrkräfte leisten kann.[2] Odermatt (2016) führte hierfür sechs Fokusgruppen mit insgesamt 21 Luuise-Teilnehmenden durch. Die Befunde zeigen, dass Lehrkräfte, die mit Luuise arbei-

---

2 Eine repräsentative Studie zur Lehrerbelastungsforschung in der Schweiz zeigt auf, dass rund 40 % der Lehrkräfte hohe Burnout-Werte aufweisen und rund 20 % hohe Werte hinsichtlich Arbeitsüberforderung (Kunz Heim, Sandmeier & Krause, 2014). Im Umgang mit diesen Belastungen stellen personenbezogene sowie bedingungsbezogene Ressourcen eine zentrale Pufferfunktion dar, wobei der Selbstwirksamkeit nach Bandura (1997) eine zentrale Rolle zukommt. Selbstwirksamkeit meint die eigene Überzeugung, neue oder schwierige Aufgaben mit Hilfe der eigenen Fähigkeiten erfolgreich bewältigen zu können. Verschiedene Forschungsbefunde belegen einen positiven Zusammenhang zwischen hoher Selbstwirksamkeit und Gesundheitsverhalten sowie Stressbewältigung von Lehrkräften (z. B. Abele & Candova, 2007; Krause, Schüpbach, Ulich & Wülser, 2007; Rothland, 2013).

ten, Vorgehensweisen entwickeln, um herausfordernde Belastungen im Unterricht zu bewältigen. Durch die unmittelbaren Erfahrungen, welche die Lehrkraft während der Umsetzung von Luuise gemeinsam mit der Klasse macht, kann die Lehrer-Selbstwirksamkeit gestärkt werden. Als besonders wirkfähig erweist sich die Visualisierung bzw. das Datenerhebungsinstrument. Nebst den Impulsen für gutes Klassenklima werden vor allem der hohe Handlungsspielraum und die im Luuise-Projekt erlebte Autonomie geschätzt. Nachfolgend einige Beispiele für Reflexionen, die im Nachgang zu Luuise-Projekten ausgelöst worden sind (vgl. Odermatt, 2016).

> *„Also zuerst dachte ich, oh, was muss ich da wohl alles bloß ausfüllen und wissen? Aber das Raster fand ich eben schon noch gut, weil man musste dann überlegen, im untersten von dem, was du machen möchtest, Gedanken darüber zu machen und wirklich so Schritt für Schritt. Und immer kam wieder etwas dazu, und plötzlich war es wie ein Ganzes, das Puzzle. Immer ein Teilchen, ein Teilchen, und das Raster fand ich eben schon noch gut. Weil sonst hätten wir nur gedacht, ja, wir wollen einfach das Ziel, und das soll es zuletzt geben, aber wie am besten kommt man zu diesem Ziel, hat mir bei diesem Raster schon recht geholfen." (FG1, B5, Z154)*[3]

Empirische Belege als Referenz können Sicherheit und Entlastung ermöglichen:

> *„Endlich mal etwas so ganz sichtbar erreicht zu haben, und dass ich es merke, und die Kollegin, aber auch die Kinder. Das löst ein gutes Gefühl aus." (FG3, B6, Z75)*

> *„Einfach so, weil ich es gut finde und weil ich es an mir selbst erfahren habe, dass es gut tut, wenn man das sichtbar macht." (FG1, B1, Z172)*

Im Winter 2017 wurde die zweite Online-Luuise-Nachbefragung (nach einer ersten im Jahr 2015) mit insgesamt 217 Luuise-Lehrkräften (Rücklauf 64 %, N=379) durchgeführt (Strasser, Schmid & Beywl, 2019). Über die Hälfte der teilnehmenden Lehrkräfte unterrichtet seit 15 Jahren und mehr. Dies bekräftigt, dass Luuise insbesondere von erfahrenen Lehrkräften genutzt wird, um den eigenen Unterricht und bestehende Knacknüsse und Herausforderungen systematisch zu bearbeiten. Den Aufwand für ein Luuise-Projekt im Verhältnis zum Ertrag schätzen 65 % der Befragten als angemessen ein. Für 27 % ist der Aufwand eher zu hoch, für 7% zu hoch. Über die Hälfte der Befragten gibt an, dass sie die Luuise-Knacknuss größerenteils lösen konnten, 26 % stimmen dieser Aussage voll und ganz zu. Dass die Nutzung von Luuise die Zuversicht steigert, weitere schwierige Unterrichtsknacknüsse zu lösen, bestätigen 58 %; 26 % stimmen dieser Aussage voll und ganz zu. Dies unterstreicht, dass die Arbeit mit Luuise die Selbstwirksamkeit von Lehrkräften steigern kann. Die Abbildung 4 stellt ausgewählte Ergebnisse der Befragung dar.

---

3 Kürzel in Klammern verweisen auf Fokusgruppe (FG), Aussage der Befragten (B) und auf die Zeilennummer im Transkript (Z).

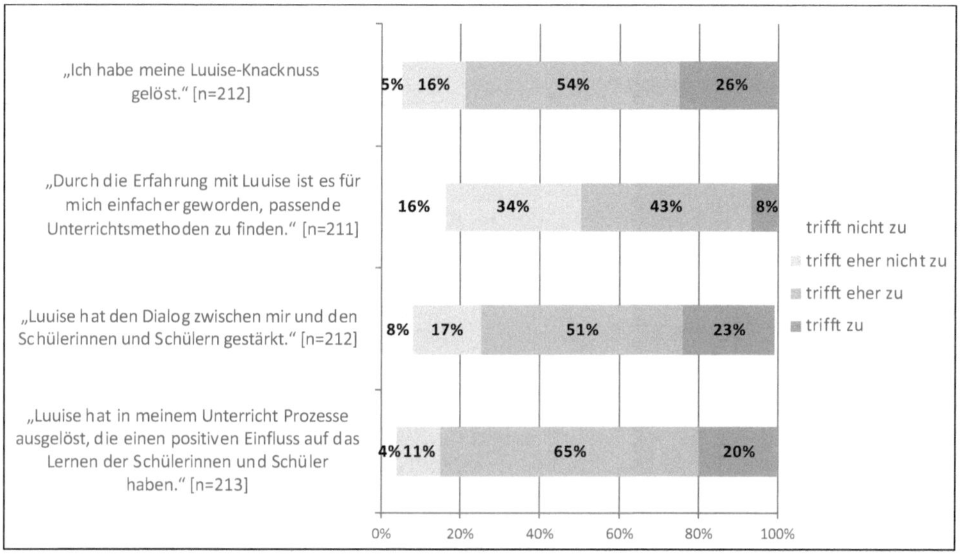

Abbildung 4: Ausgewählte Ergebnisse der Online-Befragung von Luuise-Teilnehmenden (2017)

Dass durch Luuise der Dialog zwischen Lehrkräften und Schülerinnen und Schülern gestärkt werden konnte, dem stimmen 23 % der Befragten zu, 51 % stimmen eher zu. Über zwei Drittel (65 %) bestätigen, dass die Arbeit mit Luuise eher dazu beigetragen hat, dass im Unterricht Prozesse ausgelöst wurden, welche einen positiven Einfluss auf das Lernen der Schülerinnen und Schüler haben; 20 % der Befragten stimmen dieser Aussage voll und ganz zu.

6. Gelingensbedingungen und Fallstricke

Luuise kann nicht an allen Schulen gleichermaßen effizient und nachhaltig eingeführt werden. Aus der Kontrastierung mit den Bedingungen im Handlungsfeld der Sozialen Arbeit (s.o. Kap. 3 und Bestvater & Beywl, 2015) und des schweizerischen mit dem deutschen Schulsystem ergeben sich Hinweise auf begünstigende strukturelle Bedingungen.

Zunächst sei eine Selbstverständlichkeit expliziert, die vielen in Schulen Tätigen in Erinnerung gerufen sei: Mit „Schule" ist ein räumlich, zeitlich und personell strukturiertes, organisationales Setting gegeben, das bei aller Unterschiedlichkeit tausender Schulen in einem Land bestimmte Ähnlichkeiten aufweist: Teils sogar gesetzlich vorgegebene Regeln und kulturell „vererbte" Verhaltensaufforderungen setzen einen Rahmen, in dem Schülerinnen und Schüler gemeinsam mit ausgebildeten Lehrkräften an der Erreichung von Lernzielen oder der Entwicklung von Kompetenzen arbeiten. Diese „Grammatik der Schule" (Tyack & Tobin, 1994) prägt den Alltag des Unterrichts, etwa die Zuteilung von Raum (z. B. derjenige der Lehrkraft oder derjenige der Klasse) oder von Zeit (z. B. Dauer der Unterrichtsstunden oder Aufteilung der Lehrerarbeitszeit auf Unterrichten, individuelles Coachen, Zusammenarbeit mit

Kolleginnen und Kollegen) oder von Klassenzusammensetzungen (oft jahrgangshomogen). Vielfach einerseits als aufzureißende „Zwangsjacke" gesehen – insofern sie Veränderungen und Innovationen blockiert (Buhren & Rolff, 2012, S. 20) –, bietet diese Grammatik andererseits einen entlastenden und Sicherheit gebenden Handlungsrahmen für die Agierenden (vgl. Kühl, 2011, S. 100).

Nun entwickelt sich die Grammatik der Schule über die Zeit, wenngleich meist langsam. Diese Veränderungen verlaufen auch national unterschiedlich. So haben z. B. bei den Rahmenbedingungen und Strukturmerkmalen vieler Deutschschweizer (obligatorischer) Schulen Veränderungen stattgefunden, die es für Luuise als einen Ansatz schulweiter, dialogisch abgestimmter Unterrichtsentwicklung einfacher machen, in die Schule zu finden und sich dort auch auszubreiten. Einige wichtige Aspekte:[4]

- Lehrkräfte – in der Schweiz: „Lehrpersonen" – sind keine Beamten, sondern Angestellte und damit im Rahmen des normalen Arbeitsrechts tätig. Gemäß Regelungen zur (Jahres-)Arbeitszeit (ca. 1.900 Arbeitsstunden) umfasst ihr „Berufsauftrag" neben dem Unterrichten und dem Begleiten der Lernenden, Kommunikation mit Eltern, anderen Lehrkräften und der Schulleitung sowie pädagogische und organisatorisch-administrative Mitarbeit, u. a. auch einen Anteil zwischen 3 % und 10 % zur Qualitätsarbeit. Dieser ist umschreibbar mit Evaluieren und Reflektieren, eigene pädagogische und fachliche Weiterentwicklung sowie Teilnahme an Fortbildung (vgl. IDES, 2017).
- Schulleitungen sind hinsichtlich ihrer organisationalen Stellung nach diversen Verwaltungsreformen gestärkt (vgl. Stemmer, 2015). Sie sind öfter als ihre deutschen Kolleginnen und Kollegen vom Unterricht freigestellt; sie stellen je nach Kanton (teils in Abstimmung mit der kommunalen Schulbehörde) selbstständig ein; sie haben die Fortbildungsplanung als zentralen Auftrag (vgl. Stuke, 2015) und können für deren Realisierung auf oft kantonal finanzierte, für Schule bzw. Gemeinde (teils) kostenlose Angebote zurückgreifen; sie verfügen (obligatorisch) über eine umfangreichere Führungsfortbildung und können (teilweise kostenlos) Coaching durch qualifizierte Beratungspersonen in Anspruch nehmen. Für Luuise-Coachs sind sie die zentrale Ansprechpersonen (vgl. Härri, 2018). Mit ihnen können Vereinbarungen z. B. über die schulöffentliche Präsentation von Luuise-Projekten und über die Verstetigung von Luuise getroffen werden.[5]
- Unterrichtsteams stellen an vielen Schweizer Schulen ein reguläres Muster der pädagogischen Lehrerkooperation dar. Sie bestehen meist aus drei bis acht Lehrkräften aus mindestens zwei Klassen der gleichen Schule (oder aus mehreren benachbarten kleinen Schulen). Die Lehrkräfte arbeiten ein oder mehrere Schuljahre in fester Zusammensetzung (vgl. dazu und zum Folgenden Eschelmüller, 2013). Die

4 Die skizzierten Entwicklungen verlaufen in den 21 deutsch- und mehrsprachigen Kantonen keinesfalls homogen. So investieren manche Kantone (etwa Graubünden) schon länger wenig in die Lehrerfortbildung, andere ziehen sich aufgrund verknappter Bildungsetats in Folge des Steuersenkungswettbewerbs zunehmend zurück (z. B. Luzern), schließlich beschränken solche, die bislang führend in der Schulentwicklung und Lehrerweiterbildung waren, die unterrichtsbefreite Fortbildungszeit für Lehrkräfte (z. B. Aargau). Dennoch dürften die Rahmenbedingungen noch deutlich besser sein als in den meisten deutschen Bundesländern.

5 Wie dies gesteuert werden kann, ist detailliert im Luuise-Coaching-Handbuch für berufliche Schulen des Landes Baden-Württemberg dargelegt (Pirani & Beywl, 2018).

Schulleitung schafft die Rahmenbedingungen für die Teamarbeit, wirkt bei deren Zusammensetzung mit, sorgt für Verbindlichkeit der Treffen (oft in fixen Zeitfenstern in mehrwöchigem Abstand), vereinbart (möglichst schriftlich) Ziele, Themen, Dokumentation sowie Berichterstattung und sorgt für einen schulweiten (Wissens-) Austausch zwischen den Unterrichtsteams. Luuise-Projekte können diese „Gefäße" der Unterrichtsteams für die Präsenzanteile der schulinternen Fortbildungen nutzen.

Wenn hingegen solche strukturellen Möglichkeiten an einer Schule erst mit der Einführung von Luuise geschaffen werden müssen, steigt der Aufwand erheblich an, und insbesondere die Verstetigung ist gefährdet.

Es ist wünschenswert, Luuise zusammen mit weiteren datenbasierten Verfahren in ein umfassendes schulisches Konzept des „Lehren und Lernen sichtbar machen" zu implementieren.[6] Dies ist Gegenstand eines gleichnamigen, von der Stiftung Mercator Schweiz geförderten dreijährigen Projektes, in dessen Rahmen sich Pilotschulen auf den Weg dahin machen.

Ein weiterer Fallstrick liegt auf der Ebene pädagogischer Wertvorstellungen und Prinzipien. Kritik an Luuise wird gelegentlich anlässlich von schulinternen Ergebnis-Präsentationen geäußert oder an ausformulierten schriftlichen Fallbeispielen.[7] So erscheint der vorgestellte bzw. beschriebene Veränderungsprozess vielen als sehr einfach, wenn man die Darstellung einer Lehrkraft im Nachhinein hört oder liest. Der Erarbeitungsprozess zu diesem Unterrichtsvorhaben verschwindet hinter der Ergebnisdarstellung. Außerdem gilt: Was für die *eine* Lehrkraft eine ihr Berufsleben belastende Herausforderung bzw. zu bearbeitende Knacknuss ist, hat für die *andere* noch nie ein Problem dargestellt. Und: Wenn Fallbeispiele – aus dem konkreten schulischen Kontext herausgelöst – gelesen werden, ohne dass die konkrete Klasse mit ihren Schülerinnen und Schülern vor Augen ist, können sie Unverständnis oder gar Widerstand, bis hin zu starker Abwehr auslösen. So akzeptieren manche Leserinnen und Leser nicht, dass es in bestimmten Klassen erst einmal um die Sicherung der Startbedingungen geht, bevor überhaupt ein produktiver Lehr-Lernprozess beginnen kann. Andere stören sich daran, dass im Mittelpunkt eines konkreten Luuise-Projektes der Erwerb deklarativen Grundlagenwissens steht, und nicht schon das „eigentlich Wertvolle", der Erwerb tiefen Wissens oder die Kompetenz zur Übertragung von Gelerntem auf neue Situationen.

Solchen ernst zu nehmenden kritischen Stellungnahmen halten wir in unseren Fortbildungen entgegen, dass Lernen ein fehlerfreundliches Klima voraussetzt, und dass dies gerade für das pädagogische Weiterlernen von Lehrkräften gilt. Formative Evaluation von Unterricht heißt Neues ausprobieren, sich von alten Mustern lösen,

---

6 Für nähere Hinweise zum Projekt „Lehren und Lernen sichtbar machen" vgl. www.lernensichtbarmachen.net.

7 Daher enthalten die von uns frei zur Verfügung gestellten Broschüren keine Fallbeispiele mehr; diese können allerdings bei uns angefordert werden. Sie sind nicht zitierfähig und nur zum persönlichen Gebrauch bestimmt. Veröffentlichte Fallbeispiele: aus dem Hochschulbereich: fünf in Beywl, Bestvater & Friedrich (2011), ein weiteres in Wyss et al. (2017); aus der Sekundarstufe II das von Kathrin Pirani (2015); außerdem in den Nr. 9 bis 12/2019 der *Pädagogik*.

ein Risiko eingehen, auch Scheitern können – und eben nicht: eine perfekte Fassade von sich und seinem Unterricht inszenieren oder eine andere Lehrkraft summativ beurteilen, als mehr oder weniger exzellent.

Eng mit dieser Spannung verbunden sind pädagogische Wertkonflikte, die durch Luuise-Projekte aus einer Kultur des Schweigens über den eigenen Unterricht herausgehoben werden. „Darf" man als Lehrkraft klare, operationale Ziele setzen, eng anleiten, auf Disziplin und aufgeräumte Lernsettings insistieren, auch einmal den Unterricht laufen lassen, symbolische individuelle oder kollektive Belohnungen für gute Mitarbeit vergeben, den Wettbewerb zwischen Teilgruppen in der Klasse anregen, u.v.m.? Und wie gilt dies für Lernende auf den verschiedenen Bildungsstufen, vom Kindergarten hin in die Hochschule? Darf ich mit (beinahe) Erwachsenen spielerisch arbeiten, mit bunten Pappbechern oder Zufallsaufrufen durch Ziehen von Eisstielen oder Bastelhölzern mit den Namen aus einer Tüte?

Die schriftlichen Planungsraster und die Datenerhebungsinstrumente machen in hohem Maße transparent, welche pädagogischen Prinzipien Lehrkräfte vertreten und welche Haltungen sie einnehmen. Damit machen sich Lehrkräfte kritisierbar, was für die Unterrichtsentwicklung sehr produktiv sein kann, soweit die Kritisierenden selbst sich als pädagogische Profis verhalten.

Luuise-Coachs sind in pädagogischen Konfliktsituationen besonders gefordert. Es wird von ihnen ein großes Maß an wacher Toleranz erwartet, was manche in der Coach-Fortbildung kaum aushalten, z. B. wenn sie eine Stigmatisierung von einzelnen Lernenden oder deren Ausschluss befürchten. Gelegentlich stoßen auch wir an Grenzen, z. B. wenn von Lehrkräften, die ein Luuise-Projekt planen, hingenommen wird oder sogar gefördert wird, dass Lernende Angst entwickeln. Dann argumentieren wir mit Forschungsergebnissen, etwa, dass Reduktion von Angst einen positiven Einfluss auf Lernergebnisse hat (Hattie, 2015, S. 59 f.). Oft entwickelt sich im kollegialen Austausch der teilnehmenden Lehrergruppe bereits eine fachliche Diskussion, die zur Korrektur von Annahmen oder gar Haltungsänderungen führen kann – eines der zentralen Ziele „hinter" der formativen Evaluation des Unterrichts mit Luuise. Dieses durch Prinzipien der Erwachsenenbildung geprägte Vorgehen schließt daran an, dass Lehrerverhalten nur „durch Kooperation und in kleinen Schritten" produktiv verändert werden kann, „dass eine Lehrkraft nur an einer sehr begrenzten Anzahl von Aspekten ihrer Verhaltensänderung arbeiten sollte", und das bei hoher Wahlfreiheit (Steffens & Höfer, 2016, S. 103 im Anschluss an Wiliam, 2009). Das Luuise-Verfahren folgt mit seiner hohen Fokussierung auf eine mit hoher Erfolgswahrscheinlichkeit zu bearbeitende Ausgangs-„Knacknuss" diesen Überlegungen.

Besonders erste Luuise-Projekte erreichen nur dann die in der Begleitforschung belegten hohen Erfolgsraten, wenn sie von Luuise-Coachs begleitet werden, welche über Erfahrungen damit verfügen, Datenerhebungsinstrumente auf den Unterricht und seine Ziele passgenau zuzuschneiden. Dieses Erfordernis einer externen Beratung wird in der Literatur immer wieder betont (z. B. Wiliam 2009; Lipowsky & Rzejak, 2015b). Die fachinhaltliche und fachdidaktische Expertise liegt bei den begleiteten Lehrkräften; oder es wird eine externe fachdidaktische Co-Begleitung herangezogen, was allerdings fachhomogene Fortbildungsgruppen erfordert, was wiederum in überschaubar großen Kollegien schwer zu realisieren ist.

Es gibt immer wieder auch Lehrkräfte, die allein auf Basis der Lektüre der veröffentlichten Fortbildungsmaterialien ein erfolgreiches Luuise-Projekt planen und umsetzen. Selten dürfte dies jedoch gleich mehreren an einer Schule gelingen. Würden alle selbst organisierten Umsetzungen als „Luuise"-Projekt bezeichnet, wäre es schnell um Reputation und Glaubwürdigkeit des Ansatzes geschehen. Hier sind wir mit Andreas Gold (2015, S. 108), einem harten Kritiker von Hatties überschwänglichem Plädoyer für das formative Assessment einig: Formative Evaluation von Unterricht setzt voraus, dass Lehrkräfte mit einem Gerüst an Materialien und systematischen Vorgehensschritten ausgestattet werden. Wir ergänzen dies mit: und wenn erste Luuise-Projekte in einem verbindlichen kollegialen Rahmen sowie extern begleitet umgesetzt werden. Die Luuise-Fortbildung ist im Vergleich zu anderen, ähnlichen Vorgehensweisen (wie Lesson-/Learning-Studies, Lehrer-Praxis-Forschung oder kollegialer Hospitation), niedrig „dosiert": Die reine Fortbildungszeit liegt unter zehn Stunden. Es ist relativ wenig zusätzlicher Aufwand über den Unterricht hinaus erforderlich. Im Gegenzug ist eine enge und verbindliche Begleitung bei der Einführung erforderlich, ansonsten ist die Wirkfähigkeit des Ansatzes gefährdet.

Um schlechter Praxis vorzubeugen, ist „Luuise" als Wort-Bildmarke im deutschsprachigen Raum geschützt. Zertifizierte Luuise-Coachs durchlaufen eine Qualifizierung im Umfang von bis zu einigen hundert Stunden, je nachdem, wie viele didaktische, empirische und beraterische Kompetenzen sie mitbringen.[8] Zertifizierte Luuise-Coachs haben selbst mindestens zwei von Externen begleitete Luuise-Projekte im eigenen Unterricht durchgeführt, haben dies in schriftlichen Arbeiten dokumentiert und reflektiert, haben ein eigenes Luuise-Fallbeispiel ausformuliert und stellen es fachöffentlich zur Verfügung, haben Beratungen von Luuise-Novizinnen und Novizen supervidiert begleitet. Sie nehmen mindestens alle zwei Jahre an einem Luuise-Austauschtreffen teil.[9] Fortbildungen und Projekte außerhalb dieser Zertifizierungen bezeichnen wir als „Unterrichtsintegrierte Selbstevaluationen in Anlehnung an das Luuise-Verfahren".

Es gibt erste Hinweise aus nachhaltig umsetzenden Schulen, dass die mit Luuise verbundene evidenzgestützte Denk- und Handlungsweise sich auf den „normalen Unterricht" der teilnehmenden Lehrkräfte ausweitet und zu einem Bestandteil habitualisierten professionellen Lehrerhandelns wird. Wie weit dies auch die „Grammatik", die Didaktiken, die Methodiken, die pädagogischen Werte und Haltungen in einer Schule als Ganzes nachhaltig beeinflusst, dafür ist es ebenso zu früh, eine empirisch erhärtete Aussage zu machen wie dazu, in welchem Ausmaß Luuise als Variante der formativen Evaluation des Unterrichts geeignet ist, auch die Lernzuwächse der Schülerinnen und Schüler zu fördern. Letztlich sollte sich gelungene Unterrichts- wie Schulentwicklung

8 In der Schweiz sind ca. 15 Luuise-Coachs zertifiziert; in Baden-Württemberg werden bis Ende 2019 mehr als 60 Luuise-Coachs für berufsbildende Schulen zertifiziert sein, im Rahmen eines von Kultusministerium und Landesakademie für Fortbildung und Personalentwicklung an Schulen (Esslingen) aufgelegten Fortbildungsprogramms.

9 Dokumente zur 1. Luuise-Jahrestagung vom 13. Januar 2018 finden sich auf www.fhnw.ch/wbph-luuise.

„[...] daran erkennen lassen, dass in der späteren Kohorte (K2) die Schuleffektivität höher ist als in der früheren Kohorte (K1) – d.h. dass in K2 beispielsweise ein stärkerer Leistungszuwachs oder eine positivere Entwicklung des Wohlbefindens in der Schule festzustellen ist“ (Klieme, 2016, S. 57). Systematisch aufgebaute, empirisch belegte Schulqualität soll – um es noch eine Stufe zu heben – „[...] nicht nur die individuelle Entfaltung fördern, sondern zugleich dazu befähigen, verantwortlich Rechte und Pflichten in Staat und Gesellschaft wahrnehmen zu können“ (Ditton, 2016, S. 67). Luuise könnte ein Beitrag sein auf dem Weg zu diesen großen wertvollen Zielen.

Literatur

Abele, A. E & Candova, A. (2007). Prädiktoren des Belastungserlebens im Lehrerberuf: Befunde einer 4-jährigen Längsschnittstudie. *Zeitschrift für pädagogische Psychologie, 21* (2), 107–118.

Altrichter, H., Posch, P. & Spann, H. (2018). *Lehrerinnen und Lehrer erforschen ihren Unterricht. Unterrichtsentwicklung und Unterrichtsevaluation durch Aktionsforschung* (5., grundlegend überarbeitete Aufl.). Bad Heilbrunn: Klinkhardt.

Bandura, A. (1997). *Self-efficacy: The exercise of control.* New York: Freeman.

Bestvater, H. & Beywl, W. (2015). Gelingensbedingungen der Selbstevaluation. In E. Bolay, A. Iser & M. Weinhardt (Hrsg.), *Methodisch Handeln – Beiträge zu Maja Heiners Impulsen zur Professionalisierung der Sozialen Arbeit* (S. 133–144). Wiesbaden: VS-Verlag.

Beywl, W., Bestvater, H. & Friedrich, V. (2011). *Selbstevaluation in der Lehre. Ein Wegweiser für sichtbares Lernen und besseres Lehren.* Münster: Waxmann.

Beywl, W. & Hattie, J. (2017). Wir brauchen formatives Assessment mit Tests, die dem Lernen wirklich nützen. *Bildung Schweiz, 161* (5), 22–23. Verfügbar unter: https://tinyurl.com/y363sexr [23.03.2019].

Beywl, W. & Odermatt M. (2016). Luuise – Lehrkräfte untersuchen und reflektieren ihren eigenen Unterricht. *Journal für Schulentwicklung, 20* (4), 33–39.

Beywl, W. & Zierer, K. (2018). 10 Jahre Visible Learning – 10 Jahre Lernen sichtbar machen. *Pädagogik, 70* (9), 36–41.

Buhren, C. G. (2016). Personalentwicklung durch kollegiale Hospitation und professionelle Lerngemeinschaften. In J. Berkemeyer, N. Berkemeyer & F. Meetz (Hrsg.), *Professionalisierung und Schulleitungshandeln. Wege und Strategien der Personalentwicklung an Schulen* (S. 160–184). Weinheim: Beltz Juventa.

Buhren, C. G. & Rolff, H.-G. (Hrsg.). (2012). *Handbuch Schulentwicklung und Schulentwicklungsberatung.* Weinheim: Beltz.

Ditton, H. (2016). Schulqualität unter der Perspektive von Systemstrukturen und Bildungsverläufen. In U. Steffens & T. Bargel (Hrsg.), *Schulqualität – Bilanz und Perspektiven. Grundlagen der Qualität von Schule 1* (S. 65–94). Münster: Waxmann.

Eschelmüller, M. (2013). Unterrichtsentwicklung in Unterrichtsteams in integrativen Schulen. In R. Werning (Hrsg.), *Inklusion. Kooperation und Unterricht entwickeln* (S. 125–148). Bad Heilbrunn: Klinkhardt.

Fuchs, L. S. & Fuchs, D. (1986). Effects of systematic formative evaluation: A meta-analysis. *Exceptional children, 53* (3), 199–208.

Gold, A. (2015). *Guter Unterricht. Was wir wirklich darüber wissen.* Göttingen: Vandenhoeck & Ruprecht.

Gross Ophoff, J. (2013). *Lernstandserhebungen: Reflexion und Nutzung.* Münster: Waxmann.

Härri, R. (2015). Evidenzbasierte Unterrichts- und Schulentwicklung – Wenn Lehrpersonen zu Selbstevaluatoren werden und Unterrichtserfolge sichtbar machen. *Erziehung & Unterricht, 166,* (1–2), 156–163.

Härri, R. (2018). Wie kann die Interne Evaluation für die konkrete Schul- und Unterrichtsentwicklung nutzbar(er) gemacht werden? *SchulVerwaltung, 29* (2), 51–53.

Härri, R., Odermatt, M. & weitere Mitarbeitende der Professur Bildungsmanagement sowie Schul- und Personalentwicklung (2016). *Schul- und Unterrichtsentwicklung mit Luuise. Wenn Lehrpersonen ihren Unterricht untersuchen und Lernerfolge sichtbar machen.* Liestal: BKS. Verfügbar unter https://tinyurl.com/y5bf7jvp [23.03.2019].

Hattie, J. A. C. (2009). *Visible Learning. A Synthesis of over 800 Meta-Analyses Relating to Achievement.* London: Routledge

Hattie, J. A. C. (2014). *Lernen sichtbar machen für Lehrpersonen.* Baltmannsweiler: Schneider Verlag Hohengehren.

Hattie, J. A. C. (2015). *Lernen sichtbar machen* (3., erweiterte Aufl.). Baltmannsweiler: Schneider Verlag Hohengehren.

Heiner, M. (1988). *Selbstevaluation in der sozialen Arbeit. Fallbeispiele zur Dokumentation und Reflexion beruflichen Handelns.* Freiburg i. Br.: Lambertus.

IDES, Information Dokumentation Erziehung Schweiz (2017). *Berufsauftrag für Lehrpersonen der obligatorischen Schule: – rechtliche Grundlagen.* Bern: EDK. Verfügbar unter https://edudoc.ch/record/127929/files/Berufsauftrag_Lehrpersonen_2017.pdf [23.03.2019].

Klieme, E. (2016). Schulqualität, Schuleffektivität und Schulentwicklung – Welche Erkenntnis eröffnet empirische Forschung? In U. Steffens & T. Bargel (Hrsg.), *Schulqualität – Bilanz und Perspektiven. Grundlagen der Qualität von Schule 1* (S. 45–64). Münster: Waxmann.

Koch, Ursula (2011). *Verstehen Lehrkräfte Rückmeldungen aus Vergleichsarbeiten? Datenkompetenz von Lehrkräften und die Nutzung von Ergebnisrückmeldungen aus Vergleichsarbeiten.* Münster: Waxmann.

Krause, A., Schüpbach, H., Ulich, E. & Wülser, M. (Hrsg.). (2007). *Arbeitsort Schule: Organisations- und arbeitspsychologische Perspektiven.* Wiesbaden: Gabler.

Kühl, S. (2011). *Organisationen – eine sehr kurze Einführung.* Wiesbaden: VS Verlag.

Kunz Heim, D., Sandmeier, A. & Krause, A. (2014). Negative Beanspruchungsfolgen bei Schweizer Lehrpersonen. *Beiträge zur Lehrerinnen- und Lehrerbildung, 32* (2), 280–295.

Lipowsky, F. & Rzejak, D. (2015a). Das Lernen von Lehrpersonen und Schüler/-innen im Fokus. Was zeichnet wirksame Lehrerfortbildungen aus? In A. Grimm & D. Schoof-Wetzig (Hrsg.), *Was wirklich wirkt!? Effektive Lernprozesse und Strukturen in Lehrerfortbildung und Schulentwicklung* (forum Lehrerfortbildung, Heft 46, S. 11–49). Loccum: Evangelische Akademie.

Lipowsky, F. & Rzejak, D. (2015b). Wenn Lehrer zu Lernern werden – Merkmale wirksamer Lehrerfortbildung. In S. Lin-Klitzing, D. Di Fuccia & R. Stengl-Jörns (Hrsg.), *Auf die Lehrperson kommt es an? Beiträge zur Lehrerbildung nach John Hatties Visible Learning* (S. 144–160). Bad Heilbrunn: Klinkhardt.

Oberthaler, U. & Beywl, W. (Hrsg.). (2019). Lesson Study [Themenheft]. *Weiterbildung, 29* (3).

Odermatt, M. (2016). *Empirische Erhebung über die Weiterentwicklung der Lehrer-Selbstwirksamkeit durch das schulinterne und individualisierte Weiterbildungsangebot Luuise.*

Olten: Hochschule für Angewandte Psychologie. Verfügbar unter https://irf.fhnw.ch/handle/11654/23770 [23.03.2019].

Pirani, K. (2015). LUUISE-Projekt „Lernende zur selbständigen Repetitionsarbeit anleiten". *Gymnasium Helveticum, 69* (2), 14–16.

Pirani, K. & Beywl, W. (2018). *Luuise Coaching-Handbuch.* Unveröffentlicht. Stuttgart. Ministerium für Kultus, Jugend und Sport Baden-Württemberg.

Posch, P. (2019). Lesson Studies und Learning Studies. In U. Steffens & P. Posch (Hrsg.), *Lehrerprofessionalität und Schulqualität. Grundlagen der Qualität von Schule 4* (S. 189-212). Münster: Waxmann.

Rothland, M. (2013). Belastung und Beanspruchung im Lehrerberuf und die Modellierung professioneller Kompetenz von Lehrerinnen und Lehrern. In M. Rothland (Hrsg.), *Belastung und Beanspruchung im Lehrerberuf. Modelle, Befunde, Interventionen* (S. 2–20). Wiesbaden: Springer.

Steffens, U. & Höfer, D. (2016). *Lernen nach Hattie. Wie gelingt guter Unterricht?* Weinheim: Beltz.

Stemmer Obrist, G. (2014). *Schule führen. Wie Schulleiterinnen und Schulleiter erfolgreich sein und woran sie scheitern können.* Bern: Haupt.

Strasser, J., Schmid, P. & Beywl, W. (2018). *2. Lehrpersonen-Nachbefragung zu Luuise. Ergebnisse der Online-Befragung mit 217 Luuise-Teilnehmenden.* Windisch: IWB PH FHNW.

Stuke, T. (2015). *Mit Werten führen? Weiterbildungsmanagement zwischen externen Ansprüchen und individuellen Vorstellungen.* Bad Heilbrunn: Klinkhardt.

Sturzenhecker, B. & Spiegel, H. von (2009). Was hindert und fördert Selbstevaluation und Wirkungsreflexion in der Kinder- und Jugendarbeit? In W. Lindner (Hrsg.), *Kinder- und Jugendarbeit wirkt. Aktuelle und ausgewählte Evaluationsergebnisse der Kinder- und Jugendarbeit* (S. 309–321). Wiesbaden: VS Verlag.

Tyack, D. & Tobin, W. (1994). The Grammar of Schooling: Why Has It Been So Hard to Change? *American Educational Research Journal, 31* (3), 453–479.

Wiliam, D. (2009). *Assessment for learning: Why, what and how?* London: University of London, Institute of Education.

Wiliam, D. (2011). *Embedded formative assessment.* Bloomington: Solution Tree.

Wyss, M., Beywl, W., Pirani, K. & Knecht, D. (2017). „Die eigene Lehre untersuchen" – ein Erfolgsfaktor? *Zeitschrift für Hochschulentwicklung*, 157–174. Verfügbar unter https://www.zfhe.at/index.php/zfhe/article/view/1003 [23.03.2019].

Internetressourcen

Luuise-Website an der Pädagogischen Hochschule FHNW: www.fhnw.ch/wbph-luuise.

Download Luuise-Broschüre mit ausführlicher Beschreibung des Verfahrens, Version Basel-Land: www.luuise.bl.ch.

„Lernen sichtbar machen" Website mit Informationen zu Hattie-Studien und Praxisberichten: www.lernensichtbarmachen.net.

Informationen zum „Lehren und Lernen sichtbar machen – Pilotschulprojekt": www.lernensichtbarmachen.ch/llsm/.

Anhang

<table>
<tr><th colspan="3">Planungsraster für das Luuise-Projekt
Wichtig: Die Beschreibung soll für Dritte nachvollziehbar sein!</th></tr>
<tr><td>Thema
Kurze, prägnante Bezeichnung, die Ziel und Intervention verbindet.
(z. B. „Aktives Begriffslernen mit der Insel“)</td><td colspan="2"></td></tr>
<tr><td>Name(n)</td><td></td><td>❒ Einzelprojekt
❒ Tandemprojekt</td></tr>
<tr><th colspan="3">1. Ausgangslage und Knacknuss bestimmen</th></tr>
<tr><td>Die Knacknuss (das zu lösende Problem)
Oft etwas, was mich schon immer ärgert und was ich dringend lösen will. Eventuell eine harte „pädagogische Nuss“, die ich knacken will.</td><td colspan="2"></td></tr>
<tr><td>Die Problemauslöser
Meine Annahmen/Vermutungen, durch welche Faktoren die Knacknuss bedingt ist.</td><td colspan="2"></td></tr>
<tr><td>Die Energiequelle
Worin besteht der Gewinn, wenn das Luuise-Projekt gelingt – für die Schülerinnen und Schüler (SuS), für mich als Lehrperson, für die Schule?</td><td colspan="2"></td></tr>
<tr><th colspan="3">2. S.m.a.r.t.-Ziel(e) formulieren</th></tr>
<tr><td>Wie soll am Schluss des Luuise-Projekts der gewünschte Zustand aussehen? Formulierung von 1–3 Zielen.

Weisen die Ziele die s.m.a.r.t-Eigenschaften auf (spezifisch, messbar, akzeptabel und attraktiv, realistisch und terminiert)?</td><td colspan="2"></td></tr>
<tr><td>Die beabsichtigte Veränderung zielt auf:
(mehrere Kreuze möglich)</td><td colspan="2">❒ Die Haltung/ den Unterricht der Lehrperson
❒ Startbedingungen des Lernens/des Unterrichts
❒ Das Lernhandeln der SuS vor/im/nach dem Unterricht
❒ Die Lernresultate (Wissen, Können) der SuS</td></tr>
<tr><td>Bezug zum Qualitätsleitbild der Schule
Welche Q-Leitsätze und/oder Indikatoren stützen das Luuise-Projekt?
(Begründung für das „akzeptabel“ in s.m.a.r.t.)</td><td colspan="2"></td></tr>
</table>

3. Zielorientierte Unterrichtsintervention planen		
Beschreibung der **Intervention/Unterrichtsmethode**, mit der das formulierte Ziel erreicht werden soll - Elemente/Bausteine der Intervention/ Unterrichtsmethode - Wie ist die Schrittabfolge? - Was sagt/tut die Lehrperson? - Was machen die SuS? - Welche Medien/Materialien werden eingesetzt?		
4. Erhebungsinstrument entwickeln und Untersuchung planen		
Wie und mit welchem **Instrument** erhebe ich Daten, insbesondere zur Zielerreichung? (möglichst überschneidend/identisch mit 3.)		
Was wird bei wem und zu welchem Zeitpunkt **erhoben**?		
Wann erfolgt die **Datenauswertung**?	❐ in den Unterricht integriert ❐ nachfolgend Anmerkung:	
Wer (Lehrperson, SuS, gemeinsam) wertet wie die Daten aus und **interpretiert** sie?		
Wie erfolgt die **Visualisierung** der Ergebnisse (z. B. mit Fotos, Diagrammen, Tabellen)?		
5. Berichterstattung und Reflexion planen		
Wie **halte ich** Ergebnisse, Interpretationen, SuS-Reaktionen und Schlussfolgerungen **fest**, dass sich Lernende, Eltern, Kollegium usw. darüber informieren können?		
Wie halte ich meine **persönliche Reflexion** über das durchgeführte Luuise-Projekt fest?		
Zeit- und Arbeitsplanung		
Welche Termine, Zeiten, Arbeitsschritte, Verantwortlichkeiten **lege ich fest** (in der Planung, Umsetzung und Datenauswertung/ -interpretation)?	Termine/Zeiten	Arbeitsschritte/Verantwortlichkeiten

Mit folgenden Angaben können wir dich in der E-Mailberatung optimal unterstützen:				
Schule	Mailadresse			
Lerngemeinschaft mit				
Wann startet die **Umsetzung** des Luuise-Projekts im Unterricht (Datum)?*				
Wann endet sie (Datum)?				
Meine Funktion		❐ Klassen-lehrperson	❐ Fachlehr-person	❐ Sonstige:
Klassenstufe				
Anzahl Schülerinnen und Schüler		total: __ (davon weiblich:__. männlich: __)		
Fach, Wochenlektionen, Inhalt				
Besonderheiten der Schülerinnen und Schüler				
Lernziel(e) der Unterrichtseinheit ggf. weitere Angaben (z.B. besondere Lehr-/Lernformen)				

* Zu beachten: Zwischen Einsenden des Planungsrasters und Beginn des Projekts sollten mindestens zwei Wochen liegen.

Isabella Richter, Karolin Nix & Wilfried Bos

Unterrichtshospitation als Schulentwicklungsstrategie im Übergangsmanagement

Als ein Instrument zur schulischen Qualitätsentwicklung und damit einhergehend zur Professionalisierung von Lehrkräften gelten verschiedene Formen der Unterrichtshospitationen von Lehrkräften. Ein Schulentwicklungsanlass, auf welchen häufig mit wechselseitigen Unterrichtshospitationen von Lehrkräften reagiert wird, ist die Gestaltung des Übergangs von der Grund- zur weiterführenden Schule. Die im Rahmen solcher wechselseitigen Unterrichtshospitationen stattfindenden Prozesse und Aktivitäten aus Schulentwicklungsperspektive stellen ein Forschungsdesiderat dar, auch weiß man wenig über die Wirksamkeit von Unterrichtshospitationen. Hier setzt der Beitrag an, indem Unterrichtshospitationen konzeptionell als schulentwicklerische Strategie im Rahmen des Übergangsmanagements verortet werden und explorativ untersucht wird, welche Aktivitäten hier stattfinden und inwiefern Hospitationen als hilfreich für ein verbessertes Übergangsmanagement eingeschätzt werden. Die Ergebnisse liefern Hinweise dafür, dass wechselseitige Unterrichtshospitationen von Schulen als Strategie schulischen Übergangsmanagements dienen.

1. Einleitung

Mit Blick auf die bereits mehrere Jahrzehnte anhaltende Diskussion um Qualität von Schule zeigt sich vermehrt die Notwendigkeit, auch schulentwicklerische Instrumente zur Qualitätsentwicklung empirisch zu beleuchten (Kiel & Weiß, 2016; Steffens & Bargel, 2016). Unterrichtshospitationen gelten als ein solches Instrument, welches mit Schulentwicklung durch Professionalisierung von Lehrkräften in Zusammenhang gebracht wird (z. B. Rolff, 1998). Aktuell ist jedoch zu beobachten, dass vor allem Hospitationen im Rahmen von durch die Bildungsadministration aufgelegten und gestützten ‚Best-Practice'-Programmen stattfinden. Inwiefern diese tatsächlich bei den besuchenden Lehrkräften zur Veränderung ihrer eigenen Unterrichtspraxis führen und ob die Hospitierenden dies mit Anlässen zur Schulentwicklungsarbeit verknüpfen, ist fraglich bzw. kaum erforscht. So scheint die Praxis der Hospitationen in den so genannten ‚Leuchtturmschulen' (wie beispielsweise im Rahmen der Akademie des Deutschen Schulpreises) womöglich eher eine Aktivität des interessierten ‚Hineinschauens' in andere Systeme zu sein als Bestandteil tatsächlicher Schulentwicklungsarbeit. Stattdessen sollten Unterrichtshospitationen – wie in der Theorie propagiert

– in Schulentwicklungsarbeit integriert werden (Koch, 2006; Rolff, Rhinow, Röhrich & Teichert, 2011). Gründe für solche Bemühungen liegen neben der Profilierung der Einzelschule im Bildungssystem auch in bildungspolitischen Empfehlungen, wie beispielsweise das von der Bildungsadministration empfohlene schulische Übergangsmanagement (z. B. MSW NRW 2015) zeigt. Hintergrund dieses Schulentwicklungsanlasses sind die mit dem Übergang von der Grundschule zur weiterführenden Schule einhergehenden empirisch gut erforschten Problematiken – wie die soziale Ungerechtigkeit einerseits (z. B. Maaz, Baumert, Gresch & McElvany, 2010) und Anpassungsschwierigkeiten und Leistungssenkungen von Schülerinnen und Schülern andererseits (z. B. zusammenfassend Schröder & Wilmanns, 2016). Somit gilt das Übergangsmanagement als ein Schulentwicklungsansatz, welcher mit wechselseitigen Unterrichtshospitationen von Lehrkräften bearbeitet wird (Bellenberg & Forell 2013; Koch, 2006; Porsch, 2015). Diese lassen sich unter den Übergangsgestaltungsmaßnahmen der stufenübergreifenden Zusammenarbeit zuordnen (van Ophuysen, 2005). Durch Hospitationen an der weiterführenden Schule, so die Idee, wissen Grundschullehrkräfte, auf welche Kompetenzen sie die Schülerschaft vorbereiten müssen. Umgekehrt können aufnehmende Schulen Methoden für ihren Unterricht übernehmen und so direkt an bisherigen Gewohnheiten der Schülerinnen und Schüler anknüpfen (Koch, 2006). Die im Rahmen solcher wechselseitigen Unterrichtshospitationen stattfindenden Prozesse und Aktivitäten sowie ihre Wirksamkeit zum Beispiel hinsichtlich von Professionalisierung stellen jedoch ein Forschungsdesiderat dar.

Ziel des Beitrags ist es daher, das Themenfeld am Beispiel von Unterrichtshospitationen im Übergang theoretisch konzeptionell auszuschärfen und empirisch zu explorieren. Ausgehend von dieser Zielsetzung soll zunächst eine Verortung von Unterrichtshospitationen als schulentwicklerische Strategie im Rahmen des Übergangsmanagements erfolgen, bevor Ergebnisse präsentiert werden. Der Beitrag endet mit einer Diskussion und liefert Hinweise für weiteren Forschungsbedarf.

2. Schulisches Übergangsmanagement im Kontext von Unterrichtshospitationen

Der nächste Abschnitt widmet sich verschiedenen Varianten von Hospitationen in Schule und zwischen Schulen, um erste theoretische Hinweise für Schulentwicklungsprozesse in der Übergangsgestaltungsmaßnahme der wechselseitigen Unterrichtshospitationen durch Lehrkräfte zu generieren.

2.1 Schulentwicklung durch Hospitationen von Lehrkräften?

In Schulen lassen sich drei prominente Arten von Unterrichtshospitationen finden: (1) innerschulische/kollegiale Unterrichtshospitationen, (2) Hospitationen von Lehrkräften an sogenannten Best-Practice- oder ‚Leuchtturmschulen' als „Prototypen von Schulen für die Zukunft" (Schratz, 2017, S. 233) sowie (3) wechselseitige Unterrichtshospitationen verschiedener Schulen bzw. Schulstufen an systemischen Schnittstellen, wie beispielsweise zwischen dem Primar- und Sekundarbereich. Diese Varianten unterscheiden sich konzeptionell:

(1) Hinsichtlich der innerschulischen, kollegialen Hospitation ist zumeist das Ziel, „die Verbesserung des Lernens der Schüler(innen) durch Erweiterung der Professionalität der Lehrkräfte" zu bewirken (Wilde & Schwenke, 2010, S. 26). Diese kann auf individueller oder auf kollegialer Ebene erzielt werden, je nachdem, ob die Erkenntnisse aus den Hospitationen auf kollegiale Ebene (z. B. in Fachkonferenzen) getragen werden oder nicht (Buhren, 2015a). Nach Kreis (2015) können sieben Ziele im Kontext kollegialer Unterrichtshospitation formuliert werden: individuelle Unterrichtsentwicklung einzelner Kolleginnen und Kollegen, Kennenlernen der Kolleginnen und Kollegen, Herstellen kohärenter Lernumgebungen innerhalb der Schule, Umsetzung gemeinsamer Ziele, Kohäsion im Team, Vorbild gegenüber den Schülerinnen und Schülern durch Kooperations- und Lernbereitschaft der Lehrkräfte sowie nachhaltige Personalentwicklung durch Wissenstransfer und Schaffung von Innovationen (ebd.). Zumeist geht es jedoch darum, dass der eigene Unterricht nach Bedeutsamkeit, Effektivität und Effizienz begutachtet wird, wodurch unterrichtsbezogene Qualitätsentwicklung vorangetrieben werden soll (Riesen, 2002). Hier werden also „das Wissen, Können und die Fähigkeiten der Lehrpersonen genutzt [...], um mit Blick auf Teilprozesse des Unterrichts Rückmeldungen zu erhalten" (Kiper, 2012, S. 133). Somit gilt kollegiale Unterrichtshospitation als Instrument im Rahmen von Qualitätsmanagement von Schule (Kansteiner & Stamann, 2015; Kullmann, 2010; Rolff et al., 2011). Feedback zum eigenen Unterricht soll also Möglichkeiten zur Reflexion des Status quo des eigenen Unterrichts sowie Anhaltspunkte für Verbesserung geben, wodurch Lehrkräfte ihre Handlungsroutinen und somit ihren Unterricht verändern bzw. verbessern können (Buhren, 2015b; Heitmann, 2013; Helmke, 2009).

Forschungsergebnisse zu kollegialen, innerschulischen Unterrichtshospitationen sind in Deutschland bislang eher rar und beziehen sich vornehmlich auf Selbsteinschätzungen (Steinert et al., 2006; Thomas & Fitzner, 2012). Die wenigen existierenden Untersuchungen verweisen auf positive Effekte für Lehrkräfte, ihren Unterricht und das Kollegium: Lehrkräfte berichten von einer verstärkten Selbstreflexion, erhöhten Motivation zur fachlichen Weiterentwicklung sowie Erweiterung der eigenen Professionalität auf individueller Ebene, von neuen Anregungen, Lösungen für Probleme und allgemein positiven Veränderungen auf Unterrichtsebene sowie von einem vertrauensvolleren Umgang und verbesserten Klima im Kollegium auf Organisationsebene (Buhren, 2012; Diemer, 2013; Wilde & Schwenke, 2010). Eine Fallstudie an einer High School in den USA zeigt, dass 74 Prozent der befragten Lehrkräfte ihren Unterricht als Ergebnis von Unterrichtshospitationen verändert haben (Kaufman & Grimm, 2013). Außerdem zeigte sich, dass Schülerleistungen nach zwei Jahren Hospitationen gestiegen sind, insbesondere im Bereich Lesen (ebd.). Trotz der positiven Erfahrungen von Lehrkräften können Hemmschwellen wie die Assoziation mit Beobachtungen im Referendariat, Zeitmangel sowie die Angst vor Offenlegung aus Scheu vor Kritik zu einer Negation kollegialer Hospitationen führen (Diemer, 2013).

(2) Hospitationen an Best-Practice-Schulen werden durchgeführt, damit durch die Betrachtung von erfolgreichen Beispielen im Schulsystem „neue Ideen und Impulse für das Kollegium" geschaffen werden (Korn, 2015, S. 38) und die professionelle Diskussion angeregt wird (Schratz, 2017). Umgekehrt ist es ein Anliegen der besuchten Schulen oder Programme wie beispielsweise der Akademie des Deutschen Schulpreises, „die als erfolgreich prämierten Ideen zu verbreiten" (Jäger, 2008, S. 6).

Forschungsergebnisse zur Effektivität dieser Hospitationen sind rar. Eine Befragung von Lehrkräften aus Hospitations- und Besucherschulen des Netzwerks Hamburger Hospitationsschulen konnte zeigen, dass die Hospitationen förderlich für die Schul- und Unterrichtsentwicklung sind (Korn, 2015). Zum einen werten die Lehrkräfte der besuchten Schulen die Hospitationen als Anerkennung ihrer bisherigen Praxis. Zum anderen scheinen die Besucherschulen offener für Veränderungen zu sein, hier ist also grundsätzlich mehr Innovationsbereitschaft zu vermuten. Als Gelingensbedingung für positive Effekte durch die Besuche wird genannt, dass die Besucherschulen ihre Ziele und Anliegen im Vorfeld klar definieren müssen. Außerdem lassen die Projektbeschreibungen vermuten, dass eine Nachbereitung der Hospitation sowie eine längerfristige Kooperation und Unterstützung durch die Hospitationsschule sinnvoll sind, damit beispielsweise aus der besuchten Schule aufgegriffene Ideen und Impulse in der Schulentwicklungsarbeit in der eigenen Schule genutzt werden. Seitens der Hospitationsschulen müssen die Hospitationsangebote in Schulentwicklungsprozesse eingebunden werden, um einen Nutzen aus den Besuchen für die eigene Schule zu ziehen (ebd.).

Auch wenn solche Hospitationen häufig Ideen und Impulse aus der pädagogischen Praxis bereitstellen, kann in der Praxis beobachtet werden, dass damit häufig keine tatsächlichen Veränderungen an der eigenen Schule oder im eigenen Unterricht einhergehen. Ein Grund dafür kann am mit Schulentwicklung einhergehenden Arbeitsaufwand liegen, da sich nur solche Innovationen leicht transferieren lassen, die ohne viel Aufwand verstanden und eingesetzt werden können (Jäger, 2008). Eine weitere Charakteristik von Transfer liegt darin, dass Innovationen von einem in einen anderen Kontext gebracht und an die jeweilig vorliegenden Gegebenheiten angepasst werden müssen, da jede Schule anders ist (Jäger, 2004, 2009). Entsprechend können auch Schulkonzepte nicht „‚eins zu eins' von einem Schulkontext auf einen anderen übertragen werden" (Korn, 2015, S. 39), wie auch das Konzept der Rekontextualisierung (Fend, 2006, 2008) oder des „Nacherfindens" (Kussau, 2007) beschreibt. Demnach werden Reformen, Rahmenvorgaben und Konzepte auf die jeweiligen Handlungsbedingungen von den handelnden Subjekten angepasst (Fend, 2009). Ob dieser Übersetzungsprozess funktioniert, hängt nach Kussau (2007) davon ab, ob Lehrkräfte innovationsbereit sind, den zu transferierenden Gegenstand für sich auslegen können und diesen auf die eigene Praxis adaptieren, anwenden und erfahren. Neben dieser notwendigen Adaptionsleistung sind weitere personengebundene, inhaltliche und strukturelle Bedingungen ausschlaggebend für das Gelingen des Transfers (Jäger, 2004). Auch die von Jäger (2009) benannte Veränderungsresistenz von Schulen – dadurch zustande kommend, dass sich Systeme von anderen abgrenzen möchten – könnte den

Prozess beeinflussen. Dies könnte eine Erklärung für Stolpersteine in der Übertragung guter Konzepte anderer Schulen auf die eigene Handlungspraxis sein.

(3) Als eine weitere Variante von Hospitationen gelten wechselseitige Unterrichtshospitationen zwischen Schulen an systemischen Schnittstellen wie dem Übergang von der Grund- zur weiterführenden Schule (Koch, 2006). Dies wird auf ein Erkenntnisinteresse auf beiden Seiten zurückgeführt (ebd.): Einerseits wissen die Grundschullehrkräfte, auf welche Kompetenzen sie vorbereiten müssen. Auf der anderen Seite können die Lehrkräfte der weiterführenden Schulen Elemente aus dem Grundschulunterricht kennenlernen und übernehmen. Das übergeordnete Ziel lässt sich als Vermeidung von Brüchen durch Anpassung von Gewohnheiten sowie bessere Vorbereitung auf an weiterführenden Schulen benötigte Kompetenzen beschreiben (Koch, 2006; Porsch, 2015). Als sinnvolle Bestandteile solcher Unterrichtshospitationen werden eine gemeinsame Planung im Vorfeld inklusive Terminabsprachen und Berücksichtigung von Fächerschwerpunkten sowie anschließende Besprechungen propagiert (Amrehn & Schmitt, 2012). Forschungsergebnisse deuten auf eine Effektivität dieser Unterrichtshospitationen hin: Lehrkräfte der weiterführenden Schulen berichten von einer „Anpassung der Unterrichtsgewohnheiten“ (Koch, 2006, S. 76). Dies kann ein Grund dafür sein, dass laut Koch (2006) in vielen Übergangsprojekten eine Verstärkung der Kooperation, insbesondere über Hospitationen, stattfindet.

Eine systematisierte Kurzübersicht über die verschiedenen Hospitationsarten (Tab. 1) zeigt, dass auf verschiedene Weisen Schule verändert werden soll. Dabei unterscheiden sich die Hospitationen sowohl in ihren Zielen als auch im jeweiligen Hospitationsgegenstand.

Tabelle 1: Systematisierung verschiedener Unterrichtshospitationen

	Kollegiale Hospitation innerhalb der Schule	**Hospitation an Best-Practice-Schulen**	**Wechselseitige Hospitation verschiedener Schulstufen**
Ziele	Qualitätsverbesserung des eigenen Unterrichts für besseres Lernen von Schülerinnen und Schüler	Sammeln von Ideen und Impulsen für die Schul- und Unterrichtsentwicklung	Kenntnisse über die jeweils andere Schule zur Vermeidung von Brüchen im Übergang, Anpassung von Unterrichtspraxis (Unterrichtsentwicklung)
Hospitationsgegenstand	Der eigene Unterricht	Fremder Unterricht	Fremder Unterricht (und der eigene Unterricht)
Übertrag	Fremdleistung durch Feedback	Eigenleistung durch Adaption	Eigenleistung durch Adaption

Während es bei Hospitationen an Best-Practice-Schulen und wechselseitigen Hospitationen im Übergang um die Adaption von schulischen Elementen geht, erfolgt die Veränderung bei der kollegialen Hospitation über Feedback von anderen Personen. Hier wird also zunächst keine direkte Eigenleistung erfordert – die Lehrkraft erhält direkt Kritik und Ideen – wohingegen bei den anderen Hospitationsarten die Eigenleistung in einem Übertrag auf das eigene System erfolgt. Somit ist die kollegiale Hospitation nicht mit den anderen Hospitationsarten vergleichbar.

Betrachtet man noch einmal Aspekte des Transfers – welchem bei der Adaption schließlich eine hohe Bedeutung zukommt – übertragen auf die Hospitationen fremden Unterrichts, so wird deutlich, dass sich auch bei diesen zwei Hospitationsarten Unterschiede erkennen lassen: In Anlehnung an Jäger (2009) kann wie beschrieben die Veränderungsresistenz – zustande kommend durch eine Konkurrenzsituation von zwei gleichen Systemen – den Transfer behindern. Bei Schulhospitationen von ‚Leuchtturmschulen' sind es häufig Schulen der gleichen Schulform, die besucht werden. Im Gegensatz dazu unterscheiden sich die zwei Schulsysteme bei Hospitationen im Übergang immer, sodass sie in keiner Konkurrenz zueinander stehen. Nehmen die Schulen also Elemente der jeweils anderen Schulart auf, wird ihre Identität dadurch nicht bedroht. Dadurch könnte also der Transfer erleichtert werden. Dafür spricht weiterhin, dass im Übergang beide Seiten ein Erkenntnisinteresse besitzen im Gegensatz zu Hospitationen von Best-Practice-Schulen.

Ein zentraler Unterschied, insbesondere zwischen der letzten Variante der Hospitation gegenüber Best-Practice-Besuchen, liegt schließlich darin, dass Hospitationen zwischen verschiedenen Schulformen klarer auf ein schulentwicklerisches Ziel ausgerichtet sind, wie zum Beispiel eine verbesserte Übergangsgestaltung zwischen abgebenden und aufnehmenden Schulen. Dies grenzt sich von einem offenen Interesse ab, in als erfolgreich deklarierte Schulen hineinzuschauen oder global eine andere Praxis kennenlernen zu wollen. Zu fragen ist also einerseits, inwiefern Hospitationen immer auch mit schulentwicklerischer Absicht verknüpft werden sollten (vgl. Korn, 2015), und andererseits, ob die Idee, Besuche an Best-Practice-Schulen führten zwangsläufig zu Impulsen für Professionalisierung, nicht mit Vorsicht zu behandeln ist.

Um also einen tatsächlichen Transfer von Innovationen durch Hospitationen zu erzielen und so Prozesse der Schulentwicklung anzustoßen, ist vermutlich mehr als ein reines Beobachten erforderlich. Nach Jäger (2008) fördern verschiedene Aspekte von Management den Transfer zwischen zwei Systemen. Demnach sind es auf normativer Ebene zum Beispiel Vorgaben, Richtlinien sowie die Einbettung in Zielvorgaben; auf strategischer Ebene die Vernetzung von Konzepten, Planung von Ressourcen sowie die Steuerung der Umsetzungsprozesse; und auf operativer Ebene insbesondere die Personen, die an der Umsetzung und Anwendung des Materials beteiligt sind (ebd.). Hier finden sich also drei Managementebenen – wie auch im Begriff des Übergangsmanagements impliziert. Da der Begriff des schulischen Übergangsmanagements im Zuge der Übergangsgestaltung in den vergangenen Jahren zwar genutzt, allerdings nicht ausdifferenziert wurde, soll dieser im Folgenden näher beleuchtet werden. In der bildungswissenschaftlichen Literatur liegen bislang keine bestimmenden Merkmale eines schulischen Übergangsmanagements vor, sodass im Folgenden auf den Managementbegriff in der Betriebswirtschaft rekurriert wird.

2.2 Dimensionen von Management

Der Begriff des Managements entstammt der Betriebswirtschaft und lässt sich dort als „die Übernahme einer letztlich individuellen Gesamtverantwortung für eine klar definierte Zielerreichung“ (Hofmann 1988, S. 24) beschreiben. Die Grundfunktionen von klassischen Managementprozessen sind aufeinander aufgebaut: Planung, Organisation, Personaleinsatz, Führung sowie Steuerung und Kontrolle (Schreyögg & Koch 2010). Darüber hinaus beschreibt der Begriff des Managements die Verknüpfung von verschiedenen Sachinhalten und die Vernetzung und Steuerung unterschiedlicher Sachbereiche (ebd.). Damit soll die Bewältigung von Veränderungen und Diskontinuitäten ermöglicht werden (Bleicher 1999). Um dies zu erreichen, wird bei dem Management zwischen verschiedenen Planungs- und Durchführungsebenen einer Organisation im Sinne einer Mehrebenenstruktur unterschieden: der normativen, strategischen und operativen Ebene (ebd.). Diese drei Ebenen verbindet Bleicher (1999) auf Grundlage des Systemansatzes von Ulrich und Krieg (1974) in einem Bezugsrahmen, der die beim Management entstehenden Prozesse beschreibt.

Dem Modell zufolge steht über jedem Managementprozess die Leitidee oder Vision eines Unternehmens. Unter Berücksichtigung dieser werden für eine Problembehandlung Ziele formuliert, welche auf *normativer Ebene* angesiedelt sind. Diese Ebene wirkt somit für alle folgenden Handlungen begründend. Daran schließt sich die *strategische Ebene* an, welche konzeptioneller Natur und entsprechend ausrichtend gestaltet ist. Diese Ebene befasst sich mit strategischen Programmen, Konzepten und Ideen, mithilfe derer die gesetzten Ziele erreicht werden sollen. Dies ist mit der Schaffung entsprechender Organisationsstrukturen verbunden, die eine Umsetzung der Konzepte ermöglichen und fördern sollen. Die bisherigen konzeptionellen Überlegungen und Vorarbeiten münden in der Umsetzung auf *operativer Ebene*, wozu sowohl die eigentlichen Aktivitäten als auch die Koordination dieser zählen. Die verschiedenen Ebenen des Modells sind dabei eng miteinander verzahnt und wirken reziprok aufeinander ein. Management beschreibt also vielschichtige Aktivitäten und Prozesse, die auf verschiedenen Ebenen stattfinden und sich gegenseitig bedingen.

Aufbauend auf diesem Managementmodell werden die verschiedenen Ebenen nicht nur im wirtschaftlichen Sektor verwendet, sondern auch im schulischen Kontext angewandt. Beispiele hierfür finden sich beim regionalen Management (Muche, Noack, Oehme & Schröer 2010), aber auch in der Transferforschung (Jäger, 2008).

2.3 Zwischenfazit

Auf dieser theoretischen Grundlage lässt sich eine Definition schulischen Übergangsmanagements herleiten. Schulisches Übergangsmanagement an der Schnittstelle zwischen Grundschule und weiterführender Schule meint demnach zwischenschulische Handlungen auf normativer, strategischer und operativer Ebene, die einen Transfer zwischen Lehrkräften abgebender und aufnehmender Schulen voraussetzen. Die normative Ebene setzt sich bei einem schulischen Übergangsmanagement aus Zielen sowie gesetzlichen Vorgaben und Richtlinien für einen verbesserten Übergang zusammen. Ziele des schulischen Übergangsmanagements liegen darin, Kooperationsstrukturen zu schaffen sowie Arbeitsweisen, Methoden, Rituale und Kompetenzerwartungen der jeweils anderen Schule kennenzulernen und für den eigenen Unterricht zu adaptieren, um den Übergang für die Schülerinnen und Schüler sanfter zu gestalten (Koch, 2006; Porsch; 2015). Die Ziele sind somit bei den Trias der Schulentwicklung – Personal-, Unterrichts- sowie Organisationsentwicklung – verortet (Rolff, 2016). Auf strategischer Ebene sind einerseits institutionalisierte Kooperationsstrukturen zwischen Grund- und weiterführender Schule als wichtiger Bestandteil für die Übergangsgestaltung und gleichzeitig als Voraussetzung für den Transfer verortet (Sendzik, Sartory & Järvinen 2016). Andererseits beinhaltet die strategische Ebene die Konzeptentwicklung und damit einhergehend planerische Aspekte wie eine rechtzeitige Terminvereinbarung, die Berücksichtigung von Fächerschwerpunkten der Lehrkräfte bei der Hospitation sowie eine anschließende Evaluation (Amrehn & Schmitt, 2012). Auf operativer Ebene ist der Theorie entsprechend die eigentliche Umsetzung durch Lehrkräfte – zum Teil auch andere als auf strategischer Ebene tätig – lokalisiert.

2.4 Forschungsfragen und -kontext

Die bisherigen Ausführungen lassen vermuten, dass wechselseitige Unterrichtshospitationen von Schulen als Strategie schulischen Übergangsmanagements genutzt werden. Empirisch abgesichertes Wissen über Aktivitäten bei Unterrichtshospitationen im Übergang lässt sich bislang jedoch nicht finden. Hier setzt diese Untersuchung mit folgenden Forschungsfragen an:

1) Welche Ebenen von Management werden bei Unterrichtshospitationen im Kontext von Schulentwicklungsaktivitäten berührt?
2) Inwiefern priorisieren Lehrkräfte Ziele des Übergangsmanagements in Bezug auf Unterrichtshospitationen?
3) Welche Aktivitäten gehen für Lehrkräfte mit Unterrichtshospitationen im Kontext von Schulentwicklung einher?
4) Wie bewerten die Lehrkräfte die wechselseitigen Unterrichtshospitationen für die Übergangsgestaltung?

Den Forschungskontext dieses Beitrags bildet das Projekt *Ganz In. Mit Ganztag mehr Zukunft. Das neue Ganztagsgymnasium NRW* mit seinem Teilprojekt *Übergang Grundschule-Gymnasium*. Von 2014 bis 2015 arbeiteten in dem Teilprojekt acht Grundschulen und drei Ganztagsgymnasien in drei Netzwerken zusammen und entwickelten und erprobten gemeinsam Konzepte zu wechselseitigen Unterrichtshospitationen. Die Netzwerkstruktur sah vor, dass von jeder Schule ein bis zwei Personen an den Netzwerktreffen teilnehmen sollten. Zur besseren Koordination und zur Kommunikation mit der Projektleitung wurde in jedem Netzwerk ein Netzwerksprecher gewählt. An den eigentlichen Unterrichtshospitationen wirkten weitere Lehrkräfte der teilnehmenden Schulen mit.

3. Methode

Zur Beantwortung der o.g. Forschungsfragen wurde ein exploratives Forschungsdesign gewählt. Für Forschungsfrage 1 werden ausschließlich Interviewdaten genutzt. Dafür wurden in einem ersten Schritt leitfadengestützte Interviews mit den drei Netzwerksprechern durchgeführt, um erste Hinweise zu schulischem Übergangsmanagement durch Unterrichtshospitationen zu erhalten und die Bewertung der Unterrichtshospitationen zu erfragen. Die Auswertung des Datenmaterials erfolgte mithilfe der qualitativen Inhaltsanalyse (Bos & Tarnai 1989; Mayring 2010). Die Kategorien wurden sowohl aus dem Material heraus als auch auf der Grundlage der theoretischen Ausführungen zum Management (1999), zum Transfer (Jäger, 2008), zur Schulentwicklung (Rolff, 2016) sowie zu Unterrichtshospitationen im Übergang (Amrehn & Schmitt, 2012) entwickelt und sind in Tabelle 2 dargestellt. Um die Zuverlässigkeit des Instruments zu gewährleisten, wurden 30 Prozent des Interviewmaterials durch eine weitere Person gegenkodiert. Die Intercoderreliabilität nach der Holsti-Formel (Holsti 1969) beträgt .89, was einer guten Reliabilität entspricht.

Tabelle 2: Kategoriensystem zu Unterrichtshospitationen als Strategie schulischen Übergangsmanagements sowie zur Bewertung

Kategorie (1., 2., 3. und 4. Ordnung v.l.n.r.)	**Ankerbeispiele**
Normatives Management	
Ausgangslage	„[...] uns erreichen ja auch viele Schüler, die nicht eine gymnasiale Empfehlung haben und wo auch die Grundschullehrer immer in so einem Zwischenprozess stehen."
Ziele	
– Unterrichtsentwicklung durch Professionalisierung • Inhaltliche Aspekte im Unterricht, Methodisch-didaktische Aspekte im Unterricht	„Wirklich zu gucken, [...] Mensch das läuft aber ganz toll und das können wir unheimlich gut übernehmen. Das heißt, indirekt wird dadurch auch unsere eigene Unterrichtsqualität ein Stück weit vorangetrieben und der Horizont etwas erweitert, wie man jetzt beispielsweise Aspekte der Freiarbeit, der Individualisierung, [...] in unser eigenes Schulkonzept einbringt." (methodisch-didaktische Aspekte im Unterricht)
– Organisationsentwicklung • Aufbau einer dauerhaften Kooperation, Außenwirkung der Schule, Weitergehende Vernetzung außerhalb des Netzwerks	„Und natürlich auch so ein bisschen die engere Kooperation der Lehrer untereinander. Dass man sich ein bisschen besser kennt, auch so ein bisschen persönlicher." (Aufbau einer dauerhaften Kooperation)
Strategisches Management	
Netzwerkarbeit	„Ich fand zum einen schon gut, dass der Rahmen mit Ihrer Auftaktveranstaltung gegeben war, weil es irgendwie so einen Beginn hatte. So nach dem Motto, wir machen uns jetzt gemeinsam auf den Weg."

Kategorie (1., 2., 3. und 4. Ordnung v.l.n.r.)	**Ankerbeispiele**
Konzeptentwicklung	
– Inhaltliche Schwerpunkte in den Hospitationen	„Wir haben uns überlegt was wir beobachten wollen. Also diese Schwerpunkte gesetzt. Methodenkompetenz und Rituale."
– Evaluation des Konzeptes und dessen Überarbeitung	„Also wir wollten jetzt erstmal […] dieses gemeinsame Treffen abwarten, wo wir die Auswertung machen. […] Und dann wollten wir die nächsten Schritte planen. Ob wir jetzt sagen, wir führen das irgendwie regelmäßig ein […]. Oder ob wir sagen, wir brauchen jetzt doch irgendwie einen Hospitationsbogen […]."
Koordination	„Wir haben dann diese Termine vereinbart und wir haben eben so ein bisschen organisatorisch darüber gesprochen, wie wollen wir das durchführen."
Operatives Management	
Umsetzung der Unterrichtshospitationen	„Wir haben uns nur ein bisschen an der Stunde orientiert und da entlang gehangelt. Wir haben uns einfach da notiert, was ist uns aufgefallen. […] Ja, so sind wir vorgegangen."
Bewertung der Unterrichtshospitationen	
Empfundene inhaltliche Relevanz	„Wir stellen schon fest, aus unserer Sicht der weiterführenden Schule, dass die Kinder methodisch schon gut vorbereitet zu uns kommen, wir aber dieses Potenzial scheinbar nicht genug nutzen."
Inhaltlicher Nutzen	„Da sind die Pläne, die ich da gesehen habe, besser geeignet als das, womit ich bisher gearbeitet habe. Von daher ziehe ich da schon einen Nutzen draus."
Gewinn durch Zusammenarbeit	„Ich finde, es ist vertrauter geworden. […] Früher waren das so zwei isolierte Systeme […], die völlig unabhängig voneinander agiert haben."

Darauf aufbauend erhielten in einem zweiten Schritt alle an den Hospitationen beteiligten Lehrkräfte der Grundschulen und Ganztagsgymnasien einen Fragebogen, um alle Perspektiven zu den Fragestellungen 2, 3 und 4 erfassen zu können. Somit konnten die Erkenntnisse aus den Interviews durch Fragen der Relevanz von Zielen, Aktivitäten sowie der Übergangsgestaltung durch Unterrichtshospitationen und des Nutzens und Gewinns aus den Fragebögen erweitert werden. Die verwendeten Instrumente finden sich in Tabelle 3.

Tabelle 3: Eingesetzte Instrumente der Fragebogenerhebung

Konstrukt	Dimensionen	Items	Beispielitem
Wichtigkeit der Ziele	Personalentwicklung	3	Erweiterung der Methodenkompetenz
	Unterrichtsentwicklung	4	Anpassung methodisch-didaktischer Aspekte
	Organisationsentwicklung	5	Aufbau einer dauerhaften Kooperation
Wichtigkeit der Aktivitäten	Strategische Ebene	6	Inhaltliche Planung und Vorbereitung von Hospitationsaktivitäten auf Netzwerkebene
	Operative Ebene	2	Eine schriftliche Dokumentation der Beobachtungen während der Hospitation
Empfundene inhaltl. Relevanz		4	Die Unterrichtshospitationen im Übergang sind zur Übergangsgestaltung wichtig.
Inhaltlicher Nutzen		4	Die Unterrichtshospitationen im Übergang sind für mich persönlich nützlich.
Gewinn durch Zusammenarbeit		4	Bei den Unterrichtshospitationen im Übergang habe ich den Eindruck, dass wir uns gegenseitig inspirieren.

Die Wichtigkeit der Ziele sowie der Aktivitäten basieren auf Eigenentwicklungen, wohingegen die empfundene inhaltliche Relevanz, der inhaltliche Nutzen sowie der Gewinn durch die Zusammenarbeit für den Übergang aus der wissenschaftlichen Begleitforschung des Projektes „Schulen im Team“ adaptiert wurden (Berkemeyer, Bos, Järvinen, Manitius & van Holt, 2015).

Von sechs Schulen (drei Grundschulen und drei Gymnasien) gaben insgesamt 14 Lehrkräfte (davon sechs Grundschul- und acht Gymnasiallehrkräfte) den Fragebogen ausgefüllt zurück. An der Befragung nahmen (mit Möglichkeit der Mehrfachnennung) zwei Netzwerksprecher, vier Netzwerkmitglieder und elf an Hospitationen beteiligte Lehrkräfte teil. Die Auswertung erfolgte aufgrund der kleinen Stichprobe mittels deskriptiver Analysen. In der folgenden Ergebnisdarstellung werden zur Beantwortung der Fragen 2 bis 4 jeweils erst die Interviewauswertungen präsentiert, bevor diese um die Ergebnisse der Fragebogenerhebung ergänzt werden.

4. Ergebnisse

4.1 Unterrichtshospitationen als Strategie schulischen Übergangsmanagements

Bei Betrachtung der Interviewdaten wird deutlich, dass grundsätzlich allen Ebenen des Übergangsmanagements Textpassagen zugeordnet werden konnten (Tabelle 4).

Tabelle 4: Anzahl der kodierten Textsegmente zu Unterrichtshospitationen im Rahmen schulischen Übergangsmanagements

Kategorie (1., 2. und 3. Ordnung v.l.n.r.)	**Anzahl der Kodierungen**
Normatives Management	**12**
Ausgangslage	3
Ziele	
– Unterrichtsentwicklung durch Professionalisierung	3
– Organisationsentwicklung	6
Strategisches Management	**35**
Netzwerkarbeit	8
Konzeptentwicklung	
– Inhaltliche Schwerpunkte in den Hospitationen	7
– Evaluation des Konzeptes und dessen Überarbeitung	11
Koordination	9
Operatives Management	**17**
Umsetzung der Unterrichtshospitationen	17

Auch bei Betrachtung der Daten je nach Netzwerk bleiben diese Ergebnisse bestehen, sodass festgehalten werden kann, dass die im Kontext von Unterrichtshospitationen stattfindenden Schulentwicklungsaktivitäten alle Managementebenen betreffen. Möchte man von der Anzahl der zugeordneten Textsegmente auf die Relevanz bestimmter Managementebenen schließen, wird der Eindruck geweckt, dass die Schulentwicklungsaktivitäten auf strategischer Ebene besonders viel Raum einnehmen.

4.2 Ziele im Rahmen von wechselseitigen Unterrichtshospitationen im Übergang

Im Rahmen der Interviews benannten die Netzwerksprecher Ziele auf Unterrichts- und Organisationsebene. Auf inhaltlicher Ebene ist ein benanntes Ziel, zu

> *„[...] gucken, was machen wir denn in Klasse 5, was eben in der Grundschule schon auftaucht, worauf können wir aufbauen? Und andererseits so ein bisschen für die Grundschule den Blick zu schärfen, was ist vielleicht noch wichtig, was müssen Schüler, die an das Gymnasium wechseln, denn mitbringen und wie können wir da, in der Grundschule, noch ein bisschen gezielter drauf vorbereiten?“*

Im Fokus steht hier also ein curricularer Abgleich, um so den Unterricht an der weiterführenden Schule ohne Unterbrechung fortsetzen zu können. Ähnlich verhält es sich mit methodisch-didaktischen Aspekten im Unterricht, wie die folgende Textpassage visualisiert:

„Wenn sich die Kinder in der Grundschule mit dem Teppich auf den Flur legen können, um da ihre Freiarbeitssachen zu machen, und Kollegen sich beschweren, dass sie nicht 90 Minuten auf ihrem Stuhl sitzen und ihre Aufgaben machen, muss man gucken, ob man nicht alle ein bisschen mehr in den Blick nimmt – alle Kollegen mit in den Blick nimmt. Dass sie ein Gefühl dafür kriegen, wo die Kinder herkommen, was für Methoden sie gewohnt sind und wie man das etwas stärker umstellen kann.“

Aufgrund unterschiedlicher Unterrichtsgestaltungen an Grund- und weiterführender Schule kam es hier anscheinend bislang zu Schwierigkeiten, die zukünftig behoben werden sollen, indem die Gewöhnung an Rituale und Unterrichtsverhalten an der weiterführenden Schule sukzessive erfolgt. Ziele auf Organisationsebene liegen in einer dauerhaften Kooperation zwischen Grund- und weiterführenden Schulen, einer verbesserten Außenwirkung der Schulen sowie der Entstehung einer über das Netzwerk hinausgehenden Vernetzung. Hier geht es beispielsweise darum, weitere Hospitationskooperationen einzugehen oder durch Hospitationen bereits erzielte Erkenntnisse in die Region zu transferieren.

Weitere Dimensionen wurden mit der Fragebogenerhebung der Lehrkräfte abgefragt (Abbildung 1). Anhand der Abbildung wird erkennbar, dass nicht pauschal eine bestimmte Ebene der Schulentwicklung als besonders relevant erachtet wird, wobei die Tendenz zu erkennen ist, dass Ziele auf Unterrichtsebene priorisiert werden. Hier ist insbesondere der Abgleich inhaltlicher Aspekte hervorzuheben. Insgesamt zählt für die befragte Stichprobe aber der Aufbau einer Kooperation auf Organisationsebene zu dem wichtigsten Ziel von Unterrichtshospitationen.

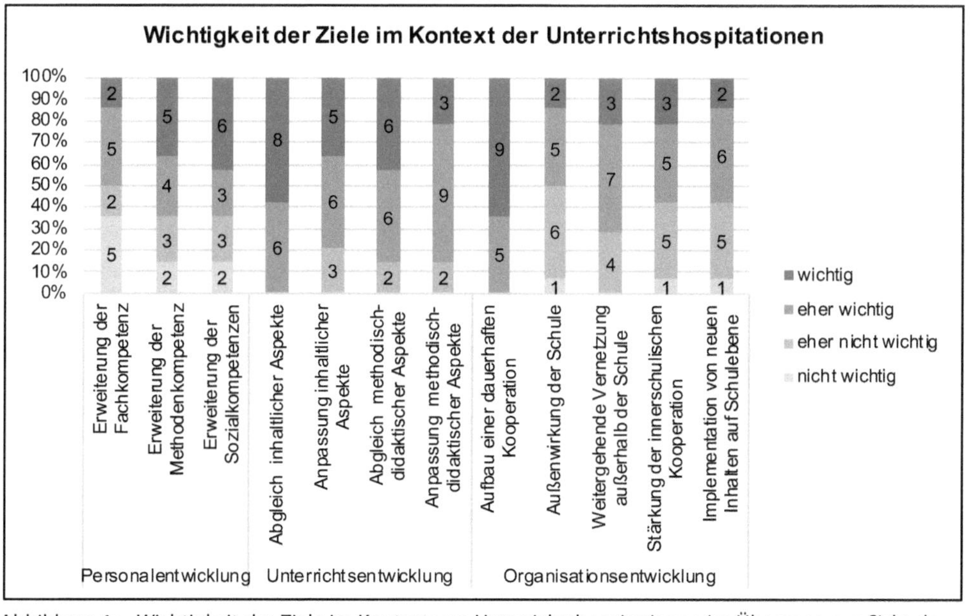

Abbildung 1: Wichtigkeit der Ziele im Kontext von Unterrichtshospitationen im Übergang aus Sicht der Lehrkräfte (Abs. Zahlen)

4.3 Aktivitäten von Lehrkräften im Rahmen der wechselseitigen Unterrichtshospitationen

Mithilfe der folgenden Aktivitätsbeschreibung wird auf der Grundlage der Interviewdaten ein Versuch unternommen, das Vorgehen der Netzwerke zu rekonstruieren. Dabei kam es zum Teil zu Abweichungen in der Reihenfolge, welche in den folgenden Beschreibungen jedoch nicht explizit benannt werden.

Zu Beginn stand die Netzwerkbildung als Voraussetzung für die Unterrichtshospitationen an. Die Gymnasien des Projektes sprachen Grundschulen an, mit denen sie bereits kooperieren und/oder von denen sie besonders viele Kinder übernehmen. In einem nächsten Schritt fanden Netzwerktreffen auf Netzwerkebene statt, welche zur Konzeptentwicklung und organisatorischen Planung genutzt wurden. Alle teilnehmenden Netzwerke entschieden sich dafür, fachspezifisch vorzugehen und Beobachtungsschwerpunkte festzulegen, wie zum Beispiel individuelle Förderung, Differenzierung, Eröffnung von Unterricht oder Arrangement des Tagesablaufs.

Im Anschluss wurde in den Fachkonferenzen nach interessierten Kolleginnen und Kollegen für die Hospitationen gefragt. In den meisten Netzwerken wurde beschlossen, dass die Hospitationen in der 3. oder 4. sowie in der 5. Klasse stattfinden sollen – je nach Kapazität und Interesse der Lehrkräfte. Außerdem entschieden sich alle Netzwerke dafür, zunächst keinen vorgefertigten Beobachtungsbogen einzusetzen, um den Blick für ein erstes Hospitationstreffen nicht einzuschränken. Im Rahmen der konkreteren Planung bildeten sich Hospitationstandems, die zum Teil auch erst zu dem Zeitpunkt einen individuellen Beobachtungsschwerpunkt festlegten. Abgesehen von einem Netzwerk, in welchem ein zentraler Termin für die Hospitation am Gymnasium eingerichtet wurde, erfolgten die Terminabsprachen zwischen den Tandempartnern selbstständig mit der Begründung, dass so gezielter auf die individuellen Stundenpläne der Kolleginnen und Kollegen Rücksicht genommen werden konnte.

Im nächsten Schritt standen die Unterrichtshospitationen an. Der Umfang variierte zwischen einer Doppelstunde und einem gesamten Schultag, welcher mit einer Lerngruppe verbracht wurde. Dabei protokollierten die hospitierenden Lehrkräfte ihre Beobachtungen. Im Anschluss setzten sich die Tandempartner zusammen und besprachen ihre Eindrücke vor dem Hintergrund der Erwartungen und der tatsächlichen Beobachtungen. Zudem tauschten die Lehrkräfte fachspezifisches Material sowie Unterlagen zu Methoden und Ritualen aus.

In einem letzten Schritt fanden Auswertungstreffen zum Sammeln der Eindrücke und zur Planung weiterer Schritte statt. Hier standen Fragen wie die Implementation der Hospitationen, die Hinzunahme von Hospitationsbögen, das Beibehalten der Tandems und die Klassenstufe der Hospitation im Raum.

Aus den Ergebnissen der Interviews geht hervor, wie die Schulen die Unterrichtshospitationen in den Netzwerken vorbereiteten, durchführten und nachbereiteten. Die Ergebnisse der schriftlichen Befragung geben darüber hinaus Aufschluss über die Wichtigkeit der jeweiligen Aufgaben, die im Folgenden kurz zusammengefasst werden (Abbildung 2).

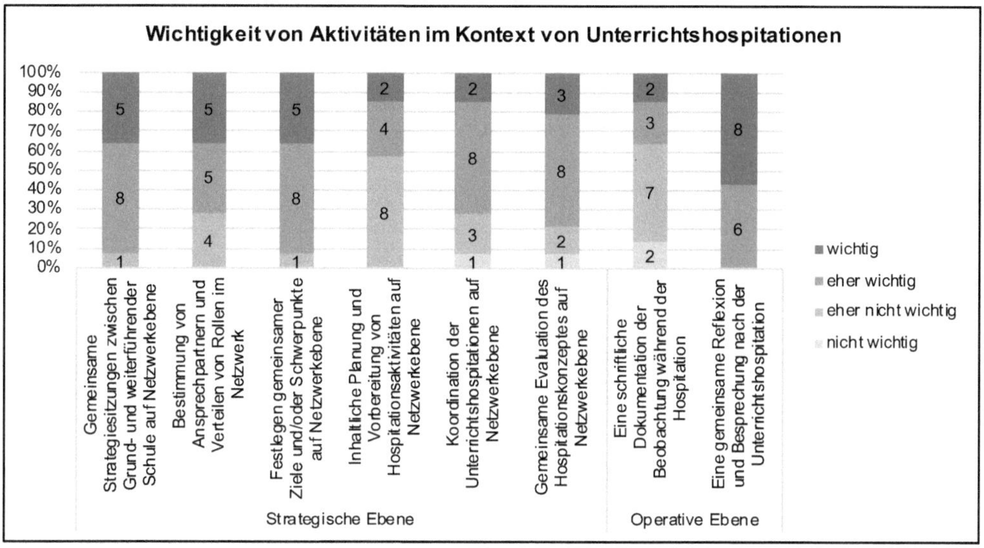

Abbildung 2: Wichtigkeit von Aktivitäten im Kontext von Unterrichtshospitationen im Übergang aus Sicht der Lehrkräfte (Abs. Zahlen)

Am wichtigsten sind den Befragten zufolge eine gemeinsame Reflexion nach der Hospitation. Es folgen die Festlegung von Zielen und Schwerpunkten sowie gemeinsame Strategiesitzungen zwischen Grundschulen und weiterführenden Schulen auf Netzwerkebene. Die Mehrheit der Befragten empfindet die einzelnen genannten Aktivitäten als wichtig oder eher wichtig mit Ausnahme der schriftlichen Dokumentation der Beobachtungen, die von der Mehrheit der Lehrkräfte als (eher) nicht wichtig eingeschätzt werden.

4.4 Bewertung der Unterrichtshospitationen für die Übergangsgestaltung

Die Frage nach der Bewertung der wechselseitigen Unterrichtshospitationen für die Übergangsgestaltung wird mithilfe (a) der empfundenen inhaltlichen Relevanz, (b) des inhaltlichen Nutzens sowie (c) des Gewinns der Zusammenarbeit beantwortet. Die aus Sicht der Gymnasiallehrkräfte vorgenommenen Bewertungen der Unterrichtshospitationen werden jeweils durch die Einschätzungen aller hospitierenden Lehrkräfte aus dem Fragebogen erweitert.

(a) Die inhaltliche Relevanz der Unterrichtshospitationen wurde in den Interviews zum einen durch die Schülerperspektive begründet, dass einzelne Schülerinnen und Schüler nach dem Übergang emotionale Schwierigkeiten zu haben scheinen. Außerdem – so die befragten Lehrkräfte – sind die Unterschiede zwischen Grundschule und Gymnasium hinsichtlich fachdidaktischer Aspekte, selbstständigen Lernens sowie der Rituale bislang noch zu groß:

> *„Es gibt einfach keine Frühstückspause und die Fünfer kommen hier an die Schule und packen erstmal genüsslich im Klassenraum ihr Butterbrot aus und müssen aber eigentlich schon in die große Pause.“*

An diesem Beispiel wird erkennbar, dass mit dem Schulwechsel bei den Schülerinnen und Schülern ein Umdenken stattfinden muss, genauso jedoch auch bei den Lehrkräften:

> *„Das ist aber auch jedes Jahr oder alle zwei Jahre wieder neu, weil man dann die Sechser entlässt, die dann für einen schon richtig groß geworden sind, und dann wieder mit den neuen Fünfern anfängt. Und dass man da nochmal überlegt: Okay, wie war es denn noch einen Schritt davor? Das finde ich schon wichtig, dass man sich das ins Bewusstsein ruft.“*

Zudem scheint eine Herausforderung der Gymnasiallehrkräfte darin zu liegen, Erlerntes aus der Grundschule weiter zu fördern und darauf aufzubauen. Die Bedeutung von Unterrichtshospitationen für die Grundschullehrkräfte wird in deren Verunsicherung gesehen, wie sie die Schülerinnen und Schüler bestmöglich vorbereiten können.

Die Ergebnisse aus der Fragebogenerhebung zeigen hinsichtlich der empfundenen inhaltlichen Relevanz für die Mehrheit der Befragten eine Zustimmung. Keine der Lehrkräfte ist der Ansicht, dass die Beschäftigung mit dem Übergang nicht wichtig sei. Betrachtet man konkret die Unterrichtshospitationen, zeigt sich für alle Items, dass die bei Unterrichtshospitationen gewonnenen Erfahrungen für die meisten Befragten Relevanz für die eigene Arbeit besitzen und sie zur Verbesserung des Übergangs (eher) wichtig seien.

(b) Durch die Unterrichtshospitationen wurden aus Sicht der interviewten Netzwerksprecher verschiedene Entwicklungen angestoßen und Erkenntnisse generiert. Ein von ihnen beschriebener Vorteil lag in der verstärkten Kooperation zwischen den Schulen. Zudem konnten die Lehrkräfte erfahren, auf welche Kompetenzen die Schülerinnen und Schüler an der Grundschule vorbereitet werden. Auf inhaltlicher Ebene zogen die Lehrkräfte der Gymnasien insbesondere hinsichtlich der Methoden, der Bedeutung des sozialen Miteinanders und des Klassenklimas sowie der Unterrichtstransparenz an der Grundschule einen Nutzen. So beschrieb ein Netzwerksprecher mit Begeisterung die Unterrichtstransparenz mithilfe von Bildkarten. Aus dem positiven Lernklima in der Grundschule wurde von einer befragten Lehrkraft der folgende Schluss gezogen:

> *„Dass man da sowohl als Fachlehrer als auch als Klassenlehrer wirklich von vornherein noch stärker drauf achten muss oder sollte, das, was die Kinder in der Grundschule im sozialen Miteinander kennengelernt haben, stärker noch in den Blick zu nehmen. Also auch in den ersten Wochen meinetwegen fachlich ein Stück weit zurückzuschrauben. Es war eindeutig zu beobachten, dass durch dieses Miteinander und die Lernatmosphäre die Kinder auch gut und konzentriert an den Dingen arbeiten können.“*

Die Ergebnisse aus dem Fragebogen zeigen hingegen kein eindeutig positives Ergebnis: Nicht alle Lehrkräfte sehen einen hohen Nutzen durch die Unterrichtshospitationen für die Übergangsgestaltung. Jedoch bilden die Unterrichtshospitationen für fast alle Lehrkräfte tendenziell eine gute Grundlage für Gestaltungsmaßnahmen im Übergang.

(c) Hinsichtlich des Gewinns durch die Zusammenarbeit lassen sich einige Aussagen in den Interviews finden, die positive Entwicklungen durch die Unterrichtshospitationen aufzeigen: Sowohl auf Unterrichts- als auch auf Organisationsebene wurden gemäß den Aussagen Entwicklungen angestoßen. Auf Unterrichtsebene wurden Wochenpläne und Konzepte aus der Freiarbeitszeit der Grundschulen für die Lernzeit am Gymnasium übernommen. Darüber hinaus wurden weitere Elemente in den eigenen Unterricht transferiert, was der Unterrichtsqualität zugutekommt, wie folgende Textpassage zeigt:

> *„Indirekt wird dadurch auch unsere eigene Unterrichtsqualität ein Stück weit vorangetrieben und der Horizont etwas erweitert, wie jetzt beispielsweise durch Aspekte der Freiarbeit, der Individualisierung […], wie man die in unser eigenes Schulkonzept einbringt."*

Auf Organisationsebene wurden durch die Unterrichtshospitationen die Zusammenarbeit verbessert und Vertrauen zwischen den Lehrkräften der verschiedenen Systeme geschaffen. Außerdem wurde in einem Fall ein neues Kooperationsprojekt zur Übergangsgestaltung als Nebenprodukt der Zusammenarbeit ins Leben gerufen. Ein Netzwerksprecher resümiert zum Gewinn durch die Zusammenarbeit, dass sich dadurch der Stellenwert des Übergangs verändert habe.

Auch in diesem Fall zeigen die Bewertungen der Lehrkräfte auf der Grundlage des Fragebogens kein eindeutiges Bild, wobei die Mehrheit der Befragten den Aussagen zustimmt, dass die bei den Unterrichtshospitationen entstandenen Ideen die eigene Arbeit bereichern, dass man sich gegenseitig inspiriert und insgesamt mehr Vor- als Nachteile entstehen.

5. Diskussion

Zentraler Bestandteil des vorliegenden Beitrags sind wechselseitig stattfindende Unterrichtshospitationen, die von Lehrkräften der Grund- und weiterführenden Schulen mit dem Ziel der Gestaltung des Übergangs von der Grund- zur weiterführenden Schule umgesetzt werden. Neben der grundsätzlichen Erkenntnis, dass alle Managementebenen bei Unterrichtshospitationen im Kontext von schulischem Übergangsmanagement berührt werden, zeigen die vorliegenden Analysen, dass mithilfe der Unterrichtshospitationen Professionalisierung stattfindet: Lehrkräfte der Grund- und weiterführenden Schulen tauschen Wissen und Material aus und gestalten somit den Übergang zwischen zwei verschiedenen Lehr- und Lernkulturen. Von den befragten Lehrkräften wird dies als förderlich und als ein besonderes Merkmal von Unterrichtshospitationen wahrgenommen. Die Interviewpartner bestätigen die theoretisch konstruierte und angenommene Verbindung zu Managementprozessen im Transfer (Jäger, 2008). An dieser Stelle sei auf die Limitationen der Studie hingewiesen: Zum einen liegt eine selektive Stichprobe vor, da lediglich Ganztagsgymnasien als weiterführende Schulen befragt wurden. Zum anderen können die Daten aufgrund der sehr kleinen Stichprobe nur erste Anhaltspunkte für Unterrichtshospitationen als Strategie schulischen Übergangsmanagements liefern.

Es stellt sich heraus, dass die Ziele wechselseitiger Unterrichtshospitationen im Übergang insbesondere im Bereich der Unterrichtsentwicklung verortet sind. So helfen Unterrichtshospitationen Lehrkräften der weiterführenden Schulen beispielsweise zu verstehen, welche Kompetenzen, Fertig- und Fähigkeiten Schülerinnen und Schüler von der Grundschule mitbringen, welche Lehr- und Lernmethoden dort Anwendung gefunden haben und welche Lehr- und Lernmethoden gegebenenfalls noch nicht von den Schülerinnen und Schülern erprobt wurden und als ungewohnt wahrgenommen werden. Diese Erkenntnisse werden für die eigene Unterrichtsentwicklung genutzt, sodass Lehrkräfte der weiterführenden Schulen in diesem Zusammenhang von einer „Anpassung der Unterrichtsgewohnheiten“ (Koch, 2006, S. 76) sprechen. Ziele sowie Effekte von Unterrichtshospitationen im Übergang scheinen somit kohärent zu sein.

Mithilfe der Rekonstruktion der Aktivitäten im Rahmen von Unterrichtshospitationen im Übergang werden normative Empfehlungen zum Vorgehen (z. B. Amrehn & Schmitt, 2012) bestätigt und erweitert. Es wird deutlich, dass – um Prozesse der Schulentwicklung anzustoßen – verschiedene Aktivitäten erforderlich sind und „dass professionelle Entwicklung weder durch Zufall noch aus sich selbst heraus“ geschieht (Buhren, 2015a, S. 166). Hier sollten Schulen vermehrt Unterstützung dabei erhalten, Netzwerke aufzubauen und Prozesse zu steuern. Die Implikation von Unterrichtshospitationen als fester Bestandteil der Lehreraus- und -weiterbildung scheint hier weiterhin naheliegend und sinnvoll, ebenso wie die Sensibilisierung von Lehrkräften hinsichtlich eines fachübergreifenden Austausches und der Zusammenarbeit mit Lehrkräften anderer Schulformen.

Hinsichtlich der Bewertung bleibt offen, warum nicht alle Lehrkräfte die Unterrichtshospitationen als relevant, nützlich und gewinnbringend einschätzen. Hier stellt sich die Frage, ob dies grundsätzlich an den Unterrichtshospitationen liegt oder vielmehr an Stolpersteinen beziehungsweise ungünstigen Rahmenbedingungen, welche die Umsetzung möglicherweise erschwerten. Zukünftige Arbeiten sollten hier nachforschen, um zu einer differenzierteren Aussage zu gelangen.

Insgesamt verweisen die Interviewaussagen auf das Potenzial von Unterrichtshospitationen für die Schulentwicklung. Gleichzeitig wird deutlich, dass Unterrichtshospitationen dann als Strategie genutzt werden sollten, wenn es einen konkreten Schulentwicklungsanlass gibt und sie als Aktivität in Schulentwicklungsarbeit integriert werden (Korn, 2015), wie hier am Beispiel des Übergangsmanagements. Aktuell ist jedoch zu beobachten, dass mit vielen Ressourcen vor allem ‚Leuchtturm-Hospitationen‘ befördert werden. Diese sollten unbedingt hinsichtlich ihrer Effekte für die Qualitätsentwicklung der besuchenden Schulen besser erforscht werden. Die noch bestehenden Lücken in der Schulentwicklungsforschung und -programmatik gilt es zukünftig durch weitere Forschung zu Hospitationen von Lehrkräften zu füllen und die entsprechenden Ergebnisse in die Lehrer(fort)bildung zu überführen.

Literatur

Amrehn, I & Schmitt, R. (2012). *Übergänge gestalten. Von der Grundschule in die weiterführenden Schulen*. Donauwörth.

Bellenberg, G. & Forell, M. (Hrsg.). (2013). *Bildungsübergänge gestalten. Ein Dialog zwischen Wissenschaft und Praxis*. Münster: Waxmann.

Berkemeyer, N., Bos, W., Järvinen, H., Manitius, V. & Holt, N. van (Hrsg.). (2015). *Netzwerkbasierte Unterrichtsentwicklung. Ergebnisse der wissenschaftlichen Begleitforschung zum Projekt „Schulen im Team"*. Münster: Waxmann.

Bleicher, K. (1999). *Das Konzept integriertes Management. Visionen – Missionen – Programme*. Frankfurt: Campus.

Bos, W. & Tarnai, Ch. (Hrsg.). (1989). *Angewandte Inhaltsanalyse in Empirischer Pädagogik und Psychologie*. Münster: Waxmann.

Buhren, C. G. (2012). *Kollegiale Hospitation: Verfahren, Methoden und Beispiele aus der Praxis*. Köln: Carl Link.

Buhren, C.G. (2015a). Personalentwicklung durch kollegiale Hospitation und Professionelle Lerngemeinschaften. In J. Berkemeyer, N. Berkemeyer & F. Meetz (Hrsg.), *Professionalisierung und Schulleitungshandeln. Wege und Strategien der Personalentwicklung an Schulen* (S. 160–148). Weinheim: Beltz.

Buhren, C. G. (2015b). Kollegiale Hospitation – Verfahren und Methoden im Überblick. In C. G. Buhren, C. G. (Hrsg.), *Handbuch Feedback in der Schule* (S. 149–166). Weinheim: Beltz.

Diemer, T. (2013). *Innerschulische Wirklichkeiten neuer Steuerung. Zur Nutzung zentraler Lernstandserhebungen*. Wiesbaden: Springer VS.

Fend, H. (2006). *Neue Theorie der Schule. Eine Einführung in das Verstehen von Bildungssystemen*. Wiesbaden.

Fend, H. (2008). *Schule gestalten. Systemsteuerung, Schulentwicklung und Unterrichtsqualität*. Wiesbaden: Springer VS.

Fend, H. (2009). *Neue Theorie der Schule. Einführung in das Verstehen von Bildungssystemen*. Wiesbaden: Springer VS.

Heitmann, K. (2013). *Wissensmanagement in der Schulentwicklung. Theoretische Analyse und empirische Exploration aus systemischer Sicht*. Wiesbaden: Springer VS.

Helmke, A. (2009). *Unterrichtsqualität und Lehrerprofessionalität*. Seelze: Klett-Kallmeyer.

Hofmann, M. (1988). Einführende und grundsätzliche Überlegungen zum funktionalen Management. In M. Hofmann & L. von Rosenstiel (Hrsg.), *Funktionale Managementlehre* (S. 7–37). Heidelberg: Springer.

Holsti, O. R. (1969). *Content Analysis for the Social Sciences and Humanities*. Reading, MA: Longman Higher Education.

Jäger, M. (2004). *Transfer in Schulentwicklungsprojekten*. Wiesbaden: Springer VS.

Jäger, M. (2008). *Wenn Ideen Schule machen. Anregungen zur Verbreitung von FörMig-Prinzipien und bewährter Praxis*. Münster: Waxmann.

Jäger, M. (2009). *Innovation durch Kooperation – Anregungen zum Transfer in TransKiGs*. Landesinstitut für Schule und Medien Berlin-Brandenburg. Ludwigsfelde-Struveshof: Landesinstitut für Schule und Medien Berlin-Brandenburg.

Kansteiner, K. & Stamann, C. (2015). (Hrsg.). *Personalentwicklung in der Schule zwischen Fremdsteuerung und Selbstbestimmung*. Weingarten: Klinkhardt.

Kaufman, T. E. & Grimm, E. D. (2013). *The transparent teacher. Taking charge of your instruction with peer-collected classroom data*. San Francisco. CA: Jossey-bass.

Kiel, E. & Weiß, S. (Hrsg.). (2016). *Schulentwicklung gestalten. Theorie und Praxis von Schulinnovation*. Stuttgart: Kohlhammer.

Kiper, H. (2012). *Unterrichtsentwicklung*. Stuttgart: Kohlhammer.

Koch, K. (2006). Der Übergang von der Grundschule in die weiterführende Schule als biographische und pädagogische Herausforderung. In A. Ittel, L. Stecher, H. Merkens & J. Zinnecker (Hrsg.), *Jahrbuch Jugendforschung* (S. 69–92). Wiesbaden: Springer VS.

Korn, B. (2015). Hospitieren – reflektieren – adaptieren. Erfahrungen aus dem Netzwerk Hamburger Hospitationsschulen. *Journal für Schulentwicklung, 1*, 37–43.

Kreis, A. (2015). Kollegiale Hospitation – Chancen und Realisierungsmöglichkeiten. In K. Kansteiner & C. Stamann (Hrsg.), *Personalentwicklung in der Schule zwischen Fremdsteuerung und Selbstbestimmung* (S. 185–199). Weingarten: Klinkhardt.

Kullmann, H. (2010). *Lehrerkooperation. Ausprägung und Wirkungen am Beispiel des naturwissenschaftlichen Unterrichts an Gymnasien*. Münster: Waxmann.

Kussau, J. (2007). Schulische Veränderung als Prozess des „Nacherfindens". In J. Kussau & T. Brüsemeister (Hrsg.), *Governance, Schule und Politik. Zwischen Antagonismus und Kooperation* (S. 287–303). Wiesbaden: Springer VS.

Maaz, K., Baumert, J., Gresch, C. & McElvany, N. (Hrsg.). (2010). *Der Übergang von der Grundschule in die weiterführende Schule. Leistungsgerechtigkeit und regionale, soziale und ethnisch-kulturelle Disparitäten* (Bildungsforschung, Bd. 34). Berlin: BMBF.

Mayring, P. (2010). *Qualitative Inhaltsanalyse: Grundlagen und Techniken*. Weinheim: Beltz.

MSW NRW (2015) = Ministerium für Schule und Weiterbildung des Landes Nordrhein-Westfalen (2015). *Referenzrahmen Schulqualität NRW*. Verfügbar unter https://www.uni-due.de/imperia/md/content/prodaz/referenzrahmen_schulqualit%C3%A4t_nrw.pdf [29.03.2016].

Muche, C., Noack, T., Oehme, A. & Schröer, W. (2010). Referenzmodell für ein regionales bedarfsorientiertes Übergangsmanagement. In. R. Brandel, M. Gottwald & A. Oehme (Hrsg.), *Bildungsgrenzen überschreiten. Zielgruppenorientiertes Übergangsmanagement in der Region* (S. 23–36). Wiesbaden: Springer VS.

Ophuysen, S.van (2005). Gestaltungsmaßnahmen zum Übergang von der Grundschule zur weiterführenden Schule. In H. G. Holtappels & K. Höhmann (Hrsg.), *Schulentwicklung und Schulwirksamkeit. Systemsteuerung, Bildungschancen und Entwicklung der Schule* (S. 141–152). Weinheim: Beltz.

Porsch, R. (2015). Pädagogische Maßnahmen, Kooperationsformen und Herausforderungen an Ganztagsgymnasien im Übergang nach der Grundschule. In. H. Wendt & W. Bos (Hrsg.), *Auf dem Weg zum Ganztagsgymnasium. Erste Ergebnisse der wissenschaftlichen Begleitforschung zum Projekt Ganz In* (S. 201–224). Münster: Waxmann.

Riesen, M. (2002). *Hospitationen. Dokumentation Schulen mit Profil, 2*, 3–9.

Rolff, H.-G. (1998). Entwicklung von Einzelschulen: Viel Praxis, wenig Theorie und kaum Forschung. In H.-G. Rolff, K. O. Bauer, K. Klemm & H. Pfeiffer (Hrsg.), *Jahrbuch der Schulentwicklung* (Bd. 10). Weinheim: Beltz.

Rolff, H.-G. (2016). Schulentwicklung – von der Standortplanung zur „Lernenden Schule". In U. Steffens & T. Bargel (Hrsg.) *Schulqualität – Bilanz und Perspektiven: Grundlagen der Qualität von Schule 1* (S. 115–140). Münster: Waxmann.

Rolff, H.-G., Rhinow, E., Röhrich, T. & Teichert, J. (2011) (Hrsg.). Qualität in allen Schulen. *Handbuch für ein schulinternes Qualitätsmanagement*. Köln: Carl Link.

Schratz, M. (2017). Innovative Schulen – exzellente Praxis. Tendenzen der Schulentwicklung am Beispiel des Deutschen Schulpreises. In. U. Steffens, K. Maag Merki & H. Fend (Hrsg.), *Schulgestaltung. Aktuelle Befunde und Perspektiven der Schulqualitäts- und Schulentwicklungsforschung* (Grundlagen der Qualität von Schule, Bd. 2, S. 231–247). Münster: Waxmann.

Schreyögg, G. & Koch, J. (2010). *Grundlagen des Managements: Basiswissen für Studium und Praxis.* Wiesbaden: Gabler.

Schröder, J. & Wilmanns, I. (2016). Institutionelle Übergänge als kritische Lebensereignisse in der Bildungsbiographie: Die Beispiele Grundschulübergang, Klassenwiederholungen und Abschulungen. In R. Strietholt, W. Bos, H. G. Holtappels & N. McElvany (Hrsg.), *Jahrbuch der Schulentwicklung. Daten, Beispiele, Perspektiven* (Bd. 19, S. 106–131). Münster: Waxmann.

Sendzik, N., Sartory, K. & Järvinen, H. (2016). Die kommunale Gestaltung des Übergangs von der Primar- zur Sekundarstufe: Erste netzwerkanalytische Erkundungen. In. N. Kolleck, S. Kulin, I. Bormann, G. de Haan & K. Schwippert (Hrsg.), *Traditionen, Zukünfte und Wandel in Bildungsnetzwerken* (Netzwerke im Bildungsbereich, S. 97–128). Münster: Waxmann.

Steffens, U. & Bargel, T. (Hrsg.). (2016). *Schulqualität – Bilanz und Perspektiven: Grundlagen der Qualität von Schule* (Bd. 1). Münster: Waxmann.

Steinert, B., Klieme, E., Maag Merki, K., Döbrich, P., Halbheer, U. & Kunz, A. (2006). Lehrerkooperation in der Schule: Konzeption, Erfassung, Ergebnisse. *Zeitschrift für Pädagogik, 52* (2), 185–204.

Thomas, L. & Fitzner, S. (2012). *Feedback gewünscht – Kollegiale Unterrichtshospitation als Chance.* Berlin: Raabe.

Ulrich, H. & Krieg, W. (1974). *St. Galler Management-Modell* (3. Aufl.). Bern.

Wilde, D. & Schwenke, J. (2010). „Komm, wir entwickeln unseren Unterricht gemeinsam weiter …" Das Berliner Modellvorhaben „KUQS". *Die Grundschulzeitschrift, 235/236,* 24–28.

Andrea Wullschleger, Katharina Maag Merki, Beat Rechsteiner & Ariane Rickenbacher

Kooperation von Lehrpersonen im Hinblick auf Schulentwicklung

Forschungsstand und Forschungsperspektiven am Beispiel von sozialen Netzwerkanalysen

1. Einführung

Die Erforschung von Kooperationen zwischen Lehrpersonen ist ein Thema, welches bereits seit längerer Zeit untersucht wird. Im Kern geht es dabei um die Idee, dass die Zusammenarbeit von Lehrpersonen einen effektiven Weg darstellt, damit sich Lehrpersonen beruflich weiterentwickeln können und sich dadurch die Qualität von Unterricht sowie das Lernen der Schülerinnen und Schüler verbessern. Ältere Diskussionen um die Qualität und Effektivität von Schulen (Fend, 1986, 1998; Steffens, 2017) oder erste Metaanalysen (z.B. Scheerens & Bosker, 1997) zeigen einerseits, dass die Kooperation von Lehrpersonen bedeutsam für das Lernen der Schülerinnen und Schüler ist. Andererseits wird in diesen Arbeiten aber auch deutlich, dass die Forschungsbefunde inkonsistent sind (1) in Bezug auf die Qualität der Umsetzung von Kooperation in der Praxis sowie (2) bezüglich der Stärke und Richtung des Einflusses von Lehrpersonenkooperation auf die Weiterentwicklung der Schulqualität und des Lernens von Schülerinnen und Schülern. So sind auch mehr als zehn Jahre nach den Einschätzungen von Terhart und Klieme (2006) noch viele Fragen offen. Es kann nach wie vor kein abschließendes Bild darüber gezeichnet werden, wie und warum Lehrpersonen in Schulen (nicht) kooperieren, welche Faktoren die Qualität und Häufigkeit der Kooperation begünstigen oder hemmen sowie welche Effekte Kooperationen von Lehrpersonen auf die Qualitätsentwicklung der Schulen und die Lernentwicklung der Schülerinnen und Schüler haben. Dieses inkonsistente Bild steht in großem Kontrast zu den (politischen) Statements, dass die Kooperation von Lehrpersonen wichtig sei und auf jeden Fall gefördert werden sollte, damit Schulen besser in der Lage sind, die vielschichtigen Anforderungen und Herausforderungen in einem sich immer schneller verändernden Umfeld kompetent zu meistern.

Gründe für diese komplexe Forschungslage können zum einen in der unterschiedlichen Definition und Konzipierung von Kooperation unter Lehrpersonen gefunden werden. Dies führt zu nicht einheitlichen Operationalisierungen und Forschungskonzeptionen, so dass entsprechende Forschungsergebnisse nur ungenügend miteinander verglichen werden können. Zum anderen weist der aktuelle Forschungsstand ein systematisches Defizit in der empirischen Erforschung von Kooperationen auf. Allzu oft werden beispielsweise nur einfache standardisierte Erhebungsinstrumente verwendet, die hauptsächlich auf der retrospektiven Selbsteinschätzung zu Kooperationshäufigkeiten und -inhalten auf relativ generellem Niveau beruhen. Neben der grundsätzlichen Problematik der Genauigkeit von Selbsteinschätzungen bei der Erfassung von schulischem Handeln kann damit selten etwas über die Qualität der Zusammenarbeit erfahren werden. Dies wäre jedoch wichtig, um herausarbeiten zu können, warum bestimmte Kooperationstätigkeiten für das Lernen von Lehrpersonen und Schülerinnen und Schüler funktionaler sind und andere eben nicht. In diesem Sinne braucht es neue Forschungszugänge, die in Ergänzung zur bisherigen Forschung einen Beitrag zur Analyse der komplexen Dynamik und Ergiebigkeit von Kooperationen leisten. Damit sollen auch differenziertere Erkenntnisse darüber gewonnen werden, wie Kooperationen situationsadäquat gefördert werden können.

Das Ziel dieses Beitrages besteht vor diesem Hintergrund darin, neben einer Zusammenstellung aktueller Forschungsbefunde eine Möglichkeit für einen neuen Forschungszugang bezüglich der Analyse von Kooperation unter Lehrpersonen aufzuzeigen: *die soziale Netzwerkanalyse*. Diese Forschungsrichtung ist aus unserer Sicht wegweisend, um den gegenwärtigen Stand der Erforschung der Zusammenarbeit von Lehrpersonen zu erweitern und ein noch tieferes Verständnis von Kooperationen zwischen Lehrpersonen in Schulen zu erhalten. In Kapitel 2 soll zunächst eine Klärung des Konzeptes vorgenommen werden, um nachfolgend in Kapitel 3 den aktuellen Forschungsstand zusammenzufassen und zentrale Forschungslücken zu beschreiben. Da die Analyse von Kooperationen zwischen Lehrpersonen mittels sozialer Netzwerkanalysen bislang in der Schulentwicklungsforschung erst in Ansätzen umgesetzt worden ist, wird diese in Kapitel 4 näher beschrieben. In Kapitel 5 werden anhand einer Fallstudie in der Deutschschweiz erste Ergebnisse von sozialen Netzwerkanalysen in Sekundarschulen vorgestellt. Das letzte Kapitel dient dazu, die zentralen Erkenntnisse in Bezug auf die Umsetzung von Kooperationen unter Lehrpersonen in der Praxis zu diskutieren. Es schließt mit einem Ausblick auf zukünftige Forschungsfragen (Kapitel 6).

2. Konzeptionelle Klärungen

2.1 Vielfältige Begrifflichkeiten

Die Kooperation von Lehrpersonen wird in der internationalen Literatur mittels einer Vielzahl von Begrifflichkeiten und Konzeptionen beschrieben und erforscht. Allerdings fehlt eine einheitliche Definition (Vangrieken, Boon, Dochy & Kyndt, 2017; Vangrieken, Dochy, Raes & Kyndt, 2015). Ein systematisches Review englischsprachiger Literatur von Vangrieken et al. (2015) verweist auf folgende verwendete Begriffe: teacher collaboration, professional (learning) communities, communities of practice, teacher teams, teacher learning groups, departments, critical friends groups, collaborative practice, interactions oder networks. Diese Begriffe und Konzepte entstammen unterschiedlichen Forschungszusammenhängen, so beispielsweise der Organisationsentwicklungsforschung, der Professionalisierungsforschung, der Forschung zum Arbeitsverhalten am Arbeitsplatz oder der Berufsausbildungsforschung.

Werden die verschiedenen Begriffe analysiert, zeigt sich, dass es nicht nur Unterschiede zwischen den Begriffen gibt, sondern (a) dass sich auch bei (fast) identischen Begriffen die dahinterliegenden theoretischen Konzepte unterscheiden und (b) dass sich trotz verschiedener Begriffe die dahinterliegenden Konzepte (sehr) stark überschneiden:

a) *(Fast) identische Begriffe, aber unterschiedliche Konzepte*: Dies ist beispielsweise bei *professional learning communities (PLC)* der Fall (Lomos, Hofman & Bosker, 2011a, 2011b; Mitchell & Sackney, 2011; Stoll, Bolam, McMahon, Wallace & Thomas, 2006; Stoll & Louis, 2007). Die Unterschiede manifestieren sich u.a. darin, welche Gruppen von Akteur/innen als Teil der PLC verstanden werden. So bilden gemäß Stoll und Louis (2007) Lehr- und Fachpersonen eine PLC. Im Gegensatz dazu sehen Mitchell und Sackney (2011) neben Lehr- und Fachpersonen auch Schulleitungen, Schülerinnen und Schüler, Eltern oder Schulbehörden als Akteur/innen einer PLC. Sie orientieren sich in der Folge am Konzept der *learning community*. Damit zusammenhängend zeigen sich Unterschiede, auf welchem Aggregationslevel PLC verortet werden, ob auch kleine Gruppen von drei oder vier Lehrpersonen als PLC verstanden werden – so beispielsweise Fachteams und Departemente (Lomos et al., 2011b) – oder ob eine ganze Schule als PLC gefasst wird (Mitchell & Sackney, 2011).
b) *Unterschiedliche Begriffe, aber starke Überschneidung in den dahinterliegenden Konzepten*: Dies ist beispielsweise bei den Konzepten *professional learning communities (PLC)* und *communities of practice* der Fall (Vangrieken, Meredith, Packer & Kyndt, 2017). Es lassen sich zwar unterschiedliche theoretische Ursprünge der beiden Konzepte identifizieren – PLC sind stärker aus den Forschungen zu Lernenden Organisationen, communities of practice aus Ansätzen des situierten Lernens entstanden. Dennoch zeigen sich hinsichtlich der Ziele, Strategien oder Prozesse sehr große Überschneidungen, so dass die Konzepte häufig sogar synonym verwendet werden (Vangrieken, Meredith et al., 2017). Gemäß Lomos et al. (2011a) ist über die Begrifflichkeiten wie Professionalität, Lernen und Gemeinschaft hinweg eine gemeinsame Orientierung an den Konzepten identifizierbar. Häufig wird dabei auf die von Kruse, Louis und Bryk (1995) beschriebenen fünf Merkmale von PLC verwiesen: reflective dialogue, deprivatization of practice, cooperative practices, collective responsibility und focus on student learning. Aber auch alternative Konzeptualisierungen sowie Operationalisierungen sind in der Literatur zu finden, wie die Metaanalyse von Lomos et al. (2011a) zeigt.

Im deutschsprachigen Diskurs wird in der Schulentwicklungs- oder Professionalisierungsforschung häufig der Begriff der Lehrerkooperation (Gräsel, Fußangel & Pröbstel, 2006; Huber & Ahlgrimm, 2012; Maag Merki, 2009) sowie das Konzept der (professionellen) Lerngemeinschaft verwendet, dies je nachdem in Anlehnung an professional learning communities (z. B. Bonsen & Rolff, 2006) oder in Bezug auf das Konzept des situierten Lernens (z. B. Gräsel, Fussangel & Parchmann, 2006).

2.2 Kooperation als analytisches Konzept versus als Maßstab für Qualität

Unabhängig von den Begrifflichkeiten stellt sich die Frage, ob Kooperation ein analytisches Konzept ist, welches sowohl eine tiefe wie auch eine hohe Ausprägung haben kann (Vangrieken et al., 2015) oder ob mit Kooperation bestimmte Qualitätsmaßstäbe und Standards verbunden sind, beispielsweise das Festlegen gemeinsamer Ziele, die Fokussierung auf das Lernen von Schülerinnen und Schülern oder die Deprivatisierung des Unterrichts (Kruse et al., 1995). In diesem Fall könnte Kooperation als normatives Konzept verstanden werden, welches sich als die höchste Stufe von anderen Konzepten abgrenzen lässt, die ebenfalls Interaktionen von Akteur/innen im Hinblick auf die Bearbeitung einer Aufgabe fokussieren, entsprechende Prozessnormen aber nicht erfüllen.

Im Rahmen dieses Artikels wird *Kooperation als analytisches Konzept* verstanden. Dadurch kann der Forschungsgegenstand in der vollen Breite und ohne Einschränkung auf ein spezifisches Qualitätsniveau diskutiert werden. Wir grenzen uns damit nicht nur von Konzepten der professionellen Lerngemeinschaft, sondern auch von gängigen Definitionen im deutschsprachigen Diskurs ab. So beispielsweise von jener von Gräsel, Fußangel und Pröbstel (2006) bzw. von Spiess (1996; 2004), die in ihrer Definition nicht nur bestimmte Qualitätsmerkmale für Kooperation voraussetzen (z. B. gemeinsam zu erreichende Ziele, Intentionalität, Reziprozität), sondern auch Bedingungen für Kooperation formulieren (z. B. Vertrauen, Autonomie).

Unter Kooperation von Lehrpersonen werden in diesem Artikel somit *Interaktionen von mindestens zwei Lehrpersonen* verstanden, die eine gemeinsame Aufgabe bearbeiten (müssen). Allerdings impliziert dies nicht, dass sie auch die gleichen Ziele verfolgen oder eine gemeinsame Vorstellung über Standards oder Zielerreichungsgrad aufweisen. Kooperationen von Lehrpersonen können über eine längere Zeit oder einzig punktuell im Rahmen kurzer Interaktionen realisiert werden.

Es wird davon ausgegangen, dass sich die Kooperation von Lehrpersonen durch wesentliche Qualitätsmerkmale unterscheidet (Decuyper, Dochy & Van den Bossche, 2010; Gräsel, Fußangel & Pröbstel, 2006; Schippers, Den Hartog & Koopman, 2007), *Kooperation somit als Kontinuum* von qualitativ geringer- bis hin zu qualitativ hoher Qualität verstanden wird („collaborative continuum“, Vangrieken et al., 2015, S. 25).

2.3 Komplexität von Kooperationssettings

Die Kooperation von Lehrpersonen kann sich in Bezug auf die *Größe der Gruppe* unterscheiden. Gerade für Schulen ist hier Offenheit notwendig, da Lehrpersonen oft in mehreren kleinen Gruppen Aufgaben zu bearbeiten haben, z. B. in Jahrgangs- oder Fachteams, die Zusammensetzung der Gruppen zudem variabel ist und sich im Laufe eines Schuljahres oder über mehrere Jahre verändern kann. Die Analyse von Kooperation von Lehrpersonen braucht somit einen *mehrebenenanalytischen Blick*, der hilft, die komplexe Vernetzung und Verschachtelung der verschiedenen Kooperationssettings in einer Schule zu identifizieren. Dabei interessieren auch die Stärke der Koppelungen innerhalb und zwischen den Kooperationssettings (Weick, 1976) oder die Frage, in welchen formalen oder informellen Settings Lehrpersonen kooperieren (Kyndt, Gijbels, Grosemans & Donche, 2016).

2.4 Prozessperspektive auf Kooperation

Für die Analyse von Kooperation von Lehrpersonen ist eine *Prozessperspektive* notwendig, da die Qualität der Interaktionen und die Dynamiken zwischen den Personen sowie die konkreten Lernprozesse ausschlaggebend dafür sind, inwiefern Kooperationen funktional oder dysfunktional für die Zielerreichung sind (Kyndt et al., 2016; Vangrieken et al., 2015; Watzek & Mulder, 2018; Widmann, Mulder & Köning, 2018). Decuyper et al. (2010) haben hierzu ein theoretisches Modell entwickelt, welches unterschiedliche kommunikative Aktivitäten und Prozesse unterscheidet, eingeteilt in *basic process variables* und *facilitating process variables*.

Zu den Basisprozessvariablen gehören *sharing, co-construction* sowie *constructive conflict*. *Sharing* wird als die Voraussetzung für die beiden anderen, eng miteinander verflochtenen Variablen *co-construction* und *constructive conflicts* betrachtet. Im Zentrum geht es dabei um die Kommunikation von Wissen, Kompetenzen, Meinungen oder kreativen Gedanken eines Teammitglieds mit anderen Mitgliedern, die vorgängig nicht wussten, dass dieses Wissen im Team präsent ist. Detaillierungs- sowie Verbreitungsgrad innerhalb des Teams sind wesentliche Qualitätsmerkmale dieses Basisprozesses. *Sharing* als reiner Austausch reicht allerdings nicht, um neues Wissen zu generieren; vielmehr müssen in einem ko-konstruktiven Prozess (*co-construction*) neue Wissensinhalte ergänzt, revidiert, in andere Wissensinhalte integriert, modifiziert und in einem intensiven Prozess weiterverarbeitet werden:

> However, in co-construction team members take the interaction one step further as they engage in repeated cycles of acknowledging, repeating, paraphrasing, enunciating, questioning, concretizing, and completing the shared knowledge, competencies, opinions or creative thoughts. In light of a quest for interpersonal congruence team members refine and extend each other's existing patterns of thought, language and action. This leads to shared knowledge and new meaning that was not previously available to the team. (Decuyper et al., 2010, S. 116f.)

Constructive conflict wiederum ist ein Prozess des Aushandelns und des elaborierten Diskurses im Team, um heterogene Perspektiven, unterschiedliche Meinungen oder kontroverse Wissensverständnisse herauszuarbeiten, aufeinander zu beziehen, voneinander abzugrenzen und in der Folge zu einem (instabilen) Konsens zu gelangen.

Gemäß Decuyper et al. (2010) führen diese drei Basisprozessvariablen zu Veränderungen, aber nicht zwingendermaßen zu Verbesserungen. Zusätzlich sind somit Aspekte wesentlich, die den Teammitgliedern helfen, in die „richtige Richtung“ zu gehen (Decuyper et al., 2010, S. 117). Hierzu gehören die drei *facilitating process variables: team reflexivity, team activity* und *boundary crossing. Reflexion im Team* bedeutet, in einem Prozess der Ko-Konstruktion, De-Konstruktion und Re-Konstruktion gemeinsame Denkmodelle über Ziele, Inhalte oder Methoden zu hinterfragen und weiterzuentwickeln. Unter *Teamaktivität* sind die konkreten Lernaktivitäten des Teams gefasst. Zum einen sind das geplante und koordinierte, zum anderen unkoordinierte oder eher chaotische Lernaktivitäten („learning by doing“). Beide sind gleichermaßen für die Zielerreichung wichtig. *Grenzen zu überqueren* meint Aktivitäten des Teams, die es ermöglichen, den Lernprozess des Teams zu verbessern und die Zielerreichung zu erhöhen, aber auch Wissen im Team zu verbreiten. Dies geschieht über das Einholen von neuen Informationen und Erkenntnissen bei Personen außerhalb des Teams (oder auch außerhalb der eigenen Schule).

Im deutschsprachigen Kontext wird ein theoretisches Modell von kooperativen Prozessen, welches einige Ähnlichkeiten mit jenem von Decuyper et al. (2010) aufweist, breit diskutiert. So unterscheiden Gräsel, Fußangel und Pröbstel (2006) drei Kooperationsformen: *Austausch, arbeitsteilige Kooperation* und *Ko-Konstruktion*. Im Gegensatz zu Decuyper et al. (2010) wird eine Stufung der drei Formen von Kooperation vorgenommen, wobei die *ko-konstruktive Kooperation* eine deutlich intensivere Auseinandersetzung mit dem Gegenstand der Kooperation impliziert als die anderen beiden Formen. Dabei werden unterschiedliche Perspektiven diskutiert und elaboriert sowie gemeinsame Wissensbestände entwickelt. Beim *Austausch* hingegen werden einzig Materialien oder Informationen ausgetauscht, ohne dass ein gemeinsames Verständnis über den Gegenstand entwickelt wird. Bei der *arbeitsteiligen Kooperation* wiederum findet eine verteilte Bearbeitung des Arbeitsgegenstands statt, ohne dass eine enge gemeinsame Arbeit beziehungsweise eine Ko-Konstruktion notwendig wäre.

2.5 Gegenstandsorientierung von Kooperation

Ein weiteres wesentliches Kennzeichen von Kooperation von Lehrpersonen ist, dass sie auf unterschiedliche Inhalte fokussiert ist. In diesem Sinne braucht ein Konzept der Kooperation eine *Gegenstandsorientierung*. Dies ist insbesondere für die Qualitätsentwicklung in Schulen von Bedeutung, da Kooperation zeitaufwändig und anspruchsvoll ist und einzig dann funktional für die Professionalisierung der Lehrpersonen und das Lernen der Schülerinnen und Schüler wird, wenn nicht (nur) administrativ-organisationale Inhalte bearbeitet werden, sondern ein intensiver Austausch über Unterricht und Lernen der Schülerinnen und Schüler realisiert wird.

3. Empirischer Forschungsstand

3.1 Häufigkeit und Beweggründe der Kooperation von Lehrpersonen

Die Kooperation von Lehrpersonen ist in der schulischen Praxis kein sehr verbreitetes Handlungsmuster. Die Häufigkeit wie auch die Qualität variieren aufgrund unterschiedlicher Faktoren. So zeigen verschiedene Studien, dass eine *qualitativ anspruchsvolle Kooperationspraxis* – beispielsweise gemäss Gräsel, Fußangel und Pröbstel (2006) das ko-konstruktive Kooperieren oder gemäß Vangrieken et al. (2015) eine „deep level teacher cooperation" – nicht sehr verbreitet ist. Lehrpersonen tauschen häufiger Materialien aus oder verständigen sich über verschiedene Ziele und Vorgehensweisen. Kooperationsformen, die eine hohe Intensität, kritische Auseinandersetzung oder Introspektion verlangen, werden hingegen seltener praktiziert (Camburn & Won Han, 2017; Gräsel, Fußangel & Pröbstel, 2006; Gutierez, 2015).

Die Kooperationshäufigkeit wird durch verschiedene Faktoren beeinflusst. Studien zeigen beispielsweise, dass die Zusammenarbeit mit Unterrichtsexpert/innen (Camburn & Won Han, 2017), Kooperationspartner/innen aus der Forschung (Kyriakides et al., 2019) oder „knowledgable others" (Gutierez, 2015) zu häufigerer Kooperation führen. Die *Zusammensetzung der Kooperationsteams* stellt somit einen entscheidenden Faktor dar. Gemäß Vangrieken et al. (2015) sind es zudem *Merkmale des Teams*, beispielsweise die Kompetenzen des Teams, die Erfahrungen sowie kollektive Selbstwirksamkeitsüberzeugungen, aber auch individuelle Merkmale der einzelnen Mitglieder, ihre Haltungen, Einstellungen, Bereitschaften für Kooperationen oder ihre Fähigkeiten, die die Kooperationspraxis beeinflussen.

Daneben wird in verschiedenen Studien, meist auf Basis von sozialen Netzwerkanalysen, den Beweggründen nachgegangen, weshalb sich Lehrpersonen mit ihren Kolleginnen und Kollegen austauschen oder bei ihnen Rat suchen. So zeigt sich, dass Personen mit mehr Berufserfahrung oder mit spezifischen Positionen (z. B. Leitungsfunktionen) häufiger für den Austausch von fachlichen Fragen aufgesucht werden. Dies trifft ebenso für Lehrpersonen gleichen Geschlechts, aus den gleichen Jahrgangsteams oder aus der gleichen Generation zu (Geeraerts, Van de Bossche, Vanhoof & Moolenaar, 2017; Meredith, Van den Noortgate, Struyve, Gielen & Kyndt, 2017; Moolenaar, Daly, Sleegers & Karsten, 2014; Spillane, Kim & Frank, 2012). Ältere Lehrpersonen scheinen zudem öfter um Rat bezüglich fachlicher Fragen kontaktiert zu werden, während jüngere Lehrpersonen eher hinsichtlich innovativer Unterrichtsmethoden angefragt werden (Geeraerts, Tynjälä & Heikkinen, 2018). Im Gegensatz dazu werden Lehrpersonen mit besseren Leistungen nicht häufiger von ihren Kolleginnen und Kollegen konsultiert; sie selber suchen sich aber öfter als weniger leistungsstarke Lehrpersonen Rat bei anderen (Spillane, Shirrell & Adhikari, 2018).

Für das Verstehen der Kooperationspraxis in der Schule ist zudem zwischen *formalen und non-formalen Kooperationsformen* zu unterscheiden (Kyndt et al., 2016; Meredith, Moolenaar et al., 2017), da Lehrpersonen nicht nur in vorgegebenen Kooperationsgefäßen, z. B. Jahrgangsteams oder Fachteams, sondern in verschiedenen Netzwerken, Subgruppen oder zeitlich wenig überdauernden Interaktionen kooperieren oder sich gegenseitig punktuell um Rat fragen, wenn Probleme auftauchen. Eine jüngst publizierte Studie von Van Gasse (2019) kommt zudem zum Schluss, dass Kooperation in formalen Gruppen auch das informelle Lernen von Lehrpersonen in ihren Netzwerken begünstigt. Deshalb ist es zentral, den Blick sowohl auf die formalen wie auch auf die non-formalen Kooperationspraktiken von Lehrpersonen in der Schule zu lenken.

3.2 Bedingungsfaktoren von Kooperation von Lehrpersonen

Der mittlerweile relativ gut erforschte Bereich der Bedingungsfaktoren von Kooperation weist insgesamt darauf hin, dass Kooperationen von Lehrpersonen ein komplexes Handlungsfeld sind, die über die bereits erwähnten individuellen und kollektiven Merkmale der Teammitglieder hinaus von verschiedensten Prozess- und Strukturfaktoren beeinflusst werden (Decuyper et al., 2010; Huber & Ahlgrimm, 2012; Kyndt et al., 2016; Maag Merki, 2009; Vangrieken et al., 2015; Vangrieken, Meredith et al., 2017). Zu diesen Faktoren gehören gemäß Vangrieken et al. (2015) beispielsweise Freiheitsgrade und Autonomie bezüglich der Gestaltung der Kooperation, die zur Verfügung stehende Zeit oder die Stabilität der Arbeitsgruppe, der Fokus auf das Lehren und Lernen, das Vertrauen in die Kooperationspartner und Kooperationspartnerinnen und die Beziehungsqualität, eine unterstützende Schulleitung oder die Kooperation ermöglichende Regelungen und Vorgaben. Zudem hängt die Kooperation von Lehrpersonen eng mit der Innovationskultur an Schulen zusammen. Ergebnisse von Moolenaar, Sleegers und Daly (2011) deuten darauf hin, dass Lehrpersonen die Kultur an ihrer Schule insbesondere dann als innovationsfördernd wahrnehmen, wenn sie untereinander stark vernetzt sind und wenn es um arbeitsbezogenen und persönlichen Rat geht. In einer weiteren Studie zeigen Moolenaar, Daly, Cornelissen et al. (2014), dass Lehrpersonen, die die Kultur an ihrer Schule als innovativer wahrnehmen, in ihrem Netzwerk stärker intentional agieren, indem sie aktiv nach Beziehungen suchen und sich gerne mit anderen verbinden.

Im Umkehrschluss verhindern gemäß Decuyper et al. (2010) verschiedene *Barrieren* eine produktive Kooperation, so beispielsweise das Gruppendenken, welches das Einbringen von kontroversen Perspektiven hemmt, Verantwortungsdiffusion zwischen den Kooperationsmitgliedern, dominante Teammitglieder oder eine dominante Teamleitung, das Nicht-Einbringen der eigenen Überzeugungen, die im Kontrast zu allen oder zu den meisten Perspektiven der anderen Teammitglieder stehen, das Mitschwimmen in der Gruppe, ohne dass ein eigener Beitrag geleistet wird, geringes Engagement einzelner Mitglieder oder Konflikteskalationen im Team.

3.3 Wirkungen der Kooperation von Lehrpersonen

Hinsichtlich der Wirkungen von Kooperation unter Lehrpersonen zeigen die Ergebnisse konsistent, dass die theoretisch postulierten Zusammenhänge sich nur partiell bestätigen und die politisch hoch gesetzten Erwartungen nur teilweise erfüllt werden. Kooperation ist somit kein Allerheilmittel für die Verbesserung der Schulqualität und der Lernergebnisse der Schülerinnen und Schüler und nur unter bestimmten Bedingungen ein erfolgreiches Instrument der Schulentwicklung. Verschiedene Studien verweisen auf die „zwei Seiten der Medaille“: Kooperation scheint zu positiven Effekten zu führen, aber gleichermaßen mit Belastungen und negativen Konsequenzen einherzugehen. Die *systematic review* von Vangrieken et al. (2015) beispielsweise fasst eine große Anzahl an positiven Auswirkungen zusammen, wobei diese für die Lehrpersonen selber am größten zu sein scheinen. Es werden aber auch positive Auswirkungen für die Schülerinnen und Schüler sowie für die Schule berichtet.

> The results showed that teacher collaboration pays off on students, teachers as well as the whole school level, affirming the importance of stimulating (research on) teacher collaboration. For example, our overview showed that when teachers collaborate, the educational performances of students' progress. Schools undergo cultural changes, are more innovative and become characterised by a flattened power structure. But in the end, it showed that the teachers appear to profit most from collaboration. Apparently they do not only progress with regard to job performance, but on a personal level teachers seem to benefit as well (e.g., feeling less isolated, more motivated, improved morale). (Vangrieken et al., 2015, S. 35)

Die größten Herausforderungen zeigen sich hinsichtlich des wahrgenommenen Autonomieverlustes und der Unabhängigkeit der Lehrpersonen oder in Bezug auf Konfliktsituationen, die sich aufgrund der Kooperationspraxis ergeben. Studien verweisen aber auch auf einen größeren Arbeitsaufwand und erhöhte Belastungen, auf eine Verstärkung des sozialen Drucks bezüglich der Erreichung eines kollektiv konformen Handelns, eine Zunahme der Konfliktsituationen im Team oder eine vermehrte Wahrnehmung von externer Kontrolle des eigenen Handelns, geringere Flexibilität oder stärkere Hierarchisierung (Vangrieken et al., 2015).

3.4 Forschungslücken

Die bisherige Forschung zeigt, dass die Kooperation von Lehrpersonen seit längerer Zeit im Fokus steht, der aktuelle Forschungsstand aber auf verschiedene Forschungslücken verweist.

Die theoretische Modellierung der Kooperation von Lehrpersonen, ihre Bedingungsfaktoren, Prozesse und Wirkungen ist bislang erst in Teilen gelungen. Zwar liegen in einzelnen Bereichen substanzielle Forschungsarbeiten vor, beispielsweise hinsichtlich der Bedingungsfaktoren für produktive Kooperation. In anderen Bereichen – insbesondere im Verstehen der Prozesse und intentionalen und transintentionalen Wirkungen – bleiben die bisherigen Theoriekonzepte eher undifferenziert. Um diese Forschungsdefizite zu bearbeiten, braucht es eine zusätzliche Investition in die Erforschung der Kooperation von Lehrpersonen, ihrer Prozesse und Wirkungen. Darüber hinaus werden in den allermeisten Fällen Fragebogenerhebungen durchgeführt, in denen die Lehrpersonen über ihre Kooperationspraxis in der Retrospektive berichten. Dies geschieht dann meist auf einem relativ hoch aggregierten Niveau (Beispielitem: „Wie häufig haben Sie im vergangenen Schuljahr mit anderen Lehrpersonen kooperiert?"). Die bisherigen empirischen und methodischen Zugänge verhindern somit differenzierte Analysen über Strukturen und Praxis von Kooperationen, deren inhaltliche Ausgestaltung, Interaktionsprozesse, mögliche Wirkungen auf die Professionalisierung von Lehrpersonen, die Unterrichtsentwicklung und die Förderung von Schülerinnen und Schülern.

4. Soziale Netzwerkanalysen als Möglichkeit zur Erweiterung des bisherigen Forschungsstandes

Ein aufschlussreicher Ansatz, den bisherigen Forschungsstand zu erweitern, sind soziale Netzwerkanalysen. Dieser Forschungsansatz ist die Methode der Wahl, wenn es darum geht zu untersuchen, wie Individuen in einem sozialen Kontext interagieren (Borgatti, Mehra, Brass & Labianca, 2009; Wasserman & Faust, 1994). Mithilfe der sozialen Netzwerkanalyse können soziale Beziehungen untersucht werden, wobei das Untersuchungsspektrum im schulischen Kontext von einzelnen Klassenzimmern bis hin zur Zusammenarbeit innerhalb und zwischen Schulen und mit politischen Entscheidungsträgern reicht (Zander, Kolleck & Hannover, 2014). Gerade für die Analyse von Kooperationen zwischen Lehrpersonen erweist sich die soziale Netzwerkanalyse als ertragreich (Messmann & Mulder, 2018), denn Kooperationen von Lehrpersonen manifestieren sich per se in Interaktionen.

Soziale Netzwerkforschung außerhalb der Erziehungswissenschaft deutet darauf hin, dass die Art und Weise, wie Netzwerke gestaltet werden, das Funktionieren von Organisationen fördern können. Im Einklang mit diesem Argument betonen erziehungswissenschaftliche Netzwerkstudien oftmals die potenzielle Bedeutung von Lehrpersonen-Netzwerken im Hinblick auf Schulreformen und die Leistung der Schülerinnen und Schüler (Moolenaar et al., 2012). Die Vermutung, dass soziale Netzwerke unter Lehrpersonen das Lernen und die Leistung von Schülerinnen und Schülern positiv beeinflussen, gründet in Annahmen der Theorie des Sozialkapitals. Die Sozialkapitaltheorie postuliert, dass soziale Beziehungen Zugang zu Ressourcen ermöglichen, die ausgetauscht, geliehen und genutzt werden können, um das Erreichen von Zielen zu erleichtern (Bourdieu, 2012). Dieser Theorie folgend, können Lehrpersonen mit vielen sozialen Beziehungen durch diese Bindungen auf eine Vielzahl wertvoller Ressourcen zugreifen, wie zum Beispiel auf Beratung, Unterrichtsmaterialien, soziale Unterstützung, Wissen oder Informationen (Moolenaar et al., 2012).

Weil sich das Schulumfeld immer schneller verändert und dadurch die Anforderungen an Schulen stetig steigen, haben die Schulentwicklung und damit die Innovationsorientierung an Schulen stark an Bedeutung gewonnen (Moolenaar, Daly, Cornelissen et al., 2014). Im Zusammenhang mit der Umsetzung von Bildungsreformen erweist sich die Analyse von sozialen Netzwerken als besonders ergiebig, weil mit ihr die Implementierung und Diffusion von Innovationen über soziale Beziehungen und somit auch der kollegiale Austausch zur Qualitätsentwicklung untersucht werden kann (Kolleck, 2014). Dabei vermag die soziale Netzwerkanalyse insbesondere Schwachstellen bei der Umsetzung aufzudecken, denn die Chance, dass eine Innovation verbreitet wird, steigt erheblich, wenn sie nicht nur von einzelnen Personen, sondern auch von miteinander verbundenen Akteur/innen ausgeht (Valente, 2005).

Auch wenn erste Untersuchungen vorliegen, kann noch kein differenziertes Bild über die sozialen Netzwerke von Schulen und von einzelnen Teams gezeichnet werden. Insbesondere wurde in den bisherigen Studien die Kooperationspraxis sehr global oder ausschließlich in Bezug auf das Unterrichten erfasst. Beispielitems sind: „With whom do you like to collaborate the most?", „Whom do you go to for class-related information?" oder „With whom do you share new ideas about teaching and learning?". Gerade im Kontext der Schulentwicklung sind verschiedene weitere Kooperationsinhalte relevant, so die Weiterentwicklung des Teams oder die Diskussion schulbezogener Fragen zur Weiterentwicklung der Schule insgesamt (Mitchell & Sackney, 2011).

Für die in diesem Artikel präsentierte Fallstudie sollen entsprechend folgende Forschungsfragen bearbeitet werden:

- Wie tauschen sich Lehr- und Fachpersonen einer Schule über neue Ideen für den Unterricht, die Teamarbeit und die Gestaltung der Schule insgesamt aus?
- Durch welche Merkmale lassen sich diese schulspezifischen Netzwerke charakterisieren?
- Inwiefern lassen sich schulspezifische Profile des Austauschs über neue Ideen identifizieren?

Ziel dieser Forschungsfragen ist, das Potenzial sozialer Netzwerkanalysen für die Untersuchung von Kooperationen zwischen Lehrpersonen hinsichtlich Schulentwicklung aufzuzeigen sowie daraus Überlegungen zur konkreten Umsetzung in der Schulpraxis zu formulieren. Die sozialen Netzwerke dienen als Indikatoren für die Kooperation von Lehrpersonen im Hinblick auf die Weiterentwicklung des Unterrichts, der Teamarbeit und der Gestaltung der Schule insgesamt.

5. Fallstudie zur Erfassung von sozialen Netzwerken in Sekundarschulen

5.1 Kontext

Bei der vorliegenden Studie handelt es sich um eine Fallstudie in vier Sekundarschulen (7.-9. Jahrgangsklassen) in der Deutschschweiz. Neben den sozialen Netzwerkanalysen, auf die in diesem Artikel fokussiert wird, wurden auch Befragungen aller Lehr- und Fachpersonen der Schulen mit einem standardisierten Online-Fragebogen durchgeführt. Außerdem wurde ein standardisiertes Online-Erhebungsinstrument eingesetzt, um die Tagesaktivitäten von Lehr- und Fachpersonen über drei Wochen mittels eines Time-sampling-Verfahrens zu untersuchen (Maag Merki et al., im Druck).

Dazu haben alle Lehrpersonen über drei Wochen lang mittels eines Online-Logbuchs ihre einzelnen Tagesaktivitäten erfasst und beurteilt, inwiefern der Arbeitstag für das Lernen der Schülerinnen und Schüler, für sie selber, für die Unterrichtsentwicklung und die Team- und Schulentwicklung ertragreich war. Dabei haben sie nicht nur den Inhalt der Aktivität, sondern auch die Dauer der Aktivität festgehalten und angegeben, ob sie diese alleine oder mit anderen durchgeführt haben. Zusätzlich wurde je ein Interview zum Thema Schulentwicklung mit der Schulleitung an der jeweiligen Schule durchgeführt. Außerdem wurde im Nachgang zu den Befragungen eine Diskussion der Ergebnisse mit der (erweiterten) Schulleitung und – in einzelnen Schulen – mit dem ganzen Kollegium durchgeführt. Bei der Auswahl der Schulen war es wichtig, unterschiedliche Schulkontexte zu berücksichtigen (städtisch – ländlich; hohe – tiefe soziale Lage). Die Schulen haben sich freiwillig an der Studie beteiligt. Die Erhebungen wurden im Zeitraum zwischen September und Dezember 2017 durchgeführt.

5.2 Stichprobe

Insgesamt nahmen 105 Lehr- und Fachpersonen und Schulleitungen an der Studie teil (Schule 1, n = 24; Schule 2, n = 23; Schule 3, n = 30; Schule 4, n = 28). An den Schulen arbeiten Personen, die jeweils unterschiedliche Fächer unterrichten und/oder für Fragen der Förderung von Schülerinnen und Schülern mit besonderen Bedürfnissen zuständig sind (z.B. schulische Heilpädagoginnen und Heilpädagogen). Zudem haben einige Teammitglieder weitere Aufgaben. Beispielsweise gibt es Steuergruppen, die sich mit Fragen zur Qualitätssicherung und -entwicklung an der Schule auseinandersetzen oder Arbeitsgruppen, die sich stärker mit pädagogischen Themen befassen. An den Schulen gibt es neben der Schulleitung weitere Leitungspositionen, so zum Beispiel die Leitung eines Fachteams oder einer Arbeitsgruppe. Tabelle 1 gibt einen Überblick über die Eigenschaften der Befragten pro Schule.

Tabelle 1: Überblick über die Eigenschaften der teilnehmenden Schulen ($N = 105$)

	Geschlecht			Berufserfahrung an der Schule (Jahre)			Beschäftigungsgrad		Leitungsposition
	m	w	Rücklauf	0–3	4–9	> 10	0–79 %	80–100 %	
Schule 1	10 (42 %)	14 (58 %)	19 (79 %)	4 (21 %)	8 (42 %)	7 (37 %)	9 (47 %)	10 (53 %)	6 (32 %)
Schule 2	8 (35 %)	15 (65 %)	19 (83 %)	4 (21 %)	7 (37 %)	8 (42 %)	9 (47 %)	10 (53 %)	5 (26 %)
Schule 3	16 (53 %)	14 (47 %)	25 (83 %)	5 (20 %)	4 (16 %)	16 (64 %)	9 (36 %)	16 (64 %)	8 (32 %)
Schule 4	10 (36 %)	18 (64 %)	24 (86 %)	7 (29 %)	6 (25 %)	11 (46 %)	10 (42 %)	14 (58 %)	6 (25 %)
Total	44 (42 %)	61 (58 %)	87 (83 %)	20 (23 %)	25 (29 %)	42 (48 %)	37 (43 %)	50 (57 %)	25 (29 %)

Alle Mitglieder der einzelnen Schulen wurden eingeladen, an der Online-Befragung teilzunehmen. Die Rücklaufquote betrug insgesamt 83 %.

5.3 Erhebungsinstrumente

Bei der Online-Befragung wurden die Teilnehmenden unter anderem um Angaben zu ihrem Geschlecht, ihrer Berufserfahrung allgemein und an der Schule, ihren Stellenprozenten, ihrer Position, ihrer Funktion und ihrer Teamzugehörigkeit gebeten. Des Weiteren wurde erhoben, mit wem an der Schule sie neue Ideen zu unterschiedlichen Aspekten austauchen. Der Austausch von neuen Ideen ist ein zentrales Ziel von Kooperationen zwischen Lehrpersonen, wenn es um Innovationen und schließlich um die Weiterentwicklung der Schule geht. Im Gegensatz zur Klärung organisatorischer und administrativer Fragen ist das Ausmaß der Kooperation zu inhaltlichen Fragen ein Hinweis, inwiefern es gelingt, an den Kernthemen der schulischen Praxis zu arbeiten.

Um einen Einblick in die schulspezifischen sozialen Netzwerke für Innovation zu erhalten, wurden die Teilnehmenden gebeten, unter anderem auf die folgenden Fragen zu antworten:

1. Bitte geben Sie an, mit wem Sie sich im letzten Jahr über neue Ideen für Ihren Unterricht/Ihre Arbeit ausgetauscht haben.
2. Bitte geben Sie an, mit wem Sie sich im letzten Jahr über neue Ideen für die Zusammenarbeit in Ihrem Team ausgetauscht haben.
3. Bitte geben Sie an, mit wem Sie sich im letzten Jahr über neue Ideen für die Gestaltung Ihrer Schule insgesamt ausgetauscht haben.

Zur Beantwortung der Fragen erhielten die Teilnehmenden eine Liste aller Mitglieder ihrer Schule. Sie wurden gebeten, alle Personen anzugeben, mit denen sie sich im beschriebenen Zeitraum zum entsprechenden Thema ausgetauscht hatten.

5.4 Exkurs: Indikatoren zur Auswertung sozialer Netzwerke

In der vorliegenden Studie formt jede Schule ein abgegrenztes Netzwerk, das durch schulspezifische Analysen separat zu den drei Themenbereichen Unterricht, Teamarbeit und Schulgestaltung untersucht wurde. Die Schulen liegen geographisch auseinander und stehen nicht in Verbindung.

Zur Analyse der Innovations-Netzwerke der Schulen und als Grundlage für Vergleiche innerhalb und zwischen den Schulen fokussieren wir in diesem Artikel auf die grundlegendsten Netzwerkmaße. Die soziale Netzwerkanalyse bietet eine Vielzahl an weiteren Analysemöglichkeiten. Um mit diesem Artikel einen ersten Einblick zu geben, beschränken wir uns jedoch auf die Basis.

Ein soziales Netzwerk besteht stets aus sozialen Akteur/innen, die *Knoten* genannt werden. Im vorliegenden Fall sind das die Lehr-, Fachpersonen und Schulleitungen einer Schule. Das Netzwerk besteht zudem aus Beziehungen zwischen den Akteur/innen, die mit Pfeilen repräsentiert und *Kanten* genannt werden (Holzer, 2010). In der vorliegenden Fallstudie besteht eine Beziehung dann, wenn beispielsweise eine Lehrperson angibt, dass sie sich mit der Schulleitung zu neuen Ideen hinsichtlich der Schulgestaltung austauscht.

Das grundlegendste Maß von Netzwerken ist deren *Dichte*. Mit ihr wird die Anzahl der tatsächlichen Beziehungen im Netzwerk ins Verhältnis zur Anzahl der möglichen Beziehungen gesetzt. Die Dichte ist ein Anhaltspunkt für die Aktivität respektive den Kommunikationsgrad der Personen innerhalb des Netzwerkes (Robins, 2015). Im Zusammenhang mit Innovation gibt sie Auskunft darüber, wie rege sich die Mitglieder einer Schule zu neuen Ideen hinsichtlich Unterricht, Teamarbeit und Schulgestaltung austauschen.

Als weiteres Maß wird die *Reziprozität* berechnet. Diese beziffert das Ausmaß wechselseitiger Beziehungen. Wenn also, um beim obigen Beispiel zu bleiben, nicht nur die Lehrperson angibt, sich mit der Schulleitung auszutauschen, sondern auch die Schulleitung erklärt, sich mit der besagten Lehrperson auszutauschen, sprechen wir von einer wechselseitigen Beziehung. Wird die Richtung der Beziehung in die Analysen miteinbezogen, spricht man von einem gerichteten Netzwerk. In gerichteten Netzwerken ist die Wahrscheinlichkeit groß, dass Beziehungen zwischen Akteuren und Akteurinnen wechselseitig sind (Robins, 2015) und somit auch tatsächlich ein Ideenaustausch zwischen Teammitgliedern stattfindet.

Will man herausfinden, wie wichtig eine Person in einem Netzwerk ist, betrachtet man deren *Zentralität*. Während mit Zentralität der Einfluss einer einzelnen Person gemeint ist, geht es bei der *Zentralisierung* um das Netzwerk als Ganzes. Dabei werden die Interaktionsmuster der Akteur/innen im gesamten Netzwerk auf einem Kontinuum zwischen „alle Akteur/innen sind gleich zentral" (dezentralisiertes Netzwerk) und „eine Akteurin oder ein Akteur weist maximale Zentralität auf" (zentralisiertes Netzwerk) eingeschätzt (de Lima, 2010). Dieses Merkmal ist nützlich, um herauszufinden, welche Akteur/innen besonders einflussreich sind. Eine Akteurin oder ein Akteur kann (1) hinsichtlich der Anzahl Beziehungen (Degree-Zentralität), (2) der Nähe zu anderen Akteur/innen (Closeness-Zentralität) und (3) wie oft er oder sie auf den kürzesten Wegen zwischen den anderen Akteur/innen im Netzwerk liegt (Betweenness-Zentralität) zentral sein (Freeman, 1978). Mit der Degree-Zentralität lassen sich Aussagen über die Anzahl der Kommunikationspartner/innen machen, mit der Closeness-Zentralität über die indirekte Erreichbarkeit für andere und mit der Betweenness-Zentralität über Vermittlungs- und Kontrollchancen (Holzer, 2010).

Im Rahmen der vorliegenden Studie wird mit gerichteten Netzwerken gearbeitet, d.h., es wird zwischen eingehenden (jemand wurde angewählt) und ausgehenden (jemand hat gewählt) Beziehungen von Personen unterschieden. Entsprechend wird die Degree-Zentralität unterschieden in die Anzahl eingehender Beziehungen (Indegree), welche für das Prestige einer Person steht, und der Anzahl ausgehender Beziehungen (Outdegree), welche für das aktive „auf jemanden Zugehen" steht (Fuhse, 2018).

Betrachtet man die Zentralitätsmaße hinsichtlich ihrer Aussagekraft zu Innovation an der Schule, kann grundlegend unterschieden werden, ob die Personen in der Schule eine wichtige Position in Relation zu anderen haben (Degree, Closeness), oder ob sie eine wichtige Position zwischen anderen einnehmen (Degree, Betweenness) (Brandes, Kosub & Nick, 2012). Ersteres gibt Auskunft darüber, inwiefern die Personen einer Schule Zugang zum Gespräch über Innovation mit anderen Personen haben und welchen Status sie hinsichtlich des Austauschs von neuen Ideen genießen. Letzteres veranschaulicht, in welcher Hinsicht die Personen einer Schule Kontrolle über den Fluss an Informationen und somit über die Diffusion von neuen Ideen im Schulteam haben.

Um einen Eindruck von der Stärke der Beziehungen zu erlangen, wird des Weiteren die *Transitivität* berechnet. Dabei wird von der folgenden Erwartung ausgegangen: Wenn Person A und Person B sowie Person A und Person C jeweils durch eine starke Beziehung verbunden sind, besteht auch eine Beziehung zwischen Person B und Person C (Holzer, 2010). Bei der Untersuchung von Interaktionen zwischen drei Akteur/innen (Triaden) sind verschiedene Konstellationen von Beziehungen möglich (Holland & Leinhardt, 1970). Um eine Vorstellung über die Beziehungsstärke zu erhalten, liegt der Fokus auf dem Anteil an geschlossenen Triaden im Netzwerk, wozu der Transitivitätskoeffizient berechnet wird. Hinsichtlich dem uns interessierenden Austausch von neuen Ideen in einem Schulnetzwerk gibt Transitivität einen Hinweis über das Vorhandensein von starken Beziehungen und entsprechend darauf, wie intensiv der Austausch stattfindet.

Weiterführend wird zudem untersucht, inwiefern ein Netzwerk in Teilgruppen von Personen, in denen der innere Zusammenhalt größer zu sein scheint als im gesamten Netzwerk, aufgeteilt ist. Soziale Netzwerke weisen oft dichtere Regionen auf, die als Subgruppen ausgelegt werden können. *Modularität* ist eine Möglichkeit, Subgruppen von Personen zu identifizieren, die stark miteinander interagieren (Newman, 2006). Mit dieser Herangehensweise kann festgestellt werden, inwiefern neue Ideen zum Unterricht, der Arbeit im Team oder der Gestaltung der Schule in größeren oder kleineren Untergruppen ausgetauscht werden.

Die Analyse der beschriebenen Netzwerkmaße wurden mit dem igraph-Paket (Csardi & Nepusz, 2006, Version 1.2.4) in R durchgeführt.

5.5 Resultate

Um einen ersten Einblick in die Netzwerke zu erlangen, werden die Ergebnisse von zwei Schulen im Detail berichtet. Im Anschluss werden die Ergebnisse der vier Schulen zueinander in Beziehung gesetzt.

5.5.1 Einblick in die Innovationspraktiken an zwei Schulen

Schule 1

An der ersten Schule lässt sich in allen drei Netzwerken generell relativ geringe Aktivität im Austausch von neuen Ideen zur Unterrichtstätigkeit, Teamarbeit und Schulgestaltung feststellen.

Betrachtet man die Wichtigkeit der Personen an dieser Schule zeigt sich, dass die Degree-Zentralisierung mit In- und Outdegree im Netzwerk Schulgestaltung (deutlich) höher ausgeprägt ist, als in den Netzwerken zu Unterrichtstätigkeit und Teamarbeit. Dies deutet darauf hin, dass es im Austausch von neuen Ideen zur Gestaltung der Schule in der Tendenz einzelne Personen gibt, die mehr Kommunikationspartner haben, aktiver auf andere zugehen und angesehener sind als andere. Bei allen drei Netzwerken ist dabei der Outdegree-Wert höher ausgeprägt als der Indegree. Dies bedeutet, dass es an dieser Schule in der Tendenz wenige Personen gibt, die auf viele verschiedene Personen zugehen, um neue Ideen zur Gestaltung der Schule zu diskutieren.

Abbildung 1 veranschaulicht die Degree-Zentralität der Akteur/innen der Schule in den drei Netzwerken im Vergleich, wobei die Leitungsfunktionen der Personen der Schule in den Knoten gekennzeichnet sind. Es wird sichtbar, dass der Austausch über neue Ideen hinsichtlich Teamarbeit relativ dezentral verläuft, wohingegen sich derjenige hinsichtlich Schulgestaltung insbesondere auf zwei Personen konzentriert. Diese haben eine Leitungsfunktion an der Schule inne.

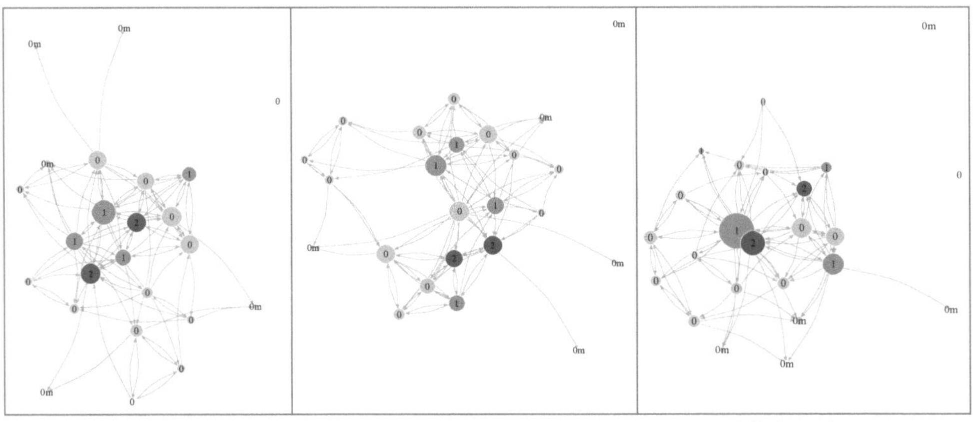

Unterrichtstätigkeit — Teamarbeit — Schulgestaltung

Anmerkungen: 2 = Schulleitung, dunkelgrau; 1 = anderweitige Leitungsfunktion, grau; 0 = ohne Leitungsfunktion, hellgrau; m = fehlende Werte

Abbildung 1: Degree-Zentralität in Verbindung mit der Leitungsfunktion der Lehrpersonen der Schule 1 zu den Netzwerken „Austausch neuer Ideen“ in Bezug zu Unterrichtstätigkeit, Teamarbeit und Schulgestaltung ($N = 24$)

Die Betweenness-Zentralisierung zeigt dasselbe Muster: Im Netzwerk zur Schulgestaltung nehmen wenige Akteur/innen eine zentrale Rolle als Vermittler und Vermittlerinnen von Innovationsideen ein, wohingegen die beiden weiteren Netzwerke deutlich dezentraler erscheinen. Anders gestaltet sich das Bild bezüglich Closeness-Zentralisierung. Hier ist die Erreichbarkeit der Akteur/innen zum Austausch neuer Ideen hinsichtlich Teamarbeit stärker ausgeprägt als in den anderen Netzwerken. Geht es also an dieser Schule um innovative Ideen zur Teamarbeit, scheinen die Teammitglieder direkt und indirekt gut füreinander erreichbar zu sein. Dies widerspiegelt sich ebenfalls in den Ergebnissen zur Transitivität: Im Netzwerk zum Austausch neuer Ideen zur Teamarbeit finden sich etwas mehr geschlossene Triaden als in den anderen beiden Netzwerken. Insgesamt ist Transitivität aber in allen drei Netzwerken relativ hoch ausgeprägt, was generell auf starke Beziehungen, respektive auf einen intensiven Austausch hindeutet.

An dieser Schule gibt es zudem in allen drei Netzwerken im Vergleich zur Netzwerkgröße viele Subgruppen, innerhalb derer ein stärkerer Austausch zu Innovation stattzufinden scheint. Abbildung 2 veranschaulicht Subgruppen vergleichend über die drei Netzwerke, wobei hier der Beschäftigungsgrad der befragten Personen in den Knoten gekennzeichnet ist. Aus den Netzwerkdarstellungen wird ersichtlich, dass der Beschäftigungsgrad ein Indiz für den Austausch über neue Ideen in allen drei Kontexten zu sein scheint. Oftmals bestehen die Gruppen mehrheitlich aus Personen mit demselben Beschäftigungsgrad.

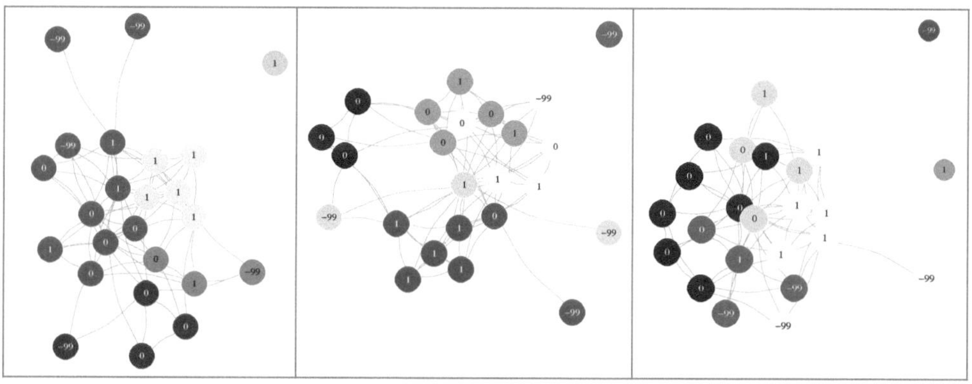

Unterrichtstätigkeit 5 Gruppen | Teamarbeit 6 Gruppen | Schulgestaltung 6 Gruppen

Anmerkungen: Dieselbe Graustufe markiert dieselbe Gruppe. Beschäftigungsgrad an der Schule: 1 = 80–100 %; 0 = <80 %; -99 = fehlende Werte

Abbildung 2: Modularität in Verbindung mit dem Beschäftigungsgrad der Lehrpersonen der Schule 1 zu den Netzwerken „Austausch neuer Ideen" in Bezug zu Unterrichtstätigkeit, Teamarbeit und Schulgestaltung (*N* = 24)

Schule 2

Wie in Abbildung 3 gut erkennbar ist, ist an Schule 2 die Dichte des Netzwerkes beim Austausch neuer Ideen zur Teamarbeit eindeutig geringer als in den anderen Netzwerken, was für eine geringere Aktivität steht.

Ähnlich wie bei der Schule 1 ist auch bei der Schule 2 die Degree-Zentralisierung und die Betweenness-Zentralisierung im Netzwerk zum Austausch neuer Ideen in puncto Schulgestaltung deutlich höher als in den anderen Netzwerken. Dies deutet auf ein stark zentralisiertes Netzwerk beim Austausch neuer Ideen zur Schulgestaltung hin (d.h. wenige Personen an der Schule tauschen sich diesbezüglich stark aus und nehmen eine wichtige Vermittlerrolle ein) und auf eher dezentrale Netzwerke hinsichtlich Teamarbeit und Unterrichtstätigkeit (d.h. alle Personen tauschen sich etwa in demselben Maße dazu aus). Besonders augenfällig ist bei dieser Schule der Outdegree-Zentralisierungs-Wert im Netzwerk zur Schulgestaltung, der enorm hoch ist. Er bedeutet, dass beim Austausch zu neuen Ideen hinsichtlich Schulgestaltung nur einzelne Personen auf viele andere Personen zugehen.

Um mehr über dieses Netzwerk zu erfahren, wurde die Funktion der Personen in der Schule genauer untersucht. So könnten sich Personen mit einer Leitungsfunktion, beispielsweise die Schulleitung oder auch Lehrpersonen, die ein Fachteam leiten, untereinander sehr stark austauschen, während der Austausch mit Personen ohne Leitungsfunktion eher marginal ist. Im Gegensatz dazu könnten aber auch Lehrpersonen ohne Leitungsfunktionen für den Austausch neuer Ideen wichtig sein, beispielsweise dann, wenn sie sehr erfahrene Lehrpersonen sind. In Abbildung 3 sind daher die Outdegree-Resultate der Personen mit ihrer Leitungsfunktion an dieser Schule dargestellt. Es ist erkennbar, dass insbesondere fünf Personen der Schule in hohem Maße aktiv sind, wenn es um den Austausch von neuen Ideen zur Schulgestaltung geht. Besonders aufschlussreich scheint, dass die zentralen Akteur/innen aber nicht nur – wie in Schule 1 – aus Personen mit Leitungsfunktionen bestehen, sondern gemischt sind aus einer Schulleitung, zwei Personen mit anderweitiger Leitungsfunktion und zwei Personen ohne Leitungsfunktion. Darüber hinaus ist aufschlussreich, dass eine Lehrperson mit Leitungsfunktion einzig eine marginale Bedeutung im Austausch von neuen Ideen zur Schulgestaltung hat (Abbildung 3: Darstellung Schulgestaltung).

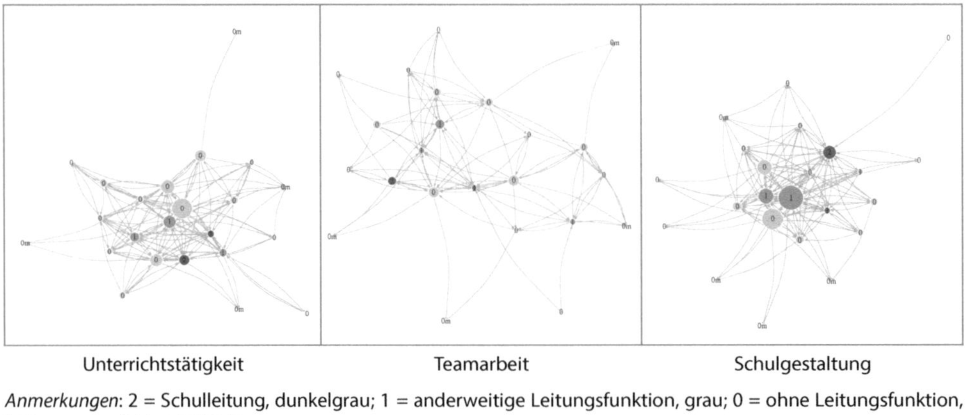

Anmerkungen: 2 = Schulleitung, dunkelgrau; 1 = anderweitige Leitungsfunktion, grau; 0 = ohne Leitungsfunktion, hellgrau; m = fehlende Werte

Abbildung 3: Outdegree in Verbindung mit der Leitungsfunktion der Lehrpersonen der Schule 2 zu den Netzwerken „Austausch neuer Ideen" in Bezug zu Unterrichtstätigkeit, Teamarbeit und Schulgestaltung ($N = 23$)

Die Closeness-Zentralisierung ist an dieser Schule besonders stark ausgeprägt im Austausch zu neuen Ideen der Unterrichtstätigkeit und unterscheidet sich gleichzeitig wesentlich von den anderen beiden Netzwerken. Das bedeutet, dass die Mitglieder dieser Schule im Durchschnitt sehr gut füreinander erreichbar sind, um neue Ideen zum Unterricht auszutauschen. Dies geht auch hier einher mit der stärksten Ausprägung von Transitivität im Unterrichts-Netzwerk. Die Beziehungen sind in diesem Netzwerk am stärksten.

An der Schule 2 gibt es im Gegensatz zur Schule 1 nur wenige Subgruppen, innerhalb derer sich enger verbundene Akteur/innen über Innovationsideen in den drei Kontexten austauschen (Abbildung 4). Ebenfalls unterschiedlich zu Schule 1 zeigt sich, dass bei Schule 2 der Beschäftigungsgrad der Teammitglieder keine bedeutende Rolle für die Bildung der Untergruppen darzustellen scheint.

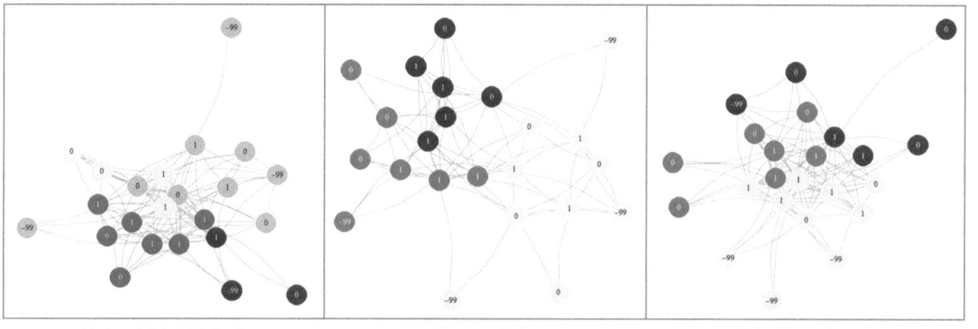

Unterrichtstätigkeit 4 Gruppen | Teamarbeit 3 Gruppen | Schulgestaltung 3 Gruppen

Anmerkungen: Dieselbe Graustufe markiert dieselben Gruppen. Beschäftigungsgrad an der Schule: 1 = 80–100 %; 0 = < 80 %; -99 = fehlende Werte

Abbildung 4: Modularität in Verbindung mit dem Beschäftigungsgrad der Lehrpersonen der Schule 2 zu den Netzwerken „Austausch neuer Ideen" in Bezug zu Unterrichtstätigkeit, Teamarbeit und Schulgestaltung ($N = 23$)

5.5.2 Vergleich der vier Schulen

Werden die Netzwerkmaße der vier Schulen deskriptiv miteinander verglichen (Tabelle 1), zeigen sich Ähnlichkeiten wie auch Unterschiede.

In drei der vier Schulen (Schulen 2, 3, 4) weist der Austausch von neuen Ideen zur Arbeit in Teams relativ klar eine geringere Dichte auf als in den anderen beiden Kontexten. Die Weiterentwicklung der Arbeit in Teams scheint in diesen Schulen weniger Thema eines Austauschs zu sein, als der Unterricht und die Gestaltung der Schule insgesamt.

In drei von vier Schulen (Schulen 1, 2, 3) sind zudem die Zentralisierungswerte von Degree, Indegree, Outdegree und Betweenness im Netzwerk zum Austausch über neue Ideen zur Schulgestaltung durchweg am höchsten ausgeprägt. Gleichzeitig ist in diesen drei Schulen der Outdegree-Wert beträchtlich höher als der Indegree-Wert. Dies bedeutet, dass in diesen Schulen der Austausch über neue Ideen hinsichtlich der Schulgestaltung stark zentralisiert abläuft. Wenige Teammitglieder gehen sehr aktiv auf viele andere zu und ebenfalls wenige Teammitglieder sind in einer starken Vermittlungsposition zwischen anderen Akteur/innen.

Uneinheitlich sind die Ergebnisse der vier Schulen im Hinblick auf Closeness-Zentralisierung, Transitivität und Modularität. Hier lassen sich keinerlei Muster entdecken.

Tabelle 1: Netzwerkmaße zu den Netzwerken „Austausch neuer Ideen" im Kontext von Unterricht, Teamarbeit und Schulgestaltung in vier Schulen

Schule	1			2		
Netzwerk	Unterrichts-tätigkeit	Team-arbeit	Schulge-staltung	Unterrichts-tätigkeit	Team-arbeit	Schulge-staltung
Dichte	.176	.183	.161	.271	.184	.255
Reziprozität	.536	.495	.472	.409	.344	.450
Degree-Zentr.	.202	.149	.353	.216	.164	.446
Indegree- Zentr.	.172	.165	.187	.229	.316	.427
Outdegree- Zentr.	.259	.426	.534	.547	.225	.700
Closeness- Zentr.	.145	.266	.101	.424	.174	.226
Betweenness-Zentr.	.108	.114	.189	.076	.091	.202
Transitivität	.389	.445	.392	.610	.455	.575
Modularität Gruppen	5	6	6	4	3	3

Schule	3			4		
Netzwerk	Unterrichts-tätigkeit	Team-arbeit	Schulge-staltung	Unterrichts-tätigkeit	Team-arbeit	Schulge-staltung
Dichte	.180	.152	.203	.209	.131	.164
Reziprozität	.471	.333	.294	.532	.404	.419
Degree-Zentr.	.224	.200	.271	.379	.229	.348
Indegree- Zentr.	.406	.262	.417	.310	.202	.429
Outdegree- Zentr.	.233	.366	.693	.569	.239	.429
Closeness- Zentr.	.120	.259	.584	.148	.120	.113
Betweenness-Zentr.	.109	.168	.252	.223	.344	.206
Transitivität	.374	.454	.509	.419	.374	.423
Modularität Gruppen	4	3	4	4	5	5

6. Diskussion und Ausblick auf Praxis und Forschung

Die Kooperation von Lehrpersonen stellt in verschiedenen Praxisleitfäden zu Schulentwicklung und in vielen Qualitätsrahmen für die externe Evaluation ein wichtiges Instrument dar, um die Qualität des Unterrichts und die Förderung der Schülerinnen und Schüler zu messen und zu verbessern. Auch in theoretischen Modellen zur Schulqualität wird auf die Bedeutung der Zusammenarbeit von Lehrpersonen hingewiesen. Inwiefern die Kooperation von Lehrpersonen in der Praxis tatsächlich angekommen ist und in welcher Häufigkeit, Qualität und Wirksamkeit, ist zudem bereits seit längerem Gegenstand der empirischen Forschung.

Die in Kapitel 3 präsentierten Befunde zeigen, dass Lehrpersonen in ihrer Praxis zwar (zunehmend häufiger) kooperieren – dies auch aufgrund veränderter gesetzlicher Grundlagen zu ihrem Berufsauftrag und eines zunehmend verbreiteten Verständnisses von Schulen als lernende Organisationen (Schratz & Steiner-Löffler, 1999) –, dass allerdings die Reflexionstiefe oder die Intensität variieren.

Um die bisherigen Forschungsbefunde zu vertiefen und zu ergänzen, haben wir in diesem Artikel als vielversprechenden Ansatz die soziale Netzwerkanalyse vorgeschlagen. Mit den Ergebnissen der Fallstudie in vier Schulen der Sekundarstufe I in der Deutschschweiz wurde ein Einblick in grundlegende Möglichkeiten dieser Methode gegeben. Ziel der Studie war es, zu untersuchen, inwiefern sich Lehr- und Fachpersonen über neue Ideen im Zusammenhang mit unterschiedlichen Inhalten (Unterrichtstätigkeit, Teamarbeit und Schulgestaltung) austauschen. Hintergrund dieser Untersuchungen war, dass wir zum einen noch zu wenig wissen, in welchen Konstellationen und mit welcher Dichte sich Lehrpersonen in Schulen effektiv austauschen. Zum anderen bleibt in bisherigen Forschungsbefunden offen, in welcher Hinsicht Lehrpersonen neue Ideen zur Unterrichtsgestaltung sowie zu ihrer Teamarbeit und zur Gestaltung der Schule austauschen, wie dies beispielsweise das Konzept von Mitchell und Sackney (2011) nahelegt.

Anhand der sozialen Netzwerkanalyse konnten aufschlussreiche Einblicke in die Praxis von Schulen gewonnen werden.

6.1 Häufigkeit der Kooperation

Werden Lehrpersonen nach dem Austausch neuer Ideen im Zusammenhang mit ihrer Unterrichtstätigkeit, ihrer Arbeit in Teams und der Schulgestaltung insgesamt befragt, zeigt sich, dass in der Tendenz ein regerer Austausch vonstattengeht, wenn es um Unterricht und Schulgestaltung als wenn es um Teamarbeit geht. Dies könnte daher rühren, dass die Teamarbeit in Sekundarschulen klar formal via Unterrichtsfach oder Jahrgang geregelt ist und Lehrpersonen hier wohl am wenigsten Innovationspotenzial sehen. Zum anderen könnte dieses Ergebnis aber auch darauf hinweisen, dass in den Schulen die kontinuierliche Arbeit in Arbeitsgruppen und Teams erst in den letzten Jahren intensiviert worden ist. Ein Nachdenken über die Qualität und Weiterentwicklung der Teamarbeit ist somit noch nicht gleichermaßen geläufig wie das Nachdenken über den eigenen Unterricht oder die Schule. Wenn die Teamarbeit jedoch weniger im Fokus für die Weiterentwicklung der Praxis steht, bedeutet dies auch, dass weniger an der Weiterentwicklung der Qualität der Kooperation gearbeitet wird. Dies ist insofern ungünstig, als bisherige Forschungsbefunde darauf hinweisen, dass in der Zusammenarbeit oftmals einzig ein oberflächlicher Austausch ohne eine in die Tiefe gehende Reflexion umgesetzt wird (Camburn & Won Han, 2017; Gräsel, Fußangel & Pröbstel, 2006; Gutierez, 2015).

Die Ergebnisse der Fallstudie zeigen außerdem, dass sich die Netzwerke in Bezug auf den Austausch neuer Ideen zur Schulgestaltung teils beträchtlich von den anderen beiden Themenbereichen unterscheiden. So ist der Austausch von neuen Ideen zur Gestaltung der Schule einzig auf wenige Akteur/innen konzentriert. Neue Ideen zur Teamarbeit und zur Unterrichtstätigkeit werden hingegen tendenziell dezentral, also verteilt auf viele Personen, ausgetauscht.

Während sich die Schulen hinsichtlich dieses Aspektes nur wenig unterscheiden, manifestieren sich schulspezifische Unterschiede an anderer Stelle. So wird aus den Ergebnissen der zwei im Detail vorgestellten Schulen sichtbar, dass es sich bei den zentralen Akteur/innen der Schule 1 um Personen mit Leitungsfunktion handelt und bei Schule 2 um Akteur/innen mit gemischten Funktionen. Diese Ergebnisse geben einerseits einen aufschlussreichen Einblick in die Art und Weise der Leitung einer Schule (Spillane, 2006), zeigen aber auch, dass es zwischen den Schulen Unterschiede in Bezug auf die implementierten innovativen Praktiken gibt. Diese Unterschiede noch genauer herauszuarbeiten – dann auch mit einer größeren Stichprobe und weiterführenden Analysemethoden – könnte aufschlussreich sein und ermöglichen, Schulen hinsichtlich ihrer kooperativen Praxis bestimmten Innovationstypen zuzuordnen. Darüber hinaus bleibt zu fragen, ob langfristig eine stärkere Zentralisierung oder Dezentralisierung in der Auseinandersetzung mit der Weiterentwicklung der Schulgestaltung effektiver ist. Möglich wäre, dass eine zu starke Zentralisierung auf wenige Personen zumindest die Gefahr erhöht, dass sich zwischen den Personen mit und ohne Leitungsfunktion ein Graben öffnet, der zu einer ungünstigen Abdeckung von Interessen und Bedürfnissen der Lehrpersonen ohne Leitungsfunktion führt und somit auch das Committment dieser Lehrpersonen an der gesamten Schulgestaltung reduziert. Denkbar wäre aber auch, dass gerade die fokussierte Diskussion in einem kleinen und gemischten Kreis für die gezielte Weiterentwicklung der Schule funktional ist.

6.2 Gelingensbedingungen von Kooperation

Nun stellt sich die Frage, wie diese unterschiedlichen Netzwerkkonstellationen erklärt werden können. Die bisherige Forschung zu den Gelingensbedingungen von Kooperation zwischen Lehrpersonen hat aufgezeigt, dass eine erfolgreiche und für die Schulentwicklung nachhaltige Kooperation von Strukturen und Rahmenbedingungen, Prozessmerkmalen sowie von individuellen Merkmalen der einzelnen Personen beeinflusst wird (Decuyper et al., 2010; Huber & Ahlgrimm, 2012; Kyndt et al., 2016; Maag Merki, 2009; Vangrieken et al., 2015; Vangrieken, Meredith et al., 2017).

So sind zum einen *bildungspolitische und schulische Strukturen* wesentlich. Sie ermöglichen und unterstützen oder begrenzen und verhindern die Kooperation zwischen Lehrpersonen. Hierzu gehören beispielsweise die zur Verfügung stehende Zeit, Gestaltungsräume und Freiheitsgrade für Lehrpersonen, ungeklärte Fragen gemeinsam zu klären und entsprechende Handlungsoptionen oder Unterstützungsangebote (z.B. Fort- und Weiterbildung, fachliche Beratung) zur Verfügung zu haben. Fehlen solche Strukturen oder sind diese eher sanktions- als förderorientiert gestaltet (Maag Merki, 2016), wird es schwierig sein, Lehrpersonen für eine intensive Zusammenarbeit zu motivieren, neue Handlungsstrategien einzusetzen und die bestehende Praxis tatsächlich weiterzuentwickeln.

Die soziale Netzwerkanalyse bietet auch die Möglichkeit, den Zusammenhang zwischen Netzwerkkonstellationen und kontextuellen Merkmalen zu untersuchen (Harris, 2014), um so den Einfluss von sichtbaren Strukturen (z.B. Schulgröße, Sitzungsgefäße), Tiefenstrukturen (z.B. affektives oder kognitives Klima) oder des politischen respektive sozialen Kontextes der Schule auf die Vernetzung der Lehrpersonen und Schulleitung in der Schule zu verstehen. Vermutet werden kann beispielsweise, dass in Bildungssystemen, die mehr sozialen Druck auf die Schulleitungen und Lehrpersonen ausüben, eine stärkere Zentralisierung des Austausches über neue Ideen zur Schulgestaltung stattfindet als in Systemen, die eher förderorientiert ausgerichtet sind (Altrichter & Kemethofer, 2015).

Neben den Strukturen sind zum andern die *Kooperationsprozesse* für eine erfolgreiche Zusammenarbeit zwischen Lehrpersonen von großer Bedeutung. Damit sind Aspekte wie Vertrauen und Vertraulichkeit, gemeinsame Zielvorstellungen, Qualität des Austausches oder die konkrete Reflexionspraxis gemeint. In diesem Sinne kann vermutet werden, dass sich auch die Netzwerke innerhalb einer Schule hinsichtlich des Grades des Vertrauens zwischen den Personen oder weiterer Faktoren unterscheiden. Anhand der sozialen Netzwerkanalyse kann zudem untersucht werden, ob Merkmale zwischen zwei Akteur/innen einen Einfluss auf das Vorhandensein oder Fehlen von Verbindungen in Netzwerken haben. Beispiele dafür sind etwa die Hierarchie zwischen zwei Akteur/innen, die Beziehungsstärke, die Beziehungsqualität oder die empfundene Nützlichkeit des Austausches. Es kann angenommen werden, dass gute Schulen in ihrer Praxis viel Zeit und Geduld investieren, um nicht nur Kooperation zu ermöglichen, sondern um auch die Qualität der Umsetzung der Kooperation in der Praxis systematisch weiterzuentwickeln.

Und zu guter Letzt zeigt sich in der Forschungsliteratur konsistent, dass Häufigkeit und Qualität der Kooperation von *individuellen Faktoren der einzelnen Personen* abhängig sind. Beispiele dafür sind: die Bereitschaft der Lehrpersonen und Schulleitungen, sich mit anderen auszutauschen; die Bereitschaft, die eigene Praxis in den Blick zu nehmen; der Wille, noch besser zu werden; die Funktionen die Lehrpersonen in der Schule haben, aber auch wie alt oder wie erfahren sie sind oder die Zusammensetzung von Kooperationsgruppen. Für die Analyse der sozialen Netzwerke in der Schule ist die Berücksichtigung individueller Merkmale besonders wichtig. Die Untersuchungen der vier Schulen haben Hinweise dahingehend gegeben, dass die Funktionen der Lehrpersonen und ihre Leitungsrollen sowie ihr Beschäftigungsgrad relevant für die

Positionen von Lehrpersonen im gesamten Netzwerk der Schule sein können. Zudem muss noch besser untersucht werden, welche Bedeutung Einstellungen, Überzeugungen oder Verhaltensweisen, beispielsweise Einstellung zu Innovationen an der Schule oder implizite Theorien zur Entwicklung von Kompetenzen sowohl von Lehrpersonen als auch von Schülerinnen und Schülern für die Netzwerke der Schulen haben.

6.3 Wirkungen von Kooperation

Angesichts der heterogenen Befundlage zu den Wirkungen der Kooperation von Lehrpersonen auf die Schulentwicklung sowie auf das Lernen der Schülerinnen und Schüler stellt sich die Frage, inwiefern spezifische soziale Netzwerke in den Schulen produktiv für die Weiterentwicklung der Schulqualität sind. Die Wirksamkeit von sozialen Netzwerken in Schulteams ist bisher jedoch wenig erforscht. Die Studie von Moolenaar et al. (2012), eine der wenigen Studien, die sich mit dieser Frage auseinandersetzt, konnte keinen direkten Effekt von der sozialen Netzwerkstruktur in Schulteams auf die Leistung der Schülerinnen und Schüler nachweisen. Die Resultate legen aber einen indirekten Effekt nahe, bei dem die Dichte der Netzwerke über die Wahrnehmung kollektiver Wirksamkeit auf die Leistung der Schülerinnen und Schüler wirkt. Je vernetzter die Mitglieder einer Schule sind, und je stärker sie der Überzeugung sind, dass sie aktuelle Herausforderungen gemeinsam bewältigen können, desto bessere Leistungen haben die Schülerinnen und Schüler demnach gezeigt.

Die Forschung könnte hier in zweierlei Hinsicht weitergeführt werden: Einerseits kommen weitere Einflussvariablen zwischen sozialen Netzwerken und der Leistung von Schülerinnen und Schülern in Frage, beispielsweise die Unterrichtsentwicklung oder die Einschätzung, in puncto Schulentwicklung auf gutem Wege zu sein. Andererseits könnte zukünftig der Frage nachgegangen werden, ob die Untersuchung von linearen positiven Effekten zwischen Netzwerkdaten und der Leistung von Schülerinnen und Schülern zielführend ist, oder ob es sich hierbei nicht eher um non-lineare Effekte handelt. Gerade im Hinblick auf die „zweite Seite der Medaille“ (Kapitel 3), namentlich der belastenden Seite von Lehrpersonenkooperation, stellt sich die Frage, ob ein Mehr an Kooperation wirklich immer besser ist, oder ob es nicht vielmehr darum geht, ein gutes Maß an zielgerichteter Kooperation zu finden.

Schließlich handelt es sich bei sozialen Netzwerken in Schulteams stets um dynamische Systeme, die sich mit der Zeit verändern. Es ist deshalb entscheidend, dass soziale Netzwerke in Schulteams nicht als statische Gebilde betrachtet werden, sondern eine dynamische Sichtweise von beweglichen Systemen vorherrscht, die durch die Aktionen und Interaktionen ihrer Mitglieder ständig neu aufgebaut und gestaltet werden können (de Lima, 2010). Die Kernfrage lautet in diesem Zusammenhang, inwiefern sich Netzwerke über die Zeit entwickeln und verändern, warum sie sich wandeln und inwiefern diese Veränderung für die Qualitätsentwicklung und das Lernen der Schülerinnen und Schüler funktional ist.

6.4 Fazit

Zusammenfassend kann festgehalten werden, dass der Ansatz von sozialen Netzwerkanalysen vielfältige Möglichkeiten bietet, um die Kooperation von Lehrpersonen im Zusammenhang mit Schulentwicklung produktiv weiterführend zu untersuchen. Für die Praxis kann aufgrund der präsentierten Analysen festgehalten werden, dass die Kooperation von Lehrpersonen das Potenzial hat, dass Lehr-, Fachpersonen und Schulleitungen die Qualität der eigenen Schule, der Teamarbeit und des Unterrichts weiterentwickeln. Allerdings zeigt sich die Kooperation von Lehrpersonen als ambivalentes Unterfangen, nicht nur wegen den teils nicht sichtbaren Wirkungen, sondern auch wenn man betrachtet, wie sie in vielen Schulen aktuell praktiziert wird und mit wie viel Belastung sie teilweise einhergeht. Neben der Notwendigkeit, die offenen Forschungsfragen zu klären, sind entsprechende Rahmenbedingungen zu implementieren sowie Unterstützungssysteme aufzubauen. Diese Maßnahmen erhöhen die Wahrscheinlichkeit, Kooperation in den Schulen zielgerichteter und für die Unterrichtsentwicklung sowie das Lernen der Schülerinnen und Schüler funktionaler umzusetzen.

Literatur

Altrichter, H. & Kemethofer, D. (2015). Does accountability pressure through school inspections promote school improvement? *School Effectiveness and School Improvement, 26* (1), 32–56.

Bonsen, M. & Rolff, H.-G. (2006). Professionelle Lerngemeinschaften von Lehrerinnen und Lehrern. *Zeitschrift für Pädagogik, 52* (2), 167–184.

Borgatti, S. P., Mehra, A., Brass, D. J. & Labianca, G. (2009). Network Analysis in the Social Sciences. *Science, 323*, 892–895.

Bourdieu, P. (2012). Ökonomisches Kapital, kulturelles Kapital, soziales Kapital. In U. Bauer, U. H. Bittlingmayer & A. Scherr (Hrsg.), *Handbuch Bildungs- und Erziehungssoziologie* (S. 229–242). Wiesbaden: VS Verlag für Sozialwissenschaften.

Brandes, U., Kosub, S. & Nick, B. (2012). Was messen Zentralitätsindizes? In M. Hennig & C. Stegbauer (Hrsg.), *Die Integration von Theorie und Methode in der Netzwerkforschung* (S. 33–52). Wiesbaden: VS Verlag für Sozialwissenschaften.

Camburn, E. M. & Won Han, S. (2017). Teachers' professional learning experiences and their engagement in reflective practice: a replication study. *School Effectiveness and School Improvement, 28* (4), 527–554.

Csardi, G. & Nepusz, T. (2006). *The igraph software package for complex network research.* Verfügbar unter http://igraph.org [03.06.2019].

de Lima, J. Á. (2010). Thinking more deeply about networks in education. *Journal of Educational Change, 11* (1), 1–21.

Decuyper, S., Dochy, F. & Van den Bossche, P. (2010). Grasping the dynamic complexity of team learning: An integrative model for effective team learning in organisations. *Educational Research Review, 5* (2), 111–133.

Fend, H. (1986). „Gute Schulen – Schlechte Schulen". Die einzelne Schule als pädagogische Handlungseinheit. *Deutsche Schule, 78* (3), 275–293.

Fend, H. (1998). *Qualität im Bildungswesen.* Weinheim: Juventa.

Freeman, L. C. (1978). Centrality in social networks conceptual clarification. *Social Networks, 1* (3), 215–239.

Fuhse, J. (2018). *Soziale Netzwerke. Konzepte und Forschungsmethoden* (2., überarbeitete Aufl.). Konstanz: UVK Verlagsgesellschaft.

Geeraerts, K., Tynjälä, P. & Heikkinen, H. L. T. (2018). Inter-generational learning of teachers: what and how do teachers learn from older and younger colleagues? *European Journal of Teacher Education, 41* (4), 479–495.

Geeraerts, K., Van de Bossche, P., Vanhoof, J. & Moolenaar, N. M. (2017). Inter-generational professional relationships in elementary school teams: a social network approach. *Frontline Learning Research, 5* (2), 78–98.

Gräsel, C., Fussangel, K. & Parchmann, I. (2006). Lerngemeinschaft in der Lehrerfortbildung. Kooperationserfahrungen und -überzeugungen von Lehrkräften. *Zeitschrift für Erziehungswissenschaft, 9* (4), 545–561.

Gräsel, C., Fußangel, K. & Pröbstel, C. (2006). Lehrkräfte zur Kooperation anregen – eine Aufgabe für Sisyphos? *Zeitschrift für Pädagogik, 52* (6), 205–219.

Gutierez, S. B. (2015). Teachers' reflective practice in lesson study: A tool for improving instructional practice. *Alberta Journal of Educational Research, 63* (3), 314–328.

Harris, J. K. (2014). *An Introduction to Exponential Random Graph Modeling*. Thousand Oaks, CA: SAGE Publications.

Holland, P. W. & Leinhardt, S. (1970). A Method for Detecting Structure in Sociometric Data. *American Journal of Sociology, 76* (3), 492–513.

Holzer, B. (2010). *Netzwerke* (2. unveränderte Aufl.). Bielefeld: Transcript.

Huber, S. G. & Ahlgrimm, F. (Hrsg.). (2012). *Kooperation. Aktuelle Forschung zur Kooperation in und zwischen Schulen sowie mit anderen Partnern*. Münster: Waxmann.

Kolleck, N. (2014). Innovations through networks: understanding the role of social relations for educational innovations. *Zeitschrift für Erziehungswissenschaft, 17* (5), 47–64.

Kruse, S. D., Louis, K. L. & Bryk, A. S. (1995). An emerging framework for analysing school-based professional community. In K. L. Louis & S. D. Kruse (Hrsg.), *Professionalism and community: Perspectives on reforming urban schools*. Thousand Oaks, CA: Corwin.

Kyndt, E., Gijbels, D., Grosemans, I. & Donche, V. (2016). Teachers' everyday professional development: Mapping informal learning activities, antecedents, and learning outcomes. *Review of Educational Research, 86* (4), 1111–1150.

Kyriakides, L., Charalambous, E., Creemers, B. P. M., Antoniou, P., Devine, D., Papastylianou, D. et al. (2019). Using the dynamic approach to school improvement to promote quality and equity in education. An European study. *Educational Assessment, Evaluation and Accountability, 31* (1), 121–149.

Lomos, C., Hofman, R. H. & Bosker, R. J. (2011a). Professional communities and student achievement – a meta analysis. *School Effectiveness and School Improvement, 22* (2), 121–148.

Lomos, C., Hofman, R. H. & Bosker, R. J. (2011b). The relationship between departments as professional communities and student achievement in secondary schools. *Teaching and Teacher Education, 27* (4), 722–731.

Maag Merki, K. (2009). Kooperation und Netzwerkbildung. Eine Bilanz. In K. Maag Merki (Hrsg.), *Kooperation und Netzwerkbildung. Strategien zur Qualitätsentwicklung in Schulen* (S. 195–198). Seelze: Klett-Kallmeyer.

Maag Merki, K. (2016). Theoretische und empirische Analysen der Effektivität von Bildungsstandards, standardbezogenen Lernstandserhebungen und zentralen Abschlussprüfungen. In H. Altrichter & K. Maag Merki (Hrsg.), *Handbuch Neue Steuerung im*

Schulsystem (2., erweiterte Ausgabe, S. 151–182). Wiesbaden: VS Verlag für Sozialwissenschaften.

Maag Merki, K., Grob, U., Rechsteiner, B., Wullschleger, A., Schori, N. & Rickenbacher, A. (im Druck). Regulation activities of teachers in secondary schools: Development of a theoretical framework and exploratory analyses in four secondary schools based on time sampling data. In A. Oude Groote Beverborg, K. Maag Merki, T. Feldhoff & F. Radisch (Hrsg.), *Concept and design developments in school improvement research. State of the art. Longitudinal, multilevel, and mixed methods and their relevance for educational accountability*. Cham, Switzerland: Springer.

Meredith, C., Moolenaar, N. M., Struyve, C., Vandecandelaere, M., Gielen, S. & Kyndt, E. (2017). The measurement of collaborative culture in secondary schools: An informal subgroup approach. *Frontline Learning Research, 5* (2), 24–35.

Meredith, C., Van den Noortgate, W., Struyve, C., Gielen, S. & Kyndt, E. (2017). Information seeking in secondary schools: A multilevel network approach. *Social Networks, 50*, 35–45.

Messmann, G. & Mulder, R. H. (2018). Vocational education teachers' personal network at school as a resource for innovative work behaviour. *Journal of Workplace Learning, 30* (3), 174–185.

Mitchell, C. & Sackney, L. (2011). *Profound improvement. Building learning-community capacity on living-system principles* (2. Aufl.). New York: Routledge.

Moolenaar, N. M., Daly, A. J., Cornelissen, F., Liou, Y.-H., Caillier, S., Roiordan, R. et al. (2014). Linked to innovation: Shaping an innovative climate through network intentionality and educators' social network position. *Journal of Educational Change, 15* (2), 99–123.

Moolenaar, N. M., Daly, A. J., Sleegers, P. J. C. & Karsten, S. (2014). Social Forces in School Teams. In D. Zandvliet, P. den Brok, T. Mainhard & J. van Tartwijk (Hrsg.), *Interpersonal Relationships in Education: From Theory to Practice* (pp. 159–181). Rotterdam: SensePublishers.

Moolenaar, N. M., Sleegers, P. J. C. & Daly, A. J. (2011). Ties With Potential: Social Network Structure and Innovative Climate in Dutch Schools. *Teachers College Record, 113* (9), 1983–2017.

Moolenaar, N. M., Sleegers, P. J. C. & Daly, A. J. (2012). Teaming up: Linking collaboration networks, collective efficacy, and student achievement. *Teaching and Teacher Education, 28* (2), 251–262.

Newman, M. E. J. (2006). Modularity and community structure in networks. *Proceedings of the National Academy of Sciences, 103*, 8577–8582.

Putnam, R. T. & Borko, H. (2000). What do new views of knowledge and thinking have to say about research on teacher learning. *Educational Researcher, 29* (1), 4–15.

Robins, G. (2015). *Doing social network research: network-based research design for social scientists*. Los Angeles: SAGE.

Scheerens, J. & Bosker, R. J. (1997). *The foundations of educational effectiveness*. Oxford: Pergamon.

Schippers, M. C., Den Hartog, D. N. & Koopman, P. L. (2007). Reflexivity in teams: a measure and correlates. *Applied Psychology: An International Review, 56* (2), 189–201.

Schratz, M. & Steiner-Löffler, U. (1999). *Die Lernende Schule. Arbeitsbuch pädagogische Schulentwicklung* (2. Aufl.). Weinheim: Beltz.

Spiess, E. (1996). *Kooperatives Handeln in Organisationen. Theoriestränge und empirische Studien*. München: Hampp.

Spiess, E. (2004). Kooperation und Konflikt. In H. Schuler (Hrsg.), *Organisationspsychologie – Gruppe und Organisation* (S. 193–247). Göttingen: Hogrefe.

Spillane, J. P. (2006). *Distributed leadership*. San Francisco: Jossey-Bass.

Spillane, J. P., Kim, C. M. & Frank, K. A. (2012). Instructional Advice and Information Providing and Receiving Behavior in Elementary Schools: Exploring Tie Formation as a Building Block in Social Capital Development. *American Educational Research Journal, 49* (6), 1112–1145.

Spillane, J. P., Shirrell, M. & Adhikari, S. (2018). Constructing "experts" among peers: Educational infrastructure, test data, and teachers' interactions about teaching. *Educational Evaluation and Policy Analysis, 40* (4), 586–612.

Steffens, U. (2017). Schulqualität – Rekonstruktion einer Idee und ihre Folgen. In U. Steffens, K. Maag Merki & H. Fend (Hrsg.), *Schulgestaltung. Aktuelle Befunde und Perspektiven der Schulqualitäts- und Schulentwicklungsforschung* (S. 27–56). Münster: Waxmann.

Stoll, L., Bolam, R., McMahon, A., Wallace, M. & Thomas, S. (2006). Professional learning communities: A review of the literature. *Journal of Educational Change, 7* (4), 221–258.

Stoll, L. & Louis, K. S. (2007). *Professional learning communities: Divergence, depth and dilemmas*. Berkshire: Open University Press.

Terhart, E. & Klieme, E. (2006). Kooperation im Lehrerberuf: Forschungsprobleme und Gestaltungsaufgaben. *Zeitschrift für Pädagogik, 52* (2), 163–166.

Valente, T. W. (2005). Network Models and Methods for Studying the Diffusion of Innovations. In J. Scott, P. J. Carrington & S. Wasserman (Hrsg.), *Models and Methods in Social Network Analysis* (S. 98–116). Cambridge: Cambridge University Press.

Van Gasse, R. (2019). The effect of formal team meetings on teachers' informal data use. *Frontline Learning Research, 7* (2), 40–56.

Vangrieken, K., Boon, A., Dochy, F. & Kyndt, E. (2017). Group, team, or something in between? Conceptualising and measuring team entitativity. *Frontline Learning Research, 5* (4), 1–41.

Vangrieken, K., Dochy, F., Raes, E. & Kyndt, E. (2015). Teacher collaboration: A systematic review. *Educational Research Review, 15*, 17–40.

Vangrieken, K., Meredith, C., Packer, T. & Kyndt, E. (2017). Teacher communities as a context for professional development: A systematic review. *Teacher and Teacher Education, 61*, 47–59.

Wasserman, S. & Faust, K. (1994). *Social Network Analysis: Methods and Applications*. Cambridge: Cambridge University Press.

Watzek, V. & Mulder, R. H. (2018). Team learning behaviours and team affective reactions: An empirical study on interdisciplinary work teams. *Vocations and Learning, 12* (1), 1–22.

Weick, K. E. (1976). Educational organizations as loosely coupled systems. *Administrative Science Quarterly, 21* (1), 1–19.

Widmann, A., Mulder, R. H. & König, C. (2018). Team learning behaviours as predictors of innovative work behaviour – a longitudinal study. *Innovation, 21* (2), 298–316.

Zander, L., Kolleck, N. & Hannover, B. (2014). Editorial Note. *Zeitschrift für Erziehungswissenschaft, 17* (5), 1–7.

Herbert Altrichter

Transformationen der Steuerungspolitik und das Schulprogramm als Koordinierungsinstrument

Einleitung

Der Stellenwert des Instruments Schulprogramm (und der damit verbundenen schulinternen Evaluation) hat sich in der letzten Dekade stark verändert. Vielleicht – so die Idee dieses Kapitels – kann man gerade an diesem Beispiel etwas über Aufmerksamkeitsrichtungen und Eigenarten der Bildungspolitik der letzten Jahre lernen. Ich nutze die Einladung zur Mitarbeit an diesem Band also, um das Instrument Schulprogramm im Kontext der unterschiedlichen Reformwellen schulischer Systemsteuerung und der Debatte darüber zu verorten. Dadurch, so die Hoffnung, kann man sowohl etwas über die Bedeutung von Schulprogrammen für die ‚Steuerung' von Einzelschule und Gesamtsystem als auch über veränderte Schwerpunktsetzungen der Bildungspolitik lernen.

1. Veränderungen der Systemsteuerung in der Governance-Perspektive

Auf den folgenden Seiten geht es um aktuelle Bildungsreformen. In der Perspektive der Educational-Governance-Forschung (Schimank, 2007; Altrichter, Brüsemeister & Wissinger, 2007) sind Bildungsreformen Versuche, die Regelung oder Koordination zwischen den Akteuren und Akteurinnen[1] eines Systems und damit deren Arbeitspraxis (Spillane, 2012, S. 114) zu verändern. Sie geschehen, indem Akteure versuchen, veränderte Regeln (soziale Normen) und eine veränderte Ressourcenverteilung durchzusetzen. In einem komplexen Mehrebenensystem ist dies meist ein durchaus voraussetzungsreicher Vorgang, der Zeit und Einsatz nicht nur von den Reformerinnen und Reformern, sondern auch von den anderen Systemmitspielerinnen und -mitspielern erfordert. So wird eine Bildungsreform erst dann sozial bedeutsam, wenn sie von relevanten Akteurinnen und Akteuren auf verschiedenen Ebenen des Bildungssystems rezipiert und „rekontextualisiert" (Fend, 2006) wird, d.h. in Praktiken und Strukturen

---

1 Im Interesse der besseren Lesbarkeit wird im Folgenden nur noch die männliche Form verwendet.

übersetzt wird, die der Handlungslogik der jeweiligen Ebene entsprechen und geeignet sind, ein derartig koordiniertes Handeln längerfristig aufrecht zu erhalten.

Bei der Analyse von Bildungsreformen interessieren aber nicht primär das Verhalten einzelner Akteure oder zufällige Konstellationen ohne Bestand, sondern das im System auffindbare „repetitive, recognizable pattern of interdependent actions, involving multiple actors" (Spillane, 2012, S. 116 f.). Will man die Arbeitsweise von Organisationen oder Systemen reformieren, dann sollten Dinge nicht einmal oder unter besonderer Beobachtung und Energieeinsatz anders gemacht werden, sondern es geht darum, neue Routinen zu etablieren und die bestehenden zu transformieren, es geht um „standard ways of doing things" (Spillane, 2012, S. 117). Wenn im Folgenden nach ‚Mechanismen' oder ‚vermittelnden Prozessen' gefragt wird, dann geht es um das „geformte Wiederkehrende", um die Identifizierung solcher Routinen, die durch die Reform in der alltäglichen Praxis der Schulen etabliert werden sollen und dort – indem sie die Interaktionen zwischen den verschiedenen Akteuren vorstrukturieren – dazu verhelfen sollen, dass die Reform regelmäßig und routiniert zu den postulierten Effekten führt (vgl. Spillane, 2012, S. 116).

Eine Bildungsreform, sofern sie überhaupt zu Veränderungen führt, schlägt sich in dieser Perspektive darin nieder, dass sich soziale Akteure im Schulwesen auf veränderte Weise zueinander verhalten. Dies drückt sich beispielsweise darin aus, (1) dass neue Akteure hinzukommen oder wichtig werden und andere verschwinden oder an Bedeutung verlieren. Dieses ‚neue Verhalten' kann (2) auch durch die Regeln, die die Akteure (explizit oder implizit) akzeptieren, und durch die Ressourcen, über die sie verfügen können, beschrieben werden. (3) Schließlich interessieren die Charakteristika der Handlungskoordination zwischen den involvierten Akteuren. Diese Fragen erlauben, einige der Veränderungen der Systemsteuerung, die durch Bildungsreformen entstanden sein mögen, darzustellen und zu analysieren.

Während mögliche Kategorien zur Beantwortung der Fragen (1) und (2) zunächst aus der Sprache schöpfen können, mit der wir uns auch im Alltag derlei Veränderungen plausibel zu machen suchen, ist dies vielleicht beim Konzept „Handlungskoordination" weniger naheliegend. Dessen Leitfrage lautet: Wie kommt es dazu, dass die Handlungen sozialer Akteure mit jenen anderer einigermaßen ‚zusammenpassen'? Wo diese Passung (zumindest partiell) gelingt, sind offenbar einige Prinzipien dafür vorhanden, wie sich Akteure zu einander verhalten sollen, auf welche Informationen sie achtgeben sollen und welche Folgehandlungen angemessen sind, die von den jeweiligen Akteuren als Handlungsleitlinie akzeptiert werden.

Die Konstellation solcher Prinzipien der Handlungskoordination, die einen gesellschaftlichen Bereich charakterisiert, bezeichnet man als *Governance-Regime.* Bei der Arbeit mit diesen sollte man einige Merkmale des Konzepts im Sinn behalten: (1) Die Beschreibungen von Governance-Regimes sind immer *selektiv*, indem sie einige wenige, in einem gesellschaftlichen Bereich gültige Koordinationsprinzipien hervorheben und andere in den Hintergrund treten lassen. Die Beschreibung ist dann brauchbar, wenn diese Selektion für das gegenwärtige Funktionieren des Bereichs charakteristische Prinzipien hervorhebt. (2) Sie sind *historisch situiert,* d.h., es wird nicht angestrebt und erwartet, überzeitliche Prinzipien der Arbeit in einem Bereich zu entdecken, sondern gerade solche, die charakteristisch für einen bestimmten Zeitabschnitt sind. (3) Sie sind *bereichsspezifisch,* d.h., es wird nicht erwartet, dass die postulierten Koordinationsprinzipien auf alle gesellschaftlichen Bereiche übertragbar sind. Auf der anderen Seite wird es aber nicht überraschen, wenn ein Teil der postulierten Prinzipien auch in anderen gesellschaftlichen Bereichen relevant ist und damit auf einen zeitspezifischen Anteil bereichsspezifischer Koordination hinweist.

Da die Beschreibung der Prinzipien der Handlungskoordination ‚historisch situiert' sein soll, müsste sie auch geeignet sein, historische Veränderungen darzustellen; und genau das soll in Abschnitt 2 geschehen.

Doch welche Merkmale der Handlungskoordination sind für die Beschreibung und Analyse aktueller Bildungsreformen geeignet? Ich verwende im Folgenden den (ironischerweise so bezeichneten) Governance-Equalizer, mit dem Schimank (2007) in Anschluss an Clark (1997) Transformationen im Hochschulwesen abgebildet hat und der sich auch für die Analyse von Veränderungen im Schulwesen als brauchbar erwiesen hat (Altrichter, Brüsemeister & Heinrich, 2005). Dieser hebt fünf Dimensionen als besonders bedeutsam für die Analyse aktueller Reformen hervor, die man sich als unterschiedliche Antworten auf die Frage „Wie kann man eine Schule /ein Schulsystem gut machen?" veranschaulichen kann (vgl. Abb. 1):

1) *Staatliche Input-Regulierung:* Die Steuerung durch Inputregelung (z.B. Festlegung von Prüfungsanforderungen über gesetzliche Vorgaben; inhaltliche Festlegungen über Lehrpläne; Präzisierung von Standards über Lehrmittel und -bücher; zentrale Mittelausstattung; zentrale Lehrerzuordnung; vgl. Fend, 2001, S. 41) ist das zentrale Element der traditionellen Steuerung des Bildungswesens in den deutschsprachigen Ländern.
2) *Selbststeuerung der Lehrerprofession:* Die Inputregulierung ist traditionell gekoppelt mit einer weitgehenden Autonomie der Lehrkräfte bei der Umsetzung dieser ‚Input-Vor-Steuerungen', insbesondere bei unterrichtlichen Fragen. Dadurch „etabliert sich eine ‚Doppelsteuerung' im Sinne einer ‚antagonistischen Kooperation' zwischen Staat und Lehrkräften. Der Staat hat Lehrkräften – außer dem Unterrichtsbereich – kaum eigene Entscheidungen zugestanden; die Profession hat, da sie gleichsam im Schatten einer bürokratischen Governance des Staates gedeiht, keine eigenen Verfügungsrechte über substanzielle, operationale und strategische Entscheidungen. Aus Sicht der Lehrerprofession kann wiederum der Staat, sobald die Lehrkraft die Klassenzimmertür schließt und zu unterrichten beginnt, in diesem Bereich nicht mitreden." (Brüsemeister, 2004, S. 5f.)
3) *Außensteuerung substanzieller Ziele:* Die Governance-Mechanismen (3) bis (5) beschreiben wiederkehrende Elemente von Innovationsvorschlägen. Eines besteht darin, für die Binnensteuerung der autonomeren Einzelschulen klarere Ziele (z.B. durch Bildungsstandards) vorzugeben, deren Umsetzung und v.a. die Ergebnisse, die in Hinblick auf diese Ziele erreicht werden, durch verschiedene Evaluations- und Monitoringmaßnahmen laufend zu überprüfen und die dabei erhobenen Informationen für einzelschulische und systemische Steuerung zu verwenden. Während die Zielvorgabe staatliche Aufgabe bleibt, können Evaluationsmaßnahmen

auch an Externe (z. B. Evaluationsagenturen oder private Inspektorinnen und Inspektoren) delegiert werden.

4) *Hierarchische Selbststeuerung: Innerschulisches Management – Führung durch Schulleitung:* In vielen Ländern werden die Schulleitungspositionen durch bessere Ausbildung (z. B. in Österreich), durch bessere Bezahlung und Aufstufung in der Beamtenhierarchie (z. B. in Italien) und durch weitergehende Aufgaben und Befugnisse aufgewertet oder – wie in manchen Deutschschweizer Kantonen – überhaupt erst geschaffen. Instrumente für schulinterne Koordination, wie Schulprogramme und Qualitätsmanagement, werden propagiert. Diese Leitungspersonen werden, so die Hoffnung, ihre Schule unter Beachtung der Standard-Vorgaben ‚betrieblicher managen' und dadurch vor Ort strategische Ziele des gesamten Systems besser umsetzen und in Ausnutzung der erweiterten Gestaltungsspielräume und der verfügbaren Evaluationsergebnisse schulinterne Dynamik in Richtung qualitätsvoller Weiterentwicklung aufbauen.
5) *Konkurrenzdruck und Quasi-Märkte:* Dieser Governance-Mechanismus beschreibt die Annahme, dass ein gewisses Maß von Wettbewerb die Qualität und Innovationskraft aller Schulebenen stärkt. Gut zugängliche Evaluationsinformationen sollen Klienten rationale, qualitätsbezogene Wahlentscheidungen ermöglichen: „Ein begrenzter Wettbewerb unter Schulen verstärkt die Qualität und Innovation." (Buschor, 1998, S. 78). Obwohl diese Modernisierungsstrategie in den deutschsprachigen Schulsystemen nie den Stellenwert wie in den angelsächsischen Ländern gewann, hat die partielle Gestaltungsautonomie, die Schulen die Entwicklung spezieller Profile ermöglichte, die Bedeutung von Konkurrenz zwischen Schulen als Mechanismus der Handlungskoordination verstärkt (vgl. Altrichter et al., 2005; Mangold & Oelkers, 2002; Weiß, 2002).

2. Phasen der Governance-Veränderungen

Seit den 1990er Jahren erleben die deutschsprachigen Bildungssysteme eine sich intensivierende Diskussion über ihre „Modernisierung" (vgl. Brüsemeister & Eubel, 2003), die sich als eine Suche nach einer *Veränderung der Regelungsstruktur* und nach *neuen effektiveren Steuerungsmitteln* interpretieren lässt, die Ökonomie und Leistungsfähigkeit des Schulwesens gewährleisten sollen. Im Folgenden werden einige wechselnde und persistierende Schwerpunkte in den letzten 25 Jahren mit Hilfe von Governance-Konzepten herausgearbeitet. Die Analyse stützt sich auf frühere Arbeiten (Altrichter et al., 2005; Altrichter & Heinrich, 2007) und versucht sie für aktuelle Entwicklungen fortzuführen. Sie konzentriert sich in ihren Beispielen auf Reformen in Österreich, die jedoch häufig auch als Hypothese für Entwicklungen in deutschen Bundesländern genommen werden können (vgl. Rürup, 2007).

2.1 Vorgeschichte: Stagnation und Grauzonenautonomie

In den 1970er und 1980er Jahren war die Entwicklung des österreichischen Schulwesens durch Stagnation auf bildungspolitischer Ebene gekennzeichnet (vgl. Gruber, 1990; Altrichter & Posch, 1995). Das österreichische Schulwesen entsprach dem Bild eines zentralistischen, bürokratischen Systems: Schulen wurden eher als das letzte Glied einer administrativen Hierarchie denn als eigenständige Entitäten angesehen. Homogenität, Vorhersehbarkeit und Rechtmäßigkeit waren hohe Werte. Seit den 1970er Jahren hatten verschiedenen Reformen, v.a. des Schulunterrichtsgesetzes, aber auch anderer Gesetze, viele vordem bestehende Entscheidungsspielräume rechtlich geregelt und Rechte – so auch Mitbestimmungsrechte – der Lehrerinnen und Lehrer, aber auch der Lernenden und Eltern gestärkt, was manche von einer „Verrechtlichung des Schulwesens“ sprechen ließ.

Die großen politischen Lager hatten sich in der Folge der Strukturdebatte um die Sekundarstufe I in antagonistischen Positionen festgebissen, die wenig Spielraum für Weiterentwicklung ließen. Eine transformierende Handlungskoordination durch Verhandlungen war auf politischer Ebene nicht zu erreichen; eine Blockadehaltung paralysierte die Innovationsinitiativen der jeweils anderen Seite. So entstanden neue Entwicklungen im Schulsystem vor allem auf Initiative von Lehrpersonen und Eltern, beispielsweise im Bereich der Integration von Menschen mit Behinderungen sowie der neuen Lernformen. In politisch-administrativ wenig beachteten Bereichen des Schulsystems – in den Sphären einer „Grauzonenautonomie“ (Heinrich, 2007, S. 59 ff.) – erarbeiteten diese sich informelle Verfügungsrechte zum Treffen von Entscheidungen. Diese Entwicklungsarbeit, die von manchen Schulaufsichtsbeamten und Fortbildungsverantwortlichen unterstützt wurde, trug wahrscheinlich dazu bei, das Selbstbewusstsein eines innovativen Ausschnitts der Lehrerschaft zu stärken und professionalistische Tendenzen zu fördern, die sich in zahlreichen Entwicklungsprojekten niederschlugen.

Bastian (1998) konstatierte für die Bundesrepublik Deutschland eine ähnliche Situation: Bis Ende der 1980er Jahre wäre noch kein übergreifendes Reformklima spürbar gewesen: Rufer nach Reformen blieben vereinzelt, aber an vielen Stellen des Schulsystems wäre praktische Entwicklungsarbeit von Lehrpersonen geleistet worden. Erst in den 1990er Jahren kamen auch aus Kultusministerien und Expertengruppen Wortmeldungen, die neue Entwicklungsrichtungen andeuteten (z.B. Bonz et al., 1993; Fleischer-Bickmann, 1993; Bildungskommission NRW, 1995).

Wenn wir nun die Koordinationsverhältnisse dieser Phase mit Hilfe des „Governance-Equalizer“ charakterisieren, so bietet sich folgendes Bild (vgl. Abb. 1): Das Governance-Regime wird von ‚staatlicher Inputregelung‘ dominiert, die über die administrative Kette von Schulverwaltung, Schulaufsicht und Schulleitung bis zu Lehrenden und Lernenden weitergegeben wird. In dem Klima der Gleichförmigkeit kann sich Lehrerindividualismus entfalten, der – wie beispielsweise Lortie (1975) gezeigt hat – durch weitere schulstrukturelle Bedingungen sozialisatorisch gestützt wird. Die relativ gleichartige (in der Sekundarstufe oft fachspezifische) Sozialisation in der Lehrerbildung, administrative Regelungen (wie Stundenpläne usw.) und die Stabilität der beruflichen Aufgaben (Unterrichtsmittel, Lehrbücher etc.) bieten den Lehrkräften viel beruflichen Gestaltungsspielraum, in dem gleichsam ‚extern koordinierter' Lehrerindividualismus blühen kann. Dieser Lehrerindividualismus *kann* sich auch in routiniert-distanziertem Arbeiten ausdrücken, das sich an individualistischen Kriterien der Berufsausübung orientiert.

‚Entwicklung' kann durch Initiativen ‚von unten' entstehen, die auf Lehrerprofessionalität setzen und sich in lokalen Arbeitsgruppen und überregionalen Netzwerken formieren. Sie kann auch auf das Engagement von Eltern bauen, wie dies z.B. die Integrationsbewegung zeigt.

Diese Situation lässt uns zögern, sie schnell als Erscheinung hoher professioneller Selbststeuerung zu kategorisieren. Lehrerinnen und Lehrer haben in der beschriebenen, relativ stabilen Situation tatsächlich Entscheidungsmacht und sind als Berufsgruppe unersetzbar. Die Stärke der Berufsgruppe ist aber oft individualistisch (und „organisationsfeindlich"; vgl. Krainz-Dürr, 2006) und selten durch Professionskriterien bestimmt, sondern durch informelle Normen wie Routinen, Traditionen und kollegiale Opportunitätskriterien. Der Einfluss der Berufsgruppe ist daher – so vermuten wir – leichter defensiv, denn aktiv und verändernd organisierbar.

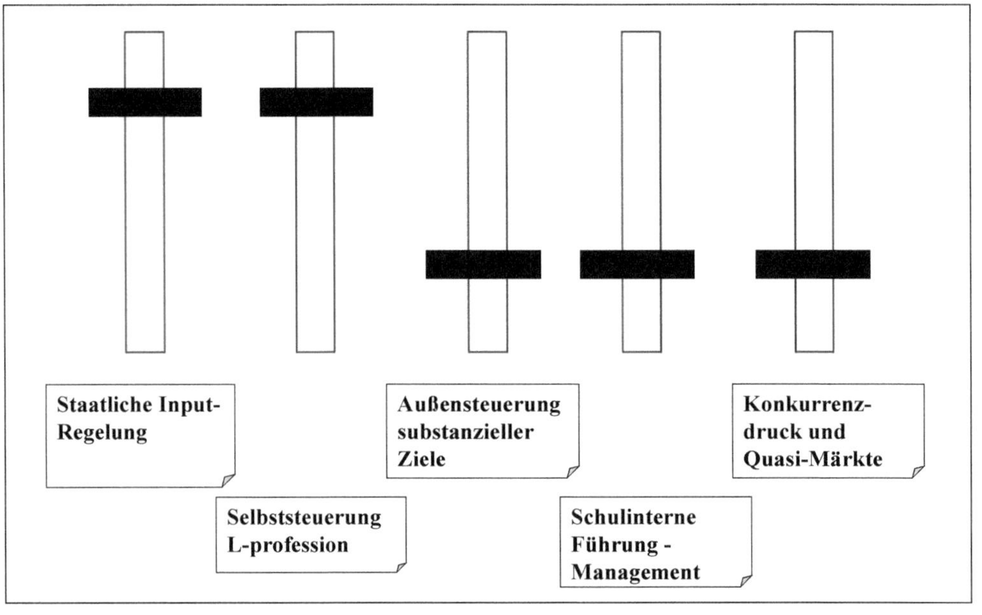

Abbildung 1: Governance-Trends in Phase 0 – 1980er Jahre

2.2 Phase 1: Schulautonomie und Erhöhung einzelschulischer Handlungsspielräume

Die erste Phase der Schulmodernisierung zu Beginn der 1990er Jahre war durch Schlagworte wie Schulautonomie, Dezentralisierung/Deregulierung (vgl. Marx & van

Ojen, 1993) und Erhöhung schulischer Gestaltungsspielräume gekennzeichnet. Veränderungsvorstellungen sollten dazu beitragen, den Handlungsspielraum der Einzelschule und damit deren Verfügungsrechte zum Treffen von Entscheidungen zu erweitern, um sie responsiver gegenüber den Potenzialen und Bedürfnissen vor Ort zu machen, was wiederum die Qualität und Effizienz schulischer Arbeit steigern sollte.

Der moderne Staat dezentralisiert und dereguliert – so die zunehmend häufig vorgetragenen Losungen der Bildungspolitik: Verfügungsrechte sollen an die Einzelschule gegeben werden. In Österreich handelte es sich zunächst und vor allem um curriculare Verfügungsrechte, um eine *curriculare Teil-Autonomie*: Schulen durften (mussten aber nicht) 5 bis 10 Prozent ihres Curriculums nach eigenen Vorstellungen gestalten, wobei sie bestehende Fächer erweitern, verringern oder zusammenlegen sowie neue Fächer in ihren „schulautonomen Lehrplan“ aufnehmen konnten. Aber auch neue Rechte zur Entscheidung über Schulzeit, interne Organisation, Finanzen und internen Personaleinsatz (nicht aber über Personalrekrutierung) wurden in den Folgejahren nach und nach an Schulen gegeben (vgl. Posch & Altrichter, 1993; Schratz & Hartmann, 2009; Altrichter, Brauckmann, Lassnigg, Moosbrugger & Gartmann, 2016).

Der *Adressat* dieser Rechte ist die *Einzelschule*, die damit als Akteur mit eigenen Rechten (der nicht nur als extern lokalisiertes Anhängsel der Verwaltungshierarchie empfunden wird) gleichsam neu die Bühne der Handlungskoordination im Schulwesen betritt. Die genauere Lokalisierung des ‚neuen‘ Akteurs Schule im Kräftefeld der Handlungskoordination war zum Zeitpunkt, als diese Transformationen begannen, offen. Die Intentionen der an diesem Reformprozess beteiligten Akteure gingen durchaus in verschiedene Richtungen (vgl. Sertl, 1993): Es hätte eine neue staatsorientierte Schule werden können, eine elternresponsive Schule oder auch eine lehrerdominierte.

Beherrschendes Thema der ersten Phase der Schulmodernisierung war die Eröffnung von neuen Freiheiten an der Basis des Mehrebenen-Systems Schule. Eine Erhöhung von Gestaltungsspielräumen der Einzelschule sollte diese in die Lage versetzen, raschere und ‚rationalere‘ Entwicklungsentscheidungen angesichts lokaler Ansprüche und Ressourcen zu treffen. Im Kern wurde Schulmodernisierung als ‚normative Reform‘ betrieben (wenn auch begleitend Fortbildungsmöglichkeiten zum Kompetenzerwerb für Schulentwicklung geschaffen wurden): Verfügungsrechte zum Treffen von Entscheidungen wurden z.T. neu geschaffen und neu verteilt, die die Handlungskoordination und die Konstellation der beteiligten Akteure zu transformieren geeignet waren: Schulen konnten sich ein spezifisches Profil durch schulautonome Lehrpläne geben, das sie in Konkurrenz zu Nachbarschulen setzte. Die Nutzung der neuen Spielräume erforderte ‚Schulentwicklung‘, d.h. die Mitwirkung einer kritischen Masse von Lehrkräften, ein einigermaßen koordiniertes Vorgehen der Mitarbeitenden und bestimmte Koordinationsleistungen durch die Schulleitungen. Der Beschluss der Lehrpläne erfolgte in einem Schulpartnerschaftsgremium unter Mitwirkung von Elternvertreterinnen und -vertretern, erforderte aber keine vorherige Genehmigung durch die Schulaufsicht.

Im Governance-Equalizer (vgl. Abb. 2) zeigt sich, dass in Phase 1 die ‚staatliche Input-Steuerung‘ etwas zurückgenommen wird – in sehr unterschiedlichem Ausmaß in den verschiedenen deutschsprachigen Schulsystemen (vgl. Rürup, 2007). Diese Rücknahme staatlicher Inputregulierung führte in manchen Fällen – jedenfalls im österreichischen Fall der curricularen Autonomisierung – zu verstärkter Koordination durch Konkurrenz und Marktprozesse, ohne dass dies explizite Politik der relevanten politischen Kräfte gewesen wäre (Altrichter, Heinrich & Soukup-Altrichter, 2011). Dies übte einen gewissen Druck (in Abb. 2 symbolisiert durch Blitze)

- sowohl auf die Berufsgruppe der Lehrpersonen (wie sollten sie sich angesichts verschiedener Entwicklungsoptionen verhalten? Sollten sie Energie investieren und Spielräume ausnutzen oder eher ihre Tätigkeit ökonomisieren?)
- als auch auf jene der Schulleitungen aus, die sich mit quantitativ und qualitativ neuen Anforderungen in Hinblick auf die interne Koordinierung der Schule konfrontiert sahen.

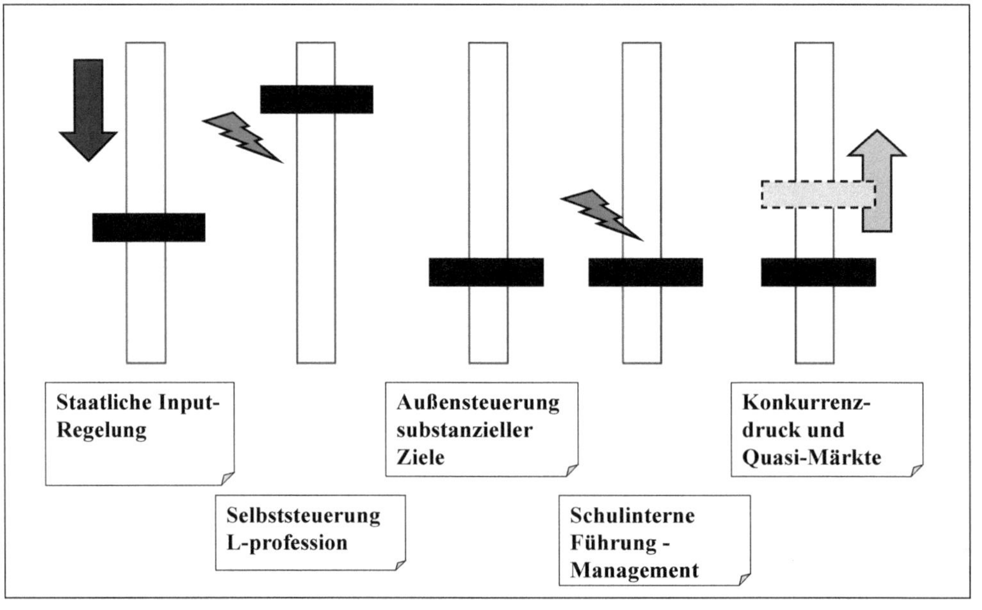

Abbildung 2: Governance-Trends in Phase 1

2.3 Phase 2: Schulmanagement und der Beginn der Suche nach neuen Instrumenten der Systemsteuerung

Wir können also markante Veränderungen der bildungspolitischen Steuerungsphilosophie im Zeitverlauf feststellen: Die Phase der Autonomie-Reform soll Handlungsspielräume für die Einzelschule eröffnen. Die Hoffnungen liegen auf einer „inneren Schulreform". Das Qualitätspotential der Einzelschule soll stimuliert und genutzt werden. Inspiriert durch neue Forschungen zu Schulqualität und Schulethos, aber auch durch innerprofessionelle Qualitätsvorstellungen verstärkten manche Schulen ihre Entwicklungsanstrengungen oder orientierten sie vollkommen neu. Sowohl in Hinblick auf Zielrichtungen der Entwicklung als auch in Hinblick auf ihre Methoden gab es mehr Suchbewegungen als weithin geteilte Orientierungspunkte, was in einer Sitzung des Arbeitskreises Qualität von Schule[2] im Jahr 1995 folgendermaßen resümiert wurde: „Was in der kritischen Diskussion zum Ausdruck kam, war […] (a) ein gewisser Argwohn gegenüber dem auch in Deutschland grassierenden Wildwuchs unterschiedlichster, und oft durchaus mit materiellen Profitinteressen verbundener Ansätze, die unter dem allgemeinen Label der Qualitätsförderung bzw. -sicherung firmieren; und – damit verbunden – (b) ein Bedürfnis nach stärkerer Objektivierung sowohl der verwendeten Verfahren als auch der Ergebnisse dieser verschiedenen Ansätze, die sie ihrerseits selbst einer Evaluation zugänglich machen würden. Das Prinzip ‚value for money' dürfe nicht nur für die Schule selbst, sondern müsse auch für die Unterstützungsmaßnahmen zu ihrer Verbesserung gelten." (Markstahler, Steffens & Bargel, 1995).

So ist die erste Phase schulinterner Qualitätsentwicklung auch kritisch charakterisierbar durch Merkmale, wie

- Vielfalt (Wildwuchs) der Ansätze
- Dominanz reiner Prozessorientierung (fehlender Ergebnisbezug)
- Lehrerlastigkeit: die Schule als Arbeitsplatz im Blickfeld; die Qualität des Unterrichts als professionelles Tabu

Man kann die Reformen in der zweiten Hälfte der 1990er Jahre als Versuch verstehen, solchen (realen oder pessimistisch heraufbeschworenen) Schwächen ein Stück weit entgegen zu arbeiten. In unserer Interpretation zielten die Entwicklungsvorschläge auf zwei Schwerpunkte:

Einerseits sollten Instrumente für das *Management der Einzelschulen*, für die „innerbetriebliche Steuerung", geschaffen werden (vgl. BMUK, 1998). In Schulprogrammen sollten (in Ermangelung einer kohärenten professionellen Wertehierarchie) eine gemeinsame Zielorientierung formuliert und für alle Mitarbeiterinnen und Mitarbeiter verbindliche Arbeitsprogramme für die Schulentwicklung festgelegt sein.[3] Schulinternes Qualitätsmanagement sollte Rückmeldung und Orientierung für die Entwicklungsbemühungen geben und dadurch engere Möglichkeiten der internen Handlungskoordination schaffen. Die Ziele dieser Programme und die Kriterien der Selbstevaluation konnten in dieser Phase zum Großteil von den Schulen und Lehrpersonen selbst formuliert werden. Inhaltliche Vorgaben gab es nur rudimentär. Zum

---

2 Der auch heute noch bestehende Arbeitskreis wurde 1985 eingerichtet, um Schulforschung und Schulentwicklung unter den Gesichtspunkten von Schulgüte und Unterrichtsqualität anzuregen und zu verstetigen (vgl. ausführlicher Steffens & Bargel, 2016).

3 Durch Schulprogramme wird, wie van Buer & Köller (2007, S. 118) betonen, der Kernbereich der pädagogischen Freiheit und die Bedeutung dieses Rechts im Sinne einer allgemeinen „Mäßigungsklausel" noch stärker als bisher unter Druck gesetzt. Es scheint ihnen jedoch „sowohl schultheoretisch als auch juristisch stützbar, im Bereich organisationalen Handelns Schulprogramme als Steuerungsinstrumente mit hohem Verbindlichkeitsanspruch zu konstruieren" (a.a.O., S. 121). „Die pädagogische Freiheit des Lehrers ist eine im individuellen Konfliktfall juristisch so gut wie nicht verwendbare – fiduciarische Option, die sich nur über die besondere Verantwortung der Lehrperson für die Entwicklung des ihm staatlich anvertrauten Zöglings legitimiert." (a.a.O.)

Beispiel wurden in der österreichischen Initiative zur Qualitätsevaluation fünf breite Arbeitsfelder für Schulen formuliert, die in Schulprogrammen und Evaluationen zu berücksichtigen waren (und zwar Unterricht, Lebensraum Schule/Klasse, Schulmanagement, Professionalität und Personalentwicklung, Schulpartnerschaft und Außenbeziehungen; vgl. BMBWK, 1998); manche deutsche Bundesländer gaben zusätzlich vor, dass sich im Bündel der Entwicklungsprojekte von Schulen jedenfalls auch unterrichtsbezogene Projekte zu befinden hätten. Insgesamt blieben Konzepte der *Selbst*entwicklung und *Selbst*evaluation zentral; die (weitgehend selbst) motivierte Aktivität der Berufstätigen wurde als Voraussetzung für produktive Entwicklung angesehen und sollte Kompetenz und Loyalität der Berufstätigen aufbauen.

Andererseits begannen die Schulverwaltungen nach Ansatzpunkten zu suchen, um die – durch die Autonomisierung offenbar produzierte – *„Vielfalt zu orchestrieren"* (vgl. EDK, 2000). Ideen des Systemmonitorings und neue Formen der Schulaufsicht wurden diskutiert. Aufgabenbeispiele und Vergleichsarbeiten wurden vorgeschlagen und in einigen Ländern verpflichtend gemacht, die Lehrkräfte dazu animieren sollten, eigene Aufmerksamkeit und Qualitätskriterien durch Beobachtung für sinnvoll erachteter Beispiele weiterzuentwickeln, ohne dass damit Sanktionen verbunden waren. Solche Maßnahmen sollten nicht als Rücknahme der zuvor erweiterten Gestaltungsoptionen oder gar als Schritt zurück zu den alten zentralistischen Regelungsmodellen verstanden werden, sondern als eine Ergänzung, die – um des Gesamtsystems willen – notwendig wäre.

Als zentrale neue *Akteure* treten in dieser Phase die Schulleitungen auf. Die neue Akzentuierung ihrer Rolle sieht Schulleiterinnen und Schulleiter als initiative Managerinnen und Manager, die mit Hilfe neuer Managementinstrumente (Schulprogramm und Qualitätsevaluation) Entwicklungen stimulieren und steuern können. Der in der vorigen Phase neu aufgetretene Akteur Einzelschule erhält durch die Reformen von Phase 2 eine Akzentuierung, die von dem möglichen Bild einer durch initiative Lehrpersonen gesteuerten Schule weg zu einer ‚einzelbetrieblich-hierarchischen' Interpretation leitet.

In Phase 2 steht also zusammenfassend die Verbesserung der internen Steuerungsfähigkeit von Schulen im Zentrum der Systemreform in den meisten deutschsprachigen Schulsystemen. Die Einzelschule soll Konturen gewinnen und ein wesentliches Instrument dazu ist die Schulleitung, die als Leitungsfunktion herausgehoben und konturiert wird und der auch verschiedene Steuerungsinstrumente, wie Schulprogramme und Selbstevaluation, in die Hand gegeben werden sollen. In der Sprache der Governance-Equalizer (vgl. Abb. 3) heißt das, dass die ‚hierarchische Selbststeuerung' der Einzelschule, die Steuerungsfähigkeit durch die interne Hierarchie der Einzelschule, also durch die Schulleitung und die von ihr abhängigen Strukturen, gesteigert werden soll. Dies müsste Druck auf die Autonomie der Lehrerprofession ausüben, von der also an manchen Stellen Widerstand zu erwarten ist. Gleichzeitig gibt es erste und zunächst sehr ‚milde' Ansätze in verschiedenen deutschsprachigen Schulsystemen, die Außensteuerung durch Vorgabe staatlicher Kriterien und Ziele zu erhöhen, beispielsweise durch Vergleichsarbeiten, um dadurch die Aufmerksamkeit der Schulen auf Entwicklung verbesserten Unterrichts und erhöhter Schulleistungen zu lenken.

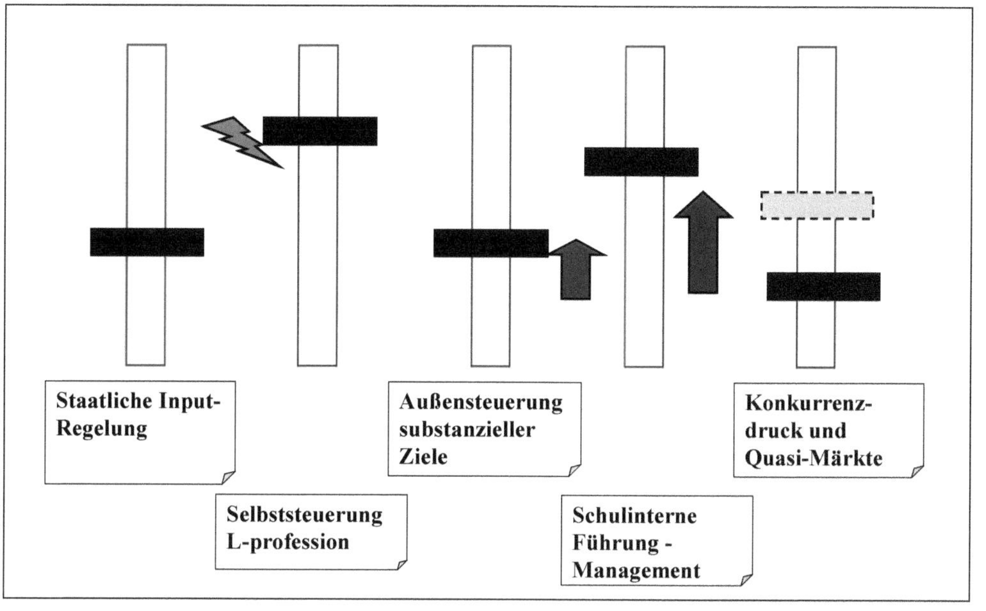

Abbildung 3: Governance-Trends in Phase 2

2.4 Phase 3: PISA-Schock und schulübergreifende Steuerungselemente

In einer dritten Phase sehen wir eine Akzentuierung in Richtung externer schulübergreifender Steuerungselemente (vgl. van Ackeren, 2003) und der Fokussierung auf inhaltliche Vorgaben, Unterricht und Schülerleistungen (vgl. Böttcher, 2007). Die Entwicklungen dieser Phase waren durch die TIMSS-Ergebnisse (vgl. Baumert, 1998; Heinrich, 1998/99) vorbereitet und durch die v. a. in Deutschland als katastrophal interpretierten PISA-2000-Daten (OECD, 2001; vgl. Gruschka & Heinrich, 2001/02) massiv verstärkt worden. Gegenüber der Orientierung an selbst gesteckten Zielen und an Selbstevaluation, die in Phase 2 vorherrschte, werden drei Gesichtspunkte ins Zentrum gerückt:

- Die Schul*system*frage, die durch Qualitätsarbeit an der Einzelschule nicht angemessen zu adressieren ist (z. B. soziale Chancenungleichheit, Struktur der Sekundarstufe I – Risikoschülerinnen und -schüler).
- Die Frage der Qualitätskriterien: *Ergebnisorientierung* an Stelle reiner Prozessorientierung – die Lernergebnisse der Lernenden werden mehr und mehr als zentrales Qualitätskriterium angesehen.
- Die Frage des *Unterrichts*: Unterrichtsqualität wurde zunehmend als zentrale Prozessvariable betrachtet. Unterrichtsentwicklung als Kernprozess von Schulentwicklung.

Die strategischen Antworten, die für diese Fragen in dieser Phase formuliert werden, lauten:

- *Zunehmende Standardisierung der (Entwicklungs-/Evaluations-)Ziele*: An die Stelle der Aufforderung an Schulen und Kollegien, pädagogische sinnvolle Entwicklungsziele für ihren Standort in einem Schulentwicklungsprozess zu finden und zu formulieren, trat die Idee, vergleichbare Ziele (Standards) für alle Schulen zu formulieren.
- *Fokussierung auf Unterricht und Leistungsergebnisse*: Durch die zentral formulierten Ziele sollte die oft vorherrschende lehrerzentrierte Perspektive (Schule als Arbeitsplatz, Verbesserung der Arbeitssituation der Lehrpersonen) durch eine schüler- oder ergebniszentrierte Perspektive ergänzt oder ersetzt werden, bei der die Schule als Ort des Lernens, Lernergebnisse, Erfolgs-/Misserfolgsquoten, überfachliche Kompetenzen und das Unterrichtsklima im Vordergrund stehen.
- *Zunehmende Standardisierung und Externalisierung der Methoden*: An die Stelle offener Methoden der Selbstvergewisserung trat die Forderung nach standardisierten Verfahren der Erfolgskontrolle. Verfahren der Selbstevaluation wurden zunehmend durch externe Evaluationsformen ergänzt. Diese sollten zwischen Schulen vergleichbare Ergebnisse erbringen und den „Steuerleuten" auf den verschiedenen Systemebenen (von der Schulleitung bis zum/r Bildungsminister/in) Einblick in die Leistungen der Systemeinheiten eröffnen und die letzteren dadurch in die Lage versetzen, eine rationale „evidenzbasierte Schulentwicklung" zu betreiben (vgl. Altrichter & Maag Merki, 2016).

Am sichtbarsten wird diese Politik der „evidenzbasierten Entwicklung" durch die weit verbreiteten Bildungsstandards, standardbezogene Lernstandserhebungen und Datenfeedback (vgl. Maag Merki, 2016; Altrichter, Moosbrugger & Zuber, 2016) sowie Schulinspektionen und Qualitätsaudits (vgl. Altrichter & Kemethofer, 2016).

Wir interpretieren die Entwicklungen dieser Phase als Versuch, die *Handlungskoordination* sowohl auf gesamtsystemischer als auch auf einzelschulischer Ebene stärker an durch Schülerleistungen beschriebene Ziel- bzw. Ergebnisvorgaben zu binden, die auf höherer Ebene formuliert werden. Damit sollen Entwicklungsanstrengungen der Schulen stimuliert und auf Unterricht fokussiert werden. Die Botschaft ist: Die ‚internen' Selbstevaluationsansätze allein vermögen den nach PISA gewachsenen Bedarf an öffentlich kommunizierbarer Systeminformationen nicht zu befriedigen. Darüber hinaus genügen sie nicht, da nicht bloß Weiterentwicklung, sondern Umsteuerung das bildungspolitische Gebot der Stunde ist und resolute politische Aktion dafür gefordert wird.

Die Bindung von Schulen und Lehrpersonen an zentrale Vorgaben der staatlichen Administration wird in dieser Phase stärker: Die Lehrerautonomie wird auf Methodenfreiheit verengt (vgl. Heid, 2003), während Ziele vorgegeben und Leistungen zentral gemessen werden. Die Rolle der Eltern in diesem Szenario ist nicht klar: Ihre Mitwirkungsmöglichkeiten in den innerschulischen und ebenenübergreifenden Koordinationsbeziehungen werden eher sinken, weil diese deutlich ‚expertisiert' werden, was den potentiellen Einfluss von Laien schmälert. Eine beträchtliche Anzahl von schulsystemexternen Expertinnen und Experten (wie z. B. Expertinnen für Leistungsmessung in den Instituten, die Lernstandsmessungen durchführen; solche für die Interpretation von Datenrückmeldungen, die über „data literacy" verfügen; solche für

Schulentwicklungsberatung oder fachdidaktische Unterrichtsentwicklung) tritt auf, die beansprucht, mehr Spezialwissen zu Qualitätsfragen als die Schulinternen zu besitzen.

Auf der anderen Seite erhalten Eltern wenige, aber vergleichbare Informationen über Systemleistungen, die sie für ‚Kaufentscheidungen' und Meinungsäußerungen verwenden können. Außerdem können sie über die öffentliche Meinung einen gewissen Einfluss aufbauen; Konstellationen, in denen sich eine der anderen Parteien ihrer als Pressure Group und Druckmittel versichern will, sind vorstellbar.

Die entscheidende Innovation im Governance-Regime kann als Versuch verstanden werden, die „Außensteuerung durch Vorgabe substanzieller Ziele" aufzubauen. Das *zentrale Instrument zur Systemkoordination*, das in dieser Phase die Aufmerksamkeit beherrscht, sind Bildungsstandards, die Kompetenzziele für Schulen vorgeben, und flächendeckende Tests, die differenzielle Informationen über Systemleistungen erbringen sollen. Dadurch soll eine schnellere und zielgerichtetere Entwicklung im System erfolgen. Die Steigerung der Systemleistung und die Verminderung drastischer Unterschiede zwischen Einzelschulen und für spezielle Schülergruppen (wie Schülerinnen und Schüler aus unteren Sozialschichten und mit Migrationshintergrund) soll dadurch erreicht werden (vgl. Altrichter & Kanape-Willingshofer, 2012). Angestrebt ist also eine *engere Handlungskoordination* im System, für die Leistungsinformationen eine zentrale Rolle spielen. Schulprogramme (und darauf bezogene interne Evaluationen) bleiben als schulinternes Steuerungsinstrument wichtiges Element der Systemreform, doch wird versucht, sie stärker an extern gesetzte Ziele und an Evaluationsinformationen zu binden.

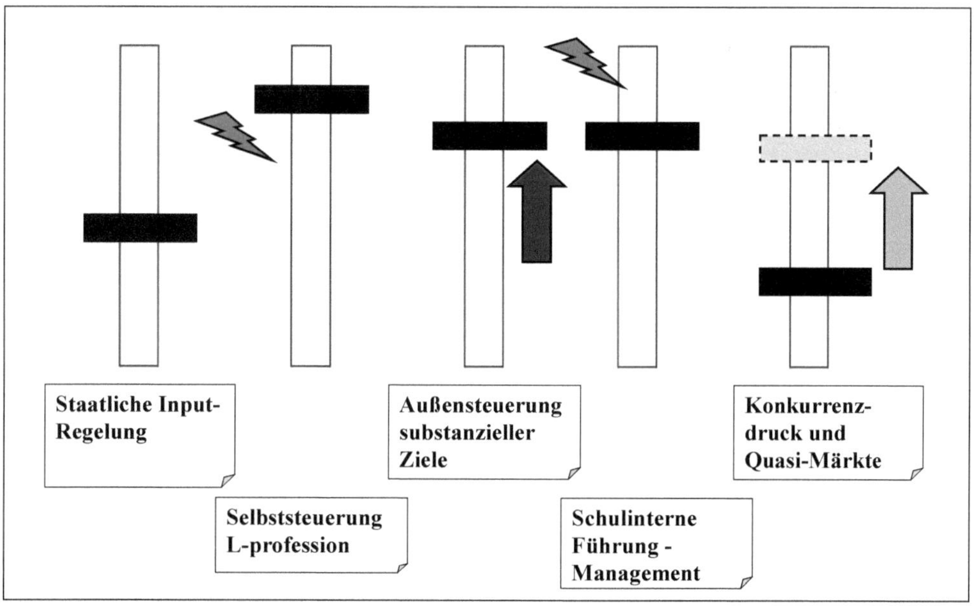

Abbildung 4: Governance-Trends in Phase 3

In der Sprache der Governance-Equalizer bedeutet dies eine Erhöhung der *Außensteuerung* (vgl. Abb. 4). Als Folge der Verfügbarkeit von mehr und besseren Informationen über die Tätigkeit der Schulen und ihrer öffentlichen Sichtbarkeit durch die politische Aufmerksamkeit bezüglich des Projektes wird die Konkurrenz zwischen Schulen weiter steigen. Dies wird einesteils Druck auf die Lehrerprofession ausüben, weil diese – potenziell – erstmals extern vorgegebenen und extern gemessenen Leistungskriterien unterworfen ist. Zweitens wird dies Druck auf die Schulleitungen ausüben, weil sie den Systemdruck auf die Schule und die Lehrerprofession an ihrem eigenen Standort in sinnvolle Entwicklungsenergie umsetzen müssen. Auch sind die Schulleitungen nicht mehr so frei, eigene Ziele oder Zielsetzungen des Personals als Orientierungspunkte für Schulentwicklung zu setzen, weil die externen Zielsetzungen klarer sind und nicht (mehr) leicht umgangen oder ignoriert werden können, weil politisch-administrative Macht dahintersteht, weil sie unmissverständlicher formuliert sind und konsequenter gemessen werden als frühere Zielsetzungen; auch die öffentliche Aufmerksamkeit und Loyalität hinter diesen Zielsetzungen spielen eine Rolle. Das wird die Aufgaben von Schulleitungen schwieriger und konfliktträchtiger machen. Abbildung 5 enthält eine Zusammenfassung der bisher diskutierten Argumente:

	Phase 0: Stagnation und ‚Grauzonenautonomie' (1980er Jahre)	Phase 1: Schulautonomisierung (Beginn 1990er Jahre)
A) leitende Werte, erwartete Wirkungen	Homogenität, Vorhersehbarkeit, Rechtmäßigkeit	Flexibilität und Dezentralisierung, Variation, Stimulierung von Initiative zur Steigerung von Qualität und zur Anpassung an lokale Potentiale und Bedürfnisse
B) Akteure	Dominanz des Staates [‚Initiativen von ‚unten': engagierte LehrerInnen und Eltern]	- Staat + ‚Einzel-Schule' (engagierte LehrerInnen) (+) Eltern
C) Strukturen, Verteilung von Verfügungsrechten	[Spielräume in der Grauzone für experimentelle Innovationen]	curriculare Teil-Autonomie: Entwicklung „attraktiver Schulprofile"
D) Mehrebenensysteme: Orte/ Instrumente der Handlungskoordination	„administrative Kette", Lehrerindividualismus [lokale Arbeitsgruppen, Netzwerke]	(Schulgemeinschaftsgremien) Lehrerkonferenzen Marktangebote
E) Handlungs-koordination	Beeinflussung (Beobachtung) [Verhandlung] Hierarchie Staatliche Inputregelung ‚Lehrerindividualismus'	lokale Verhandlung Beobachtung Staatl. Inputregelung ? Selbststeuerung der Lehrerprofession (vgl. 3.4) + Konkurrenzdruck und Quasi-Märkte

Abbildung 5: Phasen der ‚Modernisierung' im österreichischen Schulwesen

Legende: „+" und „–" deuten Steigen und Sinken des Einflusses des jeweiligen Merkmals in der entsprechenden Phase an; ein „?" eine weniger eindeutige Entwicklung, die einer differenzierenden Analyse bedarf.

Phase 2: Schulmanagement und die Suche nach neuen Steuerungsinstrumenten (2. Hälfte der 1990er Jahre)	Phase 3: PISA-Schock und schulübergreifende Steuerungselemente (2001+)	
innerschulische und System-Koordination, größere Verbindlichkeit, zielgerichtete Entwicklung, ‚rationale Information', Rechenschaftslegung	Steigerung und Homogenität der Systemleistung, schnellere, zielgerichtete Entwicklung auf der Basis ‚rationaler Information', Rechenschaftslegung	A) leitende Werte, erwartete Wirkungen
+ Schulleitungen +/- ‚Einzelschule' [Lehrerwiderstand]	+ EvaluationsexpertInnen + Staat: ‚Schulsteuerer' [Schulinspektion] Schulleitung und LehrerInnen als Umsetzer	B) Akteure
Interne Steuerung: Schulprogramm, Qualitätsevaluation, Lehrerdienstrecht [Vergleichsarbeiten]	Vorgabe zentraler Ziele, breite zentrale Erhebung und Verarbeitung von Systeminformationen, öffentliche Zugänglichkeit von Informationen	C) Strukturen, Verteilung von Verfügungsrechten
Lehrerkonferenzen, Delegation an interne ‚ExpertInnen' und AGs ? Schulprogramme als „Verträge" ? Qualitätsevaluation ? ‚Diensteinteilungen' [? Vergleichsarbeiten]	Bildungsstandards und Tests ? internes Qualitätsmanagement ? ‚Bildungsregionen', ? Selbstorientierung an Standard-Ergebnissen [Qualitätsrahmen und Schulinspektion]	D) Mehrebenensysteme: Orte/ Instrumente der Handlungskoordination
Verhandlung Beeinflussung + Hierarchische Selbststeuerung - Selbststeuerung der Lehrerprofession	lokal: Beobachtung, Verhandlung/ Beeinflussung ebenenübergreifend ?? + Außensteuerung subst. Ziele (? Konkurrenzdruck) (? Hierarchische Selbststeuerung)	E) Handlungskoordination

Abbildung 5 (Fortsetzung): Phasen der ‚Modernisierung' im österreichischen Schulwesen Aus: Altrichter & Heinrich, 2007, S. 80f.

2.5 Eine Phase 4?

Befinden wir uns eigentlich noch in dieser dritten Phase der Schulmodernisierung oder ist eine neue steuerungspolitische Konstellation mit veränderter Schwerpunktsetzung zu erkennen?

Das Programm der evidenzbasierten Schulentwicklung hat sich in den letzten 15 Jahren entfaltet und zu deutlichen Veränderungen geführt. Dies sind einesteils Veränderungen des Diskurses über Bildung, den es bis vor kurzem alternativlos zu dominieren schien:[4] Mit der Propagierung von Bildungsstandards und Kompetenzmodellen wurde ein normativer, jedoch für die empirische Überprüfung zugänglicher Bezugsrahmen für Diskussionen über Bildung (die dabei tendenziell auf Kompetenzergebnisse reduziert wurde) geschaffen. Mit dem häufigen Beschwören der Notwendigkeit von Evidenzbasierung von Entscheidungen und Entwicklungen auf allen Ebenen wurden tendenziell ‚reine Meinungen' delegitimiert (Maritzen, 2018a), ohne jedoch diesen An-

4 Die folgenden Absätze beziehen sich vielfach auf die Überlegungen von Maritzen (2018a; 2018b) und Steffens & Haenisch (2019, im vorliegenden Band).

spruch bei bildungspolitischen Entscheidungen tatsächlich einhalten zu können (Tillmann, Dedering, Kneuper, Kuhlmann & Nessel, 2008). Die Suche nach Indikatoren für die Bedingungen und Leistungen des Bildungssystems haben das Bewusstsein dafür geschärft, worauf man (nicht) schauen sollte, wenn man die Qualität von Bildung weiterentwickeln will; deren Messung hat sicher die Transparenz der Tätigkeit im Bildungswesen erhöht.

Schließlich hat das Programm der Evidenzbasierung auch zu einer „Veränderung der Aufmerksamkeitsstrukturen von Öffentlichkeit und Medien" beigetragen und einige, nicht in jedem Fall neue, deswegen nicht weniger wichtige Themen im politischen und öffentlichen Diskurs verankert, wie z. B. für Österreich (vielfach aber auch für die deutschen Bundesländer relevant) „Bildung, Humankapital und internationaler Wettbewerb; Bedeutung von Bildung im Lebenslauf; Bildungsgerechtigkeit; Risikogruppen und deren Kosten für den Sozialstaat und eine demokratische Gesellschaft; Zuwanderung, Integration und deren soziale Kosten; regionale Disparitäten in Österreich und Bildungsgerechtigkeit; ordnungspolitische Konflikte angesichts paralysierender Grundwidersprüche im Bund-Länder-Verhältnis" (Maritzen, 2018a).

Das Programm der Evidenzbasierung hat nicht nur den Diskurs verändert, sondern auch zu realen Veränderungen im österreichischen Schulsystem (und wiederum in vielen Aspekten auch auf die Schulsysteme der deutschen Länder übertragbar) geführt. Deren wichtigste und auffälligste ist die Einführung einer landesweiten standardisierten Testung[5] der Schülerkompetenzen in jenen Bereichen, für die Bildungsstandards formuliert wurden (dem entsprechen die Lernstandserhebungen[6] in den deutschen Schulsystemen sowie der IQB-Ländervergleich; vgl. Stanat, Schipolowski, Rjosk, Weinrich & Haag, 2017). Deren Ergebnisse werden an alle Akteure im Schulwesen rückgemeldet und sollen für Monitoring und Entwicklung genutzt werden (Altrichter & Gamsjäger, 2017). Zeitlich nachgelagert wurden den Lehrpersonen auch diagnostische Tests, die sich auf die gleichen Bildungsstandards und Kompetenzmodelle bezogen, zur informellen Rückmeldung für die Unterrichtsentwicklung (unter dem Label Informelle Kompetenzmessung IKM[7]) angeboten. Dazu war auch der Aufbau einer entsprechenden Infrastruktur der Testentwicklung, -administration und -auswertung notwendig; dies erfolgte durch ein Bundesinstitut (BIFIE). Eine Nationale Bildungsberichterstattung (NBB) wurde etabliert.[8] Nach regionalen Versuchen mit „neuen Schulinspektionen", die letztlich jedoch – im Gegensatz zu den meisten deutschen Bundesländern – nicht institutionalisiert wurden, wurde ein neues bundesweites Qualitätsmanagementsystem Schulqualität Allgemeinbildung (SQA) bzw. Qualitätsinitiative Berufsbildung (QIBB) aufgebaut, das auf einem Modell der Leistungsvereinbarung über schulische Entwicklungspläne mit der zuständigen Schulaufsicht basiert (Altrichter, 2017).[9] Charakteristisch für die österreichische Entwicklung

---

5 Vgl. https://www.bifie.at/bildungsstandards-und-kompetenzorientierter-unterricht/; 7.12.2018.
6 Vgl. z. B. Hessen und Nordrhein-Westfalen: https://lehrkraefteakademie.hessen.de/schule-unterricht/zentrale-lernstandserhebungen/informationen-schueler-eltern; https://www.schulentwicklung.nrw.de/e/lernstand8/; 7.12.2018.
7 Vgl. https://www.bifie.at/lernen-begleiten/ikm/; 7.12.2018.
8 Vgl. https://www.bifie.at/system-schule/nbb/; 7.12.2018.
9 Entsprechende Ansätze gibt es auch in vielen deutschen Bundesländern, vgl. beispielsweise Hessisches Kultusministerium, 2016; oder Sächsisches Bildungsinstitut, 2016.

sind wohl auch noch großflächige Entwicklungs- und Innovationsprogramme[10] und längerfristige Fortbildungsprogramme[11], die zur fachdidaktischen Professionalisierung und Vernetzung von innovativen Lehrpersonen sowie schulbezogener Forschung beitragen sollten.

Trotz dieser deutlichen Entwicklung im letzten Jahrzehnt sind auch einige weiterhin bestehende Schwächen zu konstatieren (vgl. Maritzen, 2018a): Der Ausbau der empirischen Bildungsforschung blieb auf das vom Bildungsministerium finanzierte und ihm zuarbeitende Bundesinstitut für Bildungsforschung, Innovation & Entwicklung des österreichischen Schulwesens (BIFIE[12]) beschränkt und sonst vergleichsweise „bescheiden"; es gab keine – mit deutschen Initiativen vergleichbare – Programme zur Stärkung der empirischen Bildungsforschung an den Universitäten und kaum finanzstarke Förderstrukturen (Maritzen, 2018a). Öffentliche Forschungsaufträge wurden mehr als zuvor – aus Kostengründen – durch das staatliche Bildungsforschungsinstitut aufgesogen. Trotz eines gewissen Ausbaus der Fachdidaktik[13] besteht weiterhin erheblicher Ausbaubedarf für fachdidaktische Forschung. Die Grundschuldidaktik, die im (ehemaligen) segregierten Lehrerbildungssystem an den österreichischen Pädagogischen Hochschulen (PH) angesiedelt war, konnte sich kaum auf Forschungsstrukturen stützen. In der Zwischenzeit erfolgt ein Aufbau von Forschungsstrukturen an den PHs, doch ist die Situation derzeit wohl als sehr heterogen einzuschätzen.

Die Politik der Evidenzbasierung hat nach meiner Einschätzung zu deutlichen Veränderungen im Diskurs über Bildung geführt und auch die Institutionen und Instrumente beeinflusst, mit denen Bildungsakteure arbeiten. Wie ist die aktuelle Situation einzuschätzen? Ich möchte sie im Folgenden durch zwei Merkmale beschreiben, die sich auch in den „teacher sentiments", in den atmosphärischen Einschätzungen der Akteure, niederschlagen:

Erstens ist die Arbeit im Bildungswesen durch spanungsgeladene bis widersprüchliche Anforderungen charakterisierbar (vgl. Steffens & Haenisch, 2019, im vorliegenden Band), die auch verstärkt artikuliert werden: Die eklatanteste Spannung liegt wohl darin, dass die Strategie der Evidenzbasierung aus dem Zweifel darüber entstanden ist, ob sich die lehrer- und schulgesteuerte Entwicklungsstrategie der Phasen 1 und 2 den richtigen Zielen energisch und rasch widmen würde: Zentrale Zielsetzung und die Forderung nach bestimmten Entwicklungsrichtungen in Phase 3 sollten lehrergesteuerte Zielfindung und Umsetzung an den Standorten ersetzen (wie ‚milde' auch immer in den weiterhin in Low-stake-Modus operierenden Systemen). Und doch basiert

10 IMST (Innovationen machen Schulen Top) ist ein landesweites Unterstützungssystem, das von der Universität Klagenfurt bereitgestellt wird, dessen Ziel ist es, durch Themenprogramme und regionale Netzwerke Lehrerinnen und Lehrer dabei zu unterstützen, Innovationen im MINDT-Unterricht (Mathematik, Informatik, Naturwissenschaften, Deutsch, Technik) durchzuführen; vgl. https://www.imst.ac.at/texte/index/bereich_id:2/seite_id:2; 7.12.2018.

11 Hier ist vor allem das Programm „Pädagogik und Fachdidaktik für LehrerInnen (PFL)" erwähnenswert, das in seiner Bedeutung und in seinen Gestaltungsideen vielfach mit dem SINUS-Programm verglichen wurde (vgl. Krainer, 2007; Altrichter, 2010); http://pfl.aau.at/; 7.12.2018.

12 Vgl. https://www.bifie.at/; 7.12.2018.

13 So wurden in einigen Fachbereichen landesweite und in einigen Regionen regionale Fachdidaktikzentren etabliert (vgl. https://aecc.univie.ac.at/; 7.12.2018; https://www.imst.ac.at/texte/index/bereich_id:47/seite_id:298; 7.12.2018).

auch die evidenzbasierte Strategie sowohl auf Lehrpersonen, die genug Kompetenz und Initiative zeigen, um aus den Bildungsstandards und dem Datenfeedback die richtigen – individualisierten – Konsequenzen zu ziehen, als auch auf teilautonomen Standorten, die bereit sind, die Verantwortung für die Ergebnisse ihrer Schülerinnen und Schüler zu übernehmen und Energie in Weiterentwicklung zu stecken (vgl. Altrichter & Geisler, 2012).

Diese grundlegende Spannung zwischen Kompetenzzweifel und Übertragung komplexer zusätzlicher Aufgaben konkretisiert sich an vielen Beispielen: Die Vorgaben und Erwartungen in Hinblick auf schulische Selbstevaluation nehmen zu bei gleichzeitigem Ausbau externer Evaluation. Zentrale Prüfungen sollen Noten vergleichbarer machen; Lehrpersonen, die offenbar nicht zu vergleichbaren Kompetenzen beitragen konnten, sollen die Schülerinnen und Schüler darauf gleichermaßen vorbereiten. Von Bildungsqualität (und Bildungsgerechtigkeit) wird offiziell immer wieder gesprochen, wobei gleichzeitig Qualitätssicherung und Qualitätsentwicklung halbherzig betrieben werden. Inklusion im Schulwesen wird proklamiert, ohne die – in einigen österreichischen Bundesländern ohnehin schon weit gediehene – Entwicklung auch entsprechend strukturell (z.B. durch Förderung inklusionsbezogener Lehrerqualifikationen, durch Einarbeitungsphasen) zu stützen (Feyerer & Altrichter, 2018).

Nicht für Österreich gelten die für deutsche Bildungssysteme konstatierte Verkürzung der Lehrerausbildung (2. Phase) und der Abbau von Lehrerfortbildung und Beratung (Steffens & Haenisch, 2019), die ebenfalls die Kompetenzbekundungen bzgl. Lehrpersonal für evidenzbasierte Entwicklung und Inklusion konterkarieren.

Das zweite Charakteristikum der aktuellen Situation: Es wird nach und nach klar, dass evidenzbasierte Entwicklung selbst ein „normativ aufgeladenes Versprechen" (Maritzen, 2018a) ist – mit zwei Konsequenzen: das Wörtchen ‚normativ' deutet darauf hin, dass Evidenzbasierung keine Strategie ist, die die Entscheidungen von Bildungspolitik und schulischen Akteuren über das ‚bloße Meinen' und ‚politische Neigungen' hinaus in eine Sphäre evidenzgesättigter Rationalität hebt, die keinen vernünftigen Widerspruch mehr erlaubt und gleichzeitig vorhersagbare Ergebnisse garantiert. Das Wort ‚Versprechen' lenkt den Blick darauf, ob die Erwartungen, die mit der evidenzbasierten Strategie verbunden sind, auch empirisch prüfbar sind.

Zur letzteren Frage ist die Forschung erst im Anlaufen: Wenn es um die globalen PISA-Ergebnisse geht, dann scheinen die Entwicklungen der letzten Jahre in vielen deutschen Schulsystemen zu einer Verbesserung der Schülerleistungen geführt zu haben (ohne dass wirklich klar ist, welche ‚Entwicklungen' dafür verantwortlich sind). Für Österreich gilt dies jedoch nicht. Wenn man eine Ebene tiefer geht und die Prozesse betrachtet, die durch evidenzbasierte Instrumente ausgelöst werden sollten, dann wird deutlich, dass nicht alles so funktioniert, wie man sich das vorgestellt hat: Schulinspektionen scheinen eher durch die Vorbereitung der Schulen auf den Inspektionsbesuch als durch die Rückmeldungen, die sie bereitstellen, zu wirken (Gustafsson et al., 2015). Die Datenrückmeldung der Lernstandserhebungen stimuliert selten Unterrichtsentwicklung, die über oberflächliche Retuschen hinausgeht, sowohl bei Einzellehrpersonen (Maier & Kuper, 2012; Altrichter et al., 2016) als auch bei Fachgruppen (Asbrand, Heller & Zeitler, 2012). Das (von Bildungsforschung und -administration häufig gebrauchte) Bild vom ‚Steuerungswissen', das durch vermehrte Forschung und Monitoring bereitgestellt werden sollte, und die Metaphorik von „Ableitung, Übersetzung, Anwendung" (Maritzen, 2018a) haben eine Zeitlang darüber hinweggetäuscht, dass die ‚Nutzung' von Daten und Forschungswissen für Entwicklungsentscheidungen ein kognitiv und sozial herausfordernder Prozess (Maritzen, 2018b, 46 ff.) ist, der auf der genauen Beobachtung und Einschätzung der spezifischen Rahmenbedingungen vor Ort basieren muss (die gerade nicht durch die Produktion von besserem Wissen obsolet gemacht werden).

Mein Eindruck ist, dass die Kritik an diesem neuen Steuerungsmodell in letzter Zeit stark zugenommen hat und dass es zu realen Einschränkungen, gelegentlich sogar zu Rückbau gekommen ist, wie man beispielsweise an dem Schicksal der neuen Schulinspektionen – immerhin einem ziemlich rasch eingeführten Kernstück der neuen Steuerungsmodelle in den deutschen Bundesländern (Kotthoff, Böttcher & Nikel, 2016) – ersehen kann (z. B. Rheinland-Pfalz 2016 oder Schleswig-Holstein 2010, allerdings 2016 in veränderter Form wieder etabliert). Aber auch in Vorreiterländern wie den Niederlanden (2008) und Niedersachsen (2013) kam es zu Veränderungen der Inspektionskonzepte, die letztlich um zwei Gesichtspunkte zu kreisen scheinen: Kosten und Berücksichtigung von (unterschiedlicher) Professionalität von Lehrpersonen und Schulen: Die Konzepte der niederländischen „proportionate, risk-based inspection" (Ehren & Honingh, 2012) lassen ‚professionellen Schulen' mit guten Ergebnissen mehr Spielräume für ihre weitere Entwicklung und versuchen, teure „full inspections" auf ‚schwache' Schulen zu fokussieren, was Energie und Ressourcen für konsequentere Entwicklungsbegleitung freisetzen müsste. Auch der stärker prozessorientierte und „dialogische Ansatz" der niedersächsischen Inspektion scheint mehr mit ‚Lehrerprofessionalität' zu rechnen als zuvor.

Kosten und Professionalität – dies sind wahrscheinlich tatsächlich kritische Punkte der evidenzbasierten Strategie, die in den Veränderungen von Inspektionssystemen nicht zufällig bearbeitet werden. Die ambivalente Haltung zur Lehrerprofessionalität habe ich bereits oben thematisiert. Das Kosten-Argument weist darauf hin, dass sich die Strategie evidenzbasierter Entwicklung nicht darin erschöpfen kann, einige Indikatoren zu messen und ins System zurückzuspielen, sondern dass sie auch fühl- und sichtbaren ‚Nutzen' bringen muss. Dafür braucht es aber offenbar mehr Anregung und gezieltere Entwicklungsbegleitung als bisher, um die großen Erwartungen zu erfüllen.

Die Zweifel an der Strategie der Evidenzbasierung haben in den letzten Jahren deutlich zugenommen. Dennoch meine ich nicht, dass man gegenwärtig von einer neuen Entwicklungsphase sprechen kann, weil die Idee der evidenzbasierten Steuerung weiterhin die Bildungspolitik bestimmt. Selbst wenn diese im Augenblick geschwächt scheint, gibt es offenbar – und dies stelle ich mir in Parallelität zu Thomas Kuhns (1976) Argument zu den wissenschaftlichen Revolutionen vor – kein neues umfassendes Paradigma, das an die Stelle der evidenzbasierten Steuerung treten kann. Ein bestehendes Paradigma tritt nicht ab, um eine Leerstelle zu hinterlassen, sondern wird durch eine Alternative ersetzt. Eine solche ist nach meiner Wahrnehmung trotz aller Ernüchterung nicht in Sicht. Insofern ist das evidenzbasierte Steuerungsmodell – mit geringen Adaptionen – weiterhin für Bildungspolitik orientierend.

3. Schulprogramme und Transformation der Steuerung

Schulprogramme sind schriftliche Dokumente von Einzelschulen, in denen sie ihre spezifischen Ziele, Angebote und Schwerpunkte darstellen, Pläne und Ziele für ihre mittel- bis langfristige Weiterentwicklung formulieren sowie Auskunft darüber geben, auf welche Weise und mit welchem Erfolg sie sich bisher um die Qualität ihrer Arbeit bemüht haben (vgl. Philipp & Rolff, 1999; Posch, 2001; Altrichter, 2005). Ursprünglich als Instrument der Orientierung für die innere Entwicklung und als Kommunikation an die Umgebung von Nutzerinnen und Nutzern sowie anderen Stakeholdern gedacht, bietet es aber auch die Möglichkeit, als Medium der Bindung nach ‚außen' und ‚oben' verwendet zu werden: Wenn man nach außen – und noch dazu schriftlich – Versprechungen macht, kann man auch beim Wort genommen werden. In diesem Sinne schreibt Holtappels (2004, S. 11 f.) Schulprogrammen eine „Doppelfunktion" zu:

> „Das Schulprogramm erhält eine Doppelfunktion als Entwicklungsinstrument für die Schule und als Steuerungsinstrument der Systemebene. [...] Es ist in erster Linie ein internes Arbeitspapier zur systematischen Planung und Entwicklung pädagogischer Gestaltung für die Schule selbst. Zugleich werden aber interne Analysen, Verständigungen und Entwicklungsarbeiten nach außen transparent, bewertbar und kontrollierbar gemacht. [...] Insbesondere bei Schulprogrammpflicht und Kopplung mit interner und externer Evaluation [...] erlangen über das Öffentlichmachen externe Qualitätsbewertung und Rechenschaftslegung (z.B. über Genehmigungs- und Dialogverfahren durch die Schulaufsicht) womöglich Übergewicht. Die Steuerungsfunktion wird besonders darin sichtbar, dass Schulprogramme Anknüpfung für Qualität sichern, Rechenschaftslegung und Informationsgrundlagen für die Steuerungsebene bieten. Aus dem Spannungsverhältnis dieser Doppelfunktion erwachsen möglicherweise Zielkonflikte, die die Instrumentwirkung für innere Schulentwicklung stören können."

Schulprogramme werden seit etwa Mitte der 1990er Jahre als ein wichtiges Instrument der Schulentwicklung empfohlen (vgl. Philipp & Rolff, 1999; Steffens & Haenisch, 2019). Wenn die im vorigen Kapitel vorgebrachte These wechselnder Schwerpunkte der Modernisierung der Steuerung des Schulwesens stimmt, dann könnten Schulprogramme, die ja – im Sinne des vorhergehenden Textzitats – offenbar etwas mit Steuerung von Schulentwicklung zu tun haben, im Verlaufe dieser Phasen unterschiedliche Akzente aufweisen und unterschiedliche Funktionen erfüllen. Diese Idee soll abschließend kurz erkundet werden.

Es macht nun einen Unterschied, „ob Schulprogramme eher als einzelschulische Entwicklungsrahmen mit vergleichsweise hohen Freiräumen für die pädagogischen Akteure oder aber als Steuerungsinstrumente mit eher hohen Verbindlichkeiten gerade im ‚Kerngeschäft' von Schule – Unterricht – gestaltet" sind (van Buer & Hallmann, 2007, S. 342). Im ersten Fall ist das Schulprogramm ein Stimulierungs- und Motivationsinstrument, das gut zu Phase 1 passt. Wenn es als ein Instrument zur *innerschulischen Koordination* der Arbeit verwendet wird, fügt es sich in den Politikschwerpunkt von Phase 2 ein: Schulprogramme sollten die Akteure dazu bringen und sie dabei unterstützen, ihre Handlungen kollektiv zu koordinieren: Erstens sollten die Akteure durch die Diagnose von Entwicklungsbedarfen zur Formulierung gemeinsamer Ziele geführt werden; zweitens durch die Verknüpfung dieser Zielsetzungen mit Überlegungen zu verfügbaren Ressourcen (wie etwa Zeit und materielle Unterstützung) zur Festlegung eines gemeinsamen Vorgehens (Handlungsregeln) gelangen. Die Wirksamkeit von Schulprogrammen als Koordinationsinstrumente hängt letztlich von ihrer *Bindungskraft* ab, für die u.a. folgende Faktoren ausschlaggebend sein könnten (vgl. Altrichter, 2005):

- Bekanntheit der im Programm formulierten Zielsetzungen bei relevanten Akteuren
- Verständnis und Akzeptanz der Ziele und Realisierungswege des spezifischen Schulprogramms
- Verfügbarkeit von Kompetenzen und anderen Ressourcen zur Umsetzung der spezifischen Pläne
- Evaluation und öffentliche Beobachtung der Umsetzung durch relevante interne und externe Akteure. Durch die Veröffentlichung von Schulprogrammen beispielsweise auf Websites, in Werbematerialien der Schule oder gegenüber der Schulaufsicht könnte – gleichsam durch eine gewisse *außerschulische Bindung* – möglicherweise auch *die innerschulische Verbindlichkeit gesteigert werden.*

Wie tragen Schulprogramme zu einer Verbesserung der Systemsteuerung im Schulwesen und in den Einzelschulen bei? Im Folgenden werden die – idealtypischen – *Elemente des Wirkungsmodells* benannt, das hinter Schulprogrammen als Instrumenten neuer Systemsteuerung zu stehen scheint, wenn diese sowohl als organisationsinternes Entwicklungsinstrument (Selbstorganisationsprozesse) als auch als externes Steuerungsinstrument zur Einflussnahme auf innerschulische Zielsetzungen genutzt werden.

1) Es gibt *Gründe*, die Schule weiterzuentwickeln, die von den relevanten Akteuren der Schule wahrgenommen werden. Als solche Gründe kommen beispielsweise in Frage:[14]
   - Interne Entwicklungs- und Selbstverwirklichungsbedürfnisse von Akteuren und Akteursgruppen (z.B. Lehrpersonen wollen neue Unterrichtsformen in Profilklassen verwirklichen).
   - Neue (neu wahrgenommene) Bedürfnisse und/oder Potenziale der Lernenden, der Mitarbeitenden oder des Kontexts der Schule (z.B. Einführung von Informatik-Schwerpunkten, um die Schule attraktiv für die Schulwahl durch Eltern zu machen).
   - Konkurrenzdruck durch andere Schulen oder andere konkurrierende Angebote.
   - Anforderungen der Behörde, Aufträge von außen (z.B. Auftrag, schulisches Qualitätsmanagement aufzubauen).

14 Die Beispiele sind unseren Studien zu Schulprofilierungsprozessen entnommen (vgl. Altrichter et al., 2011).

2) *Informationen* über das interne Funktionieren der Schule, externe Entwicklungen und externe Wahrnehmung der Angebote und Leistungen der Schule werden herangezogen.
3) In einem *Prozess*, an dem die relevanten Mitglieder der Schulgemeinschaft beteiligt werden, wird ein Schulprogramm erstellt.
4) Die berufsmäßigen Mitglieder der Schulgemeinschaft haben *Qualifikationen und Ressourcen (Zeit, gesetzliche Spielräume etc.)*, um auf festgestellte Bedarfe und Entwicklungspotenziale effektiv und ökonomisch zu reagieren.
5) Ziele, Begründungen (inklusive Evaluationsinformationen), Entwicklungsprioritäten und Umsetzungspläne werden explizit gemacht und *schriftlich festgehalten.*
6) Die *Art der Prozessgestaltung und die schriftliche Fixierung des Ergebnisses* hat eine bindende Wirkung für die Akteure in der Schule. Der Entwicklungsprozess wird durch verschiedene Maßnahmen abgeschlossen (z. B. Beschlüsse in Konferenzen oder Schulgemeinschaftsgremien, Übersendung an die Schulaufsicht, Veröffentlichung usw.), die ebenfalls darauf zielen, die bindende Wirkung des Dokuments zu erhöhen.
7) Das Schulprogramm hat *Einfluss auf die Tätigkeitsgestaltung* der berufsmäßigen Mitglieder der Schulgemeinschaft in der darauf folgenden Arbeitsperiode. Dies schlägt sich in einer teilweise darauf ausgerichteten Arbeitsorganisation und in Arbeitsschwerpunkten nieder. Schulleitungen und Lehrpersonen sowie offizielle Vertretungsgremien wie Schulkonferenz, Schulgemeinschaftsausschuss usw. nutzen das Schulprogramm als Orientierung für ihr Handeln.
8) Im Verlaufe einer Arbeitsperiode werden kontinuierlich oder zu festgesetzten Zeitpunkten *Informationen gesammelt* (Selbstevaluation) bzw. anderweitig vorliegende Informationen verarbeitet, um die Verwirklichung des Schulprogramms zu beobachten. Wo dies schon im Verlaufe der Umsetzungsperiode als notwendig erscheint, erfolgen geeignete Abstimmungs- und Veränderungsmaßnahmen.
9) In manchen Ländern wurden *Schulinspektionen* eingerichtet, die den (durch ein Schulprogramm gesteuerten) Entwicklungs-Evaluations-Prozess verstärken und gegebenenfalls auf länderspezifische Ziele ausrichten sollen. Auf der Basis von Zielvorgaben (Qualitätsrahmen) werden von der Schule bereitgestellte Informationen ausgewertet und zusätzliche gesammelt. Diese Informationen werden interpretiert und als Stärken oder Entwicklungsbedarfe der spezifischen Schule formuliert. Schulinspektionen sollen den Entwicklungs-Evaluations-Zyklus der Schulen zusätzliche Ernsthaftigkeit verleihen und in spezifische Richtungen lenken, indem sie ‚externes Expertentum' und ‚staatliche Verpflichtung auf bestimmte Ziele, Prozeduren und Zeitpunkte' repräsentieren.
10) An diesen Ergebnisformulierungen können neue *Zielvereinbarungen mit der Schulaufsicht* ansetzen, die ebenfalls als Versuch der Verstärkung der Entwicklungs-Evaluations-Prozesse und der Ausrichtung auf Ziele zu verstehen sind.
11) Schulen ziehen – aus eigenem Antrieb, aus zeitlicher Vorgabe durch Behörden oder im Anschluss an externe Schulinspektionen – *periodisch Bilanz* über ihre Entwicklungserfahrungen und -erfolge. Diese Bilanz basiert auf Evaluationsinformationen aus verschiedenen Quellen (Selbstevaluation, externe Evaluationen, ge-

gebenenfalls Schulinspektion) und mündet in die Festlegung neuer Entwicklungsprioritäten und Umsetzungspläne sowie gegebenenfalls neuer Ziele, die wiederum als Schulprogramm in einer revidierten Version adaptiert werden.

In Phase 3 wird versucht, verstärkt externe Orientierungspunkte für schulisches Handeln für die Einzelschulen relevant zu machen und innerschulische Prozesse an externe Entscheidungen anzubinden (vgl. van Buer & Köller, 2007, S. 126; van Buer & Hallmann, 2007, S. 320). Schulprogrammprozesse können für diese Politik nützlich sein, weil sie ein Instrument interner Bindung darstellen: Sie versuchen, die innerschulischen Akteure auf gemeinsame Ziele und Entwicklungsrichtungen einzuschwören. Was liegt näher, als die aktuellen externen Vorgaben in diese Instrumente ‚einzubauen' und sie dadurch zu (zusätzlichen) Orientierungspunkten für Entwicklungsprozesse, die über Schulprogramme koordiniert werden, zu machen.

Dies ist tatsächlich im österreichischen Qualitätsmanagementkonzept SQA (vgl. die genauere Analyse in Altrichter, 2017) und in vielen deutschen Bundesländern geschehen: Schulprogramme wurden vielfach verpflichtend gemacht. Für ihre Entwicklungsvorhaben werden partiell externe Ziele gesetzt: So verlangt SQA mindestens zwei Entwicklungsziele für die jeweilige Arbeitsperiode, von denen eines landesweit gesetzt ist und das zweite schulintern formuliert werden kann. Auch müssen Programmaussagen und Entwicklungsprojekte oft auf die Ergebnisse von Schulinspektionen und externen Tests Bezug nehmen. Letztlich schließen oft Leistungsvereinbarungen an Schulprogrammprozesse an, bei denen das Schulprogramm zu einer verbindlichen Abmachung zwischen Einzelschule und deren Schulleitung auf der einen Seite und der Schulaufsicht auf der anderen wird (in Österreich lauten die entsprechenden Begriffe: Entwicklungsplan bzw. Bilanz- und Zielvereinbarungsgespräch).

Auf diese Weise wird eine Koordinierung zwischen internen und externen Entwicklungszielen und -prozessen angestrebt. Schulprogramme werden dabei an zentraler Stelle in einen gesamtsystemischen Steuerungszyklus eingebaut. In diesem Sinne sind Schulprogramme gleichsam der Brückenkopf für die Verbindung zwischen externen Zielvorgaben und internen Prozessen. Die Indienstnahme des ursprünglich primär innerorganisatorisch gedachten Entwicklungsinstruments durch externe Vorgaben kann praktisch dadurch geschehen,

- indem spezifische *Ziele oder Tätigkeitsbereiche* den innerschulischen Prozessen als verbindlich *vorgegeben* werden (z.B. Pflichtbereich ‚Unterricht' in Qualitätsprogrammen; Bildungsstandards; Orientierung an Qualitätsrahmen; spezifische Ergebnisse von Zielvereinbarungen),
- indem Schulen zur *Beachtung spezifischer* (häufig extern produzierter) *Informationen und Bewertungen* in Schulprogrammprozessen verpflichtet werden (z.B. standardbezogene Lernstandserhebungen, Schulinspektionen),
- indem Schulprogramme als Anlass und Ort genutzt werden, in denen *Zielvereinbarungen mit externen Autoritäten* explizit dokumentiert und überprüft werden (z.B. indem die Schulaufsicht oder der Schulträger auf der Aufnahme bestimmter Ziele und Projekte besteht, von deren Realisierung weitere Mittelflüsse etc. abhängig gemacht werden).

Damit verändert sich die Wirkungslogik von Schulprogrammarbeit. Schulprogramme sind nicht mehr primär ein Instrument, durch das durch gemeinsame innerschulische Zielfindungsprozesse Verbindlichkeit für Entwicklung hergestellt wird. Vielmehr sind die Entwicklungsanforderungen extern vorgegeben, jedoch so beschaffen, dass eine innerorganisationale Handlungskoordination eine Voraussetzung zu ihrer Erreichung ist. Der Sinn von Schulprogrammarbeit liegt dann darin, die notwendige Handlungskoordination durch ein schon bekanntes und einigermaßen ausgeformtes Instrument zu erleichtern.

Schulprogramme sollen dadurch von einem einzelschulischen zu einem *systemischen Instrument der Koordinierung oder Verknüpfung* werden, durch das die Arbeiten der Schulinspektion, der innerschulischen Führung, der regionalen Schulverwaltung/ Schulaufsicht und die Prozesse der innerschulischen Qualitätsentwicklung systematisch aufeinander bezogen werden können (vgl. van Buer & Köller 2007, S. 126 f.). Der Trend der bildungspolitischen Entwicklung geht „zunehmend zu einem *Steuerungsinstrument mit hoher Verbindlichkeit* und deutlicher Beschränkung der individuellen Freiräume der pädagogischen Akteure" (vgl. van Buer & Hallmann 2007, S. 325 und 342).

Eine abschließende Beobachtung: Bei der Arbeit an der Neuauflage unseres Handbuchs Neue Steuerung im Schulsystem (Altrichter & Maag Merki, 2016) stellte sich heraus, dass es in den letzten Jahren kaum neue Forschung zur Schulprogrammarbeit gab. Bedürfen Schulprogramme oder Entwicklungspläne, sobald sie als Norm in staatlichen Qualitätsstrategien gesetzt sind, nicht mehr der Untersuchung ihrer Funktionalität und Wirkungen?

Literatur

Ackeren, I. v. (2003). *Evaluation, Rückmeldung und Schulentwicklung.* Münster: Waxmann.

Altrichter, H. (2005). Erfahrungen mit Schulprogrammarbeit. *Pädagogische Führung, 16*(4), 160–163.

Altrichter, H. (2010). Lehrerfortbildung im Kontext von Veränderungen im Schulwesen. In F. H. Müller, A. Eichenberger, M. Lüders & J. Mayr (Hrsg.), *Lehrerinnen und Lehrer lernen. Konzepte und Befunde zur Lehrerfortbildung* (S. 17–34). Münster: Waxmann.

Altrichter, H. (2017). The Short Flourishing of an Inspection System. In J. Baxter (Hrsg.), *School Inspectors: Policy Implementers, Policy Shapers in National Policy Contexts* (S. 206–230). Cham: Springer International.

Altrichter, H., Brauckmann, S., Lassnigg, L., Moosbrugger, R. & Gartmann, G. B. (2016). Schulautonomie oder die Verteilung von Entscheidungsrechten und Verantwortung im Schulsystem. In M. Bruneforth, F. Eder, K. Krainer, C. Schreiner, A. Seel & C. Spiel (Hrsg.), *Nationaler Bildungsbericht Österreich 2015. Band 2: Fokussierte Analysen bildungspolitischer Schwerpunktthemen* (S. 263–303). Graz: Leykam.

Altrichter, H., Brüsemeister, T., & Heinrich, M. (2005). Merkmale und Fragen einer Governance-Reform am Beispiel des österreichischen Schulwesens. *Österreichische Zeitschrift für Soziologie, 30* (4), 6–28.

Altrichter, H., Brüsemeister, T. & Wissinger, J. (Hrsg.). (2007). *Educational Governance – Handlungskoordination und Steuerung im Bildungssystem.* Wiesbaden: Verlag für Sozialwissenschaften.

Altrichter, H., & Gamsjäger, M. (2017). A conceptual model for research in performance standard policies. *Nordic Journal of Studies in Education Policy, 3* (1), 6–20.

Altrichter, H. & Geisler, B. (2012). Unterrichtsentwicklung in Zeiten der Systemreform. *Schweizerische Zeitschrift für Bildungswissenschaften, 34* (1), 71–95.

Altrichter, H. & Heinrich, M. (2007). Kategorien der Governance-Analyse und Transformationen der Systemsteuerung in Österreich. In H. Altrichter, T. Brüsemeister & J. Wissinger (Hrsg.), *Educational Governance – Handlungskoordination und Steuerung im Bildungssystem* (S. 55–103). Wiesbaden: Verlag für Sozialwissenschaften.

Altrichter, H., Heinrich, M. & Soukup-Altrichter, K. (Hrsg.). (2011). *Schulentwicklung durch Schulprofilierung? Zur Veränderung von Koordinationsmechanismen im Schulsystem.* Wiesbaden: Verlag für Sozialwissenschaften.

Altrichter, H. & Kanape-Willingshofer, A. (2012). Bildungsstandards und externe Überprüfung von Schülerkompetenzen: Mögliche Beiträge externer Messungen zur Erreichung der Qualitätsziele der Schule. In B. Herzog-Punzenberger (Hrsg.), *Nationaler Bildungsbericht 2012. Band 2: Fokussierte Analysen bildungspolitischer Schwerpunktthemen* (S. 355–394). Graz: Leykam.

Altrichter, H. & Kemethofer, D. (2016). Stichwort: Schulinspektion. *Zeitschrift für Erziehungswissenschaft, 19* (3), 487–508.

Altrichter, H. & Maag Merki, K. (Hrsg.) (2016). *Handbuch Neue Steuerung im Schulsystem* (2. Aufl.). Wiesbaden: Springer VS.

Altrichter, H., Moosbrugger, R. & Zuber, J. (2016). Schul- und Unterrichtsentwicklung durch Datenrückmeldung. In H. Altrichter & K. Maag Merki (Hrsg.), *Handbuch Neue Steuerung im Schulsystem* (2. Aufl., S. 235–277). Wiesbaden: Springer VS.

Altrichter, H. & Posch, P. (1995). Austria: System of Education. In T. N. Postlethwaite (Hrsg.), *International Encyclopedia of National Systems of Education,* (2. Aufl., S. 45–58). Pergamon: Oxford.

Asbrand, B., Heller, N. & Zeitler, S. (2012). Die Arbeit mit Bildungsstandards in Fachkonferenzen. Ergebnisse aus der Evaluation des KMK-Projekts for.mat. *Die Deutsche Schule, 104* (1), 31–43.

Bastian, J. (1998). Autonomie und Schulentwicklung. In J. Bastian (Hrsg.), *Pädagogische Schulentwicklung, Schulprogramm und Evaluation* (S. 13–24). Hamburg: Bergmann + Helbig Verlag.

Baumert, J. (1998). *TIMSS – Mathematisch-naturwissenschaftlicher Unterricht im internationalen Vergleich.* Wiesbaden: Verlag für Sozialwissenschaften.

Bildungskommission NRW (1995). *Zukunft der Bildung – Schule der Zukunft.* Neuwied: Luchterhand.

BMBWK = Bundesministerium für Bildung, Wissenschaft und Kultur (1998). *Plattform „Qualität in Schulen".* Verfügbar unter http://www.qis.at/ [21.11.2017].

BMUK = Bundesministerium für Unterricht und Kunst (1998). *Schulleitung und Schulaufsicht.* Innsbruck: StudienVerlag.

Bonz, G., Ilsemann, C. v., Klafki, W., Klemm, K., Stryck, T. & Zedler, P. (1993). *Innovation und Kontinuität. Empfehlungen zur Schulentwicklung in Bremen.* Ms. Bremen.

Böttcher, W. (2007). Zur Funktion staatlicher „Inputs" in der dezentralisierten und outputorientierten Steuerung. In H. Altrichter, T. Brüsemeister & J. Wissinger (Hrsg.), *Educational Governance – Handlungskoordination und Steuerung im Bildungssystem* (S. 185–206). Wiesbaden: Verlag für Sozialwissenschaften.

Brüsemeister, T. (2004). *Lehrerschaft im Verhältnis zur Bildungsplanung.* Vortrag auf der Tagung „Wie erhöhen wir unsere Wirksamkeit?" der kantonalen Bildungsdirektionen Zentralschweiz. Zürich.

Brüsemeister, T. & Eubel, K.-D. (Hrsg.). (2003). *Zur Modernisierung der Schule.* Bielefeld: transcript.

Buer, J. van & Hallmann, P. J. (2007). Schulprogramme – Konstruktions- und Implementationsbefunde. In J. van Buer & C. Wagner (Hrsg.), *Qualität von Schule* (S. 317–343). Frankfurt a. M.: Lang.

Buer, J. van & Köller, M. (2007). Schulprogramm als zentrales Steuerungsinstrument für die Qualitätsentwicklung von Schule und Unterricht. In J. van Buer & C. Wagner (Hrsg.), *Qualität von Schule* (S. 103–129). Frankfurt a. M.: Lang.

Buschor, E. (1998). Schulen in erweiterter Verantwortung – Die Schweizer Anstrengungen und Erfahrungen. In H. Avenarius, J. Baumert, H. Döbert & H.-P. Füssel (Hrsg.), *Schule in erweiterter Verantwortung* (S. 67–88). Neuwied: Luchterhand.

Clark, B. R. (1997). *The Entrepreneurial University: Demand and Response.* Keynote Speech at the 19th Annual EAIR Forum. Warwick.

Ehren, M. C. M. & Honingh, M. (2012). Risk-based school inspections in the Netherlands: A critical reflection on intended effects and causal mechanisms. *Studies in educational evaluation, 37* (4), 239–248.

EDK = Schweizerische Konferenz der kantonalen Erziehungsdirektoren (Hrsg.). (2000). *Die Vielfalt orchestrieren.* Innsbruck.

Fend, H. (2001). Bildungspolitische Optionen für die Zukunft des Bildungswesens. *Zeitschrift für Pädagogik, 43. Beiheft*, 37–48.

Fend, H. (2006). *Neue Theorie der Schule.* Wiesbaden: Verlag für Sozialwissenschaften.

Feyerer, E. & Altrichter, H. (2018). Die Entwicklung eines inklusiven Schulsystems. Analyse von aktuellen Reformbestrebungen aus Governance-Perspektive. In E. Feyerer, W. Prammer, E. Prammer-Semmler, C. Kladnik, M. Leibetseder & R. Wimberger (Hrsg.), *System. Wandel. Entwicklung. Akteurinnen und Akteure inklusiver Prozesse im Spannungsfeld von Institution, Profession und Person* (S. 74–92). Bad Heilbrunn: Klinkhardt.

Fleischer-Bickmann, W. (1993). Projekt Autonomie. *Pädagogik, 45* (11), 21–25.

Gustafsson, J.-E., Ehren, M.C.M., Conyngham, G., McNamara, G., Altrichter, H. & O'Hara, J. (2015). From Inspection to Quality: Ways in Which School Inspection Influences Change in Schools. *Studies in Educational Evaluation, 47,* 47–57.

Gruber, K. H. (1990). School reform and curriculum development: The Austrian experience. *The Curriculum Journal, 2* (3), 315–322.

Gruschka, A. & Heinrich, M. (2001/02). PISA. Oder: Populistische Insinuationen Schulischer Arbeitsergebnisse. *Pädagogische Korrespondenz, 28,* 104–105.

Heid, H. (2003). Standardsetzung. *Zeitschrift für Pädagogik, 47,* 176–193.

Heinrich, M. (1998/1999). Vom Überlebenskampf des Homo Faber. *Pädagogische Korrespondenz, 23,* 37–52.

Heinrich, M. (2007). *Governance in der Schulentwicklung.* Wiesbaden: Verlag für Sozialwissenschaften.

Hessisches Kultusministerium (2016) (Hrsg.). Empfehlungen des SES-Beirats zur Gliederung des schulischen Qualitätskonzepts (11 Seiten). Verfügbar unter https://kultusministerium.hessen.de/sites/default/files/media/juni_2016_empfehlungen_des_ses-beirats_zur_gliederung_des_schulischen_qualitaetskonzepts.pdf [28.12.2018].

Holtappels, H. G. (Hrsg.). (2004). *Schulprogramme – Instrumente der Schulentwicklung. Konzeptionen, Forschungsergebnisse, Praxisempfehlungen.* Weinheim: Juventa.

Kotthoff, H.-G., Böttcher, W. & Nikel, J. (2016). Die „Schulinspektion" zwischen Wirkungshoffnungen und Wirksamkeit. In H. Altrichter & K. Maag Merki (Hrsg.), *Handbuch Neue Steuerung im Schulsystem* (S. 325–359). Wiesbaden: Springer VS.

Krainer, K. (2007). Die Programme IMST und SINUS: Reflexionen über Ansatz, Wirkungen und Weiterentwicklungen. In D. Höttecke (Hrsg.*), Naturwissenschaftliche Bildung im internationalen Vergleich* (S. 20–48). Münster: LIT.

Krainz-Dürr, M. (2006). Schulentwicklungsarbeit: Regelscheu, vergesslich, widerständig. Zum Fakt der „Verbindlichkeit" in Schulentwicklungsprozessen. *Pädagogik, 58* (3), 11–15.

Kuhn, T. S. (1976). *Die Struktur wissenschaftlicher Revolutionen* (zweite, revidierte und um das Postskript von 1969 ergänzte Auflage). Frankfurt a. M.: Suhrkamp.

Lortie, D.C. (1975). *Schoolteacher. A Sociological Study.* Chicago, IL: University of Chicago Press.

Maag Merki, K. (2016). Theoretische und empirische Analysen der Effektivität von Bildungsstandards, standardbezogenen Lernstandserhebungen und zentralen Abschlussprüfungen. In H. Altrichter & K. Maag Merki (Hrsg.), *Handbuch Neue Steuerung im Schulsystem* (S. 151–181). Wiesbaden: Springer VS.

Maier, U. & Kuper, H. (2012). Vergleichsarbeiten als Instrumente der Qualitätsentwicklung an Schulen. Überblick und Forschungsstand. *Die Deutsche Schule, 104,* 88–99.

Mangold, M. & Oelkers, J. (Hrsg.). (2002). *Demokratie, Bildung und Markt.* Bern: Leske + Budrich.

Maritzen, N. (2018a). *Einige Signaturen des bildungspolitischen Klimawandels im Kontext der Hinwendung zur „Empirie".* Vortrag an der Universität Klagenfurt, 8.7.2018.

Maritzen, N. (2018b). Was heißt und zu welchem Ende studiert man Daten? Anspruch und Wirklichkeit einer Strategie des Bildungsmonitorings. In K. Drossel & B. Eickelmann (Hrsg.*), Does „What works" work? Bildungspolitik, Bildungsadministration und Bildungsforschung im Dialog* (S. 37–54). Münster: Waxmann.

Markstahler, J., Steffens, U. & Bargel, T. (1995). 11. Workshop *„Schulen entwickeln sich – Fallbeispiele"* des Arbeitskreises Qualität von Schule am 23.–25. Februar 1995 in der Bildungsstätte des Internationalen Bundes für Sozialarbeit in Eppenhain/Ts. (Internes Protokoll). Wiesbaden: Hessisches Institut für Pädagogik (HeLP).

Marx, E. C. H. & van Ojen, Q. H. J. M (1993). Dezentralisation, Deregulierung und Autonomisierung im niederländischen Schulsystem. In P. Posch & H. Altrichter (Hrsg.), *Schulautonomie in Österreich* (S. 162–185). Wien: BMUKK.

Philipp, E. & Rolff, H. G. (1999). *Schulprogramme und Leitbilder entwickeln.* Weinheim: Beltz.

Posch, P. (2001). Schulprogramme – Die Chance für Schulen, sich etwas Gutes zu tun. In BMBWK (Hrsg.), *Wir sind mitten im Schulprogramm* (S. 4–9). Wien: BMBWK.

OECD (2001*). Lernen für das Leben. Erste Ergebnisse der internationalen Schulleistungsstudie PISA 2000.* Paris: OECD.

Posch, P. & Altrichter, H. (1993). *Schulautonomie in Österreich.* Wien: BMUK.

Rürup, M. (2007). *Innovationswege im deutschen Bildungssystem.* Wiesbaden: Verlag für Sozialwissenschaften.

Sächsisches Bildungsinstitut (2016). *Schulprogrammarbeit an sächsischen Schulen. Praxishilfen für Schulleitungen und Schulentwicklungsteams.* Radebeul: Sächsisches Bildungsinstitut.

Schimank, U. (2007). Die Governance-Perspektive: Analytisches Potenzial und anstehende konzeptionelle Fragen. In H. Altrichter, T. Brüsemeister & J. Wissinger (Hrsg.), *Educational Governance – Handlungskoordination und Steuerung im Bildungssystem* (S. 231–260). Wiesbaden: Verlag für Sozialwissenschaften.

Schratz, M. & Hartmann, M. (2009). Schulautonomie in Österreich: Bilanz und Perspektiven für eine eigenverantwortliche Schule. In W. Specht (Hrsg.), *Nationaler Bildungsbe-*

richt Österreich 2009. Band 2: Fokussierte Analysen bildungspolitischer Schwerpunktthemen (S. 323–340). Graz: Leykam.

Sertl, M. (1993). Kurze Geschichte der Autonomiediskussion in Österreich. In P. Posch & H. Altrichter (Hrsg.), *Schulautonomie in Österreich* (S. 88–124). Wien: BMUK.

Spillane, J. P. (2012). Data in Practice: Conceptualizing Data-Based Decision-Making Phenomena. *American Journal of Education, 118* (2), 113–141.

Stanat, P., Schipolowski, S., Rjosk, C., Weirich, S. & Haag, N. (Hrsg.). (2017). *IQB-Bildungstrend 2016. Kompetenzen in den Fächern Deutsch und Mathematik am Ende der 4. Jahrgangsstufe im zweiten Ländervergleich.* Münster: Waxmann. Verfügbar unter https://www.iqb.hu-berlin.de/bt/BT2016/Bericht [07.12.2018].

Steffens, U. & Bargel, T. (2016). Die Diskussion um Schulqualität – Anfänge, Wege und Erträge des „Arbeitskreises Qualität von Schule". In U. Steffens & T. Bargel (Hrsg.), *Schulqualität – Bilanz und Perspektiven. Grundlagen der Qualität von Schule 1* (S. 309–347). Münster: Waxmann.

Steffens, U. & Haenisch, H. (2019). Das Schulprogramm als Instrument der Schulentwicklung – Konzeptionelle Grundlagen und praktische Umsetzung in der Schule. In U. Steffens & P. Posch (Hrsg.), *Lehrerprofessionalität und Schulqualität – Grundlagen der Qualität von Schule 4* (S. 315–337). Münster: Waxmann.

Weiß, M. (2002). *Quasi-Märkte als Steuerungsregime im Schulbereich.* Vortrag auf dem Kongress der Deutschen Gesellschaft für Soziologie, Leipzig.

Ulrich Steffens & Hans Haenisch

Das Schulprogramm als Instrument der Schulentwicklung

Konzeptionelle Grundlagen und praktische Umsetzung in der Schule

> *„Bisher kam der staatliche Einfluss auf die Schule vor allem im Versuch zum Ausdruck, die pädagogische Praxis bis ins Detail zu regeln. Diese Vorgangsweise war praktikabel, solange und soweit die Verhältnisse an Schulen vergleichbar waren; wenn sie aber unterschiedlicher und komplexer werden, passen viele Regelungen nicht mehr auf jede Schule und es entsteht eine neue Situation. Statt wie bisher für die Schulen Probleme zu lösen, muss nun die Problemlösekapazität der Schulen selbst erhöht werden." (Posch et al., 2001, S. 4)*

1. Einleitung

In vielen Bundesländern sind Schulen verpflichtet, ein Schulprogramm zu erarbeiten und es kontinuierlich fortzuschreiben. Obwohl es sich damit um keine neue Maßnahme der Schulgestaltung handelt (so besteht beispielsweise in Hessen eine entsprechende Verpflichtung seit 2002), ist die Schulprogrammarbeit bislang noch kein selbstverständlicher und weitgehend akzeptierter Praxisbestandteil auf den verschiedenen Handlungsebenen des Schulsystems (vgl. v.a. Heinrich & Kussau, 2016; Holtappels, 2004; van Buer & Köller, 2007; van Buer & Hallmann, 2007). Während die ersten Schulprogramme (in manchen Bundesländern bereits in den 1990er Jahren) häufig als eine Art „Pflichtübung" wahrgenommen wurden und ihr Stellenwert für die Praxis nicht immer erkennbar wurde, haben die Schulprogramme im Zusammenhang mit der „Schulinspektion" (in manchen Bundesländern auch „Externe Evaluation" oder „Qualitätsanalyse" genannt) und der daran anschließenden Zielvereinbarungen mit der Schulaufsicht eine neue Bedeutung erfahren (vgl. v.a. Altrichter, 2019, im vorliegenden Band). Dabei werden Schulprogramme zunehmend als „Instrumente" der Schulentwicklung begriffen. Kollegien können damit in systematischer Weise an der Weiterentwicklung ihrer Schule arbeiten. Genau darum geht es im Kern bei der Schulprogrammarbeit.

Trotz dieser Entwicklungen ist nach wie vor im Schulalltag zu beobachten, aus Gesprächen in Kreisen von Schulpraxis und Schulverwaltung zu entnehmen sowie aus Berichten der Schulinspektion abzulesen, dass es immer wieder Missverständnisse und Erklärungserfordernisse zum Schulprogramm bzw. zur Arbeit mit dem Schulprogramm gibt. Das Problem beginnt ja bereits bei der Bezeichnung, weil ein Schulprogramm, wie es seitens der Bildungspolitik und Bildungsplanung konzipiert wurde, weit mehr meint, als es die alltagssprachliche Bezeichnung nahelegt.

Offensichtlich bedarf es im Interesse einer wirksameren Nutzung des Schulprogramms weiterer Erläuterungen über Anliegen und Funktion, über Anlage und Struktur sowie über schulische Arbeitszusammenhänge der Schulprogrammarbeit. Zudem müsste der Schulprogrammansatz im Zusammenhang mit anderen Maßnahmen, die in den letzten Jahren im Schulwesen eingeführt wurden, deutlicher erkennbar werden. Dabei ist auch der strategische Stellenwert des Schulprogramms für das schulische Qualitätsmanagement einer „selbstständigen Schule" aufzuzeigen. Der vorliegende Text versucht, dem bestehenden Informationsbedarf zu entsprechen. Auf dieser Grundlage könnte im Dialog zwischen Schulpraxis und Schulverwaltung eine wirksamere Nutzung des Schulprogramms gelingen.

Um Informationen darüber zu erlangen, wie Schulen die Aufgabe, ein Schulprogramm zu entwickeln und umzusetzen, am besten angehen können, wird im vorliegenden Beitrag des Weiteren auf Erfahrungen von Schulen zurückgegriffen, die diesen Weg gegangen sind und dabei nach Meinung von Experten erfolgreiche Arbeit geleistet haben. Dabei wird auf die Ergebnisse einer Erkundungsstudie auf Interviewbasis zurückgegriffen (vgl. Haenisch & Burkard, 2002; Haenisch 2004; vgl. auch Haenisch 1998).

Um es noch einmal klar zu betonen: Es geht in diesem Beitrag nicht darum, die Schulprogrammthematik in der gesamten Breite abzuhandeln, sondern es sollen zwei Aspekte im Vordergrund stehen, die in den meisten Abhandlungen häufig nur wenig vorkommen, aber für das Verständnis und die Arbeit am Schulprogramm von besonderer Bedeutung sind: das sind zum einen die theoretisch-konzeptionellen Grundlagen und Begründungslinien, zum andern die konkrete schulpraktische Arbeit der Entwicklung und Umsetzung des Schulprogramms in der Schule.

2. Konzeptionelle Grundlagen für das Schulprogramm

Das Schulprogramm als „Instrument" der Schulentwicklung ist kein willkürlich aufgelegtes Reformkonzept, sondern kann sich auf verschiedene konzeptionelle Grundlagen und Begründungslinien berufen, die auch in der Schulqualitätsforschung eine deutliche Verankerung aufweisen. Im Folgenden werden vier solcher Ansätze kurz beschrieben.

2.1 Einzelschule als Gestaltungseinheit

Während im *klassischen Steuerungsmodus* davon ausgegangen wurde, dass durch die Gewährleistung gleicher Schulverhältnisse, durch die Regelhaftigkeit einheitlicher Abläufe und durch eine Detailsteuerung „von oben" Schule und Unterricht in ihren Funktionen und ihrer Güte gesichert werden, geht die neue Steuerung von dem empirischen Befund aus, dass selbst unter gleichen schulischen Rahmenbedingungen und bei ähnlicher Schülerschaft große Unterschiede zwischen einzelnen Schulen bestehen. Dieser Sachverhalt war der Ausgangspunkt des Schulqualitätsansatzes in Deutschland, der von einer „Gestaltbarkeit der einzelnen Schule“ ausgeht (Steffens & Bargel, 1987) und Schule als „pädagogische Handlungseinheit“ begreift (Fend, 1987). In der erziehungswissenschaftlichen Diskussion wurde diese Umorientierung hin zur Einzelschule als ein „Paradigmenwechsel“ betrachtet (Rolff, 1991). Die Unterschiedlichkeit einzelner Schulen gilt inzwischen als allseits akzeptierter Sachverhalt und wird als empirisches Argument für die bildungspolitischen Zielsetzungen einer „selbstständigen Schule“ verwendet.

Das *neue Steuerungsverständnis* geht davon aus, dass Lehrerinnen und Lehrer auf der Grundlage ihrer fachwissenschaftlichen, fachdidaktischen und pädagogischen Kompetenzen professionell handeln und ein entsprechendes berufliches Selbstverständnis haben. Dabei verfügen die Akteure über einen breiten Gestaltungsspielraum, weil sich Bildungs- und Erziehungsprozesse nicht ‚ingenieursmäßig‘ vorbestimmen lassen. Es wird deshalb auch von einer „weichen Technologie“ des Lehrerberufs gesprochen (vgl. Terhart, 2001), mit der auch die sogenannte „pädagogische Freiheit“ korrespondiert. Insofern ist davon auszugehen, dass rechtliche Rahmenvorgaben von den Akteuren vor Ort interpretiert und ausgestaltet und damit von den an den einzelnen Schulen tätigen Personen geprägt werden. Es handelt sich folglich um einen Beruf, bei dem es entscheidend auf die einzelne Lehrperson ankommt, wie sie ihre Fähigkeiten und Fertigkeiten zur Anwendung bringt und mit welchen Einstellungen bzw. mit welchen Überzeugungen sie ihre Tätigkeit ausübt. Das wirkt sich in erster Linie im Unterricht, also in der konkreten Arbeit mit Kindern und Jugendlichen aus. Daran lässt sich auch ablesen, wie wichtig der „personale Faktor“ in schulischen Handlungszusammenhängen ist.

Die Lehrkräfte rekonstruieren dabei die Vorgaben vor ihrem konkret erlebten Handlungshintergrund und den damit verbundenen „subjektiven Theorien“. Insofern ist es konsequent, die rechtlichen Rahmenvorgaben mit Helmut Fend als „institutionelle Opportunitätsstrukturen“ (ebd.) zu begreifen, die Ermöglichungsstrukturen darstellen und nicht im Selbstlauf die intendierten Wirkungen nach sich ziehen. Die spezifische Qualität einer Schule entsteht folglich weniger durch die rechtlichen Vorgaben und ein entsprechendes Steuerungshandeln auf der Makroebene; Schulqualität entsteht vielmehr durch die Rekonstruktion bzw. – wie Helmut Fend das formuliert – durch eine „Rekontextualisierung“ der handelnden Akteure (Fend, 2006) und ist als das Resultat von Problemlösungs- und Gestaltungsprozessen eines Kollegiums sowie von unterrichtlichem Handeln zu begreifen.

2.2 Partizipation der Beteiligten und Gestaltungsautonomie

Schon 1973 formulierte der damalige Deutsche Bildungsrat: „Die Partizipation der Beteiligten trägt der Tatsache Rechnung, daß eine Institution nicht unabhängig von den in ihr tätigen Menschen wirksam entscheiden und handeln kann. Durch Partizipation sollen die gemeinsame Verantwortung und das Zusammenwirken der Lehrer, Schüler und Eltern in dem sozialen System Schule ermöglicht und gestärkt werden." (Deutscher Bildungsrat, 1973, S. 17)

Auf diese Weise beschreiten die einzelnen Schulen unterschiedliche Lösungswege bei ihren Ausdeutungen und Adaptationsprozessen schulaufsichtlicher Vorgaben. Das Ergebnis kann eine Vielzahl sehr unterschiedlicher Schulgestalten sein, wie sie von der Schulforschung in den vergangenen Jahren aufgezeigt wurden.

Schulen können freudlose und langweilige Einrichtungen sein, sie können aber auch Orte sein, an denen mit Engagement gearbeitet und gelernt wird, an denen eine angeregte und aufgeschlossene Schulatmosphäre herrscht; sie können Neugier und Interesse wecken und fördern, gute fachliche Leistungen bei den Kindern und Jugendlichen hervorrufen und Begegnungen mit der Welt ermöglichen. Dieses Spektrum möglicher Schulrealitäten verdeutlicht die Wichtigkeit der pädagogischen Gestaltungskompetenz von Kollegien bzw. des Lehr- und Leitungspersonals. Wie sich eine einzelne Schule ausgestaltet, wie sie arbeitet, wie in ihr gelebt und gelernt wird, wie Lehrerinnen und Lehrer miteinander und mit den Schülerinnen und Schülern umgehen, was sie von den Lernenden verlangen – das alles wird zwar von Gesetzen und Erlassen vorstrukturiert; ihr typisches Gepräge und ihre besondere Gestalt bekommt die Schule jedoch erst durch die in der einzelnen Schule handelnden Personen. Schulen sind in gewisser Weise „Individualitäten mit eigenem Profil und unterschiedlicher Qualität" (Steffens & Bargel, 1987).

In diesem Erkenntniszusammenhang ist auch die Idee einer *verstärkten Selbstständigkeit der Einzelschule* entstanden. Diese Selbstständigkeit äußert sich letztendlich in einer „Gestaltungsautonomie der Einzelschule" (Rolff, 1993a) auf der Grundlage rechtlicher Rahmenvorgaben. Dabei wäre die Gesamtverantwortung des Staates gemäß Artikel 7 des Grundgesetzes auf strategische Grundsatzfunktionen und deren Überprüfung einzugrenzen. Eine Realisierung der Idee einer selbstständigen Schule setzt jedoch voraus, dass die bisherigen Detailvorgaben, wie sie in Form von umfangreichen Gesetzestexten, zahlreichen Rechtsverordnungen und unzähligen Rund- und Einzelerlassen ihren Ausdruck fanden, auf wenige überschaubare rechtliche Vorgaben begrenzt werden.

2.3 Lernende Schule als professionelle Lerngemeinschaft

Die vorausgehenden Ausführungen sollten deutlich werden lassen, dass schulaufsichtliche Vorgaben ihre Konkretisierungen oder ‚Verlebendigungen' – auch ihre Eingrenzungen oder gar ihr Gegengewicht – durch die pädagogischen Einstellungen in den Kollegien erfahren, durch die Art und Weise, wie eine Schule ihren Schulbetrieb und den Unterricht organisiert sowie durch die in einer Schule gewachsene Kultur; sei sie beschreibbar als ein gelungenes pädagogisches Ethos oder als ein zerrüttetes Schulklima. Will man solche Verhältnisse an einer Schule nicht dem Zufall überlassen, dann kommt es offenbar entscheidend darauf an, wie die Lehrerinnen und Lehrer einer Schule zusammenwirken und wie sie Schule gemeinsam gestalten. Es geht also um die *bewusste* Gestaltung einer Schule. Die spezifische Qualität einer Schule kann damit als Resultat kollegialer Zielsetzungen und Problemlösungen begriffen werden. Insofern ist den innerkollegialen Kooperations- und Aushandlungsprozessen eine besondere Bedeutung für die weitere Schulentwicklung zuzusprechen. So ist auch aus der Schulforschung bekannt, dass der Lehrerkooperation eine entscheidende Rolle für die innere Entwicklung und Verbesserung einer Schule zukommt (vgl. dazu z.B. Steinert et al., 2006).

Daraus folgt für die Weiterentwicklung von Schulen, das Gestaltungsbewusstsein in Kollegien zu stärken und eine entsprechende Praxis zu verstetigen. In dieser Perspektive beschreiten Kollegien als professionelle Lerngemeinschaften (vgl. Bonsen, 2005) unterschiedliche Lösungswege bei ihren Ausdeutungen und Adaptationsprozessen schulaufsichtlicher Vorgaben.

Im Kern handelt es sich hierbei um Vorstellungen über die Selbstorganisation und Selbststeuerung von Schulen, die sich den Herausforderungen stellen und die sich selbst weiterentwickeln. In diesem Zusammenhang wird häufig auch von einer *„Lernenden Schule“* gesprochen. Der Begriff wurde Anfang der 1990er Jahre in die schulische Organisationsentwicklung in Deutschland eingeführt (Rolff, 1993a). „Lernende Schule“ bezeichnet ein Entwicklungsmodell, das Lernfähigkeit und jene „Schlüsselqualifikationen“ der Schulentwicklung akzentuiert, die die Qualität einzelner Schulen letztendlich ausmachen (Schratz & Steiner-Löffler, 1999, S. 112). Kurz gesagt, sind „Lernende Schulen“ als Institutionen zu verstehen, die zur Selbstorganisation und Selbstentwicklung fähig sind. Dabei wird davon ausgegangen, dass die in einer Organisation verfügbaren Kompetenzen mehr sind als die Summe der darin individuell versammelten Kompetenzen (s. Wilkesmann, 1999); man geht hier also von „Synergieeffekten“ aus. Eine lernende Organisation begreift sich als eine soziale Einheit, die ihre Ziele nur im gemeinsamen Zusammenwirken erreichen kann. Verständigung über Ziele, Gemeinschaftsgefühl und Teamfähigkeit sind dabei gleichermaßen von Bedeutung wie Verantwortungsgefühl und Verbindlichkeit. Kritikfähigkeit, Reflexionsprozesse über die Stärken und Schwächen sowie systematische Evaluationsprozesse werden hier als Voraussetzungen für institutionalisierte Arbeitsprozesse einer Qualitätsverbesserung angesehen (vgl. dazu ausführlicher Dalin, Rolff & Buchen, 1990).

Organisationssoziologische Studien belegen, dass Schulen lose gekoppelte Gebilde mit monadenhaften Arbeitsstrukturen sind (vgl. Weick, 1976), in denen ihre Mitglieder in der Regel weitgehend isoliert voneinander und hinter verschlossenen Klassenzimmertüren nach der Maxime agieren „Ich und mein Fach“ oder „Ich und meine Klasse“. Folglich gilt: „‚Organisationsbewusstsein‘, also ein Bewusstsein über die Schule als soziale Organisation, ist in ausgeprägter Weise nicht vorhanden.“ (Rolff, 1993b, S. 98) Im Gegensatz dazu soll mit dem Konzept der „Lernenden Schule“ die Perspektive „Wir und unsere Schule“ eingenommen werden. Dabei handelt es sich um eine Zielperspektive, von der die schulische Realität meistens noch mehr oder weniger weit entfernt ist.

Kollegien, die ihre Schulen in diesem Sinne aktiv gestalten, sind als Gestaltungs- oder Arbeitsgemeinschaften im besten Sinne des Wortes zu verstehen, in denen die Lehrerinnen und Lehrer selbst Lernende sind. Ein entsprechendes Kollegium vergewissert sich kontinuierlich über den Stand seiner Arbeit. Es prüft regelmäßig, welche Korrekturen und Maßnahmen gegebenenfalls angezeigt sind, um für Schülerinnen und Schüler eine gute und ertragreiche Ausbildung und Erziehung gewährleisten zu können. Ein solches Kollegium erarbeitet entsprechende Lösungen, setzt diese eigenverantwortlich um und kontrolliert deren Wirkungen, um dann, falls erforderlich, wiederum neue Lösungsansätze zu entwickeln. Eine lernende Schule lernt somit in zunehmendem Maße, sich selbst zu steuern (vgl. nachstehenden Kasten).

„Als Lernende Schulen werden solche verstanden, die sich bewusst entwickeln, Ziele und Normen klären, schuleigene Schwerpunkte im Curriculum herausarbeiten, gemeinsame Analyse der Schulsituation durchführen, Projekte entwickeln, Teamarbeit aufbauen und Wirkungen der eigenen Arbeit überprüfen. Lernende Schulen kennzeichnet insbesondere, dass sie Strukturen für eigenes Lernen, Reflexion und Selbstentwicklung schaffen, z.B. Prioritäten für Entwicklungsvorhaben abstimmen, Steuergruppen und Qualitätszirkel einrichten, Fortbildungsbedarfe klären, Lerngelegenheiten für Einzelne ermöglichen." (Holtappels, 2011, S. 131)

Schulen sind folglich hauptsächlich dadurch wirksam, dass an ihnen erfolgreiche Lehrpersonen unterrichten. Man könnte auch zugespitzt sagen: Ohne gute Lehrpersonen keine guten Schulen. Nimmt man einmal diesen beeindruckenden Sachverhalt zur Kenntnis, dann kann die unterschiedliche Güte im Lehrerhandeln nicht weiter ignoriert werden. Die Qualität des Unterrichts entsteht offenbar in erster Linie durch die Güte des Lehrerhandelns. Die Qualitätsentwicklung von Schule muss sich deshalb auf die beständige Verbesserung des Unterrichts konzentrieren.

Varianten von Aktionsforschung, wie das aus Japan stammende Konzept der „Lesson Studies", das unmittelbar an der gemeinsamen Weiterentwicklung und Überprüfung von Unterrichtspraxis ansetzt, bieten dazu vielversprechende Möglichkeiten (vgl. dazu den Beitrag von Posch, 2019, im vorliegenden Band).

2.4 Organisationsentwicklung und Qualitätsmanagement

Seit den Schulreformbemühungen der 1970er Jahre gab es an vielen Schulen einzelne Initiativen zur Verbesserung von Bildung und Erziehung. Insbesondere ging es dabei um zeitangemessenere und schülerorientierte Inhalte (Curriculumrevision), um demokratische Umgangsweisen im Kollegium (Partizipation) und um reformpädagogisch ausgerichtete Lehr-Lernarrangements (Schülerorientierung, offenes Lernen u.a.). Über viele Jahre hinweg blieben solche Bemühungen dem Engagement Einzelner überlassen, häufig waren sie von der wohlwollenden Mitarbeit von Kolleginnen und Kollegen oder auch von der Duldung der Schulleiterin bzw. des Schulleiters abhängig. Auf diese Weise erreichten die eingeleiteten Reformen oftmals keine Durchschlagskraft, weil nur einige Lehrerinnen und Lehrer daran arbeiteten, viele aber eben nicht. Nicht selten wurden die engagierten Kolleginnen und Kollegen belächelt oder gar kritisch beäugt, teilweise kam es zu größeren Kontroversen in den Kollegien. Auch

Schulleitungen fehlte damals meistens das Bewusstsein von der Notwendigkeit einer beständigen Qualitätsverbesserung.

Rückblickend kann gesagt werden, dass es ein langwieriger Prozess war, bis an den Schulen ein entsprechendes Gestaltungsbewusstsein aufkam und bewährte Verfahrensweisen der Schulgestaltung zur Verfügung standen. Die ersten systematischen Bemühungen befassten sich mit „Organisationsentwicklung" von Schulen (Bessoth, 1988; Rolff, 1993a) oder dem „Schulkonzept" für einzelne Schulen (Dörger & Steffens, 1986). Während beim „Schulkonzept" die pädagogischen Maßnahmen für die Schulgestaltung im Vordergrund standen, wurden bei der „Organisationsentwicklung" die Verfahrensabläufe einer Schulentwicklung fokussiert. Einen entscheidenden ‚Zwischenschritt' bildete dabei das „Institutionalisierte Schulentwicklungsprogramm (ISP)" (Dalin et al., 1990). Ab Mitte der 1990er Jahre wurden in den Bundesländern sukzessive „Schulprogramme" eingeführt, die die Schulen im Interesse einer beständigen Qualitätsverbesserung auszuarbeiten und mit Hilfe evaluativer Verfahren weiterzuentwickeln hatten.

Eine wichtige Rolle bei diesem Wandlungsprozess spielte dabei die Initiative des Hessischen Kultusministeriums in Kooperation mit dem Hessischen Landesinstituts für Pädagogik (HeLP) „Schulprogramme und Evaluation in Hessen", die bereits 1995 zu ersten Arbeitspapieren führte und die in den Folgejahren zu Handreichungen für die Schulprogrammarbeit weiterentwickelt wurden (vgl. Hessisches Kultusministerium, 1996a, 1996b und 1997 sowie insbesondere Schlömerkemper, 2002). Obwohl mit diesen Handreichungen die konzeptionellen Grundlagen einer Schulprogrammarbeit geschaffen wurden, fehlte es in den Folgejahren an einer strukturellen Verankerung und tragfähigen Implementationsstrategie, um an den Schulen einen konstitutiven Stellenwert für die Schulgestaltung zu erlangen. Ähnliches lässt sich auch für entsprechende Initiativen in anderen Bundesländern konstatieren. Erst mit der Einführung der Schulinspektion erfuhr die Schulprogrammarbeit wieder stärkere Aufmerksamkeit und damit eine neue ‚Schubkraft'.

Mit dem Aufkommen so genannter „Qualitätsmanagementsysteme" (wie beispielsweise TQM, EFQM, ISO 9004 oder Q2E) erfährt die Kernidee der Schulgestaltung eine nochmalige Akzentuierung (vgl. z. B. Dubs, 1998; Landwehr, 2004; Scheile & Tränkmann, 2008; Rolff, 2011): Während in den früheren Ansätzen eine *pädagogische* Schulentwicklung im Mittelpunkt stand, gewinnen durch die Ausrichtung auf *Qualitätsmanagement* zunehmend organisatorische und prozedurale Belange die Oberhand. Eine solche Ausrichtung bedeutet zwar eine weitere Professionalisierung der Schulgestaltung, wie sie bislang nur in großen Schulen, insbesondere im Berufsschulwesen, anzutreffen ist. Sie setzt aber aufgrund ihres größeren Aufwands und der anspruchsvolleren Voraussetzungen im schulischen Management eine eingehendere Vorbereitung und laufende Befassung voraus, die zum einen die Arbeitsstrukturen vieler Schulen, insbesondere kleiner Schulen, übersteigen und zum anderen mit den fehlenden ermöglichenden Voraussetzungen (insbesondere Zeitbudgets und Arbeitskapazitäten) konfligieren.

Deshalb sollte der Begriff Qualitätsmanagement „[…] sinnvollerweise nur für etablierte Systeme der Qualitätssicherung verwendet werden […], in denen Klarheit über die Maßnahmen, Zuständigkeiten und Befugnisse innerhalb des Systems der Qualitätssicherung hergestellt ist“ (Ditton, 2006, S. 184). Dementsprechend empfehlen sich elaborierte Qualitätsmanagementsysteme, wie beispielsweise Q2E, nur an solchen Schulen, an denen eine entsprechende Bereitschaft und Kompetenz zur Arbeit mit solchen Systemen besteht und an denen die voraussetzungsreichen Arbeitsressourcen und Arbeitsstrukturen gesichert werden können. Dies trifft für viele Schulen derzeit nicht zu. Für die meisten Kollegien dürfte es demgegenüber in der Regel zunächst darum gehen, im Rahmen von Vorhaben zur Schul- bzw. Unterrichtsentwicklung Erfahrungen zu sammeln, also das Erreichen von vorab formulierten Zielen zu überprüfen, die erhobenen Daten zu analysieren, zu interpretieren, die entsprechenden Maßnahmen zu planen und umzusetzen sowie sie im Hinblick auf ihre Wirkungen auszuwerten.

3. Grundzüge der Schulprogrammarbeit

Will man die schulischen Entwicklungsprozesse nicht zufälligen Konstellationen überlassen, dann bedarf es dazu einer systematischen Vorgehensweise der Schulgestaltung. In Fachkreisen wird dabei vom Qualitätsmanagement einer Schule gesprochen. Ein pragmatisch ausgerichtetes Vorgehen bietet der Schulprogrammansatz, genauer gesagt: die beständige Arbeit am Schulprogramm. Bei dem Schulprogramm handelt es sich also um ein „Instrument“, mit dem sich Veränderungsbemühungen in geplanter, strukturierter und kollektiver Weise gestalten lassen.

Die nachfolgenden Empfehlungen zur Schulprogrammarbeit beruhen auf Erfahrungen mit schulischen Entwicklungsprozessen, die durch die wissenschaftliche Begleitung von Schulen und die Zusammenarbeit mit Schulberaterinnen und Schulberatern über einen Zeitraum von vielen Jahren Jahre gesammelt wurden. Dabei zeigen sich weitgehende Übereinstimmungen mit der entsprechenden Literatur zur Schulentwicklung (vgl. z. B. Feldhoff, 2017; Haenisch & Steffens, 2017; Holtappels, 2005; Holtappels, 2016; Manitius & Dobbelstein, 2017).

3.1 Zentrale Aufgaben und Funktionen der Schulprogrammarbeit

Bereits in früheren Handreichungen werden die zentralen Aufgaben für ein Schulprogramm aufgeführt, die auch heute noch ihre Gültigkeit besitzen:

- „In einem Schulprogramm werden [...] die konkreten Lern- und Arbeitsbedingungen der einzelnen Schule, die pädagogischen Ziele und die daraus abgeleiteten Konsequenzen und Aufgaben beschrieben. Dabei sind neben den gesetzlichen Rahmenbedingungen die personellen, räumlichen und sächlichen Voraussetzungen zu berücksichtigen. Darüber hinaus sollte festgelegt werden, wie die Schule ihr Schulprogramm überprüft, umsetzt und fortschreibt.

- In ihrem Schulprogramm stimmt die Schule ihre Unterrichts- und Erziehungsarbeit unter den Zielsetzungen ab, die für die Schulform und für die betreffende Schule bestimmend sind. [...]
- In ihrem Schulprogramm informiert die Schule nach außen über Absichten und Formen ihres Unterrichts, über ihre zusätzlichen Angebote und über ihre Anforderungen und Erwartungen an die Mitglieder der Schulgemeinde. [...]
- Das Schulprogramm legt ein realistisches Arbeitsprogramm mittlerer Reichweite fest. Seine Verwirklichung ist immer wieder zu überprüfen und zu bewerten (Evaluation). Die Ergebnisse dieser Überprüfung und Bewertung werden in die weitere Planung einbezogen.“ (Hessisches Kultusministerium, 1996b, S. 3)

Mit diesen Aufgaben sind verschiedene Funktionen intendiert, die im Folgenden kurz beschrieben werden. Dabei ist zunächst von der „Kernidee“ des Ansatzes auszugehen, nämlich der Gestaltung von Schule durch die Beteiligten: Vorrangig geht es um eine systematische Entwicklung der Schule.

Bereits in den ersten Handreichungen des Hessischen Kultusministeriums und des Hessischen Landesinstituts für Pädagogik von 1996 wird als Grundanliegen formuliert, mit dem Schulprogramm eine Verständigung über *verbindliche* Grundsätze und Schwerpunkte der gemeinsamen Arbeit zu erzielen und sich dadurch als „handlungsfähige pädagogische Einheit“ zu erfahren (Hessisches Kultusministerium, 1996a, S. 4). „Die Entwicklung eines Schulprogramms erfordert, daß Konsens in grundsätzlichen Fragen von Unterricht und Erziehung gefunden wird. Das Schulprogramm ist für alle in der Schulgemeinde verbindlich und schafft damit Verläßlichkeit nach innen und außen.“ (Hessisches Kultusministerium, 1996b, S. 3)

Das Schulprogramm dient der Qualitätssorge einer Schule im Hinblick auf eine beständige Selbstvergewisserung und Reflexion ihrer Arbeit, im Hinblick auf Klarheit über die eigene Situation und über veränderliche Umfeldbedingungen mit dem Ziel einer kontinuierlichen Verbesserung der schulischen Praxis und Erträge. Auch entsprechende Bemühungen in Österreich sind konzeptionell ähnlich ausgerichtet (vgl. Bundesministerium, 2012). Im Einzelnen kann das Schulprogramm verschiedene Funktionen ausüben. Insbesondere soll es

- zur Pflege eines gemeinsamen Qualitätsbewusstseins bei Lehrerinnen und Lehrern, Schülerinnen und Schülern sowie bei Schulleitung und Eltern beitragen,
- eine Grundlage zur Überprüfung von Entwicklungsfortschritten der Schule bieten und Steuerungsinformationen für die weitere Entwicklung der Schule bereitstellen,
- einen Rahmen bieten, um die verfügbaren personellen und materiellen Ressourcen der Schule auf zentrale, gemeinsam vereinbarte Vorhaben zu konzentrieren,
- Lehrerschaft, Schülerschaft, Schulleitung und Eltern Orientierung bieten und bei Konfliktfällen als vereinbarter Bezugspunkt dienen,
- der einzelnen Schule ermöglichen, der Öffentlichkeit ihre Leistungen zu präsentieren und ihrer Rechenschaftspflicht auf glaubwürdige Weise nachzukommen (vgl. Bundesministerium, 2002, S. 17 und Posch, 2002, S. 25).

In aller Kürze gesagt, dient das Schulprogramm einer Schule zur Pflege eines gemeinsamen Qualitätsbewusstseins, zur Steuerung von Entwicklungsprozessen, zur sinnvollen Ausrichtung der personellen und materiellen Ressourcen sowie zur Rechenschaftslegung gegenüber der Öffentlichkeit (vgl. nachstehenden Kasten).

Funktionen des Schulprogramms

– *für die Schule selbst:*
1) sich über Geleistetes vergewissern;
2) Schwachstellen entdecken und die gemeinsame Praxis kontinuierlich weiterentwickeln;
3) pädagogische Schwerpunkte systematisch herausarbeiten und begründen;
4) einzelne Maßnahmen der Schule im Ganzen begreifen;
5) Erfolg oder Misserfolg von Maßnahmen mit offengelegten Kriterien überprüfen;
6) Arbeitsabläufe und Entscheidungsstrukturen durchschaubar machen, überprüfen und optimieren;
7) innerschulische Verständigungsprozesse über gemeinsame Grundlagen anregen und verbessern;
8) Innovationsprozesse initiieren und organisieren;
9) Kooperationszusammenhänge stimulieren;
10) die Verbindlichkeit von Regeln, Absprachen und Initiativen erhöhen;
11) Gestaltungsmöglichkeiten für alle Schulbeteiligten bereitstellen.

– *für die Fachaufsicht:*
1) eine Grundlage für die Beratung und Unterstützung der Schule im Hinblick auf die Weiterentwicklung ihres Bildungsangebots und der Verbesserung ihrer Leistungsfähigkeit zur Verfügung stellen;
2) eine Grundlage für die Fachaufsicht über die schulische Arbeit bereitstellen;
3) die regionale Steuerung der schulischen Angebote unterstützen;
4) landesweite Übersichten über die Bildungsangebote und allgemeine Entwicklungstendenzen ermöglichen.

– *für die schulische Öffentlichkeit:*
1) über das Bildungsangebot und die pädagogischen Schwerpunkte informieren;
2) für Eltern sowie Schülerinnen und Schüler Orientierungs- und Entscheidungshilfen für die Schulwahl bereitstellen;
3) Informationsgrundlage für Lehrpersonen, die sich an der Schule bewerben wollen;
4) für außerschulische Partner Kooperationsmöglichkeiten verdeutlichen (beispielsweise Vereine, freie Träger im Sozialbereich, Betriebe);
5) Informationsmaterialien für Förderer der Schule bereitstellen (z. B. für Elternvereine und Sponsoren);
6) Rechenschaft über die schulische Arbeit ablegen.

3.2 Schulprogrammarbeit als ständige Entwicklungsarbeit

Eine wesentliche Grundlage der Qualitätsentwicklung von Schule ist also ein gemeinsam erarbeitetes Schulprogramm. Die Weiterentwicklung der Schule erfolgt dabei im Rahmen von zeitlich begrenzten *Entwicklungsvorhaben*. Die Prozesse, Ergebnisse und

Wirkungen werden von der Schule *selbst* regelmäßig überprüft; üblicherweise wird dann von *„schulinterner Evaluation"* gesprochen (vgl. dazu z.B. Burkard & Müller, 2019; im vorliegenden Band). Erarbeitung und Fortschreibung des Schulprogramms erfolgen auf der Basis dieser schulinternen Evaluationsarbeit. Sie bezieht sich auf die regelmäßige Ermittlung des jeweiligen Ist-Standes der Schule („Bestandsaufnahme"), auf das Vorankommen bei den einzelnen Entwicklungsvorhaben (Prozessevaluation bzw. „formative" Evaluation) sowie auf eine Feststellung der Wirkungen schulischer Erträge in größeren Intervallen (Bilanzierung bzw. „summative" Evaluation). Auf dem Weg zu einer systematischen Schulgestaltung ist eine Feedback-Kultur als Grundlage für die Selbstüberprüfung bzw. interne Evaluation einer Schule hilfreich (vgl. nachstehenden Kasten).

Schulprogramme als Instrumente der Schulentwicklung (Posch, 2004, S. 7)

- Schulprogramme sind *Instrumente der Schulentwicklung* und dienen dazu, in jeder Schule eine Dynamik kontinuierlicher Weiterentwicklung und Qualitätsverbesserung aufrecht zu erhalten und zu fördern und dies auch nach außen sichtbar zu machen. Zentrales Merkmal ist die Verbindung von Entwicklung und Selbstevaluation ausgewählter Vorhaben.
- Schulprogramme konzentrieren sich jeweils auf ausgewählte wichtige Themenbereiche, in denen Weiterentwicklungsbedarf besteht. Zu jedem dieser Themenbereiche werden Entwicklungsziele definiert, rückblickend wird im Rahmen einer Selbstevaluation Auskunft über die Qualität der Arbeit des vergangenen Jahres gegeben und vorausblickend werden Vorhaben samt Erfolgskriterien und Evaluationsmethoden für das kommende Jahr vereinbart sowie ein detaillierter Aktionsplan beschlossen.

Entscheidend ist es dabei, Evaluation nicht als ein gesondertes zusätzliches Vorhaben, sondern als ein Arbeitsprinzip zu begreifen. Deshalb gilt es, ein Feedback im Verlauf der Entwicklungsarbeit systematisch einzuführen und als konstitutiven Bestandteil von Arbeitsprozessen zu verankern, damit sich eine evaluative Arbeitshaltung herausbilden kann.

Neben der auf das Schulprogramm bezogenen internen Evaluation gewinnen Evaluationsmaßnahmen, die sich aus der bildungspolitischen bzw. administrativen Verantwortung für die Qualität des Schulsystems legitimieren, eine wachsende Bedeutung. Diese von der Fachaufsicht veranlassten Überprüfungen werden *„externe Evaluation"* genannt und sollen die schulischen Entwicklungsprozesse unterstützen. Die Verfahren dienen einer zielgerichteten, systematischen und methodengeleiteten Schulgestaltung. Sie betreffen insbesondere standardisierte Leistungsmessungen (v.a. „VERA") zum einen und Schulinspektionen (auch „Qualitätsanalysen" oder – ganz allgemein und etwas missverständlich formuliert – ebenfalls „externe Evaluationen" genannt) zum anderen. Die dadurch bereitgestellten Daten liefern den Schulen und den Lehrpersonen wichtige Anhaltspunkte über schulische Prozesse und Erträge, die es bei der Weiterentwicklung zu berücksichtigen gilt.

Die Ergebnisse der internen wie externen Evaluationen bilden einen Ausgangspunkt für die Planung und Umsetzung qualitätsfördernder *Entwicklungsvorhaben*, die im Schulprogramm beschrieben werden.

Ausgehend von den Entwicklungsvorhaben und pädagogischen Schwerpunkten einer Schule einerseits sowie dem Qualifizierungsbedarf und den Interessen im Kollegium andererseits wird ein *Fortbildungskonzept* erarbeitet, das ebenfalls Bestandteil des Schulprogramms ist.

Durch die zusätzlichen Aufgaben, die den Schulen in den letzten Jahren zugewiesen wurden, gewinnen Schulen größere Gestaltungsspielräume und damit zusätzliche Entscheidungsmöglichkeiten. Diese verpflichten die Schulen allerdings auch dazu, *Rechenschaft* darüber abzulegen, wie sie mit dem größeren Gestaltungsspielraum umgehen und welche Wirkungen sie dabei erzielen. Die erforderliche Rechenschaft über ihre Bildungs- und Erziehungsarbeit sowie ihre beständige Qualitätsentwicklung geht in zwei Richtungen: zum einen nach ‚innen' gegenüber dem Kollegium bzw. gegenüber den Lehrpersonen selbst im Interesse ihrer eigenen Weiterentwicklung und zum anderen nach ‚außen' gegenüber der Fachaufsicht und den Eltern. In diesen Funktionen sind Schulprogramme Dokumente von Schulen, die „[...] darüber Auskunft geben, mit welchem Erfolg sich Schulen um die Weiterentwicklung der Qualität ihrer Arbeit bemühen" (Posch et al., 2001, S. 4).

Vor dem Hintergrund der theoretisch-konzeptionellen Grundlagen und Begründungslinien für den Schulprogramm-Ansatz einerseits (Kap. 2) und einer Darstellung der Grundzüge des Schulprogramms andererseits (Kap. 3) widmet sich das folgende Kapitel den Gelingensbedingungen für die konkrete schulpraktische Arbeit.

4. Entwicklung und Umsetzung des Schulprogramms in der Praxis

Bei der Schulprogrammarbeit sind vor allem auch Fragen der praktischen Umsetzung von Interesse. Was sind die wichtigsten Schritte der Schulprogrammentwicklung? Welche Aktivitäten sind vor allem für den Erfolg der Schulprogrammarbeit verantwortlich? Was bringt die Arbeit entscheidend voran? Zur Beantwortung dieser Fragen dienen im Folgenden Befunde einer qualitativen Studie, bei der Schulen mit besonders erfolgreicher Schulprogrammarbeit näher beleuchtet wurden (vgl. Haenisch & Burkard, 2002; Haenisch, 2004).

4.1 An Bedürfnissen und Schwerpunkten ansetzen

Für Lehrerinnen und Lehrer ist es wichtig, dass sie von Anfang an den Nutzen dieser Arbeit für ihre Alltagspraxis erkennen. Die Schulprogrammarbeit muss also so ausgerichtet sein, dass sie die Bedürfnisse und Probleme der Lehrkräfte erreicht. Nur dort, wo dies geschieht, ist ein ernsthafter Einstieg in die Schulprogrammarbeit überhaupt möglich. Anordnungen helfen dabei nicht. Die Themen müssen den Lehrenden am Herzen liegen, ja vielleicht sogar einen Leidensdruck ansprechen. Solche Themen zu finden, scheint nicht schwer, denn alle Lehrpersonen haben Konsensbedürfnisse, die meist unausgesprochen bleiben, die es aber zu erkennen und aufzugreifen gilt.

Eine sehr fruchtbare Art, in den Prozess der Erörterung gemeinsamer Überzeugungen einzusteigen und zu lernen, wie man zu gemeinsamen pädagogischen Grundverständnissen gelangen kann, wird darin gesehen, mit einem für alle Lehrkräfte wichtigen Thema zu beginnen. Es muss ein Thema sein, das drängt und bei dem eigentlich alle der Überzeugung sind, dass es wichtig ist, sich darin zu engagieren. Ein solcher erster Baustein schafft eine große Initiativkraft für die Entwicklung und lässt weitere Bausteine nachwachsen, weil die Lehrpersonen die positive Erfahrung auf weitere Themen übertragen wollen.

Wichtig scheint aber die Begrenzung der Themenfelder, die neu in ein Schulprogramm aufgenommen werden. Lehrerinnen und Lehrer brauchen eine klare Orientierung und können nicht zu viel Neues auf einmal verkraften. Es muss klar signalisiert werden, dass man sich nicht gleichzeitig um alle wichtigen Themen kümmern kann, sondern dass man Schwerpunkte setzen muss. Gute Erfahrungen haben die Schulen gemacht, die sich pro Schuljahr ein neues Thema vornehmen und damit ihr Schulprogramm nach und nach wachsen lassen.

4.2 Arbeit vorbereiten

Bei einer Reihe von Schulen war eine Bestandsaufnahme der Ausgangspunkt für die weitere Arbeit am Schulprogramm. Es scheint vor allem wichtig zu sein, dass die Lehrkräfte dabei die Erfahrung machen können, was ihnen über die Jahre hinweg bereits schon alles gelungen ist. Eine Bestandsaufnahme nimmt den Kolleginnen und Kollegen die Ängste für Entwicklung und Veränderung, weil dabei auch das Bewährte klar herausgestellt wird. Für die Schulen, die bereits ein Schulprogramm hatten, war es vor allem die Bestandsaufnahme zum alten Schulprogramm, die weiterhalf.

Gelingensbedingungen für die Entwicklung des Schulprogramms

- Schulprogrammarbeit am Bedarf der Schule und der Lehrpersonen ausrichten
- indirekte Einstiege helfen, die Lehrkräfte an Innovationen heranzuführen
- Bestandsaufnahme als Selbstvergewisserung und Motivation für Entwicklung
- „Pädagogische Tage" als Meilensteine
- Einstieg mit einem für alle Lehrpersonen wichtigen Thema
- möglichst alle Lehrkräfte in eine aktive Rolle bringen
- Themen begrenzen, Schwerpunkte setzen
- regelmäßige Besprechungs- und Diskussionstermine einplanen
- Schulprogrammarbeit steuern und koordinieren
- immer wieder den Stand der Arbeit dokumentieren
- das Kollegium auf dem Laufenden halten
- schauen, was andere Schulen machen
- für Kommunikation im Kollegium sorgen

Zur Einstimmung in die Arbeit scheinen sogenannte „Pädagogische Tage“ unverzichtbar, weil hierdurch das Kollegium zu seiner Arbeit findet, weil hierdurch der pädagogische Grundkonsens vorbereitet werden kann und somit die Keime der Schulprogrammarbeit gelegt werden. Für viele Lehrkräfte waren solche pädagogischen Tage ein Signal, dass man es ernst meint mit dem Schulprogramm.

Pädagogische Tage haben den Vorteil, dass hier die Dinge in aller Ruhe angesprochen werden können und dadurch auch der häufig zu Beginn bestehende Druck herausgenommen werden kann. Pädagogische Tage sind Meilensteine. Von hier aus wächst die Arbeit, hier werden die Ergebnisse zusammengefasst, die sich in der Zwischenarbeit ergeben haben. Günstig ist, wenn diese Tage so organisiert sind, dass bereits während des Tages solche Gruppen zusammenarbeiten, die auch später im Alltag in engem Arbeitszusammenhang stehen (z. B. Doppeljahrgangsstufen). Erfolgversprechend ist auch, wenn die auf dem Pädagogischen Tag gebildeten Arbeitsgruppen sich selbst Arbeitsaufträge geben. Dies setzt neue Termine und wahrt so die Kontinuität der Arbeit.

Einige Schulen haben erst einmal im Vorfeld gearbeitet und versucht, die Lehrkräfte für die gemeinsame Arbeit ‚anzuwärmen‘ und empfänglich zu machen. Eine Schule hat z. B. einen Fortbildungstag zu einem für die Lehrpersonen wichtigen Thema (Burn-out) durchgeführt, eine andere hat mit ihrem Kollegium darüber reflektiert, was eine gute Schule ausmacht. Interessant ist auch das Vorgehen einer Schule, die für das gesamte Kollegium eine Zukunftswerkstatt angesetzt hat, um einen Aufbruch zu erzeugen, das Machbare bewusst werden zu lassen und den Blick für das Wichtige zu schärfen.

4.3 Lehrkräfte aktiv beteiligen

Besonders förderlich für die Entwicklung des Schulprogramms ist es, wenn versucht wird, möglichst alle Lehrkräfte in eine aktive Rolle zu bringen. So haben z. B. in einer Schule alle Lehrpersonen in einer Arbeitsgruppe des Schulprogramms mitgearbeitet. Die Teilnahme an einer solchen Lerngemeinschaft fördert nicht nur die Identifikation, sondern führt auch dazu, dass zumindest in einem inhaltlichen Bereich – nämlich in dem der aktiven Teilnahme – innovative Aufbrüche möglich werden können. Allerdings muss Freiwilligkeit als oberstes Prinzip gelten; Lehrkräfte dürfen also nicht zu Aufgaben ‚verdonnert‘ werden. Einige haben dieses Problem durch die gezielte Vorgabe von Kriterien zur Gruppenbildung gelöst.

Immer wieder wird darauf verwiesen, dass es für den Entwicklungsprozess von Vorteil war, dass in der Schule eine funktionierende Kommunikationsstruktur vorhanden war – gerade weil bei der Schulprogrammarbeit viel kommuniziert werden und gegenseitiges Verständnis aufgebracht werden muss. Eigentlich – so wird gesagt – sind Lehrkräfte gar nicht so innovationsresistent, es bedarf allerdings eines Nährbodens, der sich vor allem durch eine solche Kommunikationsstruktur auszeichnet. Hier sind vor allem die Schulleitungen gefordert, die Ideen Lauf und Raum geben, die keine Steine in den Weg legen, die die kleinen Schritte ‚düngen, hegen und pflegen‘.

4.4 Abläufe steuern und koordinieren

Für die notwendigen Diskussionen innerhalb des Kollegiums müssen zusätzliche zeitliche Räume und Gelegenheiten geschaffen werden. Einige Schulen erhöhten die Frequenz der Lehrerkonferenzen, die sie zu einer Art Steuerinstrument mit eigenen Tagesordnungspunkten für das Schulprogramm umstrukturierten, andere verschafften sich zusätzlich feste Termine, indem sie z. B. die zeitliche Ressource für einen schulinternen Fortbildungstag (8 Stunden) auf acht Einzeltage mit jeweils einer Stunde verteilten. Den Schulen half es sehr, wenn sie auf diese Weise mehr Struktur in die Arbeitsprozesse bekamen. Es war gut, wenn sie sich selbst zeitliche Zielvorgaben setzten und so für eine stärkere Kontinuität sorgten.

Die meisten Schulen bedienten sich einer Koordinierungsgruppe, weil die Schulprogrammaktivitäten geplant, angestoßen, ausgewertet und wieder gebündelt werden müssen. Diese Gruppe wird in erster Linie als eine „Servicemannschaft" für das Kollegium verstanden, die Ideen aufnimmt, Aktivitäten vorbereitet, Gruppen moderiert, Ergebnisse zusammenträgt und dokumentiert. Betont wird, dass diese Gruppe nicht von oben aufoktroyiert werden darf, sondern dass die Mitglieder vom Kollegium gewählt werden sollten, dass sie aber auch gleichzeitig offen bleiben sollte für Interessierte. So wechseln z. B. in einer Schule die Personen dieser Gruppe, wenn ein neues Jahresthema ansteht und deshalb andere Kompetenzen benötigt werden. Wichtig – so die Erfahrungen – ist, dass diese Gruppe sich mit inhaltlichen Vorgaben zurückhält und bestenfalls die im Kollegium vorhandenen Ideen bündelt und vorformuliert. Da sich Lehrkräfte nur ungern steuern lassen, haben die meisten Schulen den ehemals bestehenden Namen „Steuergruppe" in „AG Schulprogramm" bzw. Koordinierungsgruppe umgewandelt.

Eine besondere Hilfe, um Kontinuität im Fortgang der Schulprogrammarbeit zu wahren, ist das ständige Aufschreiben der Ziele, Vereinbarungen und Ergebnisse. In der Schule gerät vieles sehr schnell wieder in Vergessenheit. Viel Zeit wird darauf verwendet, Anschlüsse zu finden und das bereits Diskutierte und Beschlossene wieder ins Bewusstsein zu rufen. Das regelmäßige schriftliche Dokumentieren schafft eine Basis und lässt die Lehrenden auch den Fortschritt ihrer Arbeit bewusst werden.

Für einige Schulen waren die Informationen aus anderen Schulen hilfreich bei der Entwicklung ihrer Schwerpunkte; sie haben z. B. deren Schulprogramme durchgesehen. Von den Erkenntnissen anderer Schulen kann man vor allem deshalb profitieren, weil sie aus bereits in der Praxis Erprobtem resultieren. Den Schulen scheint es demnach vor allem auf reale Erfahrungen anzukommen und weniger auf Konzepte vom Reißbrett.

4.5 Für Kooperation sorgen

Die Umsetzung des Schulprogramms ist ein täglicher Prozess. Deshalb ist es wichtig, dass in der Schule viele Begegnungs- und Austauschräume für die Lehrkräfte vorhanden sind. Die Schulprogrammumsetzung benötigt eine Infrastruktur, die den Lehrpersonen möglichst viele Begegnungen mit den Entwicklungselementen ermöglicht. Je häufiger sie mit diesen konfrontiert sind, desto mehr Lerngelegenheiten haben sie und desto eher wird die Kontinuität der Arbeit gestärkt. So werden die Dinge immer wieder ‚aufs Tablett' gebracht und sie bleiben im Fluss. Vielfältige Begegnungen mit den Leitideen in den unterschiedlichen Gremien sind dabei genauso wichtig wie die informellen Gespräche. Es bedarf also einer differenzierten Lernumgebung im Kollegium, die viele ‚Einstiegsluken' für die Lehrpersonen bereithält. Es ist vor allem das Wechselspiel zwischen den formellen und informellen Anteilen in der Kommunikation, das den Nährboden für die Umsetzung des Schulprogramms schafft.

Der Erfolg einer Schule bei der Umsetzung von neuen Vorhaben ist ganz entscheidend davon abhängig, ob es gelingt, für die einzelnen Jahrgangsstufen einer Schule Verantwortlichkeiten aufzubauen. So trägt z.B. die Teambildung von Klassenlehrerinnen und Klassenlehrern einer Jahrgangsstufe dazu bei, dass Absprachen verlässlicher werden, weil man regelmäßig die Dinge plant und bespricht. Dies erhöht auch die Kontrolle untereinander, indem man sich gegenseitig ermuntert und auf die Absprachen genauer achtet. Die Schülerinnen und Schüler spüren diesen Zusammenhalt zwischen den Lehrkräften, was sich günstig auf ihre Arbeit und ihr Verhalten auswirkt.

Gelingensbedingungen für die Umsetzung des Schulprogramms

- Kolleginnen und Kollegen in Teamarbeit bringen
- Verantwortliche für einzelne Aktivitäten und Themen gewinnen
- Austauschräume und Lerngelegenheiten für Lehrkräfte schaffen
- klare und konkrete Aufträge für Fach- und Jahrgangskonferenzen formulieren
- das Schulprogramm arbeitsgerecht organisieren
- dem Schulprogramm in Lehrerkonferenzen Aufmerksamkeit widmen
- Themen und Leitideen des Schulprogramms bei Projekttagen, Vorhaben und Feiern herausstellen
- durch organisatorische Regelungen den Leitideen zur Umsetzung verhelfen
- konkrete Aktivitäten für einzelne Schuljahre festlegen
- in regelmäßigen Abständen immer wieder nachhaken und Zwischenbilanz ziehen
- oft können schon Materialien helfen, die Umsetzung zu erleichtern
- auch die Weiterarbeit am Schulprogramm braucht eine eigene Koordination

4.6 Verbindlichkeiten schaffen

Bei der Übernahme von Verantwortung für die Umsetzung des Schulprogramms kommt den Fach- und Jahrgangs- bzw. Klassenkonferenzen eine besondere Rolle zu. Sie werden häufig auch als die Transmissionsriemen für die Umsetzung des Schulprogramms in den Unterricht angesehen. Dies geht nicht, ohne dass z.B. an die Fachkonferenzen ganz gezielt Aufträge herangetragen werden, in denen diese z.B. aufgefordert werden, Konzepte und Verfahrensweisen für die Umsetzung vorzuschlagen. Ein solcher Auftrag zwingt die Fachkonferenzen dazu, das Thema Schulprogramm regelmäßig auf die Tagesordnung zu setzen. Sie bearbeiten dann das weiter, was in den pädagogischen Tagen beschlossen wurde.

Schulleitungen sind gut beraten, wenn sie die Umsetzung vor allem über diese Ebene zu steuern versuchen. Gespräche mit einzelnen Fachkonferenzvorsitzenden sind dabei genauso wichtig wie regelmäßige Zusammenkünfte mit allen Vorsitzenden gemeinsam. Auf diese Weise kann immer wieder Bilanz gezogen werden, können die Pflichten abgerufen und die Bedeutung einzelner Zielsetzungen unterstrichen werden. Gleichzeitig gibt es neuen Mut und weiteren Antrieb.

Wichtig sind neben den Fachkonferenzen vor allem die Jahrgangskonferenzen, die für die einzelnen Jahrgänge zuständig sind und dafür sorgen, dass das Schulprogramm – etwa durch die Ausarbeitung konkreter Projekte – spezifisch für den jeweiligen Jahrgang ausgelegt wird.

Ein recht einfacher Weg, Verbindlichkeiten aufzubauen, besteht darin, im Schulprogramm für bestimmte Schuljahre einzelne Vorhaben zu setzen, die auf jeden Fall durchgeführt werden müssen (z.B. die Fahrradwerkstatt im 9. Schuljahr). Die Lehrkräfte wissen, woran sie sind und können sich darauf einstellen. Das Schulprogramm wird dadurch ‚griffiger', es verpflichtet und bindet die Kolleginnen und Kollegen über die Alltagsarbeit.

Die Weiterarbeit am Schulprogramm läuft in der Regel nicht von selbst. Es ist im Grunde innerhalb der Schule ein eigener neuer Arbeitsbereich erforderlich, der sich der Dinge um das Schulprogramm annimmt. Schulleitung allein reicht da nicht. Es müssen auch Leute aus dem Kollegium dabei sein, die andere mitziehen können.

Der Erfolg von Vorhaben ist vor allem auch davon abhängig, dass es Personen gibt, die sich dafür verantwortlich fühlen. Um solche Kolleginnen und Kollegen zu finden, ist es oft wenig hilfreich, lediglich mit einer allgemeinen Ansprache in der Lehrerkonferenz vorstellig zu werden. Erfolgversprechend ist es, eine Gruppe von Lehrpersonen gezielt daraufhin anzusprechen. Diese werden dann gebeten, sich zu einigen, wer das Vorhaben federführend übernimmt. Oft sind es vor allem die besonders aktiven Lehrkräfte, die Bausteine des Schulprogramms übernehmen und dabei Interessierte gewinnen.

Bei größeren Vorhaben scheint es ratsam, eine Arbeitsgruppe einzurichten, die sich dann auch noch einmal in Teilgruppen untergliedern kann. Schulleitungen dürfen in diesem Zusammenhang nicht konfliktscheu sein. Dies signalisiert den Lehrpersonen, dass es sich um eine wichtige Angelegenheit handelt.

4.7 Schulprogramm in den Gremien und im Unterrichtsalltag verankern

Um die Aufmerksamkeit für das Schulprogramm im Kollegium aufrechtzuerhalten, aber auch um die Kolleginnen und Kollegen in einem kontinuierlichen pädagogischen Diskurs zu bringen, haben die Schulen recht positive Erfahrungen damit gemacht, auch die turnusmäßigen Lehrerkonferenzen zu nutzen. Sie haben versucht, in jeder Konferenz ein pädagogisches Thema aufzunehmen, um auf diese Weise auch am Grundkonsens der Schule zu arbeiten.

Damit Lehrer und Lehrerinnen darüber hinaus möglichst häufig mit den Botschaften des Schulprogramms konfrontiert werden und Gelegenheit haben, sich auch praktisch damit auseinanderzusetzen, bietet es sich vor allem an, Projekttage und Feiern der Schule unter ein thematisches Motto des Schulprogramms zu stellen. Auf diese Weise wird den Lehrkräften signalisiert, dass das Schulprogramm nicht nur auf dem Papier existiert, sondern dass es tatsächlich mit der alltäglichen Arbeit zusammenhängt.

Bei der Umsetzung und Verwirklichung von Leitideen eines Schulprogramms kommt es also vor allem auch darauf an, dass eine konsequente Haltung auch im ‚Alltagsgeschäft' von Schule gewahrt wird. Ein interessantes Beispiel dafür sind die Projekttage einer Schule. Lehrerinnen und Lehrer reichen dabei meist Themenvorschläge ein und begründen diese. An diesen Vorschlägen kann die Schulleitung ganz gut erkennen, ob die Leitideen des Schulprogramms tatsächlich bei den Lehrkräften ‚angekommen' sind und ob sie versucht haben, diesen entsprechend Geltung zu verschaffen.

Ganz wichtig für eine kontinuierliche Weiterarbeit am Schulprogramm ist, dass regelmäßig nachgefragt wird, wie es mit den Vorhaben und Aktivitäten steht. Dafür müssen vor allem die Schulleitungen sorgen. Sie müssen die Themen des Schulprogramms immer wieder aufgreifen, auf den Punkt bringen und fragen, wie die Kolleginnen und Kollegen sich vorstellen, an den Themen weiter zu arbeiten. Für solche am besten halbjährlichen Resümees sollte eine gesonderte Veranstaltung eingeplant werden, zu der dann auch ganz gezielte Fragen vorbereitet werden.

Viele Lehrkräfte sind zunächst einmal von der Vielzahl der Ziele und Vorhaben in ihrem Schulprogramm beeindruckt. Wichtig ist es deshalb, dass die Schulleitungen darauf verweisen, dass sich die Lehrpersonen mit vielen Dingen eigentlich gar nicht oder noch nicht beschäftigen müssen, weil es z. B. nicht ihre Fächer betrifft oder weil sie in der entsprechenden Jahrgangsstufe gar nicht unterrichten. Oft ist es nur ein kleiner Teil des Schulprogramms, von dem die einzelne Lehrkraft tatsächlich betroffen ist, was dann eine gezielte Ausrichtung für den Einzelnen bzw. die Einzelne wieder interessant macht. Wichtig ist in diesem Zusammenhang die Erfahrung, dass es sich lohnt, dass jede Lehrkraft sich ganz gezielt einzelne Schwerpunkte des Schulprogramms vornimmt.

Dieses Bewusstsein von Komplexitätsreduktion kann von den Schulen auch dadurch unterstützt werden, in dem von der vorgesehenen Themenpalette tatsächlich nur ein Thema pro Schuljahr ausgewählt wird. Dieses wird dann auf allen Ebenen bearbeitet und kann dadurch sehr viel unkomplizierter in die Alltagsprozeduren von Schulen eindringen.

Um mit dem Schulprogramm auch in die weitere Zukunft hineinzureichen wird empfohlen, sich nicht nur an den derzeitigen Problemen zu orientieren, sondern weiterzublicken und in einer Art Vorausschau oder Vision die Dinge zu reflektieren, die mittelfristig auf die Schule zukommen werden. Mit einer solchen Arbeits- und Entwicklungshaltung – so wird gesagt – ist man dann immer so weit ausgestattet, dass man selbst agieren kann und nicht ständig reagieren muss.

Die Entwicklung und Umsetzung des Schulprogramms kann nur dann erfolgreich verlaufen, wenn die Schulleitung dahintersteht und diese Arbeit zu einem zentralen Anliegen ihres Arbeitsfeldes macht. Die Anforderungen an Schulleitung sind bei diesem Arbeitsfeld äußerst vielfältig. Ihre wichtigsten Aufgaben bestehen vor allem darin, die Lehrkräfte von der Notwendigkeit des Schulprogramms zu überzeugen und den anschließenden Prozess zu koordinieren und zu steuern. Bei der Entwicklung des Schulprogramms kommt es vor allem darauf an, dass die Schulleiterinnen und Schulleiter

- den Sinn des Schulprogramms für die Schule aufzeigen und den Lehrkräften deutlich machen, dass die gemeinsame Arbeit an der Qualitätsentwicklung ihrer Schule in ihrem Interesse liegt.
- notwendige Entwicklungsbereiche identifizieren, die die Kolleginnen und Kollegen vielleicht nicht so sehen.
- im Falle des Widerstands auf Kollegiumsseite nicht mit dem Thema Schulprogramm ins Haus fallen, sondern dass sie das Schulprogramm auf indirekte Weise über die Themen angehen, die für die Schule sowieso anstehen oder die sich aus konkreten Anlässen heraus ergeben.
- nicht Besserwissertum verbreiten, ihre Ideen durchpauken und ständig dazwischenfunken, sondern dass sie den Kollegen und Kolleginnen etwas zutrauen und sie machen lassen.
- dafür sorgen, dass sich Gruppen von Lehrpersonen mit dem Schulprogramm auseinandersetzen und es nicht beim Einzelnen bleibt.
- auch Vorbild sind und in den Teams mitarbeiten.

Auch bei der Umsetzung des Schulprogramms sind die Schulleitungen gefragt. Hierbei gilt es,

- immer wieder Anstöße zu geben, nachzuhaken und nachzufragen;
- durch Bildung von Teams, der Umsetzungsarbeit Kontinuität zu verleihen;
- den Kolleginnen und Kollegen immer wieder aufzuzeigen, was sie schon erreicht haben und wo sie stehen;
- Lehrpersonen zu ermutigen, anderen ihre Erfahrungen vorzustellen;
- immer wieder auch die Vorteile neuer Arbeitsformen an praktischen Beispielen aufzuzeigen, um nach und nach mehr Kolleginnen und Kollegen für die Ziele zu gewinnen;
- durch Schaffung formaler Strukturen – etwa durch das Freihalten von Tagen für die Projektarbeit – den Inhalten des Schulprogramms Raum zu geben;
- möglichst bald Ergebnisse zu haben, die den Lehrkräften das Gefühl geben, dass sie durch diese Arbeit langfristig auch entlastet werden.

Wie in den Interviews immer wieder betont wird, haben die Schulleiterinnen und Schulleiter bei der Schulprogrammarbeit einen äußerst wichtigen Part. Sie müssen immer wieder motivieren, auch antreiben, sie müssen aber auch Geduld haben, die Kolleginnen und Kollegen nicht unnötig drängeln, immer wieder den Sinn aufzeigen und die Arbeit auch einmal für eine bestimmte Zeit ruhen lassen.

5. Schluss

Das Schulprogramm scheint unter der Perspektive von Schulentwicklung ein sehr vielversprechendes Instrument, denn es vereinigt eine Reihe von Aktivitäten, die in der Diskussion um die Verbesserung der Schulqualität eine hervorgehobene Rolle spielen. Es ist insbesondere der Fokus auf die Einzelschule als entscheidende Handlungseinheit für erfolgreiches pädagogisches Agieren; es ist die Partizipation der Beteiligten, die die Identifikation mit der Schule fördert; es ist die schulinterne Kooperation, die professionelle Lerngemeinschaften aufbauen und die Schule zu einer Lernenden Schule entwickeln lässt; es ist das strukturierte und konzertierte Vorgehen und es sind die mit der Schulprogrammarbeit eng verknüpften evaluativen Aktivitäten, die die Selbststeuerung unterstützen und die regelmäßige Vergewisserung über die erreichten Ergebnisse fördern.

Dadurch dass in einem Schulprogramm Schwerpunkte herausgestellt werden, die aufzeigen, worauf es der Schule besonders ankommt, wird die Arbeit ideengeleitet gestaltet und es werden Orientierungen und Richtungen aufgezeigt, die die Aufmerksamkeit der Beteiligten erhöhen und der Zufälligkeit von Entwicklung entgegenwirken. Schulprogramme bringen die Lehrenden einer Schule zusammen, lassen sie in einen Diskurs, einen Verständigungsprozess kommen, der zu Vereinbarungen und gemeinsamer Arbeit führt. So gesehen ist das Schulprogramm ein Motor, der die Reflexion über gute Schule in Gang hält.

Die Erfahrungen zeigen aber auch, dass das Schulprogramm kein „Sondergeschäft“ sein darf, das nebenbei in Angriff genommen wird. Damit es wirksam werden kann, ist es wichtig, dass es mit den normalen Abläufen, Aktivitäten und Ritualen des täglichen Arbeitens in Schule und Unterricht – also auch mit der normalen Unterrichts- und Gremienarbeit – untrennbar verknüpft ist. Und dafür muss auch gerade von Leitungsseite aus ständig Sorge getragen werden.

Literatur

Altrichter, H. (2019). Transformation der Steuerungspolitik und das Schulprogramm als Koordinierungsinstrument. In U. Steffens & P. Posch (Hrsg.), *Lehrerprofessionalität – Grundlagen der Qualität von Schule 4* (S. 287–314). Münster: Waxmann.

Bessoth, R. (1988). Organisatorische Voraussetzungen von Schulqualität. In U. Steffens & T. Bargel (Hrsg.), *Schulleben und Schulorganisation* (Beiträge aus dem Arbeitskreis Qualität von Schule, Heft 4, S. 97–122). Wiesbaden: Hessisches Institut für Bildungsplanung und Schulentwicklung (HIBS).

Bonsen, M. (2005). Professionelle Lerngemeinschaften in der Schule. In H. G. Holtappels & K. Höhmann (Hrsg.), *Schulentwicklung und Schulwirksamkeit. Systemsteuerung, Bildungschancen und Entwicklung der Schule* (S. 180–195). Weinheim & München: Juventa.

Buer, J. van & Hallmann, P. J. (2007). Schulprogramme – Konstruktions- und Implementationsbefunde. In J. van Buer & C. Wagner (Hrsg.), *Qualität von Schule* (S. 317–343). Frankfurt a. M.: Lang.

Buer, J. van & Köller, M. (2007). Schulprogramm als zentrales Steuerungsinstrument für die Qualitätsentwicklung von Schule und Unterricht. In J. van Buer & C. Wagner (Hrsg.), *Qualität von Schule* (S. 103–129). Frankfurt a. M.: Lang.

Bundesministerium für Bildung, Wissenschaft und Kunst (BMBWK) (Hrsg.). (2002). *Vorschläge zur Einführung des Schulprogramms an den österreichischen Schulen.* Wien: BMBWK, Projektgruppe Qualität im Schulwesen (PQS).

Bundesministerium für Bildung, Wissenschaft und Kunst (BMBWK) (Hrsg.). (2012). *SQA – Schulqualität Allgemeinbildung.* Wien: BMBWK. Verfügbar unter http://www.sqa.at/course/index.php?categoryid=14 [April 2019].

Burkard, C. & Müller, S. (2019). Schulinterne Evaluation. In U. Steffens & P. Posch (Hrsg.), *Lehrerprofessionalität – Grundlagen der Qualität von Schule 4* (S. 339–349). Münster: Waxmann.

Dalin, P., Rolff, H.-G. & Buchen, H. (1990). *Das Institutionelle Schulentwicklungsprogramm – Eine neue Perspektive für Schulleitung, Kollegium und Schulaufsicht.* Soest: Soester Verlagskontor.

Deutscher Bildungsrat (1973). *Zur Reform von Organisation und Verwaltung im Bildungswesen. Teil I: Verstärkte Selbständigkeit der Schule und Partizipation der Lehrer, Schüler und Eltern* (Empfehlungen der Bildungskommission). Stuttgart: Klett.

Ditton, H. (2006). Von der Evaluation zur Qualitätsentwicklung. In Institut für Qualitätsentwicklung (Hrsg.), *Qualitätsentwicklung durch externe Evaluation* (S. 183–187). Wiesbaden: Institut für Qualitätsentwicklung.

Dörger, U. & Steffens, U. (1986). Die eigene Gesamtschule pädagogisch weiterentwickeln. *Westermanns Pädagogische Beiträge, 38* (7–8), 24–29.

Dubs, R. (1998). *Qualitätsmanagement für Schulen.* St. Gallen: Institut für Wirtschaftspädagogik der Universität St. Gallen.

Feldhoff, T. (2017). Was wissen wir über die Lernfähigkeit von Schulen? In U. Steffens, K. Maag Merki & H. Fend (Hrsg.), *Schulgestaltung. Aktuelle Befunde und Perspektiven der Schulqualitäts- und Schulentwicklungsforschung – Grundlagen der Qualität von Schule 2* (S. 185–207). Münster: Waxmann.

Fend, H. (1987). „Gute Schulen – schlechte Schulen". Die einzelne Schule als pädagogische Handlungseinheit. In U. Steffens & T. Bargel (Hrsg.), *Erkundungen zur Wirksamkeit und Qualität von Schule* (Beiträge aus dem Arbeitskreis Qualität von Schule, Heft 1, S. 55–79). Wiesbaden: Hessisches Institut für Bildungsplanung und Schulentwicklung (HIBS).

Fend, H. (2006). *Neue Theorie der Schule. Einführung in das Verstehen von Bildungssystemen.* Wiesbaden: VS Verlag.

Haenisch, H. (1998). *Wie Schulen ihr Schulprogramm entwickeln. Eine Erkundungsstudie an ausgewählten Schulen aller Schulformen.* Bönen: Kettler.

Haenisch, H. (2004). Gelingensbedingungen für die Entwicklung und Umsetzung des Schulprogramms. In H. G. Holtappels (Hrsg.), *Schulprogramme – Instrumente der Schulentwicklung* (S. 223–243). Weinheim und München: Juventa.

Haenisch, H. & Burkard, C. (2002). Schulprogrammarbeit erfolgreich gestalten. In Landesinstitut für Schule und Weiterbildung (Hrsg.), *Schulprogrammarbeit in Nordrhein-Westfalen. Ergebnisse der wissenschaftlichen Evaluationsstudien* (S. 123–198). Bönen: Kettler.

Haenisch, H. & Steffens, U. (2017). Schlüsselfaktoren für die Entwicklung von Schulen. In U. Steffens, K. Maag Merki & H. Fend (Hrsg.), *Schulgestaltung. Aktuelle Befunde und Perspektiven der Schulqualitäts- und Schulentwicklungsforschung – Grundlagen der Qualität von Schule 2* (S. 159–184). Münster: Waxmann.

Heinrich, M. & Kussau, J. (2016). Das Schulprogramm zwischen schulischer Selbstregelung und externer Steuerung. In H. Altrichter & K. Maag Merki (Hrsg.), *Handbuch Neue Steuerung im Schulsystem* (2. Aufl., S. 183–207). Wiesbaden: Springer.

Hessisches Kultusministerium und Hessisches Landesinstitut für Pädagogik (Hrsg.). (1996a). *Schulprogramme und Evaluation in Hessen 1: Ein Einstieg in die Thematik.* Wiesbaden: Hessisches Landesinstitut für Pädagogik (HeLP).

Hessisches Kultusministerium und Hessisches Landesinstitut für Pädagogik (Hrsg.). (1996b). *Schulprogramme und Evaluation in Hessen 2: Entwicklung und Realisierung eines Schulprogramms – Handreichung.* Wiesbaden: Hessisches Landesinstitut für Pädagogik (HeLP).

Hessisches Kultusministerium und Hessisches Landesinstitut für Pädagogik (Hrsg.). (1997). *Schulprogramme und Evaluation in Hessen 3: Evaluation in der Schule und für die Schule – Handreichung.* Wiesbaden: Hessisches Landesinstitut für Pädagogik (HeLP).

Holtappels, H. G. (Hrsg.). (2004). *Schulprogramme – Instrumente der Schulentwicklung. Konzeptionen, Forschungsergebnisse, Praxisempfehlungen.* Weinheim: Juventa.

Holtappels, H. G. (2005). Bildungsqualität und Schulentwicklung. In H. G. Holtappels & K. Höhmann (Hrsg.), *Schulentwicklung und Schulwirksamkeit. Systemsteuerung, Bildungschancen und Entwicklung der Schule* (S. 27–47). Weinheim: Juventa.

Holtappels, H. G. (2011). Schulinterne Steuerungsinstrumente der Schulentwicklung. In H. Altrichter & C. Helm (Hrsg.), *Akteure und Instrumente der Schulentwicklung* (S. 131–149). Hohengehren: Schneider.

Holtappels, H. G. (2016). Schulentwicklung und Organisationskultur – Erkenntnisse und Erträge der Schulentwicklungsforschung (S. 141–167). In U. Steffens & T. Bargel (Hrsg.), *Schulqualität. Bilanz und Perspektiven – Grundlagen der Qualität von Schule 1.* Münster: Waxmann.

Landwehr, N. (2004). Q2E – Qualität durch Evaluation und Entwicklung – Das Q2E-Modell. Ein praxisorientiertes Modell zum Aufbau eines ganzheitlichen Qualitätsmanagements an Schulen. In H. Buchen, L. Horster, G. Pantel & H.-G. Rolff (Hrsg.), *Schulleitung und Schulentwicklung.* Stuttgart: Raabe.

Manitius, V. & Dobbelstein, P. (Hrsg.). (2017). *Schulentwicklungsarbeit in herausfordernden Lagen.* Münster: Waxmann.

Maritzen, N. (1998). Autonomie der Schule: Schule zwischen Selbst- und Systemsteuerung. In H. Altrichter, W. Schley & M. Schratz (Hrsg.), *Handbuch zur Schulentwicklung* (S. 609–637). Innsbruck: StudienVerlag.

Posch, P. (2002). Das Schulprogramm. In M. Krainz-Dürr, P. Posch & F. Rauch (Hrsg.), *Schulprogramme entwickeln. Erfahrungen aus einem Pilotprojekt an berufsbildenden Schulen* (S. 23–29). Innsbruck: StudienVerlag.

Posch, P. (2004). Schulprogramme – Die Chance für Schulen, sich etwas Gutes zu tun. In R. Mathar (Hrsg.), *Schulprofil nachhaltige Entwicklung – Empfehlungen und Methoden für die Erstellung von Schulprogrammbausteinen für die Bildung für eine nachhaltige Entwicklung* (S. 4 –12). Gießen: Hessisches Landesinstitut für Pädagogik.

Posch, P. (2019). Lesson Studies und Learning Studies. In U. Steffens & P. Posch (Hrsg.), *Lehrerprofessionalität und Schulqualität. Grundlagen der Qualität von Schule 4* (S. 189–212). Münster: Waxmann.

Rolff, H.-G. (1991). Schulentwicklung als Entwicklung von Einzelschulen? Theorien und Indikatoren von Entwicklungsprozessen. *Zeitschrift für Pädagogik, 37* (6), 865–886.

Posch, P. unter Mitarbeit von Breidler, I., Eder, E., Lackner-Ibesich, E., Mair, G., Rauch, F. & Schindler, G. (2001). *Wir sind mitten im Schulprogramm! Wie fangen wir es an?*

Handbuch für die Entwicklung ökologischer Schulprogramme. Wien: Bundesministerium für Bildung, Wissenschaft und Kunst (BMBWK).

Rolff, H.-G. (1993a). *Wandel durch Selbstorganisation. Theoretische Grundlagen und praktische Hinweise für eine bessere Schule.* Weinheim: Beltz.

Rolff, H.-G. (1993b). Schule als lernende Organisation. In Bund-Länder-Kommission für Bildungsplanung und Forschungsförderung (BLK) (Hrsg.), *Was können Schulen für die Schulentwicklung leisten? (OECD/CERI-Seminar 1993 in Einsiedeln, Schweiz)* (S. 95–116). Bonn: Bund-Länder-Kommission (BLK).

Rolff, H.-G. (Hrsg.). (2011). *Qualität mit System – Praxisanleitung zum Unterrichtsbezogenen Qualitätsmanagement (UQM).* Köln: Carl Link.

Scheile, B. & Tränkmann, J. (2008). *Schulinternes Qualitätsmanagement. Orientierung und Anleitung.* Hamburg: Institut für Bildungsmonitoring und Landesinstitut für Lehrerbildung und Schulentwicklung.

Schlömerkemper, J. (2002). *„Schulprogramme und Evaluation" in Hessen. Werkstattbericht über die wissenschaftliche Begleitung eines Vorhabens des Hessischen Kultusministeriums* (Teil 1: Hauptbericht – Teil 2: Materialien – Teil 3: Tabellen). Wiesbaden: Hessisches Landesinstitut für Pädagogik (HeLP). Verfügbar unter www.pedocs.de

Schratz, M. & Steiner-Löffler, U. (1999). Die Lernende Schule: Schulentwicklung zwischen Kundenbeziehung und pädagogischem Eros. In J. Hofmann, H. Weishaupt & P. Zedler (Hrsg.), *Organisationsentwicklung in Schulen, in Unternehmen und im sozialen Bereich* (Erfurter Studien zur Entwicklung des Bildungswesens, Bd. 6, S. 111–153). Erfurt: Pädagogische Hochschule.

Steffens, U. & Bargel, T. (1987). „Qualität von Schule" – Ein neuer Ansatz der Schulentwicklung. In U. Steffens & T. Bargel (Hrsg.), *Erkundungen zur Wirksamkeit und Qualität von Schule* (Beiträge aus dem Arbeitskreis Qualität von Schule, Heft 1, S. 1–20). Wiesbaden: Hessisches Institut für Bildungsplanung und Schulentwicklung (HIBS).

Steinert, B., Klieme, E., Maag Merki, K., Döbrich, P., Halbheer, U. & Kunz, A. (2006). Lehrerkooperation in der Schule. Konzeption, Erfassung, Ergebnisse. *Zeitschrift für Pädagogik, 52* (2), 185–203.

Terhart, E. (2001). *Lehrerberuf und Lehrerbildung. Forschungsbefunde, Problemanalysen, Reformkonzepte.* Weinheim: Beltz.

Weick, K. E. (1976). Educational Organizations as Loosely Coupled Systems. *Administrative Science Quarterly, 21,* 1–19.

Wilkesmann, U. (1999). *Lernen in Organisationen: Die Inszenierung von kollektiven Lernprozessen.* Frankfurt a. M.: Campus.

Christoph Burkard & Sabine Müller

Schulinterne Evaluation

1. Einführung – schulinterne Evaluation

Für Evaluation gibt es zahlreiche unterschiedliche Definitionen, die das Handlungsfeld eher enger oder weiter beschreiben. Evaluation ist dabei eng verknüpft mit Verfahren wie Feedback, Bestandsaufnahme und Diagnose, die in schulischen Evaluationsprozessen eine wichtige Rolle spielen (vgl. Berkemeyer, Müller & van Holt, 2016, S. 216f.). Eine für den Schulkontext anwendbare Arbeitsdefinition von Rolff lautet: „Evaluation ist ein Prozess des systematischen Sammelns und Analysierens von Daten bzw. Informationen mit dem Ziel, kriterienorientierte Bewertungsurteile zu ermöglichen, die begründet und nachvollziehbar sind." (Rolff & Horster, 2001, S. 82) Feedback basiert nach Buhren auf „Daten, die im Mikrobereich als Sinneseindrücke oder Empfindungen eines Gegenübers, eines Beobachters oder eines Gesprächspartners verstanden werden und im Makrobereich mehrperspektivische Datenerhebungen mit differenzierten Methoden und Instrumenten umfassen können" (Buhren, 2015, S. 12f). Es gibt vielfältige Überschneidungen zu Evaluation.

Für die schulische Praxis ist es hilfreich, den Evaluationsbegriff nicht zu eng zu fassen und schulische Evaluationsprozesse mit ihren Teilelementen wie Feedback, Bestandsaufnahme und Diagnose zu verstehen, die alle zu einer professionellen Evaluationskultur in Schulen gehören.

1.1 Renaissance der schulinternen Evaluation

Schulinterne Evaluation ist in den deutschen Bundesländern kein neues Thema. In den 1990er Jahren wurde im Zuge einer Stärkung der Selbststeuerung und Eigenverantwortung von Schulen der Blick auf die einzelne Schule und deren systematische Organisations-, Personal- und Unterrichtsentwicklung gerichtet. Dabei bildet die systematische Erhebung und Nutzung von Daten ein zentrales Basiselement (vgl. u.a. Rolff, 2012). Im Zuge des Paradigmenwechsels in der Organisations- und Steuerungsphilosophie von der Input- und Prozesssteuerung zu einer outputorientierten Steuerung (Lange, 1999) lässt sich ein tendenzieller Rückzug des Staates auf „das budgetorientierte Bereitstellen von Ressourcen, die Vorgabe zu erreichender Ziele sowie die Kontrolle der Zielerreichung" (Bellenberg, Böttcher & Klemm, 2001, S. 5) erkennen.

Nachdem in der letzten Dekade in fast allen Bundesländern verbindlich Verfahren der externen Evaluation etabliert wurden, vollzieht sich derzeit in den bundesdeutschen Ländern eine Schwerpunktverlagerung von verbindlicher externer Evaluation hin zur schulinternen Evaluation, die aktuell wieder eine größere Bedeutsamkeit erfährt. Verschiedene Länder setzen Verfahren der externen Evaluation vorübergehend aus bzw. stellen sie ganz ein oder richten sie zumindest neu aus. Damit richtet sich die Perspektive derzeit verstärkt auf Qualitätssicherung durch schulinterne Evaluation.

1.2 Schulinterne Evaluation als Auftrag der Schule und Lehrkräfte

Der administrative Auftrag an Schulen zur Durchführung interner Evaluation ist in fast allen Bundesländern verpflichtend und in den entsprechenden Schulgesetzen verankert; allerdings häufig ohne Konkretisierung und sehr vage im Kontext anderer Maßnahmen wie Schulprogrammarbeit oder Zielvereinbarungen zur externen Evaluation bzw. Schulinspektion.

Mit den sogenannten Standards für die Lehrerbildung definierte die Kultusministerkonferenz Anforderungen, die Lehrerinnen und Lehrer erfüllen sollen. Die aktive Mitwirkung an und Gestaltung von Evaluation ist dort grundgelegt. „Reflexion von Lehr- und Lernprozessen sowie ihre individuelle Bewertung und systemische Evaluation" werden zu den Kernaufgaben von Lehrkräften gezählt (Kultusministerkonferenz, 2004). Ferner ist es demnach Auftrag von Lehrkräften, sich an Schulentwicklung zu beteiligen, „wozu auch die Bereitschaft zur Mitwirkung an internen und externen Evaluationen" (ebd.) gehört.

1.3 Die Rolle von Referenzsystemen bei schulinterner Evaluation

Referenzsysteme zur Einordnung bzw. Selbstbewertung der schulischen Arbeitsprozesse und Arbeitsergebnisse spielten bei der Gestaltung der internen Evaluation von Anfang eine nicht unerhebliche Rolle. Als vielleicht erster systematischer Ansatz zur schulinternen Evaluation in Deutschland kann die datengestützte Diagnose im sog. Institutionellen Schulentwicklungsprogramm gelten (Dalin & Rolff, 1990.) Dalin und Rolff entwickelten – ausgehend von Verfahren der Organisationsentwicklung – ein Modell zur kollegialen Schulentwicklung, an deren Beginn eine Datenerhebung zur Situation der Schule stand. Zur Unterstützung wurde Schulen u.a. der „Guide to Institutional Learning" angeboten. Dieser Fragebogen gliederte sich in zehn „Kategorien", die als Referenzsystem zur Identifikation und Priorisierung von Schulentwicklungsschwerpunkten dienten (Dalin & Rolff 1990, S. 92ff.) Diese Kategorien haben durchaus auch in der Rückschau Aktualität und sind in der einen oder anderen Weise Bestandteil aktueller Qualitätsrahmen von Schule: Ziele und Werte, Unterrichtspraxis, Arbeitsklima, Normen und Erwartungen, Leitung, Entscheidungsprozesse, Einfluss und Kontrolle, Veränderungen in der Schule, Zeit für Arbeitsaufgaben, Belohnung.

Betrachtet man den weiteren Verlauf der Entwicklung von Instrumenten zur datengestützten Bestandsaufnahme, kann man eine immer weitergehende Ausschärfung von vergleichbaren Referenzsystemen, die entsprechenden Evaluationsinstrumenten zugrunde liegen, erkennen. Ziele dabei sind zum einen die Erhöhung der wissenschaftlichen und politischen Legitimation der Evaluationskriterien, zum anderen aber auch deren Relevanz für die Gestaltung produktiver Schulentwicklungsprozesse, wie sie sich mit zunehmender Erfahrung mit schulinterner Evaluation herauskristallisierte. Als Beispiele für weitere Schritte auf diesem Weg können neben vielen anderen die Instrumente „Selbstevaluation in Schulen (SEIS)“ (Stern, Ebel & Müncher, 2008) und das IFS-Schulbarometer (Institut für Schulentwicklungsforschung, 2003) gelten.

Inzwischen haben zahlreiche Bundesländer Kriterien für die Qualitätsentwicklung- und -sicherung in landesbezogenen Referenz- bzw. Orientierungsrahmen dokumentiert, die die Basis sowohl für externe als auch interne Evaluationen bilden können. Sie erheben den Anspruch, aus Befunden der empirischen Bildungsforschung zur Qualität von Schule abgeleitete Kriterien zu enthalten. In diesem Zusammenhang finden verstärkt Bestrebungen statt, in der Gesamtstrategie zur Qualitätssicherung eine Verzahnung zwischen Verfahren der externen und der internen Evaluation herzustellen und den Akteuren eine Orientierung zu bieten.

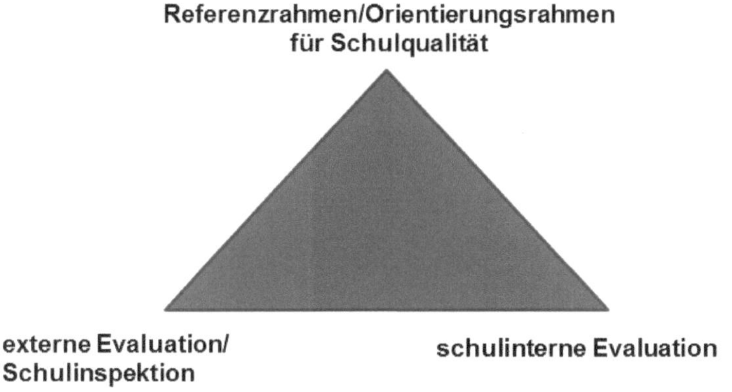

Abbildung 1: Qualitätssicherung auf der Grundlage von Referenz- bzw. Orientierungsrahmen

Zahlreiche Länder haben entsprechende Erhebungsinstrumente für die interne Evaluation entwickelt, die auf den landesbezogenen Referenzsystemen basieren.

Darüber hinaus wurden in allen Bundesländern verschiedene Verfahren zur Evaluation schulischer Arbeit eingeführt (Wurster, 2018; Wurster & Gärtner, im Druck). Diese sind Kernelemente der Strategie der Kultusministerkonferenz zur Qualitätssicherung (KMK, 2015), zu der ein nationales Bildungsmonitoring in Form einer Bildungsberichterstattung sowie der kontinuierlichen Teilnahme an nationalen und internationalen Schulleistungsstudien gehören, die primär Informationen auf Systemebene liefern. Zu den Evaluationsverfahren auf Schulebene zählen die von der KMK beschlossenen und bundesweit durchgeführten Vergleichsarbeiten (VERA). Weitere wesentliche Evaluationsverfahren sind in den einzelnen Bundesländern etablierte Verfahren interner Evaluation sowie in einigen Bundesländern die externe Evaluation von Schulen durch Schulinspektionen.

Derzeit ist viel „Dynamik“ in der Weiterentwicklung der Verfahren zur Qualitätssicherung zu verzeichnen. So wird in zahlreichen Bundesländern die externe Evaluation deutlich umgesteuert, ausgesetzt oder gar eingestellt – aufgrund unterschiedlicher (bildungspolitischer) Erwägungen. Damit gewinnt die schulinterne Evaluation an Bedeutung.

2. Aktuelle Erkenntnisse zu schulinterner Evaluation in Deutschland

Zur Praxis der schulinternen Evaluation liegen zahlreiche Publikationen und Handreichungen vor (vgl. u.a. Burkard & Eikenbusch, 2006; Riecke-Baulecke, 2012; Buhren 2018,) sowie auch onlinebasierte Materialien.

Hingegen ist der Forschungsstand in diesem Feld noch wenig konsolidiert (vgl. Wurster & Gärtner, 2019). Aktuell liegen einige Nutzungsstudien zu einzelnen Evaluationsinstrumenten vor, insbesondere zu Rückmeldungen zum Unterricht. Die Frage nach Wirkungen und Wirksamkeit entzieht sich weitgehend wissenschaftlichen Erkenntnissen, da sie sich in Einzelschulen vollziehen und nur in Modellprojekten zu erforschen sind. Gleichzeitig gibt es viele Kontextfaktoren, die eine monokausale Zuschreibung von Wirkungen erschwert.

Die Auswertungen von Daten aus den externen Evaluationen bzw. Schulinspektionen der verschiedenen Bundesländer weisen immer wieder auf Entwicklungsbedarfe der Schulen im Bereich der internen Evaluation hin (vgl. u.a. Ministerium für Schule und Weiterbildung des Landes Nordrhein-Westfalen, 2016; Institut für Bildungsmonitoring und Qualitätsentwicklung, 2017). Dies gilt in ähnlicher Weise auch für die Schulprogrammarbeit und die Nutzung von Schulprogrammen als strategisches Planungsinstrument (vgl. dazu u.a. Thillmann, Bach, Gerl & Thiel, 2013 in einer qualitativen Analyse von Evaluationsprogrammen aus Schulen in Berlin und Brandenburg). Dennoch kommen Studien zu dem vorsichtigen Schluss, dass interne Evaluationen in Schulen nachhaltigere Effekte zeitigen als externe Evaluationsansätze. Aus Interviews mit Schulleitungen, die bereits an zwei PISA-Durchgängen teilgenommen haben, geht hervor, dass interne Evaluationen im Laufe von neun Jahren an 70 % der Schulen zugenommen haben, jedoch an 18 % der Schulen nach wie vor nicht stattfinden (Bischof, Hochweber, Hartig & Klieme, 2013, in einer Panel-Studie auf der Grundlage von PISA-Daten).

Eine Analyse der Lehrkräftebefragung (N = 1171) aus dem Ländervergleich des Instituts für Qualitätsentwicklung im Bildungswesen (IQB) zu der Frage, welche Daten Lehrkräfte für die Unterrichtsentwicklung nutzen, ergab, dass 80 % der befragten Mathematiklehrkräfte von mindestens einer datenbasierten Unterrichtsentwicklungsaktivität berichten. Zentrale Abschlussprüfungen werden dabei positiver eingeschätzt und intensiver rezipiert als die Vergleichsarbeiten VERA und interne Evaluation (vgl. Wurster, Richter & Lenski, 2017).

Eine Studie zur Nutzung unterschiedlicher Evaluationsdaten an Berliner und Brandenburger Schulen zeigte positive Einschätzungen von Schulleitungen hinsichtlich der Diagnosegüte und des Nutzens interner Evaluation (vgl. Wurster, Richter, Schliesing & Pant, 2013).

Einige Erkenntnisse liegen zum Selbstevaluationsportal des Instituts für Schulqualität vor, die nachfolgend skizziert werden sollen. Das Selbstevaluationsportal (SEP) wurde vom ISQ im Schuljahr 2008/2009 für die Lehrkräfte in Berlin und Brandenburg zur freiwilligen Nutzung eingerichtet und wird kontinuierlich weiterentwickelt. Unter anderem werden dort Fragebögen für ein Schülerfeedback zum Unterricht bereitgestellt. Bis Schuljahresende 2012/13 wurden über 7.000 Befragungen mithilfe dieses Instruments durchgeführt, was für die beiden Länder einer Teilnahmequote von 2 % entspricht (vgl. Gärtner & Vogt, 2013). Für die qualitative (Vor-)Studie wurden 2009 leitfadengestützte Interviews mit zehn zufällig ausgewählten Nutzerinnen und Nutzern des Portals geführt, der 2012 eine Fragebogenstudie im Rahmen einer Online-Befragung im Kontext des Portals folgte, an der sich insgesamt 305 Lehrkräfte aus Berlin und Brandenburg beteiligten.

Auf der Grundlage der Vorstudie wurden drei Phasen des Verarbeitungsprozesses von Rückmeldeinformationen identifiziert:

- Reflexion und Interpretation der Rückmeldung
- Besprechung der Rückmeldung
- Verhaltensänderung aufgrund der Rückmeldung

Als Grund für die Nutzung des Portals und der entsprechenden Durchführung von Schülerfeedbacks wurden vor allem intrinsische Motive angegeben. So fanden Aussagen wie „Ich halte Schülerfeedback grundsätzlich für bedeutend" oder „Ich wollte Stärken und Schwächen meines Unterrichts aufdecken" eine hohe Zustimmung. Eine Aufforderung durch die Schulleitung wurde deutlich seltener als Motiv benannt. 63 % der befragten Lehrkräfte gaben eine hohe Übereinstimmung zwischen Selbst- und Schülerwahrnehmung an. 89 % der Lehrkräfte haben die Ergebnisse mit der befragten Klasse, 60 % mit Kolleginnen und Kollegen und 26 % mit der Schulleitung besprochen.

In den Rückmeldungen wurden zumeist alle Aspekte angesprochen, die den Schülerinnen und Schülern sowie der Lehrkraft wichtig waren. Ferner wurden die Hintergründe für abweichende Einschätzungen nachgefragt. Wichtig war auch, dass die Lehrkräfte den Schülerinnen und Schülern deren Verantwortung für gelingenden Unterricht erläutert haben, so dass der Fokus für die Weiterentwicklung nicht nur bei der Lehrkraft lag.

Die befragten Lehrkräfte haben mehrheitlich konkrete Aktionen aus dem Schülerfeedback abgeleitet. Insbesondere wurden Unterrichtsmethoden, die als erfolgreich eingeschätzt wurden, noch häufiger eingesetzt. Ebenso ging es den Lehrkräften darum, eine größere Transparenz für das eigene Vorgehen zu schaffen und regelmäßige Reflexionen zum Unterricht mit der Klasse durchzuführen.

Tabelle 1: Veränderungen im Unterricht (Quelle: Gärtner 2013, S. 119)

Hat sich seit der Befragung etwas an Ihrem Unterricht verändert?	*MW*	*SD*
Ich setze erfolgreich durchgeführte Methoden verstärkt ein.	**2.90**	.79
Ich achte stärker auf bestimmte Verhaltensweisen im Unterricht (z. B. Strukturiertheit, Konsequenz).	**2.82**	.84
Die Evaluation hat mich daran erinnert, wie unterschiedlich die Schüler/innen den Unterricht wahrnehmen.	**2.74**	.85
Ich stelle im Unterricht verstärkt Transparenz bezüglich meines methodisch-didaktischen Vorgehens her.	**2.68**	.84
Ich habe unterschiedliche Unterrichtsmethoden eingesetzt.	**2.62**	.86
Ich reflektiere regelmäßig mit meinen Schülerinnen und Schülern über meinen Unterricht.	**2.58**	.82
Ich nehme meine Schüler/innen verändert wahr.	**2.07**	.76
Ich habe aufgrund der Ergebnisse bestimmte Aspekte meines Unterrichts mit Kolleg/inn/en thematisiert.	**2.01**	.96
Ich habe aufgrund der Ergebnisse eine bestimmte Fortbildung besucht.	**1.36**	.66

Anmerkung:
Antwortskala: 1 = trifft überhaupt nicht zu; 2 = trifft eher nicht zu; 3 = trifft eher zu; 4 = trifft voll und ganz zu

Legende zu Tabelle 1: MW = Mittelwert, SD = Standardabweichung

Ob die Durchführung des Schülerfeedbacks einen Einfluss auf den grundsätzlichen Umgang mit Selbstevaluation hat (persönlich und auf Schulebene), wurde von den befragten Lehrkräften sehr unterschiedlich eingeschätzt. „Eine Mehrzahl der befragten Lehrkräfte stimmt dem Item zu, dass mehrere andere Kollegen und Kolleginnen das Portal nutzen und dass auch die Schulleitung die regelmäßige Durchführung erwartet.“ (Gärtner 2013, S. 120)

Eine Studie zur Nutzung von Schülerfeedback mit dem Instrument „Schüler als Experten für Unterricht (SEfU)“ mit Leitfadeninterviews in einer Vorstudie und einer standardisierten Fragebogenerhebung mit 105 Lehrkräften aus Nordrhein-Westfalen, die bereits mit SEfU gearbeitet haben, wurde als Masterarbeit an der Universität Münster eingereicht (Lepper, 2017). SEfU ist ein webbasiertes Befragungsinstrument, das von der Universität Jena entwickelt wurde. Es enthält Fragebögen zu einem Perspektivvergleich von Lerngruppen und Lehrkräften zu unterschiedlichen Aspekten von Unterricht. In Nordrhein-Westfalen steht SEfU den Lehrkräften zur freiwilligen Nutzung zur Verfügung. In der Befragung ging es um das Nutzungskonzept von Lehrkräften sowie um den Umgang mit den Ergebnissen.

Knapp die Hälfte der Befragten setzt SEfU in Bedarfssituationen ein, die andere Hälfte der Nutzerinnen und Nutzer verwendet das Instrument in bestimmten regelmäßigen Zeitabständen (Lepper, 2017, S. 37). 84 % der Lehrkräfte gaben an, SEfU aus eigener Motivation zu nutzen, 14 % in einer Kombination aus Fremd- und Eigeninteresse, z. B., wenn es eine Entscheidung im Kollegium/der Schulleitung gab.

Die Reflexion der Ergebnisse erfolgt insbesondere zusammen mit der Lerngruppe (90 %). Weniger als ein Drittel der Befragten haben die Ergebnisse mit Kolleginnen und Kollegen besprochen, in einigen Fällen (18 %) auch gemeinsam mit der Schulleitung.

Die Maßnahmen bzw. Aktionen, die nach der Rezeption der Ergebnisse von den befragten Lehrkräften geplant wurden, bezogen sich auf eine verstärkte Selbstbeobachtung im Unterricht (76 %), eine deutlichere Hervorhebung der Lernziele des Unterrichts (67 %). Weniger Anwendung fanden Aktionen wie „Individualisierung von Lernmaterial für Schülerinnen und Schüler und Veränderung von Routinen im Unterricht" (Lepper, 2017, S. 54).

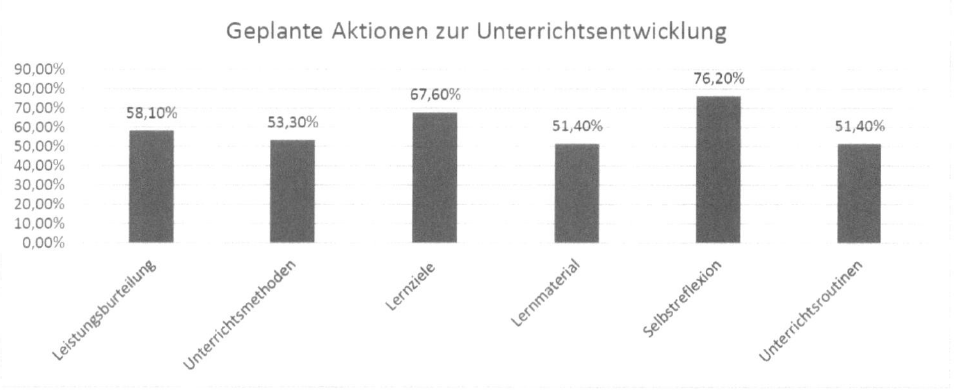

Abbildung 2: Relative Häufigkeitsverteilung aller geplanten Aktionen (Quelle: Lepper, 2017, S. 55)

Eine weitere Studie als Nutzerbefragung liegt als Bericht zu der Feedback-App „Edkimo" vor (Waack, Zeller & Ditsche-Klein, 2017). Zum Schuljahresende 2016/2017 wurde im Zeitraum von fünf Wochen eine Befragung mit einem Kurzfragebogen durchgeführt, der per E-Mail an 1714 Edkimo-Nutzerinnen und -Nutzer versandt wurde. Insgesamt beteiligten sich 106 Personen an der Befragung. Edkimo wurde als niederschwelliges Feedback-Instrument für Unterrichtsrückmeldungen in „Echtzeit" konzipiert. Es enthält ein Angebot von Kurzfragebögen und die Möglichkeit für Lehrkräfte, eigene Fragen zu stellen und auszuwerten.

Die große Mehrheit der befragten Lehrkräfte (87 %) hat die Ergebnisse des Feedbacks mit ihrer Lerngruppe besprochen und nach Erklärungen für die Einschätzungen der Schülerinnen und Schüler gefragt. Dies deckt sich mit den Ergebnissen zum ISQ-Portal. Mehr als drei Viertel der Lehrerinnen und Lehrer haben sich auch mit Kolleginnen und Kollegen über ihre Feedback-Ergebnisse ausgetauscht (Waack et al., 2017, S. 6 f.). 80 % der Edkimo-Nutzerinnen und -nutzer haben mit ihrer Lerngruppe Konsequenzen für den Unterricht verabredet und gaben an, ihr Verhalten im Unterricht verändert zu haben. 45 % der Lehrkräfte kamen zu der Einschätzung, dass eine Verhaltensänderung ihrer Schülerinnen und Schüler nach dem Feedback im Unterricht zu verzeichnen sei. Fast alle Nutzerinnen und Nutzer gaben an, dass sie Edkimo auch weiterhin für Unterrichtsfeedback einsetzen werden (98 %).

Insgesamt ist über die (mittel- und langfristige) Wirksamkeit interner Evaluation für Prozesse der Schulentwicklung, für entsprechende Voraussetzungen und Gelingensbedingungen oder gar für die Leistungsentwicklung von Schülerinnen und Schülern im deutschsprachigen Raum noch wenig bis gar nichts bekannt. Studien, die von Effekten bezogen auf Kommunikationsstrukturen, kollegiale Beziehungen und verbesserte Teamarbeit berichten (vgl. u.a. Burkard, 1997; Buhren, Killus & Müller, 2000; Müller, 2002) basieren oft auf Selbsteinschätzungen von Schulleitungen und Lehrkräften.

3. Perspektiven und Desiderate

Nach wie vor bleibt es eine große Herausforderung, angemessene Fortbildung und Unterstützung zur schulinternen Evaluation zu gestalten. Diese kann sich keinesfalls auf instrumentelles Handlungswissen im Umgang mit Evaluationsinstrumenten erschöpfen. Um schulinterne Evaluation einerseits auf die Erfordernisse von Schulentwicklung bzw. Schulprogrammarbeit und andererseits auf die Diagnose von Unterricht zuzuschneiden, sind zumindest Grundkompetenzen in der Gestaltung von schuleigenen Verfahren zur Evaluation notwendig. Zudem zeigen alle Erfahrungen, dass Kompetenzen im Umgang mit Evaluationsverfahren eine notwendige, aber noch keine hinreichende Bedingung für gelingende Evaluationsprozesse darstellen. Darüber hinaus ist ein professionelles Selbstverständnis notwendig, das die systematische Überprüfung der eigenen Erfolge oder auch Misserfolge beruflichen Handelns einschließt. Auch hierfür bedarf es adäquater Unterstützungsangebote.

Insbesondere bleiben auch im Bereich der Lehrerausbildung entsprechende Desiderate hinsichtlich der Qualifikation von Kernkompetenzen zur Evaluation bestehen.

Um den Aufwand zur Durchführung schulinterner Evaluation zu reduzieren, wurde bei der Entwicklung von Instrumenten schon früh auf digitale Verfahren gesetzt. Hier stehen zwischenzeitlich weitaus leistungsfähigere Tools zur Verfügung. Diese reduzieren zumindest den Zeitaufwand zur Sammlung und Auswertung von Daten erheblich. Entsprechende Online-Angebote mit Instrumenten und Unterstützungsmaterialien stehen den Schulen inzwischen von Seiten der Landesinstitute sowie auch von Universitäten und kommerziellen Anbietern zur Verfügung. Im Zuge der weiteren Digitalisierung gehören dazu insbesondere auch Materialien wie kurze Videos beispielsweise mit Erläuterungen zur Nutzung und zum Einsatz verschiedener Instrumente.

Die Bereitstellung von Evaluationsinstrumenten zu unterschiedlichen Schwerpunkten schulischer Arbeit und Schulqualität, die auf professionellen Standards und Gütekriterien basieren und ggf. mit Referenzwerten hinterlegt sind, kann dabei auch länderübergreifend erfolgen, so wie es bei dem Instrument SEIS der Fall war, um entsprechende Synergien zu nutzen; ggf. in einem Kooperationsverbund zwischen verschiedenen Professionen und Partnern (wie Landesinstitute, Universitäten etc.). Schulübergreifende Referenzwerte bieten im Sinne einer sozialen Bezugsnorm Möglichkeiten zur Einordnung und Reflexion schuleigener Ergebnisse. Zu verschiedenen älteren Instrumenten zur Bestandsaufnahme, beispielsweise SEIS, liegen solche vor.

Perspektivisch wäre es wünschenswert, bei der Entwicklung neuer Instrumente entsprechende Normwerte, gegebenenfalls länderübergreifend, zu bestimmen und Schulen zur Verfügung zu stellen.

Grundsätzlich wäre angesichts der Bandbreite an Definitionsansätzen von schulinterner Evaluation eine länderübergreifende gemeinsame Definition von Ansprüchen, (wissenschaftlichen) Standards und Gütekriterien hinsichtlich der verschiedenen Anlässe und Ebenen schulinterner Evaluation zur Orientierung hilfreich. Entsprechende Überlegungen sind derzeit in einer Initiative der Landesinstitute verschiedener Bundesländer geplant.

Weitere Forschungserkenntnisse und insbesondere qualitative Studien zu Gelingensbedingungen schulinterner Evaluation bleiben ebenfalls Desiderate. Relevante Fragestellungen könnten in diesem Kontext lauten: Wie gelangen Schulen von Daten und Informationen zu Handlungswissen? Wie können erfolgreiche und nachhaltige Evaluationskulturen in Schulen etabliert werden? Welche Verfahren und Instrumente sind hilfreich für die verschiedenen Anlässe schulinterner Evaluation? Welche – internen und externen – Daten sind wichtig für die Weiterentwicklung von Schulen? Welche Verfahren der Evaluation sind hilfreich für Schulentwicklungsprozesse?

Peer Reviews – ein Königsweg zwischen interner und externer Evaluation?

Ein weiteres Verfahren der Evaluation ist das Peer Review, das bereits in den Deutschen Schulen im Ausland zum festen Bestandteil der Qualitätssicherung gehört (vgl. u.a. Gieske-Roland, Buhren & Rolff, 2014). Dabei handelt es sich um externe Expertinnen und Experten, die die Schule selbst mit auswählt und bestimmt. Peers können beispielsweise Kolleginnen und Kollegen aus andern Schulen sein, aber auch Personen mit Fachexpertise aus anderen Kontexten, die die Schule als „Critical Friends“ einlädt (vgl. u.a. Hahne-Stiegelbauer & Peters, 1997). Dadurch können auch fachliche Aspekte in den Blick genommen werden und Themenschwerpunkte, die die Schule selbst festlegt. Die Rückmeldungen der Peers können entsprechend konkrete Empfehlungen für die weitere Arbeit der Schule enthalten. In der Regel handelt es sich um Teams, die teilweise aus unterschiedlichen Professionen und Hintergründen zusammengesetzt werden.

Peer Reviews sind im Spannungsfeld zwischen schulinterner und externer Evaluation zu verorten. Auftraggeber sind die Schulen, die Durchführenden sind externe Personen. Sie können eine Chance für Schulen sein, sich auf eine externe Evaluation vorzubereiten bzw. einzustimmen (wie im Fall der Deutschen Schulen im Ausland). Zum anderen werden sie „als hilfreiche Unterstützung im Prozess der Schulentwicklung gesehen oder als konstruktive Außensicht der eigenen Bemühungen um schulische bzw. unterrichtliche Qualität“ (Gieske-Roland et al., 2014, S. 7).

Insgesamt bleiben der Stellenwert und die Rolle der schulinternen Evaluation im Kontext der bildungspolitischen Maßnahmen zur Qualitätsentwicklung und -sicherung sicherlich weiterhin ein bedeutsames Thema.

Literatur

Bellenberg, G., Böttcher, W. & Klemm, K. (2001). *Stärkung der Einzelschule. Ansätze zum Management der Ressourcen Geld, Zeit und Personal.* Neuwied: Luchterhand.

Berkemeyer, N., Müller, S. & Holt, N. van (2016). Schulinterne Evaluation – nur ein Instrument zur Selbststeuerung von Schulen? In H. Altrichter & K. Maag Merki (Hrsg.), *Handbuch Neue Steuerung im Schulsystem* (2. Aufl., S. 209–234). Wiesbaden: Springer VS.

Bischof, L. M., Hochweber, J., Hartig, J. & Klieme, E. (2013). Schulentwicklung im Verlauf eines Jahrzehnts. Erste Ergebnisse des PISA-Schulpanels. In N. Jude & E. Klieme (Hrsg.), *PISA 2009 – Impulse für die Schul- und Unterrichtsforschung* (S. 172–199). Weinheim: Beltz.

Buhren, C. G. (Hrsg.). (2015). *Handbuch Feedback in der Schule.* Weinheim: Beltz.

Buhren, C. G. (2018). *Selbstevaluation in der Schule.* Weinheim: Beltz.

Buhren, C. G., Killus, D. & Müller. S. (2000). Implementation und Wirkung von Selbstevaluation in Schulen. In H.-G. Rolff, W. Bos, K. Klemm., D. Pfeiffer & R. Schulz-Zander (Hrsg.), *Jahrbuch der Schulentwicklung* (Bd. 11, S. 257–296). Weinheim: Beltz.

Burkard, C. & Eikenbusch, G. (2006). Evaluation. In H. Buchen & H.-G. Rolff (Hrsg.), *Professionswissen Schulleitung* (S. 1292–1342). Weinheim: Beltz.

Burkard, C. (1997). Was nützt Evaluation? Eine Zwischenbilanz. *Pädagogische Führung,* (3), 120–124.

Dalin, P. & Rolff, H.-G. (1990). *Institutionelles Schulentwicklungsprogramm.* Soest: Soester Verlagskontor.

Gärtner, H. (2013). Wirksamkeit von Schülerfeedback als Instrument der Selbstevaluation von Unterricht. In J. Hense, S. Rädiker, W. Böttcher & T. Widmer (Hrsg.), *Forschung über Evaluation. Bedingungen, Prozesse und Wirkungen* (S. 107–124). Münster: Waxmann.

Gärtner, H. & Vogt, A. (2013). Wie Lehrkräfte Ergebnisse eines Schülerfeedbacks verarbeiten und nutzen. *Unterrichtswissenschaft, 41* (3), 252–267.

Gieske-Roland, M., Buhren, C. G. & Rolff, H.-G. (2014). *Peer Review an Schulen. Unterrichtsentwicklung durch gegenseitige Schulbesuche.* Weinheim: Beltz.

Hahne-Stiegelbauer, B. & Peters, D. (1997). Schulen evaluieren Schulen. In Landesinstitut für Schule und Weiterbildung (LSW) (Hrsg.), *Lernfall externe Evaluation. Beispiele und Materialien aus der Fortbildungsmaßnahme Schulentwicklung und Schulaufsicht* (S. 21–52). Soest: Soester Verlagskontor.

Institut für Bildungsmonitoring und Qualitätsentwicklung (IfBQ) (2017). *Jahresbericht der Schulinspektion Schuljahr 2015/16.* Hamburg. Verfügbar unter http://www.hamburg.de/contentblob/9803654/2ec45408cd0363837c0ed540451b27dc/data/pdf-jahresbericht-2015-2016.pdf [31.01.2018].

Institut für Schulentwicklungsforschung (IFS) (2003). *Das IFS-Schulbarometer.* Dortmund: IFS-Verlag.

Kultusministerkonferenz (KMK) (2004). *Standards für die Lehrerbildung: Bildungswissenschaften* (Beschluss der Kultusministerkonferenz vom 16.12.2004). Berlin: Kultusministerkonferenz.

Kultusministerkonferenz (KMK) (2015). *Gesamtstrategie der Kultusministerkonferenz zum Bildungsmonitoring.* Köln: Wolters Kluwer.

Lange, H. (1999). Schulautonomie und Neues Steuerungsmodell. *Recht der Jugend und des Bildungswesens, 47* (4), 423–438.

Lepper, C. (2017). *Unterrichtsevaluation mit „SEfU Schüler als Experten für Unterricht“. Eine Analyse zum Nutzungsverhalten von Lehrkräften* (Unveröffentlichte Masterarbeit im Fachbereich Erziehungswissenschaft der Universität Münster).

Ministerium für Schule und Weiterbildung des Landes Nordrhein-Westfalen (MSW) (2016). *Qualitätsanalyse in Nordrhein-Westfalen. Landesbericht 2016.* Düsseldorf: MSW.

Müller, S. (2002). *Schulinterne Evaluation – Gelingensbedingungen und Wirkungen.* Dortmund: IFS-Verlag.

Riecke-Baulecke, T. (Hrsg.). (2012). *Interne Evaluation. Grundlagen und Verfahren* (Schulmanagement-Handbuch, Bd. 144). München: Oldenbourg.

Rolff, H.-G. (2012). Grundlagen der Schulentwicklung. In C. G. Buhren & H.-G. Rolff (Hrsg.), *Handbuch Schulentwicklung und Schulentwicklungsberatung* (2. Aufl., S. 1–39). Weinheim: Beltz.

Rolff, H.-G. & Horster, L. (Hrsg.). (2001). *Unterrichtsentwicklung. Grundlagen, Praxis, Steuerungsprozesse.* Weinheim: Beltz.

Stern, C., Ebel, C. & Müncher, A. (Hrsg.). (2008). *Bessere Qualität in allen Schulen. Praxisleitfaden zur Einführung des Selbstevaluationsinstruments SEIS* (3. Aufl.) Gütersloh: Bertelsmann Stiftung.

Waack, S., Zeller, J. & Ditsche-Klein, K.-R. (2017). *Feedback-App Edkimo.* Unveröffentlichter Projektbericht.

Wurster, S. (2018). Evaluationsgestützte Schul- und Unterrichtsentwicklung. In M. Harring, M. Gläser-Zikuda & C. Rohlfs (Hrsg.), *Handbuch Schulpädagogik* (S. 765–775). Münster: Waxmann.

Wurster, S. & Gärtner, H. (im Druck). Forschungsergebnisse zur Evaluation in Schulen. In C. G. Buhren, G. Klein & S. Müller (Hrsg.), *Handbuch Evaluation in Schule und Unterricht.* Weinheim: Beltz.

Wurster, S. & Gärtner, H. (2013). Schulen im Umgang mit Schulinspektion und deren Ergebnissen. *Zeitschrift für Pädagogik, 59* (3), 425–445.

Wurster, S., Richter, D., Schliesing, A. & Pant, H. A. (2013). Nutzung unterschiedlicher Evaluationsdaten an Berliner und Brandenburger Schulen. Rezeption und Nutzung von Ergebnissen aus Schulinspektion, Vergleichsarbeiten und interner Evaluation im Vergleich. In I. v. Ackeren, M. Heinrich & F. Thiel (Hrsg.), *Evidenzbasierte Steuerung im Bildungssystem? Befunde aus dem BMBF-SteBis-Verbund* (S. 19–50). Münster: Waxmann.

Thillmann, K., Bach, A., Gerl, C. & Thiel, F. (2013). Schulische Selbststeuerung durch interne Evaluation. Eine Analyse von Evaluationsprogrammen Berliner und Brandenburger Gymnasien. In I. v. Ackeren, M. Heinrich & F. Thiel (Hrsg.), *Evidenzbasierte Steuerung im Bildungssystem? Befunde aus dem BMBF-SteBis-Verbund* (S. 197–225). Münster: Waxmann.

Beate Kasper, Martin Heinrich, Saskia Bender, Fabian Dietrich, Uwe Fricke, Lena Heidemann & Arnd Kirchhoff

Ein Orientierungsrahmen gibt Orientierung

Funktion und Nutzung von Referenzrahmen zur Schulqualität am Beispiel Niedersachsen

1. Einleitung und Forschungsstand

In den vergangenen Jahrzehnten hat sich in den Bundesländern ein Schulqualitätsansatz durchgesetzt, der den Schulen Referenzsysteme vorgibt, mit deren Hilfe in differenzierter Weise die Qualität von Schule und Unterricht bestimmt und verbessert werden soll. Zu diesen Instrumenten gehört ein sogenannter Orientierungs-, Handlungs- oder Referenzrahmen.[1] Niedersachsen hatte als eines der ersten Bundesländer den Orientierungsrahmen Schulqualität als Instrument für die Qualitätsentwicklung und -sicherung für Schulen eingeführt. Mit der Implementierung des Instrumentes im Jahr 2006 war vom Kultusministerium Niedersachsen eine Evaluation des Instrumentes nach einer Erprobungsphase geplant. Eine Projektgruppe der Leibniz Universität Hannover erhielt im Jahr 2011 den Auftrag, empirische Daten über die Nutzung des Orientierungsrahmens Schulqualität in Niedersachsen zu erheben und auszuwerten, um eine Grundlage für die zukünftige Gestaltung des Orientierungsrahmens zu erarbeiten. Im Sinne der entwicklungsorientierten Perspektive stellten sich folgende Forschungsfragen:

1. Welche konkreten Formen der Nutzung des Orientierungsrahmens lassen sich in der schulischen Entwicklungsarbeit empirisch auffinden?
2. Welche prinzipiellen Nutzungsoptionen des Orientierungsrahmens lassen sich aus den aufgefundenen Strukturen gedankenexperimentell ableiten?

Die Studie wurde von der Projektgruppe in den Jahren 2011/2012 erstellt. Die Ergebnisse dienten im Kultusministerium Niedersachsen als Grundlage für die Neufassung des Orientierungsrahmens Schulqualität, die im Jahr 2014 abgeschlossen wurde. Bisher ist sowohl die Studie als auch das empirisch erhobene Datenmaterial nicht vollständig veröffentlicht. In nahezu allen Bundesländern wird den Schulen die Anwendung eines Referenz- oder Orientierungsrahmens empfohlen oder vorgeschrieben

1 Die Bezeichnung des Instrumentes variiert in den Bundesländern: bspw. „Orientierungsrahmen Schulqualität“ (Niedersachsen), „Referenzrahmen Schulqualität“ (Hessen, NRW) oder „Handlungsrahmen“ (Berlin).

(bspw. in Niedersachsen), dennoch haben „[...] die in den Ländern entstandenen Referenzrahmen [...] im Grunde keinen expliziten theoretischen Rahmen" erhalten (Berkemeyer, 2017, S. 145). Bisher gibt es eine Publikation, die in einer Sekundärstudie die Daten der Projektgruppe ausgewertet hat (Kasper, 2017), allerdings unter anderen Fragestellungen, als es die Projektgruppe für das Kultusministerium durchgeführt hat. In den Beiträgen zur Schulentwicklung, die von der „Qualitäts- und UnterstützungsAgentur – Landesinstitut für Schule" des Landes Nordrhein-Westfalen herausgegeben werden, ist ein Band erschienen, der sich mit Referenzsystemen zur Unterstützung von Schulentwicklung beschäftigt. In einigen Beiträgen geht es auch um das Instrument „Referenzrahmen Schulqualität NRW" (Dobbelstein, Groot-Wilken & Koltermann, 2017), ohne sich allerdings auf empirisches Datenmaterial zu beziehen. Insofern hat die hier vorgestellte Studie einen Pilotcharakter.

Die Ergebnisse der Projektgruppen-Studie und auch die der Sekundärstudie lassen darauf schließen, dass es Forschungsfragen zum Nutzen und zur wissenschaftlichen Grundlegung des Instrumentes gibt, die bisher unbeachtet geblieben sind (Kasper, 2017, 2018).[2]

2. Anlage der Studie

Für die Evaluation des Orientierungsrahmens Schulqualität in Niedersachsen war es in einem ersten Schritt notwendig, einen allgemeinen, landesweiten Überblick über die Nutzungsformen des Orientierungsrahmens zu bekommen. Hierfür konnten in einer Online-Befragung die Schulleitungen aller Schulen in Niedersachsen Stellung nehmen zu den gegenwärtigen Nutzungsformen bzw. zur Bedeutung des Orientierungsrahmens in den bei ihnen derzeit vorherrschenden Formen der Schulentwicklungsarbeit.

In einem zweiten Schritt wurden Interviewleitfäden entwickelt, die es erlaubten, konkrete Informationen über die relevanten Praktiken der Nutzung des Orientierungsrahmens zu erhalten. Die Interviews ermöglichten es, auffällige Befunde der Online-Befragung weitergehend zu interpretieren. Um insbesondere auch Letzteres leisten zu können, waren zwei unterschiedliche Auswertungsformen notwendig. Neben einem Thematischen Kodieren (Flick, 2007) des Interviewmaterials, das es erlaubt, im Sinne einer Cross-Case-Analyse Formen der Nutzung vergleichend herauszuarbeiten, ermöglichten sequenzanalytische Auswertungen einzelner dichter Passagen des Interviewmaterials Nutzungstypen zu identifizieren.

2 Die folgenden Ausführungen beziehen sich auf die Version des Orientierungsrahmens Schulqualität in Niedersachsen, die zwischen 2006 bis 2014 in den Schulen des Landes Niedersachsen verwendet wurde. Seit dem 1.8.2014 ist in Niedersachsen eine überarbeitete Fassung des Orientierungsrahmens den Schulen zur Nutzung verbindlich vorgegeben.

2.1 Die quantitative Teilstudie

Als Erhebungsinstrument wurde für die quantitative Teilstudie ein standardisierter Fragebogen mit teilweise halboffenen Fragen gewählt. Durchgeführt wurde die Erhebung per web-basierter Online-Befragung (Computer Assisted Web Interviewing = CAWI) mithilfe der Software EFS-Survey (UniparkGlobalpark). Die Struktur der Online-Befragung ließ es zu, dass auch diejenigen darüber Auskunft geben konnten, die andere Instrumente für die Arbeit an der Qualität von Schule genutzt haben bzw. nutzen werden. Abbildung 1 zeigt diese Doppelstruktur.

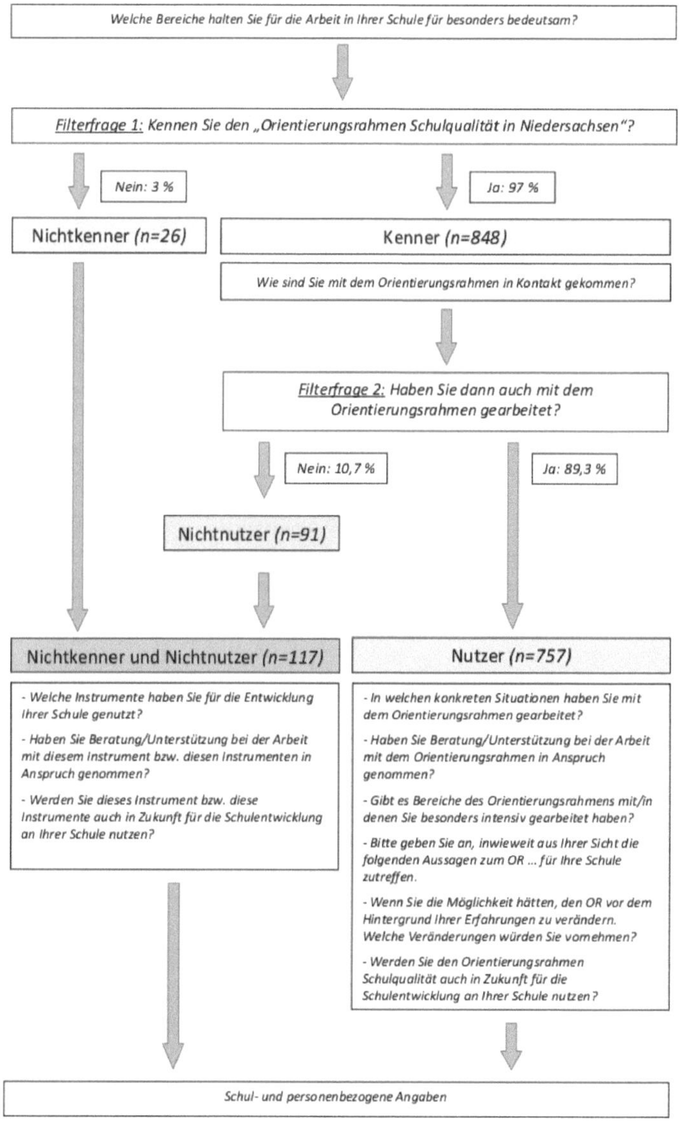

Abbildung 1: Beteiligte der Schulleitungsbefragung zum Orientierungsrahmen, gegliedert nach Nichtkenner, Nichtnutzer und Nutzer

Nach Abschluss der Erhebung waren insgesamt n[3] = 1.016 Teilnehmerinnen und Teilnehmer an der Befragung zu verzeichnen, was zunächst einer Rücklaufquote von 30 % entspricht. In 10 Fällen wurde die Befragung bereits auf der Startseite und in 45 Fällen bei der ersten Frage abgebrochen. Diese Fälle wurden ebenso als nicht verwertbar aussortiert wie Fälle, in denen der Fragebogen angeschaut, aber nicht beantwortet wurde. Nach der ersten Bereinigung des Datensatzes konnten n = 874 Fälle (25,9 % der Grundgesamtheit) trotz geringer Unvollständigkeiten als brauchbar für die Auswertung identifiziert werden.

2.2 Ergebnisse der quantitativen Teilstudie[4]

Bedeutsame Bereiche in der Schularbeit

In der zu Beginn gestellten Frage nach bedeutsamen Bereichen in der Schularbeit wählten die Befragten (n = 816) aus den vordefinierten Antwortmöglichkeiten die Bereiche des „Orientierungsrahmens“ besonders oft, wobei die Bereiche „Lernen und Lehren“ (92,0 %), „Lehrerprofessionalität“ (87,0 %) und „Schulkultur“ (74,5 %) am häufigsten genannt werden. Annähernd ähnlich hohe Werte erzielen „Methodenkompetenz“ (70,2 %) und „Unterrichtsentwicklung“ (69,0 %). Am seltensten hielten die Befragten „Pädagogische Freiheit“ (23,4 %), „Orientierung am Einzelfall“ (22,4 %), „Verwaltung“ (21,8 %) sowie „Werbung und Öffentlichkeitsarbeit“ (21,8 %) als besonders bedeutsam für die Arbeit in ihrer Schule.

Kenntnis und Nutzung des Orientierungsrahmens

97,0 % (N = 848) der Befragten (n = 874) gaben an, den Orientierungsrahmen zu kennen („Kenner“). Demgegenüber gaben nur 3,0 % (N = 26) an, den Orientierungsrahmen nicht zu kennen. Von den Befragten, die angaben, den Orientierungsrahmen zu kennen (n = 848), gaben 89,3 % (N=757) an, auch mit dem Instrument gearbeitet zu haben („Nutzer“), 10,7 % (N = 91) verneinen dies („Nichtnutzer“).

Kontakt mit dem Orientierungsrahmen

Die Mehrheit der Befragten (n = 833) gaben an, mit dem Orientierungsrahmen „durch Informationsmaterialien des Kultusministeriums“ (77,7 %) und/oder „die Schulleiterqualifikation“ (64,3 %) in Kontakt gekommen zu sein. Die wenigsten Nennungen erhielten „Fachzeitschriften“ (9,7 %) und „Gespräche mit der Schulaufsicht“ (7,6 %) als Kontaktweg.

Konkrete Situationen zur Nutzung des Orientierungsrahmens

Der Orientierungsrahmen wird primär im Rahmen der „Schulprogrammarbeit“ (87,6 %) sowie ebenfalls häufig zur „Vorbereitung auf die Schulinspektion“ (70,7 %) ge-

3 Mit „n“ wird im Folgenden stets die Datenbasis benannt, während „N“ die Zahl der Nennungen meint.

4 Die folgenden Ausführungen fassen die Ergebnisse der Studie in den wesentlichen Teilen zusammen und folgen grob der thematischen Chronologie des Fragebogens.

nutzt. Demgegenüber gaben nur 12 % an, den Orientierungsrahmen „für Zielvereinbarungen mit der Schulaufsicht" zu nutzen, und nur 7,1 % wählten die „Zusammenarbeit mit dem Schulträger" als konkrete Situation zur Nutzung des Instruments.

Wem hilft der Orientierungsrahmen?

Der Fragebogen beinhaltet eine lange Item-Batterie, in der Einschätzungen zur Wirkung des Orientierungsrahmens erfolgen sollten. Hier wurden neben Items, die aus der Programmatik des Orientierungsrahmens selbst stammen (dort insbes. *„Wozu ist der Orientierungsrahmen nützlich?"*), eigene Items (Antwortvorgaben) ergänzt. Die Frage lautete:

> *„Bitte geben Sie an, inwieweit aus Ihrer Sicht die folgenden Aussagen zum Orientierungsrahmen für Ihre Schule zutreffen!"*

Es fällt auf, dass einige Aussagen besonders hohe Zustimmungsraten aufweisen (die zustimmenden Angaben werden hier jeweils zusammengefasst):

- der Orientierungsrahmen gibt an, was in Niedersachsen unter Schulqualität verstanden wird (94,6 %),
- hilft bei der Vorbereitung auf eine externe Evaluation durch die Schulinspektion (94,0 %),
- trägt zur Schulprogrammentwicklung und -fortschreibung bei (92,2 %),
- unterstützt die Durchführung von Qualitätsmanagementverfahren (86,1 %),
- bildet ab, was eine gute Schule ausmacht (80,2 %).

In den Aussagen wird deutlich, dass das Instrument eine hohe Zustimmung erzielt, wenn die von außen erwartete Schulentwicklung angesprochen ist. Das Verhältnis ändert sich, wenn in den Items der Fokus auf die Arbeit vor Ort gerichtet ist.

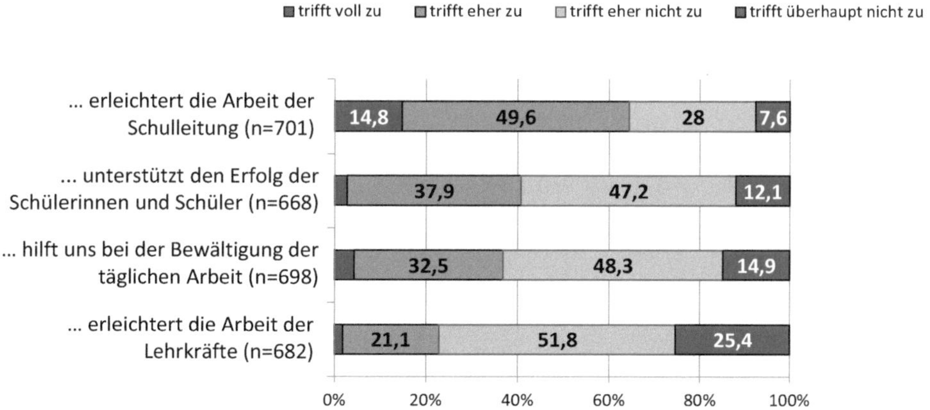

Abbildung 2: Ausgewählte Ergebnisse der Schulleitungsbefragung zum Orientierungsrahmen

Von etwa einer Zwei-Drittel-Mehrheit der Schulleiterinnen und Schulleiter (64,4 %, die beiden positiven Zustimmungskategorien zusammengerechnet) wird er als Erleichterung für die eigene Arbeit eingeschätzt; 40,7 % meinen, dass er den „Erfolg der Schülerinnen und Schüler" unterstütze, aber nur 22,9 % sehen in ihm eine Erleichterung der Arbeit der Lehrkräfte. Als Hilfe für die „Bewältigung der täglichen Arbeit" wird er von 36,8 % der Schulleiterinnen und Schulleiter gesehen. Am deutlichsten sticht hier wohl die Differenz zwischen der Nützlichkeit des Orientierungsrahmens für die *Arbeit der Schulleitungen* einerseits und die *Arbeit der Lehrkräfte* andererseits ins Auge. Die naheliegende Lesart hierfür ist, dass es sich bei dem Orientierungsrahmen primär um ein Instrument für die Managementebene handelt. Das würde allerdings den programmatischen Zielen des Orientierungsrahmens als Steuerungsinstrument zumindest teilweise entgegenlaufen. Dies würde bedeuten, dass nur die Schulleitungen damit beginnen, die Schule als Ganzes, soll heißen als organisatorische Einheit, zu begreifen, während die Lehrkräfte dies nicht tun. Die bereits in den 1980er Jahren von Fend formulierte Idee der Schule als „pädagogischer Handlungseinheit" (Fend 1986) hätte damit auf der Ebene der einzelnen Lehrkraft jedenfalls bislang noch keine Wirkung entfaltet.

2.3 Anlage der qualitativen Teilstudie

Es wurden Interviews mit Schulleitungen und Lehrkräften aller Schulformen in Niedersachsen geführt. Die Fragestellung der Studie war durch die Forschungsfragen vorgegeben, dementsprechend konnte sowohl für die Erhebung (Leitfadeninterviews) als auch für die Auswertung (Thematisches Kodieren) auf Verfahren zurückgegriffen werden, die eine spezifische Fragestellung fokussieren, zugleich aber hinreichend offen sind, um erweiterte Erkenntnisse über den Gegenstandsbereich zu gewinnen. Der Blick richtete sich auf die differierenden Sichtweisen und die daraus abzulesenden unterschiedlichen sozialen Deutungen der Akteure. Im ersten Schritt wurden daher Einzelfallanalysen mit einer Kurzbeschreibung des jeweiligen Falls erstellt. Als „Fall" galt hier die jeweilige Schule mit ihrem Schulentwicklungsprozess in Anlehnung an bzw. in Bezugnahme auf den Orientierungsrahmen.

2.4 Ergebnisse der qualitativen Teilstudie

Über das qualitativ erhobene Material hinweg zeigt sich, dass im Grunde jede einzelne Schule ihre eigene Schulentwicklungsgeschichte aufweist. Es lassen sich sequenzanalytisch aus dem Material inhaltliche Schwerpunktsetzungen und Häufigkeiten destillieren, die im Zusammenwirken mit dem quantitativ erhobenen Daten Tendenzen erkennen lassen. In den folgenden Ausführungen wird in knapper Form eines Überblicks aufgelistet, welche Bereiche häufig angesprochen werden:

„Gute Schule": Schulleitungen akzeptieren mehrheitlich das Instrument als Referenzrahmen für Schulqualität. Ihnen erscheint das Instrument als hilfreich und struk-

turgebend. Nach ihrer Auffassung sind relevante Bereiche des schulischen Lebens- und Arbeitens erfasst und bilden ab, was im Bundesland als „gute Schule" gilt.

„Pädagogische Freiheit": Die Anwendung des Instrumentes führt nach Auffassung von Schulleitungen nicht zur Einschränkung der pädagogischen Freiheit. Eine entsprechende Frage weisen die Schulleitungen in großer Mehrheit zurück.

„Normierung": Auffällig ist, dass die durch den Orientierungsrahmen vorgenommene Normierung vielfach nicht mehr abgelehnt wird, sondern größtenteils als Selbstverständlichkeit akzeptiert wird. Das war einige Jahre vorher nicht der Fall (Heinrich, 2007). Die Übernahme von Normen zeigt sich auch im Gebrauch der Sprache. Schulleitungen übernehmen „unreflektiert" aus der Betriebswirtschaft stammende Begriffe.

„Diffusionseffekt": Der Orientierungsrahmen wird verwendet, um Vorgaben für das Schulprogramm zu erfüllen. Ein Nutzen wird selektiv mit der Vorbereitung der Schulinspektion oder anderen Erwartungen von außen verknüpft. Die Verzahnung mit anderen Instrumenten der Schulentwicklung kann dazu führen, dass sich die Wirkung des Instrumentes kaum noch trennscharf beschreiben lässt. Zugleich stellt sich ein Wiedererkennungseffekt ein, da andere Steuerungsinstrumente ähnlich strukturiert sind.

„Praxisferne": Ein Zusammenhang zwischen der eigenen unterrichtlichen Tätigkeit und dem Orientierungsrahmen sehen die Lehrkräfte und auch die Schulleitungen nicht. Die Interviewten bemängeln eine Praxisferne und die zu „abstrakte" Perspektive auf Schule und Unterricht. Lehrkräfte äußern mehrheitlich, dass ihnen nicht ersichtlich ist, welchen Nutzen die Arbeit mit dem Orientierungsrahmen für sie hat.

„Unkenntnis des Instrumentes": Es kommt sehr häufig zum Ausdruck, dass die Lehrkräfte das Instrument nicht kennen. Auch Schulleitungen halten die Kenntnis des Instrumentes für Lehrkräfte und Eltern für unnötig. Lehrkräfte kennen das Instrument fast ausschließlich aufgrund ihrer Tätigkeit in einer Steuergruppe, als Fachleitung oder als Mitglied in Gremien der Schule.

„Arbeitszeitargument": Lehrkräfte halten einen Einsatz des Instrumentes oder eine inhaltliche Beschäftigung damit für Arbeitszeitverschwendung. Sie stellen in Frage, dass mit dem Instrument ihre Erziehungsaufgabe und der Unterricht erleichtert oder verbessert würde. Oft gibt es Aussagen dergestalt, dass die „sinnlose" Beschäftigung mit der „abstrakten" Herstellung von Qualitätsansprüchen eher Zeit für sinnvolle Arbeit kostet.

3. Zusammenführung der Befunde der Teilstudien

Die Onlinebefragung zeigte insgesamt die breite Akzeptanz des Orientierungsrahmens unter den Schulleitungen. Daraus geht nicht nur eine große Bekanntheit des Orientierungsrahmens hervor, sondern auch eine sehr weit verbreitete Nutzung. Zwei Drittel der Schulleitungen, die an der Befragung teilnahmen, planen auch weiterhin mit dem Orientierungsrahmen zu arbeiten. Die Gruppe derjenigen, die dies nicht tun will, ist sehr klein. Situationen, in denen der Orientierungsrahmen vornehmlich genutzt wird, sind die zentralen organisationsbezogenen Qualitätsentwicklungs- und Qualitätssicherungsmaßnahmen wie die Schulprogrammarbeit, die Schulinspektion als auch Selbstevaluationen. Die Einbindung des Instruments Orientierungsrahmen in die Kooperation von Schulaufsicht und Schule erscheint demgegenüber als sehr gering ausgeprägt, wie sich an der Tatsache ablesen lässt, dass der Orientierungsrahmen kaum für Zielvereinbarungen mit der Schulaufsicht genutzt wird. Vergleichbares gilt auch für die Zusammenarbeit mit den Schulträgern.

Die Frage, inwieweit durch den Orientierungsrahmen auch normative Setzungen vorgenommen werden, erweist sich – aus der Sicht von Bildungspolitik – in unerwarteter Weise als unproblematisch, ja sogar eher als implementationsfördernd. Die hohe Akzeptanz des Orientierungsrahmens konvergiert mit der Tatsache, dass viele Schulleitungen diesen Rahmen im positiven Sinne als „orientierend" erleben. Damit ergeben sich kaum Differenzen zwischen den Auffassungen der Schulleitungen hinsichtlich dessen, was als „gute Schule" gelten soll bzw. was für sie als qualitätsvolle Bildungseinrichtung gilt, und den Inhalten des Orientierungsrahmens. Der Orientierungsrahmen erscheint vielen Schulleitungen nicht nur als relativ umfassendes Abbild schulischer Realität im deskriptiven Sinne, sondern – vermittelt über den Ausweis relevanter Bereiche – auch als präskriptiv orientierend. Dementsprechend empfinden auch zwei Drittel der Schulleitungen den Orientierungsrahmen als Hilfe bzw. Unterstützung ihrer Arbeit. Die positive Bewertung spiegelt sich allerdings nicht wider, wenn es um die Arbeit der Lehrkräfte geht. So empfinden die Schulleitungen den Orientierungsrahmen nicht als Unterstützung der Arbeit der Lehrerinnen und Lehrer; nur gut 20 % gehen davon aus, dass dessen Anwendung die Arbeit der Lehrkräfte erleichtert.

Übergreifend ist festzuhalten, dass alle Schulen, die befragt wurden, über ihre Arbeit mit dem Orientierungsrahmen berichten können. Besonders bemerkenswert, auch nicht unbedingt erwartbar, ist die Tatsache, dass der Orientierungsrahmen – anders als noch vor einigen Jahren durchgeführte Untersuchungen zur Schulprogrammarbeit dies nahelegen würden (vgl. Heinrich, 2007) – von keiner der Schulen offensiv zurückgewiesen wird. Insbesondere die Schulleitungen stehen dem Orientierungsrahmen – wie erwähnt – eher positiv gegenüber und es zeigen sich dementsprechend auch verschiedene Formen der extensiven Nutzung des Instruments als Managementinstrument. So empfinden die Schulleitungen den Orientierungsrahmen auch nicht als Reforminstrument, das sie in ihrer Autonomie einschränken würde. Dieser – auf den ersten Blick – für den Orientierungsrahmen sehr positive Befund verkehrt sich allerdings in sein Gegenteil, wenn man den Kontext mit berücksichtigt, der zu diesem Urteil führt: Einige Schulleitungen geben an, sich nicht bzw. kaum in ihrer Tätigkeit als autonom (eigenverantwortlich) zu erleben – und erfahren somit auch den Orientierungsrahmen nicht als „autonomie-einschränkend".

Der positive Befund einer weiten Verbreitung und Akzeptanz des Orientierungsrahmens wird durch zwei Einschränkungen relativiert. Zum einen muss bedacht werden, dass zwar (gemessen an anderen Studien) ein relativ hoher Rücklauf (25,9 %) möglich war, dass aber gegebenenfalls gerade bei denjenigen Schulen, für die der Orientierungsrahmen wenig oder gar keinerlei Bedeutung besitzt, keine Resonanz vorhanden war.

Die zweite Einschränkung bezieht sich darauf, dass auch die Interviewstudie sich vornehmlich auf Akteure bezog, die als schulleitungsnah gelten müssen, so dass die Vertrautheit mit einem die ganze Schule betreffenden Entwicklungsinstrument nicht überbewertet werden darf. Blickt man auf die konkreten Umgangsweisen mit dem Instrument, dann wird sehr schnell deutlich, dass vielfach die Arbeit in sehr begrenzten Gremien und damit „exklusiven Akteursgruppen" stattfindet. Allein durch Arbeitsteilung wird damit auf der organisationalen Ebene eine Umgangsform gefunden, die in Schulen insgesamt Akzeptanz schaffen kann.

Vergleichbares gilt für die Arbeit mit dem Orientierungsrahmen als offenem Entwicklungsinstrument: Keine der Schulen „scheitert" am Orientierungsrahmen, weil es die Möglichkeit der selektiven Adaption und die der imaginären Entwicklung – bzw. im Falle der bewussten Handlung der primär symbolischen Nutzung – gibt. Von daher ergibt sich auch nicht die Notwendigkeit zu einer umfassenden Abgrenzung oder zu offensiver Opposition. Gerade die Möglichkeit zur selektiven Nutzung des Orientierungsrahmens kann damit als sein „Erfolgsgeheimnis" für die Akzeptanz gelten. Vergleicht man diesen Befund mit der Intention des Entwicklungsinstruments, einen umfassenden Blick auf die Organisation „Schule" und ihre Leistungen zu ermöglichen, dann relativiert diese Adaptionsstrategie freilich die Wirkung des Instruments insgesamt. Die verstärkte Wirkung durch Akzeptanz erscheint damit ein Stück weit erkauft durch eine abgeschwächte Wirkung hinsichtlich der Qualitätsverbesserung von Schulen.

Jenes Phänomen der Akzeptanz durch Selektivität, das man auch als Parzellierung des umfassend gedachten Instruments beschreiben kann, wiederholt sich auf der Ebene der involvierten Akteursgruppen. Lehrkräfte, Eltern sowie Schülerinnen und Schüler werden zumeist nicht unmittelbar in die Arbeit mit dem Orientierungsrahmen eingebunden. Bei den entwicklungsaktiven Schulen partizipieren sie sozusagen unwissend und indirekt an den Prozessen und Projekten, die sich aus der Schulleitungsarbeit mit dem Orientierungsrahmen ergeben. Die Schulleitungen, die eher formal mit dem Instrument umgehen, beziehen die Lehrerinnen und Lehrer kaum bis gar nicht in die Qualitätsentwicklungsarbeit ein.

Ein vermuteter Zusammenhang in diesem Kontext wäre: Je mehr die weiteren schulischen Akteure außen vor gelassen werden, desto mehr empfinden sie die Bemühungen zur Qualitätsverbesserung durch Qualitätsmanagement-Verfahren als „sinnlos" und desto mehr wird versucht, dieser Abwehrhaltung durch weitere Vermeidung zu begegnen. Sollte diese Vermutung zutreffen, wären beim Orientierungsrahmen ähnliche Adaptionsformen zu verzeichnen, wie bei anderen Entwicklungsinstrumenten. So haben Maier und Schymala (2011) sehr klar den Matthäuseffekt in Bezug auf die Entwicklungen von Schulen im Kontext von Lernstandserhebungen nachweisen können: Die entwicklungsaktiven Schulen können ihre Ergebnisse weiter verbessern, da sie in ihrer organisationalen Verfasstheit als auch in der Fähigkeit, neue Reforminstrumente zu adaptieren, einen vorgängigen, „entwicklungsbedingten" Vorteil haben. Demgegenüber fallen die wenig schulentwicklungsaktiven Schulen – gemessen an den Output-Ergebnissen – noch weiter hinter jene Schulen zurück.

Insgesamt lässt sich festhalten, dass die Schulen jeweils einen spezifischen Umgang mit dem Orientierungsrahmen entwickeln. So ist seine Relevanz für die Schulentwicklung und den Qualitätsentwicklungsprozess ebenfalls unterschiedlich.

4. Nutzertypologie

Eine zusätzliche Form der sequenzanalytischen Auswertung wurde im Projekt gewählt, um latente Orientierungen zu eruieren, die ggf. Nutzungspraktiken stärker beeinflussen, als die Befragten gewärtig sind. Die Rekonstruktion der Sinneinheiten ermöglichte die Abbildung der Struktur einer Handlungseinheit als wieder erkennbare Entscheidungsform (vgl. Oevermann, 2004, S. 160). Die Methode der objektiven Hermeneutik wurde angewendet, die von einer „Nichtidentität" der Sinnebenen des subjektiv einholbaren und des latenten, also nichtbewussten Sinns ausgeht (vgl. Wernet, 2006, S. 18).[5] Kurze Sequenzen aus den Interviews wurden nach den fünf Prinzipien *Kontextfreiheit, Wörtlichkeit, Sequenzialität, Extensivität und Sparsamkeit* untersucht. Die folgenden Ausführungen basieren auf den Ergebnissen dieser Untersuchungen.

Typ 1: Intern induzierte umfassende souveräne Nutzung

Dieser Typ wird durch eine Schule repräsentiert, die in ihrem Organisationsentwicklungsprozess sehr weit fortgeschritten ist und diesen Fortschritt auch als ein gemeinsames Ziel verfolgt. Unterstützend hat die Schule hier vor allem mit einem externen Unternehmensberater zusammengearbeitet. Die Schulleitung agiert *souverän*, selbstbestimmt, aber auch selbstreflexiv hinsichtlich der noch zu bewältigenden Entwicklungsaufgaben.

In Bezug auf den Orientierungsrahmen kann festgehalten werden, dass diese Schule schon sehr lange mithilfe dieses Instruments ihren Schulentwicklungsprozess gestaltet. Die Schule war um die Jahrtausendwende auf der Suche nach einem unterstützenden Rahmen, der ihr helfen konnte, die anstehenden Organisationsentwicklungsprozesse, die sich aus einer Zusammenlegung mehrerer Schulen und einer Erweiterung hin zu gymnasialen Abschlüssen ergaben, zu bewältigen. Der heutige Beauftragte für Qualitätsentwicklung stieß damals, in Folge eines selbstständigen Suchprozesses, auf einen Vorläufer des derzeit geltenden Orientierungsrahmens, der die ersehnte inhaltlich-pädagogische Orientierungshilfe liefern konnte. Der Orientierungsrahmen war damit das *intern induzierte* und eigenständig herangezogene *Unterstützungsinstrument, um die akute Krise zu bewältigen.* Entsprechend dieser zentralen Funktion als *transformationsbegleitendes Instrument* liegt der Orientierungsrahmen bis heute dem organisationalen Selbstverständnis der Institution zugrunde und hat sich damit gegen andere konkurrierende Instrumente durchgesetzt.

5 In diesem Verfahren werden einzelne Passagen von wenigen Worten eines protokollierten Textes einer extensiven Interpretation unterzogen. Die Ergebnisse des umfassenden Verfahrens werden in diesem Beitrag als „Endprodukte" dargestellt und zusammengefasst.

Der *Typ1* mit seiner *intern induzierten umfassenden souveränen Nutzung* kann als besonderer Fall gelten. Auf den ersten Blick erscheint es unwahrscheinlich, viele vergleichbare Schulen zu finden, an denen „historisch“, d.h. „schulentwicklungsgeschichtlich“ eine ähnliche Situation vorliegt: In dem Moment, in dem Orientierung gesucht wird, wird zeitgleich der Orientierungsrahmen als Entwicklungsinstrument propagiert. Die Agenda „Schule zu verbessern“ existiert zunächst unabhängig von der Existenz des Orientierungsrahmens. Das vorhandene Instrument wird allerdings sofort als Argumentationshilfe in den Entwicklungsprozess einbezogen und verstärkt die Dringlichkeit des Anliegens.

Die Einführung des Instruments ist damit ohne große Hürden durchsetzbar. Für Schulen dieses Typs ergibt sich damit eher das Problem transformationsbegleitend immer wieder eine Passung des Orientierungsrahmens zur bereits bestehenden Nutzungsintention herzustellen. Hier wäre zu fragen, wie an solchen Schulen das Moment der Orientierung am Orientierungsrahmen über die konkrete Situation der Einführung dieses Instruments hinaus ein Beitrag zur Qualitätsverbesserung im Sinne des Qualitätsmanagements gewährleistet werden kann.

Typ 2: Extern induzierte selektive souveräne Nutzung

Am Beispiel einer Schule des Typs 2 zeigt sich ein Auseinandersetzungsprozess mit dem Orientierungsrahmen als Qualitätsentwicklungsinstrument, der anders verläuft als in der Schule des Typ 1.

Es muss zunächst festgehalten werden, dass die *extern induzierten* strukturellen Rahmenbedingungen und inhaltlichen Vorgaben der Schuladministration grundsätzlich respektiert und akzeptiert werden. Die zwei Mitglieder der Schulleitung, die in dem Interview die Schule repräsentieren, begreifen sich ganz bewusst als Teil einer askriptiven, also organisationsabhängigen, Profession und nicht als vollkommen frei und selbstständig handelnde (Lehr-)Personen. Insofern zeigt sich in dem Interview keine grundsätzliche Ablehnung des Orientierungsrahmens als Schulentwicklungsinstrument. Dennoch werden hier die Spielräume genutzt, die sich der Institution in der Anlage des Orientierungsrahmens eröffnen, was zu einem eigenständigen Umgang damit führt. Das bedeutet aber auch, dass hier keine Entwicklungsarbeit stattfindet, die sich dem Entwicklungsverständnis, das dem Orientierungsrahmen zugrunde liegt, vollkommen verpflichtet. Als selbstbewusste und *souveräne* Institution, die sich ihrer eigenen Geschichte bewusst ist und von daher auch ihr „Gewordensein“ umfassender begreift, als es in einem Organisationsentwicklungskonzept gefasst werden kann, wird das „neue“ Instrument vielmehr in den bereits funktionierenden institutionellen Kontext eingegliedert. Das gelingt der Schulleitung über eine Delegation einzelner Aufgabenbereiche an bestimmte Funktionsstellen. Das Instrument wird in einzelne Teile zerlegt und kann so den umfassenden Anspruch im Hinblick auf eine Veränderung der Gesamtorganisation nicht mehr konsequent entfalten. Der Orientierungsrahmen wird auf diesem Weg in die Schule als Gesamtheit und damit in bestehende und für die Institution funktionierende Routinen eingliedert. Handlungen und Veränderungen, die dieses laufende Gefüge stören könnten, werden vermieden. Störungen von außen werden mit vereinten Kräften zurückgedrängt.

Man kann auch in diesem Fall aufgrund der grundsätzlichen Akzeptanz organisationaler und administrativer Elemente davon sprechen, dass der Orientierungsrahmen als Schulentwicklungsinstrument *selektiv* genutzt wird. Die Freiräume, die das Instrument bereithält, tragen hier dazu bei, dass keine rein formale Abarbeitung stattfindet, sondern in einzelnen selektierten Feldern durchaus nachhaltig mit dem Orientierungsrahmen gearbeitet wird. Wie diese Nutzung ganz praktisch aussieht, konnte in diesem Fall aufgrund des Führungsstils der Delegation kaum erhoben werden. Eine Veränderung oder gar die Abschaffung des Orientierungsrahmens würde diese Schule höchstwahrscheinlich nicht grundlegend erschüttern, sondern vielmehr in ihrem Handlungsprinzip der Bewahrung bewährter Ordnungen bestätigen: Reforminstrumente kommen und gehen … . Für diese Institution kann angenommen werden, dass nur ein langfristiges administratives Festhalten an Maßnahmen dem Ziel dienlich sein könnte, auch langfristig und nachhaltig ein Teil des Selbstverständnisses dieser Schule zu werden.

Der *Typ 2* mit seiner *extern induzierten selektiven souveränen Nutzung* stellt für den Orientierungsrahmen als Steuerungsinstrument die größte Herausforderung dar. Dies gilt zumindest, wenn der Orientierungsrahmen nicht vornehmlich als Controllinginstrument genutzt werden soll, sondern als Entwicklungsinstrument. Denn dieser *Typ 2* zeichnet sich dadurch aus, dass er tendenziell transformationsvermeidend mit der im Orientierungsrahmen enthaltenen Entwicklungsaufgabe umgeht. Dies gelingt ihm durch die Herstellung von Passungen zum Orientierungsrahmen durch Delegation und Aufgabenteilung, die überwiegend formal stattfindet. Die selektiv-souveräne Nutzung besteht darin, dass eigene Ziele verfolgt werden, die aber vor dem Hintergrund der Legitimationsfolie „Orientierungsrahmen“ in Passung zu diesem gebracht werden müssen. Gegebenenfalls entsteht der Effekt, dass man die Identität gerade dadurch bewahrt, dass man Passung zu den vielen verschiedenen Entwicklungsinstrumenten der bildungspolitisch initiierten Schulreform der letzten zehn Jahre herstellt, ohne sich aber grundsätzlich davon irritieren zu lassen. Der Orientierungsrahmen wird dann zwar akzeptiert, aber distanziert gehandhabt. Es kommt zur Bewahrung bewährter Handlungslogiken bzw. Praktiken.

Angesichts des Untersuchungsdesigns, das lediglich Befragungen enthielt und damit Selbstauskünfte, nicht aber Beobachtungen realer Entwicklungspraxis ermöglichte, bleibt unklar, an welcher Stelle die selektive Nutzung stattfindet und auf welche Weise eine Angleichung des Orientierungsrahmens an eigene Denk- und/oder Handlungslogiken erfolgt. Festzuhalten ist für diesen – der Datenlage nach wahrscheinlich nicht selten anzutreffenden – Typus, dass der mit Entwicklungsinstrumenten intendierte kritische Impuls, auch im Sinne eines kriseninduzierenden Moments (vgl. Gruschka & Heinrich, 2003), ausbleibt.

Typ 3: Interdependent induzierte imaginäre nichtsouveräne Nutzung

Mit diesem Fallbeispiel zeigt sich innerhalb des Samples ein Randbereich, der nicht repräsentativ für die Verteilung, sondern ebenso wie die anderen Fälle repräsentativ für einen Typus des Umgangs mit dem Orientierungsrahmen steht. Der Typ 3 verkörpert den besonderen Fall einer Schulleitung, die nach innen keine Gestaltungsmacht erlangen kann. Der Umstand, dass *nichtsouverän* gesteuert wird, führt dazu, dass die Schulleitung sich als Getriebene der voranschreitenden äußeren Entwicklungen erlebt, die sie nicht kontrollieren und die sie auch nicht selbstständig bearbeiten kann. Sie ist demnach nicht einmal dazu in der Lage, eine selektive Adaption des Orientierungsrahmens anzustreben, weil sie auch diese aus ihrer Führungsposition heraus an die Akteure innerhalb der Schule anbinden müsste.

Es handelt sich damit bei diesem Fall überwiegend um eine rein formale Adaption des Orientierungsrahmens und wahrscheinlich auch um einen reinen formalen Qualitätsentwicklungsprozess, der nicht näher in die symbolische Ordnung (vgl. Helsper, 2009) der Schule hineindringt und damit *imaginär* bleibt, sprich nicht an die real zu bearbeitenden Gegebenheiten anschließt. So kann über das formale Ausweisen verschiedener Aktivitäten der Schein einer ausreichend entwicklungsaktiven Schule aufrechterhalten werden. Die Entscheidungen für bestimmte Aktionen sind dabei nicht in erster Linie von innen heraus induziert, d.h., sie entstehen nicht aus einer Problem- oder Aufgabenwahrnehmung der aktuellen Situation der Institution. Das bedeutet ferner, dass auch die Aktivitäten extern induziert sind und im Wesentlichen einer *interdependenten* Orientierung an anderen Schulen entspringen. Die konkrete Situation der Schule sowie ihre Gestalt bleiben unberührt.

Von herausragendem Interesse ist an diesem Fall jedoch der Umstand, dass hier eine intensive Arbeit mit dem Orientierungsrahmen im Grunde der Schlüssel zu einem tatsächlichen Beginn der Schulentwicklungsarbeit und damit zu einer Bearbeitung der akuten Schwierigkeiten gewesen wäre. Denn die Schulleitung hatte, auch hier extern induziert, zu einem bestimmten Zeitpunkt entschieden, nun mit dem Orientierungsrahmen zu arbeiten, weil das alle anderen auch taten. Die Rezeption desselben führte jedoch zu einem zu der konkreten Problematik passenden Impuls, nämlich dem Versuch, das Kollegium miteinander ins Gespräch zu bringen, und es als zentralen Akteur auf den Weg eines Qualitätsmanagement-Prozesses (QM) mitzunehmen. Dieser Vorstoß erzeugte eine *manifeste Krise* in der Dienstbesprechung, in der das Kollegium mit diesem Anspruch konfrontiert wurde. Der Vorstoß wurde abgewehrt und die Schulleitung gab ihr Vorhaben einer angemessenen Arbeit mit dem Orientierungsrahmen nachhaltig auf. Das heißt aber auch, dass die Auseinandersetzung mit dem Orientierungsrahmen in diesem eher schwierigen Fall der Schlüssel zu einer möglichen Veränderung und damit eine *Transformationsoption* gewesen wäre. Leider verfolgt die Schulleitung diesen progressiven Impuls im Anschluss an den starken Widerstand des Kollegiums nicht weiter, sondern führt die bewährten aber äußerlich bleibenden Lösungsstrategien in Bezug auf Qualitätsmanagementprozesse fort.

Die Schulleitung wünscht sich in dem Interview stärkere Vorgaben, wie ein solcher QM-Prozess zu gestalten sei. Das würde sie von der Aufgabe entlasten, selbst innerhalb ihrer Institution in angemessenem Maße Führungs- und Gestaltungsaufgaben zu übernehmen und die dazugehörigen Konflikte auszuhalten. Wäre eine solche stärkere äußere Steuerung hier zu wünschen? Wenn nicht der Fall eintritt, dass die Akteure im Inneren sich auf einmal besser verstehen, weil sie sich gemeinsam einem äußeren „Feind" gegenübersehen (bspw. durch konkrete Konkurrenz mit anderen Schulen), was aber höchstwahrscheinlich auch nicht zu einer Auseinandersetzung der verschiedenen Personen mit ihren mentalen Haltungen führen würde, dann kann nur angenommen werden, dass auch dann Möglichkeiten genug bestünden, sich diesen Steuerungsintentionen zu entziehen, zumal die steuernden Akteure in noch weiterer Ferne angesiedelt wären.

Der *Typ 3* mit seiner *interdependent induzierten imaginären nichtsouveränen Nutzung* stellt für die Perspektive einer produktiven Schulentwicklung wahrscheinlich die problematischste Form dar. Die im Orientierungsrahmen enthaltene Transformationsoption kann nicht produktiv aufgegriffen werden. Zwar ist seitens der Schulleitung eine Passung des Orientierungsrahmens zur zentralen Entwicklungsaufgabe – sowohl inhaltlich als auch prozessual – zu verzeichnen, seine Implementation scheitert aber am Widerstand des Kollegiums. Einsicht der Schulleitung allein reicht nicht aus, wenn keine starke Führung (Schratz, 2005) bzw. korporative Führung im Sinne geteilter Führung (Rolff, 2009) vorliegt. In diesen Fällen wäre es für eine Implementierung des Orientierungsrahmens notwendig, die Schulleitungen zu stützen und ihnen die Unsicherheiten hinsichtlich ihrer „Zwitterstellung" zwischen Behörde und Kollegium zu nehmen (vgl. Heinrich, 2009). Ansonsten wäre bei Schulen diesen Typs zu erwarten, dass die Schulleitungen weiterhin zwischen den unterschiedlichen Anforderungen hin und her pendeln und dadurch als Reaktion auf ihre ambivalente Stellung selbst erneut Ambivalenzen erzeugen, da bei interdependenter Induktion keine klare Innen-außen-Wahrnehmung vorhanden ist, die die Handlungsoptionen erkennbar werden lassen. In diesem Zusammenhang muss festgehalten werden, dass der Orientierungsrahmen tendenziell eine große Herausforderung für die Schulleitungen darstellt. Zwar gibt die Anwendung des Instrumentes gerade den Schulleitungen ein Managementinstrument an die Hand; umgekehrt verlangt der QM-Prozess damit gerade auch ihnen eine besonders durchsetzungskräftige Haltung ab. Fehlt diese, verkehrt sich das Unterstützungsinstrument zum Überbelastungs- bzw. Überforderungsinstrument.

Insgesamt muss freilich, wie in jeder Studie zur Schulentwicklung, festgehalten werden: Die Schulen entwickeln einen einzelschulspezifischen Umgang mit dem Orientierungsrahmen. Die Typenbildung muss auch vor dem Hintergrund solcher Kontextualisierungen gelesen werden und dementsprechend können nur Nutzungsvarianten als exemplarische Fälle angegeben werden. Die Relevanz der variantenreichen Reaktionen auf den Orientierungsrahmen ist für die Schulentwicklung und den QM-Prozess in den Fallrekonstruktionen sehr unterschiedlich. Die im Orientierungsrahmen angelegte offene Form der Steuerung lässt solche Ausformungen zu.

5. Steuerungsoptionen vor dem Hintergrund der Befunde

Zunächst gilt es festzuhalten: Mit dem Orientierungsrahmen in der vorliegenden Version kann man nicht direkt steuern, da er als Instrument einer Logik der Selbststeuerung verpflichtet ist (vgl. Reese, 2012).[6] Es sei denn – was nicht zu empfehlen ist! –, man würde den Orientierungsrahmen umstrukturieren zum verbindlichen Qualitätsentwicklungsrahmen und ihn mit anderen Instrumenten in eine hierarchische Ordnung bringen.[7] Aus einer solchen Position heraus könnte man dann auch den Anspruch erheben, selektive oder rein formale Adaptionen zu verhindern. Das müsste dann mit einem umfassenden Entwicklungsauftrag und einer Entwicklungskontrolle einhergehen, die weit tiefer in die „symbolische Ordnung" (Helsper, 2009) einer Schule eindringt, als es die Schulinspektion bisher zu leisten vermochte. Im Folgenden soll dargelegt werden, warum diese Option für nicht zielführend gehalten wird. Das im Hintergrund wirksame Argument hierfür lässt sich sowohl empirisch als auch theoretisch plausibilisieren.

Als empirischer Indikator dafür, dass ein solches System deprofessionalisierende Effekte haben würde, mag der Hinweis auf die Entwicklungen in den USA gelten. Hier wurde mittels einer Steuerung durch Quoten und Sanktionen vor dem Hintergrund einer kennzahlenbasierten Steuerung eine sehr direkte Rückkoppelung von Qualitätsstandards und daran gekoppelter Belohnung oder Sanktionierung eingeführt. Im so genannten „No child left behind-Act" wurde politisch auf der Gesetzesebene der Anspruch einer solchen Steuerung durchgesetzt und auf der höchstmöglichen juristischen Kodifizierungsebene, einem Bundesgesetz, implementiert. In den Schulen selbst allerdings sind eine Vielzahl von negativen Effekten – von der „Schönung" von Ergebnissen bis hin zur systematischen Exklusion schlechter Schülerinnen und Schüler – nachweisbar (vgl. Diamond & Spillane, 2004; Nichols, Glass & Berliner, 2006). In ihrer sehr kritischen Bilanz nach mehr als zehn Jahren „No child left behind-Act" konstatieren Mintrop (Berkeley) und Sunderman (Washington), dass das amerikanische Großexperiment gescheitert sei. Dies hänge – unter anderem – mit der problematischen, dieser Steuerungsform inhärenten „*Vereinfachungs-Hypothese*" zusammen:

> „Die Vereinfachungs-Hypothese wurde von Management- und Psychometrie-Experten und -Expertinnen formuliert. Sie besagt, dass wir durchaus ein komplexes System menschlichen Miteinanders, nämlich den Unterricht, mit Hilfe einer begrenzten Anzahl wirkmächtiger quantitativer Indikatoren hu-

---

6 Vgl. in diesem Zusammenhang bspw. auch die Verwendung des „Orientierungsrahmenkonzepts" durch das Bundesministerium für wirtschaftliche Zusammenarbeit und Entwicklung (BMZ) und die Ständige Konferenz der Kultusminister der Länder in der Bundesrepublik Deutschland (KMK) im „Orientierungsrahmen für den Lernbereich Globale Entwicklung im Rahmen einer Bildung für nachhaltige Entwicklung" im Kontext der UN-Dekade einer „Bildung für nachhaltige Entwicklung", innerhalb derer immer wieder ganz deutlich auf die Selbstregulationsmechanismen und fähigkeiten der involvierten Akteure referiert wird (ausf. Heinrich, Altrichter & Soukup-Altrichter, 2011).

7 Anders als im Projektbericht empfohlen, wurde ab August 2014 in Niedersachsen der Orientierungsrahmen Schulqualität als verbindliches Instrument zur Qualitätsentwicklung und -sicherung eingeführt und ebenso verbindlich in eine hierarchisierte Ordnung mit weiteren Instrumenten verknüpft.

> manisieren können. Das amerikanische Großexperiment hat uns gelehrt, wie schwer es ist, die exakten numerischen Größen mit den diffuseren professionellen Werten menschlicher Fürsorge, leidenschaftlicher Wissensvermittlung und gutem Unterricht in Verbindung zu bringen. Wir haben Fallstudien erwähnt, in denen das Rechenschaftssystem machtvoll auf diese nicht quantitativ messbaren Werte professionellen Arbeitens ausstrahlt, aber die Standardreaktion, so scheint es, besteht darin, den kürzesten Weg zwischen geforderten Messeinheiten und antrainiertem Lehrer- und Schülerverhalten zu wählen; damit ist der Wettlauf nach unten eröffnet." (Mintrop & Sunderman, 2012, S. 24 f.)

Empirisch sprechen damit viele Evidenzen dafür, ein solches Großexperiment nicht noch einmal zu wiederholen.

Versucht man nun, sich theoretisch zu vergegenwärtigen, weshalb eine solche rigide Steuerung von Expertenorganisationen sehr wahrscheinlich misslingen wird, mag es sinnvoll erscheinen, sich zunächst mithilfe einer Kontrastfolie zu verdeutlichen, welche Steuerungsoptionen hier überhaupt denkmöglich sind. Im Folgenden soll daher kurz eine theoretische Polarisierung von Nutzungs- bzw. Steuerungsmöglichkeiten des Orientierungsrahmens durchgespielt werden.

Die erste Steuerungsoption würde in einer sehr weit reichenden Liberalisierung der Nutzung des Orientierungsrahmens bestehen. Die Rücknahme einer ohnehin jetzt schon nur „tendenziell direktiven Steuerung" wird verbunden mit dem Ausbau eines unabhängigen Unterstützungssystems, das entlang der Bedarfe des Orientierungsrahmens aufgebaut ist. Diese kostenlosen Fort- und Weiterbildungsmöglichkeiten als auch Schulentwicklungsberatungen würden im Sinne von „incentives" wirken, da sich hier Schulen Hilfe holen können, ohne dass dies mit einer Kontrollbefürchtung einhergehen müsste. Deutlich wird hier das „Non-Direktive" dieser Steuerungsoption über Rahmenbedingungen und „incentives", die ein großes Vertrauen in die Professionalität der Akteure vor Ort setzt – und natürlich recht kostenintensiv sein würde.

Die dieser Variante entgegen gesetzte zweite Steuerungsoption würde nun darin bestehen, dass der Orientierungsrahmen, mit höherer Verbindlichkeit versehen, als Maßnahmen- und Kriterienkatalog angelegt würde und die Schulen regelmäßig dahingehend überprüft werden. Auch ein solches System wäre mit hohen Kosten verbunden, da eine solche regelmäßige Kontrolle viele Ressourcen binden würde. Wir hätten hier die Annäherung an das amerikanische System oder alternativ – bei nicht großzügig ausgebautem Kontrollsystem – eine Erhöhung des Widerstandes seitens der Lehrerschaft bei ausbleibender Kontrolle. Zu erwarten wäre seitens der Lehrkräfte eine Deprofessionalisierung hinsichtlich des pädagogischen Professionsethos bei gleichzeitiger Expertisierung in symbolischer Politik, wie wir sie aus allen Expertenorganisationen kennen, bei denen versucht wird, die Professionellen über Kennzahlen zu steuern. Die Polarisierung verdeutlicht, dass wohl kein Kultusministerium diese Steuerungsoption auf lange Sicht favorisieren würde, da sie letztlich – vermittelt über Überregulierung – in weit reichender Steuerungsohnmacht enden würde (vgl. Brüsemeister & Kussau, 2007). Es stellt sich damit die Frage, ob sich nicht vor dem Hintergrund der

Befunde dieser Studie sowie weiterführender theoretischer Überlegungen auf der Folie der Ergebnisse anderer Schulentwicklungsforschung eine Alternative anbieten ließe.

Angesichts der vorliegenden, in weiten Teilen für die bisherige Implementationspolitik des Kultusministeriums hinsichtlich des Orientierungsrahmens positiven Befunde liegt es nahe, bei der Formulierung einer Alternative die erste Steuerungsoption der weitgehenden Liberalisierung der Nutzung in den Blick zu nehmen und gegebenenfalls nach weiterführenden Ausdifferenzierungen bzw. Variationen dieser Steuerungspolitik zu suchen. Insgesamt erfolgen in dem Projektbericht nur sehr verhaltene Überlegungen zu steuerungstheoretischen Konsequenzen für die Entwicklung eines Implementationskonzeptes zur erweiterten Nutzung des Orientierungsrahmens zur schulischen Qualitätsentwicklung in Niedersachsen oder auch dessen Revision.

Dies hängt mit zwei Tatbeständen zusammen: Der erste ist darin zu sehen, dass die Ergebnisse hinsichtlich der Nutzung des derzeit aktuellen Orientierungsrahmens als weitestgehend positiv anzusehen sind. Angesichts eines komplexen und dennoch sensibel auf Veränderungen reagierenden Systems insgesamt, stellt sich hier die Frage, inwieweit eine grundsätzliche Revision des Orientierungsrahmens nicht in der Gefahr stünde, eher Verschlechterungen als Verbesserungen zu evozieren.

Der zweite Tatbestand liegt darin begründet, dass die Ergebnisse zwar insgesamt positiv ausfallen, zugleich aber auf einer mikrologischen Ebene sich zahlreiche Ambivalenzen sowie strukturelle Spannungsfelder zeigen, die auch für eine neue Version des Orientierungsrahmens gelten würden. Diesen Spannungsfeldern zu entkommen, würde allerdings implizieren, ein ganz neues Instrument zu entwickeln, das dann wiederum einer anderen Logik folgen würde. Ein solches Unternehmen wäre denkbar, erscheint uns aber angesichts der derzeitigen Leistungen des Orientierungsrahmens nicht angebracht.

Insgesamt könnten sich mögliche Veränderungen – systematisierend gefasst – ohnehin nur auf zwei Ansatzpunkte konzentrieren: Sie könnten (1) am Inhalt des Orientierungsrahmens oder (2) am (Implementations-)Prozess des Orientierungsrahmens ansetzen.

(1) Veränderungen am Inhalt des Orientierungsrahmens

Angesichts der im Orientierungsrahmen als Orientierungsrahmen angelegten strukturellen Ambivalenz (s.o.) ist es nicht verwunderlich, dass diese sich in der Frage nach den Veränderungswünschen reproduziert. Versucht man ein zusammenfassendes Resümee zu den Veränderungswünschen zu formulieren, so kann man lediglich folgende Aspekte als wiederholt benannte Änderungswünsche anführen:

- Angesichts mehrerer Äußerungen erscheinen Good-Practice-Beispiele, die in ihrer Exemplarität Konkretionen darstellen, sinnvoll. Diese müssten allerdings so angelegt sein, dass sie nicht „rezepthaft" (miss-)verstanden werden könnten.
- Eine Abstimmung mit anderen Instrumenten (EFQM, SEIS, Schulinspektion etc.) bezogen auf die Begriffe, die Kriterien und das Vorgehen ist notwendig. So wird beispielsweise die enge Verbindung zu den Qualitätskriterien der Niedersächsischen Schulinspektion betont, zugleich aber sind die Qualitätskriterien der Schulinspektion nicht ohne einen gewissen Systematisierungsaufwand mit den Bereichen des

Orientierungsrahmens deckungsgleich zu machen. Es könnte somit Schulen geben, die dazu übergehen, den „offiziellen Orientierungsrahmen" nur noch als Legitimationsfolie zu nutzen, während die Qualitätskriterien der Schulinspektion als „heimlicher Orientierungsrahmen" fungieren und nur in der Außendarstellung (bspw. im Schulprogramm) die Schulentwicklungsaktivitäten in den „offiziellen Orientierungsrahmen" eingepasst werden.

- Die impliziten Kriterien einer „Guten Schule" müssten offengelegt werden: Mehrere Schulleitungen äußerten den Wunsch, dass dargelegt würde, wie jene normativen Grundlagen des Orientierungsrahmens hergeleitet wurden. Allerdings muss hier deutlich gesagt werden, dass es sich dabei um eine Überarbeitung des Orientierungsrahmens im Sinne eines „politischen Papiers" handeln müsste. Die Ergebnisse bzw. Erkenntnisse der empirischen Bildungsforschung sind hier nicht so eindeutig, wie die klare Bereichsunterteilung im Orientierungsrahmen glauben machen könnte (vgl. bspw. für die Frage nach offenen Unterrichtsformen und Schüleraktivierung: Heinrich & Meyer, 2007).
- Schwerpunkte sollten markiert sein – wobei allerdings uneindeutig bleibt, ob eine solche Schwerpunktsetzung entwicklungsaktive Schulen eher behindern würde, wenn sie gegenstandsorientiert, d.h. lokal angemessen zu handeln versuchen, gleichzeitig aber durch den Orientierungsrahmen eine Hierarchisierung (i.S. von Prioritätensetzung) vorgenommen würde.
- Sinnvoll könnte es sein, Kurzfassungen für unterschiedliche Akteure zu erstellen. D.h., der Orientierungsrahmen wird für die unterschiedlichen Akteursgruppen aus deren Perspektive ausformuliert: Schüler-Orientierungsrahmen; Eltern-Orientierungsrahmen, Lehrkräfte-Orientierungsrahmen, um Anschlussfähigkeit an deren Lebenswelten zu ermöglichen.

Allerdings bleibt die Reaktion der Interviewten auf die Frage, was sie am Orientierungsrahmen gerne verändern würden, oft verhalten. Zudem werden die oben genannten Aspekte im Interviewleitfaden angesprochen und zum Teil auch noch einmal durch die Fragen der Interviewerin nahegelegt. Deshalb liegt hier eine Vermutung nahe: Die oben genannten Veränderungen wären bestimmt in Teilen hilfreich, sie würden aber die offene Grundstruktur des Orientierungsrahmens, die den Schulen die Möglichkeit zu eigener Entwicklung und Schwerpunktsetzung gibt, zunehmend verengen. Das entspricht eher den Wünschen der nicht so aktiven Schulen, die genauer wissen wollen, „was sie denn nun tun sollen", um eine „Gute Schule" zu sein.

Deshalb findet sich in den Interviews vor allem bei den eher entwicklungsaktiven Schulen auch eine andere Figur. Sie schätzen die Freiheit des Orientierungsrahmens und stellen fest, dass sie, um nun noch ein paar Schritte weiterzukommen, nicht eine Veränderung des Orientierungsrahmens als Instrument brauchen, sondern konkret an der eigenen Schule arbeiten müssen: d.h. dann einzelfallbezogen und mit externer Unterstützung. Denn Weiterentwicklungen auf so einer abstrakten Ebene würden die Prozesse auf der Ebene der Einzelschule eher verfehlen.

Bei gegebenenfalls angedachten Veränderungen auf der Steuerungsebene sollte diese Dimension berücksichtigt werden. Sonst bestünde die Gefahr, gerade diejenigen

Schulen in ihrer Arbeit zu behindern, die sich bislang als sehr entwicklungsfreudig gezeigt haben.

(2) Veränderungen am (Implementations-)Prozess des Orientierungsrahmens
Die Studie hat gezeigt, dass in den meisten Schulen der Orientierungsrahmen nicht über die Schulleitungs- bzw. Steuergruppenebene hinaus Anwendung findet. Diese Realität antizipierend, könnte der Orientierungsrahmen als ein solches Instrument geschärft werden. Hiermit würde der umfassende Verbreitungsanspruch des Orientierungsrahmens allerdings zurückgenommen und somit auf die von der Leitungsebene zu organisierende Qualitätsentwicklungsarbeit fokussiert. So könnte er z. B. durch Orientierungshilfen zur Umsetzung oder konkrete Beratung ergänzt werden, um so den Prozess zur Umsetzung des Orientierungsrahmens an den Schulen vorzustrukturieren. Der Orientierungsrahmen würde somit zu einem umfassenderen Qualitätsentwicklungsinstrument bei gleichzeitiger Rücknahme seines Anspruches, für alle Beteiligten in gleicher Weise relevant zu sein.

Versucht man allerdings, auch die anderen Akteure weiterhin in die konkrete Arbeit mit dem Orientierungsrahmen einzubinden und sie nicht gegebenenfalls nur „indirekt“ von diesem Instrument profitieren zu lassen, so ist es bei der Planung des schulindividuellen Implementierungsprozesses notwendig, den Akteuren vor Ort (z. B. auf einer Gesamtkonferenz) bei Bedarf verschiedene Wege aufzuzeigen. Hier könnte z. B. beschlossen werden, welche Akteursgruppen sich welchen Aufgaben widmen (z. B. je nach angestrebter Partizipationstiefe die Steuergruppe oder jeder Fachbereich) oder welche Aufgaben zuerst angegangen werden sollen (i.S. einer Priorisierung von Bereichen). Die weitere Unterstützung könnte bei Bedarf mit wohl überlegten Incentives zur Mitarbeit animieren (bspw. Anrechnungsstunden) und würde sich in diesem Fall stark individualisieren, auch wenn sie von den Inhalten ähnlich bliebe. Die Beratung würde sich also mit der Zeit wandeln: vom Informationsinput über die Prozessplanung und die Prozessbegleitung hin zur Anleitung zur Verselbstständigung des Prozesses.

Vor dem theoretischen Hintergrund der Vorstellung einer hoch effizienten distinkt-paradoxen Steuerung zwischen Autonomie und Kontrolle ergibt sich für die weitere Implementationspolitik des Orientierungsrahmens ein pragmatischer Weg, der die zuvor geschilderte direktive Steuerungsoption deutlich vermeidet und an der Optimierung der liberalen Steuerungspolitik ausgerichtet ist. Dies würde im Kern bedeuten, zu versuchen, die hochgradige Funktionalität distinkt-paradoxer Steuerung beizubehalten bzw. auszudifferenzieren, ohne die negativen Folgeeffekte mit „einzukaufen“. Bezogen auf den Orientierungsrahmen würde dies – in aller Kürze zusammengefasst – das Folgende bedeuten:

- Der Orientierungsrahmen behält seine paradoxe Form der „Fremdaufforderung zur Autonomie“ und bleibt im Kern „Selbstregulationsinstrument“.
- Aufgrund der beschriebenen „Zwitterstellung“ der Schulleitung wird der Orientierungsrahmen von starken Schulleitungen effektiv als Managementinstrument genutzt und schwache Schulleitungen müssen diesbezüglich gesondert unterstützt

werden. Der Orientierungsrahmen erhält dadurch eine Doppelfunktion als Instrument der Schulleitungsqualifizierung und der Organisationsentwicklung.

- Der Ausbau eines von der Schulaufsicht unabhängigen Unterstützungssystems, das für die kontextbezogene Übersetzung des Orientierungsrahmens zur Verfügung steht, wird forciert (inkl. „Incentives" für die Nutzung des Orientierungsrahmens, die die Arbeit mit ihm für die Schulen attraktiver machen). Hierbei sind insbesondere Unterstützungskonzepte für die Arbeit mit dem Orientierungsrahmen in folgenden Situationen zu erarbeiten:
  - *Schulfusionen:* Grundschulen im ländlichen Raum aufgrund der demographischen Entwicklungen, *Schulfusionen:* Überführung von Haupt-und Realschulen entweder in integrierte Gesamtschulen oder Oberschulen,
  - *Ganztagsbetrieb:* Umstellungen von Halbtagsschulen auf Ganztagsschulen,
  - *Inklusion:* Entwicklung von Regelschulen hin zu inklusiven Schulen.

Insbesondere der letzte Punkt – der Ausbau eines Unterstützungssystems – wird schwer zu realisieren sein. Es ist davon auszugehen, dass es beim Festhalten an dem Konzept des Orientierungsrahmens (wenn eine weitere Implementierung angestrebt wird) eines ausgebauten Unterstützungssystems bedarf, das nicht kontrollverdächtig ist und den Schulen vor Ort hilft, ihre institutionellen Herausforderungen und Entwicklungsaufgaben zu bewältigen. In den Zeiten, in denen die niederländische Schulinspektion sehr erfolgreich war, existierte zeitgleich auch ein entsprechend gut ausgestattetes Unterstützungssystem, wie wir es in Deutschland in keinem Bundesland kennen (Sparka & v. Bruggen, 2009). Ohne ein solches Unterstützungssystem werden die Ressourcen der Beteiligten vor Ort wahrscheinlich bald aufgebraucht sein. Und: Überforderte Systeme sind per se orientierungslos – ganz gleich, welche Orientierungsoptionen ihnen von außen angeboten werden.

Literatur

Berkemeyer, N. (2017). Referenzrahmen Schulqualität – einige kritische Anfragen. In P. Dobbelstein, B. Groot-Wilken & S. Koltermann (Hrsg.), *Referenzsysteme zur Unterstützung von Schulentwicklung* (S. 143–158). Münster: Waxmann.

BMZ (Bundesministerium für wirtschaftliche Zusammenarbeit und Entwicklung) & KMK (Ständige Konferenz der Kultusminister der Länder in der Bundesrepublik Deutschland). *Orientierungsrahmen für den Lernbereich Globale Entwicklung im Rahmen einer Bildung für nachhaltige Entwicklung.* Berlin, Bonn 2007.

Brüsemeister, T. & Kussau, J. (2007). Educational Governance: Zur Analyse der Handlungskoordination im Mehrebenensystem der Schule. In H. Altrichter T. Brüsemeister & J. Wissinger (Hrsg.), *Educational Governance – Handlungskoordination und Steuerung im Bildungssystem* (S. 15–54). Wiesbaden: VS-Verlag.

Diamond, J. B. & Spillane, J. (2004). High-stakes Accountability in Urban Elementary Schools: Challenging or Reproducing Inequality? *Teachers College Record, 106*, 1145–1176.

Dobbelstein, P., Groot-Wilken, B. & Koltermann, S. (Hrsg.). (2017). *Referenzsysteme zur Unterstützung von Schulentwicklung.* Münster: Waxmann.

Fend, H. (1986). „Gute Schulen – schlechte Schulen". Die einzelne Schule als pädagogische Handlungseinheit. *Die Deutsche Schule, 78* (3), 275–293.

Flick, U. (2007). *Qualitative Sozialforschung. Eine Einführung.* Reinbek bei Hamburg: Rowohlt.

Gruschka, A. & Heinrich, M. (2003). Projektdesign. In A. Gruschka, M. Heinrich, N. Köck, E. Martin, M. Pollmanns & M. Tiedtke (Hrsg.). (2003). Innere Schulreform durch Kriseninduktion? Fallrekonstruktionen und Strukturanalysen zu den Wirkungen administeriell verordneter Schulprogrammarbeit (*Frankfurter Beiträge zur Erziehungswissenschaft*, S. 7–41). Frankfurt a. M.: Johann Wolfgang Goethe-Universität, Fachbereich Erziehungswissenschaft.

Heinrich, M. (2007). *Governance in der Schulentwicklung. Von der Autonomie zur evaluationsbasierten Steuerung.* Wiesbaden: VS Verlag.

Heinrich, M. (2009). Schulleitung in neuer Akteurkonstellation. Auf der Suche nach der neuen Rolle von Schulleitung in der Bildungsreform. *b:sl (Zeitschrift: Beruf Schulleitung), 3*, 39–40.

Heinrich, M., Altrichter, H. & Soukup-Altrichter K. (2011). Neue Ungleichheiten durch Schulprofilierung? Autonomie, Wettbewerb und Selektion in profilorientierten Schulentwicklungsprozessen. In F. Dietrich, M. Heinrich & N. Thieme (Hrsg.), *Neue Steuerung – alte Ungleichheiten? Steuerung und Entwicklung im Bildungssystem* (S. 271–289). Münster: Waxmann.

Heinrich, M. & Meyer, H. (2007). Direkte Instruktion oder Offener Unterricht? Überlegungen zu einem integrativen Konzept anstatt unproduktiver Polarisierungen. In M. Heinrich & U. Prexl-Krausz (Hrsg.), *Eigene Lernwege – Quo vadis? Eine Spurensuche nach „neuen Lernformen" in Schulpraxis und LehrerInnenbildung* (S. 13–34). Wien: Lit-Verlag.

Helsper, W. (2009). Schulkultur und Milieu – Schulen als symbolische Ordnungen pädagogischen Sinns. In W. Melzer & R. Tippelt (Hrsg.), *Kulturen der Bildung* (S. 155–175). Opladen: Barbara Budrich.

Kasper, B. (2017). *Implementation von Schulqualität. Governanceanalyse des Orientierungsrahmens Schulqualität in Niedersachsen.* Wiesbaden: Springer VS.

Kasper, B. (2018). Schulqualität und Qualitätsrahmen. Die Einzelschule als Adressat bildungspolitischer Entscheidungen ohne Evidenzen? In K. Drossel & B. Eickelmann (Hrsg.*), Does „What works" work?* (S. 207–222). Münster: Waxmann.

Maier, U. & Schymala, M. (2011). Reduktion von sozialen Disparitäten durch datenbasierte Schulentwicklung? Voraussetzungen für die Rezeption und Nutzung zentraler Testrückmeldungen in Fach- und Gesamtlehrerkonferenzen. In F. Dietrich, M. Heinrich & N. Thieme (Hrsg.), *Neue Steuerung – alte Ungleichheiten? Steuerung und Entwicklung im Bildungssystem* (S. 291–304). Münster: Waxmann.

Mintrop, H. & Sunderman, G. (2012). Zentrale Steuerung von Schulentwicklung mit Quoten und Sanktionen: Das US-amerikanische Großexperiment in Schulen für benachteiligte Bildungsschichten. *Die Deutsche Schule, 104* (1), 8–30.

Nichols, S., Glass, G. & Berliner, D. (2006). High-stakes Testing and Student Achievement: Does Accountability Pressure Increase Student Learning? *Educational Policy Analysis Archives 17* (1), 1–72.

Oevermann, U. (2004). Sozialisation als Prozess der Krisenbewältigung. In D. Geulen & H. Veith (Hrsg.), *Sozialisationstheorie interdisziplinär. Aktuelle Perspektiven* (S. 155–181). Stuttgart: Lucius + Lucius.

Reese, M. (2012). Orientierungsrahmen für Schulqualität. Ein Instrument der selbstgesteuerten Schulentwicklung. *Friedrich Jahresheft, 30*, 116–119.

Rolff, H.-G. (2009). Führung als Gestaltung und ihre Bedeutung für die Schulreform. *Die Deutsche Schule, 101* (3), 253–265

Schratz, M. (2005). Abschied vom primus inter pares – Schulleitung zwischen Beruf und Berufung. In X. Büeler, A. Bucholzer & M. Roos (Hrsg.), *Schulen mit Profil. Forschungsergebnisse – Brennpunkte – Zukunftsperspektiven* (S. 181–192). Innsbruck: StudienVerlag.

Sparka, A. & Bruggen, J. van (2009). Schulische Unterstützungssysteme in den Niederlanden. *Die Deutsche Schule, 104* (1), 136–148.

Wernet, A. (2006). *Einführung in die Interpretationstechnik der objektiven Hermeneutik.* Wiesbaden: VS-Verlag.

Stephan Gerhard Huber

Führung und Management von Schulen: Anforderungen, Aufgaben und Kompetenzen von Schulleitung

Schule und ihre Arbeitsprozesse und -strukturen wandeln sich. Vielfältige gesellschaftliche Veränderungen sowie bildungspolitische Vorgaben sind wichtige Anforderungen an und Herausforderungen für Schule und Schulleitung, z. B. zur Vernetzung in der Region, zum Ganztag, zur Inklusion oder Integration. Neben den „klassischen Akteuren" sind zunehmend weitere Professionen, wie z. B. die Schulsozialarbeit, in vielen Schulen verankert und verändern deren Arbeit. Dass die Schulleitung für die Qualität und Wirksamkeit von Schulen eine herausragende Bedeutung hat, ist in den letzten Jahrzehnten von den Ergebnissen der internationalen und nationalen Schulforschung überzeugend untermauert worden (vgl. u. a. Huber, 1999a,b,c, 2010a,b; Huber & Muijs, 2010; Leithwood, Day, Sammons, Harris & Hopkins, 2007; Scheerens, 2012). Schulleiterinnen bzw. Schulleiter werden als Schlüsselfiguren in ihren Schulen bezeichnet, mit dem Vermögen, Schulentwicklungsprozesse entscheidend voranzubringen, aber genauso auch zu blockieren; sie gelten als zentrale „Change Agents" und tragen Verantwortung für den Veränderungsprozess der Einzelschule. Wie werden Schulleiterinnen und Schulleiter im System Schule dieser Bildungsqualität, die es zu sichern und zu entwickeln gilt, gerecht? Wie müssen Führung und Management in den verschiedenen Handlungsfeldern von Schulleitung aussehen, damit dem schulischen Expertenteam diese möglichst gut gelingen? Welche Kompetenzen braucht es dazu und welche Leadership-Modelle unterstützen die innerschulische Vernetzung sowie die nach außen in die Region?

1. Das Aufgaben- und Tätigkeitsspektrum pädagogischer Führung in den Handlungsfeldern von Schulmanagement

Schulleiterinnen und Schulleiter sehen sich zwei zentralen Tätigkeitsbereichen gegenüber: einerseits die Arbeit mit und für Menschen innerhalb der Schule und aus deren Umfeld sowie andererseits die Verwaltung finanzieller und personeller Ressourcen bzw. allgemein administrative Tätigkeiten (vgl. Huber, 2003, 2004, 2005a). Sie betreiben professionelles, also qualifiziertes, systematisches und zielgerichtetes Management der Arbeit von Schule und sichern und entwickeln die Qualität dieser Arbeit – nichts anderes meint Schulmanagement. Darunter gefasst sind alle Maßnahmen, die zur Gestaltung und Optimierung von Schule und schulischen Prozessen beitragen. Zu *Schulmanagement* gehören demnach zentrale Aspekte wie die Planung, Organisation, Koordination, Steuerung und Kontrolle von Bildungs-, Erziehungs- und Unterrichtsprozessen, also von zielgerichteten Lern- und Entwicklungsprozessen sowie deren Diagnose, Analyse und Beurteilung und die Steuerung und Entwicklung der Einrichtung (also der Schule als Organisation, als pädagogische Handlungseinheit (Fend, 1987) insgesamt. Schulmanagement geht von den Zielen von Schule allgemein aus und spezifiziert sie gemäß den jeweiligen Anforderungen (Schulart, Schulgröße, Schulumfeld, Schülerschaft, Kollegium etc.), mit denen die Einzelschulen und ihre Akteure konfrontiert sind. So haben Schulen und demzufolge Schulmanagement jeweils eine spezifische Funktion; Schule und Schulmanagement sind kontextabhängig (vgl. Kapitel 3). Im Rahmen von Schulmanagement wird geklärt, welche Personen mit welchen Aufgaben in welcher Form und in welcher Struktur mit bestimmten Instrumenten (und entsprechendem Verhalten) bestimmte Prozesse ausführen (vgl. Abb. 1).

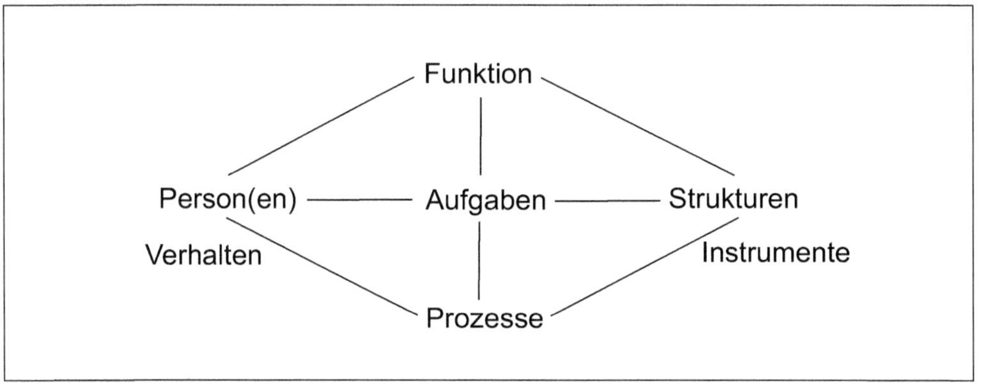

Abbildung 1: Komponenten von Schulmanagement (vgl. Huber 2013b, 2020)

Die heute erheblich komplexeren schulischen Managementaufgaben und -rollen von pädagogischen Führungskräften können in einem theoretischen Modell (vgl. Abb. 2) abgebildet werden, das diese Aufgaben in Handlungsfelder von pädagogischen Führungskräften differenziert. Die Handlungsfelder umfassen Unterricht und Erziehung, Personal, Organisation und Verwaltung, Qualitätsmanagement (Qualitätssicherung und Qualitätsentwicklung) sowie Repräsentationsaufgaben und die Förderung der Kooperation innerhalb der Schule und nach außen. Ziel aller Maßnahmen ist hierbei immer, die Lernenden bei der Entwicklung ihrer Kompetenzen zu fördern und zu unterstützen.

Nachfolgend werden die einzelnen Handlungsfelder, deren Inhalte sowie daraus erwachsende Aufgaben pädagogischer Führung kurz zusammengefasst. Das theoretische Modell wurde mehrfach getestet und bestätigt.

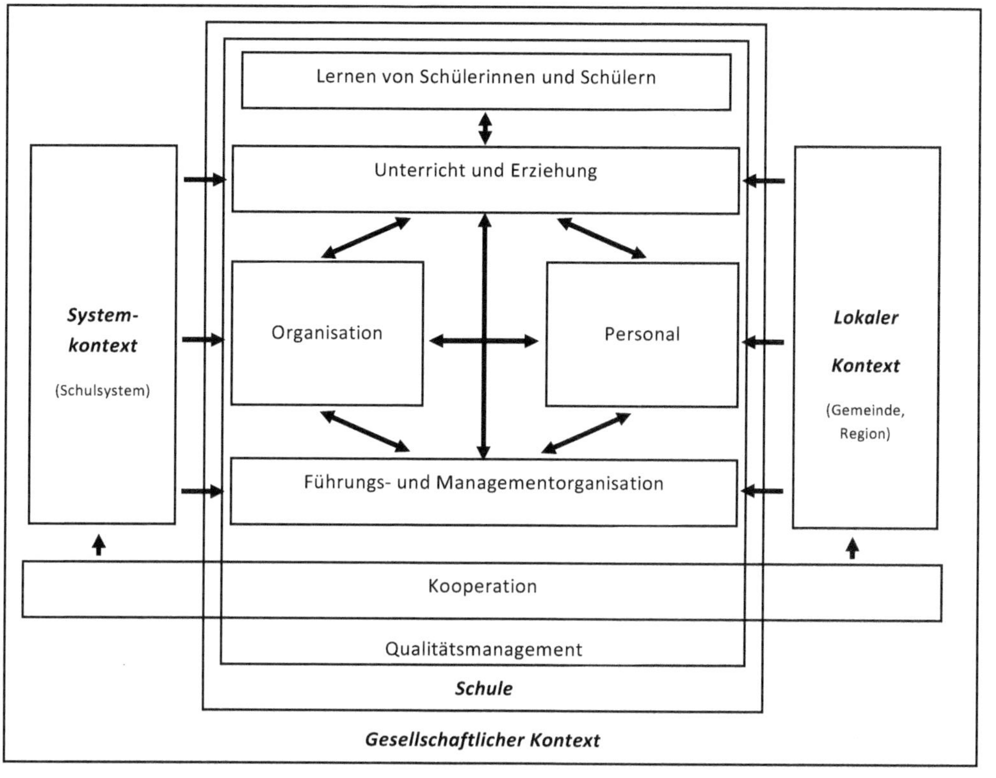

Abbildung 2: Handlungsfelder von Schulmanagement (nach Huber 2003, 2013b; Huber, Hader-Popp & Schneider 2014)

1.1 Handlungsfeld Unterricht und Erziehung: Unterrichtsentwicklung initiieren und unterstützen

Unterricht und Erziehung liegen in der Verantwortung der Lehrkräfte. Aufgabe des Schulmanagements ist es, sicherzustellen, dass Unterricht auf qualitativ hohem Niveau stattfinden kann. Es muss Unterrichtsentwicklung initiieren und unterstützen sowie für Arbeitsstrukturen sorgen, die es den Lehrkräften ermöglichen, sich in kollegialer Kooperation über Unterricht und Erziehung zu verständigen, Praxiserfahrungen auszutauschen und voneinander zu lernen. Das Schulmanagement gewährleistet, dass die Unterrichtsentwicklung und die Erziehung an der Schule zu einem Gesamtkonzept im Sinne von abgestimmter und gemeinsam verantworteter Arbeit zusammengeführt werden.

Ziel aller Maßnahmen ist es, die Schülerinnen und Schüler bei der Entwicklung ihrer Kompetenzen zu fördern und zu unterstützen. Somit ist es die zentrale Aufgabe des Schulmanagements, das Lernen zu fördern. Damit dies gelingt, rücken Unterrichts- und Personalentwicklung (siehe nachfolgendes Handlungsfeld) als Beitrag zur Professionalisierung von Lehrkräften in den Mittelpunkt.

Inhalte des Handlungsfeldes Unterricht und Erziehung sind (vgl. Huber, 2013c, S. 306ff.): Curriculum und Unterricht, Gliederung von Lernstoffen, neuer Lehrplan, Curriculumentwicklung, Schaffen günstiger Lernbedingungen, individuelle Lernförderung, Inklusion, Erziehung zum positiven Umgang mit Unterschiedlichkeiten (Kultur, Geschlecht, Religion, ethnische Zugehörigkeit, sexuelle Identität und Orientierung usw.), Erstellen eines Fächerkanons im Dienste „erfolgreichen Lernens", neue Unterrichts- und Lernformen (zum Beispiel schüleraktivierende Unterrichtsformen, computergestütztes Lernen, kooperatives Lernen, Projektarbeit, klassenübergreifende Projekte), Projekttage, Schulcafé und extracurriculare Aktivitäten, schulische Sozialarbeit (Hort, Nachmittagsbetreuung, Beratung, Mentoren, Tutoren, schulinterne Sozialarbeit), Schülermitverwaltung, Gewalt- und Drogenprävention, Umwelterziehung, disziplinarische Verfahren – um einige zu nennen.

1.2 Handlungsfeld Personal: kontinuierliche Personalentwicklung sichern

(Schul-)Management soll Personen dazu bringen, gemäß den Zielen der Organisation zu handeln, und zwar effektiv und effizient. Laut West (2009) planen, organisieren und beaufsichtigen Manager; sie wählen Personal aus, kümmern sich um Weiterbildungen, motivieren und regen Innovationen an (vgl. Drucker, 1956). Im Sinne einer „Transformational Leadership" (vgl. bereits Burns, 1978; Leithwood, 1992; Caldwell & Spinks, 1992) verwaltet Schulmanagement nicht nur Strukturen und Aufgaben, sondern konzentriert sich auf die arbeitenden Menschen und ihre Beziehungen und ist bemüht, deren Kooperation und Engagement zu gewinnen.

Auf der Grundlage des Abgleichs von vorhandenem Personalbestand und künftig zu erwartendem Personalbedarf sorgt Schulmanagement dafür, dass geeignetes Personal mit den erforderlichen Qualifikationen für die Aufgabenerfüllung der Schule zur Verfügung steht und eingesetzt wird. Die kontinuierliche professionelle Weiterentwicklung dieses Personals sollte nicht nur den individuellen Bedürfnissen Rechnung tragen, sondern einem Gesamtkonzept folgen mit dem Ziel, die Kompetenz des Kollegiums als Ganzes zu erweitern.

Inhalte des Handlungsfeldes Personal sind Personalführung und Personalentwicklung, Rekrutierung, Auswahl und Führung neuer Lehrkräfte, Personaleinsatz, Teamarbeit und Teamentwicklung, Fort- und Weiterbildung und Professionalisierung des Kollegiums, Personalentwicklung und Lehrersupervision, Beratung und Unterstützung des Kollegiums, Umgang mit schwierigen Personalsituationen (Mobbing, Alkoholmissbrauch etc.), Personalbeurteilung (Beurteilungspraxis, Unterrichtsbeobachtung, -analyse und -beratung in Hospitationen, Betreuung und Beurteilung von Unterricht, Pädagogische Leistungsbeurteilung).

1.3 Handlungsfeld Organisation und Verwaltung: die Wirksamkeit pädagogischen Handelns unterstützen

Die Organisation von Schule und Unterricht muss so gestaltet sein, dass sie die Wirksamkeit des pädagogischen Handelns ermöglicht und unterstützt. Dies setzt voraus, dass die Organisationsgestaltung sich am Auftrag der Schule und an Zielvorstellungen orientiert, auf die sie sich im Schulprogramm und insbesondere in ihrem Leitbild verständigt hat. Darauf ist die Aufbau- und Ablauforganisation ausgerichtet.

Im Sinne eines organisationspädagogischen Managements (vgl. Rosenbusch, 2005) wird die Schulverwaltung als Instrument begriffen, um genuin pädagogische Zielvorstellungen zu erreichen. Das Führungshandeln ist damit auch Modell dafür, wozu die Schule erziehen will, das heißt, pädagogische Führung soll einen anschaulichen und modellhaften Erfahrungsraum für alle Beteiligten gestalten, in dem pädagogische Zielvorstellungen verwirklicht werden können zum Nutzen der Organisation und des Einzelnen.

Zu den Inhalten des Handlungsfeldes Organisation und Verwaltung können folgende gezählt werden: Schulmanagement, Administration und Schulverwaltung, Verwaltungs- und Ablauforganisation, Verwaltung des Haushalts, Budgetfragen, Kompetenz in Controlling, Finanzierung, Management personaler und finanzieller Ressourcen, Vertragsschließungen, Versicherungen, Personalmanagement, Management von Informationssystemen und -technologien, Management von Gebäuden und Einrichtung etc.

1.4 Handlungsfeld Qualitätsmanagement: Qualitätssicherung und -entwicklung gestalten

Qualitätsmanagement hat die kontinuierliche Verbesserung unter Anpassung an sich verändernde Rahmenbedingungen und Anforderungen zum Ziel. Zum einen geht es dabei um die Entwicklung von (Arbeits-)Abläufen und Prozessen in Richtung dessen, was schulspezifisch angestrebt wird und/oder gesetzlich gefordert ist (Qualitätsentwicklung), zum anderen um die Erhaltung einer bestehenden (guten) Praxis sowie die Sicherung der Veränderungen und Verbesserungen, die infolge dieser Entwicklung erreicht werden (Qualitätssicherung). Das Management von Qualität meint das bewusste Gestalten dieser beiden Vorgänge und wie diese beiden Arbeitsbereiche systematisch und sinnvoll miteinander in Beziehung gesetzt werden (Huber & Schneider, 2018, S. 121). Da Qualitätsmanagement ein (Querschnitts-)Handlungsfeld ist, das alle anderen Handlungsfelder umfasst, ist es für alle schulischen Akteure von Bedeutung.

Inhalte von Qualitätssicherung sind unter anderem (vgl. Huber 2013c, S. 306 ff.): interne und externe Evaluationen und deren Methoden, Schülerleistung und -bewertung, Leistungsstandards und Beurteilungsstandards, standardisierte Testverfahren, Beurteilungspraxis, Beurteilung und Bewertung im Sinne einer Förderung „erfolgreichen Lernens", Rechenschaftsverpflichtung gegenüber Eltern, Staat, Öffentlichkeit, Handlungsforschung, organisationales Lernen und Supervision etc.

Inhalte von Qualitätsentwicklung sind unter anderem (vgl. Huber 2013c, S. 306 ff.): Modelle pädagogischer Organisationen, Schule als lernende Organisation, Organisationstheorie, Organisationskultur, Organisationspsychologie, Arbeiten in der lernenden Organisation, Schulqualität und Qualitätsmanagement, Instructional Leadership, Integral Leadership und Transformational Leadership, Entwickeln eines gemeinsamen Leitbilds und dessen Umsetzung in die Praxis, Zielvorstellung von Schule, pädagogische Entwicklung der Schule, Management von Schulprogrammen, Wandel initiieren – Wandel organisieren, Schulverbesserungsprojekte, Projektmanagement, organisationales Lernen, Schulentwicklung und Schulkultur, Verständnis der Kultur einer Schule, systemisches Denken zugunsten „erfolgreichen Lernens", Corporate-Identity-Modelle, TQM-Techniken etc.

1.5 Handlungsfeld Kooperation: System Leadership betreiben

Kooperation ist nicht nur die intendierte Arbeitsform für Lernende und Lehrende, sondern betrifft ganz maßgeblich auch das Schulmanagement: Dieses schafft die erforderlichen Rahmenbedingungen, unterstützt die Umsetzung an der Schule und ist Vorbild für kooperatives Handeln. Kooperativ Führende fördern die Zusammenarbeit nicht nur innerhalb der Schule, sondern auch mit anderen Schulen und außerschulischen Partnern. Sie sind bemüht, solche Allianzen zum Wohl der Schülerinnen und Schüler an der eigenen Schule zu initiieren – damit betreiben sie „System Leadership" (siehe auch Kapitel 4; vgl. Huber, 2017, 2010b; Huber & Rolff, 2010).

Kooperation ist ein zentrales und übergreifendes Handlungsfeld, das für alle schulischen Akteure von Bedeutung ist. Kooperatives Arbeiten sollte, und zwar unter allen Beteiligten, Schülerschaft, Kollegium und Schulleitung, vor allem auf den Erfolg der Zieltätigkeit von Schule, nämlich Erziehung und Unterricht, hin ausgerichtet sein. Kooperation im schulischen Kontext ist nicht nur eine Handlungsmöglichkeit mit eher instrumentellem Wert, sondern auch ein dezidiertes Erziehungs- und Bildungsziel (vgl. Huber & Ahlgrimm, 2012; Huber & Hader-Popp, 2013; Rosenbusch, 2013).

Kooperation nach innen beinhaltet u. a. (vgl. Huber, 2013c, S. 306 ff.): Moderation, Konferenzgestaltung, Gesprächsführung, Rhetorik, Problem- und Konfliktlösung, Konfliktmanagement, Umgang mit Konflikten und Mikropolitik, Delegieren von Verantwortung, Kommunikation und Führung, Mitarbeitergespräche, Konferenztechnik – effektive Besprechungen, Entscheidungsfindung, Gruppenprozesse, Schaffen von Beziehungs- und Kommunikationsstrukturen im Dienste „erfolgreichen Lernens", Kommunikation und Wahrnehmung etc.

Kooperation mit Blick nach außen umfasst folgende Bereiche (vgl. Huber, 2013c, S. 306 ff.): Gestaltung der Außenbeziehungen der Schule, Elternarbeit, Gremienarbeit, die Schule und die Gemeinde, den sozialen Kontext, Zusammenarbeit mit örtlichen Institutionen (Jugendamt, Polizei, Beratungsstellen etc.), Arbeiten in (regionalen/überregionalen) Netzwerken, Kooperation mit Instanzen der Verwaltung und Politik, Kooperation mit Verbänden, Austauschprogramme für Schulen, Marketing und PR

(Pressearbeit, Darstellung der Schule, „Werben" für die Schule, auch Schule im Internet) etc.

Im nachfolgenden Kapitel 2 über Kompetenzen einer guten Schulleitung werden allgemeine und tätigkeitsbezogene Kompetenzen sowie Führungskonzepte unterschieden, die die Wahrnehmung der beschriebenen Aufgaben eines Schulmanagements ermöglichen und unterstützen sollen. Es werden exemplarisch wünschenswerte verhaltensbezogene Standards als konkrete Zielvorgaben dargestellt, welche für die erfolgreiche Schulführung als angebracht angesehen werden.

2. Kompetenzen einer guten Schulleitung – ein Modell zum Wissen, Können und Wollen pädagogischer Führungskräfte[1]

Angesichts der aufgezeigten Komplexität von Aufgaben in den im vorangegangenen Kapitel skizzierten Handlungsfeldern stellt sich die Frage, wie pädagogische Führungskräfte das leisten können. Die Beantwortung dieser Frage führt zu den Kompetenzen schulischer Führung, die als Amalgam erforderlichen Wissens, Könnens und Wollens zusammenspielen, wie sie beispielsweise auch von Schratz und Wiesner (2019) im vorliegenden Band beschrieben sind. Ein umfassender Kompetenzansatz, der als Grundlage bei der Professionalisierung pädagogischer Führungskräfte (der Qualifizierung und der Auswahl) wie auch bei der Evaluation von Führungskräften dient, muss demzufolge Fähigkeiten und Fertigkeiten, Wissen, Motive, Eigenschaften und Einstellungen berücksichtigen (vgl. Huber, Schwander, Schneider & Gleibs, 2014).

Kompetenzen – als konkret gezeigtes Verhalten – können sich je nach Anforderung der Situation unterschiedlich zeigen (vgl. Abb. 3 sowie Weinert, 2001 und Schaper, 2009). Sie können laufend weiterentwickelt werden: einerseits aufgrund einer Expertise, die aus Erfahrungen in neuartigen Situationen entsteht, andererseits durch die Auseinandersetzung mit berufsbezogenen Entwicklungsanforderungen.

Das in Abbildung 4 dargestellte Kompetenzstrukturmodell (vgl. Frey & Jung, 2011) für pädagogische Führung differenziert drei zentrale Elemente: Es geht von tätigkeitsbezogenen Kompetenzen auf Basis von Berufsanforderungen auf verschiedenen Ebenen der Führung bzw. bei verschiedenen Funktionen aus und bietet eine Übersicht zu tätigkeitsübergreifenden Dispositionen bzw. allgemeinen Kompetenzen sowie zu erfolgsrelevanten Führungskonzepten.

1 Vgl. Kooperationsprojekt der Stiftung der Deutschen Wirtschaft, der Robert Bosch Stiftung und des Instituts für Bildungsmanagement und Bildungsökonomie der Pädagogischen Hochschule Zug im Rahmen der Transferinitiative „Leadership in der Lehrerbildung" (Huber, Stiftung der Deutschen Wirtschaft & Robert Bosch Stiftung, 2015). In einem ersten Schritt wurde im Projekt ein Kompetenzmodell für pädagogische Führung entwickelt. Das Modell zeigt auf, was pädagogische Führungskräfte idealerweise wissen, können und wollen sollten, um Schule erfolgreich zu gestalten.

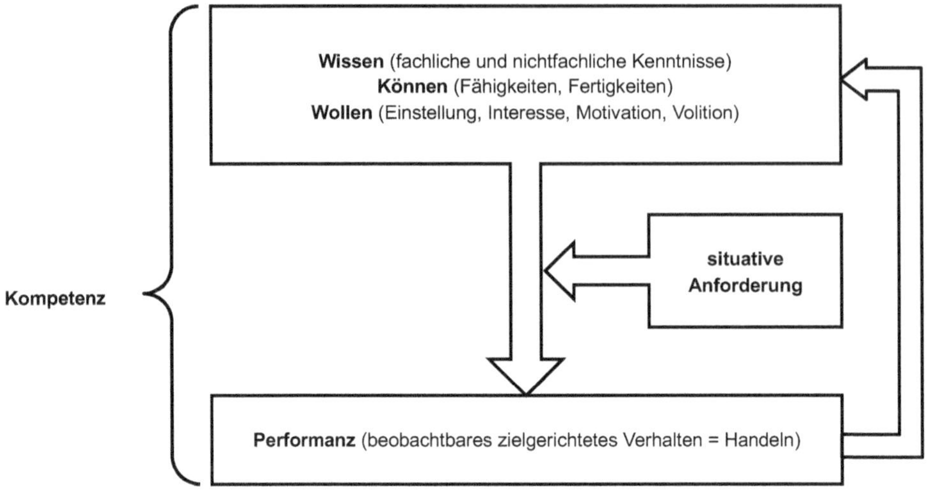

Abbildung 3: Kompetenzbegriff

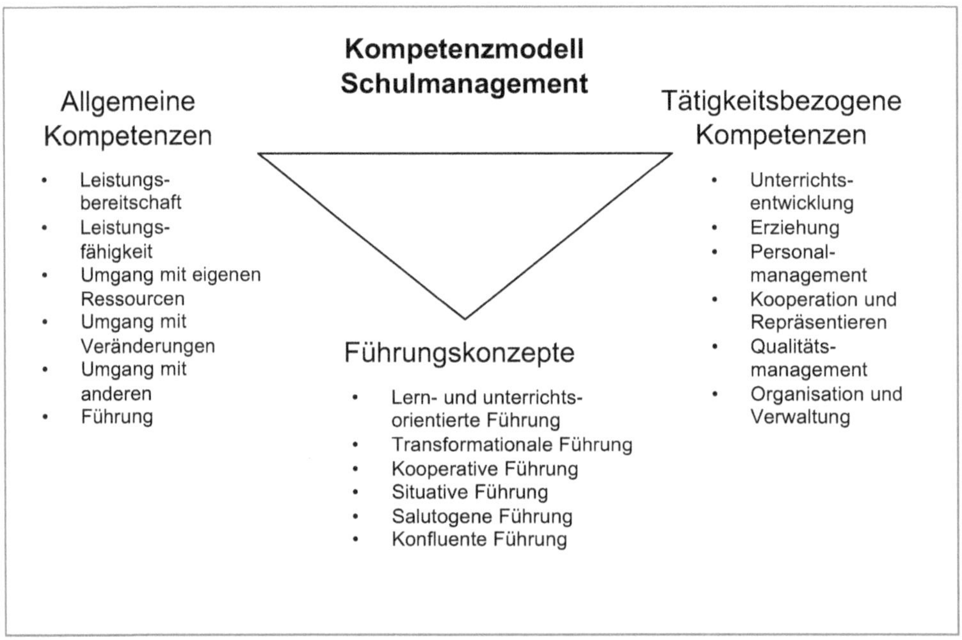

Abbildung 4: Strukturelemente des Kompetenzmodells (vgl. Frey & Jung, 2011)

2.1 Tätigkeitsbezogene Kompetenzen

Für jede im vorangegangenen Kapitel beschriebene Aufgabe schulischer Führung, für jedes Handlungsfeld können wünschenswerte Standards als konkrete Zielvorgaben aufgezeigt werden. Diese Standards beschreiben, welches Verhalten im jeweiligen Handlungsfeld für das erfolgreiche Führen der Schule als Organisation als angebracht angesehen wird. Die dahinterstehenden tätigkeitsbezogenen Kompetenzen ermöglichen es, das erwünschte Führungsverhalten zu zeigen. Die Gesamtheit der Standards verdeutlicht ein Idealbild. Exemplarisch seien zur Illustration die tätigkeitsbezogenen Kompetenzen für die übergreifenden Handlungsfelder *Qualitätsmanagement* und *Kooperation* genannt:

Für das Handlungsfeld Qualitätsmanagement:
Führungskräfte innerhalb der Schule akzeptieren ihre zentrale Führungsrolle im Prozess von Qualitätsmanagement und nehmen diese aktiv wahr. Sie priorisieren Entwicklungsvorhaben im Hinblick auf die Kernaufgabe der Schule, das Lernen der Schülerinnen und Schüler zu fördern.

Für das Handlungsfeld Kooperation:
Lehrkräfte und pädagogische Führungskräfte in der Schule schaffen Voraussetzungen und konkrete Möglichkeiten, durch Kooperation Entwicklungsprozesse in Gang zu setzen, die die Problemlösungsfähigkeit und Leistungsfähigkeit der Schülerinnen und Schüler und die der Schule insgesamt erhöhen.

2.2 Allgemeine Kompetenzen

Bei den allgemeinen Kompetenzen geht es um Dispositionen in der Persönlichkeit der Führungskraft als zweitem Element des Kompetenzmodells. Im Gegensatz zum Verhalten, das ständig im Fluss und direkt beobachtbar ist, handelt es sich um zeitlich stabile Merkmale, die die Person befähigen, in einer bestimmten Situation ein bestimmtes Verhalten zu zeigen (vgl. Asendorpf & Neyer, 2012; Erpenbeck & v. Rosenstiel, 2007). Sie stehen mit dem Erfolg von Führungskräften in Beziehung.

Einen umfassenden Überblick zu erfolgsrelevanten Dispositionen bietet das onlinebasierte Potenzialanalyseinstrument „Kompetenzprofil Schulmanagement" („KPSM"; Huber, 2013d; Huber & Hiltmann, 2011), das sich in sechs für Schulmanagement relevante Anforderungsbereiche mit 23 erfolgsrelevanten Dimensionen gliedert:

Allgemeine Leistungsbereitschaft • Einsatzbereitschaft • Leistungsmotivation • Misserfolge vermeiden	**Umgang mit Veränderungen** • Aktives Innovationsstreben • Mehrdeutige Situationen mögen • Gestaltungsmotivation
Allgemeine Leistungsfähigkeit • Analytisches Denken • Analytisches Textverständnis • Denkgeschwindigkeit • Planungskompetenz • Prozessdenken	**Umgang mit eigenen Ressourcen** • Stressresistenz • Vertrauen in die eigenen Fähigkeiten **Führung** • Begeisterungsfähigkeit • Durchsetzungsvermögen • Führungsmotivation • Machbarkeitsgrenzen erkennen • Einfluss Anderer meiden • Streben nach sozialer Akzeptanz
Umgang mit Anderen • Einfühlungsvermögen • Kritikbereitschaft • Teamorientierung • Kontaktfreude	

2.3 Führungskonzepte

Das dritte Element der Kompetenzstruktur für pädagogische Führung beinhaltet das für sie handlungsleitende Führungskonzept oder einen integrativen Ansatz von erfolgreichen Führungskonzepten. Als Schlüsselfiguren für die Qualität und Wirksamkeit von Schule tragen pädagogische Führungskräfte dafür Sorge, dass veränderte Anforderungen an Schule in das pädagogische Konzept und in alle schulischen Prozesse integriert werden. Diese Prozesse gehen über die Lehr-/Lernprozesse hinaus. So wird ein umfassendes, die Qualität förderndes Führungskonzept, welches Überlegungen zur Personal- und Organisationsentwicklung beinhaltet, zur neuen Herausforderung. Es zeigt sich, dass verschiedene Führungskonzepte unterschiedlich zum Erfolg der Organisation bzw. der Schule beitragen (vgl. Huber, 2005a,b, 2010a, 2012, 2013e; für eine Analyse von Metastudien Huber & Muijs, 2010). So wird beispielsweise für Schulen in kritischer Lage angeregt: „Die Schulleitung etabliert einen Führungsstil, der zur aktuellen kritischen Situation der Schule und auch vor dem Hintergrund der Stellenbesetzung (aus dem Kollegium vs. extern) passend ist. Dabei orientiert sich der Führungsstil an einem Distributed Leadership, einem kooperativen Führungsstil, und bleibt flexibel (z.B. direktiver oder kooperativer, wenn angebracht), sodass die Schulleitung die Schule durch verschiedene Veränderungsphasen hinweg begleitet." (Huber, Skedsmo et al., 2018, S. 295). Bartz (2019, S. 7) fordert ergänzend in Bezug auf schulisches Führungshandeln, „nicht nur die Vorschriften, sondern auch die eigenen Überzeugungen und vor allem die Gestaltungsspielräume für die Lehrkräfte im Blick zu haben".

In der Schulleitungsforschung werden die Konzepte der lern- und unterrichtsorientierten, transformationalen, der instruktionalen, der kooperativen, der situativen, der salutogenen und konfluenten Führung als sehr erfolgreich gewertet. Dabei sind allerdings auch immer Fragen der Passung mit zu berücksichtigen, die in den nachfolgenden Kapiteln thematisiert werden.

3. One size fits all? Schulleitung und ihre Passung

Die starken Veränderungen der letzten Jahrzehnte im Hinblick auf die Anforderungen an Schule und die Rolle und Aufgaben von Schulleitung haben auch die Frage nach der Passung weiter in den Fokus gerückt: Wie müssen Führung und das System Schule idealerweise aufeinander bezogen sein, damit die Aufgaben von Schule und ihr hoher Qualitätsanspruch bestmöglich erfüllt werden können?[2]

Schulen sind unterschiedlich, deswegen braucht es unterschiedliche Leitungspersonen. In der empirischen Führungsforschung konnte kein überzeugender Verhaltens- oder Persönlichkeitskatalog vorgelegt werden, der unabhängig von den jeweiligen Anforderungen der Einzelschulen als Organisations- und Handlungseinheiten allgemeingültig ist. Die Kompetenzen, Fähigkeiten und Fertigkeiten, aber auch die Persönlichkeit der pädagogischen Führungskraft und z.B. ihre Motivation, ihre Neigungen, Haltungen und Einstellungen einerseits und der Schulkontext andererseits müssen deshalb eine hohe Passung aufweisen, wie aus der Organisations- und Führungsforschung bekannt ist (vgl. Huber & Loitfellner, 2017). Man spricht von „person-job fit" einerseits und „person-organisation fit" andererseits (Holland, 1997; Caldwell & O'Reilly, 1990; O'Reilly, Chatman & Caldwell, 1991; Hackman & Oldham, 1980; Lauver & Kristof-Brown, 2001; Kristof-Brown, Zimmermann, Johnson & Tippie, 2005; Jansen & Kristof-Brown, 2006; Edwards, 2008; Sekiguchi, 2004). Es braucht eine doppelte Passung: eine Person-Funktion-Kontext-Passung. Eine Schulleiterin mag in Organisation A keinen Erfolg haben und unzufrieden sein, wäre aber gut geeignet für Organisation B. Das unterstreicht die Herausforderung bei der Personalauswahl, jemanden zu finden, der nicht nur die Anforderungen im Allgemeinen bewältigen kann, sondern auch die einer bestimmten Organisation.

Gute Schulleiterinnen und Schulleiter gehen immer wieder neu vom konkreten Kontext aus und versuchen auf diesen zu wirken, indem sie das Optimierungspotenzial ausschöpfen. Gutes Führungshandeln bezeichnet daher nicht nur ein authentisches, sondern vor allem ein auf die jeweilige Situation abgestimmtes Verhalten. So verhalten sich gute Leitungspersonen gegenüber ihren Mitarbeiterinnen und Mitarbeitern unterschiedlich; ihr Verhalten wird jedoch sowohl vom Einzelnen als auch vom Kollegium als stimmig wahrgenommen.

Konsequenterweise sollten deshalb Ausschreibungen schulscharf sein, Schulleitungsbesetzungen auf die jeweilige Schule spezifisch erfolgen, ansonsten kann dies die Schule in ihrer Entwicklung deutlich beeinträchtigen (vgl. Huber et al., 2018). Für das System gilt daher zunächst, bei der personellen Besetzung einer Funktionsstelle als Schulleiterin oder Schulleiter auf die Passung zwischen der Person und der Schule bzw. der aktuellen Situation der Schule zu achten. Für jede Organisation, auch für Schule, gilt es darüber hinaus, genau hinzuschauen, zu analysieren und nach Erkennt-

2 Dieses Kapitel basiert auf Huber und Loitfellner, 2017.

nissen, Konstrukten bzw. Regeln Ausschau zu halten, die die Frage nach dem „wie viel von welcher Art Führung es braucht“ fassbar und beantwortbar machen. Bei dieser „Daueraufgabe“ geht es um eine professionsbezogene Auseinandersetzung damit, welches Führungsverhalten für den Verantwortungs- und Gestaltungsraum in einem pädagogischen Kontext funktional, also zielführend-qualitätssteigernd und dabei ressourcenschonend-effizient ist (vgl. Huber & Loitfellner, 2017).

Neben dem „person-organisation fit“ gilt es, die Veränderungen im dynamischen Berufslebenszyklus einer Führungskraft zu beachten: Die These von Boam und Sparrow (1992) lautet, dass während der Entwicklung einer Organisation immer neue Kompetenzen erforderlich werden, die Relevanz anderer abnimmt und wieder andere relativ konstant bleiben. Damit Schulleiterinnen und Schulleiter den Anforderungen einer sich entwickelnden Schule gerecht werden können, benötigen sie zu verschiedenen Zeiten jeweils andere Kompetenzen; zum Beispiel mögen in der Phase der Erarbeitung einer Vision das aktive Innovationsstreben und die Gestaltungsmotivation als Dispositionen besonders gefragt sein. Schulleitungen, die komplexe Projekte neu aufsetzen, brauchen wiederum für eine bestimmte Zeit insbesondere ihre Planungskompetenz. Das stellt Anforderungen an die eigene Personalentwicklung und Professionalisierung wie auch an die Unterstützungsformen.

Sich als Person gut zu kennen, sich im Handeln, auch im Erleben, immer wieder zu reflektieren, die Organisation mit ihrer Kultur sowie mit ihren Mitgliedern in ihrer Sozialdynamik gut zu kennen, sie immer wieder zu analysieren, um ihr mit einer passgenauen Führung gerecht zu werden, in ihr funktional handeln zu können, um sie in ihren verschiedenen Qualitäten zu optimieren und zu innovieren – dies alles sind zentrale reflexive Kompetenzen einer erfolgreich agierenden Führungskraft.

Was braucht also gutes, passgenaues schulisches Führungshandeln? Eine einfache und standardisierte Antwort auf die Frage gibt es nicht, jedoch können einige grundlegende Leitlinien skizziert werden:

- Es braucht vielfältige Passungen.
- Es braucht so viel wie möglich an Partizipation und Kooperation.
- Es braucht strategische Verantwortungsübernahme auf allen Ebenen und profundes und persistentes Handeln im eigenen operativen Gestaltungsrahmen.
- Es braucht einen situationsanalytischen Zugang. System- und v.a. organisations- bzw. schul-spezifische Konfigurationen sind zu beachten.
- Es braucht professionelle „Zweitreaktionen“, kein Handeln „aus dem Bauch“ heraus, sondern eine bewusste Wahl aufgrund einer Situationsanalyse und der möglichen Handlungsoptionen.
- Es braucht differenzierte Zugänge im Handeln. Das alte Modell von autoritär versus laissez faire erlaubt die nötigen Differenzierungsmöglichkeiten und Analysezugänge nicht.
- Genau darin, also im Umgang mit der Komplexität, liegt die große Herausforderung.

Abbildung 5 skizziert den Reflexionsrahmen zu den oben aufgeworfenen Aspekten der Passung.

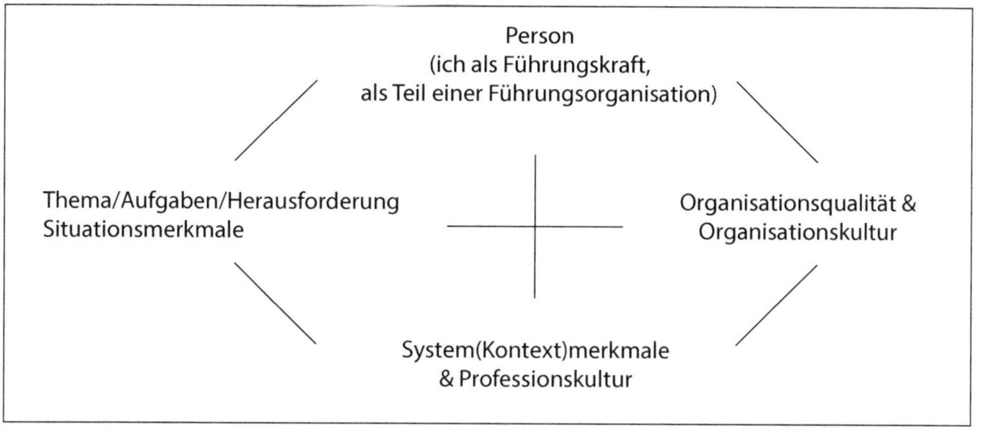

Abbildung 5: Reflexionsrahmen zur „Passung" im Führungshandeln (Huber & Loitfellner, 2017)

Als Orientierung für Schulleitungshandeln können zwei Handlungsmaximen formuliert werden:

1) das Ausloten und Herstellen von Passung – damit verbunden sind Reflexionen zur Person und zu ihrer Umwelt (z. B. der Organisationsqualität) sowie die Betrachtung der situativen Angemessenheit bzw. der situativen Führung, um bestmögliche Funktionalität zu erzeugen (siehe oben);
2) Kooperative Führung zur Nutzung vorhandener Ressourcen und Qualitäten in einer Expertenorganisation und aufgrund professionskultureller Überlegungen.

Auf den Aspekt Kooperativer Führung wird im nächsten Kapitel näher eingegangen.

4. Kooperative Führung und System Leadership als Modelle der Wahl für zeitgemäße Schulleitung

Eine Antwort auf die beschriebenen hohen Anforderungen und die damit einhergehende enorme Komplexität von Schulleitungsaufgaben im Zusammenhang mit der Funktion der Einzelschule in ihrem Umfeld sind kooperative Führungskonzepte, wie beispielsweise das der Kooperativen Führung und des System Leadership. Während Kooperative Führung vor allem mit innerschulischer Kooperation assoziiert ist, verweist System Leadership zusätzlich auf die Rolle von Führungskräften über die eigene Schule hinaus.[3]

3 Dieses Kapitel basiert auf Huber, 2017.

4.1 Kooperative Führung – mehr als ein bloßer Führungsstil

Kansteiner-Schänzlin (2002) führt zu Kooperativer Führung aus: Sie „basiert m.E. auf der Vorstellung, dass die Führungsfunktion dauerhaft im Miteinander mit den Mitarbeiterinnen ausgestaltet wird und eine hohe Intensität der Entscheidungsbeteiligung aufweist“ (S. 47). Kooperative Führung im Schulkontext bezeichnet Rosenbusch (1990) als Führung durch Überzeugung und Beteiligen, und sie ist somit nichts anderes als die Einladung, gemeinsam Schule zu gestalten. Deutlich wird damit, dass Kooperative Führung eher ein umfassendes Konzept ist denn ein bloßer Führungsstil. Während einerseits das Führungsverhalten auf der Basis entsprechender personaler Kompetenzen fokussiert wird, stehen andererseits die erforderlichen, Kooperation bedingenden bzw. fördernden Strukturen im Mittelpunkt. Die im letzten Kapitel skizzierte Handlungsmaxime der Kooperativen Führung aufgreifend kann folgendermaßen differenziert werden:

- Partizipation der Lehrkräfte und weiterer an schulischen Entscheidungsprozessen beteiligter Personen (Empowerment und Einbindung der Mitarbeitenden, Streuung von Führungsverantwortung, Abgeben und Annehmen von Führungsverantwortung),
- Delegation von Verantwortung und
- gemeinsame Zielermittlung/-vereinbarung.

Kooperative Führung ist mehr als Führung durch Zielvorgaben, nämlich Führung durch gemeinsame Zielvereinbarung. Dazu gehört auch eine Zielintegration (die Leistungsziele der Organisation und die eigenen Ziele aufeinander abzustimmen).

In Kooperativer Führung kommen Werthaltungen, Kompetenzen und Handlungsprozesse in Teamstrukturen zusammen, in denen Führung passgenau auf den jeweiligen Kontext ausgerichtet ist. Erreicht werden damit eine systemische Stimmigkeit und Passung, in denen das jeweilige Thema im situativen (Organisations- und v.a. Team-) Kontext in den Vordergrund rückt. Einzige Grenze dieses kooperativen Führungskonstrukts bilden Situationen, in denen beispielsweise Gefahr im Verzug ist oder Nichtleistung oder mangelnde Qualitäten vorliegen bzw. Qualitätsstandards unterschritten werden. In diesen Fällen liegen die Führungsverantwortung und damit ein klares und eindeutiges Führungshandeln mit Vorgaben allein bei der jeweiligen Schulleiterin oder dem Schulleiter.

Darüber hinaus kann und sollte kooperatives Führungshandeln als Modell dafür dienen, wozu die Schule erziehen will: zur Gestaltung eines anschaulichen und modellhaften sozialen Erfahrungsraumes für alle Beteiligten, in dem pädagogische Zielvorstellungen verwirklicht werden können, und zwar zum Nutzen der Organisation und des Einzelnen. Demokratie und demokratische, partizipative Führung als oberstes Ziel von Bildung und Erziehung dürfen kein abstraktes Konstrukt bleiben, sondern müssen im Schulalltag integriert werden. Pädagogische Führung und Lehrkräfte sind Vorbilder im Umgang miteinander und im Umgang mit Schülerinnen und Schülern (vgl. Rosenbusch, 1997, 2005, 2013; Huber, 2003, 2004, 2010a,b; Huber & Rolff, 2010; Huber, Ahlgrimm & Hader-Popp, 2012, 2018; Moos, 2004; Huber & Moos, 2006).

Nachhaltigkeit und Glaubwürdigkeit erreicht Kooperative Führung dann, wenn sie sich in der Struktur manifestiert. Das heißt, zu kooperativem Verhalten Einzelner auf der Basis von deren Kompetenzen müssen die entsprechend notwendigen organisatorischen Strukturen kommen (ausführlicher dazu Huber, 2017).

4.2 System Leadership – Kooperation über die Schulgrenzen hinaus

System Leadership gilt insbesondere in den anglo-amerikanischen Ländern als ein Konzept der Organisations- und Schulentwicklung, bei dem die Einzelschulen über ihre eigenen Schulgrenzen hinaus tätig werden, damit das Schulsystem der Region als Ganzes profitiert (Huber, 2010b; Huber & Rolff, 2010; ausführlich dazu Huber, 2017). Dabei soll dem Phänomen begegnet werden, dass die Schere zwischen den besonders guten und den schlechteren Bildungseinrichtungen, die oft vielfachen Belastungen ausgesetzt sind, immer weiter auseinandergeht. Deshalb sollen sich Schulen zugunsten einer positiven Entwicklung aller Einrichtungen gegenseitig unterstützen. Eine zentrale Rolle dabei spielen die pädagogischen Führungskräfte. Sie ergreifen funktional sinnvolle Kooperationsmöglichkeiten, um dieses Ziel zu erreichen. Neben der Kooperation innerhalb der Bildungseinrichtung oder der Kooperation in der Führung spielt die Kooperation zwischen und mit anderen benachbarten Bildungseinrichtungen eine bedeutende Rolle (vgl. Huber & Ahlgrimm, 2012; Huber et al., 2012; Huber, 2014).

Gemäß David Hopkins (2006, 2008, 2010), einem Vorreiter des Konzepts von System Leadership in England, sind System Leaders jene Führungskräfte, die bereit sind, auf Systemebene in der Region Führungsaufgaben zu übernehmen, indem sie sich darum bemühen, dass andere Einrichtungen ebenso wie ihre eigene Organisation Erfolg haben. Es zeigt sich (Hopkins, 2006, 2008, 2010), dass System Leadership ein wichtiger Ansatz ist, um Schulleistungen zu verbessern, Organisationsentwicklung über mehrere Einrichtungen hinweg zu unterstützen, Leitungs- und Führungsexpertise breiter zu streuen und Führungskräftenachwuchsentwicklung zu fördern.

Notwendig dafür ist, dass das Verständnis von pädagogischer Führung sich von dem Bild eines Managements, das politische Vorgaben ausführt und vorgegebene Reformen umsetzt, zu dem Konzept einer Leadership entwickelt, die eigenverantwortlich innovative professionelle Lerngemeinschaften aufbaut.

Hopkins (2008) geht davon aus, dass diese Haltungen oder diese Faktoren zunehmend zum Profil einer pädagogischen Führungskraft gehören sollten. Laut Huber, Moormann und Pont (2008) sind Führungspersonen bei der Umsetzung von Maßnahmen der System Leadership als starke und professionelle Leitungspersönlichkeiten wahrnehmbar; gleichzeitig demonstrieren sie großes Engagement für kooperative Führung bzw. für geteilte Führungsverantwortung durch echte Delegation, Vertrauen, Teilen von Aufgaben und Verantwortung. Diese Schulleiterinnen und Schulleiter praktizieren, was in der Forschung oft „starke Führung“ genannt wird (Leithwood & Riehl, 2003). Ihre Leitvorstellungen, ihre Visionen sind umsetzbar und motivierend. Dann allerdings gehen diese Leitungspersönlichkeiten über Inspiration und Motivation hinaus. Ein weiteres Charakteristikum der Rolle dieser Führungskräfte ist, dass sie in zweierlei Hinsicht strategisch agieren:

1. Sie arbeiten mit der Gemeinschaft der Organisation an einem Leitbild und richten daran die konkrete operative Arbeit aus.
2. Sie managen die Beziehung der Organisation mit ihrer Umgebung, dem Bezirk oder der politischen Gemeinde, mit anderen Schulen, den Eltern, den lokalen Wirtschaftsunternehmen, der Forschung und anderen externen, finanzielle und technische Unterstützung gebenden Partnern in erster Linie kooperativ und nutzen die Ressourcen in der weiteren Umgebung der Schule zugunsten der Ziele der Schule. Strategische Führung in diesem Sinn zielt darauf ab, aus der Umgebung jene Ressourcen und jene Unterstützung zu bekommen, die für den Erfolg der Organisation nötig sind.

5. Fazit

Angesichts der Komplexität von schulischem Führungshandeln sei abschließend auf folgende Überlegungen hingewiesen:

Professionalisierung von Schulleitung
Von zentraler Bedeutung für die erfolgreiche Bewältigung der Komplexität ist die Professionalisierung von Lehrkräften, von Schulleitung und auch von Schulaufsicht (vgl. Huber, 2013b; Huber, Arnz & Klieme, 2019). Die Professionalisierung von Schulleitung sollte sich in drei wesentlichen Handlungsfeldern des Personalmanagements niederschlagen: in einer qualifizierten Ausbildung für dieses Amt, einer den Anforderungen gerechten Auswahl sowie in Maßnahmen der Weiterqualifizierung bzw. in einer systematischen Personalentwicklung. Darüber hinaus muss die Dienststellung angemessen sein. Letztendlich beinhaltet Professionalisierung noch, auf entsprechende Unterstützungssysteme zurückgreifen zu können, schulintern und extern.

Ein integratives Führungskonzept
Ein integratives Führungskonzept geht von einer klaren Zielorientierung aus. Gemäß der Führungskonzeption eines „organisationspädagogischen Managements“ (vgl. Rosenbusch, 2005) ist es pädagogischen Werten verpflichtet. Es weist Verwaltungsaspekten die klare Funktion zu, Instrumente zum Erreichen genuin pädagogischer Zielvorstellungen zu sein, zeigt also eine deutliche pädagogische Zielorientierung. Diese Zieljustierung an pädagogischen Prämissen verbindet es mit einer Integration verschiedener Rollen, wie sie die einzelne Schulleiterin oder der einzelne Schulleiter in ihrer Person leisten müssen, und einer Integration aller an Schule Beteiligten, wie sie kooperative Führung umsetzt. Das „Feintuning“ des Schulleitungshandelns in einem solchen integrativen Führungskonzept bringt der Kontext mit sich: Führungshandeln ist kontextspezifisch.

Strategische und salutogene Führung
Zentrale Aufgabe von Schulleitung ist die Sicherung und Weiterentwicklung der Qualität von Schule. Dies bedarf einer Strategie, das heißt, Führungshandeln braucht Ziele, die Orientierung bieten und die Beachtung von Machbarkeiten, damit diese Ziele auch (nach Prioritäten) umgesetzt werden können. Direktes Führungshandeln zielt auf Maßnahmen des Personalmanagements und betont in erster Linie Professionalisierung, die eigene, die der Lehrerinnen und Lehrer und des sonstigen Personals. Im Blick behalten muss die Schulleitung dabei die Gesundheit, ebenfalls die eigene, die der Lehrerinnen und Lehrer und des sonstigen Personals und letztlich auch die der Schülerinnen und Schüler. Salutogenes Führungshandeln meint gesundheitsförderliches Leitungshandeln, das darauf abzielt, Ressourcen aller schulischen Akteure zu stärken und damit Belastungen nachhaltig zu reduzieren bzw. vorzubeugen (vgl. Rolff, 2010, S. 35; Schneider, 2014). „Den zentralen Aspekt bildet dabei die Stärkung einer allgemeinen positiven Erwartungshaltung, vor allem das sogenannte Kohärenzgefühl. Dies ist wesentlich für den Umgang mit Belastungen und stellt eine Grundhaltung dar, die Lebensumwelt zusammenhängend und sinnvoll zu erleben.“ (Rolff, 2010 S. 35)

Literatur

Asendorpf, J. B. & Neyer, F. J. (2012). *Psychologie der Persönlichkeit* (5. Aufl.). Heidelberg: Springer.

Bartz, A. (2019). Allparteilichkeit und Führung – sich im Spannungsfeld von Vorgaben, eigenen Überzeugungen und allparteilicher Moderation bewegen können. In B. Amrhein, B. Badstieber, S. G. Huber & B. Singh-Heinike (Hrsg.), *PraxisWissen SchulLeitung* (50.13). Köln: Carl Link.

Boam, R. & Sparrow, P. (1992). *Designing and achieving competency.* Maidenhead: McGraw Hill.

Burns, J. M. (1978). *Leadership.* New York: Harper and Row.

Caldwell, D. F. & O'Reilly, C. A. (1990). Measuring person-job fit using a profile comparison process. *Journal of Applied Psychology, 75,* 648–657.

Caldwell, B. J. & Spinks, J. M. (1992). *Leading the Self-Managing School.* London: The Falmer Press.

Drucker, P. (1956). *Die Praxis des Managements.* Düsseldorf: Econ. (Original erschienen 1954: The Practice of Management)

Edwards, J. R. (2008). Person Environment Fit in Organizations: An Assessment of Theoretical Progress. *The Academy of Management Annals, 2* (1), 167–230.

Erpenbeck, J. & Rosenstiel, L. von (2007). *Kompetenzen erkennen und entwickeln in der Krise.* Verfügbar unter: http://www.psy.lmu.de/soz/studium/downloads_folien/ws_09_10/muf_09_10/von_rosenstiel_krise.pdf [4.7.13].

Fend, H. (1987). „Gute Schulen – schlechte Schulen“ – Die einzelne Schule als pädagogische Handlungseinheit. In U. Steffens & T. Bargel (Hrsg.), *Erkundungen zur Wirksamkeit und Qualität von Schule* (Beiträge aus dem Arbeitskreis Qualität von Schule, Heft 1, S. 55–80). Wiesbaden: Hessisches Institut für Bildungsplanung und Schulentwicklung.

Frey, A. & Jung, C. (2011). Kompetenzmodelle und Standards in Lehrerbildung und Lehrerberuf. In E. Terhart, H. Bennewitz & M. Rothland (Hrsg.), *Handbuch der Forschung zum Lehrerberuf* (S. 540–572). Münster: Waxmann.

Hackman, J. R. & Oldham, G. R. (1980). *Work redesign*. Reading, MA: Addison-Wesley.

Holland, J. L. (1997). *Making vocational choices: A theory of vocational personalities and work environments* (3. Ed.). Odessa, FL: Psychological Assessment Resources, Inc.

Hopkins, D. (2006). *Realising the potential of system leadership*. Vortrag beim SLS 2006 in Erfurt.

Hopkins, D. (2008). Raising the potential of system leadership. In B. Pont, D. Nusche & H. Moorman (Hrsg.), *Improving School Leadership* (Bd. 2, S. 21–35). Paris: OECD.

Hopkins, D. (2010). Realising the potential of system leadership. In S. G. Huber (Hrsg.), *School Leadership – International Perspectives* (S. 211–224). Dordrecht: Springer.

Huber, S. G. (1999a). Effectiveness & Improvement: Wirksamkeit und Verbesserung von Schule – eine Zusammenschau. Internationale Schulentwicklungsforschung (III). *Schul-Management, 30* (5), 8–18.

Huber, S. G. (1999b). School Effectiveness: Was macht Schule wirksam? Internationale Schulentwicklungsforschung (I). *Schul-Management, 30* (2), 10–17.

Huber, S. G. (1999c). School Improvement: Wie kann Schule verbessert werden? Internationale Schulentwicklungsforschung (II). *Schul-Management, 30* (3), 7–18.

Huber, S. G. (2003). *Qualifizierung von Schulleiterinnen und Schulleitern im internationalen Vergleich: Eine Untersuchung in 15 Ländern zur Professionalisierung von pädagogischen Führungskräften für Schulen*. Köln: Carl Link.

Huber, S. G. (Hrsg.). (2004). *Preparing School Leaders for the 21st Century: An International Comparison of Development Programmes in 15 Countries*. London: Routledge-Falmer (Taylor & Francis).

Huber, S. G. (2005a). Führungskonzeptionen und Führungsmodelle im Überblick. In A. Bartz, J. Fabian, S. G. Huber, C. Kloft, H. Rosenbusch, H. Sassenscheidt (Hrsg.), *PraxisWissen SchulLeitung (10.11)*. Köln: Carl Link.

Huber, S. G. (2005b). Merkmale erfolgreicher Führung. In A. Bartz, J. Fabian, S. G. Huber, C. Kloft, H. Rosenbusch, H. Sassenscheidt (Hrsg.), *PraxisWissen SchulLeitung (10.13)*. Köln: Carl Link.

Huber, S. G. (Hrsg.). (2010a). *School Leadership – International Perspectives*. Dordrecht: Springer.

Huber, S. G. (2010b). System Leadership – systemische Schulentwicklung durch Kooperation. *Journal für Schulentwicklung 14* (2), 8–21.

Huber, S. G. (Hrsg.). (2012). *Jahrbuch Schulleitung 2012. Befunde und Impulse zu den Handlungsfeldern des Schulmanagements*. Köln: Carl Link.

Huber, S. G. (2013a). Forschung zu Belastung und Beanspruchung von Schulleitung. In S. G. Huber (Hrsg.), *Jahrbuch Schulleitung 2013. Befunde und Impulse zu den Handlungsfeldern des Schulmanagements* (S. 222–240). Köln: Carl Link.

Huber, S. G. (2013b). *Handbuch Führungskräfteentwicklung. Grundlagen und Handreichungen zur Qualifizierung und Personalentwicklung im Schulsystem*. Köln: Carl Link.

Huber, S. G. (2013c). Inhalte – Schwerpunkt auf Führung als soziales Handeln in komplexen Situationen. In S. G. Huber (Hrsg.), *Handbuch Führungskräfteentwicklung. Grundlagen und Handreichungen zur Qualifizierung und Personalentwicklung im Schulsystem* (S. 305–317). Köln: Carl Link.

Huber, S. G. (2013d). Das Self-Assessment Kompetenzprofil Schulmanagement (KPSM). In S.G. Huber (Hrsg.), *Handbuch Führungskräfteentwicklung. Grundlagen und Handreichungen zur Qualifizierung und Personalentwicklung im Schulsystem* (S. 897–907). Köln: Carl Link.

Huber, S. G. (2013e). Zwölf Thesen zur guten Schulleitung. In S. G. Huber (Hrsg.), *Jahrbuch Schulleitung 2013. Befunde und Impulse zu den Handlungsfeldern des Schulmanagements* (S. 3–12). Köln: Carl Link.

Huber, S. G. (Hrsg.). (2014). *Kooperative Bildungslandschaften: Netzwerke(n) im und mit System*. Köln: Carl Link.

Huber, S. G. (2017). Kooperative Führung und System Leadership: In gemeinsamer Verantwortung Bildungsbiografien begleiten und fördern. In M. Drahmann, A. J. Köster, J. Scharfenberg, Stiftung der Deutschen Wirtschaft & Robert Bosch Stiftung (Hrsg.), *Schule gemeinsam gestalten – Beiträge für Wissenschaft und Praxis aus dem Studienkolleg der Stiftung der Deutschen Wirtschaft und der Robert Bosch Stiftung* (S. 193–206). Münster: Waxmann.

Huber, S. G. (Hrsg.). (2020), *Handbuch für Steuergruppen. Grundlagen für die Arbeit in zentralen Handlungsfeldern des Schulmanagements* (4., erw. Aufl.). Köln: Link-Luchterhand.

Huber, S. G. & Ahlgrimm, F. (Hrsg.). (2012). *Kooperation: Aktuelle Forschung zur Kooperation in und zwischen Schulen sowie mit anderen Partnern in der Schule.* Münster: Waxmann.

Huber, S. G., Ahlgrimm, F. & Hader-Popp, S. (2012). Kooperation in und zwischen Schulen sowie mit anderen Bildungseinrichtungen: Aktuelle Diskussionsstränge, Wirkungen und Gelingensbedingungen. In S. G. Huber & F. Ahlgrimm (Hrsg.), *Kooperation: Aktuelle Forschung zur Kooperation in und zwischen Schulen sowie mit anderen Partnern in der Schule* (S. 323–372). Münster: Waxmann.

Huber, S. G., Ahlgrimm, F. & Hader-Popp, S. (2018). Bildungsbündnisse bilden – kooperativ und vernetzt in und zwischen Schulen sowie mit anderen Bildungseinrichtungen. In S. G. Huber (Hrsg.), *Jahrbuch Schulleitung 2018. Befunde und Impulse zu den Handlungsfeldern des Schulmanagements* (S. 303–341). Köln: Carl Link.

Huber, S. G., Arnz, S. & Klieme, T. (Hrsg.). (2019). *Schulaufsicht im Wandel – Rollen und Aufgaben neu denken.* Stuttgart: Raabe.

Huber, S. G. & Hader-Popp, S. (2013). Kooperation in der Schule. In S. G. Huber (Hrsg.), *Handbuch Führungskräfteentwicklung. Grundlagen und Handreichungen zur Qualifizierung und Personalentwicklung im Schulsystem* (S. 349–358). Köln: Carl Link.

Huber, S. G., Hader-Popp, S. & Schneider. N. (Hrsg.). (2014). *Qualität und Entwicklung von Schule: Basiswissen Schulmanagement.* Weinheim: Beltz.

Huber, S. G. & Hiltmann, M. (2011). Competence Profile School Management (CPSM) – an inventory for the self-assessment of school leadership. *Educational Assessment, Evaluation and Accountability, 23* (1), 65–88.

Huber, S. G. & Loitfellner, K. (2017). Wie viel Chef darf es sein? – Auf die Passung kommt es an. In S. G. Huber (Hrsg.), *Jahrbuch Schulleitung 2017. Befunde und Impulse zu den Handlungsfeldern des Schulmanagements* (S. 231–256). Köln: Carl Link.

Huber, S. G., Moormann, H. & Pont, B. (2008). The English Approach to System Leadership. In B. Pont, D. Nusche & D. Hopkins (Hrsg.), *Improving School Leadership. Volume 2: Case Studies on System Leadership* (S. 111–152). Paris: OECD Publshing.

Huber, S. G. & Moos, L. (2006). School Leadership and School Effectiveness and School Improvement: Democratic and Integrative Leadership. In T. Townsend (Hrsg.), *International Handbook of School Effectiveness and Improvement* (S. 579–596). Dordrecht: Springer.

Huber, S. G. & Muijs, D. (2010). School Leadership Effectiveness: The Growing Insight in the Importance of School Leadership for the Quality and Development of Schools and Their Pupils. In S. G. Huber (Hrsg.), *School Leadership – International Perspectives* (S. 57–77). Heidelberg: Springer.

Huber, S. G. & Schneider, N. (2018). Qualitätsmanagement und Controlling – Modelle und Verfahren im Überblick. In C. Martin & A. Zurwehme (Hrsg.), *Das große Handbuch Qualitätsmanagement in der Schule* (S. 119–191). Köln: Carl Link.

Huber, S. G., Schneider, N., Gleibs, H. & Schwander, M. (2013). *Leadership in der Lehrerbildung. Entwicklung von Kompetenzen für pädagogische Führung.* Berlin: Stiftung der Deutschen Wirtschaft & Robert Bosch Stiftung.

Huber, S. G., Schwander, M., Schneider, N. & Gleibs, H. (2014). Ein Kompetenzmodell für pädagogische Führung In S. G. Huber (Hrsg.), *Jahrbuch Schulleitung 2014. Befunde und Impulse zu den Handlungsfeldern des Schulmanagements* (S. 3–30). Köln: Carl Link.

Huber, S. G., Skedsmo, G., Pham, G. H., Koszuta, A., Karwat, K., Schwander, M., Kots, S. & Luig, C. (2018). *Abschlussbericht der wissenschaftlichen Begleitung zum Projekt „School Turnaround – Berliner Schulen starten durch“.* Interner Bericht. IBB Zug.

Huber, S. G., Stiftung der Deutschen Wirtschaft & Robert Bosch Stiftung (Hrsg.). (2015). *Schule gemeinsam gestalten. Entwicklung von Kompetenzen für pädagogische Führung. Beiträge zu Leadership in der Lehrerbildung.* Münster: Waxmann.

Huber, S. G. & Rolff, H.-G. (2010). Delegation und System Leadership. In H.-G. Rolff (Hrsg.), *Führung, Steuerung, Management* (Schule weiterentwickeln – Unterricht verbessern, S. 43–58). Seelze: Klett Kallmeyer.

Huber, S. G., Wolfgramm, C. & Kilic, S. (2013). Vorlieben und Belastungen im Schulleitungshandeln: Ausgewählte Ergebnisse aus der Schulleitungsstudie 2011/2012 in Deutschland, Österreich, Liechtenstein und der Schweiz. In S. G. Huber (Hrsg.), *Jahrbuch Schulleitung 2013. Befunde und Impulse zu den Handlungsfeldern des Schulmanagements* (S. 259–271). Köln: Carl Link.

Jansen, K. J. & Kristof-Brown, A. L. (2006). Toward a Multidimensional Theory of Person-Environment Fit. *Journal of Managerial Issues, 18* (2), 193–212.

Kansteiner-Schänzlin, K. (2002). *Personalführung in der Schule – Übereinstimmungen und Unterschiede zwischen Frauen und Männern in der Schulleitung.* Bad Heilbrunn: Klinkhardt.

Kristof-Brown A. L., Zimmermann, R. D., Johnson, E. C. & Tippie, H. B. (2005). Consequences of individuals' fit at work: A meta-analysis of person-job, person-organization, person-group, and person-supervisor fit. *Personnel Psychology, 58*, 281–342.

Lauver, K. L. & Kristof-Brown, A. (2001). Distinguishing between Employees' Perceptions of Person-Job and Person-Organization Fit. *Journal of Vocational Behavior, 59* (3), 454–470.

Leithwood, K. (1992). The move toward transformational leadership. *Educational Leadership, 49* (5), 8–12.

Leithwood, K., Day, C., Sammons, P., Harris, A. & Hopkins, D. (2007). *Seven strong claims about successful school leadership*: Nottingham: National College for School Leadership.

Leithwood, K. & Riehl, C. (2003). *What we know about successful school leadership.* Nottingham: National College for School Leadership.

Moos, L. (2004). Introduction. In L. Moos, J. MacBeath (Hrsg.), *Democratic Learning: The challenge to school effectiveness.* London: RoutledgeFalmer.

O'Reilly, C. A., Chatman, J. & Caldwell, D. F. (1991). People and Organizational Culture: A Profile Comparison Approach to Assessing Person-Organization Fit. *Academy of Managerial Journal, 34* (3), 487–516.

Rolff, H.G. (Hrsg.) (2010). *Führung, Management und Steuerung.* Seelze: Kallmeyer.

Rosenbusch, H. S. (1990). Die kommunikative Alltagspraxis als das Proprium erziehenden Unterrichts. In H. Hacker & H. S. Rosenbusch (Hrsg.), *Erzieht Unterricht? Aktuel-*

le Beiträge zu einem klassischen pädagogischen Thema (S. 71–88). Baltmannsweiler: Pädagogischer Verlag Burgbücherei Schneider.

Rosenbusch, H. S. (1997). Organisationspädagogische Perspektiven einer Reform der Schulorganisation. *SchulVerwaltung, 10*, 329–334.

Rosenbusch, H. S. (2005). *Organisationspädagogik der Schule. Grundlagen pädagogischen Führungshandelns*. München: Luchterhand.

Rosenbusch, H. S. (2013). Der Zusammenhang von Erziehung und Organisation: Organisationspädagogik. In S. G. Huber (Hrsg.), *Handbuch Führungskräfteentwicklung. Grundlagen und Handreichungen zur Qualifizierung und Personalentwicklung im Schulsystem* (S. 88–95). Köln: Carl Link.

Schaper, N. (2009). Aufgabenfelder und Perspektiven bei der Kompetenzmodellierung und -messung in der Lehrerbildung. *Lehrerbildung auf dem Prüfstand, 2* (1), 166–199.

Scheerens, J. (Hrsg.). (2012). *School Leadership Effects Revisited*. Dordrecht: Springer.

Schneider, S. (2014). *Salutogene* Führung. Die Kunst der gesunden Schulleitung. Schule und Gesundheit. Kronach: Carl Link.

Schratz, M. & Wiesner, C. (2019). Pädagogische Führung – Kompetenzprofil und Kompetenzentwicklung von Schulleiterinnen und Schulleitern. In U. Steffens & P. Posch (Hrsg.), *Lehrerprofessionalität und Schulqualität. Grundlagen der Qualität von Schule 4* (S. 415–441). Münster: Waxmann.

Sekiguchi, T. (2004). Person-Organization Fit and Person-Job Fit in Employee Selection: A Review of the Literature. *Osaka Keida Ronshu, 54* (6), 179–196.

Weinert, F. (2001). Concepts of competence: A conceptual clarification. In D. S. Rychen & L. H. Salganik (Hrsg.), *Defining and selecting key competencies.* (S. 45–65). Seattle: Hogrefe & Huber.

West, M. (2009) *Conceptualizing the school principal's role.* Vortrag beim Schulleitungssymposium 2009, veranstaltet vom IBB der PHZ Zug am 03.09.2009 in Zug.

Stefan Brauckmann, Susanne Böse, Cornelia Wagner-Herrbach & Julia Warwas

Schulleitungshandeln und Schulentwicklung im Kontext Neuer Steuerungskonzepte

Einleitung

Gesellschaftlicher und technologischer Wandel verlangen von den Schulen immer mehr ein professionelles Entwicklungsmanagement, das dem Konzept der Neuen Steuerung folgend mit dem Aufbau dezentraler und evidenzbasierter Qualitätssicherungs- und Entwicklungssysteme verbunden ist (Kemethofer & Altrichter, 2017; Brauckmann & Herrmann, 2013) und die rechenschaftspflichtige Erfüllung vorgegebener Standards bedingt (Ditton, 2007).

In diesem Kontext spielt die Schulleitung eine zentrale Rolle. Von Schulleiterinnen und Schulleitern wird vor allem eine stärkere Akzentuierung originärer Führungs- und Managementaktivitäten erwartet. Hierzu gehört die Bestimmung von Entwicklungszielen und Kriterien der Leistungsorientierung, aber auch die Planung von Evaluationen und hierauf abgestimmter organisationaler und pädagogischer Veränderungsprozesse. Nicht selten beinhaltet dies die Anforderung, unterschiedliche Erwartungen und divergierende Zielvorstellungen auszubalancieren sowie wirksame Handlungsstrategien gemeinsam mit den betroffenen Lehrkräften zu entwerfen. Besondere Aufmerksamkeit kommt der Klärung von Verantwortlichkeiten, z. B. unter den beteiligten Fachschaften und Fachgruppen, zu. Aber auch die Einrichtung von Arbeits- und Projektgruppen, die Bereitstellung von Arbeitshilfen sowie die Sicherstellung einer kontinuierlichen Weiterarbeit und Nachbereitung gehören zu diesem Aufgabenkomplex.

Das Ziel des vorliegenden Beitrages ist es, zentrale Elemente eines wirksamen schulentwicklungsbezogenen Schulleitungshandelns auf Grundlage aktueller Befunde der Schulleitungsforschung zu extrahieren, ohne dabei erfolgs(mit)bestimmende Maßnahmen auf angrenzenden Verantwortungsebenen des Bildungssystems zu vernachlässigen. Hierfür werden (1) die Funktions- und Rollenzuschreibungen an die Schulleitungen im Rahmen neuer Steuerungskonzepte analysiert und mit empirischen Befunden zum Selbstverständnis von Schulleitungen verglichen. Anschließend (2) wird auf empirisch gestützte Beschreibungen von entwicklungsbezogenem Schulleitungshandeln eingegangen sowie (3) die daraus resultierenden Handlungsimplikationen auf den Ebenen der Bildungspolitik, der Schulverwaltung und der Einzelschule aufgezeigt. Schließlich erfolgt (4) eine Bewertung aus bildungswissenschaftlicher Perspektive sowie ein Ausblick auf weiterführende Forschungsdesiderate.

1. Funktion und Rolle von Schulleitung im Rahmen neuer Steuerung

Bei den Funktionszuschreibungen an Leitungspersonen im Rahmen Neuer Steuerungskonzepte werden die gegenwärtig vorherrschenden Schnittmengen von Zielstellungen im nationalen wie auch internationalen Raum deutlich erkennbar. Dabei gilt, dass Schulleiterinnen und Schulleiter die Gesamtverantwortung für die Qualität der von ihnen jeweils geleiteten Schule nicht nur annehmen, sondern auch aktiv gestaltend ausfüllen sollen. Hierfür sind im Wesentlichen zwei Aufgabenbereiche auszubalancieren: Dubs (2010) wählt dafür zum einen den Begriff der *Schulentwicklung*, unter den Aktivitäten zur kontinuierlichen und systematischen Qualitätsverbesserung einer Schule durch erfolgreiche Initiierung und Steuerung von Veränderungsprozessen sowie eine gelungene Prozessbegleitung fallen. Davon können als Schulmanagement jene Aktivitäten unterschieden werden, die der Gewährleistung der Funktionstüchtigkeit der Schule durch Ressourcensteuerung sowie durch Aufbau und Pflege einer effizienten, zielorientierten und leistungsfähigen Organisation dienen.

Derartige Funktionszuweisungen werden interessanterweise vorrangig aus der Sicht der Politik und der Wissenschaft betrieben. In der Vergangenheit war die berufliche Betätigung von Schulleiterinnen und Schulleitern hauptsächlich von der Umsetzung gesetzlicher und behördlicher Regelungen bei geringen Autonomiegraden geprägt, wie es häufig im Bild des ‚verlängerten Arms der Kultusbürokratie' zum Ausdruck kam (Rosenbusch, 2005; Rosenbusch & Warwas, 2010; Rosenbusch & Wissinger, 1995). Mit der Einführung neuer Steuerungskonzepte, die u. a. durch mäßige Ergebnisse deutscher Schülerinnen und Schüler in internationalen Schulleistungstests forciert wurden, hat sich jedoch das Tätigkeits- und Verantwortungsspektrum der Schulleitungen erheblich vergrößert (Brauckmann, 2016; Wissinger, 2016). Dabei wird in bildungspolitischen Debatten um die Neue Steuerung oftmals die erweiterte schulische Eigenständigkeit als ein externer Steuerungsmechanismus betrachtet, welcher die Stellung der Schulleiterin bzw. des Schulleiters automatisch stärken und dadurch gewissermaßen wie von selbst Handlungsspielräume für das Lösen von Problemen vor Ort eröffnen könne (Altrichter, Brauckmann, Lassnigg, Moosbrugger & Gartmann, 2016).

Ein detaillierterer Blick in das gewachsene Tätigkeits- und Verantwortungsspektrum lässt – in konsequenter Fortführung der von Dubs (2010) benannten Aufgabenfelder – folgende Elemente erkennen: Schulleiterinnen und Schulleiter sollen einzelschulische Innovationsprozesse anregen, begleiten, unterstützen sowie das Erreichte institutionalisieren, die Zusammenarbeit des Lehrerkollegiums in Bezug auf Innovationen fördern bzw. aufbauen, die Unterrichtsentwicklung unterstützen und die Schule als quasi eigenständige Einrichtung führen (Bonsen, von der Gathen, Iglhaut & Pfeiffer, 2002; Hallinger & Heck, 1996; Harazd, Gieske & Gerick, 2011; Huber, 2008; Leithwood & Jantzi, 1990; Preuß, Brüsemeister & Wissinger, 2012; Schratz, 1998; Wissinger, 2014). Im Modus der transformationalen Führung (Klein, 2018; Leithwood, 1992; Leithwood & Jantzi, 1990, 2000) werden die Mitglieder der Schulleitungen dabei idealerweise zu aktiven Initiatorinnen und Initiatoren und kreativen Gestalterinnen und Gestaltern eines geplanten organisationalen Wandels. Sie sind dafür zuständig, innerschulische Restrukturierungen im Sinne evidenzbasierter Steuerung (z.B. Profilierung der Schule, Schulprogramm, Evaluation) ebenso wie die Implementation bildungspolitischer Initiativen (z.B. Inklusion) erfolgreich voranzutreiben (Hallinger, Taraseina & Miller, 1994; Wissinger, 2011). Damit stellt die Schulleitung mittlerweile ein zentrales Bindeglied zwischen staatlichen Reformvorhaben und organisationsspezifischen Umsetzungsvarianten dar, deren Wirken und Wirkung in Innovationsprozessen zunehmend thematisiert wird (Fend, 2009; Brauckmann & Schwarz, 2014). Insbesondere fällt der Schulleitung dabei die Aufgabe zu, geeignete Maßnahmen in der Schule anzustoßen, um den Bildungserfolg der Schülerinnen und Schüler zu sichern bzw. zu steigern. Bei all diesen vielfältigen Prozessen liegt es primär in ihren Händen, die Ziele und damit verbundene Visionen einzelschulischer Entwicklungsarbeit zu schärfen und zu kommunizieren. Sie prägt hierdurch auch die Schulkultur und das Schulklima maßgeblich (Wissinger, 2000).

In deutschsprachigen Beiträgen zur Schulleitung dominiert vor diesem Hintergrund das Leitbild einer pädagogischen Führung, die auf den Unterricht und das Lernen der Schülerinnen und Schüler ausgerichtet ist (Rosenbusch, 2005). Dieses Leitbild verbindet sich mit der Modellidee, „dass es sich bei jeder einzelnen Schule um eine Handlungseinheit handelt, die als Lernumgebung für Schüler und Lehrer zu begreifen und auf der Basis eines Programms zusammen mit den Lehrpersonen zu gestalten ist" (Wissinger, 2011, S. 103f.).

Aktuelle Befunde aus der international vergleichenden Schulleitungsforschung deuten allerdings darauf hin, dass Schulleitungen in Deutschland auch unter diesen veränderten Steuerungsbedingungen geringere Spielräume in Personal- und Budgetfragen wahrnehmen und seltener Leadership-Strategien anwenden als etwa Schulleitungen aus den USA, die, anders als in Deutschland, ihr Amt zumeist in Vollzeit und ohne Unterrichtsverpflichtung ausüben (Klein, 2017). Mangelnde zeitliche Ressourcen zur Erfüllung originärer Führungs- und Managementaufgaben angesichts hoher eigener Unterrichtsverpflichtungen dürften wesentlich zu diesem Ergebnis beitragen (Brauckmann & Schwarz, 2015). Das Schulsystem in den USA ist zudem traditionell dezentral organisiert, d.h. Schulleitungen können auf langjährige Erfahrungen im Umgang mit Entscheidungs- und Gestaltungsfreiräume zurückgreifen. Im Gegensatz zu amerikanischen Leitungskräften scheinen deutsche Leitungskräfte zudem stärker auf partizipative Strategien zu setzen, um Kollegiumsmitglieder systematisch in innerschulische Steuerungs- und Gestaltungsfragen einzubinden (Klein, 2017). Dieser Befund korrespondiert nicht nur mit dem im deutschen Sprachraum weitgehend etablierten Leitbild einer kooperativ betriebenen pädagogischen Führung (s.o.); er fügt sich auch nahtlos in Ansätze des innerschulischen Change Managements, in denen partizipative Strategien häufig als Erfolgsfaktoren gelingender Entwicklungsprozesse thematisiert werden (Feldhoff, Gromala & Brüsemeister, 2014; Warwas, Seifried & Meier, 2008).

Konfrontiert mit neuartigen Rollen*zuschreibungen* wird die individuelle *Interpretation und Ausgestaltung* des Leitungsamtes zu einer wesentlichen und dauerhaften Aufgabe der professionellen Selbstentwicklung der Leitungskräfte. Die zugewiesene Schnittstellenposition zwischen staatlichen Reformvorhaben und innerschulischen

Implementierungsstrategien kann dabei als durchaus herausfordernd betrachtet werden, da sie dem schulischen Leitungspersonal teils widersprüchliche Handlungslogiken aufbürdet (Warwas, 2014). So heißt es beispielsweise, die Schulen sollen eigene Entwicklungsschwerpunkte umsetzen, im Gegensatz dazu sind jedoch in den meisten Bundesländern Verfahren externer Evaluation implementiert, die allgemeingültige Kriterien definieren, anhand derer Schulen standardisiert beurteilt werden. Ob sich eine Leitungskraft *vorrangig* als bürokratische/r Vorgesetzte/r, als kollegiale/r Koordinator/in oder aber als kundenorientierte/r Manager/in versteht, entscheidet sie letztlich durch ihre individuelle Funktionsauslegung (Altrichter & Heinrich, 2007).

Eine Befragungsstudie unter 861 Leitungspersonen im Süden Deutschlands (zsf. Warwas, 2014) widmet sich explizit der Idee des permanenten Balanceaktes, zu dem die tagtägliche Ausübung des Leitungsamtes angesichts unterschiedlicher Forderungen von inner- und außerschulischen Anspruchsgruppen geraten muss (siehe auch Dubs, 2005; Wittmann, 2003). Dabei zeigt sie, dass sich nur ein Teil der Befragten die beschriebene (Ideal-)Vorstellung pädagogischer, partizipativer Führung zu eigen macht (Warwas, 2014): Die teilnehmenden Leitungspersonen waren dazu aufgefordert, eine individuelle Bewertung dreier konfliktträchtiger Rollensegmente im Leitungsamt vorzunehmen, welche jeweils durch mehrere ziel- und tätigkeitsbezogene Aussagen umschrieben wurden: Administration, Primus inter Pares sowie Leadership. Die personenspezifische Priorisierung bzw. Relationierung dieser Rollensegmente gibt Aufschluss über die individuelle Funktionsauslegung und damit das berufliche Selbstverständnis. In der Funktionsauslegung des Typs *Lehrkraft mit Verwaltungsaufgaben* besitzt die harmonische Integration in das Kollegium und die Wahrung der Nicht-Einmischungsnorm in die Arbeit der Lehrkräfte den höchsten Stellenwert. Dieser Typus befasst sich zudem intensiv mit der Abwicklung bürokratischer Prozeduren, misst jedoch dem Funktionsbereich Leadership kaum Bedeutung bei. Im scharfen Kontrast hierzu steht die Rollenauslegung der *Pädagogischen Führungskraft*. Dieser Leitungstyp identifiziert sich am stärksten mit Aufgaben der Zielbildung, Motivierung, Förderung und Beratung. Eine kollegiale Einbindung sowie Verwaltungsfunktionen werden von ihm als nachrangig eingestuft. Der als *Vorgesetzter* bezeichnete Typus konstruiert das stärkste hierarchische Gefälle zwischen Leitung und Kollegium und hat sich am weitesten von der Handlungsorientierung des Autonomie-Paritäts-Musters entfernt. Im Kontrast hierzu distanziert sich der Typ *Teamleiter* wiederum am deutlichsten vom Funktionsbereich des Behördenvorstandes. Anders als der Typ *Lehrkraft mit Verwaltungsaufgaben*, mit dem er eine stark empfundene Nähe zum Kollegium teilt, fühlt er sich allerdings signifikant stärker für strategische Aufgaben der Zieldefinition und Personalführung in seiner Schule zuständig. Diese Rollenkonfiguration legt die Vermutung nahe, dass der Typ *Teamleiter* seine subjektiv erheblichen Gestaltungsfreiräume weniger als richtungsweisende, inspirierende und mobilisierende Führungspersönlichkeit – wie der Typ *Pädagogische Führungskraft* – ausfüllen möchte und sich eher auf eine integrierende, beteiligende und ausgleichende Position festlegt. Das berufliche Selbstverständnis des Typs *Generalist* vereint schließlich widersprüchliche Selbstcharakterisierungen auf durchgängig weit überdurchschnittlichem Niveau. Er fühlt sich mit Abstand am stärksten dem Gleichheitsgrundsatz als reguläres Kollegiumsmitglied verpflichtet, obwohl er zugleich die herausgehobene Position einer visionären, motivierenden und fördernden Führungskraft beansprucht und außerdem die schlichte Exekution gesetzlich-administrativer Vorschriften als wesentlichen Zuständigkeitsbereich einstuft. Dieses berufliche Selbstverständnis ist mit erhöhtem Belastungserleben und reduzierter Arbeitszufriedenheit verknüpft und lässt Überforderungstendenzen erkennen (Warwas, 2009).

2. Empirisch gestützte Beschreibungen entwicklungsbezogenen Schulleitungshandelns im Kontext neuer Steuerungskonzepte

In bisherigen (Meta-)Studien konnte festgestellt werden, dass das Handeln von Schulleitungen einen meist indirekten Einfluss auf die Lehr- und Lernqualität der Schule hat (Day et al., 2009; Harnitz, 2014; Pietsch, Lücken, Thonke, Klitsche & Musekamp, 2016; Witziers, Bosker & Krüger, 2003) und dass Schulleiterinnen und Schulleiter in besonderem Maße Einfluss auf das schulische Umfeld sowie die Lernbedingungen in der Schule nehmen (Hallinger & Heck, 1996; Leithwood & Jantzi, 2000, 2006). Gerade in tiefgreifenden Reformprozessen (Hall, 2013; Kaniuka, 2012; Kaniuka, Vitale & Romance, 2013) schaffen sie die wesentlichen Voraussetzungen, die für eine gelingende Umsetzung notwendig sind.

Auch in Deutschland finden sich mittlerweile zahleiche Hinweise, dass Impulse und Aktivitäten der Schulleitung unverzichtbar sind, um die Umsetzung von Schulentwicklungsprojekten bzw. die Beteiligung der Schulgemeinde an diesen Projekten aktiv zu fördern, um Rahmenbedingungen für die Einführung didaktischer Innovationen zu schaffen und um die Arbeit der Entwicklungsgruppen an der Schule anzustoßen und zu unterstützen (Böse, Neumann, Becker et al., 2018, 2019; Böse, Neumann, Gesswein et al., 2018; Böse Neumann, Gesswein et al., 2017). Konvergierende empirische Befunde legen nahe, dass Schulleiterinnen und Schulleiter maßgeblichen Einfluss auf die Innovationsbereitschaft des Kollegiums besitzen (Desimone, 2002; Oelkers, Reusser, Berner, Halbheer & Stolz, 2008) – indem sie beispielsweise klare Erwartungen an das Kollegium kommunizieren, den Austausch über die Unterrichtspraxis suchen oder auch ein Interesse an der professionellen Weiterentwicklung der Lehrkräfte haben – und daher in der Lage sind, Lehrerinnen und Lehrer zu Veränderungen anzuregen und ihnen zugleich eine genaue Vorstellung dieser Veränderung zu geben (Bosse et al., 2017; Fullan, 2016; Geijsel, Sleegers, Leithwood & Jantzi, 2003; Geijsel, Sleegers, van den Berg, Rudolf & Kelchtermans, 2001; Hasselhorn, Köller, Maaz & Zimmer, 2014; Johnson, Bird, Fyffe & Yench, 2012). Darüber hinaus scheinen sie Einfluss auf die die persönlichen Zielsetzungen und die professionellen Überzeugungen der Lehrkräfte (Leithwood & Jantzi, 1999), auf Kooperationsstrukturen und Teamentwicklung im Kollegium (Harazd & Drossel, 2011) sowie auf Maßnahmen der innerschulischen Personalentwicklung (Appius, Steger Vogt, Kansteiner-Schänzlin & Bach-Blattner, 2012; Thillmann, Brauckmann, Herrmann & Thiel, 2015) zu nehmen.

Diese eher allgemeinen Befunde zur Rolle von Schulleiterinnen und Schulleitern als zentrale Akteure bei der Initiierung und Unterstützung von Veränderungen

(Gräsel, 2010; Hallinger, 2003) spiegeln sich zum Teil auch in Leitungsaktivitäten im Kontext der neuen Steuerung wider. So verweisen bisherige Forschungsbefunde darauf, dass die im Zuge der neuen Steuerung eingeführten Instrumente (wie Schulprogramm, Leitbild, Evaluation, Leistungsdaten) beim Schulleitungspersonal überwiegend auf Akzeptanz stoßen (Arnold & Kilian, 2012; Ebner & Funk, 2012). Allerdings werden sie häufig eher punktuell und anlassbezogen eingesetzt (z.B. Künzel, Roggenbrodt & Rütters, 2007; Liebau, Bürger, Schmid & Thom, 2007 in Bezug auf Schulentwicklung; Dedering, Fritsch & Weyer, 2012; Wurster et al., 2016 in Bezug auf Schulinspektion; Demski & Racherbäumer, 2015; Ramsteck, Muslic, Graf, Maier & Kuper, 2015 in Bezug auf Schulleistungsdaten). Steuerungselemente, die Lehr-Lern-Beziehungen inhaltlich am nächsten stehen, erfahren scheinbar die größte Aufmerksamkeit im Schulleitungshandeln. Eine systematische Nutzung strategischer Steuerungsinstrumente sowie eine stärkere Innovationsorientierung lässt sich überwiegend dort erkennen, wo Schulleitungen von allen Kollegiumsmitgliedern gemeinsam getragene Vorstellungen und Visionen für die Weiterentwicklung ihrer Schule herausgebildet haben und Instrumente evidenzbasierter Steuerung strategisch in Prozesse der Organisations-, Personal- und Unterrichtsentwicklung einbinden (vgl. z.B. Bach, Wurster, Thillmann, Pant & Thiel, 2014; Wagner, 2011). Ungeklärt bleiben bislang die Handlungsabfolge und die Interdependenz von Zielen, Aufgaben und Tätigkeiten.

Neben den formalen Konzepten der neuen Steuerung, deren Ziele und Anforderungen mitunter in Wettstreit stehen können, sind es auch informelle oder aber aus dem Schulumfeld resultierende Problemlagen, die das strategische Denken und Handeln der Schulleiterinnen und Schulleiter bestimmen. So wird stellenweise in den Befunden erkennbar, dass Schulleiterinnen und Schulleiter rein schulspezifisch und problembezogen agieren (Gieske-Roland, 2015). Verfügt eine Schulleiterin bzw. ein Schulleiter über ein gewisses Repertoire an „problemkündenden Signalen", weiß sie bzw. er auch, auf welche Signale verstärkt zu achten ist, um planmäßige Analyse-, Innovations- und Lernprozesse in Gang zu setzen. Eine solche kontextuelle Einbettung von Problemsituationen (im Sinne lokaler Handlungsvoraussetzungen, Handlungserfordernisse, Handlungsbedingungen) prägt nicht nur die Beobachtung, Bewertung und Beurteilung von Problemen durch Schulleiterinnen und Schulleiter, sondern auch die daraus resultierenden Handlungen (Fend, 2009).

Fallstudien verdeutlichen, dass an großen Schulen unterschiedliche Formen der Zusammenarbeit bzw. der Arbeitsteilung zwischen den Schul- und Abteilungsleitungen sowie Fachbereichsleitungen etabliert sind. Die Verteilung von Aufgaben und Funktionen ist dabei nicht primär an die formalen Vorgaben zu den jeweiligen Funktionsstellen gebunden, sondern unterliegt der Aushandlung durch die Führungskräfte einer Schule. Die Befunde legen nahe, dass eine positive Beurteilung des Führungshandelns durch die Lehrkräfte gemeinsame Orientierungen im Führungsverständnis voraussetzt. Divergierende oder fehlende gemeinsame Orientierungen werden von den Lehrkräften hingegen eher als Schwächen oder Inkonsistenzen im Führungshandeln wahrgenommen (Wagner, 2011). Wesentlich erscheint, dass sich die Führungskräfte aller schulischen Leitungsebenen mit der Schulentwicklung identifizieren, die Arbeit in Schulentwicklungsmaßnahmen wertschätzen und für förderliche Rahmenbedingungen in ihrem Führungsbereich sorgen. Die Folgen fehlender, auch ideeller Unterstützung des schulischen Führungspersonals können die bürokratisch-formale Abwicklung von Schulentwicklungsprojekten ohne eigentliches Engagement, die Verinselung der Projektgruppen und Verantwortlichen oder sogar die dauerhafte Ablehnung der Vorhaben durch das Kollegium zur Folge haben (Rückmann, Wagner & van Buer, 2012). Zusammenfassend formulieren daher Rolf Arnold und Lars Kilian (2012) für das Gelingen von Qualitätsmanagement folgende Anforderungen an die Schulleitungen:

- klares Bekenntnis zum Qualitätsmanagement,
- schulöffentliche Darstellung von Nutzenerwartungen,
- Festlegen von Verantwortlichkeiten und Aufgaben,
- Zuteilung von Ressourcen (u.a. Zeit, Personal, Verantwortung),
- Anstoßen von diskursiven Prozessen zur Mitgestaltung und Mitwirkung,
- Aufmerksamkeit, Interesse und Wertschätzung für Qualitätsmanagement-Aktivitäten,
- Kommunikation von Ergebnissen und Aufzeigen von Konsequenzen.

Idealerweise übernehmen die Schulleitungen im Qualitätsmanagement nicht eine operativ-umsetzende Rolle, sondern sie stoßen operative Maßnahmen an, geben Unterstützung und sorgen für die nachhaltige Einbindung in die schulischen und unterrichtlichen Abläufe.

3. Handlungsimplikationen für verschiedene Ebenen des Bildungssystems

3.1 Ebene der Bildungspolitik

Grundsätzlich ist die Vereinbarkeit und Passgenauigkeit von Zielen auf System-, Organisations- und Individualebene stärker in den Blick von Steuerungsexperten zu nehmen; gerade auch deshalb, weil Ziele zu verschiedenen Zeitpunkten und unter dem Eindruck schulspezifischer Erfordernisse inhaltlich unterschiedlich konturiert werden. Die Ziele der Neuen Steuerung sind auf die Qualitätssicherung und -entwicklung der Einzelschule ausgerichtet.

Ausgesprochen nutzbringend erweisen sich allen Befunden zufolge die Kooperation und wechselseitige Unterstützung der Schulen untereinander bei der Erarbeitung von Schulprofilen sowie bei der Entwicklung mittelfristiger Ziele und Maßnahmen (Berkemeyer, Järvinen & Mauthe, 2009). Die Vernetzung von Schulen kann eine kräftige Triebfeder für die Verbesserung ihrer Schul- und Unterrichtsqualität sein. Fallstudien verdeutlichen z.B. für die Implementierung von Schulentwicklungsinstrumenten und Schulentwicklungsprojekten, dass der Austausch und die Kooperation der Schulen in mehrfacher Hinsicht als gewinnbringend wahrgenommen werden, zum einen in Bezug auf den Austausch von best practice für Projekt- und Prozessansätze und begleitende Strukturen, in Bezug auf die Schaffung von Synergien bei Fortbildungs- und

Qualifizierungsmaßnahmen oder auch im Austausch mit anderen Verantwortlichen (insbesondere wenn in den Schulen ein geringes Committment durch das Kollegium wahrgenommen wird) (vgl. Wagner 2011, 250 ff.). Hierin liegen wichtige Ansatzpunkte für bildungspolitische Förderstrategien. Überdies gilt es festzuhalten, dass je nach Entwicklungsstand bzw. der vor Ort vorgefundenen Strukturen die Entwicklung und/oder Konsolidierung der Schulentwicklungselemente differieren kann. In diesem Zusammenhang sollten die strukturellen und institutionellen Bedingungen der Kooperation in einer professionellen Organisation stärker thematisiert werden (Brauckmann & Feldhoff, 2013; Schwarz & Brauckmann, 2015). Offen blieb dabei bislang auch, wie die Beanspruchung der an Schulentwicklung Beteiligten in einem vertretbaren Rahmen gehalten werden kann.

Aber nicht nur die strategische Ausrichtung der Ziele sowie der Aufbau von Unterstützungsstrukturen für die Einzelschulen verlangt die Aufmerksamkeit der bildungspolitischen Akteurinnen und Akteure. Kritisch erscheint gleichsam die Praxis der Umsetzung bildungspolitischer Steuerungsstrategien. Kurze Fristen bei der Lancierung von Steuerungsimpulsen, sich überschneidende oder ungünstige Zeiträume für die Einführung von Instrumenten und Strategien, zu eng getaktete Rechenschaftszyklen, das Delegieren auch konzeptueller Überlegungen zur Ausgestaltung von Reformideen an die Einzelschulen, das weitgehende Fehlen von Konzepten und/oder Unterstützungsleistungen zum Prozess- und Projektmanagement sind verschiedene Beispiele für Faktoren, die ungünstig auf die Wirkung bildungspolitischer Steuerungsstrategien ausstrahlen. Sie gefährden die Akzeptanz und vergrößern die Handlungsunsicherheit bei den einzelschulischen Akteurinnen und Akteuren: Solange bildungspolitische Interventionen in den Schulen als unberechenbar und ggf. als prekär, teils auch als antagonistisch oder blockierend wahrgenommen werden, nehmen die pädagogischen Akteure vor Ort dies als Risiko wahr, dass die von ihnen eingesetzten zeitlichen und personalen Ressourcen nicht die gewünschten Effekte erreichen. In Fallstudien berichten Schulen etwa davon, dass sie sich als Pilotschulen für bestimmte Entwicklungsmaßnahmen freiwillig gemeldet hätten, sich aber nach erfolgreichem Abschluss der Pilotphase die Vorgaben derart verändert hätten, dass sie den kompletten Entwicklungsprozess erneut durchlaufen mussten. Andere berichteten von abwartenden Haltungen in Schulen, ob und in welcher Form erwartete Entwicklungen an den Schulen durch die Bildungsverwaltung „nachgeprüft" würden (Rückmann et al., 2012). Für den Bereich der Durchsetzung bildungspolitischer Reformvorhaben und Steuerungsansätze lassen sich weiterführende Forschungs- und Entwicklungsaufträge ableiten.

3.2 Ebene der Schulverwaltung

Ebenso wichtig ist es, künftig die Sicht der Schulverwaltungsmitglieder einzubeziehen, die verantwortlich sind für die Erklärung und Implementierung der neuen Steuerungskonzepte und Führungsaufgaben auf der einzelschulischen Leitungsebene. Die Themen der Neustrukturierung, die u. a. mit wertbesetzten Worten wie Reform, Rollenveränderung oder Aufgabenverschiebung einhergehen, betreffen folglich Schulleitung und Schulaufsicht gleichermaßen. Sie sind beide Beteiligte und Gegenstand modernisierter Steuerungsstrukturen, weshalb eine Diskussion der Neuverteilung von Verantwortung im Hinblick auf eine langfristige Sicherung und Entwicklung schulischer Qualität erforderlich wird (Brauckmann, Lassnigg, Altrichter, Juranek & Tegge, 2019; Böttcher, 2016). Die einzelschulische Teilautonomie birgt für die Schulbehörden wie für die Schulleitung infolge der Abkehr von einfachen Weisungs- und Exekutionsfunktionen nicht nur neue Führungsaufgaben, sondern sie verändert auch grundlegend das Verhältnis von Schulbehörde und Schulleitung (Dubs, 2012; Rosenbusch, 2002). Mit dem Ausbau der einzelschulischen Eigenverantwortung und der formal gestärkten Stellung der Schulleiterin bzw. des Schulleiters (z. B. Übertragung des Dienstvorgesetztenstatus) sowie der Einführung von Schulinspektionen, Lernstandserhebungen, zentralen Abschlussprüfungen und Kompetenzteams geht ein Hinterfragen des bisherigen beruflichen Verständnisses von Schulaufsicht einher. Diese Neubewert ung des beruflichen Selbstverständnisses wird vor allem mit den Begriffen Gewährleistung, Dienst- und Fachaufsicht, Beratung, Kontrolle und Unterstützung verbunden. Das kann beispielsweise dadurch geschehen, dass die Schulaufsicht Schulleiterinnen und Schulleiter bei der Professionalisierung ihres pädagogischen Führungshandelns kompetent beraten bzw. die hierfür notwendigen Qualifizierungsmaßnahmen zur Verfügung stellen. Interventionsmöglichkeiten böten sich z. B. im Hinblick auf Moderations-, Besprechungs- und Konfliktmanagementtechniken an.

Solche Ansätze zur Entwicklung der gemeinsamen und abgestimmten Professionalisierung von Schulleitung und Schulaufsicht machen es notwendig, „Schnittstellen zu organisieren (z. B. gemeinsame Datenauswertung externe Evaluation), die Rollen von Schulleitung und Schulaufsicht im Prozess der Qualitätsentwicklung zu klären, tradierte Rollenzuweisungen zu hinterfragen, erforderliche Eigenständigkeiten zu bewahren und gemeinsame neue Zielrichtungen zu erkennen und zu definieren, ferner sinnvolle Kooperationsbeziehungen zu strukturieren, indem der Bedarf für solche ermittelt wird, Kooperationsformen entwickelt und gestaltet werden, sowie die Ergebnisse zu sichern und zu übertragen“ (Goldstein, Müller & Schmidt, 2004, S. 139).

Für beide Akteursgruppen besteht somit die Notwendigkeit eines sich wechselseitig bedingenden Rollenwandels, der entsprechend inhaltlich komplementär angelegt werden muss. Wenn sich Schulverwaltung und Schulleitung nicht gleichermaßen als Teile der Steuerungsreform im Schulsystem begreifen, warum sollte dann die Schulleiterin bzw. der Schulleiter ihre bzw. seine tradierte Rolle als schulverwaltende Leitung über Bord werfen und als ‚Leader‘ verstärkt in Erscheinung treten? Vielmehr muss die Schulverwaltung den Schulleiterinnen und Schulleitern vorrangig die neue Steuerungsphilosophie erläutern, und zwar so, dass die daraus resultierenden, veränderten Rollenanforderungen für die Schulleitung plausibel werden. Zugleich muss sie die Rahmenbedingungen (u. a. durch Veränderungen im eigenen Agieren) verbessern und mittragen, damit Schulleiterinnen und Schulleiter in ihre neue Rolle hineinfinden bzw. diese erfahren können. Möglicherweise können durch eine stärkere Kontrastierung von Erwartungen, die Schulaufsichtsbeamte sowie Schulleiterinnen und Schulleiter wechselseitig aneinander richten, die Erklärung und Nutzung neuer Steuerungsinstrumente im Sinne einer gemeinsamen schulischen Führungsverantwortung transparenter gemacht und so gegenseitige Missverständnisse abgetragen werden.

3.3 Ebene der Einzelschule

Im Alltag der Schulen scheinen die gleichzeitig eingeführten Steuerungsmaßnahmen erweiterter Entscheidungskompetenz und gestiegener Rechenschaftspflicht nur unwesentlich zur Handlungsorientierung der Schulleiterinnen und Schulleiter beizutragen. Sie führen auf Seiten der beteiligten Schulleiterinnen und Schulleiter offenbar vielfach zu Handlungsunsicherheiten. Das lässt vermuten, dass durch die gleichzeitige Einführung eines Mix von Steuerungsmaßnahmen (Altrichter et al., 2016) eine Vielzahl zum Teil konkurrierender und antinomer Zielsetzungen entsteht, denen sich die Schulleitungskräfte ausgesetzt sehen. Inwieweit die Schulleiterin oder der Schulleiter angesichts dieser Zieldiffusion ihre/seine Handlungen priorisieren bzw. planen, organisieren und umsetzen kann, ist weithin unklar.

Zur bestehenden Verunsicherung trägt nicht zuletzt der Umstand bei, dass mit der vordergründigen Ausübung bestimmter Funktionen zunächst nicht entwicklungsbezogene Zielerreichungsprozesse entstehen, sondern funktionsbezogene Aktivitäten entweder „blind" oder zielentkoppelt ausgeführt werden. Anzunehmen ist, dass ohne eine Akzentuierung und Unterlegung der Hauptziele mit konkreten, d.h. zu erreichenden Subzielen, die Problemlösungskompetenz der Schulleiterin bzw. des Schulleiters eingeschränkt wird. Potentiell wichtige Informationen wären nicht zu erkennen und die Identifikation und Lösung von Problemen erschwert. Ohne systematische und geplante Handlungen wäre nicht nur die Begründung von Entscheidungen und die Koordinierung von Aktivitäten, sondern auch eine Überprüfung des Handelns im Sinne eines Controllings, aus dem begründbar Konsequenzen gezogen werden können, kaum möglich. Ohne konkrete Ziele und die dazugehörigen Strukturen ist zumindest rational koordinierendes Managementhandeln nicht leistbar. Warnken (1991) merkt in diesem Zusammenhang an, dass es Schulen selten „an guten Zielen" mangele, sich diese aber im täglichen Handeln vielfach von anderen Zielen leiten ließen. Vor allem eine Fokussierung auf Unterstützungsleistungen ist anzustreben, die zur Strukturierung und Kontinuität der Schulentwicklungsarbeit auf der Prozessebene beitragen und eine Wirksamkeit in den Unterricht hinein entfalten. Gerade diese Bereiche des Schulleitungshandels werden in empirischen Studien häufig als defizitär identifiziert (Thillmann et al., 2015).

Aufmerksam gemacht werden muss in diesem Zusammenhang nochmals auf die mit der veränderten Schulleitungsrolle in eigenverantwortlichen Schulen verbundene inhaltliche sowie zeitliche Mehrbelastung. In teilautonomen Schulen muss eindeutig mehr Zeit für konzeptionelle Arbeiten im Rahmen der Schulentwicklung sowie für Teamsitzungen und Personalgespräche aufgewendet werden. Dies findet nicht zuletzt seinen Niederschlag in den Schulprogrammen und in den internen Evaluationsmaßnahmen von Schulen.

Schulleitung in teilautonomen Schulen unterscheidet sich hinsichtlich Aufgabenvolumen, Struktur der Aufgaben sowie Verantwortlichkeit erheblich von der traditionellen Schulleitung. Qualifizierungs- und Unterstützungsmaßnahmen für Schulleiterinnen und Schulleiter sowie Mitglieder des erweiterten Schulleitungsteams, welche veränderte Rollenanforderungen thematisieren und erfolgversprechende Handlungsstrategien aufzeigen, verdienen daher besonderes Augenmerk. Vor dem Hintergrund der beschriebenen funktionalen und zeitlichen Belastungen der Schulleitungen erscheint es dabei geboten, die möglichen Formen der innerschulischen Kooperation und Verteilung von Führungsverantwortung stärker als bisher in den Blick zu nehmen. Konzepte zur Einführung und Stärkung eines mittleren Managements an Schulen erfahren erst langsam erhöhte Aufmerksamkeit (Wilbers, 2007).

Ferner wird der Schulleitung im Dienste partizipativer Schulführung die Förderung einer „Kultur der Unterschiedlichkeit“ empfohlen, um die soziale und personale Vielfalt im Kollegium konstruktiv zu nutzen, kooperatives Lernen im Lehrerkollegium zu unterstützen und dadurch ein entwicklungsförderliches Schulklima zu schaffen. Überlegungen zur Nutzung von Diversität als Ressource im schulischen Kontext und insbesondere zu einem Diversity Management durch die Schulleitung befinden sich bislang aber noch in den Anfängen (Büscher, 2009).

Schulleiterinnen und Schulleiter, die über ein z.T. beträchtliches organisationales Wissen verfügen, können die Zielsetzung verschiedener Reformbestrebungen mit den vor Ort vorhandenen Ressourcen und Kapazitäten zur Reformierung und Reorganisierung der einzelnen Schule besser einschätzen und folglich auch zielgerechter abgleichen. Schulleiterinnen und Schulleiter müssten demzufolge, ähnlich wie Führungskräfte in Wirtschaftsbetrieben, mit einer ständigen Veränderung der sie umgebenden Kontextfaktoren rechnen und lernen, diese Kontextfaktoren zunehmend einzukalkulieren, zu analysieren und stellenweise zu antizipieren (Brauckmann & Böse, 2017). Das bedingt auch die Fähigkeit zur Rekonstruktion und Überprüfung ihrer eigenen Handlungen und den damit verbundenen Erfahrungs- und Wissensbeständen. Weiterhin erscheint es vielversprechend, stärker als bisher werteorientierte bzw. wertebasierte Konzepte schulischen Führungshandelns in den wissenschaftlichen Fokus zu nehmen. Diese können zur Priorisierung und Integration von Zielen und Aufgabenfeldern sowie zur Entwicklung einer kooperativ-partizipativen Arbeitskultur genutzt werden (Warwas, 2015).

Es geht letztlich darum, weiter auszuloten, wie Einzelschulen in einem staatlich regulierten Schulsystem im Rahmen eines veränderten, qualitätsorientierten Steuerungssystems zu nachhaltig gelingender Qualitätsentwicklung und Innovation veranlasst werden können. Inwieweit sind denn Schulen überhaupt wandelbar bzw. wo genau liegen die Möglichkeiten und Grenzen lokaler Bildungssteuerung auf der Grundlage von Organisationsentwicklung? Wie kann eine ganzheitliche Sicht auf die Schule als Organisation durch die Schulleitung überhaupt erzeugt werden? Hierzu müssten zunächst Erkenntnisse darüber gewonnen werden, wie verschiedene Schulakteurinnen und -akteure selbst Schulentwicklung verstehen, und vor allem, wofür sie in ihrer Organisation offen, bereit und in der Lage sind. Worauf soll sich sonst ihr schulisches Handeln für einen aus ihrer Sicht zumeist extern „vorgeschriebenen“ Wandel gründen? Dies wären Grundlagen, die dann in Überlegungen zur Gestaltung einer Qualitätskultur an Schulen münden, in der institutioneller und pädagogischer Wandel als gemeinsame Aufgabe verstetigt werden kann (Jonach, Gramlinger & Hartl, 2012).

4. Bildungswissenschaftliche Implikationen und Ausblick

Vor dem Hintergrund eines systemtheoretischen Organisationsverständnisses greift es zu kurz, einzig die Schulleiterinnen und Schulleiter als handelnde Individuen in der Organisation Schule zu betrachten. Die Organisation als soziales Aggregat würde dabei nicht adressiert werden. Zu fragen wäre daher, ob das Handeln einer Schulleiterin bzw. eines Schulleiters nicht eher als schulförmiges Organisationshandeln oder – in den Worten Heinz Rosenbuschs (2005) – mit organisationspädagogischem Handeln bezeichnet werden müsste, da es letztlich alle Mitglieder der jeweiligen Organisation Schule betrifft und sich seinerseits an den Merkmalen und Handlungen der Organisationsmitglieder ausrichtet. Insofern wäre das Verständnis von Schulleitungshandeln um eine organisationstheoretische Fundierung zu erweitern, wie dies auch bereits in einigen empirischen Studien getan wurde (Muslic, 2017; Wurster et al., 2016). Kontextanalysen könnten sich auf sozialräumliche (Schwarz & Brauckmann, 2015) wie auch organisationale Arrangements richten, die für eine Bündelung unterschiedlicher Interessen und Positionen zweckdienlich sind. Grundlegende Fragen der Binnenkontextualisierung organisatorischer Handlungen werden in der empirischen Schulleitungsforschung aber selten konsequent adressiert (zsf. Warwas, 2015).

Beispielsweise kann eine Schulleiterin bzw. ein Schulleiter in einer Art „Wahrnehmungsfilterfunktion“ bestimmte Informationen, die Hinweise über die zur Verfügung stehenden Handlungsspielräume und -alternativen enthalten, zurückhalten. Diese personengebundene Art der Informationsauswahl könnte demzufolge die Definition und Priorisierung von Handlungsnotwendigkeiten und -möglichkeiten entscheidend mitbestimmen (Dedering, 2016; Ackeren et al., 2011). Die Bündelung bestimmter Informationen und die Schaffung relevanter Bedingungen können von Seiten der Schulleitung als Unterstützungsleistung für Schulentwicklungsprojekte verstanden werden, aber auch der Stabilisierung der eigenen Machtposition dienen (Gieske, 2013). Auch dieses Spannungsfeld verweist auf empirische Forschungsdesiderate.

Abschließend ist zu konstatieren, dass sich viele der hier vorgestellten empirischen Forschungsbefunde lediglich auf Selbsteinschätzungen von Schulleiterinnen und Schulleitern stützen. Deshalb wäre es ratsam, Schulleitungshandeln stärker multiperspektivisch zu erfassen als bisher, um strategische bzw. gruppen- und interessengeleitete Wahrnehmungsverzerrungen zu mindern. Gewinnbringend könnte der Einbezug weiterer Anspruchsgruppen neben den Lehrkräften (Eltern, Unternehmer, Jugend- und Sozialamt) sein. Auf diese Weise könnten akteursspezifische Forderungen an ein modernes Schulleitungshandeln solchen Anforderungsprofilen gegenübergestellt werden, die im Rahmen neuer Steuerungskonzepte bildungspolitisch formuliert werden.

Literatur

Ackeren, I. van, Zlatkin-Troitschanskaia, O., Binnewies, C., Clausen, M., Dormann, C., Preisendörfer, P., … & Schmidt, U. (2011). Evidenzbasierte Schulentwicklung. Ein Forschungsüberblick aus interdisziplinärer Perspektive. *Die Deutsche Schule, 103* (2), 170–184.

Altrichter, H., Brauckmann, S., Lassnigg, L., Moosbrugger, R. & Gartmann, G. B. (2016). Schulautonomie oder die Verteilung von Entscheidungsrechten und Verantwortung im Schulsystem. In M. Bruneforth, F. Eder, K. Krainer, C. Schreiner, A. Seel & C. Spiel (Hrsg.), *Nationaler Bildungsbericht Österreich 2015. Band 2. Fokussierte Analysen bildunspolitischer Schwerpunktthemen.* (S. 263–304). Graz: Leykam.

Altrichter, H. & Heinrich, M. (2007). Kategorien der Governance-Analyse und Transformationen der Systemsteuerung in Österreich. In H. Altrichter, T. Brüsemeister & J. Wissinger (Hrsg.), *Educational Governance. Handlungskoordination und Steuuerung im Bildungssystem* (S. 55–103). Wiesbaden: VS Verlag für Sozialwissenschaften.

Appius, S., Steger Vogt, E., Kansteiner-Schänzlin, K. & Bach-Blattner, T. (2012). Personalentwicklung an Schulen. Eine Bestandsaufnahme aus Sicht deutscher und schweizerischer Schulleitungen. *Empirische Pädagogik, 26* (1), 123–141.

Arnold, R. & Kilian, L. (2012). *Abschlussbericht. Wissenschaftliche Begleitung durch die TU Kaiserslautern.* Kaiserslautern. Verfügbar unter http://www.saarland.de/dokumente/thema_bildung/Endbericht_Final.pdf

Bach, A., Wurster, S., Thillmann, K., Pant, H. A. & Thiel, F. (2014). Vergleichsarbeiten und schulische Personalentwicklung – Ausmaß und Voraussetzungen der Datennutzung. *Zeitschrift für Erziehungswissenschaft, 17* (1), 61–84. https://doi.org/10.1007/s11618-014-0486-5

Berkemeyer, N., Järvinen, H. & Mauthe, A. (2009). „Schulen im Team". Kommunales Management von Schulnetzwerken. In N. Berkemeyer, H. Kuper, V. Manitius & K. Müthing (Hrsg.), *Schulische Vernetzung. Eine Übersicht zu aktuellen Netzwerkprojekten* (Netzwerke im Bildungsbereich, Bd. 2, S. 171–184). Münster: Waxmann.

Bonsen, M., von der Gathen, J., Iglhaut, C. & Pfeiffer, H. (2002). *Die Wirksamkeit von Schulleitung: Empirische Annäherungen an ein Gesamtmodell schulischen Leitungshandelns.* Weinheim: Juventa.

Böse, S., Neumann, M., Becker, M., Maaz, K. & Baumert, J. (2018). Kooperationsbereit oder Innovationsgegner? *Zeitschrift Für Erziehungswissenschaft, 21* (6), 1157–1186. https://doi.org/10.1007/s11618-018-0826-y

Böse, S., Neumann, M., Becker, M., Maaz, K. & Baumert, J. (2019). Empirische Arbeit: Bereit für Veränderungen? Zum Zusammenhang von Akzeptanz und handlungsbezogener Auseinandersetzung von Schulleiterinnen und Schulleitern in Reformprozessen. *Psychologie in Erziehung und Unterricht, 66*, 51–68. https://doi.org/10.2378/peu2019.art04d

Böse, S., Neumann, M., Gesswein, T., Lee, E., Brauckmann, S. & Maaz, K. (2018). Supporting Schools in Challenging Circumstances in Germany: The Berlin Bonus-Program. In C. Meyers & M. Darwin (Hrsg.), *International Perspectives on Leading Low-Performing Schools* (S. 189–216). Charlotte, NC: Information Age Publishing.

Böse, S., Neumann, M., Gesswein, T. & Maaz, K. (2017). Das Berliner Bonus-Programm zur Förderung von Schulen in schwieriger Lage – Eckpunkte des Programms und erste Ergebnisse der BONUS-Studie. In V. Manitius & P. Dobbelstein (Hrsg.), *Schulentwicklungsarbeit in herausfordernden Lagen* (S. 179–203). Münster: Waxmann.

Bosse, S., Jäntsch, C., Henke, T., Lambrecht, J., Koch, H. & Spörer, N. (2017). Das Zusammenspiel der Offenheit für Innovationen, der Einstellung zum inklusiven Lernen und der Selbstwirksamkeit von Lehrkräften. *Zeitschrift für Bildungsforschung, 7* (2), 131–146. https://doi.org/10.1007/s35834-017-0185-4.

Brauckmann, S. (2016). Schulleitungshandeln zwischen erweiterten Rechten und Pflichten (SHaRP) unter Berücksichtigung einschlägiger schulrechtlicher Bestimmungen. In Bundesministerium für Bildung und Forschung (BMBF) (Hrsg.), *Steuerung im Bildungssystem Implementation und Wirkung neuer Steuerungsinstrumente im Schulwesen* (Bildungsforschung, Bd. 43, S. 238–255). Berlin: M&E Druckhaus.

Brauckmann, S. & Böse, S. (2017). Picking up the pieces? Zur Rolle der Schulleitung beim Turnaround – Ansätze und empirische Erkenntnisse. In V. Manitius & P. Dobbelstein (Hrsg.), *Schulentwicklungsarbeit in herausfordernden Lagen* (S. 85–103). Münster: Waxmann.

Brauckmann, S & Feldhoff, T. (2013, 27th April). May the structure be with you! Uncovering the magic triangle of organisational structure, perception and newly assigned leadership activities in Germany. Empirical insights from the School Leaders' Activities between More Responsibility and More Power (SHaRP)-Study. Paper presented at the American Educational Research Association (AERA), San Francisco, USA.

Brauckmann, S. & Herrmann, C. (2013). Belastungserleben von Schulleiterinnen und Schulleitern im Rahmen erweiterter schulischer Eigenständigkeit: Erste empirische Befunde aus der SHaRP-Studie. *Die Deutsche Schule, 12. Beiheft*, 172–196.

Brauckmann, S., Lassnigg, L., Altrichter, H., Juranek, M. & Tegge, D. (2019). Zur Einführung von Schulclustern im österreichischen Bildungssystem – theoretische und praktische Implikationen. In S. Breit, F. Eder, K. Krainer, C. Schreiner, A. Seel & C. Spiel (Hrsg.), *Nationaler Bildungsbericht Österreich 2018, Band 2: Fokussierte Analysen und Zukunftsperspektiven für das Bildungswesen* (S. 363–402). Graz: Leykam. http://doi.org/10.17888/nbb2018-2-9

Brauckmann, S. & Schwarz, A. (2014). Autonomous leadership and a centralised school system: An odd couple? Empirical insights from Cyprus. *International Journal of Educational Management, 28* (7), 823–841.

Brauckmann, S. & Schwarz, A. (2015). No time to manage? The trade-off between relevant tasks and actual priorities of school leaders in Germany. *International Journal of Educational Management, 29*(6), 749–765. https://doi.org/10.1108/IJEM-10-2014-0138

Böttcher, W. (2016). Zur Kritik der pädagogischen Ökonomie – zum Verhältnis von Monitoring und Unterstützung. In U. Steffens & T. Bargel (Hrsg.), *Schulqualität – Bilanz und Perspektiven. Grundlagen der Qualität von Schule 1* (S. 221-234). Münster: Waxmann.

Büscher, S. (2009). Heterogenität und Schulentwicklung – Eine berufs- und wirtschaftspädagogische Reflexion. *Berufsbildungsbildungswissenschaftliche Schriften*, 1, 225–238.

Day, C., Sammons, P., Hopkins, D., Harris, A., Leithwood, K., Gu, Q., … & Kington, A. (2009). *The Impact of School Leadership on Pupil Outcomes. Final Report*. Nottingham.

Dedering, K. (2016). Entscheidungsfindung in Bildungspolitik und Bildungsverwaltung. In H. Altrichter & K. Maag Merki (Hrsg.), *Handbuch Neue Steuerung im Schulsystem.* (2. Aufl., S. 53–74). Wiesbaden: VS Verlag für Sozialwissenschaften.

Dedering, K., Fritsch, N. & Weyer, C. (2012). Die Ankündigung von Schulinspektionen und deren innerschulische Effekte – hektisches Treiben oder genügsame Gelassenheit? In S. Hornberg & Parreira do Amaral, M. (Hrsg.), *Deregulierung im Bildungswesen* (S. 205–222). Münster: Waxmann.

Demski, D. & Racherbäumer, K. (2015). Principals' evidence-based practice – findings from German schools. *International Journal of Educational Management, 29* (6), 735–748. https://doi.org/10.1108/IJEM-06-2014-0086

Desimone, L. (2002). How can Comprehensive School Reform Models Be Successfullly Implemented? *Review of Educational Research, 72* (3), 433–479. https://doi.org/10.3102/00346543072003433

Ditton, H. (2007). Schulqualität – Modelle zwischen Konstruktion, empirischen Befunden und Implementierung. In J. van Buer & C. Wagner (Hrsg.), *Qualität von Schule – Entwicklungen zwischen erweiterter Selbstständigkeit, definierten Bildungsstandards und strikter Ergebniskontrolle. Ein kritisches Handbuch* (S. 83–92). Frankfurt a. M.: Lang.

Dubs, R. (2005). *Die Führung einer Schule: Leadership und Management.* Stuttgart: Franz Steiner.

Dubs, R. (2010). *Bildungspolitik und Schule wohin?* Altstätten: Tobler-Verlag.

Dubs, R. (2012). Überlegungen zum Impact der pädagogischen Forschung. In U. Faßhauer, B. Fürstenau & E. Wuttke (Hrsg.), *Berufs- und wirtschaftspädagogische Analysen – aktuelle Forschungen zur beruflichen Bildung* (S. 11–23). Opladen: Budrich.

Ebner, H. G. & Funk, C. (2012). *Evaluation des Konzepts „Operativ Eigenständige Schule".* Mannheim. Verfügbar unter https://ebner.bwl.uni-mannheim.de/fileadmin/files/ebner/files/ Publikationen/Abschlussbericht_OES_2012HP.pdf

Feldhoff, T., Gromala, L. & Brüsemeister, T. (2014). Organisationales Lernen von Schulen im Kontext datenbasierter Steuerung. In H. G. Holtappels (Hrsg.), *Schulentwicklung und Schulwirksamkeit als Forschungsfeld. Theorieansätze und Forschungserkenntnisse zum schulischen Wandel* (S. 241–257). München: Waxmann.

Fend, H. (2009). Entwicklungslinien des Bildungswesens im 21. Jahrhundert. In D. Bosse & P. Posch (Hrsg.), *Schule 2020 aus Expertensicht. Zur Zukunft von Schule, Unterricht und Lehrerbildung* (S. 19–24). Wiesbaden: VS Verlag für Sozialwissenschaften.

Fullan, M. (2016). *The New Meaning of Educational Change* (5. Aufl.). London: Teachers College Press, Routledge.

Geijsel, F., Sleegers, P., Berg, R. van den & Kelchtermans, G. (2001). Conditions Fostering the Implementation of Large-Scale Innovation Programs in Schools: Teachers' Perspectives. *Educational Administration Quarterly, 37* (1), 130–166.

Geijsel, F., Sleegers, P., Leithwood, K. & Jantzi, D. (2003). Transformational leadership effects on teachers' commitment and effort toward school reform. *Journal of Educational Administration, 41* (3), 228–256. https://doi.org/10.1108/09578230310474403.

Gieske, M. (2013). *Mikropolitik und schulische Führung: Einflussstrategien von Schulleitern bei der Gestaltung organisationalen Wandels.* Bad Heilbrunn: Julius Klinkhardt.

Gieske-Roland, M. (2015). Die Rolle von Schulleiterinnen und Schulleitern in Veränderungsprozessen – Strategien und Taktiken für gelingenden Wandel. *Die berufsbildende Schule, 9*, 292–297.

Goldstein, K., Müller, T. & Schmidt, K. (2004). Qualitätssicherung durch Schulaufsicht und Schulleitung – Aspekte und Herangehensweisen der Länder im BLK-Programm QuiSS. In B. Brackhahn, R. Brockmeyer & P. Gruner (Hrsg.), *Schulaufsicht und Schulleitung* (S. 134–142). Neuwied: Luchterhand.

Gräsel, C. (2010). Stichwort: Transfer und Transferforschung im Bildungsbereich. *Zeitschrift für Erziehungswissenschaft, 13* (1), 7–20.

Hall, G. E. (2013). Evaluating change processes: Assessing extent of implementation (constructs, methods and implication). *Journal of Educational Administration, 51* (3), 264–289.

Hallinger, P. (2003). Leading Educational Change: reflections on the practice of instructional and transformational leadership. *Cambridge Journal of Education, 33* (3), 329–352. https://doi.org/10.1080/0305764032000122005

Hallinger, P. & Heck, R. H. (1996). The Principal's Role in School Effectiveness: An Assessment of Methodological Progress, 1980-1995. In K. Leithwood, J. Chapman, D.

Corson, P. Hallinger & A. Hart (Hrsg.), *International Handbook of Educational Leadership and Administration. Part 2* (S. 723–783). Dordrecht: Kluwer Academic.

Hallinger, P., Taraseina, P. & Miller, J. (1994). Assessing the Instructional Leadership of Secondary School Principals in Thailand. *School Effectiveness and School Improvement, 5* (4), 321–348. https://doi.org/10.1080/0924345940050401.

Harazd, B. & Drossel, K. (2011). Formen der Lehrerkooperation und ihre schulischen Bedingungen. *Empirische Pädagogik, 25* (2), 145–160.

Harazd, B., Gieske, M. & Gerick, J. (2011). Schulleitung in eigenverantwortlichen Schulen. In F. Dietrich, M. Heinrich & N. Thieme (Hrsg.), *Neue Steuerung – alte Ungleichheiten? Steuerung und Entwicklung im Bildungssystem* (S. 101–112). Münster: Waxmann.

Harnitz, S. (2014). *Schulleitungshandeln zur Verbesserung der Unterrichtsqualität – Untersuchungen zur Eigenverantwortlichen Schule in Niedersachsen* (Dissertation). TU Dortmund. Verfügbar unter https://eldorado.tu-dortmund.de/bitstream/2003/33428/1/Dissertation.pdf

Hasselhorn, M., Köller, O., Maaz, K. & Zimmer, K. (2014). Implementation wirksamer Handlungskonzepte im Bildungsbereich als Forschungsaufgabe. *Psychologische Rundschau, 65* (3), 140–149. https://doi.org/10.1026/0033-3042/a000216

Huber, S. G. (2008). Steuerungshandeln schulischer Führungskräfte aus Sicht der Schulleitungsforschung. In R. Langer (Hrsg.), *Warum tun die das? Governanceanalysen zum Steuerungshandeln in der Schulentwicklung* (Educational Governance, Bd. 1, 1. Aufl., S. 95–126). Wiesbaden: VS Verlag für Sozialwissenschaften.

Johnson, E. D., Bird, F. L., Fyffe, J. & Yench, E. (2012). Champions or Helpers: Leadership in Curriculum Reform in Science. *Journal of University Teaching & Learning Practice, 9* (3), 1–16.

Jonach, M., Gramlinger, F. & Hartl, S. (2012). Qualität braucht Kultur. Das Quality Culture Konzept und seine Anwendungsmöglichkeiten im Kontext von (berufsbildenden) Schulen. *bwp@Berufs- und Wirtschaftspädagogik – online, 21*, 1–11.

Kaniuka, T. S. (2012). Toward an understanding of how teachers change during school reform: Considerations for educational leadership and school improvement. *Journal of Educational Change, 13* (3), 327–346. https://doi.org/10.1007/s10833-012-9184-3

Kaniuka, T. S., Vitale, M. R. & Romance, N. R. (2013). Aggregating school based findings to support decision making: Implications for educational leadership. *Issues in Educational Research, 23* (1), 69–82.

Kemethofer, D. & Altrichter, H. (2017). Der Beitrag neuer Steuerungsinstrumente zur Qualitätsentwicklung in der Einschätzung von Schulleitungen. In. U. Steffens, K. Maag Merki & H. Fend. (Hrsg.), *Schulgestaltung. Aktuelle Befunde und Perspektiven der Schulqualitäts- und Schulentwicklungsforschung. Grundlagen der Qualität von Schule 2* (Beiträge zur Schulentwicklung, S. 249–267). Münster: Waxmann.

Klein, E. D. (2017). Schulleitungshandeln an staatlichen Schulen in Deutschland und den USA. *Zeitschrift für Erziehungswissenschaft, 20* (1), 61–87. https://doi.org/10.1007/s11618-016-0695-1

Klein, E. D. (2018). Transformationale Führung und Daten in Schulen in sozial deprivierter Lage. *Die Deutsche Schule, 110* (1), 27–46.

Künzel, R., Roggenbrodt, G. & Rütters, K. (2007). Qualitätsmanagement auf Basis des EFQM-Modells im Schulversuch ProReKo. *Schulverwaltung Niedersachsen,* (5), 151–154.

Leithwood, K. A. (1992). The move toward transformational leadership. *Educational Leadership*, 8–12.

Leithwood, K. & Jantzi, D. (1990). Transformational Leadership: How Principals Can Help Reform School Cultures. *School Effectiveness and School Improvement, 1* (4), 249–280. https://doi.org/10.1080/0924345900010402

Leithwood, K. & Jantzi, D. (1999). The Relative Effects of Principal and Teacher Sources of Leadership on Student Engagement with School. *Educational Administration Quarterly, 35*(5), 679–706. https://doi.org/10.1177/0013161X99355002

Leithwood, K. & Jantzi, D. (2000). The effects of transformational leadership on organizational conditions and student engegament with school. *Journal of Educational Administration, 38* (2), 112–129.

Leithwood, K. & Jantzi, D. (2006). Transformational school leadership for large-scale reform: Effects on students, teachers, and their classroom practices. *School Effectiveness and School Improvement, 17* (2), 201–227. https://doi.org/10.1080/09243450600565829

Liebau, E., Bürger, R., Schmid, K. & Thom, W. (2007). *Abschlussbericht MODUS 21.* Erlangen.

Muslic, B. (2017). *Kopplungen und Entscheidungen in der Organisation Schule.* Wiesbaden: Springer.

Oelkers, J., Reusser, K., Berner, E., Halbheer, U. & Stolz, S. (2008). *Qualität entwickeln – Standards sichern – mit Differenz umgehen* (Bildungsforschung, Bd. 27). Bonn: BMBF.

Pietsch, M., Lücken, M., Thonke, F., Klitsche, S. & Musekamp, F. (2016). Der Zusammenhang von Schulleitungshandeln, Unterrichtsgestaltung und Lernerfolg: Eine argumentbasierte Validierung zur Interpretier- und Nutzbarkeit von Schulinspektionsergebnissen im Bereich Führung von Schulen. *Zeitschrift für Erziehungswissenschaft, 19* (3), 527–555.

Preuß, B., Brüsemeister, T. & Wissinger, J. (2012). Einführung der Schulinspektion und die Rolle der Schulleitung aus governanceanalytischer Perspektive. *Empirische Pädagogik, 26* (1), 103–122.

Ramsteck, C., Muslic, B., Graf, T., Maier, U. & Kuper, H. (2015). Data-based school improvement: The role of principals and school supervisory authorities within the context of low-stakes mandatory proficiency testing in four German states. *International Journal of Educational Management, 29* (6), 766–789. https://doi.org/10.1108/IJEM-08-2014-0109.

Rosenbusch, H. (2002). Vom „private cold war" zum „Freund in der Not"? In H.-G. Rolff & H.-J. Schmidt (Hrsg.), *Brennpunkt Schulleitung und Schulaufsicht. Konzepte und Anregungen für die Praxis* (S. 13–26). Neuwied: Luchterhand.

Rosenbusch, H. (2005). *Organisationspädagogik der Schule: Grundlagen pädagogischen Führungshandelns.* München, Neuwied: Luchterhand und Carl Link.

Rosenbusch, H. & Warwas, J. (2010). Schulleitung als Profession. In R. Pfundtner (Hrsg.), *Grundwissen Schulleitung I. Handbuch für das Schulmanagement* (S. 15–26). Köln: Carl Link.

Rosenbusch, H. & Wissinger, J. (Hrsg.). (1995). *Schule und Schulaufsicht – Wege zur Reform: Schulleiter-Handbuch 74.* Braunschweig: SL-Verlag.

Rückmann, J., Wagner, C. & van Buer, J. (2012). Evaluation und Personalentwicklung an beruflichen Schulen. In G. Niedermair (Hrsg.), *Evaluation als Herausforderung der Berufsbildung und Personalentwicklung* (S. 265–284). Linz: Trauner.

Schratz, M. (1998). Schulleitung als change agent: Vom Verwalten zum Gestalten von Schule. In H. Altrichter, W. Schley & M. Schratz (Hrsg.), *Handbuch zur Schulentwicklung* (1. Aufl., S. 160–189). Innsbruck: StudienVerlag.

Schwarz, A. & Brauckmann, S. (2015). Between facts and perceptions: The area close to school as a context factor in school leadership. *Schumpeter Discussion Papers*, 1–30.

Thillmann, K., Brauckmann, S., Herrmann, C. & Thiel, F. (2015). Praxis schulischer Personalentwicklung unter den Bedingungen der Neuen Steuerung. Empirische Befunde aus den Forschungsprojekten SHaRP und StABil. In H. J. Abs, T. Brüsemeister, M. Schlemmann & J. Wissinger (Hrsg.), *Educational Governance. Governance im Bildungssystem. Analysen zur Mehrebenenperspektive, Steuerung und Koordination* (S. 195–228). Wiesbaden: VS Verlag für Sozialwissenschaften.

Wagner, C. (2011). *Führung und Qualitätsentwicklung in beruflichen Schulen – Eine triangulative Untersuchung* (Dissertation). Humboldt Universität Berlin.

Warnken, G. (1991). Neue Perspektiven für die schulinterne Lehrerfortbildung. In P. Klein & W. Renneberg (Hrsg.), *Schulentwicklung durch Fortbildung und Kooperation in der Region. Tagungsbericht des 2. Fortbildungsforums Nord-West in der IGS Aurich am 2. und 3.5.1991* (S. 31–37). Oldenburg.

Warwas, J. (2009). Berufliches Selbstverständnis und Beanspruchung in der Schulleitung. *Zeitschrift für Erziehungswissenschaft, 12* (3), 475–498.

Warwas, J. (2014). Strategien der Schulleitung in Abhängigkeit subjektiver Rollendefinitionen und organisationaler Handlungsbedingungen: Typologische Binnendifferenzierung von Akteursgruppen. In K. Maag Merki, R. Langer & H. Altrichter (Hrsg.), *Educational Governance als Forschungsperspektive. Strategien. Methoden. Ansätze* (2. Aufl., S. 283–308). Wiesbaden: Springer VS.

Warwas, J. (2015). Principals' leadership behaviour: Values-based, contingent or both? *Journal of Educational Administration, 53* (3), 310–334.

Warwas, J., Seifried, J. & Meier, M. (2008). Change Management von Schulen: Erfolgsfaktoren und Handlungsstrategien aus Sicht der Schulleitung an beruflichen Schulen. In R. Voss (Hrsg.), *Innovatives Schulmanagement* (S. 103–124). Gernsbach: Deutscher Betriebswirte-Verlag.

Wilbers, K. (2007). *Mittleres Management in der Schule: Erste Einschätzung der Einführung einer mittleren Führungsebene an beruflichen Schulen in Bayern.* Nürnberg: Berichte zur Wirtschaftspädagogik und Personalentwicklung.

Wissinger, J. (2000). Rolle und Aufgaben der Schulleitung bei der Qualitätssicherung und -entwicklung von Schulen. *Zeitschrift für Pädagogik, 46* (6), 851–865.

Wissinger, J. (2011). Schulleitung und Schulleitungshandeln. In E. Terhart, H. Bennwitz & M. Rothland (Hrsg.), *Handbuch der Forschung zum Lehrerberuf* (S. 98–115). Münster: Waxmann.

Wissinger, J. (2014). Schulleitungshandeln und Schulentwicklung. In H. G. Holtappels (Hrsg.), *Schulentwicklung und Schulwirksamkeit als Forschungsfeld. Theorieansätze und Forschungserkenntnisse zum schulischen Wandel* (S. 123–140). München: Waxmann.

Wissinger, J. (2016). Schulleitung im Fokus des Schulqualitätsdiskurses. In U. Steffens & T. Bargel (Hrsg.), *Schulqualität – Bilanz und Perspektiven. Grundlagen der Qualität von Schule 1* (S. 257–276). Münster: Waxmann.

Wittmann, E. (2003). Leiten von Schule als Balanceakt zwischen alternativen administrativen Philosophien? Zur Bedeutung des „New Public Managements" für die Implementation von Kompetenzzentren und Regionalen Berufsbildungszentren. In J. van Buer & O. Zlatkin-Troitschanskaia (Hrsg.), *Berufliche Bildung auf dem Prüfstand. Entwicklung zwischen systemischer Steuerung, Transformation durch Modellversuche und unterrichtlicher Innovation* (S. 343–373). Frankfurt a.M.: Peter Lang.

Witziers, B., Bosker, R. J. & Krüger, M. L. (2003). Educational Leadership and Student Achievement: The Elusive Search for an Association. *Educational Administration Quarterly, 39* (3), 398–425. https://doi.org/10.1177/0013161X03253411

Wurster, S., Bach, A., Schliesing, A., Thillmann, K., Pant, H. A. & Thiel, F. (2016). Schulen als Steuerungsakteure im Bildungssystem – datenbasierte Schul- und Unterrichtsentwicklung aus der Perspektive von Schulleitungen, Fachkonferenzleitungen und Lehrkräften. In Bundesministerium für Bildung und Forschung (BMBF) (Hrsg.), *Steuerung im Bildungssystem Implementation und Wirkung neuer Steuerungsinstrumente im Schulwesen* (Bildungsforschung, Bd. 43, S. 178–207). Berlin: M&E Druckhaus.

Michael Schratz & Christian Wiesner

Pädagogische Führung – Kompetenzprofil und Kompetenzentwicklung von Schulleiterinnen und Schulleitern[1]

1. Von der Verwaltung zur Gestaltung von Schule

Schulen sind gesellschaftliche Systeme mit eigenen Kulturen und Identitäten, die sich bei ihren Akteuren in Ethos und innerlich wie äußerlich beobachtbaren Haltungen (Habitusformationen) zeigen. In der Entwicklung mischen sich historisch kirchliche, militärische und bürokratische Traditionen mit reformpädagogischen Ansätzen. Die Führung von Schulen hat eine lange Tradition im verwaltenden, hierarchischen und kontrollierenden Verständnis über vorgesetzte Dienstbehörden wie Schulaufsicht und Inspektorate. Die Rahmenbedingungen für Schule, Unterricht, Zeugnisregelungen und Versetzungsordnungen wurden ministeriell oder von Gebietskörperschaften gesetzt, die Schule hatte sie umzusetzen. Alle Akteure bewegten sich im Rahmen von Vorgaben, Richtlinien und Weisungen, die einzuhalten und abzuwickeln waren, was sich beispielsweise an Lehrplan, Stundentafel und Zeugnisordnung aufzeigen lässt.

Dieser Geist der Anordnung, Aufsicht und Vorgaben hat sich in den Verwaltungsrichtlinien bis heute gehalten. Allerdings ist der Weg vom Amtsblatt zur Praxis in den Klassenzimmern lang und in den Wirkungen höchst ungewiss. Im Bewusstsein der Akteure bestimmt der Bezug auf die Richtlinien und die Lehrpläne als *„statische Kultur des Lehrens und Lernens“* (Posch & Altrichter, 1992) noch heute das Denken in engen, überwiegend inputbestimmenden Vorgaben und Begrenzungen. Schule – und damit deren Leitung – steht jedoch immer im Spannungsfeld zwischen *Bewahren* (Schule als Ort von *Reproduktion*), *Verbessern* (Funktionsoptimierung) und *Verändern* (Schule als Ort von *Transformation*), da sie als gesellschaftliche Mittlerin zwischen Vergangenheit und Zukunft beiden gerecht werden muss (vgl. Schratz, 1996a). Geändert haben sich allerdings in den letzten Jahren die Ausgangsbedingungen durch den gesellschaftlichen Wandel und die bildungspolitischen Rahmenvorgaben, was zu einer Neubestimmung der Aufgaben und damit auch der erwarteten Kompetenzen und der „persönlichen Könnerschaft“ von Schulleitung geführt hat.

Im Zuge der Demokratisierung sind der Gedanke der Mitbestimmung und das Prinzip der Partizipation hinzugekommen. Im Berufsverständnis von Führungsperso-

---

1 Teile dieses Beitrags sind bereits in Wiesner, George, Kemethofer und Schratz (2015) sowie Schratz, Wiesner, Kemethofer, George, Rauscher, Krenn und Huber (2016) erschienen.

nen an Schulen vollzieht sich diese über eine bestimmte Betonung der kollegialen Leitung oder der pädagogischen Schulleitung, die Führung vor allem in Konferenzen und der Einhaltung bzw. Umsetzung der Richtlinien vorsieht. Die Organisationsstruktur von Schulen zeichnet sich durch eine sehr flache Hierarchie aus, wodurch ein „Mythos der Gleichheit" unter den Lehrpersonen entsteht (vgl. Strittmatter, 1994), der innere Hierarchien verdeckt und die Aufteilung von Führungsaufgaben erschwert. Dazu kommt, dass die Schulleitung oft noch als primus inter pares angesehen wird, was zusätzliche Probleme bei der Wahrnehmung von Führungsaufgaben aufwirft.

Für die Autonomie der Schulen, für differenzierte Profile und eigene Leit- und Zielbilder war zunächst wenig Handlungsspielraum. Das inhaltliche Lenkungsmedium war der Lehrplan, der aus gehaltvollen Präambeln und fächer- und jahrgangsbezogenen Anforderungen mit festgelegter Stundentafel und Zeugnis- und Versetzungsrichtlinien bestand. Ein lediglich Exekutieren von Vorgaben konnte den Zielsetzungen eines modernen Leitungsverhaltens nicht mehr entsprechen, denn, so argumentieren Posch und Altrichter (1992), „[b]ei zunehmender Komplexität praktischer Anforderungen wird das Verständnis schulischer Arbeit als ‚Gesetze ausführen' kontraproduktiv. Diese Arbeit müsste vielmehr als ‚gesetzliche Spielräume kreativ, verantwortungsbewusst und situationsgemäß interpretieren' verstanden werden" (S. 78).

Aufgrund von außerschulischen Entwicklungen in Gesellschaft und Bildungsverständnis richteten sich zunehmend höhere Erwartungen an die Führungspersonen an der Spitze der Schulen, die auch neue und andere Kompetenzen von ihnen erforderten. Gewalt und Drogen, Integration und Migration, Leistungsnachweis und „neue" Verantwortungskultur, jedes Mal, wenn es darum ging, Probleme inhaltlicher wie struktureller Art zu lösen, war der Ruf nach Führung und Leitung stärker zu hören. Ein administratives Verständnis von Schulleitung war wenig geeignet, neue Antworten auf den gesellschaftlich und politisch veränderten Kontext von Schule zu finden, der die Schule aus unterschiedlichen Richtungen unter Druck setzte. Zur Bewältigung dieser komplexen Herausforderungen ließen sich keine zentralen Lösungsansätze mehr verordnen und anweisen, sondern sie müssten „vor Ort" gefunden werden. Mit zunehmender Autonomisierung des Schulwesens verlagerte sich daher die Entscheidungskompetenz an den einzelnen Schulstandort als „Handlungseinheit" (Fend, 1986), was auch Auswirkungen auf die Rolle der Schulleitung hatte. Die Veränderung der Rahmenbedingungen hat nicht nur zu einer Neubestimmung der Aufgaben von Schulleitung hin zu größeren Interventionsmöglichkeiten geführt (vgl. Schratz, 1996a), sondern auch wesentlich die Neudefinition der Funktion von Schulaufsicht eingeleitet (vgl. Rosenbusch, 1994; Schratz, 1996b).

In den 1980er und 1990er Jahren begann auch im deutschsprachigen Raum die Debatte um die „gute Schule" (vgl. z.B. Steffens & Bargel, 2016) und die Rolle des Schulmanagements (vgl. Dubs, 1994/2005; Fischer & Schratz, 1993/1999; Rosenbusch & Wissinger, 1989). In dieser Phase wuchsen Verständnis und Begrifflichkeiten einer professionellen, durch Verhaltens- und Kommunikationstrainings gestützte Formen einer qualifizierten Führungspraxis (vgl. Buchen, Horster & Rolff, 1995; Schratz, 1998). Seitdem ist das Thema Führung in der Schule ein zunehmend stärker sich ausdifferenzierendes Feld der Professionsentwicklung, die sich inzwischen auch akademisch in universitären Masterstudiengängen manifestiert und wissenschaftlich in der zunehmenden Forschungspräsenz.

2. Management braucht Leadership

Das Schulmanagement betrachtete die Schule als ein skalierbares und damit steuerbares System. Schnell etablierten sich Konzepte der Steuerung, der Leitbildentwicklung, des Schulprofils und der Schulkultur. Sie verbanden sich auf eine empirisch noch wenig gestützte Vorstellung von der Funktion der Schulentwicklung. Schule wurde erstmals als ein handelndes System betrachtet, das der Führung bedarf, die über die Verwaltungs- und Kontrollfunktion sowie den Modus der Umsetzung hinausging. Die Schule selbst sollte sich entwickeln. Schlagworte wie die der lernenden Schule oder der guten Schule bezeichneten entsprechende Vorstellungen und Programme.

Viele Trainings für das Schulmanagement gaben vor, mit stärkerer Sozialkompetenz in Form des aktiven Zuhörens, der Fähigkeit zur Einigung ohne Niederlage, des empathischen Verstehens und der Wertschätzung könnte eine sozial-integrative Schulkultur entstehen, die Leistung hervorbringt. Das Schulklima, die Kooperationskonzepte und Kommunikationsqualitäten standen im Zentrum der Entwicklung zur guten Schule. Bei aller Überschätzung der Nachhaltigkeit von Trainings für die Führungspraxis lieferten sie wertvolle Grundlagen für ein heutiges weiter und differenzierter entfaltetes Verständnis von Führung. Vor allem bildeten sie das Grundverständnis ab, das dem Thema „Führung" in der Schule erst einen Raum eröffnete. Im deutschen Sprachraum war der Begriff Führung ein Unwort mit negativer Aufladung. Angesichts der noch gar nicht aufgearbeiteten Erfahrungen des Nationalsozialismus war es ein hoch bedeutsamer Schritt nach dem Faschismus, dem Führerkult, den Zerstörungen des Zweiten Weltkriegs und dem Holocaust überhaupt wieder von Führung reden zu können. Dies macht einen bedeutsamen Unterschied zu den englischsprachigen Ländern, zu Skandinavien und den Niederlanden, in denen Leadership immer schon die Richtung in ein visionsorientiertes Zielbild von Schule und Unterricht führte.

In der Managementliteratur gibt es im deutschen Sprachraum eine kontroverse Diskussion über den Leadership-Begriff. Für Fredmund Malik (2004) gehört er zu den „gefährlichen Managementwörtern", die man – wegen der Gefahr der Hochstilisierung zum „charismatischen Führer" – vermeiden sollte. Hans Hinterhuber (2003, S. 10) hingegen zeigt historisch auf, dass „Leadership eine existenzielle Entscheidung für einen Lebensstil ist". Während Management dem Optimierungsgedanken nahesteht, ist Leadership erforderlich, um in eine Neuorientierung, eine Transformation durch Beziehungsorientierung zu gelangen. Die Gegenüberstellung in Tabelle 1 verdeutlicht die unterschiedlichen Zugänge und Verständnisse beider Konzepte (Schratz, Hartmann & Schley, 2010, S. 8).

Tabelle 1: Gegenüberstellung Management und Leadership (in Anlehnung an Schratz, et al., 2010, S. 8)

Management	**Leadership**
– Arbeit *im* System – Steuerung – Optimierung – besser machen (*best practice*) – Prozesse definieren – single loop learning – Komplexheit reduzieren	– Arbeit *am* System – Entwicklung – Innovation und Transformation – neu denken (*next practice*) – Kultur hervorbringen – double loop learning – Mehrperspektivität berücksichtigen

Führungspersonen agieren vielfach nach einem klassischen Schulmanagement-Konzept: Ziele setzen – Maßnahmen starten – Ergebnisse überprüfen. Die Erfahrung zeigt, dass eine systemische Entwicklung dadurch nur beschränkt erreicht werden kann: Die schulischen und außerschulischen Maßnahmen und Aktivitäten sind strukturell nur lose gekoppelt und selten systematisch aufeinander bezogen. Im Zusammenhang mit Entwicklung spielt die Beziehung zwischen den betroffenen Akteuren eine zentrale Rolle. Leadership als Zusammenspiel von Einstellung, Handlung, Wirkung und Reflexion bezeichnet eine Haltung und eine bestimmte Gestalt der Rollenwahrnehmung, welche die Persönlichkeit im Mittelpunkt sieht und weniger die Funktion und die Aufgaben (vgl. Schratz, Amman, Möltner, Mauersberg, Anderegg, Gregorzewski & Bergmann, 2019).

Für erfolgreiche Schulleitung ist immer beides erforderlich: das Wahrnehmen der Funktion und der damit verbundenen Aufgaben (*Management*) sowie eine resonante und wirksame Beziehung zwischen den Menschen mit der Absicht auf Entwicklung und der Reflexion der damit verbundenen Prozesse (*Leadership*). Demgemäß folgert Sprenger (2012, S. 12), „einem Leader ohne Management-Fähigkeiten wird bald die Luft wegbleiben; einem Manager ohne Leadership-Fähigkeiten fehlt die Richtung".

Management wird durch die Arbeit *im* (öffentlichen Bildungs-)System bestimmt. Dazu sind bestimmte Abläufe vorgegeben und entsprechende Aufgaben von Schule möglichst effizient zu erfüllen. Zur Erfüllung dieser Aufgaben benötigt die Schulleitung Lehrpersonen und sonstiges Personal, die sie entsprechend „managen" und deren Leistung sie auch kontrollieren muss. Entscheidungen müssen meist rasch und situationsadäquat auf Grundlage von Bewährtem getroffen und von den Betroffenen umgesetzt werden. Leadership hingegen ist Arbeit *am* System: Für bestimmte Systemtheoretiker (z.B. Luhmann, Willke) ist die Lenkbarkeit des ganzen (Schul-)Systems nicht mehr möglich, weshalb Schulleitungen mit Unabwägbarkeiten, Ambivalenzen, Unsicherheiten, hoher Komplexität u.Ä. konstruktiv umgehen müssen, damit sie ihren Lehrerinnen und Lehrern entsprechende Entfaltungsmöglichkeiten geben können. Dazu benötigen sie kluge Lösungen, für die es oft noch keine (rechtliche) Vorgabe gibt, sowie Respekt vor den Untergebenen und Vertrauen in diese. In dieser Hinsicht ist Leadership immer eine „dienende" Aufgabe im Sinne von *Servant Leadership* (Greenleaf & Spears, 2002).

Managementkompetenz lässt sich leichter aneignen als Leadership, da es im Bereich des Managens erlernbare Techniken gibt (vgl. etwa die Literatur zu Problemlösung, Entscheidungstrainings, Techniken der Konferenzführung u.Ä.). Im Bereich

Leadership geht es um Aspekte wie persönliche Könnerschaft und Haltung sowie um eine wirksame Beziehung, also Kompetenzen und deren professionelle Reflexion, die nicht so einfach (an)gelernt werden können. Das hat nicht zuletzt damit zu tun, dass Leadership nicht eine Einzelaktivität ist, sondern eine soziale Aktivität, über welche andere Menschen befähigt werden sollen, sich den jeweiligen Herausforderungen zu stellen und entsprechende Entwicklungsimpulse zu initiieren. Gerade die Schulleitung hat mit sehr vielen unterschiedlichen Anspruchsberechtigen (*Stakeholders*) zu tun, die alle ihre eigenen Interessen anmelden (z. B. Eltern, Schüler/-innen, Lehrer/-innen, Gemeinde, Politiker/-innen, Öffentlichkeit etc.). Leadership kann nur über andere wirksam werden, die alle ihre eigenen Wertvorstellungen und (politischen) Agenden haben. Wirksame Schulleitung braucht beides und lebt von ausgeprägter Managementkompetenz und wirkkräftigem Leadership.

Eine einseitige Ausrichtung auf der Management-Seite (ausgeprägtes Management, geringe Leadership) führt zu einer gut verwalteten, aber wenig gestalteten Schule. Umgekehrt bewirkt hohe Leadership bei geringem Management eine starke Mobilisierungskultur, aber geringe Rollenklarheit, mangelnde Stabilität und wenig funktionierende Abläufe. Für den Erfolg von Schule sind Management und Leadership als Einheit zu sehen, denn „[g]ute Schulen nehmen ihre Verantwortung für Kinder und Jugendliche nicht segmentär, sondern ganzheitlich wahr und sie verantworten sich aktiv gegenüber den Beteiligten und der Öffentlichkeit“ (Fauser, Prenzel & Schratz, 2008, S. 27). Demnach baut Führungsverantwortung auf wissenschaftlich gesichertes Professionswissen, eine wertorientierte Haltung und persönliche Könnerschaft im systemischen Kontext.

3. Leadership im Spannungsfeld zwischen Policy und schulischer Praxis

Die Bedeutung von Schulleitung und pädagogischer Führung wurde, angetrieben durch internationale Kooperationen (Pont, Nusche & Moorman, 2008; Pont, Nusche & Hopkins, 2008) und Studien (Huber & Muijs, 2010), mittlerweile auch im deutschsprachigen Raum erkannt: Empirische Belege aus der Schulwirksamkeitsforschung führen zu dem Schluss, dass die Qualität von Schulen *indirekt* durch Schulleitungshandeln bestimmt wird (Bonsen, 2010; Huber, 2008). Gleichzeitig zählt die Schulleitung für die Verbesserung der Schülerleistungen neben Curricula und Unterricht zu den drei wichtigsten Einflussfaktoren, auf die innerhalb der Schule Einfluss genommen werden kann (z. B. Leithwood, Louis, Anderson & Wahlstrom, 2004; Leithwood & Riehl, 2005). Im Mittelpunkt stehen Ansprüche an die Schulleitung, wie beispielsweise eine gemeinsame Vision und abgestimmte Ziele, ein funktionstüchtiges Qualitätsmanagement für eine kontinuierliche Optimierung, die Entwicklung und Änderung von Prozessen und Aufgaben, eine evaluative Grund- und Werthaltung sowie ein hochwertiges Unterrichtsangebot.

Forschungsergebnisse zur Effektivität von Schulleitung zeigen in diesem Zusammenhang, dass Schulleitung die Lernprozesse der Schülerinnen und Schüler primär indirekt beeinflusst (Hallinger & Heck, 1998). Schulleiter und Schulleiterinnen verbringen den Großteil ihrer Arbeit außerhalb der Klasse. Ihr Einfluss findet deshalb vermittelt durch andere Personen, Maßnahmen und organisatorische Faktoren wie Lehrer und Lehrerinnen, Unterricht und Schulklima statt. Die Rolle der Schulleitung ist vor allem für die Schaffung förderlicher Bedingungen für Unterricht und Lernen sowie das Setzen und Erreichen ambitionierter Ziele wichtig. Sie organisiert die Leistung anderer, indem sie u. a. das Engagement, die Entfaltungsmöglichkeiten und Arbeitsbedingungen von Lehrpersonen beeinflusst, die wiederum Unterricht gestalten. Für die wirksame Beziehung zwischen pädagogischer Führung und Bildungsprozessen von Schülerinnen und Schülern hat sich international das Konzept *Leadership for Learning* durchgesetzt (MacBeath & Cheng, 2008). Dieses sieht das Fokussieren schulischer Aktivitäten auf das Lernen als zentrales Thema, um die Distanz zwischen Policy und Praxis neu zu bestimmen, d.h. dafür zu sorgen, dass Policy-Vorgaben auch tatsächlich die Bildungsprozesse der Schülerschaft erreichen.

Ergänzend zum bedeutenden Einfluss von Schulleitung auf die Bildungsprozesse der Schülerinnen und Schüler weisen Pont et al. (2008, S. 19) auf die entscheidende Rolle von Schulleitung bei Reformen im Bildungsbereich hin: „It bridges educational policy and practice." Schulleitung verbindet zentrale Vorgaben mit der Praxis und stellt das entscheidende Bindeglied für die Synchronisation von Top-down- und Bottom-up-Strategien dar (Fullan, 2001). Die übergeordneten Ebenen des Bildungssystems können oft nur die Richtung für Reformen vorgeben, denn der Erfolg hängt in der Regel nicht unwesentlich von den Schulleiterinnen und Schulleitern und deren Kompetenzen ab, wie sie das Neue ins System bringen. Nur durch professionelles Schulleitungshandeln kann es gelingen, so die Argumentation, zentrale Reformvorhaben kohärent in die interne Schulentwicklung und den Alltag zu integrieren (Stoll, Bolam & Collarbone, 2002).

Reformen von Schulen und Unterricht lassen sich nicht nach einem vorgefertigten (Master-)Plan umsetzen, da sie in einem komplexen Beziehungsgefüge des Kontexts und Umfelds am jeweiligen Standort zwischen (bekannter) Vergangenheit und (unbekannter) Zukunft erfolgen. Das Aushandeln der situativen Stimmigkeit ist erforderlich, da sich politische Vorgaben im Bildungswesen nicht über obrigkeitsstaatliche Steuerungsmodi so umsetzen lassen, wie sie intendiert sind. Vielmehr erfordern sie am jeweiligen Schulstandort jenes „policy enactment" (Ball, Maguire & Braun, 2012), das u. a. die Entwicklung und Ausgestaltung von Kooperationen, den Ausbau von Schulkultur sowie sozial geprägtes und strukturell formiertes Führungshandeln unter komplexen Bedingungen umschließt.

Im „policy enactment" durch die Schulleitungen sind als Führungsaufgabe einerseits die jeweiligen Policy-Vorgaben zu berücksichtigen, andererseits aber auch die Möglichkeiten und Grenzen der Transformation im jeweiligen Kontext (Kollegium, Eltern, Schülerschaft, gesellschaftliches Umfeld etc.). Die dazu erforderlichen Kompetenzen von schulischen Führungspersonen können daher nicht ohne Weiteres „genormt" werden, da sie in einem dynamischen Feld wirksam werden, das unterschiedliche Freiheitsgrade in den Führungsinterventionen erfordert bzw. zulässt. So lassen sich in Abbildung 1 im Kontinuum zwischen „rigid" und „dynamisch" unterschiedliche Zonen der Bestimmbarkeit erwarteten Handelns von Schulleitern und Schulleiterinnen ausmachen.

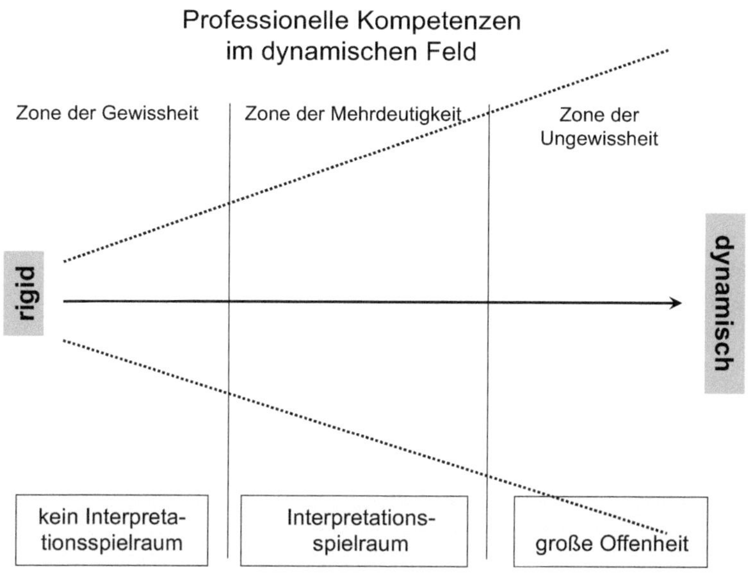

Abbildung 1: Handlungsspielraum von pädagogischen Führungspersonen im „policy enactment" (aus Schratz, 2013, S. 28)

Der Interpretationsspielraum kann von Kontext zu Kontext unterschiedlich sein, je nachdem, wie rigide ein Kompetenzrahmen für Schulleitungshandeln strukturiert wird. In der Erstellung von Standards zur Professionalisierung von Schulleiterinnen und Schulleitern lassen sich je nach Handlungsspielraum unterschiedliche Zonen (Gewissheit, Mehrdeutigkeit, Ungewissheit) unterscheiden. Dazu einige Beispiele:

1) Kompetenzstandards mit geringem Handlungsspielraum:
Das erwartete Verhalten liegt in einer Zone der Gewissheit, was bedeutet, dass klare Vorgaben vorherrschen, deren Einhalten gut „überprüfbar" ist.

Beispiele:
- Der/die Schulleiter/-in kennt die Schulgesetze und wendet sie im Schulalltag an.
- Der/die Schulleiter/-in sorgt dafür, dass aktuelle Vorgaben des Ministeriums zur Kenntnis gebracht werden.
- Der/die Schulleiter/-in führt ein transparentes Berichtswesen.

Auch wenn Führungspersonen in der Ausübung der jeweiligen Vorgaben bzw. Maßnahmen unterschiedlich handeln, kann deren Umsetzung festgestellt werden.

2) Kompetenzstandards mit erweitertem Handlungsspielraum:
Die erwarteten Aktivitäten liegen in einer Zone der Mehrdeutigkeit, was bedeutet, dass unterschiedliche Handlungsalternativen möglich sind und daher mehr Aktionsspielraum herrscht als in 1).

Beispiele:
- Die/der Schulleiter/-in kennt Techniken zur effektiven Leitung von Konferenzen und wendet diese an.
- Die/der Schulleiter/-in legt eine Agenda für schulinterne Curriculumarbeit fest und setzt sie um.
- Der/die Schulleiter/-in führt zur Qualitätssicherung einen Classroom Walkthrough (vgl. Schwarz, 2013) durch.

Die Umsetzung dieser Aktivitäten eröffnet einen größeren Handlungsspielraum, wodurch die Wirkung der Umsetzung bzw. Durchführung in hohem Maße von den Interventionen der Schulleitung mit dem Kollegium bzw. Teilen davon zusammenhängt.

3) Standards mit offenem Handlungsspielraum:
Das erwartete Verhalten liegt in einer Zone der Ungewissheit, was bedeutet, dass eine Vielfalt von Handlungsalternativen möglich sind und daher ein sehr großer Möglichkeitsraum besteht.

Beispiele:
- Der/die Schulleiter/-in ist in der Lage, eine neue Lernkultur an der Schule zu schaffen.
- Der/die Schulleiter/-in hat ein Konzept zur schulinternen Personalentwicklung und sorgt für dessen Umsetzung.
- Der/die Schulleiter/-in regt durch professionelle Interventionen und Impulse eine nachhaltige Schul- und Unterrichtsentwicklung an.

Das dynamische Feld wird in hohem Maß von den involvierten Personen und Institutionen bestimmt, wodurch der Handlungsspielraum nur begrenzt vorherbestimmbar und damit standardisierbar ist.

4. Der Wandel in den Kompetenzanforderungen und -profilen

Die sich seit den 1980er Jahren aufbauenden Anforderungen an Schulleitung waren von unterschiedlicher Natur und Intensität, wodurch auch deren Aufgaben und Perspektiven im Laufe der Zeit mehreren Wandlungen unterlagen, was sich auch im wissenschaftlichen Diskurs niedergeschlagen hat. Sie lassen sich paradigmatisch folgenden vier Leitkonzepten zuordnen: *Qualitätsmanagement, Neue Steuerung, Wandel, Transformation.* Diese Konzepte stehen für einzelne Phasen, die als ein einigermaßen zusammenhängendes Bündel aus Leitthemen, Fragestellungen und Methoden zu verstehen sind, welche über längere Perioden Anforderungen (siehe die Leitthemen der Tab. 2) an Schulleitung definieren (vgl. dazu u.a. Bonsen, Bos & Rolff, 2008; Fullan, 2014; Scharmer, 2009; Scharmer & Käufer, 2013; Hargreaves & Shirley, 2009; Wiesner et al., 2015; Schratz et al., 2016).

Tabelle 2: Konfluenzmodell der Schulleitungsforschung: Aktuelle Anforderungen an eine Schulleitung (in Anlehnung an Wiesner et al., 2015, S. 67; Schratz et al., 2016, S. 222)

Entwicklungsphase	**1.0**	**2.0**	**3.0**	**4.0**
Leitkonzept	Qualitätsmanagement	Neue Steuerung	Wandel	Transformation
Leitthemen	Optimierung; Qualitätssicherung und -verbesserung; Führungsstile; Organisationstheorie; Verantwortung	Wirksamkeit & Effektivität; Evidenzbasierung; Zielorientierung; Führungstypen; Rechenschaft	Kompetenzorientierung; Musterwechsel; Intervention; Empowerment; Arbeiten *am* System; Verbindlichkeit	Emergenz; Werteorientierung; Ko-Konstruktion; Salutogenese; Inklusion; Arbeiten *im* und *am* System
Schulleiter/-in & Lehrende	autoritätszentrierte Führung (Optimierer/-in)	expertenzentrierte Führung (Steuernde/r)	Gestalter & Befähiger (Entwickler/-in)	Förderer/in und Dienende/r (Transformator/in)
Lernende	Rezipienten	Produzenten	Respondenten	Ko-Respondenten
Lehren & Lernen	lehrgesteuert	test- und datengesteuert	lerngesteuert	lernseits
Beziehung	lehrzentriert	transaktional	dialogisch und Perspektiven öffnend	resonant und respektvoll

Die vier Phasen dienen der Systematisierung der aktuell bestehenden Handlungsfelder und Anforderungen an Schulleitung, die sich aus unterschiedlichen Entwicklungssträngen zusammenführen lassen (siehe Strömungen im Konfluenzmodell, Abb. 2). Diese vier Phasen geben zugleich Hinweise auf die jeweiligen Anforderungen an eine pädagogische Führung. Die Handlungsfelder werden folgend im Einzelnen vorgestellt.

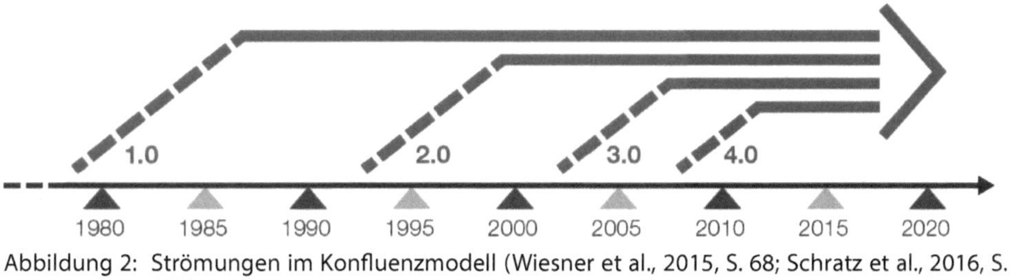

Abbildung 2: Strömungen im Konfluenzmodell (Wiesner et al., 2015, S. 68; Schratz et al., 2016, S. 223)

4.1 Qualitätsmanagement durch Optimierung und Führungsstile

Die Qualität der Schule stand in den 1980er Jahren als pädagogische Handlungs- und Gestaltungseinheit im Mittelpunkt der Anforderungen an die Schulleitung und damit auch im Erkenntnisinteresse der Schulforschung (Fend, 1986; Steffens, 2009). Unter dem Leitkonzept der Schulqualität erfolgte die „Verbesserung der internen Steuerungsmöglichkeiten" durch die „Übertragung von Aufgaben an die Schulleitung" (Eder & Altrichter, 2009, S. 307 ff.). Die Einzelschule und ihre Qualität wurden als „Motor der Schulentwicklung" (Dalin & Rolff, 1990) gesehen, Schulreformen sollten die zentrale äußere Steuerung des Bildungswesens zugunsten einer standortbezogenen Hinwendung reduzieren, um die Qualität der einzelnen Schule zu verbessern. Der Begriff Qualität besagt im pädagogischen Diskurs nicht mehr als „die Bevorzugung von etwas Höherwertigem gegenüber etwas Wenigerwertigem" (Fend, 1999, S. 138) oder pragmatisch formuliert „Qualität ist alles, was man verbessern kann" (Posch, 1999, S. 199). Fullan (2014, S. 23) pointiert dies als „Quality for all was to be the answer".

Prägend für das Qualitätsmanagement sind die bereits ab 1978 formulierten *Führungsstile durch Adjektive.* Sie können als relativ stabile Persönlichkeits- und Charaktereigenschaften und damit verbundenes eingeschränktes Verhaltens- und Handlungsrepertoire (je nach Führungsstil) für die Verknüpfung von Leitungs-, Organisations- und Administrationsaufgaben aufgefasst werden (Burns, 1978; De Bevoise, 1984; Bass, 1985), welche die Dimensionen der Über- und Unterordnung, der Mitwirkung und Mitbestimmung und der Art der Entscheidungsfindung bei Führenden und Geführten beschreiben. In der Literatur zu Führungsstilen im schulischen Kontext entstanden zunächst bis Mitte der 1980er Jahre Formen der pädagogischen Führung, die rückblickend als „klassische" Stile bezeichnet werden können. Seither formten sich durch die Führungs- und Managementforschung weitere theoretische Ausdifferenzierungen (z. B. system leadership, distributed leadership, shared leadership, moral leadership, resonant leadership, confluent leadership, leading from behind u. a.m.) mit unterschiedlichen Schwerpunkten und Betonungen. Es kam dabei zur zunehmenden Ausdifferenzierung mittels neuer Adjektive, was sich in der Aussage „Indeed leadership by adjective is a growth industry" (Leithwood, Day, Sammons, Harris & Hopkins, 2006, S. 7) widerspiegelt und an folgenden Beispielen (Tab. 3) exemplarisch aufgezeigt werden kann.

Als entscheidendes Führungsinstrument zur Qualitätssicherung stehen neben den Führungsstilen die Gestaltungsmöglichkeiten in der *Personalentwicklung* einer Schule im Fokus des Interesses (vgl. Dubs, 1994/2005; Terhart, 2016). Die Personalentwicklung wird als jene Führungsaufgabe betrachtet, mit der durch das Stimulieren von *Qualitätsmanagementprozessen* bei Lehrpersonen die Gesamtwirkung einer Schule verbessert werden könne. Die Verbesserung von *schulischer Qualität* (und das Ausmaß der „Input und Prozessorientierung") führt zur normativen Frage, wie eine „gute Schule" erreichbar ist beziehungsweise definiert wird und was Kriterien und Indikatoren für eine „gute Schulqualität" sind (Fend, 1986; Bonsen et al., 2008). In der Fokussierung auf die Wirksamkeit von Schule (und nicht der Einzelschule) erfolgte ein weiterer Wandel und Perspektivenwechsel hin zu (neuer) datengestützter (Output-) Steuerung.

Tabelle 3: Klassische Führungsstile im schulischen Kontext und Ausdifferenzierungen (in Anlehnung an Schratz et al., 2016, S. 225)

Traditionelle Führungskonzepte	Beschreibung
Primus inter Pares Strittmatter, 1994 Schratz, 2005	Durch amtliche Funktion institutionell von der Lehrerschaft getrennt, Gestaltung der Schule nach Grundsätzen der Beschlüsse der Gesamt- bzw. Lehrerkonferenz, administrative Verwaltung der Schule, hohe staatliche Steuerung.
Transaktionale Führung Burns, 1978	Ziel- und Aufgabenorientierung, regelmäßige Zielüberprüfungen und Zielanpassungen (Controlling), Einbeziehung der Lehrkräfte bei der Zielbildung, Anweisungen zur Herstellung reibungsloser Abläufe, klare Delegation von Aufgaben an Lehrkräfte, Führung als „Leitbild", datenbasiert, hohe strategische Führung.
Transformationale Führung Burns, 1978 Bass, 1985	Vermittlung attraktiver Visionen und inspirierende Motivierung, Entwicklung von gemeinsamen Visionen, Herstellung von gemeinsamen Werten, Förderung einer kooperativen und professionellen Lernkultur, aktive Personalentwicklung, Förderung von Problemlöse- und Umsetzungsstrategien, Führung als „Vorbild", hohe Transparenz, Entwicklung einer „lernenden Organisation", Bedeutung für die Schule als Gesamtorganisation.
Instruktionale (unterrichtsbezogene) Führung De Bevoise, 1984, Smith & Andrews, 1989	Orientierung an der Unterrichtsqualität und am Lernfortschritt der Schülerinnen und Schüler,, Kommunikation klarer schulischer und pädagogischer Ziele, Förderung von kooperativen Beziehungen im Kollegium, direkter Einflussnahme auf den Unterricht, Führung als "Ausbildung", hohe Transparenz

Weiterentwicklungen	Beschreibung
Distributed Leadership Gronn, 2000	Delegation erfolgt in den Aufgaben, Kompetenzen, Entscheidungsbereichen und Verantwortungen, die Entscheidungsinhalte werden mit maßgeblicher Beteili-gung bzw. in weitgehender Selbstständigkeit der Geführten festgelegt, die Aus-richtung von Zielen bzw. die Zielfestlegung erfolgt durch die Führung, hohes Vertrauen in die Kompetenzen der Geführten notwendig, aufwändige Planungs- und Controllingaktivitäten.
Verteilte Führung, Shared Leadership Pearce & Conger, 2003	Führung in Teams als ein dynamisches und interaktives Beeinflussungsprozess, gegenseitige Führung zur Erreichung gemeinsamer Ziele, Wechsel zwischen Führenden und Geführten, Wirkmacht durch hohes gegenseitiges Zutrauen.
Kooperative Führung Huber et al., 2013	Wert-, ziel- und ergebnisorientierte soziale Einflussnahme zur Erfüllung gemeinsamer Aufgaben in strukturierten Arbeitssituationen, wechselseitige und tendenziell symmetrische Einflussausübung zur Leistungssteigerung, konsensfähige Gestaltung der Arbeits- und Sozialbeziehung, konstruktive Konfliktregelung durch Aushandlungsprozesse hohe Partizipation der Geführten durch Beteiligung an Entscheidungsprozessen, Letztentscheidung bleibt bei der Führungskraft.
System Leadership Hopkins, 2008 Huber, 2010 Schratz & Schley, 2010	Fokus auf Erfolg des Schulsystems einer Region bzw. mehrerer Subsysteme, Förderung von Schulgemeinschaften, Verringerung der Schere zwischen besonders guten und schlechten Schulen, Mitwirkung an Schulentwicklungsprojekten und Modellvorhaben in anderen Schulen, Führung wird funktional gesehen und nicht personenorientiert.
Konfluente Führung Rolff, 2010	Zusammenführung diverser Einzelaktivitäten wie beispielsweise verteilter Führung, Co-Managements und Prozess-Steuerung, besteht aus vier Ebenen: Struktur und Organisation (z. B. Gremien), Verantwortung und Verbindlichkeit (z. B. Zielvereinbarungen), Kultur (Werte und Normen) und Symbolik (z. B. Schullogo), Konfluenz als Zusammenfluss mehrerer bedeutender Ströme.
Emotionale/ Resonante Führung Mayer & Salovey, 1994 Golemann, 2011 Arnold, 2014	Führung auf Basis emotionaler Intelligenz (Wahrnehmung und Regulation eigener Emotionen und der Emotionen anderer Personen), Resonanz als eine gemeinsam positiv erlebte Gefühlslage in einer Gemeinschaft, um Effektivität hervorzurufen, wichtige Bausteine: persönliche Präsenz und Erreichbarkeit.
Self-Leadership Furtner, 2012	Prozess sich selbst zu leiten, beinhaltet drei Strategien: Verhaltensfokussierte Strategie (wie z. B. das Setzen eigener Ziele, Selbstbeobachtung,...), angeborene Belohnungsstrategie (z. B. Generation und Erhaltung intrinsischer Motivation,...) und konstruktiv gedankenformende Strategie (z. B. Visualisierung erfolgreicher Performance, Evaluation von eigenen Annahmen ...)
...	...

4.2 Datengestützte (neue) Steuerung durch Ergebnisorientierung

Als Beginn der zweiten Phase der Formulierung neuer Anforderungen an die Schulleitung kann die Einführung umfangreicher Vergleichsstudien gelten, die im Kontext der Globalisierung von Bildung zu sehen sind (Schratz, 2011). Sie zielten darauf ab, durch eindeutige und verlässliche Zielfestlegungen („Soll") sowie durch Angabe von Indikatoren, an denen man das Erreichen eines Ziels erkennen kann, die Leistung(en) von Schulen transparent zu machen. In den Vordergrund traten die gegenwärtig vorherrschenden Messungen oder Testungen (internationale Studien und Bildungsstandards als Monitoring) zur Feststellung der Zielerreichung (Ergebnisorientierung als Qualitätsprüfung) und die damit verbundene Rechenschaftslegung. Die nunmehr mittels Daten gemessene Qualität des Systems sollte außerdem durch die Einführung von Schulinspektionen erhöht werden (vgl. Böttcher & Kotthoff, 2007). Nicht bloße Annahmen über vermeintliche Wirkungen, sondern empirische Befunde sollten als Grundlage strategische und bildungspolitische Entscheidungen steuern (vgl. Steffens, 2009). Damit stellten sich „neue" Aufgaben und Anforderungen an die Schulleitung im Bereich der Evaluation des Unterrichts, die ab Mitte der 1990er Jahre das Aufgabenspektrum des Qualitätsmanagements erweiterte.

Pädagogische Führung wurde dadurch zusehends im Zusammenhang mit der Herstellung von Effektivität und Wirksamkeit gesehen. Auch international betrachtet fordert die Wirksamkeits- und Outputorientierung ein hervorragendes (Levine & Lezotte, 1990), ausgeprägtes (Creemers, 1994) oder professionelles Schulleitungshandeln (Sammons, Hillman & Mortimore, 1995). Diese Forderung ist unter dem Leitkonzept der Steuerung unspezifischer und weniger ausgefeilt als in den ausführlichen (ratgebenden) Beschreibungen und Empfehlungen der Führungsstile. Um Aussagen zur Wirksamkeit von Schulleitungshandeln machen zu können, werden in Studien und Metaanalysen (meistens aus dem angloamerikanischen Raum) Effekte von Führung in Kombination mit Schülerleistung fokussiert. Ein detailliertes Modell zur Beschreibung von Schulleitungswirksamkeit liefert Hallinger (2011), nach dem das Führungsverhalten sowohl durch individuelle Überzeugungen, Einstellungen und Werte, aber auch durch Wissen und Erfahrung beeinflusst wird.

Im Leitkonzept der Steuerung verschiebt sich die Perspektive von der Einzelschule auf die Outputorientierung (vgl. Bonsen et al., 2008) sowie auf „neue" Ansätze (Schulgovernance) einer datenbasierten Steuerung (Brauckmann & Schwarz, 2015). Das Schulsystem wird in der Forschung vermehrt als Ganzes (System-Monitoring) betrachtet und die Ebene der einzelnen Schule sowie die Schulbegleitforschung rücken überwiegend in den Hintergrund (z. B. Holtappels & Rolff, 2004; Krainer, 2007). Die Forschungsaktivitäten erfolgen weitgehend ohne Einbeziehung der Praxis, also von Schulleitungen oder Lehrkräften (Huber, 2005). Die pädagogische Führung soll in der Rolle des Experten mittels Ergebnissen aus internen und vor allem externen Evaluationen steuernd agieren. Kritisch anzumerken ist, dass die „neue" Steuerung im Widerspruch zu einer dauerhaften Wirksamkeit steht, da „neue" Ansätze zunächst immer Entwicklungs- und Veränderungsprozesse (in Form von Musterwechsel) im und am System erfordern. Auch fokussiert die Forschung zu sehr auf konsistenter Forschungslogik und Auswertungsstrategien und formuliert kaum umsetzbare Handlungsableitungen für Praktiker und Praktikerinnen. Diese Implementationsproblematik hat Martin Heinrich (2019) am Beispiel der zyklischen Qualitätssicherung in der Schulentwicklung eindrücklich dargestellt.

4.3 Wandel durch Kompetenzorientierung und Musterwechsel

Wandel meint die Umstrukturierung und Neuanpassung mittels Flexibilität beziehungsweise Agilität und erfolgt dann, wenn Muster zu starr werden, Optimierungen den Verhältnissen nicht mehr in befriedigender Weise genügen oder gar misslingen. Entwicklung ist gekennzeichnet durch Reifungskrisen (vgl. Schratz et al., 2010). Die Einzelschule, jedoch diesmal in Verbindung mit der systemischen Perspektive (Hopkins, 2008; Huber 2010; Schley & Schratz, 2010), rückt kurz nach dem Beginn des neuen Jahrtausends erneut in den Mittelpunkt. Schulleitungen sollen Veränderungen am System durch Visionen, Reflexionen und gezielte Interventionen unterstützen und mittels Kompetenzen Wandel durch Musterwechsel begleiten. Um alte Muster verlassen zu können, sind Ereignisse oder Interventionen nötig, die eine Perspektive für Neues eröffnen, die den Weg von „good practice" zu „next practice" weisen (vgl. Kruse, 2004). Musterwechsel benötigen die Bereitschaft, sich auf Verunsicherung und Leistungseinbrüche einzulassen sowie eine Vision, d.h. das (innere) Bild einer wünschenswerten Zukunft. Die Anforderung an die Schulleitung ist unter dem Leitkonzept des Wandels und der Neuorientierung geprägt durch eine Empowerment-Grundhaltung und verlangt eine ausgeprägte Kompetenzorientierung. Entwicklung als Leitkonzept impliziert eine intentionale Richtung, in die sich Schule eigenverantwortlich entwickeln soll.

In der Verbindung der beiden Leitkonzepte Qualitätsmanagement und Wandel beschreiben Huber, Schneider, Gleibs und Schwander (2013; Huber & Schwander, 2015) Kompetenzen für die pädagogische Führung auf Basis von Berufsanforderungen auf verschiedenen Ebenen der Führung. Das Kompetenzprofil Schulmanagement (KPSM) bietet eine Übersicht über a) tätigkeitsbezogene Kompetenzen, die auf konkretem, anforderungsbezogenem Handeln von pädagogischen Führungskräften in zentralen Handlungsfeldern des Schulmanagements basieren, b) führungsrelevante und tätigkeitsübergreifende Dispositionen, die das pädagogische Führungshandeln beeinflussen, und c) Führungsstile, die in ihrer Anwendung als Strategie zu einer erfolgreichen Schule als Organisation gelten. Führungskompetenzen können dabei durch die Übernahme von Gestaltungsaufgaben und Gestaltungsverantwortung erworben und weiterentwickelt werden. Das Kompetenzmodell wird für das onlinebasierte Self-Assessment Kompetenzprofil Schulmanagement (z.B. Huber, Skedsmo & Schwander, 2015) verwendet.

Bonsen und Bos (2010) leisten auf Grundlage von Murphy (1990) einen bedeutsamen Entwicklungsschritt in der besonderen Verbindung der Leitkonzepte Qualitätsmaßnahmen und Steuerung durch die Betonung von vier Kompetenzen für eine effektive unterrichtsbezogene Führung. Schulleitungen müssen demnach 1. eine begrenzte

Tabelle 4: Kompetenzen ergebnisorientierter Qualitätsentwicklung von Schule (KoEQS) für die Schulleitung (Schober et al., 2012)

1. Evaluative Grundhaltung 2. Verantwortungsübernahme 3. Selbstwirksamkeit/Selbstwert					
Kompetenzen, um Ziele definieren und setzen zu können	**Kompetenzen für das Setzen gezielter Maßnahmen zur Zielerreichung**	**Kompetenzen zur Prüfung der Zielerreichung**	**Kompetenzen für die Ableitung von Konsequenzen aus Zielerreichung oder -nichterreichung**	**Interne Evaluationen einleiten und durchführen können**	**Mit Ergebnissen externer Evaluationen umgehen und diese verwerten können**
Kompetenzen bezogen auf sich und die Leitung der Schule Wissen über Curricula & Unterricht, Organisationsentwicklung Pädagogische Führungskompetenzen	Wissen über Motivationsförderung Fachwissen und didaktisches Wissen inkl. Wissen über Diversität Diagnostische Kompetenz Managementkompetenz	Diagnostische Kompetenz Rückmeldeprozesse gestalten können	Selbstreguliertes Lernen als Kompetenz (Fach-)Didaktische Kompetenzen Pädagogische Führungskompetenzen	Evidenzbasierung Kompetenzen zur Teamarbeit, inkl. Feedbackgebung Methodenkompetenzen zur Gestaltung von Evaluationen Umgang mit Veränderungen Wissen über partizipative Evaluationsmodelle	Kompetenzen zur Teamarbeit, inkl. Umgang mit Feedback Statistische Grundkenntnisse Fehlerkultur schaffen können Openmindedness

Anzahl klar definierter Ziele entwickeln und kommunizieren, 2. schulische Bildungsprozesse managen, 3. ein lernfreundliches und akademisches Klima pflegen und 4. ein unterstützendes Lernklima aufbauen und sichern. Darauf aufbauend ergänzen Schober, Klug, Finsterwald, Wagner und Spiel (2012) die generellen Schulleitungskompetenzen um bedeutsame Aspekte der Motivation und Einstellung sowie den Umgang mit Ergebnissen externer Evaluationen (Output-Steuerung). Als übergreifende Determinanten bzw. grundlegende Einstellungen für Schulleiter und Schulleiterinnen werden eine evaluative Grundhaltung, die Bereitschaft zur Verantwortungsübernahme sowie Selbstwirksamkeit/Selbstwert definiert. Auf dieser Grundlage entwickelten sie ein relativ komplexes Modell der „Kompetenzen ergebnisorientierter Qualitätsentwicklung von Schule“ (KoEQS, siehe Tab. 4).

Lohmann (2013) beschäftigte sich in einer Studie mit dem Wirkungszusammenhang von Schulleitungshandeln und der Qualität von Schule und Unterricht. Im Rahmen eines Modellprojekts erhielten Schulleitungen in Emsland erweiterte Gestaltungsspielräume und Unterstützung bei der schulischen Arbeit. Nach fünf Jahren zeigte sich eine deutliche Qualitätssteigerung – eingeschätzt durch relevante Bezugsgruppen wie dem Lehrpersonal, Eltern oder Schülerinnen und Schülern – in Bereichen des operativen Managements und der Unterrichtsverbesserung. Die Wirkkraft der Schulleitung, die sich durch die zusätzliche Autonomie in Kombination mit professionellen Unterstützungsangeboten entfalten konnte, spiegelt sich auch in den Befunden der Schulinspektion wider. Besonders positiv fällt das Inspektionsergebnis bei aktiven und qualitätsbewussten Schulen aus, die vor allem durch zielbewusste Schulführung gekennzeichnet sind. Die Triangulation der Daten aus Interviews, Befragungen und Inspektionsergebnissen ermöglichte es, drei Wirkungsbereiche (Komplexe)

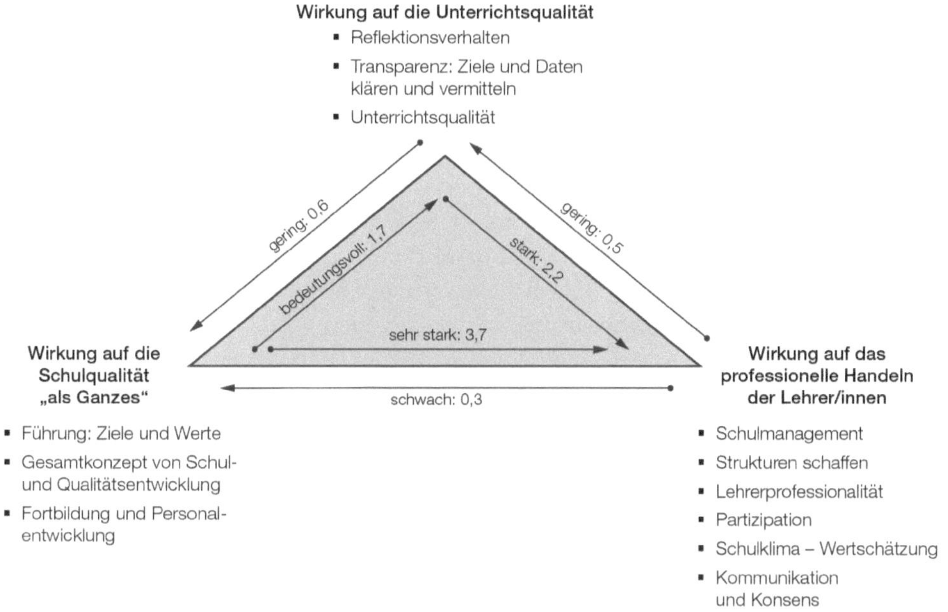

Abbildung 3: Wirkungsdreieck erfolgreichen Schulleitungshandelns (nach Lohmann, 2013, S. 131; er unterteilt die Wirkungsstärke in fünf Stufen von „schwach/gering" [≤ 1,0] bis „extrem hoch" [≥ 5,1]; für die Berechnung des Wirkungsgrads wird das Verhältnis, in welchem die Komplexe zueinanderstehen, herangezogen)

einer Schulleitung als Gelingensfaktoren für eine erfolgreiche Schul- und Unterrichtsentwicklung zu identifizieren (siehe Abb. 3). Eine Schulleitung ist dann wirkungsvoll, wenn sie Lernentwicklung und -erfolg im Blick hat, Verantwortung übernimmt, die professionelle Zusammenarbeit mit und im Kollegium (Kooperation) stärkt und die hierfür notwendigen Strukturen schafft. Dabei gilt es, vorhandene Spielräume zu nutzen und auf fundierte (Evaluations-)Daten als Evidenzen zurückzugreifen (Lohmann, 2013; Schratz et al., 2019).

Jedes wirksame Schulleitungshandeln erfordert die *Entwicklung* ausgeprägter Führungs- und Handlungskompetenzen. Aus aktuellen Forschungsbefunden zu Führungsstilen geht hervor, dass sich zum Beispiel eine transformationale Führung (s. Tab. 3) positiv auf Arbeitszufriedenheit und Motivationsbereitschaft auswirkt und damit Bedeutung für die Schule als Gesamtorganisation hat (Judge & Piccolo, 2004). Die unterrichtsbezogene Führung wirkt sich wiederum positiv auf Lernergebnisse der Schülerschaft aus *(*Robinson, Lloyd & Rowe, 2008; Pietsch, 2014). In Hinblick auf die berichteten Befunde werden scheinbar immer nur einzelne Dimensionen der Führungsstile wirksam. Die Mehrheit der wissenschaftlichen Befunde kommt dagegen zur Erkenntnis, dass in der Praxis ein Führungsstil nicht isoliert aufzufinden ist, sondern Schulleitungshandeln vielmehr immer durch eine Kombination unterschiedlicher Stile geprägt ist (z. B. Brauckmann & Pashiardis, 2011; Harazd & van Ophuysen, 2011). Selbst die beiden traditionellen Führungsstile transaktionale und transformationale Führung korrelieren hoch (Judge & Piccolo, 2004), wodurch eine klare empirische Trennung nicht mehr möglich ist.

Das Arbeiten am System, d.h. die Führung einer Schule unter systembehindernden Bedingungen, erfordert andere Management-Strategien und Leadership-Kompetenzen. Schulleiterinnen und Schulleiter greifen auf die bisherigen Konzepte und Perspektiven des Qualitätsmanagements zurück, nutzen aber ihr differenziertes Erfahrungswissen zur Neuorientierung in der Entwicklung von Schule und Unterricht. Dies soll unter dem Leitkonzept der Entwicklung zu Entscheidungen und Ergebnissen führen, die dem ganzen System (Schulstandort) nützlich sind und nicht nur Teilen (z.B. einzelnen Fachgruppen, bestimmten Akteuren) davon (Scharmer & Käufer, 2013). In der Schulleitungsforschung besteht die Forderung, die Akteure (Beforschte) maßgeblich zu involvieren, um Anforderungen und Aufgaben an die pädagogische Führung zu beschreiben. Gestrebt wird nach einer deutlichen Praxisrelevanz der Erkenntnisse (vgl. z.B. „Lernen durch Variation“ von Lo, 2015). Die pädagogische Führung soll dialogisch, verbindlich und perspektivenöffnend (Gestalter/in, Befähiger/in) mit evaluativer Grundhaltung und lernwirksamen Interventionen (Coachingprozesse) agieren.

4.4 Transformation durch Wertorientierung und Emergenz

Schulleiterinnen und Schulleiter unterliegen als Führungspersonen öffentlicher Einrichtungen besonderen moralischen Standards. Sie arbeiten daher auf der Basis einer berufsspezifischen Ethik. Demgemäß ist Leadership stark mit (gelebten) Werten verbunden, weshalb im Englischen von *Moral Leadership* gesprochen wird (vgl. Sergiovanni, 1992). Gerade im pädagogischen Bereich ist eine Berufsethik von besonderer Bedeutung, denn Bildung ist das, was eine vorangehende Generation der nachfolgenden schuldet. Bildung ist auf Zukunft gerichtet, nämlich darauf hin, dass Kinder und Jugendliche von heute in der Welt von morgen erfüllt leben können. Demnach ist Bildung als lernende Erfahrung in der Beziehung von Menschen und Welt innerhalb eines ethischen Bezugsrahmens zu sehen.

Die Übernahme ethischer Verantwortung kann für Führungskräfte im Bildungswesen nicht bedeuten, lediglich Schülerleistungen zu optimieren, um bei Leistungsvergleichen besser abzuschneiden. Es geht vielmehr darum, Bildungsprozesse auf allen Ebenen des Systems innerhalb eines ethischen Bezugsrahmens zu gestalten. Ruep und Ammicht-Quinn (2004) haben sich mit Fragen einer Professionsethik für Führungskräfte im Bildungswesen auseinandergesetzt und folgende Leitorientierungen entwickelt: „Gerechtigkeit, Wahrhaftigkeit, Respekt und Fürsorge, Selbstbewusstsein, Subjektivität, Loyalität, Scheitern, Selbstsorge, Integrität. Menschen führen Menschen. Das ist die Kurzformel einer Ethik für Führungskräfte im pädagogischen Bereich. Es sind Menschen, die sich selbst und andere Menschen führen – mit Schwächen und Verletzlichkeiten, subjektiven Einstellungen und Verantwortungsfähigkeit, im ständigen Bemühen um Integrität.“ (Ruep & Schratz, 2011, S. 35-36)

Bildung zielt auf die Unverfügbarkeit und Einmaligkeit der Person ab; zugleich ist die Beachtung dieses Ziels die Voraussetzung von Führungshandeln im Bildungsbereich. Hier geht es gleichermaßen immer um ethische Fragen, um Identität, um Kultur, um Haltung und um Werte. Führungskräfte im Gesamtsystem Schule und Bildung sind diejenigen, die Sorge dafür tragen müssen, dass dies sowohl in der Atmosphäre der Einzelschule wie auch im Gesamtsystem zum Tragen kommt und im Alltagshandeln konkret sichtbar wird. Dabei stellen sich Fragen wie:

- Welche Anforderungen stellt die schulische und gesellschaftliche Praxis an die Werthaltungen von Führungskräften?
- Welche Maßnahmen können in der Aus- und Weiterbildung von Führungspersonen durchgeführt werden, um dem Führungsnachwuchs die Bedeutung von Werten bzw. die erforderlichen Werthaltungen erlebbar zu machen?
- Wo liegen die Möglichkeiten und Grenzen einer an Werten orientierten Führung in Bildungsorganisationen?

Pädagogische Führung wird unter dem Leitkonzept der Transformation als fluides und emergentes Phänomen bezeichnet, welches zu einer veränderten Rolle der Schulleitung führt, die sich als Agentin des Wandels aus der entstehenden Zukunft heraus verstehen soll (Scharmer, 2009). Führung ist in diesem Sinn kein Abgleichen eines Ist-Soll-Vergleichs, sondern das Zusammenwirken und Kooperieren von Akteuren unter geteilter Führung. Dieses Zusammenspiel wird auch mit dem ‚Jammen' im Zusammenwirken von Jazzmusikern verglichen (vgl. Burow, 2016). Bonsen (2010) formuliert emergente Führung nicht als einen „neuen" Führungsstil, da Emergenz sich „infolge des Zusammenspiels verschiedener professionell Handelnder" herausbildet. Dadurch werden nicht nur hohe Flexibilität, Agilität sowie starke Entwicklungs- und Werteorientierung angesprochen, sondern Führungskapazität und -ressourcen insgesamt erhöht. Das Phänomen der Transformation durch emergente Führung kann beispielsweise erklärt werden, wenn Lehrkräfte versuchen, aus den Ergebnissen einer standardisierten Kompetenzmessung Maßnahmen zur Verbesserung bzw. Änderung des Unterrichts abzuleiten. „Dabei führt ihr je unterschiedliches Wissen und ihre je persönliche Expertise im Austausch zu einem Prozess der Ko-Konstruktion." (Bonsen, 2010, S. 292)

Besonderheiten der Transformation sind der mitarbeiter- und gemeinschaftsorientierte Ansatz aus der entstehenden Zukunft (Scharmer, 2009), der Wandel und Perspektivenwechsel hin zur lernseitigen Orientierung im Unterricht (Schratz, 2019), was explizit den Bedeutungswechsel zum Leitkonzept der Entwicklung beschreibt. „Lernseits" des Geschehens bedeutet, dass Lehren und Leiten im Modus des Lernens zu denken sind, weil sich Unterrichts- wie Führungsprozesse erst im Lernen der Anderen vollziehen (vgl. Meyer-Drawe, 2005, S. 31). Die Offenheit für Gegenwärtiges, die günstige Gelegenheit zu ergreifen, um Lernen anzubahnen, ist in einer lernseitigen Orientierung grundgelegt, die den bildenden Charakter von Erfahrungen (Schratz, Schwarz & Westfall-Greiter, 2012) deutlich macht und davon ausgeht, dass Bildung sich erst durch das „In-der-Welt-Sein" (Heidegger, 1967, S. 52) und in der Weltbeziehung ereignet (Rosa, 2016). Um ein hohes Potential zu erreichen, soll die Kommunikation von Werten und Sinn, klaren Erwartungen, Inklusion als gleichberechtigte Teilhabe und transparenten Standards durch eine resonante und respektvolle Gestaltung in einer Kultur der Unterstützung und der gegenseitigen Hilfe durch professionelle Lerngemeinschaften etabliert werden (Gronn, 2000; Scharmer, 2009; Jäggle, Krobath

& Schelander, 2009; Schratz & Westfall-Greiter, 2010). Als Schulleiterin bzw. Schulleiter ist man nicht nur für erfolgreiche (Fach-)Leistungen der Schülerinnen und Schüler verantwortlich, sondern auch Führungsperson einer Bildungsgemeinschaft, in welcher alle Mitglieder in größeren Gemeinschaften zusammenzuleben.

Führungshandeln bedeutet in diesem Leitkonzept, Entscheidungen von der Zukunft her zu treffen („Wie kommt das Neue ins System?") und mit Prozessen anstatt Maßnahmen zu arbeiten. Während eine Maßnahme sich auf vorgesehene Vereinbarungen und Regelungen bezieht, die etwas Bestimmtes bewirken sollen, lenkt der Prozess die Aufmerksamkeit auf den auszuhandelnden Ablauf eines Geschehens (vgl. Ball et al., 2012). Dazu sollten professionelle Lerngemeinschaften (vgl. Stoll & Seashore, 2007) installiert, standortbezogene Visionen und Zielbilder entwickelt und Prozessreflexionen über Feedback zum Sichtbarmachen der Erfolge gepflegt werden. Damit nehmen Partizipation, Verantwortungsteilung und Entwicklungsarbeit im Dialog einen besonderen Stellenwert ein (Schley & Schratz, 2014). Transformation durch Emergenz, Sinn- und Werteorientierung ist als Gestaltungsprozess zu verstehen, der Empathie und einfühlendes Verstehen (Resonanz) ermöglicht („Theorie U"; Scharmer, 2009; Schratz, et al., 2010). Das darauf aufbauende Kompetenzmodell „FeldTransFormation^{360}" (Abb. 4), das für die Professionalisierung von Schulleiterinnen und Schulleiter entwickelt wurde, deckt ein weites Spektrum eines Kompetenzgefüges von sozialen und situativen Handlungen ab, fügt bisherige Aufgaben und Anforderungen an eine Schulleitung konfluent zusammen und zeigt mögliche Wege für eine zukünfti-

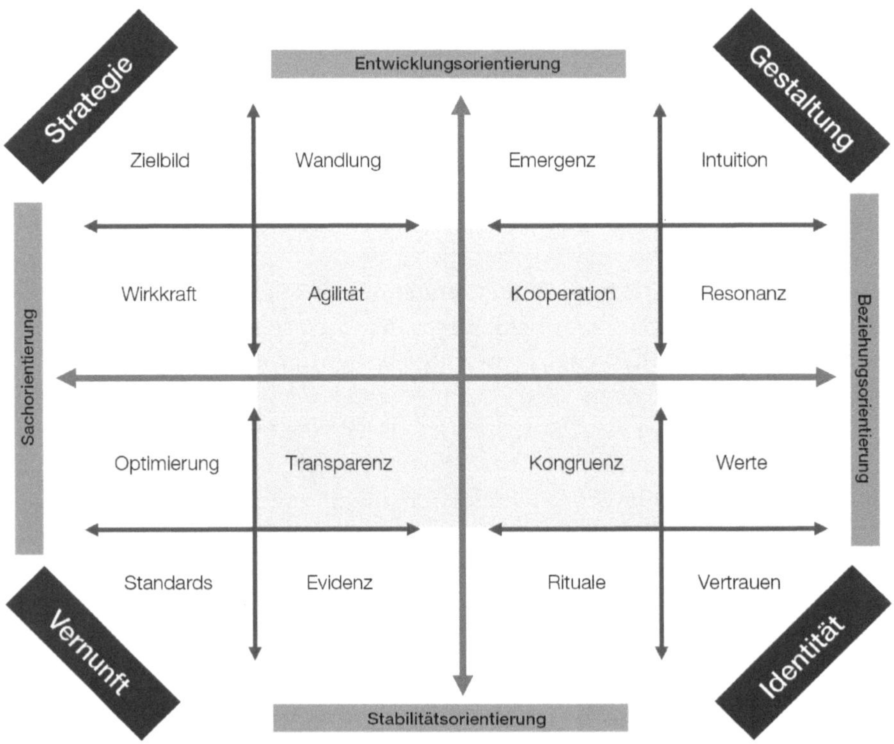

Abbildung 4: Modell der „FeldTransFormation^{360}" (aus Schratz et al., 2016, S. 233)

ge Weiterentwicklung. Kompetenz verweist dabei auf die inhärente Fähigkeit, Wissen und Können zu verbinden und frei zu variieren bzw. zu generieren (Dewe, 2010).

In der Leadership Academy (LEA) in Österreich wurden die Grundtendenzen als „vier Schlüsselelemente von Führungseigenschaften" (Pool, 2007, S. 45) verwendet: (1) die Entwicklungsorientierung für Veränderung und Wandel, (2) die Stabilitätsorientierung für die Dauer in der vertikalen Achse, (3) die Sachorientierung für Ergebnisse und Distanz sowie (4) die Beziehungsorientierung für die Nähe und kooperative Prozesse in der horizontalen Achse (Pool, 2007; Wiesner, 2019a). In der Existenz- und Daseinsanalyse sind es die vier „Grunddimensionen oder Grundmotivationen" (Längle, 2009, S. 16) der Existenz, welche uns eine tiefe Auseinandersetzung mit der „Struktur und Dynamik" (Längle, 2008, S. 23) des eigenen Handelns und Entscheidens ermöglichen (Wiesner, 2019b). Auch das tiefenpsychologische Modell von Riemann (1975) verwendet die Strebungen als vier „Formen des In-der-Welt-Seins" (Riemann, 1975, S. 207) und als potenzielle „Antriebe" (ebd., S. 47) im Hinblick und als Möglichkeiten und Antworten auf Situationen, Kontexte und die Umwelt. Die Konzepte von Riemann (1975) und Längle (2008, 2009), angewendet auf Leadership, führen zur folgenden Struktur der Feldtransformation[360] (Schratz et al., 2016; Wiesner, 2019a; Wiesner, 2019b):

1) Wechsel (Entwicklungsorientierung; Sinnbezug und -findung): Erneuerung, Spontaneität, Flexibilität, Zielorientierung und Kreativität und ein Einlassen auf Veränderung und Wandel als Entwicklungsorientierung (Angst vor Beständigkeit, Einengung, Erstarrung, Stillstand, Unbeweglichkeit und Endgültigkeit);
2) Dauer (Stabilitätsorientierung; Weltbezug und Sinnstabilität): Sicherheit, Zuverlässigkeit, Kontrolle, Ordnung und eine möglichst dauerhafte Stabilisierung (Angst vor Wandel, Chaos, Vergänglichkeit und Kontrollverlust);
3) Distanz (Sachorientierung; Selbstbezug): Individualität, Einzelerfolg, Unabhängigkeit, Intellekt und eine erkennende, analysierende Sachlichkeit sowie Distanzierung (Angst vor Abhängigkeit, Selbstaufgabe und Vereinnahmung);
4) Nähe (Beziehungsorientierung; Lebensbezug): Kooperation, Hingabe, Geselligkeit, Solidarität und die Gestaltung von zwischenmenschlicher Beziehung (der Angst vor Isolation, Abkapselung und Alleinsein).

Im Hinblick auf pädagogische Führung steht der erste Quadrant in Abbildung 4 (links unten, dann im Uhrzeigersinn) für „Vernunft" (und Routinen) (und in Bezug auf die Leitkonzepte *Qualitätsmanagement* und *Steuerung),* der zweite für „Strategie" *(*in Verbindung mit den Leitkonzepten *Steuerung* und *Entwicklung*), der dritte für „Gestaltung" (im Sinne der Leitkonzepte *Entwicklung* und *Transformation)* und der vierte für „Identität(sbildung)" (besonders als Wertorientierung im Leitkonzept *Transformation*). Die Arbeit mit dem Modell eröffnet Führungspersonen eine Einordnung ihres jeweiligen Führungshandelns in das dynamische Gefüge zwischen Stabilität und Entwicklung sowie Nähe und Distanz, welches den Möglichkeitsraum für das jeweilige Führungshandeln bestimmt. Aufgrund der Einbettung in den jeweiligen Arbeitskontext ergeben sich hierbei ganz unterschiedliche Konstellationen, die hohe Flexibilität und Responsivität strategischen und Alltagshandelns erfordern (Gregorzewski, Schratz & Wiesner, 2018).

5. Ausblick

Betrachtet man die Systematisierung in diesem Beitrag in Verbindung mit der Relevanz und dem Ausmaß der Berücksichtigung von Handlungsfeldern pädagogischer Führung in Qualifizierungsprogrammen, zeigt sich, dass Anforderungen an eine Schulleitung undifferenziert und unsystematisch wahrgenommen werden, was auch eine Studie von Schneider und Huber (2015) belegt: Bei einer Befragung zur Entwicklung von Kompetenzen für pädagogische Führung und Schulentwicklung von in der Hochschulbildung, im Vorbereitungsdienst und in der Fort- und Weiterbildung tätigen Personen gaben nur die Hälfte an, dass Inhalte der Handlungsfelder Qualitätssicherung (49 %), Qualitätsentwicklung (50 %) oder Kooperation nach innen (50 %) in den Qualifizierungen vertreten seien. Inhalte der Kooperation nach innen sind in diesem Konzept unter anderen Konferenzgestaltung, Gesprächsführung, Rhetorik, Problem- und Konfliktlösung, Delegieren von Verantwortung, Kommunikation und Führung, Entscheidungsfindung. Obwohl diese drei Handlungsfelder den höchsten Grad der Zustimmung (Relevanz) haben, weiß rund die Hälfte der Personen nicht, ob die Handlungsfelder Teil der Qualifizierung sind oder bezeichnet diese dezidiert nicht als Inhalt im Programmangebot. Als Begründung wurden grundsätzlich fehlende Konzepte und Modelle pädagogischer Führung genannt.

Eine berufsprägende Professionalisierung erfordert ein differenziertes Verständnis und eine systematische Vorstellung über Anforderungen und Handlungsfelder pädagogischer Führung. Die hier gewählte Systematisierung dient als Verständigungsgrundlage sowohl der Sensibilisierung als auch des Austausches über Anforderungen an eine Schulleitung. Ein gemeinsames Verständnis von Schulleitung als Beruf und ihren Aufgaben erscheint als zentrale Gelingensbedingung erstrebenswert. Das Recht auf Inklusion stellt in diesem Zusammenhang dringende Aufgaben an die Schulführung, die es verstärkt zu berücksichtigen gilt. Es geht darum, Bildungsprozesse auf allen Ebenen des Systems innerhalb eines ethischen Bezugsrahmens zu gestalten. So gilt es bei der Umsetzung von Bildungsstandards an Schule und im Unterricht zu prüfen, wie weit etwa ethische Standards wie Zuwendung, Vertrauen, Respekt und Integrität Berücksichtigung finden, um bildende Erfahrungen zu ermöglichen.

Schulleitung als Beruf benötigt die bewusste Förderung von ergebnisorientierter Führungskultur und die Entwicklung von Führungskompetenzen, was Schratz, Ammann et al. (2019) in ihrem Forschungsprojekt zur Analyse von Schulleitungshandeln an lernwirksamen Schulen anhand der unterschiedlichen Facetten von Leadership an mit dem Deutschen Schulpreis ausgezeichneten Schulen (vgl. Schratz, 2017) aufzeigen. Dafür werden schlüssige Gesamtkonzepte benötigt und nicht ein bloßes Propagieren von einzelnen oder kombinierten Führungsstilen oder eine konsequenzenlose Aneinanderreihung von Ausbildungsinhalten. Professionelle Schulleitungsqualifizierung schafft Identität und Sicherheit und dient der Bewältigung der beruflichen Anforderungen.

Es wurde bereits aufgezeigt, dass Schulleitungen nur indirekten Einfluss auf den Unterricht haben, daher wird Qualitätssicherung und Schulentwicklung immer von Engagement und Empowerment weiterer Akteure abhängen, vor allem der Lehrpersonen. Insofern spielt der Erfolgsfaktor Lehrer/-in (Rexhäuser, 2015) über Formen der geteilten oder verteilten Führung eine bedeutsame Rolle. Lehrerinnen und Lehrer übernehmen im Sinne des classroom management nicht nur Führungsaufgaben bei Schülerinnen und Schülern, sondern haben auch Führungsaufgaben innerhalb der Schule, etwa als Mitglied von Steuergruppen, als Fachgruppenleitung oder darüber hinaus etwa über die Leitung von Arbeitsgruppen auf unterschiedlichen Systemebenen. In diesem Zusammenhang sind Formen von lateraler Führung (Stöwe & Keromosemito, 2013), also Führung ohne direkte Weisungsbefugnis und ohne direkte Hierarchiebeziehung, zu etablieren, wodurch etwa die inhaltliche Expertise (z.B. Unterrichtsfach, Fachdidaktik) die Führungsbeziehung bestimmt. Lehrkräfte, die lateral Führungsaufgaben übernehmen, werden im englischsprachigen Raum als „Teacher Leaders“ (Frost, Durrant, Head & Holden, 2000) bezeichnet.

Da es auch im deutschsprachigen Raum genügend Führungsbedarf und -aufgaben auf Lehrerebene gibt, ist der Ausbau von Teacher Leadership erforderlich, um Führungsverantwortung im Systembezug zu übernehmen (Westfall-Greiter & Schratz, 2015), wozu entsprechende Qualifizierungs- bzw. Professionalisierungsmaßnahmen angeboten werden müssen. In diesem Zusammenhang sollte es zu einer stärkeren Verankerung eines mittleren Managements in Schulen bestimmter Größe kommen bzw., wenn mehrere Standorte gemeinsam geleitet werden, um Führungsaufgaben im Sinne von geteilter und verteilter Führung zu leben und Führungsverantwortung tatsächlich zu (ver)teilen.

Leadership zeigt sich in der Fähigkeit, mit Unsicherheit souverän umzugehen und die eigene Risikobereitschaft entwicklungsorientiert und glaubwürdig zu leben. Führungsarbeit baut dazu auf die schöpferische Kraft des Neu-Denkens von Schule und Unterricht. Das erfordert die Bereitschaft aller, sich in einen gemeinsamen Entwicklungsprozess einzulassen, der im Musterwechsel durch kritische Phasen der Instabilität gekennzeichnet ist. Denn das Neue kommt über den Weg der unbewussten Inkompetenz zur bewussten Kompetenz ins System, wozu Führungspersonen Möglichkeitsräume schaffen. Dazu ist eine Vertrauenskultur erforderlich, die Grundlage jeder erfolgreichen Schulentwicklung ist. Vertrauen als Grundlage jeder wirksamen Führungsarbeit, verbunden mit Glaubwürdigkeit und Empathie sowie einem geringen Grad an Selbstbezogenheit, schafft atmosphärische Voraussetzungen für erfolgreiche und belastbare Beziehungen.

Literatur

Ball, S. J., Maguire, M. & Braun, A. (2012). *How schools do policy. Policy enactments in secondary schools.* London: Routledge.

Bass, B. M. (1985). *Leadership and performance beyond expectation.* New York: Free Press.

Bevoise, W. de (1984). Synthesis of research on the principal as instructional leader. *Educational Journal, 41* (5), 14–20.

Bonsen, M. (2010). Schulleitungshandeln. In H. Altrichter & K. Maag Merki (Hrsg.), *Handbuch Neue Steuerung im Schulsystem* (S. 277–294). Wiesbaden: VS Verlag für Sozialwissenschaften.

Bonsen, M. & Bos, W. (2010). Bildungspsychologie auf der Mesoebene: Die Betrachtung von Bildungsinstitutionen. In C. Spiel, B. Schober, P. Wagner & R. Reimann (Hrsg.), *Bildungspsychologie* (S. 388–405). Göttingen: Hogrefe.

Bonsen, M., Bos, W. & Rolff, H.-G. (2008). Zur Fusion von Schuleffektivitäts- und Schulentwicklungsforschung. In W. Bos, H. G. Holtappels, H. Pfeiffer, H.-G. Rolff & R. Schulz-Zander (Hrsg.), *Daten, Beispiele und Perspektiven* (Jahrbuch der Schulentwicklung, Bd. 15, S. 11–39). Weinheim: Juventa.

Böttcher, W. & Kotthoff, H.-G. (Hrsg.). (2007). *Schulinspektion. Evaluation, Rechenschaftslegung und Qualitätsentwicklung.* Münster: Waxmann.

Brauckmann, S. & Pashiardis, P. (2011). A validation study of the leadership styles of a holistic leadership theoretical framework. *International Journal of Educational Management, 25*, 11–32.

Brauckmann, S. & Schwarz, A. (2015). No time to manage? The trade-off between relevant tasks and actual priorities of school leaders in Germany. *International Journal of Educational Management, 29* (6), 749–765.

Buchen, H., Horster, L. & Rolff, H.-G. (Hrsg.). (1995). *Schulleitung und Schulentwicklung.* Berlin: Raabe.

Burow, O.-A. (2016). *Wertschätzende Schulleitung: Der Weg zu Engagement, Wohlbefinden und Spitzenleistung.* Weinheim: Beltz.

Burns, J. M. (1978). *Leadership.* New York: Harper and Row.

Creemers, B. (1994). *The effective classroom.* London: Cassell.

Dalin, P. & Rolff, H.-G. (1990). *Institutionelles Schulentwicklungsprogramm.* Soest: Soester Verlagskontor.

Dewe, B. (2010). Begriffskonjunkturen und der Wandel von Qualifikations- zum Kompetenzjargon. In T. Kurtz & M. Pfadenhauer (Hrsg.), *Soziologie der Kompetenz* (S. 107–118). Wiesbaden: VS Verlag für Sozialwissenschaften.

Dubs, R. (1994/2005). *Die Führung einer Schule. Leadership und Management.* Zürich: Verlag des Schweizerischen Kaufmännischen Verbandes/Steiner Verlag.

Eder, F. & Altrichter, H. (2009). Qualitätsentwicklung und Qualitätssicherung im österreichischen Schulwesen: Bilanz aus 15 Jahren Diskussion und Entwicklungsperspektiven für die Zukunft. In W. Specht (Hrsg.), *Nationaler Bildungsbericht Österreich 2009, Bd. 2. Fokussierte Analysen bildungspolitischer Schwerpunktthemen* (S. 305–322). Graz: Leykam.

Fauser, P., Prenzel, M. & Schratz, M. (Hrsg.). (2008). *Was für Schulen! Profile, Konzepte und Dynamik guter Schulen in Deutschland. Der Deutsche Schulpreis 2007.* Seelze: Klett/Kallmeyer.

Fend, H. (1986). „Gute Schulen – schlechte Schulen". Die einzelne Schule als pädagogische Handlungseinheit. *Die Deutsche Schule, 78* (3), 275–293.

Fend, H. (1999). Thesen zum Workshop. In Zentrum für Schulentwicklung (Hrsg.), *Evaluation und Qualität im Bildungswesen. Problemanalyse und Lösungsansätze am Schnittpunkt von Wissenschaft und Bildungspolitik* (S. 136–139). Graz: BMUK.

Fischer, W. & Schratz, M. (1993/1999) *Schule leiten und gestalten – Mit einer neuen Führungskultur in die Zukunft.* Innsbruck: StudienVerlag.

Frost, D., Durrant, J., Head, M. & Holden, G. (2000). *Teacher-led school improvement.* London: Falmer Press.

Fullan, M. (2001). *The new meaning of educational change.* New York: Teachers College Press.

Fullan, M. (2014). *The Principal. Three Keys to Maximizing Impact.* San Francisco, CA: Jossey-Bass.

Greenleaf, R. K. & Spears, L. C. (2002). *Servant leadership. A journey into the nature of legitimate power and greatness.* New York, NY: Paulist Press.

Gregorzewski, M., Schratz, M. & Wiesner, C. (2018). Exploring the Personal Mastery of Educational Leaders: FieldTransFormation[360] and its Validation in the Austrian Leadership Academy. *Center for Educational Policy Studies Journal, 8* (3), 59–78.

Gronn, P. (2000). Distributed properties: A new architecture for leadership. *Educational Management Administration & Leadership, 28*, 317–338.

Hallinger, P. (2011). Leadership for learning: Lessons from 40 years of empirical research. *Journal of Educational Administration, 49* (2), 125–142.

Hallinger, P. & Heck, R. H. (1998). Exploring the Principal's Contribution to School Effectiveness. *School Effectiveness and School Improvement, 9* (2), 157–191.

Harazd, B. & Ophuysen, S. van (2011). Transformationale Führung in Schulen. Der Einsatz des „Mulitfactor Leadership Questionnaire" (MLQ 5 x Short). *Journal for Educational Research Online, 3* (1), 141–167.

Hargreaves, A. & Shirley, D. (2009). *The fourth way. The inspiring future for educational change.* Thousand Oaks, CA: Corwin Press.

Heidegger, M. (1967). *Sein und Zeit. Tübingen: Max Niemeyer.*

Heinrich, M. (2019). *Transfer und professionssensible Schulentwicklung. Transfer und Lehrer(fort)bildung im Modus des ‚Nacherfindens'* (Vortrag beim D-A-CH-Seminar zum Thema „Forschung – Bildungsadministration – Bildungspraxis: Bedingungen für einen gelingenden Transfer" vom 17.–20.3.2019 in Potsdam). Verfügbar unter www.dach-seminar.org

Hinterhuber, H. H. (2003). *Leadership. Strategisches Denken systematisch schulen von Sokrates bis Jack Welch.* Frankfurt a. M.: Frankfurter Allgemeine Zeitung Buch.

Holtappels, H. G. & Rolff, H.-G. (2004). Zum Stand von Schulentwicklungstheorie und -forschung. In U. Popp & S. Reh (Hrsg.), *Schule forschend entwickeln. Schul- und Unterrichtsentwicklung zwischen Systemzwängen und Reformansprüchen* (S. 51–74). Weinheim: Juventa.

Hopkins, D. (2008): Realising the potential of system leadership. In B. Pont, D. Nusche & D. Hopkins (Hrsg.), *Case Studies on System Leadership* (Improving School Leadership, Bd. 2, S. 21–36). Paris: OECD.

Huber, S. G. (2005). Schulbegleitforschung – internationale Erfahrungen. In E. Eckert (Hrsg.), *Schulbegleitforschung. Erwartungen – Ergebnisse – Wirkungen* (S. 41–74). Münster: Waxmann.

Huber, S. G. (2008). Steuerungshandeln schulischer Führungskräfte aus Sicht der Schulleitungsforschung. In R. Langer (Hrsg.), *„Warum tun die das?" Governanceanalysen zum Steuerungshandeln in der Schulentwicklung* (S. 95–126). Wiesbaden: VS Verlag für Sozialwissenschaften.

Huber, S. G. (2010). System Leadership – systemische Schulentwicklung durch Kooperation. *Journal für Schulentwicklung, 14* (2), 8–21.

Huber, S. G. & Muijs, D. (2010). School Leadership Effectiveness. The Growing Insight in the Importance of School Leadership for the Quality and Development of Schools and their Pupils. In S. G. Huber (Hrsg.), *School Leadership – International Perspectives* (S. 57–78). Dordrecht: Springer.

Huber, S. G., Schneider, N., Gleibs, H. & Schwander, M. (2013). *Leadership in der Lehrerbildung. Entwicklung von Kompetenzen für pädagogische Führung.* Berlin: Stiftung der Deutschen Wirtschaft & Robert Bosch Stiftung.

Huber, S. G. & Schwander, M. (2015). Das Kompetenzmodell für pädagogische Führung. In S. G. Huber, Stiftung der Deutschen Wirtschaft & Robert Bosch Stiftung (Hrsg.), *Schule gemeinsam gestalten* (S. 14–49). Münster: Waxmann.

Huber, S. G., Skedsmo, G. & Schwander, M. (2015). Self-Assessment basiertes Coaching zur Förderung professioneller Reflexion über pädagogische Führung. In S. G. Huber, Stiftung der Deutschen Wirtschaft & Robert Bosch Stiftung (Hrsg.), *Schule gemeinsam gestalten* (S. 129–143). Münster: Waxmann.

Jäggle, M., Krobath, T. & Schelander, R. (Hrsg.). (2009). *lebens.werte.schule. Religiöse Dimensionen in Schulkultur und Schulentwicklung.* Wien: LIT.

Judge, T. A. & Piccolo, R. F. (2004). Transformational and Transactional Leadership: A Meta-Analytic Test of their Relative Validity. *Journal of Applied Psychology, 89* (5), 755–768.

Krainer, K. (2007). Die Programme IMST und SINUS: Reflexionen über Ansatz, Wirkungen und Weiterentwicklungen. In D. Höttecke (Hrsg.), *Naturwissenschaftlicher Unterricht im internationalen Vergleich* (S. 20–48). Berlin: LIT Verlag.

Kruse, P. (2004). *Next practice – Erfolgreiches Management von Instabilität.* Offenbach: Gabal.

Längle, A. (2008). Existenzanalyse als Menschenbild – Verständnis und Zugang zum Menschsein. In A. Längle & A. Holzhey-Kunz (Hrsg.), *Existenzanalyse und Daseinsanalyse (S. 23–70). Wien: Facultas.*

Längle, A. (2009). Das eingefleischte Selbst. Existenz und Psychosomatik. *Existenzanalyse, 2* (26), 13–34.

Leithwood, K. A., Day, C., Sammons, P., Harris, A. & Hopkins, D. (2006). *Successful school leadership. What it is and how it influences pupil learning* (Research report / Department for Education and Skills, no. 800). Nottingham: DfES Publications.

Leithwood, K. A., Louis, K. S., Anderson, S. & Wahlstrom, K. (2004). *How leadership influences student learning. Review of research.* New York: The Wallace Foundation.

Leithwood, K. A. & Riehl, C. (2005). What Do We Already Know About Educational Leadership? In W. A. Firestone & C. Riehl (Hrsg.), *A new agenda for research in educational leadership* (S. 12–27). New York: Teachers College Press.

Levine, D. U. & Lezotte, L. W. (1990). *Unusually effective schools: A review of research and practice.* Madison: National Centre for Effective School Research.

Lo, M. L. (2015). *Lernen durch Variation. Implementierung der Variationstheorie in Schule und Bildungsforschung.* Münster: Waxmann.

Lohmann, A. (2013). *Effektiv Schule führen. Wie Schulleitungshandeln die Schul- und Unterrichtsqualität steigert.* Köln: Carl Link.

MacBeath, J. & Cheng, Y.-C. (Hrsg.). (2008). *Leadership for Learning: International Perspectives.* Rotterdam: SensePublishers.

Malik, F. (2004). *Gefährliche Managementwörter. Und warum man sie vermeiden sollte.* Frankfurt a. M.: Frankfurter Allgemeine Buch.

Meyer-Drawe, K. (2005). Anfänge des Lernens. *Zeitschrift für Pädagogik, 51* (49. Beiheft), 24–37.

Murphy, J. (1990). Principal Instructional Leadership. In P. Thurston & L. Lotto (Hrsg.), *Perspectives on the school. Advances in educational administration* (S. 163–200). Greenwich, CN: JAI Press Inc.

Pietsch, M. (2014). Was wissen wir über wirksame Schulleitungen? *Journal für Schulentwicklung, 18* (2), 15–23.

Pont, B., Nusche, D. & Hopkins, D. (Hrsg.). (2008). *Case Studies on System Leadership* (Improving School Leadership, Bd. 2). Paris: OECD.

Pont, B., Nusche, D. & Moorman, H. (Hrsg.). (2008). *Policy and Practice* (Improving School Leadership, Bd. 1). Paris: OECD.

Pool, S. (2007). Leadership auf dem Prüfstand. Mit der Leadership-Kompetenz-Skala Führungskompetenzen von Schulleitungspersonen auf der Spur. Thema Leadership. *Journal für Schulentwicklung, 11* (1), 42–71.

Posch, P. (1999). Qualitätsevaluation und Qualitätsentwicklung im Schulwesen. In Zentrum für Schulentwicklung (Hrsg.), *Evaluation und Qualität im Bildungswesen. Problemanalyse und Lösungsansätze am Schnittpunkt von Wissenschaft und Bildungspolitik* (S. 197–210). Graz: BMUK.

Posch, P. & Altrichter, H. (1992). *Bildung in Österreich. Analysen und Entwicklungsperspektiven.* Innsbruck: StudienVerlag.

Rexhäuser, J. (2015). Erfolgsfaktor Lehrer. Gedanken zur Personalentwicklung. In J. Berkemeyer, N. Berkemeyer & F. Meetz (Hrsg.), *Professionalisierung und Schulleitungshandeln. Wege und Strategien der Personalentwicklung an Schulen* (S. 129–145). Weinheim: Beltz Juventa.

Riemann, F. (1975). *Grundformen der Angst. Eine tiefenpsychologische Studie.* München: Reinhardt.

Robinson, V. M. J., Lloyd, C. A. & Rowe, K. J. (2008). The Impact of Leadership on Student Outcomes: An Analysis of the Differential Effects of Leadership Types. *Educational Administration Quarterly, 44* (5), 635–674.

Rosa, H. (2016). *Resonanz. Eine Soziologie der Weltbeziehung.* Berlin: Suhrkamp.

Rosenbusch, H. S. (1994). *Lehrer und Schulräte. Ein strukturell gestörtes Verhältnis. Berichte und organisationspädagogische Alternativen zur traditionellen Schulaufsicht.* Bad Heilbrunn: Klinkhardt.

Rosenbusch, H. S. & Wissinger, J. (Hrsg.). (1989). *Schulleiter zwischen Administration und Innovation.* Braunschweig: Schulleiter-Verlag.

Ruep, M. & Ammicht-Quinn, R. (2004). *Bildungsstrukturen und Ethik.* Tübingen: Oberschulam.

Ruep, M. & Schratz, M. (2011). Wert und Werte von Führung in der Schule. *Journal für LehrerInnenbildung, 11* (1), 31–37.

Sammons, P., Hillman, J. & Mortimore, P. (1995). *Key characteristics of effective schools: A review of school effectiveness research.* London: OFSTED.

Scharmer, C. O. (2009). *Theorie U. Von der Zukunft her führen: Presencing als soziale Technik.* Heidelberg: Carl Auer Verlag.

Scharmer, C. O. & Käufer, K. (2013). *Von der Zukunft her führen: Von der Egosystem- zur Ökosystem-Wirtschaft. Theorie U in der Praxis.* Heidelberg: Carl Auer.

Schley, W. & Schratz, M. (2010). Developing leaders, building networks, changing schools through system leadership. In J. MacBeath & T. Townsend (Hrsg.), *International handbook on leadership for learning* (S. 267–296). New York: Springer.

Schley, W. & Schratz, M. (2014). Educational Leaders as Change Agents in System Development: The Austrian Leadership Academy. *Journal of Contemporary Educational Studies, 4* (4), 12–29.
Schneider, N. & Huber, G. H. (2015). Beispiele aus der Lehrerbildung zur Entwicklung von Kompetenzen für pädagogische Führung und Schulentwicklung: Ausgewählte Ergebnisse einer explorativen Befragung. In S. G. Huber, Stiftung der Deutschen Wirtschaft & Robert Bosch Stiftung (Hrsg.), *Schule gemeinsam gestalten* (S. 109–132). Münster: Waxmann.
Schober, B., Klug, J., Finsterwald, M., Wagner, P. & Spiel, C. (2012). Ergebnisorientierte Qualitätsentwicklung von Schule: Spezifische Kompetenzen von Lehrkräften, Schulleiterinnen und Schulleitern. In B. Herzog-Punzenberger (Hrsg.), *Nationaler Bildungsbericht Österreich 2012, Band 2. Fokussierte Analysen bildungspolitischer Schwerpunktthemen* (S. 111–142). Graz: Leykam.
Schratz, M. (1996a). *Gemeinsam Schule lebendig gestalten. Anregungen zu Schulentwicklung und didaktischer Erneuerung*. Weinheim: Beltz.
Schratz, M. (1996b). *Die Rolle der Schulaufsicht in der autonomen Schulentwicklung*. Innsbruck: StudienVerlag.
Schratz, M. (1998). Schulleitung als change agent: Vom Verwalten zum Gestalten von Schule. In H. Altrichter, W. Schley & M. Schratz (Hrsg.), *Handbuch der Schulentwicklung* (S. 160–189). Innsbruck: StudienVerlag.
Schratz, M. (2011). Die Internationalisierung von Bildung im Zeitalter der Globalisierung. In M. Ruep (Hrsg.), *Bildungspolitische Trends und Perspektiven* (S. 19–53). Baltmannsweiler: Schneider Verlag Hohengehren.
Schratz, M. (2013). The rigid-dynamic dimension in competency standards. In N. Révai & G. A. Kirkham (Hrsg.), *The art and science of leading a school. Central5: A Central European view on competencies for school leaders* (S. 28–30). Budapest: Tempus Public Foundation.
Schratz, M. (2017). Innovative Schulen – exzellente Praxis: Tendenzen der Schulentwicklung am Beispiel des Deutschen Schulpreises. In U. Steffens, K. Maag Merki & H. Fend (Hrsg.), *Schulgestaltung: Aktuelle Befunde und Perspektiven der Schulqualitäts- und Schulentwicklungsforschung* (S. 231–247). Münster: Waxmann.
Schratz, M. (2019). Erkundung von Qualität lernseits von Unterricht. In U. Steffens & R. Messner (Hrsg.), *Unterrichtsqualität und Schulkultur – Konzepte, Befunde, Perspektiven. Grundlagen der Qualität von Schule 3* (S. 313–328). Münster: Waxmann.
Schratz, M., Ammann, M., Möltner, V., Mauersberg, W., Anderegg, N., Gregorzewski, M. & Bergmann, M. A. (2019). Schulleitungshandeln an ausgezeichneten Schulen. Erste Einblicke und empirische Befunde. *Zeitschrift für Bildungsforschung, 9* (3), 71–88. https://doi.org/10.1007/s35834-019-00243-5
Schratz, M., Hartmann, M. & Schley, W. (2010). *Schule wirksam leiten. Analyse innovativer Führung in der Praxis*. Münster: Waxmann.
Schratz, M., Schwarz, J. F. & Westfall-Greiter, T. (2012). *Lernen als bildende Erfahrung. Vignetten in der Praxisforschung*. Innsbruck: StudienVerlag.
Schratz, M. & Westfall-Greiter, T. (2010). *Schulqualität sichern und weiterentwickeln*. Seelze: Kallmeyer.
Schratz, M., Wiesner, C., Kemethofer, D., George, A. C., Rauscher, E., Krenn, S. & Huber, S. (2016). Schulleitung im Wandel: Anforderungen an eine ergebnisorientierte Führungskultur. In M. Bruneforth, F. Eder, K. Krainer, C. Schreiner, A. Seel & C. Spiel (Hrsg.), *Nationaler Bildungsbericht Österreich 2015 Band 2. Fokussierte Analysen bildungspolitscher Schwerpunktthemen* (S. 221–262). Graz: Leykam.

Schratz, M., Wiesner, C., Rößler, L., Schildkamp, K., George, A. C., Hofbauer, C., & Pant, H. (2019). Möglichkeiten und Grenzen evidenzorientierter Schulentwicklung. In S. Breit, F. Eder, K. Krainer, C. Schreiner, A. Seel & C. Spiel (Hrsg.), *Nationaler Bildungsbericht Österreich 2018. Fokussierte Analysen bildungspolitischer Schwerpunktthemen* (S. 403–454). Graz: Leykam.

Schwarz, J. (2013). *Unterrichtsbezogene Führung durch „Classroom Walkthrough". Schulleitungen als Instructional Leaders.* Innsbruck: StudienVerlag.

Sergiovanni, T. J. (1992). *Moral leadership. Getting to the heart of school improvement.* San Francisco, CA: Jossey-Bass.

Sprenger, R. K. (2012). *Radikal führen.* Frankfurt a. M.: Campus.

Steffens, U. (2009). Schulqualitätsdiskussion in Deutschland – Ihre Entwicklung im Überblick. In J. van Buer & C. Wagner (Hrsg.), *Qualität von Schule. Ein kritisches Handbuch* (S. 21–52). Frankfurt: Peter Lang.

Steffens, U. & Bargel, T. (2016). Die Diskussion um Schulqualität – Anfänge, Wege und Erträge des „Arbeitskreises Qualität von Schule". In U. Steffens & T. Bargel (Hrsg.), *Schulqualität – Bilanz und Perspektiven. Grundlagen der Qualität von Schule 1* (S. 309–347). Münster: Waxmann.

Stoll, L., Bolam, R. & Collarbone, P. (2002). Leading for Change: Building capacity for learning. In K. A. Leithwood & P. Hallinger (Hrsg.), *Second international handbook of educational leadership and administration* (S. 41–73). Dordrecht: Kluwer Academic.

Stoll, L. & Seashore L. K. (Hrsg.). (2007). *Professional learning communities. Divergence, depth and dilemmas.* Maidenhead: Open University Press.

Stöwe, C. & Keromosemito, L. (2013). *Führen ohne Hierarchie – Laterale Führung. Wie Sie ohne Vorgesetztenfunktion Teams motivieren, kritische Gespräche führen, Konflikte lösen.* Wiesbaden: Springer Gabler.

Strittmatter, A. (1994). Schulleitungsleute tragen Sombreros. Zur Professionalisierung der Schulleitung. In H. Buchen, L. Horster & H.-G. Rolff, (Hrsg.), *Schulleitung und Schulentwicklung* (S. C 31.1–C 31.17). Berlin: Raabe.

Terhart, E. (2016). Personalauswahl, Personaleinsatz und Personalentwicklung an Schulen. In H. Altrichter & K. Maag Merki (Hrsg.), *Handbuch Neue Steuerung im Schulsystem* (Educational Governance, Bd. 7, S. 278–300). Wiesbaden: Springer.

Westfall-Greiter, T. & Schratz, M. (2015). "Lerndesigners" as Change Agents for School Reform. In M. Schratz, M. Pecek & R. Iucu (Hrsg.), *The Changing Role of Teachers* (S. 125–151). Bukarest: Ars Docendi.

Wiesner, C., George, A. C., Kemethofer, D. & Schratz, M. (2015). School Leadership in German Speaking Countries with an emphasis on Austria: A Re-Vision. *Ricercazione, 7* (2), 65–90.

Wiesner, C. (2019a). Das Modell der Feldtransformation: Chancen und Möglichkeiten. In C. Schreiner, C. Wiesner, S. Breit, P. Dobbelstein, M. Heinrich, & U. Steffens (Hrsg.), *Praxistransfer Schul- und Unterrichtsentwicklung* (S. 207–240). Münster: Waxmann.

Wiesner, C. (2019b). Die Arbeit mit Gruppengestalten: Existenzanalyse, Feldtransformation und Beziehungspädagogik. *Erziehung & Unterricht, 5/6* (169), 433–442.

Tobias Feldhoff

Handlungsfelder von Steuergruppen und ihre Wirkungen[1]

1. Aktuelle Anforderung an die Schule

Die Schulentwicklung in Deutschland, als Entwicklung der Einzelschule, hat ihren Ursprung in den 1980er-Jahren. Der Perspektivwechsel von der Systemebene zur Einzelschule ist Ergebnis verschiedener Faktoren. Rolff sieht das Scheitern zentralistischer Planungsstrategien auf der Systemebene als einen zentralen Faktor. In dieser „Krise der Außensteuerung" (Rolff, 1998, S. 297) wurden neue Steuerungsmodelle gesucht. Zusätzlich lieferten Erkenntnisse von Implementationsstudien zu Innovationen im Bildungswesen Gründe für das Scheitern zentralistischer Strategien und zeigten gleichzeitig das Fehlen zentralen Steuerungswissens auf. Diese Studien kamen zu dem Ergebnis, „daß sich die Umsetzung und damit auch der Erfolg von Plänen nicht auf der staatlichen Ebene, sondern auf der Ebene von Einzelschulen entscheidet" (Rolff, 1993, S. 106). Rolff führt in Anlehnung an Miles und Hubermann (1984) drei zentrale Gründe für das Scheitern dieser zentralistischen Strategien auf Gesamtsystemebene an:

1. Sie unterliegen der falschen Annahme, dass eine Innovation auf alle Schulen gleichermaßen übertragen werden kann,
2. sie unterschätzen die Selbstorganisation der Schule, da sie Lehrkräfte eher als Konsumenten denn als Transformatoren externer Ansprüche betrachten und
3. sie gehen von der mittlerweile oft widerlegten Annahme aus, dass Innovationen zielgetreu implementiert werden (vgl. auch Kussau & Brüsemeister, 2007).

Neben der Krise der Außensteuerung führten die Schulstrukturdebatten der 1960er und 1970er Jahre in Deutschland rund um die Einführung der Gesamtschule zu immer stärkeren ideologischen „Grabenkämpfen" (Mattes, 2017). Als Fend (1986) sein Konzept der Schule als pädagogische Gestaltungseinheit entwickelte, wurde dies als ein Ausweg aus den Strukturdebatten gesehen (Messner, 2016). Ausgangpunkt für sein Konzept waren Analysen seiner Gesamtschulstudien, in denen er zu dem Ergebnis kam, dass sich Schulen der gleichen Schulform stärker voneinander unterscheiden als die Schulsysteme untereinander (Fend, 1982). Fortan war die Frage der „Qualität

---

1 Der Text basiert im Wesentlichen auf dem Beitrag von Feldhoff (2018). Schulische Steuergruppen – Konzept, theoretische Grundlagen, Befunde und Forschungsbedarfe. In M. Harring, K. Rolffs & M. Gläser-Zirkuda (Hrsg.). *Handbuch Schulpädagogik* (S. 189–199). Münster: Waxmann.

von Schule“ (Steffens & Bargel, 1987; vgl. dazu auch Steffens & Bargel, 2016) im Mittelpunkt der Betrachtungen und der Bemühungen von Schulentwicklung. Mit der Rezeption von Konzepten der Organisationsentwicklung in Deutschland stand nun auch ein Instrument zur Verfügung mit dem eine systematische Entwicklung der Einzelschule als „Motor der Schulentwicklung“ (Dalin & Rolff, 1990) initiiert und vorangetrieben werden konnte.

Seit dieser verstärkten Hinwendung zur Einzelschule lässt sich über verschiedene Phasen beobachten, wie die Anforderungen an die Schule als Organisation im deutschen Schulsystem sukzessive gestiegen sind (Berkemeyer, Feldhoff & Brüsemeister, 2008; Feldhoff, 2011). War die Aufgabe der Schule zu Beginn, sich als Organisation zu entdecken und zu entwickeln, steht sie mittlerweile vor der Herausforderung, zielgerichtet ihre eigene Entwicklung voranzutreiben, neue Reformmaßnahmen (wie z. B. Bildungsstandards, Inklusion, individuelle Förderung, Ganztagsschule etc.) umzusetzen, Schulcurricula zu entwickeln und Impulse von Vergleichsarbeiten oder der Schulinspektion zur Verbesserung ihrer Qualität und insbesondere des Unterrichts zu nutzen.

Vor der Veröffentlichung der ersten PISA-Studie im Jahre 2001 zielten die Maßnahmen der Schulverwaltung noch primär auf eine Dezentralisierung in Form der Organisationsentwicklung und Erweiterung der Autonomie der Einzelschule. Die Schulen wurden in ihrer Entwicklung über Modellprogramme (z. B. BLK[2]-Programme) und Schulentwicklungsberatung unterstützt. Mit Bekanntwerden der PISA-Ergebnisse verschob sich der Schwerpunkt zunächst auf Verbesserung des Unterrichts und Qualitätssicherung in Form einer Zentralisierung (z. B. Bildungsstandards, Zentralabitur) und permanente Beobachtung (z. B. Vergleichsarbeiten, Schulinspektion, kommunales Bildungsmonitoring). Schaut man sich an, was von den zahlreichen Modellprojekten zur erweiterten Autonomie (z. B. Selbstständige Schule in NRW, Modellvorhaben eigenverantwortliche Schule Berlin etc.) flächendeckend umgesetzt wurde, so beschränkt sich die Autonomie stark auf eine Verwaltungsreform, die eine Stärkung der Schulleitung mit erweiterten Befugnissen und eine flexiblere Form der Budgetierung zur Folge hat.

Eine pädagogische Reform im Sinne einer höheren *Autonomie in der Unterrichtsorganisation und -gestaltung der Schule* findet mittlerweile durch die Einführung der schulinternen Curricula sowie in einigen Bundesländern darüber hinaus durch Möglichkeiten einer beispielsweise flexibleren Gestaltung der Stundentafel statt. Jedoch wurden gleichzeitig schulische Unterstützung durch das Auslaufen der BLK-Programme und die Reduktion von Beratungsangeboten auf Länderebene zurückgefahren. So bieten die Reformen wie z. B. Bildungsstandards, schulinterne Curricula oder Vergleichsarbeiten auch Chancen zu einer Professionalisierung der Lehrpersonen. Jedoch wurden diese gerade bei der Implementation zu wenig deutlich gemacht und durch geeignete Maßnahmen flankiert (Böttcher & Dicke, 2008; Zeitler, Asbrand & Heller, 2013).

Aus der Perspektive der Lehrperson kann leicht der Eindruck entstehen, Verlierer der Reformen zu sein. Sie erleben subjektiv eine Einschränkung oder zumindest po-

---

2 Die Bund-Länder-Kommission (BLK) wurde 1970 gegründet. Ihre Aufgaben bestanden primär in der Förderung von Forschung und Bildung; sie hatte Ende 2007 ihre Tätigkeiten eingestellt.

tenzielle Gefährdung ihrer individuellen Autonomie teilweise auch der korporativen Autonomie des Kollegiums durch die gestärkte Schulleitung, ohne dass sie im gleichen Maße entsprechende Mitbestimmungsmöglichkeiten erhalten haben. Die „regelmäßige Beobachtung“ durch Vergleichsarbeiten und Schulinspektion kann zudem als Kontrolle und eine Form von Misstrauensvotum vonseiten der Schulverwaltung empfunden werden, wo bisher vor allem Vertrauen als „Modus Operandi“ vorherrschte. Für die Schulentwicklung sind dies ungünstige Voraussetzungen.

Analysiert man die Schule als Organisation unter den gestiegenen Anforderungen, so wird deutlich, dass sie ein Defizit in Form einer schwach ausgeprägten Organisationsstruktur hat, das sich vor allem auf die Entwicklung und Umsetzung von Innovation und die Führung der Schule bezieht (Feldhoff, 2011). Jedoch wird gerade dies permanent von den Schulen gefordert. Gleichzeitig ist aus der Organisationsforschung seit langem bekannt, dass der Erfolg von Veränderungen stark davon abhängt, dass die Personen, die die Innovationen umsetzen müssen, an der Planung und Entwicklung möglichst früh und umfassend beteiligt sind (Lewin, 1963; Schubert, 2004). Aufgrund der strukturell hohen pädagogischen Autonomie des Lehrberufs gilt diese für Schulen im Allgemeinen sowie für Schule in Deutschland[3] im Speziellen in besonderem Maße. Gerade die Gruppe der Lehrpersonen, die (zumindest subjektiv) eher an Autonomie eingebüßt hat und an einem Professionsverständnis orientiert ist, soll neue Reformen unter den Rahmenbedingungen einer defizitären Organisationsstruktur, zusätzlicher zeitlicher Belastung und erhöhter Beobachtung umsetzen. Wie kann Schulentwicklung unter solch schwierigen Bedingungen gelingen?

Gesucht wird ein Strukturelement, das die Schule als Organisation stärkt, die Entwicklung der Schule nachhaltig vorantreibt, eng mit der Schulleitung zusammenarbeitet und gleichzeitig vom Kollegium bestimmt wird und dessen Interessen vertritt. Schulische Steuergruppen (STG) können ein solches Element sein.

Steuergruppen wurden erstmals im Rahmen des „Institutionellen Schulentwicklungsprogramms (ISP)“ von Dalin und Rolff (1990; Rolff, 2007) zu Beginn der 1990er-Jahre erwähnt. Sie spielen seitdem eine bedeutende Rolle in Schulentwicklungs- und Organisationsentwicklungsprozessen (vgl. Rolff, 2007). Dies belegen zumindest für Deutschland mittlerweile auch Studien: Daten der nationalen Ergänzung der IGLU-Studie 2006 (Bos et al., 2007) zeigen, dass 41 % der Grundschulen in Deutschland eine Steuergruppe besitzen. Für den Sekundarschulbereich zeigt eine Umfrage des Dortmunder „Instituts für Schulentwicklungsforschung“ aus dem Jahr 2006, dass

---

3 Vor allem im Vergleich zu den angloamerikanisch geprägten Schulsystemen besitzen Lehrpersonen in Deutschland eine viel höhere Autonomie. Dies ist historisch und strukturell bedingt. Schulleitungen in angloamerikanisch geprägten Schulsystemen haben eine viel stärkere Position als ihre Kolleginnen und Kollegen in Deutschland, mit deutlich weitreichenderen Befugnissen (z. B. Einstellung, Kündigung, Bezahlung der Lehrpersonen), aber auch Rechenschaftspflichten. Während viele dieser Funktionen in Deutschland durch die Schulaufsicht übernommen werden oder aufgrund des Beamtenstatus der Lehrpersonen in den meisten Bundesländern rechtlich nicht möglich sind (oder nur unter schwierigeren Bedingungen), obliegen sie im angloamerikanischen Raum der Schulleitung (Brauckmann, Geißler, Feldhoff & Parshadis, 2016). Zudem waren Schulleitungen in Deutschland noch bis Anfang der 1990er Jahre vor allem für die administrative Verwaltung der Schule zuständig. Die Forderung einer stärkeren Führungsrolle im Kontext von Schule und Unterricht setzte sich erst allmählich durch.

in den vorangegangenen zwei Jahren 40 % aller Sekundarschullehrkräfte in Deutschland in Steuergruppen (oder Äquivalenten) mitgearbeitet haben (vgl. Kanders & Rösner, 2006). Dennoch hat sich die Forschung, trotz dieser Beliebtheit und Bedeutung in der Schulpraxis, bis auf die verdienstvollen konzeptionellen und programmatischen Beiträge von Rolff u. a. (Dalin und Rolff, 1990; Dalin, Rolff & Buchen, 1998; Messner & Altrichter, 1998; Rolff, 2001) kaum diesem Gegenstand zugewandt. Steuergruppen wurden zumeist nur als eine Maßnahme von vielen im Rahmen von Schulentwicklungsvorhaben und -prozessen gesehen und auch thematisiert (vgl. Horster, 1998; Krainz-Dürr, 1999; Schley, 1998; Schratz & Steiner-Löffler, 1998). Grundlagentheoretische Beiträge und empirische Forschungsbefunde sind dagegen selten (vgl. Berkemeyer, Brüsemeister & Feldhoff, 2007; Berkemeyer et al., 2008; Berkemeyer & Holtappels, 2006; Feldhoff & Rolff, 2008; Feldhoff et al., 2008; Feldhoff, 2011; Schröck, 2009).

Im Folgenden soll gezeigt werden, warum und auf welche Weise Steuergruppen (STG) als Gremium des Kollegiums diese Rolle einnehmen können. Dafür wird zunächst die Konstruktion der STG kurz dargestellt und die Vorteile der STG als Vermittler zwischen Schulleitung und Kollegium skizziert, bevor anschließend verschiedene Handlungsmodi der STG beschrieben werden. Neben den positiven Aspekten werden auch mögliche Konfliktfelder der STG-Arbeit thematisiert. Bevor zum Abschluss ein Fazit gezogen wird und der weitere Forschungsbedarf identifiziert wird, werden Befunde zum Einfluss von STG auf die Schulentwicklung referiert.

2. Konstruktion von Steuergruppen

Berkemeyer et al. bezeichnen das „Institutionelle Schulentwicklungs-Programm" (ISP) in ihrer Governanceanalyse als „institutionellen Gründungsakt von Steuergruppen" (2007, S. 72). Steuergruppen nehmen bei Dalin und Rolff eine zentrale Rolle innerhalb ihres Organisationsentwicklungskonzepts ein: „Die Steuergruppe ist der Angelpunkt und vielleicht auch das Herz des ISP" (Dalin et al., 1998, S. 68), denn sie „steuert den Prozeß, sie erhält als erste die Hilfe des Beraters" (ebd.). In diesem Zitat wird deutlich, dass das ISP ein Konzept im Sinne der klassischen Organisationsentwicklung (vgl. French & Bell, 1999) ist, bei dem Schulentwicklungsprozesse mithilfe eines externen Beraters initiiert und begleitet werden. Dies ist für die Entstehung von Steuergruppen ein entscheidendes Element. Denn nach Berkemeyer und Kollegen (2007) kann die Einrichtung von STG im Rahmen des ISPs als Reaktion auf ein vorgefundenes Problem bei der Initiierung eines schulischen Organisationsentwicklungsprozesses interpretiert werden. Für den von Dalin und Rolff angestrebten Organisationsentwicklungsprozess ist eine schulische Ansprechperson für die externe Beraterin bzw. den externen Berater vonnöten. Diese Ansprechperson soll zum einen die Organisation nach außen im Kontakt zur Beraterin bzw. zum Berater vertreten und zum anderen innerhalb der Organisation den Beratungsprozess initiieren und koordinieren. Doch hierfür kommt weder die Schulleitung als alleinige Vertretung noch das Kollegium einer Schule als Ganzes in Frage. Die Begründung dafür liefern Dalin und Rolff selbst:

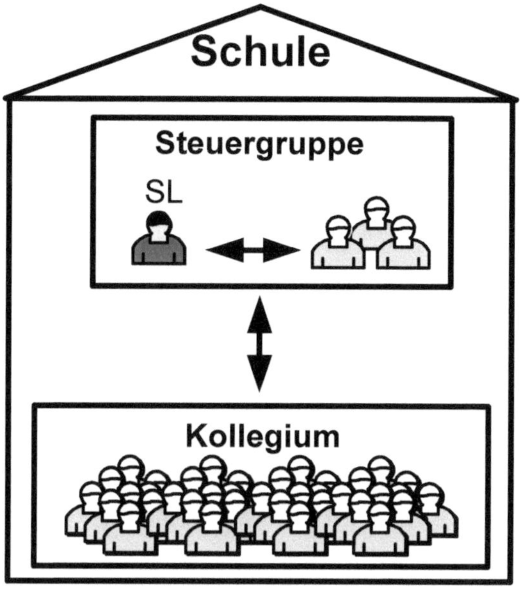

Abbildung 1: Konstruktion der Steuergruppe in der Schule

„Das ISP benötigt eine Steuergruppe, weil
- mehr Kompetenz gefordert ist, als ein, zwei Personen aufweisen
- es nur bei demokratischer Arbeitsweise gelingen kann
- sich Eigentumsvorstellungen über die Schulleitung hinaus verbreitern müssen und vor allem, weil
- das Lernen in und mit einer Gruppe eine außerordentlich wichtige Kompetenz für die Arbeit in Organisationen ist und die Steuergruppe damit Beispiel-Funktion übernimmt
- viele unterschiedliche Aktivitäten zu koordinieren sind“ (Dalin et al., 1998, S. 174).

Diese Aufzählung enthält klassische Elemente organisationalen Wandels, wie sie sich in Konzepten der Organisationsentwicklung, des Organisationalen Lernens oder des Change-Managements finden lassen. Veränderungsprozesse sind auf Mitwirkung und Partizipation der Beteiligten bzw. Betroffenen angewiesen. Aus diesem Grund kommt die Schulleitung[4] als alleinige Ansprechperson und Verantwortliche für den Organisationsentwicklungsprozess nicht infrage. Des Weiteren ist mit der Einrichtung von STG auch eine breit angelegte Kollegiums- und Teamentwicklung verbunden. Das Kollegium als Ganzes ist aufgrund seiner Größe für Dalin und Rolff nicht geeignet. Sie sprechen von einer idealen Gruppengröße von fünf bis acht Mitgliedern. Die Lehrer- oder Schulkonferenz wählt die STG und erteilt ihr das Mandat mit dem dazugehöri-

4 Formal gesehen ist die Schulleitung nach außen und nach innen für die Leitung der Schule und somit auch für den Bereich der Schulentwicklung verantwortlich. „Auch wenn die STG über Prozesskompetenz und ein Mandat des Kollegiums verfügt, liegt doch die Gesamtverantwortung weiterhin beim Schulleiter bzw. der Schulleiterin.“ (Rolff, 2001, S. 20)

gen Arbeitsauftrag und Gestaltungsraum auf Zeit. Die Schulleitung betrachten Dalin und Rolff als ein „geborenes Mitglied“ der STG. Dadurch sollen Planung und Implementation von Maßnahmen vereinfacht und Informationsverluste zwischen den für den Entwicklungsprozess verantwortlichen Akteuren minimiert werden. Darüber hinaus soll durch die Anwesenheit der Schulleitung eine „unmittelbare Mitwirkungs- und Reaktionsmöglichkeit die Realisierbarkeit von Plänen der STG kalkulierbar und damit erfolgreicher machen“ (Dalin et al., 1998, S. 73). Gleichzeitig soll eine Parallelstruktur vermieden werden.

3. Steuergruppe als Vermittler zwischen Schulleitung und Kollegium

Für Berkemeyer et al. (2007) liegt in der besonderen Konstruktion der STG eine große Stärke. Sie vereint durch die Beteiligung von Lehrkräften und Schulleitung gleichzeitig Professions- und Organisationsmerkmale in sich. Sie übernimmt problem- und projektbezogene Aufgaben. Daher kann sie im Rahmen ihrer Aufgabenbearbeitung einen engen Bezug zur Arbeit der Lehrpersonen haben, z.B. im Rahmen der Unterrichtsentwicklung. Durch ihre problemorientierte Bearbeitung mit einem engen inhaltlichen Fokus wird sie von Lehrpersonen nicht vorschnell mit Organisation und Hierarchie identifiziert, was oftmals zu einer reflexartigen Abwehrhaltung führt. Sie kann Probleme zunächst professionsförmig und hierarchiefrei mittels der Strategie der besseren Argumente diskutieren. Sie nimmt sich dabei quasi „eine Auszeit vom Handlungsdruck in der Schule, um Orientierungswissen zu erarbeiten“ (ebd., S. 76). Diese professionsförmige Vorgehensweise dient allerdings der Generierung von Handlungswissen und -alternativen als Basis von Entscheidungen. Entscheidungen sind ein klares Merkmal von Organisationen. Die STG, die zwischen diesen beiden Modi oszilliert, kann so einerseits die Lehrpersonen von Vorteilen der Organisation überzeugen. Andererseits kann die Organisation in Gestalt der Schulleitung von einer professionsförmigen Partizipation und Problemausleuchtung profitieren (Abb. 2).

Die STG kann für die Schulleitung als Beratungsgremium fungieren. Die Schulleitung hat die Möglichkeit, die STG in ihre Entscheidungsprozesse einzubeziehen und sich somit ein kollegiales Feedback einzuholen. Im Sinne eines Professionsverständnisses können Argumente „professionell“, wie in einer Wertegemeinschaft und ohne Begrenzung durch Hierarchie, diskutiert und abgewogen werden. Die Schulleitung kann sich die besondere Rolle der STG-Mitglieder mit ihrer relativen Nähe zum Kollegium zunutze machen, da diese weiterhin Mitglieder des Kollegiums sind und somit die Stimmung und Haltung des Kollegiums zu bestimmten Sachverhalten antizipieren können. Bezieht die Schulleitung die STG in wichtige Entscheidungen ein, kann diese durch ihre Verankerung im Kollegium für eine breitere Entscheidungsbasis sorgen. Die STG kann infolgedessen als Bindeglied zwischen der Schulleitung als Leitungsorgan auf der Organisationsebene und dem Kollegium auf der Professionsebene fungieren. Diese Funktion ist gerade unter den skizzierten Bedingungen einer gestärkten Schulleitung von hoher Bedeutung. Darüber hinaus können Konflikte zwischen

Profession und Organisation in der STG selbst bearbeitet werden, ohne dass diese im Kollegium als Ganzes ausgetragen werden müssten.

Berkemeyer et al. (2008) bestätigen ihre Hypothesen und zeigen anhand von Daten der wissenschaftlichen Begleitforschung des Modellvorhabens „Selbstständige Schule in Nordrhein-Westfalen", dass die Schulleitungen sich durch die STG entlastet fühlen. Darüber hinaus werden STG von den Schulleitungen bei wichtigen Entscheidungen um Rat gefragt und diese auch an den Entscheidungen beteiligt. Dies äußern sowohl STG als auch Schulleitungen.

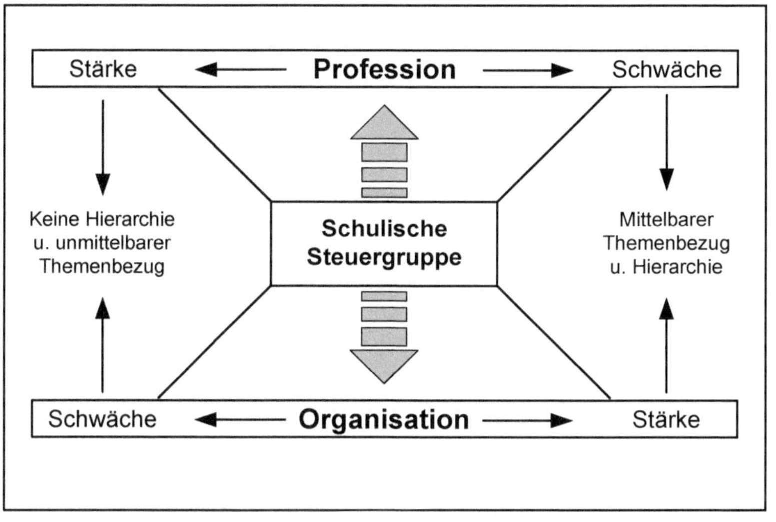

Abbildung 2: Konstitutionsmerkmal schulischer Steuergruppen (Berkemeyer et al., 2007, S. 79)

4. Handlungsmodi der Steuergruppe

Die primäre Aufgabe der STG liegt in der Steuerung der schulischen Entwicklungsvorhaben und -prozesse. Doch wie kann die STG agieren, damit sie einerseits die Entwicklungsvorhaben optimal vorantreibt, andererseits die Bedürfnisse des Kollegiums bei diesen Entwicklungsvorhaben (in Form von Partizipation, Information und Unterstützung) ausreichend berücksichtigt? Aus der Forschung zum Organisationalen Lernen und zum Change-Management lassen sich fünf verschiedene Handlungsmodi von STG ableiten (Feldhoff, 2011):

1. Partizipation des Kollegiums
   Die STG beabsichtigt, das Kollegium aktiv an den Veränderungsprozessen zu beteiligen, indem sie es in Form von Arbeitsgruppen einbindet und sie von ihren Ideen mit Sachargumenten zu überzeugen versucht. Darüber hinaus ist sie bemüht, deren Interessen und Ideen so gut wie möglich zu berücksichtigen, indem sie mit den Arbeitsgruppen Ziele und Aufgaben aushandelt.
2. Informations- und Wissensmanagement
   Durch eine regelmäßige und angemessene schulweite Kommunikation fördert die STG die Transparenz über ihre Arbeit und die Entwicklungsprozesse. Darü-

ber hinaus stellt sie dem Kollegium und den einzelnen Arbeitsgruppen das für die Entwicklungsarbeit notwendige Wissen zur Verfügung. Gleichzeitig sorgt sie für einen Austausch des Wissens zwischen den einzelnen Arbeitsgruppen und Lehrpersonen.

3. Beratung und Unterstützung
   Die STG unterstützt und berät die Arbeitsgruppen und Lehrpersonen bei den Entwicklungsprozessen. Zum einen erbringt sie eher Dienstleitungen, indem sie relevante Informationen besorgt und Materialien zur Verfügung stellt oder bei Bedarf Experten vermittelt. Zum anderen berät sie konkret bei der Planung von Projekten oder vermittelt in Konfliktfällen.
4. Zielbezogenes Handeln
   Die STG handelt mit den Arbeitsgruppen im Rahmen ihres Mandats Ziele für die schulische Entwicklungsarbeit aus. Diese müssen klar und eindeutig sein. Im Zusammenspiel der einzelnen Teilprojekte ist es darüber hinaus wichtig, dass die STG die Arbeitsgruppen anhält und motiviert, die Ziele auch im Rahmen der vereinbarten Zeit zu erreichen.
5. Koordination
   Mit ihrer Koordinationsfunktion behält die STG die Gesamtziele der Schule im Auge und bindet die einzelnen Teilprojekte und Arbeitsgruppen immer wieder zurück an diese Ziele. Um dieses Ziel zu erreichen, nutzt sie die anderen Handlungsmodi.

Im Rahmen der wissenschaftlichen Begleitforschung des Modellvorhabens „Selbstständige Schule Nordrhein-Westfalen" (Holtappels, Klemm & Rolff, 2008) wurden 2007 die Kollegien und STG von 84 Schulen aller Schularten u.a. zum Steuergruppenhandeln befragt (vgl. Tab. 1). Von 70 Schulen liegen ausreichende Informationen vor. An diesen 70 Schulen haben im Durchschnitt 46 % der Lehrkräfte und 85 % der Steuergruppenmitglieder an der Befragung teilgenommen (Feldhoff, 2011). Die Daten wurden für die Analysen auf Schulebene aggregiert.

Die Mittlerwerte zur Einschätzung der Handlungsmodi der STG liegen nach Angabe der Lehrkräfte und bei zwei Instrumenten auch nach Selbsteinschätzung der Steuergruppen knapp oberhalb des theoretischen Mittelwerts (vgl. Tab. 1). Sie unterscheiden sich nur geringfügig. Somit nutzen die STG alle Modi gleichermaßen auf einem „mittleren" Niveau. Die Streuung weist darauf hin, dass die Instrumente von den STG in einigen Schulen in einem zum Teil deutlich höheren Maße genutzt werden als in anderen Schulen. Dies lässt vermuten, dass einige Steuergruppen ihre Rolle als Change Agent „noch" nicht wahrnehmen, während andere dies erfolgreicher tun.

Tabelle 1: Handlungsmodi der Steuergruppe

Skalen	Fragebogen	MW	SD	n
Steuerung durch Aushandlung[1]	LFB	2,78	0,323	70
Zielbezogenes Handeln[1]	LFB	2,77	0,401	70
Indirekte Unterstützung durch die STG in Form von Serviceleistungen[2]	LFB	2,72	0,351	70
Direkte Unterstützung durch die STG[2]	LFB	2,67	0,375	70
Information durch die STG[2]	LFB	2,83	0,410	70
Koordination von Projekt- und Arbeitsgruppen bzw. Gremien[2]	STGFB	2,88	0,460	59
Einfluss der STG auf die Teamarbeit in Bezug auf Unterrichtsentwicklung[2]	STGFB	2,74	0,428	60

1 Antwortkategorien der verwendeten Skalen: stimmt gar nicht (1), stimmt eher nicht (2), stimmt eher (3), stimmt genau (4)
2 Antwortkategorien der verwendeten Skalen: trifft nicht zu (1), trifft eher nicht zu (2), trifft eher zu (3), trifft zu (4)
Quelle: Feldhoff (2011)

5. Konfliktfelder

Die STG kann aufgrund ihrer Konstruktion ein ideales Gremium des Kollegiums zur Steuerung und Gestaltung von Veränderungen sein, jedoch beinhaltet die besondere Konstruktion auch Konfliktfelder.

Doppeltes Dilemma
Horster (1998) sieht STG in einem doppelten Dilemma: Um zu gewährleisten, dass die Entwicklungsprojekte möglichst breit im Kollegium mitgetragen werden, sollte die STG die einzelnen Strömungen des Kollegiums repräsentieren. Ist die STG jedoch zu heterogen zusammengesetzt, könnten sich die Mitglieder gegenseitig blockieren, sodass keine funktionierende Gruppe entsteht. Eine notwendige Entwicklung im Sinne eines Teambildungsprozesses könnte dazu führen, dass sie sich nach außen hin zum Kollegium zu sehr abgrenzt und somit Gefahr läuft, die nötige Akzeptanz zu verlieren.

Doppelrollen und Rollenkonflikte zwischen Schulleitung und STG
Die Schulleitung hat durch die Konstruktion der STG eine Doppelmitgliedschaft. Sie ist zum einen weiterhin Leitung der Schule als oberste Verantwortungsinstanz, zum anderen ist sie gleichberechtigtes Mitglied der STG. Durch das Fehlen formaler Befugnisse sowie juristisch festgeschriebener Aufgaben und Kompetenzen der STG kann das Verhältnis Schulleitung – STG als ein dynamisches Gefüge beschrieben werden. Dabei bezieht sich die Dynamik sowohl auf die Inhalts- als auch auf die Beziehungsebene: Innerhalb dieses Gefüges müssen sowohl Aufgaben als auch die damit verbundenen Machtverhältnisse sozusagen „just in time" in der Interaktion ausgehandelt werden. Dabei ist Schulleitung durch mögliche Intrarollenkonflikte in ihren Managementfähigkeiten herausgefordert. Sie muss unter anderem abwägen, wann sie

als „Schulleitung" und wann als „normales" STG-Mitglied agiert. Daraus ergeben sich Verteilungsanlässe: Welche Aufgaben sollen nur von der Schulleitung, welche gemeinsam und welche nur von der STG bearbeitet werden und wer soll bei einer gemeinsamen Bearbeitung die Führung übernehmen? Andererseits kann die STG durch ihre Aufgabe der Steuerung und Gestaltung von Entwicklungsprozessen die Schulleitung von Aufgaben entlasten.

Balance zwischen Kollegium und Schulleitung

Messner und Altrichter (1998) betonen, dass die Einführung von STG das in Schulen bestehende „Autonomie-Paritäts-Gebot" (Messner & Altrichter, 1998) bedrohe. Durch die Einrichtung von STG werden Lehrkräfte über andere Lehrkräfte gestellt und somit das Gebot der Gleichheit aller Lehrkräfte aufgehoben.

> „Leitung darf in Schulen offenbar nur sein, wenn sie entweder gesetzlich legitimiert, von außen zugewiesen (d.h. auf Verwaltung beschränkt) ausgeübt wird oder wenn sie auf einer informellen Ebene heimlich-unheimlich stattfindet" (ebd., S. 52).

Messner und Altrichter zeigen verschiedene Konstellationen des Beziehungsdreiecks Schulleitung – STG – Kollegium auf. Dabei darf sich die STG einerseits nicht zu weit vom Kollegium entfernen, damit sie nicht als erweiterte Schulleitung wahrgenommen wird. Andererseits darf sie sich nicht zu einer Parallel- bzw. Konkurrenzstruktur zur Schulleitung entwickeln. Um diese Probleme zu überwinden und eine Balance im Beziehungsdreieck zu erreichen, helfen der STG eine klare Rollenklärung zwischen Schulleitung, STG und Kollegium, die Anwendung der Handlungsmodi sowie ein Wechsel zwischen Organisations- und Professionsmodus.

Schröck (2009) analysiert in seiner qualitativen Studie an neun Schulen (davon die meisten Gymnasien in Bayern) ebenfalls das Verhältnis Schulleitung, Kollegium und STG. Er kommt zu dem Ergebnis, dass die zentrale handlungsleitende kollektive Orientierung der STG die Hierarchie zwischen Schulleitung und Kollegium, zwischen Macht und Akzeptanz ist. In Bezug auf den Umgang mit Hierarchie konnte er vier verschiedene Typen identifizieren:

- STG, die eher passiv auf externe Impulse reagieren, eine geringe Eigenaktivität haben und Konflikte vermeiden.
- STG, die einen Anspruch auf Deutungshoheit in Bereich Schulentwicklung haben und nach eigener Autonomie streben, dies aber auf Kosten von Konflikten mit Kollegium und Schulleitung.
- STG, die vor allem an Macht interessiert sind und dabei von der Schulleitung instrumentalisiert werden.
- STG, die professionell, mit einem klaren Mandat und einer klaren Aufgabendefinition agieren und dadurch Autonomie erlangen. Sie werden sowohl vom Kollegium als auch der Schulleitung akzeptiert.

Die Darstellung der Konfliktfelder macht deutlich, dass die fehlende formale Einbindung der STG in die Hierarchie der Schule nicht nur eine Stärke, sondern auch eine Schwäche sein kann. Die STG hat die Aufgabe, sich in dem dynamischen Verhältnis des Dreiecks Schulleitung – STG – Kollegium stets neu zu positionieren sowie über ein klares Mandat und ein aufgabenbezogenes Handeln, Klarheit und Transparenz für sich und das Kollegium herzustellen.

6. Zusammenhang von Steuergruppe, Schulentwicklung und Schulqualität

Bisher liegen nur wenige empirische Studien zur Arbeit und Wirksamkeit von STG vor.

Im Projekt „Qualitätsentwicklung in Netzwerken" in Niedersachsen haben 64 Schulen aller Schulformen die Arbeit in regionalen Schulnetzwerken zu den Themen Schulprogrammarbeit, neue Unterrichtsverfahren und Evaluation mit dem Ziel einer Qualitätsverbesserung der Schule erprobt (vgl. Berkemeyer & Holtappels, 2007). Die STG hatten eine zentrale Aufgabe zur Erreichung der Ziele in den Schulen. Berkemeyer und Holtappels (2007) zeigen, dass es in den Schulen einen deutlichen Zusammenhang zwischen der Akzeptanz und Wirksamkeit der STG sowie Merkmalen der Schulqualität – zum Beispiel Zielkonsens, Kohäsion und Kommunikation im Kollegium wie auch Unterrichtskooperation – und der Praxis offener Lernformen gibt.

Im Rahmen der Begleitforschung des Modellvorhabens „Selbstständige Schule in Nordrhein-Westfalen" hat Feldhoff (2011) in verschiedenen Strukturgleichungsmodellen querschnittlich den Zusammenhang von Schulleitungshandeln, Handlungsmodi der STG, Faktoren der Schulqualität (z. B. Kooperation im Kollegium, Innovationsbereitschaft) und der Selbststeuerungsfähigkeit der Schule sowie der Qualität des Unterrichts untersucht (vgl. Tab. 2). Die querschnittlichen Analysen ermöglichen keine Aussagen über die Richtung der Zusammenhänge, z. B. ob die STG die Schulqualität beeinflusst oder umgekehrt. Aus diesem Grund wird im Folgenden ‚nur' von Zusammenhängen gesprochen. Aufgrund theoretischer Überlegungen und aufgrund empirischer Befunde zu ähnlichen Fragestellungen kann jedoch davon ausgegangen werden, dass sich die o.g. Aspekte im Zeitverlauf reziprok, d. h. wechselseitig beeinflussen (Feldhoff & Radisch, 2017; Hallinger & Heck, 2011).

Die Modelle zeigen, dass es einen Zusammenhang zwischen zielbezogenem Handeln der STG und zielbezogener Führung durch die Schulleitung gibt. Diese beiden Merkmale beeinflussen die Kooperation im Kollegium und die Innovationsbereitschaft. Über diese vermittelt haben sie einen Effekt auf die Veränderung von Routinen durch das Modellvorhaben. Die Steuerung durch Aushandlung der STG beeinflusst in einem weiteren Modell die Innovationsbereitschaft und die Beteiligung des Kollegiums. Über diese wirkt die STG auf die Verankerung und Nachhaltigkeit von Projekten. Ähnliche Zusammenhänge finden sich auch für die Information des Kollegiums und die direkte Unterstützung durch die STG. Darüber hinaus gibt es einen direkten Zusammenhang der STG in Form der Koordination der Unterrichtsentwicklung und dem Schulleitungshandeln. Diese beiden beeinflussen die Qualität des Unterrichts in Deutsch und Mathematik in Form der Strukturiertheit und Verständlichkeit aus der

Perspektive der Schülerinnen und Schüler, vermittelt über die Innovationsbereitschaft und die Teamarbeit, mit dem Fokus auf der Verbesserung des Unterrichts (ebd.).

Dies bedeutet, dass an Schulen, an denen STG ihre verschiedenen Handlungsmodi in hohem Maße nutzen, auch die Schulleitungen über eine hohe Führungskompetenz verfügen. An solchen Schulen beteiligen sich mehr Kolleginnen und Kollegen an Schulentwicklungsprojekten, sie sind offener gegenüber neuem Wissen und neuen Ansätzen (z. B. im Bereich der Fachdidaktik), kooperieren intensiver und betreiben in höherem Maße sowie konsequenter Unterrichtsentwicklung. Die Schulentwicklungsprozesse an diesen Schulen sind nachhaltiger und die Qualität des Unterrichts ist höher.

Tabelle 2: Zusammenhang Handlungsmodi der Steuergruppe mit Schul- und Unterrichtsqualität

Handlungsmodi	Direkter Zusammenhang	Indirekter Zusammenhang
Steuerung durch Aushandlung	Innovationsbereitschaft (β=.740) Beteiligung des Kollegiums (β=.697)	Verankerung und Nachhaltigkeit von Projekten (β=.748)
Zielbezogenes Handeln (gemeinsam mit zielbezogener Führung)	Innovationsbereitschaft (β =.339) Kooperation im Kollegium (β =.319)	Veränderung von Routinen durch das Modellvorhaben (β =.171)
Direkte Unterstützung durch die STG	Innovationsbereitschaft (β=.740) Beteiligung des Kollegiums (β=.494)	Verankerung und Nachhaltigkeit von Projekten (β=.720)
Information durch die STG	Innovationsbereitschaft (β=.719) Beteiligung des Kollegiums (β=.622)	Verankerung und Nachhaltigkeit von Projekten (β=.699)
Einfluss der STG auf die Teamarbeit in Bezug auf Unterrichtsentwicklung (gemeinsam mit Schulleitungskompetenz in eigenverantwortlichen Schulen)	Innovationsbereitschaft (β=.337) Teamarbeit, mit dem Fokus auf der Verbesserung des Unterrichts (β=.403)	Strukturiertheit und Verständlichkeit (Mathematik β=.334) (Deutsch β=.209)

Sowohl im Projekt in Niedersachsen als auch im Modellvorhaben „Selbstständige Schule in Nordrhein-Westfalen" hatten die STG eine zentrale Rolle für die Schulentwicklung in der Projektarchitektur. Aus diesem Grund haben sie auch umfangreiche Qualifizierungsmaßnahmen erhalten. Im Modellvorhaben konnte ein positiver Zusammenhang zwischen Qualität der Qualifizierungsmaßnahme, wahrgenommener Professionalisierung in Methoden und Techniken der Schulentwicklung und Wirksamkeit der STG, vermittelt über die Professionalisierung und die Rollenklarheit, gezeigt werden (Feldhoff, 2008). Dies bedeutet, das STG, die die Qualität der Qualifizierungsmaßnahmen, an denen sie teilgenommen haben, hoch einschätzen, die eigene Rolle in der Schule relativ klar sehen. Sie erleben eine Professionalisierung in der Schulentwicklung sowie eine hohe (Selbst)Wirksamkeit ihrer Arbeit als STG.

Im Rahmen der Studie zur Evaluation der Hamburger Schulinspektion hinsichtlich ihrer Impulsfunktion für Schulentwicklungsprozesse zeigte sich anhand von Interviews mit 15 Hamburger Schulleitungen, dass die STG gemeinsam mit der Schulleitung eine zentrale Rolle bei der Rezeption, Reflexion sowie der weiteren schulischen Verarbeitung des Inspektionsberichts hat (Feldhoff, Wurster & Rettinger, 2017).

7. Fazit, Grenzen und Ausblick

Unter den Bedingungen einer Stärkung der Schulleitung, einer permanenten Beobachtung (Schulinspektion, Monitoring) sowie gestiegenen Anforderungen an die Entwicklungsfähigkeit der Schule bei einem beschleunigten Reformtempo und -druck, braucht die Schule für ihre eigene Entwicklung ein Gremium des Kollegiums. Ein Gremium, das die Lehrpersonen ernst nimmt und sie unterstützt. Ein Gremium, das das Kollegium an den wichtigen Entscheidungen beteiligt und dafür sorgt, dass möglichst viele Lehrerinnen und Lehrer an den Veränderungen mitwirken. STG bieten aufgrund ihrer besonderen Konstruktion (Nichteingebundensein in die schulische Hierarchie, Mandat des Kollegiums, Hybrid zwischen Organisation und Profession) eine Möglichkeit, diesen berechtigten Bedürfnissen des Kollegiums Rechnung zu tragen und die Entwicklung der Schule professionell zu gestalten. Die wenigen empirischen Studien stützen diese These und zeigen, dass STG die Entwicklung der Schule positiv beeinflussen können. Die Konfliktfelder zeigen jedoch auch Herausforderungen und mögliche Probleme (z.B. Rollenkonflikte mit Schulleitung und Kollegium).

Bei der Interpretation der Befunde gilt es, Grenzen der Studien Rechnung zu tragen. Diese Grenzen geben darüber hinaus Hinweise für die weitere Forschung. Bei den bisherigen Studien handelt es sich überwiegend um Studien im Rahmen von Modellprojekten, in denen die STG eine besondere Rolle einnahm und ihre Mitglieder spezifische Fortbildungen erhalten haben. Aus Mangel an Vergleichsgruppen ist eine mögliche Verzerrung der Effekte nicht auszuschließen. Hier gilt es zukünftig, die Wirkung und Handlungsweise von STG in Schulen zu untersuchen, die nicht an solchen Projekten teilnehmen bzw. die zufällig ausgewählt werden. Überdies handelt es sich bei den präsentierten Zusammenhangsanalysen ausnahmslos um querschnittliche Betrachtungen. Somit lässt sich die Wirkrichtung der Effekte empirisch nicht prüfen: Haben Schulen und ihr Unterricht eine hohe Qualität aufgrund gut funktionierender STG oder umgekehrt? Theoretisch ist davon auszugehen, dass diese sich über die Zeit wechselseitig beeinflussen. Diese wechselseitigen Effekte gilt es zukünftig in längsschnittlichen Analysen genauer zu analysieren.

Mit Blick auf potenzielle Konflikte besteht zudem weiterer Forschungsbedarf, inwieweit die von Messner und Altrichter (1998) oder Schröck (2009) identifizierten Typen von STG sich in quantitativen Studien identifizieren lassen und inwieweit die Typen unterschiedlich auf die Qualität der Schule wirken. Dabei ist zu vermuten, dass die Kultur der Schule einen großen Einfluss auf die Wirksamkeit der STG hat bzw. dass diese sich im Zeitverlauf reziprok beeinflussen. Die Rolle der Schulleitung in der STG und gegenüber dem Kollegium müsste ebenfalls noch stärker in den Blick genommen werden. Dabei kann die STG auch als ein Element der distributiven Führung verstanden werden. Im Unterschied zum klassischen Verständnis in der Literatur wird Führung in diesem Fall nicht nur von der Schulleitung, sondern auch vom Kollegium delegiert.

Einen weiteren Forschungsbedarf stellt die Rolle von STG in der Unterrichtsentwicklung dar. Die Befunde des Modellvorhabens deuten hier ein Potenzial bei Formen der *fachübergreifenden* Unterrichtsentwicklung an. Bei *fachbezogener* Unterrichtsentwicklung dürften dagegen die Fachkonferenzen eine größere Bedeutung haben. In diesem Kontext wäre es gewinnbringend, das Verhältnis bzw. Zusammenspiel von Fachkonferenzen und STG sowie deren Effekt auf den Unterricht und das Lernen der Schülerinnen und Schüler zu untersuchen. Die Studie von Feldhoff, Wurster, Rettinger und Hausen (2017) deutet daraufhin, dass STG auch im Kontext datenbasierter Schulentwicklung eine wichtige Rolle bei der schulischen Verarbeitung von Ergebnissen der Schulinspektion und der Ableitung und Umsetzung von Maßnahmen basierend auf den Resultaten spielen. Allerdings liegen hierzu bisher keine systematischen Befunde vor. Hier wäre eine vergleichende Perspektive zwischen den verschiedenen Instrumenten (Schulinspektion, VERA, zentrale Prüfungen) und schulischen Akteuren (STG, Schulleitung, Fachkonferenzen, erweiterte Schulleitung) ebenfalls interessant. Da die Rückmeldung der Schulinspektion sich primär auf Aspekte der Schulqualität sowie fachübergreifende Aspekte der Unterrichtsqualität bezieht, ist zu vermuten, dass die STG stärker an der Verarbeitung der Inspektionsergebnisse beteiligt ist, während Fachkonferenzen in höherem Maße auf die Verarbeitung der fachspezifischen Rückmeldung aus VERA ausgerichtet sind.

Literatur

Berkemeyer, N., Brüsemeister, T. & Feldhoff, T. (2007). Steuergruppen als intermediäre Akteure in Schulen. Ein Modell zur Verortung schulischer Steuergruppen zwischen Organisation und Profession. In N. Berkemeyer & H. G. Holtappels (Hrsg.), *Schulische Steuergruppen und Change Management* (S. 61–84). Weinheim und München: Juventa.

Berkemeyer, N., Feldhoff, T. & Brüsemeister, T. (2008). Schulische Steuergruppen – ein intermediärer Akteur zur Bearbeitung des Organisationsdefizits der Schule? In R. Langer (Hrsg.), *Warum tun die das? Governanceanalysen zum Steuerungshandeln in der Schulentwicklung* (S. 149–172). Wiesbaden: VS Verlag für Sozialwissenschaften.

Berkemeyer, N. & Holtappels, H. G. (2006). Steuergruppen als organisationsinterner Akteur zur Qualitätssicherung und Qualitätsentwicklung? In F. Eder, A. Gastager & F. Hofman (Hrsg.), *Qualität durch Standards. Beiträge zum Schwerpunktthema der 67. Tagung der AEPF* (S. 173–186). Münster: Waxmann.

Berkemeyer, N. & Holtappels, H. G. (2007). Arbeitsweise und Wirkung schulischer Steuergruppen – Empirische Studie. In N. Berkemeyer und H. G. Holtappels (Hrsg.), *Schulische Steuergruppen und Change Management* (S. 99–137). Weinheim und München: Juventa.

Bos, W., Hornberg, S., Arnold, K.-H., Faust, G., Fried, L., Lankes, E.-M., Schwippert, K. & Valtin, R. (Hrsg.) (2007). *IGLU 2006 – Lesekompetenzen von Grundschulkindern in Deutschland im internationalen Vergleich*. Münster: Waxmann.

Böttcher, W. & Dicke, J. N. (2008). Implementation von Standards. Empirische Ergebnisse einer Umfrage bei Deutschlehrern. In W. Böttcher (Hrsg.), *Bildungsmonitoring und Bildungscontrolling in nationaler und internationaler Perspektive. Dokumentation zur*

Herbsttagung der Kommission Bildungsorganisation, -planung, -recht (KBBB) (S. 143–157). Münster: Waxmann.

Brauckmann, S, Geißler, G., Feldhoff, T. & Pashiardis, P. (2016). Instructional Leadership in Germany: An evolutionary perspective. *International Studies in Educational Administration, 44* (2), 5–20.

Dalin, P. & Rolff, H.-G. (1990). *Institutionelles Schulentwicklungsprogramm. Eine neue Perspektive für Schulleiter, Kollegium und Schulaufsicht.* Soest: Soester Verlagskontor.

Dalin, P., Rolff, H.-G. & Buchen, H. (1998). *Institutioneller Schulentwicklungs-Prozeß* (4. Aufl.). Soest.

Feldhoff, T. (2008). Wirksamkeit der Qualifizierung der schulischen Steuergruppen. In H. G. Holtappels, K. Klemm & H.-G. Rolff (Hrsg.), *Schulentwicklung durch Gestaltungsautonomie. Ergebnisse der Begleitforschung zum Modellvorhaben „Selbstständige Schule" in Nordrhein-Westfalen* (S. 289–292). Münster: Waxmann.

Feldhoff, T. (2011). *Schule organisieren.* Der Beitrag von Steuergruppen und Organisationalem Lernen zur Schulentwicklung. Wiesbaden: VS Verlag für Sozialwissenschaften.

Feldhoff, T & Radisch, F. (2017). Messung von Schulqualität. In U. Steffens, K. Maag Merki & H. Fend (Hrsg.), *Schulgestaltung – Aktuelle Befunde und Perspektiven der Schulqualitäts- und Schulentwicklungsforschung. Grundlagen der Qualität von Schule 2* (S. 135–158). Münster: Waxmann.

Feldhoff, T. & Rolff, H.-G. (2008). Einfluss von Schulleitungs- und Steuergruppenhandeln. In H. G. Holtappels, K. Klemm & H.-G. Rolff (Hrsg.), *Schulentwicklung durch Gestaltungsautonomie. Ergebnisse der Begleitforschung zum Modellvorhaben ›Selbstständige Schule‹ in Nordrhein-Westfalen* (S. 293–302). Münster: Waxmann.

Feldhoff, T., Wurster, S., Rettinger, T. & Hausen, J. (2017). Ergebnisbericht Evaluation der Hamburger Schulinspektion (EvaHaSi). URN: urn:nbn:de:0111-pedocs-156058.

Fend, H. (1982). *Gesamtschule im Vergleich: Bilanz der Ergebnisse des Gesamtschulversuchs.* Weinheim: Beltz.

Fend, H. (1986). „Gute Schulen – Schlechte Schulen". Die einzelne Schule als pädagogische Handlungseinheit. *Deutsche Schule, 78,* 275–293

French, W. L. & Bell, C. H. (1999). *Organisationsentwicklung* (4. Aufl.). Stuttgart.

Hallinger, P., & Heck, R. H. (2011). *Conceptual and methodological issues in studying school leadership effects as a reciprocal process. School Effectiveness and School Improvement, 22* (2), 149–173.

Holtappels, H. G., Klemm, K. & Rolff, H.-G. (Hrsg.). (2008). *Schulentwicklung durch Gestaltungsautonomie.* Ergebnisse der Begleitforschung zum Modellvorhaben „Selbstständige Schule" in Nordrhein-Westfalen. Münster: Waxmann.

Horster, L. (1998). Auftakt und Prozeßbegleitung in der Entwicklung einer Schule. In H. Altrichter, W. Schley & M. Schratz (Hrsg.), *Handbuch zur Schulentwicklung* (S. 56–85). Innsbruck: StudienVerlag

Kanders, M. & Rösner, E. (2006). Das Bild der Schule im Spiegel der Lehrermeinung. Ergebnisse der 3. IFS-Lehrerbefragung 2006. In W. Bos, H. G. Holtappels, H. Pfeiffer, H.-G. Rolff & R. Schulz-Zander (Hrsg.), *Jahrbuch der Schulentwicklung. Daten, Beispiel und Perspektiven* (Bd. 14, S. 81–123). Weinheim und München: Juventa.

Krainz-Dürr, M. (1999). *Wie kommt Lernen in die Schule? Zur Lernfähigkeit der Schule als Organisation* (Studien zur Bildungsforschung & Bildungspolitik). Innsbruck: StudienVerlag.

Kussau, J. & Brüsemeister, T. (2007). Educational Governance: Zur Analyse der Handlungskoordination im Mehrebenensystem der Schule. In H. Altrichter, T. Brüsemeister & J. Wissinger (Hrsg.), *Educational Governance. Handlungskoordination und Steuerung im Bildungssystem* (S. 15–54). Wiesbaden: VS-Verlag für Sozialwissenschaften.

Lewin, K. (1963). *Feldtheorie in den Sozialwissenschaften.* Bern: Hans Huber.

Mattes, M. (2017). Von der Leistungs- zur Wohlfühlschule? Gesamtschule als Ort gesellschaftlicher Debatten und pädagogischer Wissensproduktion in der Bundesrepublik Deutschland der 1970/80er Jahre. *Zeitschrift für Pädagogik, 63,* 187–206.

Messner, E. & Altrichter, H. (1998). Steuergruppen auf der Suche nach der Schulleitung. Steuerungssituationen in der Praxis. *Journal für Schulentwicklung, 4,* 50–61.

Messner, R. (2016). Die Einzelschule als pädagogische Handlungseinheit und das Zusammenspiel der Handlungsebenen und institutionellen Akteure. In U. Steffens & T. Bargel (Hrsg.), *Schulqualität – Bilanz und Perspektiven. Grundlagen der Qualität von Schule 1* (S. 95–114). Münster: Waxmann.

Miles, M. & Huberman, A. M. (1984). *Qualitative data analysis.* Thousand Oaks: Sage Publications.

Rolff, H.-G. (1993). *Wandel durch Selbstorganisation. Theoretische Grundlagen und praktische Hinweise für eine bessere Schule.* Weinheim und München: Juventa.

Rolff, H. G. (1998). Entwicklung von Einzelschulen: Viel Praxis, wenig Theorie und kaum Forschung – Ein Versuch, Schulentwicklung zu systematisieren. *Jahrbuch der Schulentwicklung* (Bd. 10, S. 295–326). Weinheim und München: Juventa.

Rolff, H.-G. (2001). *Schulentwicklung konkret. Steuergruppe – Bestandsaufnahme – Evaluation.* Seelze-Velber: Kallmeyer.

Rolff, H.-G. (Hrsg.). (2007). *Studien zu einer Theorie der Schulentwicklung.* Weinheim: Beltz.

Schley, W. (1998). Change Management. Schule als lernende Organisation. In H. Altrichter, W. Schley & M. Schratz (Hrsg.), *Handbuch zur Schulentwicklung* (S. 13–53). Innsbruck: StudienVerlag

Schratz, M. & Steiner-Löffler, U. (*1998). Die Lernende Schule. Arbeitsbuch pädagogische Schulentwicklung.* Weinheim: Beltz.

Schröck, N. (2009). *Change Agents im strukturellen Dilemma. Eine qualitativ-rekonstruktive Studie zu Orientierungen schulischer Steuergruppen.* Wiesbaden: VS Verlag für Sozialwissenschaften.

Schubert, H.-J. (2004). *Management von Veränderungen.* Kaiserslautern: Universität Kaiserslautern.

Steffens, U. & Bargel, T. (1987). *„Qualität von Schule" – Ein neuer Ansatz der Schulentwicklung.* In U. Steffens & T. Bargel (Hrsg.), *Erkundungen zur Wirksamkeit und Qualität von Schule* (Beiträge aus dem Arbeitskreis Qualität von Schule, Heft 1, S. 1–20). Wiesbaden: Hessisches Institut für Bildungsplanung und Schulentwicklung.

Steffens, U. & Bargel, T. (2016). Die Diskussion um Schulqualität – Anfänge, Wege und Erträge des „Arbeitskreises Qualität von Schule". In U. Steffens & T. Bargel (Hrsg.), *Schulqualität – Bilanz und Perspektiven. Grundlagen der Qualität von Schule 1* (S. 309–347). Münster: Waxmann.

Zeitler, S., Asbrand, B. & Heller, N. (2013). Steuerung durch Bildungsstandards – Bildungsstandards als Innovation zwischen Implementation und Rezeption. In M. Rürup (Hrsg.), *Innovationen im Bildungswesen. Analytische Zugänge und empirische Befunde* (Educational Governance, Bd. 21, S. 127–149). Wiesbaden: Springer VS.

Autorinnen und Autoren

Dr. Herbert Altrichter ist o.Univ.Prof. für Pädagogik und Pädagogische Psychologie und Direktor der Linz School of Education der Johannes Kepler Universität Linz. Seine Arbeitsschwerpunkte umfassen Schulentwicklungsforschung und Governance Studies, Lehrerbildung und qualitative Forschungsmethoden.
E-Mail: herbert.altrichter@jku.at.

Dr. Saskia Bender ist Professorin für Erziehungswissenschaft mit dem Schwerpunkt soziale Teilhabe, schulische Inklusion und Beratung an der Fakultät für Erziehungswissenschaft der Universität Bielefeld. Ihre Arbeits- und Forschungsschwerpunkte sind Hilfeinteraktionen im inklusiven Unterricht, fallbezogene Hilfen im Zusammenhang mit dem Diskurs zu Professionalität und Professionalisierung, Kulturelle Bildung und kulturelle Schulentwicklung.
E-Mail: s.bender@uni-bielefeld.de.

Dr. Wolfgang Beywl ist Professor am Institut Weiterbildung und Beratung der Pädagogischen Hochschule Nordwestschweiz sowie wissenschaftlicher Leiter von Univation, Institut für Evaluation, Köln. Seine Arbeitsschwerpunkte liegen in den Bereichen interne Schulevaluation und formative Unterrichtsevaluation in Verbindung mit dem Ansatz „Lehren und Lernen sichtbar machen".
E-Mail: wolfgang.beywl@fhnw.ch.

Dr. Susanne Böse ist wissenschaftliche Mitarbeiterin in der Abteilung Bildungsqualität und Evaluation am DIPF | Leibniz-Institut für Bildungsforschung und Bildungsinformation. Ihre Arbeits- und Forschungsschwerpunkte sind in den Bereichen der Innovations- und Implementationsforschung, der Schulleitungsforschung sowie der Schulentwicklungsforschung angesiedelt.
E-Mail: boese@dipf.de.

Dr. Wilfried Bos ist Prof. em. für Bildungsforschung und Qualitätssicherung an der Technischen Universität Dortmund und langjähriger Direktor des Instituts für Schulentwicklungsforschung (IFS). Seine Arbeits- und Forschungsschwerpunkte umfassen empirische Forschungsmethoden, Qualitätssicherung im Bildungswesen, internationale Bildungsforschung, Evaluation sowie pädagogische Chinaforschung.
E-Mail: officebos-ifs.fk12@tu-dortmund.de.

Dr. Stefan Brauckmann ist Universitätsprofessor für Qualitätsentwicklung und Qualitätssicherung im Bildungsbereich am Institut für Unterrichts- und Schulentwicklung (IUS) an der Alpen-Adria-Universität Klagenfurt. Seine Arbeits- und Forschungsschwerpunkte sind Schulentwicklungsforschung, Schulleitungsforschung, Schulorganisationsforschung,

Bildungsmanagement und -monitoring, Schulautonomie, politisch-administrative Rahmenbedingungen von Bildungssystemen und Educational Leadership.
E-Mail: Stefan.Brauckmann@aau.at.

Dr. Christoph Burkard ist Referatsleiter im Ministerium für Schule und Bildung NRW für Grundsatzfragen der Qualitätssicherung, Bildungsforschung und Lehrpläne.
E-Mail: Christoph.Burkard@msb.nrw.de.

Dr. Kurt Czerwenka ist Professor im Ruhestand. Er arbeitete bis 2017 an der Leuphana Universität Lüneburg, zuletzt als Seniorprofessor. Sein hauptsächliches Forschungsgebiet war die Pädagogische Professionalität. 2007 begründete er die Leuphana Sommerakademie für benachteiligte Jugendliche mit Projekten im gesamten Bundesgebiet und leitete sie 10 Jahre lang. Forschungsergebnisse daraus zum Umgang mit Schul- und Bildungsproblemen mündeten in zahlreiche Veröffentlichungen und Lehrerfortbildungen.
E-Mail: czerwenka@leuphana.de.

Dr. Fiona Ell is Associate Professor and Head of Initial Teacher Education at the University of Auckland, New Zealand. Her research is focused on how teachers learn teaching, in particular through teacher preparation experiences, and with a focus on mathematics education.
E-Mail: f.ell@auckland.ac.nz.

Dr. Tobias Feldhoff ist Professor für Erziehungswissenschaft mit Schwerpunkt Schulforschung und Sprecher des Zentrums für Schul-, Bildungs- und Hochschulforschung an der Johannes-Gutenberg Universität in Mainz. Seine Forschungsschwerpunkte sind: Schulentwicklung, Schulqualität und Schuleffektivität, die Verbindung von Schulentwicklungs- und Schuleffektivitätsforschung, die Schule als Organisation, Systemsteuerung und Educational Governance.
E-Mail: feldhoff@uni-mainz.de.

Dr. Dr. h.c. Helmut Fend ist emeritierter Professor an der Universität Zürich für Pädagogische Psychologie. Seine Schwerpunkte in Forschung und Lehre: Entwicklungspsychologie der Adoleszenz (Entwicklungspsychologie des Jugendalters, 2000), Lebenslaufforschung (Lebensverläufe, Lebensbewältigung, Lebensglück, 2009), Schulforschung (u.a. Neue Theorie der Schule, 2006; Geschichte des Bildungswesens; 2006; Schule gestalten, 2008), empirische Bildungsforschung (Gesamtschule im Vergleich, 1982).
E-Mail: helmut.fend@t-online.de.

Uwe Fricke ist Sozialwissenschaftler, aktuell tätig in Lehre und Forschung in der Germanistik an der Thammasat Universität in Bangkok, Thailand. Forschungsschwerpunkte: Hochschul- und Bildungsforschung.
E-Mail: ufri13@web.de.

Dorothee Gaile war Lehrerfortbildnerin, Unterrichtende an Gymnasium und Fachhochschule, Fach- und Schulbuchautorin, Mitarbeiterin an Konzeption und Training von EU-Comenius-Projekten der Lehrerbildung zur fachbezogenen Sprachförderung, Mitglied von ELINET (European Literacy Policy Network).
E-Mail: international.literacy-dg@web.de.

Dr. Hans Haenisch ist Bildungsforscher und war viele Jahre Referatsleiter für Schulforschung im Landesinstitut für Schule in Soest; zuletzt arbeitete er als Ministerialrat im Schulministerium in Nordrhein-Westfalen.
E-Mail: hans.haenisch@gmx.de.

Dr. Barbara Hanfstingl, Assoziierte Professorin am Institut für Unterrichts- und Schulentwicklung der Alpen-Adria-Universität Klagenfurt; Forschungsschwerpunkte: Persönlichkeit und Selbstregulation, Resilienz und die Entwicklung von Resilienz, Epistemologie von psychologischen Konstrukten, Theoretische Psychologie.
E-Mail: barbara.hanfstingl@aau.at.

Lena Heidemann, M.A. ist wissenschaftliche Mitarbeiterin am Institut für Berufspädagogik und Erwachsenenbildung im Bereich Erwachsenenbildung/Weiterbildung. Ihre Arbeitsschwerpunkte sind Bildungspartizipation, Bildungsmonitoring und Ansätze der quantitativen Bildungsforschung.
E-Mail: lena.heidemann@ifbe.uni-hannover.de.

Prof. Dr. Martin Heinrich ist Leiter der Wissenschaftlichen Einrichtung der Versuchsschule des Landes NRW „Oberstufen-Kolleg". Ihm obliegt die wissenschaftliche Gesamtleitung von derzeit 15 Forschungs- und Entwicklungsprojekten mit 11 Wissenschaftlichen Mitarbeiter/inne/n und 56 Lehrerforscher/inne/n.
E-Mail: martin.heinrich@uni-bielefeld.de.

Prof. Dr. Stephan Gerhard Huber ist Leiter des Bereichs Forschung und Entwicklung sowie des Instituts für Bildungsmanagement und Bildungsökonomie IBB (Forschungsprofessur) der Pädagogischen Hochschule Zug sowie Mitglied der Hochschulleitung. Er organisiert seit zwölf Jahren das Bildungs- und Schulleitungssymposium „World Education Leadership Symposium – WELS" (WELS.EduLead.net). Seine Arbeitsschwerpunkte sind Organisationspädagogik, Systemberatung, Bildungsmanagement, Bildungsqualität, Educational Change, Professionalisierung von pädagogischem (Führungs-)Personal, international-vergleichende Bildungsforschung sowie Jugendforschung.
E-Mail: stephan.huber@phzg.ch.

Dr. Beate Kasper ist Lehrbeauftragte an der Leibniz Universität Hannover. Sie ist Oberstudienrätin und war als Schulentwicklungsberaterin im Land Niedersachsen tätig. Ihre Forschungs- und Arbeitsschwerpunkte sind die Digitalisierung im Bildungsbereich, Standardisierung und Qualitätsentwicklung in Schule und Unterricht.
E-Mail: beate.kasper@iew.uni-hannover.de.

Dr. Arnd Kierchhoff ist Mitarbeiter in der AG Schulentwicklung und Schulforschung an der Fakultät für Erziehungswissenschaft der Universität Bielefeld. Seine Forschungsschwerpunkte liegen in den Bereichen Unterrichts-, Schul- und Strukturentwicklung sowie der Steuerungsforschung.
E-Mail: arnd.kierchhoff@uni-bielefeld.de.

Dr. Marc Kleinknecht ist Professor für Schulpädagogik und Schulentwicklung an der Leuphana Universität Lüneburg und leitet das dortige Kompetenzzentrum für Lehrkräftefortbildung. Seine Arbeits- und Forschungsschwerpunkte liegen in der videobasierten Professionalisierungs- und Unterrichtsforschung.
E-Mail: marc.kleinknecht@leuphana.de.

Dr. Konrad Krainer ist Professor für Didaktik der Weiterbildung mit besonderer Berücksichtigung von Schulentwicklung an der Alpen-Adria-Universität Klagenfurt und derzeit Dekan der Fakultät für Interdisziplinäre Forschung und Fortbildung. Er hat in Mathematikdidaktik promoviert und habilitiert und sich früh mit Fragen der professionellen Weiterentwicklung von Lehrkräften beschäftigt. Der Fokus wird dabei gleichermaßen auf Unterrichts-, Schul- und Bildungssystementwicklung gerichtet.
E-Mail: konrad.krainer@aau.at.

Dr. Rudolf Messner ist Prof. em. für Schulpädagogik und Bildungsforschung im Fachbereich 01, Humanwissenschaften, der Universität Kassel, war lange Jahre Sprecher des Bielefeld-Kasseler Graduiertenkollegs „Schulentwicklungsforschung“ und der Forschergruppe für Empirische Bildungsforschung „Lehren, Lernen, Literacy“ an der Universität Kassel.
E-Mail: rmessner@uni-kassel.de.

Dr. Sabine Müller ist Referentin in der Qualitäts- und UnterstützungsAgentur – Landesinstitut für Schule (QUA-LiS NRW). Ihr derzeitiger Arbeitsschwerpunkt ist die schulinterne Evaluation.
E-Mail: sabine.mueller@qua-lis.nrw.de.

Karolin Nix ist ehemalige wissenschaftliche Mitarbeiterin am Institut für Schulentwicklungsforschung (IFS) der Technischen Universität Dortmund und momentan als wissenschaftliche Mitarbeiterin im Kreis Unna beschäftigt. Ihre Arbeitsschwerpunkte sind die Konzeptionierung und Gestaltung des kommunalen Bildungs- und Übergangsmanagements sowie -monitorings.
E-Mail: karolin.nix@kreis-unna.de.

Miranda Odermatt ist Dozentin für Schul- und Organisationsentwicklung am Institut Weiterbildung und Beratung der Pädagogischen Hochschule Nordwestschweiz. Ihre Arbeitsschwerpunkte liegen in den Bereichen Weiterbildung und Beratung sowie formative Unterrichtsevaluation in Verbindung mit dem Ansatz „Lehren und Lernen sichtbar machen".
E-Mail: miranda.odermatt@fhnw.ch.

Dr. Peter Posch ist Univ.-Prof. i.R. und freier Mitarbeiter am Institut für Unterrichts- und Schulentwicklung (IUS) der Alpen-Adria-Universität Klagenfurt. Schwerpunkte: Aktionsforschung, Lesson und Learning Studies, Lehrerfortbildung, Bildung für nachhaltige Entwicklung.
E-Mail: peter.posch@aau.at.

Beat Rechsteiner ist Doktorand am Institut für Erziehungswissenschaft der Universität Zürich. Seine Arbeitsschwerpunkte umfassen Schulentwicklung, soziale Netzwerkanalysen und Brokerage.
E-Mail: beat.rechsteiner@uzh.ch

Isabella Richter ist ehemalige wissenschaftliche Mitarbeiterin am Institut für Schulentwicklungsforschung (IFS) der Technischen Universität Dortmund und Lehrerin am Gymnasium. Ihre Arbeits- und Forschungsschwerpunkte umfassen das subjektive Erleben des Übergangs von der Grundschule zur weiterführenden Schule sowie Netzwerke im Bildungsbereich.
E-Mail: isabella.richter@tu-dortmund.de.

Ariane Rickenbacher ist studentische Hilfskraft am Institut für Erziehungswissenschaft der Universität Zürich. Ihre Arbeitsschwerpunkte umfassen Schulentwicklung und Schulentwicklungskapazität
E-Mail: ariane.rickenbacher@uzh.ch

Sabine Schindler war Ausbilderin für das Fach Deutsch und den pädagogischen Schwerpunkt Diagnostik am Studienseminar für Gymnasien in Oberursel. Sie war stellvertretende Leiterin des hessenweiten Fortbildungsprojektes „Kompetenzorientiert unterrichten im Fach Deutsch". Im Rahmen der Zusammenarbeit mit der Hessischen Lehrkräfteakademie (ehemals Amt für Lehrerbildung) und der Johann Wolfgang Goethe-Universität waren ihre Arbeitsschwerpunkte: Didaktik der Literatur und Sprache, Lesediagnostik und -förderung.
E-Mail: schindler-sabine@t-online.de.

Dr. Michael Schratz, Professor für Schulpädagogik (i.R.) am Institut für LehrerInnenbildung und Schulforschung an der Universität Innsbruck, Gründungsdekan der School of Education. Er arbeitet in der Lehrerbildung und Qualifizierung von Führungskräften mit den Schwerpunkten Leadership und Lernen, Schul-, Unterrichts- und Systementwicklung. Er ist wiss. Leiter der Leadership Academy in Österreich,

Past President von ICSEI (International Conference for School Effectiveness and Improvement), Sprecher der Jury des Deutschen Schulpreises.
E-Mail: michael.schratz@uibk.ac.at.

Ulrich Steffens ist Erziehungswissenschaftler und arbeitete in seinen letzten Berufsjahren an verschiedenen Landesinstituten in den Bereichen Bildungsplanung, Schulentwicklung und Lehrerfortbildung, zuletzt als Direktor am ehemaligen Institut für Qualitätsentwicklung. Er ist Mitbegründer des „Arbeitskreises Qualität von Schule" und Koordinator des Netzwerks „Empiriegestützte Schulentwicklung (EMSE)".
E-Mail: ulrichsteffens@gmx.de.

Dr. Helen Timperley is Professor Emeritus at The University of Auckland in New Zealand and is currently consulting internationally on leadership and teacher professional learning in education.
Email h.timperley@auckland.ac.nz.

Dr. Cornelia Wagner-Herrbach ist wissenschaftliche Mitarbeiterin in der Abteilung Wirtschaftspädagogik an der Humboldt-Universität zu Berlin. Ihre Forschungsschwerpunkte liegen im Bereich Führung und Qualitätsmanagement in pädagogischen Einrichtungen sowie Evaluation im Bereich von Bildung und Hochschulbildung.
E-Mail: cornelia.wagner@hu-berlin.de.

Dr. habil. Julia Warwas ist Professorin für Wirtschaftspädagogik mit dem Schwerpunkt Berufliches Lehren und Lernen an der Universität Göttingen. Ihre Forschungsinteressen erstrecken sich auf die Bereiche Lehrprofessionalität, Beanspruchung und Bewältigung beim Lernen und Arbeiten, Kompetenzmessung und -förderung in der Berufsausbildung sowie Steuerung von schulischen Organisationen.
E-Mail: Julia.Warwas@uni-goettingen.de.

Dr. Kira Elena Weber ist Post-Doc Stipendiatin in der Abteilung für Schulpädagogik und Schulentwicklung an der Leuphana Universität Lüneburg. Ihr wissenschaftliches Interesse gilt der videobasierten Unterrichtsforschung und dem Einsatz von Unterrichtsvideos im Bereich der Aus- und Weiterbildung von Lehrpersonen.
E-Mail: kweber@leuphana.de.

MMag. Christian Wiesner, Studium der Erziehungswissenschaft, Kommunikationswissenschaft und Psychotherapie; Professor im Bereich Erziehung und Bildung an der Pädagogischen Hochschule Niederösterreich; davor verantwortete er am Bundesinstitut BIFIE die Überprüfung der Bildungsstandards in Österreich sowie die Begleitforschung zu den Bildungsstandards. Arbeitsschwerpunkte: Lehr-Lern-Kulturen, Beziehungs- und Präsenzpädagogik, Beratungs- und Therapietheorien, Führungskultur und Leadership, Interaktion und Kommunikation, Kompetenzorientierung und Bildungsstandards, evidenzorientierte Schul- und Unterrichtsentwicklung.
E-Mail: christian.wiesner@ph-noe.ac.at

Mag. Dr. Stefan Zehetmeier ist Assoziierter Professor am Institut für Unterrichts- und Schulentwicklung der Universität Klagenfurt. Er studierte Lehramt für Mathematik und Physik, promovierte im Fach Pädagogik und habilitierte im Nominalfach Lehrerbildung. Seine Arbeitsschwerpunkte liegen im Bereich Bildungsforschung, Lehrerbildung, Unterrichts- und Schulentwicklung und Mathematikdidaktik.
E-Mail: Stefan.Zehetmeier@aau.at.

Ulrich Steffens & Tino Bargel (Hrsg.)

Schulqualität – Bilanz und Perspektiven

Grundlagen der Qualität von Schule 1

ISBN 978-3-8309-3485-1

Ulrich Steffens, Tino Bargel & Dieter Höfer
Einleitung

Helmut Fend
Qualität von Schule im Kontext von 50 Jahren Bildungsforschung und Bildungspolitik

Eckhard Klieme
Schulqualität, Schuleffektivität und Schulentwicklung – Welche Erkenntnis eröffnet empirische Forschung?

Hartmut Ditton
Schulqualität unter der Perspektive von Systemstrukturen und Bildungsverläufen

Rudolf Messner
Die Einzelschule als pädagogische Handlungseinheit und das Zusammenspiel der Handlungsebenen und institutionellen Akteure

Hans-Günter Rolff
Schulentwicklung – von der Standortplanung zur „Lernenden Schule“

Heinz Günter Holtappels
Schulentwicklung und Organisationskultur – Erkenntnisse und Erträge der Schulentwicklungsforschung

Tobias Feldhoff
Eine dialektische Schulentwicklung – zwei Perspektiven auf Schulentwicklung

Martin Heinrich & Maike Lambrecht
Fusion von School-Effectiveness- und School-Development-Research?
Eine Auseinandersetzung am Beispiel der Schulinspektion

Nils Berkemeyer
Kritische Schulsystementwicklungsforschung – Entwurf eines Forschungsprogramms

Wolfgang Böttcher
Kritik der pädagogischen Ökonomie – zum Verhältnis von Monitoring und Unterstützung

Hans Haenisch
Gelingensbedingungen für Unterrichtsentwicklung

Jochen Wissinger
Schulleitung im Fokus des Schulqualitätsdiskurses

Thomas Brüsemeister
Verschiebungen von Machtbalancen im Bildungswesen – kontrastiver Vergleich zwischen „Schulinspektion“ und „Lernen vor Ort“

Klaus-Jürgen Tillmann
Praxisforschung und Schulentwicklung – Stellenwert und Perspektive

Ulrich Steffens & Tino Bargel
Die Diskussion um Schulqualität – Anfänge, Wege und Erträge des „Arbeitskreises Qualität von Schule“

Ulrich Steffens, Katharina Maag Merki & Helmut Fend (Hrsg.)

Schulgestaltung

Aktuelle Befunde und Perspektiven der Schulqualitäts- und Schulentwicklungsforschung. Grundlagen der Qualität von Schule 2

ISBN 978-3-8309-3617-6

Ulrich Steffens & Rudolf Messner (Hrsg.)

Unterrichtsqualität

Konzepte und Bilanzen gelingenden Lehrens und Lernens. Grundlagen der Qualität von Schule 3

ISBN 978-3-8309-3937-5

Ulrich Steffens & Rudolf Messner
Unterrichtsqualität – Konzepte und Bilanzen gelingenden Lehrens und Lernens

Rudolf Messner
„Tiefen-Didaktik" – zur praktischen Wende der Lehr-Lernforschung

Rudolf Messner & Werner Blum
Der Mythos des offenen Unterrichts – unter Einbeziehung von Befunden aus dem DISUM-Projekt

Helmut Fend
Erklärungen von Unterrichtserträgen im Rahmen des Angebot-Nutzungs-Modells

Peter Posch
Individualisierung – Ansätze und Erfahrungen

Kurt Reusser
Unterricht als Kulturwerkstatt in bildungswissenschaftlich-psychologischer Sicht

Christine Pauli & Mirjam Schmid
Zur Didaktik guten Unterrichts: Qualitätsvollen Unterricht gestalten lernen

Werner Blum
Unterrichtsqualität aus fachdidaktischer Perspektive – Beispiele aus der Mathematik

Rudolf Messner
Bausteine eines kognitiv aktivierenden Fachunterrichts

Frank Lipowsky & Victoria Bleck
Was wissen wir über guten Unterricht? – Ein Update

Ulrich Steffens
Was ist das Wichtigste beim Lernen? – Zu Ertrag und Grenzen der Hattie-Studie „Visible Learning"

Ulrich Steffens & Hans Haenisch
Gut unterrichten – erfolgreich lernen
Versuch einer Forschungsbilanz unter unterrichtspraktischer Perspektive

Michael Schratz
Erkundung von Qualität lernseits von Unterricht

Nora Haberzettl
Vom Diagnostizieren zum Fördern im Mathematikunterricht der Grundschule – Handlungsleitende Diagnostik mit Kompetenzrastern

Catrin Siedenbiedel
Inklusive Bildung in der Sekundarstufe

Frank Lipowsky, Miriam Hess, Julia Arend, Anne Böhnert, Ann-Katrin Denn, Anastasia Hirstein & Daniela Rzejak
Lernen durch Kontrastieren und Vergleichen – Ein Forschungsüberblick zu wirkmächtigen Prinzipien eines verständnisorientierten und kognitiv aktivierenden Unterrichts

Dorit Bosse & Julian Kempf
Argumentationskompetenz im Deutschunterricht der Oberstufe und deren Förderung durch digitales Lernen